清代通史

萧一山 著

二

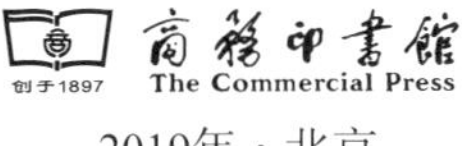

2019年·北京

第二册目录

上卷

第三篇　一统期之政略与三藩之乱

第十五章　顺治时代之政况 ······ 301
六十　多尔衮之摄政 ······ 301
（一）多尔衮之崇封与权势　（二）多尔衮之死与追削
（三）多尔衮之昭雪
六十一　福临亲政后之建施 ······ 306
（一）福临之大婚礼　（二）关于政治之建革
（三）满汉之畛域及防渐之术
（四）十三衙门之设立与内监之制裁　（五）丁酉科场案
（六）废后之争与董妃之册立　（七）福临之崩与为僧之传说
六十二　开国之勋臣 ······ 323
（一）概说　（二）宗室之功绩(上)　（三）宗室之功绩(下)
（四）宗室王公表　（五）佐辅之大臣　（六）谏垣之臣

第十六章　康熙之初政 ······ 334
六十三　康熙初年之事功 ······ 334
（一）康熙以前之治乱大势　（二）四大臣之辅政
（三）十三衙门之罢除与哭庙之狱　（四）江南奏销案
（五）清国之一统
六十四　辅政大臣之专横 ······ 343
（一）鳌拜之专横　（二）圈换土地之议
（三）玄烨亲政与苏克萨哈之冤死　（四）鳌拜之得罪

六十五　房地圈占之纷扰 …………………………………… 350
（一）圈地之缘起　（二）房地之处置　（三）圈占之罢除
六十六　乱事之奠定 ………………………………………… 353
（一）川东之平定　（二）云贵土司之叛乱　（三）粤闽之戡乱

第十七章　三藩之乱 ………………………………………… 358
六十七　三藩之乱源 ………………………………………… 358
（一）三藩之建始及其势力　（二）尚耿之横虐与撤藩之议
（三）吴三桂之发难
六十八　三桂变起后之两方攻守大势 ……………………… 363
（一）清廷之布置　（二）六省之失陷
（三）陕甘之骚动及王辅臣之降　（四）长沙吉安之攻守
六十九　耿尚两藩之叛服及孙延龄 ………………………… 370
（一）耿精忠之叛服　（二）尚之信之叛降
（三）孙延龄与孔四贞　（四）广西之战局与傅宏烈
七十　三藩之末路 …………………………………………… 377
（一）三桂之称帝及其暴崩　（二）三桂死后之形势
（三）勒尔锦等之得罪　（四）三路之入滇　（五）耿尚之结局
七十一　藩镇之废除与战役之评论 ………………………… 382
（一）藩镇之全废　（二）关于三藩乱役之批评

第十八章　台湾之收服 ……………………………………… 385
七十二　郑氏占领前之台湾 ………………………………… 385
（一）台湾之史略及名称　（二）荷兰人之经营
七十三　郑氏之占领台湾 …………………………………… 387
（一）成功与荷兰之战　（二）郑氏之经营　（三）福建之征略
（四）清廷招抚之议
七十四　台湾之降附及善后 ………………………………… 390

（一）郑氏之内乱及出降 （二）台湾之善后

七十五 朱一贵之反清 …… 392

（一）朱一贵之起事 （二）征台之议与朱党内讧

（三）台湾之平定

第四篇 清初中国社会之组织

第十九章 政治社会之组织(一) …… 398

七十六 中央政府之组织 …… 398

（一）政权之所在及中央官制述略 （二）行政中枢之组织

（三）佐理部之职官 （四）帝室之官属

七十七 地方制度(一)——行省 …… 415

（一）地方行政之区分 （二）省道府县之隶属关系

（三）省之官制 （四）道府州县之官制

七十八 地方制度(二)——顺天府、东三省及新疆 …… 428

（一）顺天府 （二）盛京 （三）吉林、黑龙江 （四）新疆

七十九 地方制度(三)——藩部及土司 …… 433

（一）内外蒙古之区划 （二）内外蒙古之组织

（三）青海之组织 （四）西藏之组织 （五）土司之官制

第二十章 政治社会之组织(二) …… 441

八十 兵事之组织 …… 441

（一）兵制总说 （二）京内兵营之制 （三）驻防之兵制

（四）绿旗兵制 （五）军政与兵器

八十一 爵禄与品阶之制 …… 451

（一）职爵之制 （二）品阶之差次 （三）禄俸之给与

（四）兵饷之制

八十二 刑制与考察 …… 459

（一）刑法之大略　（二）审决之经制　（三）狱具与减赦之例
（四）京察与大计
八十三　科举之制 …………………………………… 466
（一）科举之途径　（二）试文之程式　（三）进举之授官
八十四　学校教育之制度 ………………………………… 470
（一）乡党小学　（二）太学　（三）官塾之学　（四）书院及义学

第二十一章　政治以外之社会组织 ……………………… 478
八十五　宗族制度 …………………………………… 478
（一）宗法社会之蜕变　（二）族产宗祠之设置
（三）宗族自治之实例　（四）族制发生之流弊
八十六　乡治与保甲 …………………………………… 491
（一）乡村自治之由来　（二）保甲制度之沿革
（三）保甲之任务及人选　（四）乡村之组织及其成效
八十七　城市组织 …………………………………… 502
（一）都城之建置　（二）省县城之建置　（三）城市之组织
八十八　其他社会集团 ………………………………… 508
（一）职业区分之集团　（二）劳动者之组织
（三）地域区分之集团　（四）阶级区分之集团

第五篇　中外之交通与会约

第二十二章　中西国际之由来 …………………………… 517
八十九　欧亚交通之起源 ………………………………… 517
（一）印度航路之发现
（二）葡萄牙之始通中国与澳门互市之起源
九十　西班牙人之东来 ………………………………… 519
（一）西班牙之占据菲律宾与林凤之战

（二）西班牙之始通中国与墨洋间接之输入
九十一　荷英两国人之继起 …… 521
（一）荷兰之经略南洋　（二）荷兰与清廷之交涉
（三）英人之东渡　（四）中英交涉之起源

第二十三章　西洋文明之东渐 …… 525
九十二　基督教之传来 …… 525
（一）明以前之耶教概况　（二）利玛窦之布教事业
（三）玛窦之死与天主教之禁令
九十三　科学思想之输入 …… 529
（一）炮铳之铸造　（二）天文历象学之利用
（三）杨光先之排斥基督教义　（四）南怀仁之任事与地图之绘测
（五）基督教士之著述　（六）西学输入与我国学术之关系
九十四　传教事业之失败 …… 549
（一）传教之方法与中国人之思想
（二）教士之分派与教皇之密令
（三）传教方法之变更与清廷之禁止
九十五　中国文化之西被 …… 552
（一）中国思想之传入欧洲　（二）天道思想与自然神教
（三）中国思想与启明运动　（四）艺术园林所受中国之影响
（五）欧洲孔子与歌德之中国文化观
（六）中国文化在欧洲之低落

第二十四章　明清间对外之关系 …… 571
九十六　明清与日本之关系 …… 571
（一）清与日本之间接关系　（二）崔芝之乞援
（三）郑芝龙之乞援　（四）郑成功之通好
（五）朱之瑜与日本文化
九十七　明桂王与罗马教皇之关系 …… 583

（一）太后之致谕教皇 （二）教皇之复音

第二十五章 中俄之交涉 …… 586

九十八 俄人东侵史略 …… 586

（一）西伯利亚及雅克萨之经营 （二）中俄之冲突

（三）中俄通使之起源与俄人之盘据黑龙江

九十九 中俄之战争 …… 590

（一）雅克萨之攻克 （二）雅克萨之二次攻围

一百 尼布楚之和议 …… 592

（一）议和之原因 （二）使节之莅集 （三）会议之情形

（四）条约之内容

一百一 恰克图之会约 …… 598

（一）《尼布楚条约》后之中俄状况

（二）《恰克图条约》之订立

（三）订约后之商务及外交状况

第六篇 康雍时代之武功及政教

第二十六章 康熙之政要 …… 605

一百二 学术之提倡 …… 605

（一）文学之奖励 （二）遗书之购求与理学之表章

（三）玄烨之好学与士子之训饬 （四）书籍之编纂

（五）算学及地理之进步

一百三 治河之策略与巡幸 …… 616

（一）淮黄之泛滥与当时河工之大势

（二）玄烨之六次南巡与治河方略

（三）五台边徼之巡游与清初贪风之盛

一百四 康熙时之朋党 …… 621

（一）明珠之党 （二）徐乾学之党 （三）索额图与噶礼之党
（四）诸王之朋党
一百五 庶政之举要 …………………………………… 631
（一）顺天乡试之狱 （二）淫祠淫书之毁禁 （三）赋税之蠲免
（四）滋生人丁永不加赋之制 （五）康熙政治之精神
一百六 太子之废立 …………………………………… 638
（一）胤礽之立废 （二）储位之虚悬

第二十七章 准噶尔之役 …………………………………… 642
一百七 准回两部之起源与混一 …………………………… 642
（一）准噶尔之起源与噶尔丹之勃兴
（二）回部之起源与准部之统一西域
一百八 准噶尔与喀尔喀之关系 …………………………… 645
（一）喀尔喀之由来与当时之形势 （二）噶尔丹之击逐喀尔喀
一百九 玄烨之三次亲征 ………………………………… 646
（一）噶尔丹之入犯与乌兰布通之役
（二）玄烨之出塞大阅与喀尔喀之安置 （三）玄烨之亲征漠北
（四）昭莫多之大战 （五）噶尔丹之穷途致死
一百十 准噶尔之再兴 …………………………………… 651
（一）策妄阿拉布坦之侵略主义 （二）准兵之入藏
（三）准兵据藏之失败
一百十一 雍正之用兵西北 ……………………………… 654
（一）西北用兵之决议 （二）傅尔丹之败绩
（三）蒙古之防战与三音诺颜部之起源
（四）西路之防战与车骑营之制 （五）光显寺之大战
（六）准部之请和

第二十八章 西藏、青海之平定 ………………………… 661

一百十二　中古以来西藏之大势 …………………………………… 661
（一）古代之西藏与红教之起源　（二）黄教之创始及其权势
（三）黄红教之竞争与桑结之专恣
一百十三　西藏之奠定 ……………………………………………… 665
（一）清廷与桑结之交涉　（二）桑结之被杀与达赖转生之争议
（三）准部之侵扰与西藏之大定
一百十四　青海之叛乱 ……………………………………………… 667
（一）罗卜藏丹津之叛　（二）丹津叛后之西边形势
（三）岳钟琪之深入　（四）青海之大定

第二十九章　雍正之内治 ………………………………………… 671
一百十五　胤禛之继位与宗室之制裁 ……………………………… 671
（一）胤禛即位之异说　（二）储位密建法之创始与朋党之禁
（三）骨肉之嫌猜　（四）胤禩等之得罪　（五）贵族之裁抑
一百十六　雍正之政绩 ……………………………………………… 679
（一）贱民阶级之削除　（二）军机处之设立与官制之更改
（三）直隶水利之兴治　（四）浮粮之蠲免与社仓之济急
（五）苗族之由来与改土归流之成功
一百十七　雍正间之大狱 …………………………………………… 684
（一）年羹尧之狱　（二）隆科多之狱
（三）诽议朝政之文字狱
一百十八　吏治之整饬与内外之重臣 ……………………………… 690
（一）吏治之整饬　（二）田文镜之宠信
（三）鄂尔泰、张廷玉之柄用　（四）岳钟琪之任废
一百十九　胤禛之治术 ……………………………………………… 694
（一）伺察之严密　（二）胤禛之性格
（三）祥瑞之说与神仙之偏好
（四）雍正政治之精神与康熙朝之比较

第三十章 排满之思想与运动 …… 700
一百二十 总论 …… 700
（一）民族思想之发生 （二）排满运动之方法
（三）清廷对付排满者之政策
一百二十一 秘密之结社与诸起义者之失败 …… 704
（一）天地会之起源 （二）天地会之组织
（三）哥老会之源流 （四）革命运动之起蹶
一百二十二 康熙时代之文字狱 …… 719
（一）《明史》狱 （二）沈天甫、朱方旦之狱
（三）戴名世之论明史 （四）《南山集》狱
一百二十三 吕留良之狱与胤禛之死 …… 725
（一）吕留良之革命思想 （二）曾静异谋之败露
（三）《大义觉迷录》之颁布 （四）曾静等之处置
（五）胤禛之暴崩

第七篇 清初学术思想之大势

第三十一章 引论 …… 733
一百二十四 清代学术在中国学术史上之位置 …… 733
（一）中国学术之沿革 （二）清学与古代学术
（三）清学与汉唐经学 （四）清学与宋明理学
一百二十五 清代学术之背景 …… 737
（一）政治之背景 （二）学术之背景
一百二十六 清代学术各期概论 …… 740
（一）明学反动期 （二）清学全盛期
（三）今文学运动与东西文化输入时期

第三十二章 清初之经学 …… 743

一百二十七　总说 …………………………………………………… 743
（一）清初经学之派别　（二）清初经学之特点
一百二十八　顾炎武及其弟子 ………………………………………… 745
（一）顾炎武传　（二）炎武对于理学之攻击与经学之提倡
（三）音韵之学与炎武治学之方法　（四）致用之思想
（五）炎武之弟子
一百二十九　阎若璩 ………………………………………………… 751
（一）阎若璩传　（二）《古文尚书》之辨伪与若璩之地理学
一百三十　胡渭及其同时之地理学家 ……………………………… 758
（一）胡渭传　（二）图书之辨惑　（三）胡氏之地舆学
（四）顾祖禹与黄仪
一百三十一　毛奇龄及清初之怀疑学者 …………………………… 763
（一）毛奇龄传　（二）奇龄之经学　（三）奇龄之怀疑精神
（四）姚际恒　（五）黄宗炎
一百三十二　黄宗羲及清初之史学家 ……………………………… 768
（一）黄宗羲传　（二）宗羲对于明代理学之态度
（三）宗羲之史学　（四）宗羲致用之思想与象数之学
（五）万斯同　（六）马骕及吴任臣
一百三十三　清初之天算学家 ……………………………………… 778
（一）梅文鼎　（二）王锡阐与薛凤祚
（三）揭暄与其他之历算学者

第三十三章　清初之理学 ………………………………………… 782
一百三十四　总说 …………………………………………………… 782
（一）清初理学之派别　（二）清初理学家之特点
一百三十五　清初姚江之宗派 ……………………………………… 784
（一）孙奇逢　（二）奇逢弟子　（三）李颙
（四）姚江书院之学者

一百三十六　王夫之与张尔岐 …… 792

（一）王夫之传　（二）夫之黜明崇宋之精神

（三）夫之关于《易经》之学说

（四）夫之论五行生克及其治学精神　（五）张尔岐

一百三十七　清初之程朱宗派（上）…… 799

（一）张履祥　（二）陆世仪　（三）陆陇其

（四）李光地及清初理学名臣

一百三十八　清初之程朱宗派（下）…… 810

（一）谢文洊　（二）应㧑谦及沈昀　（三）刘源渌

（四）朱用纯　（五）刁包及东林学派

一百三十九　颜元及其门人（刘献廷附）…… 814

（一）颜元传　（二）颜元之习行主义

（三）颜元对于宋学之革命　（四）颜元对于汉学之革命

（五）颜元救世之精神　（六）李塨　（七）王源　（八）刘献廷

第三十四章　清初之文学 …… 830

一百四十　总说 …… 830

（一）清初文学之派别　（二）清初文学家之特点

一百四十一　文章 …… 832

（一）侯方域　（二）魏禧　（三）汪琬　（四）姜宸英及何焯

（五）邵长蘅　（六）方苞

一百四十二　诗歌 …… 836

（一）钱谦益与吴伟业（龚鼎孳、阎尔梅附）　（二）宋琬及施闰章

（三）王士禛　（四）朱彝尊

一百四十三　词曲及小说 …… 845

（一）纳兰性德等十家之词　（二）孔尚任及洪昇之曲

（三）吴敬梓之小说

第三篇　一统期之政略与三藩之乱

第十五章　顺治时代之政况

六十　多尔衮之摄政

(一) 多尔衮之崇封与权势

多尔衮与济尔哈朗摄政后,清国之现象,已不似皇太极时之纯朴易治,前既言之矣。及入关之役,以多尔衮为首功,于是威权独隆,加封为“皇叔父摄政王”;寻又晋为“皇父摄政王”。其晋封之册文如下:

> 维顺治元年岁次甲申,十月乙卯朔,初十日甲子,皇帝制曰:太祖武皇帝鸿功肇基,垂裕后昆;太宗文皇帝西并蒙古,东臣朝鲜,拓土开疆,定制崇礼。皇叔父摄政王,征讨元裔插哈喇(即察哈尔)国,俘其后妃世子,灭其部族,获〔其国〕(凡内阁档案残缺者,以意补之,加〔 〕号,其有不能意补者,书□记之。以下仿此)宝,又随〔驾〕(或征)大破江华岛,尽虏其国王宫眷,遂平朝鲜。各〔役必〕克,野战必胜,情□(或实)体国忠贞,助成大业。□册先封睿王,□宝全付朕躬。朕思叔父功德高于周公,昔周公奉武王遗命,辅立成王,代理国政,尽其忠孝,亦皆武王已成之业。我皇考末命之时,宗室诸王,人人觊觎,有援立叔父之谋,叔父坚誓不允。念先皇异常恩义,一心殚忠,精诚为国;又念祖宗创业艰难,以大体为重,将宗室不轨者,尽行处分。虽无先皇遗诏,以朕文皇帝子,不为幼冲,翊戴拥立,国赖以安。及乎明朔失绝,流贼窃位,播恶中原,叔父又率领大兵,入山海关,破贼兵二十万;遂取燕京,抚定中夏,迎朕来京膺受大宝:此皆周公所未有,而

叔父过之,硕德丰功,实宜昭揭于天下!重念我叔父靖乱定策,抚育幼躬,推诚尽忠,克全慈孝;中原赖以扩清,万方从而底定,有此殊勋,特赐宠异。故加崇号,奉曰皇父摄政王。

多尔衮既崇封,同为摄政之郑亲王济尔哈朗,亦仅加封为信义辅政叔王,其兵事大权,大半属于多尔衮母弟多铎。且自以为元辅懿亲,与国同体,君臣之间,不存形迹;凡批答章奏,即用皇父摄政王之旨;而大臣启奏,亦必另有副本,上于摄政王。《北使纪略》谓:"差官王廷翰等假以副将联名帖送内院,冯铨见帖写侍生,厉声曰:'入国问禁,何无上摄政王启,辄敢持帖来见我!'"盖当时上下,惟知有摄政王,而不知有皇帝也。多尔衮既以功高恣威福,乃移大内信符于府第,以便调发。于是一切政令,俱出于摄政一人之手。凡元旦佳节,满汉文武诸臣朝贺毕,即往朝皇父。群僚臣庶,亦惟摄政之意旨是承;其敢以指斥其非者,惟图赖一人而已。图赖姓瓜尔佳氏,满洲镶黄旗人,费英东之子。顺治二年,以从征陕西、江南功,封一等公。性伉直,愤多尔衮专政,一日,于朝堂面斥之曰:"图赖自矢于天,效忠皇上,不避诸王大臣嫌怨久矣!王为诸大臣表率,亦复同流合污,图赖不言,恐负先帝;言之,终不免于戾。今欲自新,王幸勿姑息。不我教也!"多尔衮心滋不悦,卒以其矢忠无他,优容之。顺治二年十二月,多尔衮集诸王大臣议政,遣人传语曰:"今观诸王贝勒大臣,但见谄媚于予,未见有尊崇皇上者,予岂能容此?昔太宗升遐,嗣君未立,诸王贝勒大臣,率属意于予,请予即尊位。予曰:'尔等若如此言,予当自刎。'誓死不从。遂奉皇上缵承大统。似此危疑之时,以予为君,予尚不可;今乃不敬皇上而媚予,予何能容?自今以后,有尽忠皇上者,予用之爱之;其不尽忠,不敬事皇上者,虽媚予,予不尔宥也。"多尔衮虽为此忠荩之言,然大臣之畏威附势者,必不能因此而少减。多尔衮于顺治三年四月,谕内院:"嗣后诸王大臣差遣在外,凡有启奏,具本御前。予处启本,着永行停止!"盖亦自知其僭越非分,而为此敷衍之事欤?其势力之煊赫,欲盖弥彰,《传》所谓"政由宁氏,祭则寡人"者,顺治初年,仿佛似之矣。

（二）多尔衮之死与追削

顺治七年正月，多尔衮遣官选女子于朝鲜。二月，令部不须题奏，具付亲王满达海，及端重亲王、敬谨亲王料理。五月，率诸大臣出猎于山海关，令亲王多尼，顺承郡王勒克德浑，贝子务达海、锡翰，镇国公汉岱并议政。是月，朝鲜送女至，多尔衮亲迎之于连山，即日成婚。六月，猎中后所。七月，欲于边外筑城清暑，令户部计额征地亩人丁数加派，直隶、山西、浙江、山东、江南、河南、湖广、江西、陕西九省银二百四十九万两有奇，输工用。寻以悼妃故，有疾。锡翰等诣第，多尔衮怨曰："顷予罹此莫大忧，今复不快，上虽人主，念此大故，亦宜循家人礼，一为临幸。若谓上方幼冲，尔等皆亲近大臣也。"锡翰等出，多尔衮遣人告之曰："勿言于上！"既而福临幸其第，多尔衮治锡翰等罪有差。是年十月，复以有疾不乐，率诸王贝勒贝子等及八旗固山额真官兵，猎于塞外。至十二月，遂死于喀喇城，时年仅三十九。丧仪悉用帝礼。柩至，福临迎于东直门五里外，跪奠三爵，大恸。遂下诏曰：

> 奉天承运皇帝诏曰：昔太宗文皇帝升遐之时，诸王群臣，拥戴皇父摄政王。我皇父摄政王坚持退让，扶立朕躬。又平定中原，混一天下，至德丰功，千古无两；不幸于顺治七年十二月初九日戌时，以疾上宾，朕心摧痛，率土衔哀！中外丧仪，合依帝礼。应行事宜，开列于后。（条文从略）
>
> 於戏！恩义兼隆，莫报如天之德；荣哀备至，式符薄海之心！布告多方，咸使知悉。顺治七年十二月。

多尔衮既死，其弟多铎，亦先于顺治六年卒。当时懿亲大臣，自以济尔哈朗为威隆望重，故政权乃由睿邸而移于郑王。时福临年已稍长，多尔衮死，即命大学士刚林等，取摄政王府信符及赏功册，收贮内库，盖以是为政权之所系也。顺治八年，遂亲政。祔摄政王主于太庙，追尊为义皇帝，庙号成宗。诏曰：

奉天承运皇帝诏曰:有至德斯享鸿名,成大功宜膺昭报!皇父摄政王,当朕躬嗣服之始,谦让弥光;追王师灭贼之时,勋猷茂著。辟舆图为一统,摄大政者七年;伟烈居以小心,厚泽流于奕世。未隆尊号,深歉朕怀;谨于顺治七年十二月二十五日,祗告天地宗庙社稷,追尊为懋德修道广业定功安民立政诚敬义皇帝,庙号成宗。并追尊义皇帝元妃为敬孝忠恭静简慈惠助德佐道义皇后,同祔庙享。既举盛仪,应覃恩赦,合行事宜,条例于后。(条文从略)

於戏!声名洋溢,昭令德以如存;禋祀攸崇,质群情而允协。布告天下,咸使闻知。顺治八年正月二十六日。

未几,近侍苏克萨哈等首告:多尔衮薨时,其使女吴尔库尼将殉,呼从官罗什、博惠尔、苏拜、穆济伦告以王曾制八补黄袍,与大东珠朝珠等置棺内。又多尔衮欲于永平圈房,以两旗官兵移驻,与都统和洛辉等共定逆谋;因出猎稽迟,未行。谭泰亦首言,多尔衮纳肃王妃。诏下廷议。郑亲王济尔哈朗,与端重郡王博洛、敬谨亲王尼堪等,合词证成其狱;而巽王满达海等,更疏言:"多尔衮独专威权,不令济尔哈朗预政,以其母弟多铎为辅政叔王,背誓肆行,妄自尊大。以皇上之继位,尽为己功;又擅自妄称太宗夺位,以挟制中外。"又言:"违例于八旗选美女入伊府,并于新服喀尔喀部索取有夫之妇。"于是撤去庙享,其母妻封典,悉行追夺,籍没家产。嗣子多尔博停袭爵,同母弟豫亲王多铎,以功大降为郡王。大学士刚林、祁充格俱以阿附睿王,置重典;其党何洛会、吴拜、苏拜、罗什、博尔惠俱抵罪。范文程初见睿王权位隆重,势且及祸,常托疾家居,特从宽革职。追复肃亲王豪格爵,封其子为亲王。多尔衮之雄材武略,功业昭著,于清初实有莫大之关系,何以身死未几,横遭指摘,遽夺封爵,尽诛党与?盖彼自辅政以来,功高自恣,生杀任情,高下在手。擅降辅政之郑亲王,而为多罗郡王,且几陷于大辟;逼死肃王豪格,而纳其妃。所谓炙手可热,宅心不纯者,殆为多尔衮致祸之根源。范文程告疾避祸,亦可谓有先见之明矣。至若潜谋不轨之罪状,殆为忌者诬谄之词,不过借此为抨击之地耳。

(三) 多尔衮之昭雪

多尔衮之事,至乾隆三十八年,弘历即欲为之昭雪;然以成案所在,未敢骤翻也。故当时上谕,亦只言睿王之功,及其身后凄凉,坟茔毁败之状,令量为修葺,且使亲近支属,按时祭扫。至乾隆四十三年,弘历始毅然复还睿王封号,追谥曰"忠"。当时上谕有言:

> 睿亲王多尔衮当开国时,首先统众入关,扫荡贼氛,肃清宫禁,分遣诸王追歼流寇,抚定疆陲,一切创制规模,皆所经画。寻即奉迎世祖车驾入都,定国开基,以成一统之业,厥功最著!顾以摄政有年,威福不无专擅,诸王大臣,未免畏而忌之;遂致没后为苏克萨哈等所搆,诬以谋逆,经诸王定罪除封。其时我世祖章皇帝,实尚在冲龄,未尝亲政也。夫睿王果萌异志,则方兵权在握,何事不可为?且吴三桂之所迎,胜国旧臣之所奉,止知有摄政王耳,其势更无难显窃名号。即我满洲大臣,心存忠笃者,自必不肯顺从;然彼诚图为不轨,无难锄除异己,以逞逆谋。乃不闻于彼时因利乘便,直至身后以敛服僭用明黄龙衮,指为觊觎之证,有是理乎?……王之立心行事,实能笃忠荩,感厚恩,深明君臣大义,尤为史册所罕觏。……乃令王之身后,久抱不白之冤于泉壤,心甚悯焉。假令当时王之逆迹,稍有左验,削除之罪,果出于我世祖圣裁,朕亦宁敢复翻成案?乃实由宵小奸谋,构成冤狱,而王之政绩,载在《实录》者,皆有大功,而无叛逆之迹,又岂可不为之昭雪乎?昨于三十八年,因其茔域久荒,特敕量为缮葺,并准其近支以时祭扫。然以王之生平尽心王室,尚不足以慰彼成劳,朕以王应加恩复还睿王封号,追谥曰"忠",补入玉牒。并令补继袭封,照亲王园寝制度,修其茔墓……用昭彰阐宗勋至意。

其追复册文,兹录于下:

> 阐宗勋于故府,典重睦亲;察经迹于遗闻,义彰继绝。念精白具征信史,兼伟代以昭垂,允宜平反而追核,爰书焕纶光泽。维尔多尔

衮造邦翊运,作翰宣劳,入关克展壮猷,遂集勋以大定;当轴更襄硕画,爰摄政以多年。群不逞怨积于生前,莫须有反诬诸地下。值冲岁未亲万几,众因矫命以除封,讵深文竟指敛衣,久令衔冤于没世。朕恭稽《实录》,恻念纯诚;拒二王劝进之勤,誓死力全顾托;成一统廓清之业,奉迎式肇基图。勗尊亲则切诫群工,持法纪则靡私同气;贞心如揭,轨事咸存。祚以世封,聿准懿藩之旧;列之瑶牒,仍延嗣续之常。葺园寝而祀秩春秋,侑庙庑而位循伯仲,传以表勋,谥以褒忠。兹复封尔为和硕睿亲王,世袭罔替,锡之册命,於戏!削除匪出于圣裁,狱久成为不白;功伐久彰于宝典,忱尤耿其如丹。远昭盈箧之诬,笃棐期风百世;载锡惟城之命,沉沦庶雪九原。式慰尔灵,垂休无斁!

或曰:弘历之追复多尔衮也,实以太后下嫁一事(孝庄后下嫁摄政王一事,言者纷纷,至今未得确证,故不敢妄述。然就皇父封号,及满洲风俗观之,则此事殆非不可能。孟森《三大疑案考实》谓:“皇父之称,犹之尚父、仲父,纯为报功,不关渎伦。皇后不袝葬者,清历朝有之,不足为证。”此说未必尽允。因仲父、尚父犹之伯父、叔父,何得与皇父相提并论?满洲风俗,凡娶继母、伯母、婶母、兄嫂、弟妇、侄妇,均不禁。多尔衮纳豪格妃,即侄妇也;福临夺董鄂妃,即弟妇也。孝庄后宁不能为其子以“纡尊降贵”乎?此与渎伦无关。故张苍水《奇零草》有《建州宫词》十首,其七云:“上寿称为合卺尊,慈宁宫里烂迎门,春官昨进新仪注,大礼恭逢太后婚”之句。谓为清末污诋之辞,殊不尽然),福临既耻而追削其封,弘历又以纪昀之言,削去《实录》关于此事之记载,并欲泯灭其迹,故追复多尔衮封爵,令后人不之疑也。其言不知是否?存以待考。

六十一 福临亲政后之建施

(一) 福临之大婚礼

多尔衮既卒,政权始归于福临。顺治八年正月,亲政于太和殿,诸王大臣上表行庆贺礼,颁诏大赦天下。八月,福临行大婚礼,册立科尔沁部亲王吴克善之女为皇后。其仪注典礼，为清初所首见，且属皇帝之大婚，颇足纪述。兹据《大清通礼》所载，录之如下：

世祖章皇帝大婚，预择吉行纳采礼（采币等物详见《通礼》）前期一日，行大征礼（采币等详见《通礼》），遣官各一人，以大婚祇告于天地太庙。至日早，卤薄，大驾，乐悬，陈设如常仪，銮仪卫官陈皇后仪驾于皇后邸；礼部官设案于太和殿正中，又设案于皇后邸堂正中，设册宝箟于案上，又设案于中案之东；设采亭二于太和门外阶下。内院礼部官，朝服奉册宝，由中道入太和殿，陈于案。王公百官，咸朝服序立。世祖章皇帝礼服御殿升座。内院官奉册宝授册封使臣，使臣跪受，兴，由中道奉出；礼部堂官前导，至太和门外，设于采亭。銮仪卫校尉舁册宝亭，次第行，前列御仗二对，由协和门出，诣皇后邸。世祖章皇帝还宫，遣亲王二人，奏请昭圣皇太后幸位育宫（今保和殿），昭圣皇太后升舆，乐作，仪驾前导，世祖章皇帝恭迎于太和门内，昭圣皇太后舆由御道进位育宫。使臣至皇后邸，后父率亲属朝服出迎于门外，皇后礼服同后母朝服迎于庭，使臣奉册宝由中道入，置东案上。皇后就案南，北面跪；宣读官立案左，西面宣册宝文，毕，次第奉授侍左女官跪接，献皇后；皇后祇受，转授侍右女官，跪接，陈于案上箟内。皇后兴，行六肃三跪三拜毕，皇后升舆，女官奉册宝箟设采亭内，仪驾鼓乐前导，至协和门，仪驾止（交内执事人）。女官奉册宝前行，皇后舆由中道入，至太和殿下，降舆入宫。礼部堂官奉请御殿，世祖章皇帝礼服御中和殿，诸王入至中和殿，世祖章皇帝率诸王诣昭圣皇太后前，行礼毕，诸王退出，复原班立。世祖章皇帝御太和殿，午门鸣钟鼓，中和韶乐作。世祖章皇帝升座，乐止鸣鞭。赐后父及亲属燕，王公百官咸与燕，毕；还宫。皇后率后母暨公主、福晋、命妇，朝昭圣皇太后于位育宫。礼成，皇后还宫。昭圣皇太后赐后母燕，公主、福晋、命妇，咸与燕，毕；昭圣皇太后乘舆还宫。世祖章皇帝恭送如初。越三日，世祖章皇帝御太和殿，王公百官上表行庆贺礼，颁诏天下，各如常仪。

其后皇帝婚礼,均视此大同小异。在婚礼以前者,有纳采、大征诸礼;在婚礼以后者,有庆贺之仪。其间如降册,赐燕诸事,皆为恩赏式之仪注,非若民间双双跪拜之礼;盖不似常人之以妻为敌体也。福临为清室入主中原之第一帝,而大婚礼又为平生第一件之喜庆事,其庆典之隆,可想见矣。去冬(民国十一年),清废帝爱新觉罗溥仪行婚礼于京城,一如旧仪,余亲观其盛,不禁有深慨于中,以为民国之玷。今回忆二百七十年前之福临,其前后辉映,感慨又当何如乎?

(二) 关于政治之建革

福临既亲政,一袭从前多尔衮所施之大政方针,而无所变更。盖多尔衮利用以华制华之策,兼采刚柔互济之道,凡诸政治,莫不借汉人以为收揽人心之作用。如用陈名夏而南方名士,多所荐起。顺治之任用汉官,乐就文学之士,书思对命,绰有士大夫之风。又谕养故明亲王郡王(顺治八年事),命金之俊撰崇祯帝碑,予明末殉难诸臣范景文等谥(顺治十年):种种措施,皆不外乎多尔衮时之遗训而已。至于制度之因革,弊政之罢除,有福临亲政后之所建树者,虽不能谓为巨业鸿图;然较之多尔衮摄政时,则已略具规模矣。当多尔衮之时,一切皆草创,而东南扰攘,海内未一,无暇为内部之修整。及福临亲政,闽浙已服,岭海之间,惟朱由榔、郑成功为明支撑,然不足动摇根本也。福临亦英俊之主,亲政之初,即首正多尔衮之罪;其后请为之昭雪者,如副理事官彭长庚,一等精奇尼哈番许尔安等,无不忤旨徙边。既而,又坐拜尹图、巩阿岱、锡翰、席纳布库、冷僧机为睿王党,以罪伏法,惟尹图以年老,免死,禁锢狱中(顺治九年事)。而官吏之骄横贪墨者,如谭泰、土国宝、陈名夏、陈之遴,无不立正典刑:谭泰为吏部尚书,性横暴,婪索赃银,明目张胆。御史张煊劾奏,王大臣集讯,谭于殿廷咆哮攘臂,力芘党人,欲杀张以灭口。满大臣希多尔衮恉,张煊卒坐法死。及福临亲政,遂以骄纵被诛,且籍其家。土国宝以江宁巡抚贪污被劾,革职严讯,畏罪自缢。皆顺治八年冬间事也。顺治十一年,宁完我列议政大臣,劾大学士陈名夏结党怀奸,情事叵测。命议政诸王贝勒大臣覆议,皆实,名夏着处绞,子掖臣逮治遣戍。当廷辩词穷时,名夏哭诉投诚功,真所谓不知有羞耻事者已。顺治十三年,陈之遴以贿结内监吴良辅,鞫讯得实,加恩免其革职,以原官发盛京居住,后卒于贬所。他如定职官逮问例(八年),设宗人府,定京察例(俱九年),改折各直省本色钱粮,仍归于一条鞭法,定立限报灾例(十年),行加衔成例,行人丁编审法(十一年),定秋审决犯例(十二年),严定治赃例(十三年),诏直省学臣求遗书(十四年),礼部奏定宫闱女官名数品级(十五年),设日讲官(十二年),置内阁学士,翰林院满汉掌院学士,侍读侍讲学士,并侍读侍讲等官(十六年):皆建设之政也。以前圈地归还原主;罢添设榷关人员(谕吏部:榷关之设,国家借以通商,非以苦商。关税原有定额,差一司官已足,何故滥差多人,忽而三员,忽而二员?每官一出,必市马数十匹,招募书吏数十人,绍兴棍徒,谋充书吏,争竞钻营,未出都门,先行纳贿,户部又填给粮单,沿途骚扰。朕均知今日官民之苦。着仍旧每关设官一员,其添者,悉行裁去);严束驿递奉差官员(八年谕兵部:国家设立驿递,原以传朝廷命令。奉差官员,恣意苦索,上误公务,下害小民,深可痛恨!以后再有此等之人,不拘大小衙门,着地方官指明申报,该督抚飞章参奏)。罢各省巡按(十年),停命妇更番入侍后妃之例(十一年),撤各省守催钱粮满官,停遣满官榷关(十三年),遣大臣清理刑狱(十五年):皆革弊之政也。当时直言敢谏之臣,如魏裔介、魏象枢、杨雍建之辈;运筹帷幄之臣,如范文程、宁完我、洪承畴、冯铨、金之俊辈,皆所以佐成统一之业者。《世祖传赞》谓:“睿亲王之措施,系仓卒成功,于明之弊政,未能厘正。世祖亲政之后,任法严肃,凡大臣专横,如陈名夏、谭泰、陈之遴、刘正宗之辈,无不立正典刑。以后人各知畏,夙弊尽革,以成一代雍熙之治。”《清史稿·世祖本纪》论曰:“摄政入关定鼎,奄宅区夏,然兵事方殷,休养生息,未遑及也。迨帝亲综万几,勤政爱民,孜孜求治,清赋役以革横征,定律令以涤冤滥,蠲租省赋,史不绝书,登水火之民于衽席,虽景命不融,而丕基已巩。”而今人之论之者,则曰:“开创之主,类皆英明权变,豁达大度,故能崛起一方,手定大业。独满朝之顺治,乃以童稚得之;且以少数异族,入主民族多数。践祚之初,百事草创,一仍明旧;而主持政务,多尔衮一人,所用明臣,冯铨等亡国大夫,觍颜无耻,招权纳贿,棼如乱丝;致开国规模,讫无足纪。其所以能成一统者,原因有二:一则张、李二贼,杀掠过甚,民生无聊,乱极思治。一则兵威所胁,屠之僇之,强就衔勒。”(见《清外史》)然福临自亲政以后,锐意图治,经营建置,不遗余力。其措施虽容有未当,而规模大略,粗已具备。青年为此,未可厚非也。

(三) 满汉之畛域及防渐之术

福临虽以笼络汉人为政策,然对于汉满之畛域,则仍不能一概免除。如顺治八年,御史匡兰兆奏朝祭宜复用衮冕。得旨:“一代自有制度,朝廷惟在敬天爱民,治安天下;何必在用衮冕?”盖衮冕为汉制也。顺治十年,福临幸内院,览少詹事李呈祥条议部院衙门,应裁去满官,专任汉人之疏。顾谓大学士洪承畴曰:“李呈祥此奏,大不合理! 夙昔满臣,赞理庶政,并有畋猎行阵之劳,是用得邀天眷,大业克成。彼时岂资尔汉臣为之耶? 朕不分满汉一体眷遇,尔汉官奈何反生异意? 若以理言,首崇满洲,固所宜也。想尔等多系明季之臣,故有此妄言耳。”承畴不能答。遂革李呈祥职,徙盛京。满人任官,每多贪纵,当时弊端,李疏当言之极详。惜福临拘于汉满之见,而不能用;且以是革李职。然大权既属于彼族,则任用亲贵族,亦常人之所不能免,固无足深怪也。亲政之初,参用诸王于部院,谕言:“天下之所治,关乎各部院。虽自古无参用王之例,然闻太宗文皇帝曾用诸王于部院,朕欲率由旧典,复用诸王。念诸王虽甚劳苦,然诚各殚厥职,厘剔庶务,俾上下不至壅蔽,利国家而致升平,莫此为要!”此种秕政,后虽不久废之,然其仍袭封建之旧制,欲分大权于八旗,奈时势之不能倒流何! 他如杀京师大豪李应试,严禁士子结社集会,则又防微杜渐之术,不可不知者也。应试者,京师之富豪也,势通王公,广招宾客。福临恐其有异谋,捕杀之。顺治九年十一月,福临幸内院,谕大学士等曰:“黄膘(音标,肥貌)、李三(应试),一细民耳,住居之外,复多造房屋,修饰整齐,何也?”承畴对曰:“其房屋分照六部,或某人至某部有事,即入某部房内,毋敢搀越。”福临曰:“以细民而越分妄行如此,是天使之败也!”又曰:“李三为民大害,诸臣畏不敢言,鞫审之日,宁完我、陈之遴默然无言,郑亲王诘之再三,之遴始曰:‘李三巨恶,诛之则已,倘不行正法,之遴必被陷害。'岂非重身家性命者乎？陈名夏曰：'李三虽恶，御史足以治之。臣等以为大官，发奸摘伏，非臣所司。且李三广通声气，言出祸随，顾惜身家，亦人之恒情也。'"观此，则应试之势力，与诸臣畏之之情状可知矣。李三岂亦明季之义民，而欲为排满之运动者欤？江南至东林讲学以后，士风甚盛，颇向气节，故南京之破，上下江民兵四起，无不以复明排满为运动之标帜。然终以兵少饷绌，不久旋败。义士文人，每藏匿山林，不肯出仕，而士子亦复沿东林之旧，有几社、复社诸名目。虽以讲学为名，实则亡国之根，当借以发纾。顺治十七年，严禁士子不得妄立社名，纠众盟会，其投刺往来，亦不许用同社、同盟字样，违者治罪。至是而文人学者潜心经史庭户之间，不复有聚集讲论之事，清初大儒，因此多治实学；而清代学术之隆盛，此令亦与有力焉。

（四）十三衙门之设立与内监之制裁

宦官之制，明立十二监、四司、八局，为二十四衙门，外有诸库、诸房、诸厂、诸宫门监，余琐琐者，盖不胜计矣。其擅威福于内者，提督东西厂京营，及文书、礼仪、中书各房也。肆荼毒于外者，各省镇守守备诸陵神宫监；及织造市舶仓场也。若监军，采办粮税矿关等使，犹其不常设者。崇祯时，以坐营督饷，概命中宫。明社既墟，虫沙亦灰灭焉。清太祖、太宗以来，痛惩往失，不设奄人。福临时，设内务府，罢织造太监。顺治十年，设乾清宫执事官，及直殿局。十一年，裁内务府，置十三衙门。盖受吴良辅之煽惑也。十三衙门凡八监：曰司礼、曰御用、曰御马、曰内官、曰尚衣、曰尚膳、曰司设、曰尚宝。有三司：曰尚方、曰钟鼓、曰惜薪。有二局：曰兵杖、曰织染。（按王庆云《熙朝纪政·纪裁十三衙门附志》言："依《通考》初立十三衙门，在顺治十一年。检典例八百十五官制，与《通考》同，而典例九百十九载上谕〔见下〕，则在十年，有乾清宫执事官，及直殿局，而缺尚方司，织染局。二者之设当稍后。"）嗣改钟鼓司为礼仪监，尚宝监为尚宝司，织染局为经纬局（十三年事）。复又改尚方司为尚方院。十七年又改内官监曰宣徽院，礼仪监为礼仪院，设郎中以下官。于是内官如吴良辅、佟义等，遂妄作威福，任意把持；虽有铁牌，不能制也。初，顺治十

年,谕:

朕稽考官制,唐、虞、夏、商未用寺人,自周末以来,始具其职,所司者不过阍闼扫洒使令之役,未尝干预外事。秦汉以来,诸君不能防患,乃委以事权,加以爵禄,典兵干政,流祸无穷,岂其君尽暗者?缘此辈小忠小信,足以固结主心;日近日亲,易致潜持朝政。且其叔伯弟侄,宗族亲戚,实繁有徒,结纳搢绅,关通郡县,朋比夤缘,作奸受贿,窥探喜怒,以张威福。宫庭邃密,深居燕闲;稍露端倪,辄为假托。或欲言而故默,或借公以行私;颠倒贤奸,混淆邪正。依附者得致云霄,忤抗者谋沉渊穽;虽有英毅之主,不觉堕其术中。权既旁移,变多中发,历观覆辙,可为鉴戒!但宫禁役使,此辈势难尽革,朕酌古因时,量为设置。首为乾清宫执事官,次为司礼监、御用监、内官监、司设监、尚膳监、尚衣监、尚宝监、御马监、惜薪司、钟鼓司、直殿局、兵仗局,满洲近臣,与寺人兼用。各衙门官品虽有高下,寺人不过四品。凡系内员,非奉差遣,不许擅出皇城职司之外,不许干涉一事,不许招引外人,不许交结外官,不许使弟侄亲戚暗相交结,不许假弟侄等人名色,买置田屋,因而把持官府,扰害人民。其外官员,不许与内官互相交结;如有交结者,同官觉举,院部察奏,科道纪参,审实一并正法。防禁既严,庶革前弊。

顺治十二年,又谕:

中官之设,虽自古不废,然任使失宜,遂遗祸乱。近如明朝王振、汪直、曹吉祥、刘瑾、魏忠贤等,专擅威权,干预朝政。开厂缉事,枉杀无辜;出镇典兵,流毒边境。甚至谋为不轨,陷害忠良,煽引党类,称功颂德,以至国事日非,覆辙相寻,足为鉴戒!朕今裁定内官衙门及员数职掌,法制甚明。以后但有犯法干政,窃权纳贿,属托内外衙门,交纳满汉官员,越分擅奏外事,上言官吏贤否者,即行凌迟处死。定不姑贷,特立铁牌,世世遵守。

福临以宫中使用乏人，偶用此辈，立十三衙门，制寺人不过四品，又命工部立铁牌镌敕谕于上，严禁干预政事。然阘茸之徒，积习过深，其弊终不能尽除。故顺治十五年，大学士陈之遴以贿结吴良辅得罪矣。至良辅之交通内外官员，作弊纳贿，虽屡为御史所劾，而福临犹优容之，崩前五日，尚亲幸法源寺为良辅祝发。至十八年遗诏，令罢十三衙门，其弊始革，良辅亦经处斩矣。

（五）丁酉科场案

吾国用人，铨选与科举并重，古有乡举里选之法，颇近民主政治，后渐成为具文，遂以科举为抡才大典矣。科举纵极清平，能免贿赂，不能免人情，士子之行卷，公卿之游扬，恒为猎取科第之先导，不足讳也。明朝如程敏政、唐寅之事，沈同和、赵鸣扬之事，关节枪替，经人举发，无过蹉跎而止，从无以刀踞斧钺随其后者。至清代乃兴科场大狱，草菅人命，甚至父母弟兄叔侄，连坐而同科，罪有甚于大逆，无非加重其罔民之力，束缚而驰骤之，亦清人之一贯政策耳。盖明代迷信八股科举，至亡国时为极盛，余毒所蕴，假清代而尽泄之。满人旁观极清，笼络中国之秀民，莫妙于中其所迷信，始入关则连岁开科，以慰蹭蹬者之心，继而严刑峻法，俾忮求之士称快。丁酉之狱，主司房考及中式之士子，诛戮及遣戍者无数。其时发难者汉人，受祸者亦汉人，汉人陷溺于科举，至深且酷，不惜假满人以屠僇同胞，以泄多数侥幸未遂之人，年年被摈之愤，此所谓“天下英雄，入吾彀中”者也。丁酉狱蔓延几及全国，以顺天、江南、两省最巨。次则河南、山东、山西，共五闱。明时江南与顺天俱有国子监，为全国士子之所萃，非一省之关系而已。清兵下江南，虽已改应天府为江宁，废去南雍，然士子耳目，尚以顺天、江南为观瞻所系，是年科场大狱，即以此两闱为最惨，同时并举，以耸动迷信科举之汉儿，用意至为明显，今分别叙述如下：

一、顺天闱狱　顺治十四年，岁丁酉，大比贡士于乡，旧典也。权要贿赂，相习成风，曳白滥觞，寒酸浩叹，久矣。清廷雅知流弊，先期严敕，著之会典，曰考官阅卷有弊者，杀无赦。孟秋，学使者遴八府之秀,计有四千员名,而合天下之拔贡、岁贡、官生、民监又一千七百余人。中式额名,止限二百零六人,而乡士与贡士,各居其半。平情论之,乡士之进取为难,贡士之命中较易,乃贡士为四海九州拔尤而进之首善以观光者,故非父兄为高官,则家内称殷实,非游缙绅以博名称,则挟诗文,结坛社,以相恐吓,屯聚群嚣,人人自以为探囊高魁,垂手折桂,盖关节路径,尽人而然,恬不为怪。是科主考官翰林院侍读曹本荣,侍讲宋之绳,分校五经房李振邺(大理寺左评事)、张我朴(右评事)、蔡之曦(国子监博士)、郭濬(行人)等共十四人。振邺等虽名进士,然皆少年轻狂,浮薄寡虑,其间虽未必尽贪财纳贿,而欲结纳权贵,以期速化,揽收名下,以树私人,其用心则同也。然径窦嘱托甚多,而额数有限,闱中推敲,比之阅文以定高下者,其心更苦。爵高者必录,爵高而党羽少者乙之。财丰者必录,财丰而名不素布者,又将乙之。诸如此类,难以枚举,而邺尤孟浪,其在外所通关节者,二十有五人,在内一时难以寻获,遂手画蓝笔一纸,令奚童灵秀寻对,止中五名,外二十人不中。秀以此纸示同伴冯元,元固邺素遇之寡恩者,因攫藏思以钳其主,尚未发。至榜下,人情大哗。苕溪贡生张汉,素戆骙,以别有隐恨,(汉与振邺交密,依傍其庑。振邺夫人将至,以妾相赠。妾因汉寒酸,抱怨于邺。邺曰:"吾即日入棘闱,汝可隐隐对新郎说,教他寻觅好主,每主六千,使用加二,我得正数,汝家得使用,倘能觅三人,不几三千余金乎? 如是汝尚何忧贫也。"妾喜告汉。汉曰:"与其为人谋,何如自为谋,不如将关节与我,我止奉半价相偿,而叨惠其半。若然,汝且为夫人矣,又何三千金是羡乎?"妾伺邺来以告,邺未即许,妾撒娇痴,乃许之,遂出枕中秘以相授受。汉日驰逐于华胄富豪之家,以为名利双收之局。乃舆论场屋者,群曰:"今年北闱难矣,即李振邺一人,不知卖出几许矣,尚何公道可问乎?"汉闻即归,忧形于色,其妾叩之,告以故曰:吾始以所授者不数数,则获售可必,今人言籍籍若此,吾料价昂者升,色淡者退,果能息壤在彼乎?"妾又以告邺。邺不审人之为言,误以汉对人议己,大怒曰:"吾以心腹待汝,汝何在外毁败吾事?"遂索马驰寻张汉,连批其颊,叱名丑诋。汉乃羞赧欲死，亦将郯痛骂以答之。既入帘，郯得汉卷大行涂抹，于是上升之丹，竟为点额之的矣。）剪发刻揭投送科道衙门四纸。嘉善蒋文卓亦写揭，匿名遍传。杭州贡生张绣虎惯为拿讹扎诈之枭，从中鼓煽恐吓，借张、蒋为囮，诈得张、李二房考银一千二百两。吏科陆贻吉（按吴梅村《吾谷行》注及王应奎《柳南随笔》，贻吉为严姓，嘉靖大学士严讷裔孙也。《东华录》俱作陆，不知何故）与闻，以告刑科任克溥。溥久衔考官，乃乘机具疏弹劾。事下吏部都察院严讯，得实奏闻。《东华录》载十月甲午上谕：

> 贪赃坏法，屡有严谕禁饬，科场为取士大典，关系最重，况辇毂重地，系各省观瞻，岂可恣意贪墨行私，所审受贿、用贿、过付，种种实情，目无三尺，若不重加惩处，何以警戒来兹？李振邺，张我朴，蔡元曦，陆贻吉，项绍芳，举人田耜、邬作霖（《丁酉北闱大狱记略》作贺鸣郊）俱着立斩，家产籍没。父母兄弟妻子，俱流徙尚阳堡，主考官曹本荣、宋之绳着议处具奏。

此案审问时，大学士王永吉欲邀欢于满人，特召冯元至膝前，温言色餂之，元遂出襆中所藏郯亲笔，按卷而对。自是瓜蔓相寻，一网打尽。不意二十五关节中，首陆庆曾（字子玄，云间人）系二十年名宿，且曾药愈振邺，借中式以酬医，而非入贿者。亦即逮入，不少恕。第二名即永吉嫡侄王树德，永吉于是面如死灰，向满人告明回避，上疏自劾，得旨云："王永吉乃朕破格擢用，受恩深厚，未见克尽职业，实心为国，负朕简任之恩，王树德系其亲侄，岂不知情？着降五级调用。"张、李、蔡正法之次日，吏部即檄各省，逮系各家老幼，抄没资产，提拿各犯，纵骑四出，辱骂鞭策，盈车累轴。系累男女一百八名，出关而去。顺治十五年正月，复试丁酉顺天中式举人，取得米汉雯等一百八十二名。八名文理不通，俱着革去举人。刑部议奏：王树德、陆庆曾、潘隐如、唐彦曦、沈始然、孙旸、张天植、张恂俱应立斩，妻子父母兄弟流徙尚阳堡，孙伯龄、郁之章、李贵、陈经在、丘衡、赵瑞南、唐元迪、潘时升、盛树鸿、徐文龙、查学诗俱应立斩，家产籍没。张旻、孙兰茁、郁乔、李苏霖、张绣虎俱应立绞。余赞周应绞监候，秋后处决。福临以人命至重,恐其中或有冤枉,特命提来亲讯,王树德等俱供作弊情真。福临念多犯一时处死,于心不忍,俱从宽免,各责四十板,流徙尚阳堡。主考官曹本荣、宋之绳以日夕陪侍,特恩姑免之。此顺治十五年四月也。

二、江南闱狱 顺治十四年十一月壬戌,给事中阴应节参奏江南主考方猷等,弊窦多端,物议沸腾。其彰著者,如取中之方章钺,系少詹事方拱乾第五子,悬成(本名方元成,后改名方孝标)、亨咸、膏茂之弟,与猷联宗有素,乘机滋弊,冒滥贤书,请皇上立赐提究严讯。得旨:方猷、钱开宗并同考试官,俱着革职,刑部差员速拿方章钺来京严行详审。十五年三月,帝亲复试丁酉科江南举人,取吴珂鸣解元,准同会试,汪溥勋等七十四名,仍准作举人。史继佚等二十四名,亦准作举人,罚停会试二科。方域等十四名,文理不通,俱着革去举人。十一月刑部审实,奏拟正主考方猷,副主考钱开宗处绞,同考官叶楚槐等责遣尚阳堡,方章钺等俱革去举人。得旨:方猷、钱开宗俱着即正法,妻子家产籍没入官。叶楚槐、周霖、张晋、刘延桂、田俊民、郝惟训、商显仁、朱祥光、文银灿、雷震声、李上林、朱建寅、王照如、李大升、朱菸、王国桢、龚勋俱着即处绞,妻子家产籍没入官。已死卢铸鼎妻子家产亦籍没入官。方章钺、张明荐、伍成礼、姚其章、吴兰友、庄允堡、吴兆骞、钱威,俱着责四十板,家产籍没入官,父母兄弟妻子,并流徙宁古塔。程度渊在逃,责令总督郎廷佐等速行严缉获解。又以刑部审议耽延,革尚书图海、白元谦,侍郎吴喇禅、杜立德等所加之级。此案之起因,由于好事者刻传奇名《万金记》。以方字去一点为万,钱字去边旁为金,指二主考姓,及行贿通贿状。而尤侗著《钧天乐》,亦丁酉科场之谤书也。然世皆以吴兆骞为可惜。据许嗣茅《绪南笔谈》,谓:"叶忠节(名应榴)于顺治丁酉登秋试,《万金记》狱起,同年中名士,如吴汉槎(兆骞)、陆子玄(庆曾乃北闱案中人,此记有误)皆战栗不能终卷,公与张相国、叶学士、吴詹事等从容挥洒而出。"盖当复试时,试官罗列侦视,堂下列武士,锒铛而外,黄铜之夹棍,腰市之刀,悉森布焉。以两护军夹一举人入场,持刀恐吓,其不能下笔宜矣。吴兆骞以曳白而被谪,虽云不幸,然是犹以兆骞而脍炙人口,而兆骞又以诸名士怀旧之作而并传不朽,则亦不幸中之大幸也。其时为以文字为吴增重者,实缘吴梅村一诗,及顾贞观两词耳。梅村于科场案中赠陆庆曾有诗,赠孙承恩而及其弟旸亦有诗,顾皆不及其《悲歌赠吴季子》一首,尤为绝唱,乃其不朽之第一步。今录其词如下:

人生千里与万里,黯然销魂别而已。君独何为至于此?山非山兮水非水,生非生兮死非死。十三学经并学史,生在江南长纨绮,词赋翩翩众莫比,白璧青蝇见排觝。一朝束缚去,上书难自理,绝塞千山断行李,送吏泪不止。流人复何倚!彼尚愁不归,我行定已矣!七月龙沙雪花起,橐驼腰垂马没耳,白骨皑皑经战垒,黑河无船渡者几?前忧猛虎后苍兕,土穴偷生若蝼蚁。大鱼如山不见尾,张鬐为风沫为雨,日月倒行入海底,白昼相逢半人鬼。噫嘻乎,悲哉!生男聪明慎勿喜,仓颉夜哭良有以,受患只从读书始!君不见吴季子!

吴诗所云宁古塔地之恢诡,据《研堂见闻杂记》云:"宁古塔在辽东极北,去京七八千里,其地重冰积雪,非复世界,中国人亦无至其地者。诸流人虽各拟遣,而说者谓至半道,为虎狼所食,猿狖所攫,或饥人所啖,无得生也。向来流人俱徙向阳堡,地去京师三千里,犹有屋宇可居,至者尚得活,至此则望尚阳如登天上矣。"可见当时人对宁古塔之感想,故吴诗有"生非生兮死非死","白昼相逢半人鬼"之句也。其实宁古塔乃清人发祥之地,后吴有《谪宁古塔记》述其概略,亦与向阳堡等耳。兆骞遣戍垂二十余年,终以顾贞观《金缕曲》二阕,感动太傅明珠子成容若,始得于康熙二十年赎归。自有此段故事,兆骞益不朽矣。顾词见第七篇,兹不赘。措赎金最踊跃者,为徐乾学,于是辇下名流,以不与此事为歉。故于兆骞归日,无人不有诗以纪之,诸家集中,皆见此题,多不胜录。惟王士祯有《和健庵(乾学字)喜汉槎入关》之作云:"丁零绝塞鬓毛斑,雪窖招魂再入关,万古穷荒生马角,几人乐府唱刀环?天边魑魅愁迁客,江上莼鲈话故山。

太息梅村今宿草,不留老眼待君还!”此则回顾《悲歌》,足了一段公案,然兆骞冤狱之动人,仍不能不借梅村之诗,为之种其因矣。

综上两狱,北闱所株累者多为南士,而南闱之荼毒,则又倍蓰于北闱,北闱仅戮两房考,且法官拟重,而特旨改轻以市恩,犹循“杀之三,宥之三”之常格。至南闱则特旨改重,且罪责法官,两主考斩决,十八房考除已死之卢铸鼎外,生者皆绞决。盖考官全体皆死罪矣。又两主考十八房考,妻子家产皆籍没入官,家产入没已酷,又并其妻子而奴虏之。明燕藩篡弑,谓之靖难,其后大戮建文诸臣,以其妻妾配象奴。方之丁酉科场惨酷正等。夫行不义,杀不辜,为叔世得天下者之通例,不从弑逆者,即应以大逆坐之,科场案则何为者?士大夫之生命眷属,徒供专制帝王之游戏,以借为徙木立信之具,而于是侥幸弋获,不为刀下之游魂者,乃诩诩然自命为科第之荣,有天子门生之号。呜呼!科举之败坏人道,乃如是哉!

(六)废后之争与董妃之册立

福临之后,为吴克善女(太宗孝端文皇后为科尔沁贝勒莽思古女,孝庄文皇后本庄妃,生世祖,尊为后,乃莽思古子宰桑女。是两后乃姑侄也,而吴克善又宰桑子,乃孝庄兄也),乃多尔衮摄政时,循满洲例为之聘定者。福临既长,耻多尔衮之所为,且不乐其后,初不欲纳之,而吴克善送女至。不得已,遂于顺治八年八月行大婚礼,然于心终不悦也。合卺之夕,意即不协,隐谪冷宫者凡三载。顺治十年八月,乃显指为失德而废之。(谕礼部言:自古立后,慎重遴选,使可母仪天下。今后乃睿王于朕幼时因亲定婚,未经选择,宫闱参商,已历三载。淑善难期,不足仰承宗庙之重。谨奏闻皇太后降为静妃,改居侧宫。)诏下之日,举朝震骇,大学士冯铨先争之曰:“前代如汉光武、宋仁宗、明宣宗皆称贤主,俱以废后一节,终为盛德之累。望皇上深思详虑,慎重举动,万世瞻仰,将在今日。”疏上,福临不谓然,以为予之所废者,系无能之人,冯铨等具奏沽名,大不合,着严饬行。于是礼部仪制司员外郎孔允樾等复争之曰:“臣考往古,如汉之马后、唐之长孙后,敦朴俭素,皆能养和平之福。至于武后、吕后,非不聪明颖利,然倾危社稷,终作乱阶。今皇后不以才能表著者,是天姿笃厚,亦何害为中宫,而乃议变易耶?”一时继起争之者,更有御史宗敦一等十四人,奏入,皆不听。会济尔哈朗等阿附之,议遂决。越五年,颇悟其非,仍令将皇后位号及册宝等,悉如旧,此废后之争也。顺治十一年,聘满珠习礼(吴克善弟)之子绰尔济女为妃,六月,立为后,即孝惠后也。继后与废后亦为姑侄。顺治十三年,福临封鄂硕之女董氏为皇贵妃,其诏曰:

> 奉天承运皇帝诏曰:帝王临御天下,庆赏刑威,虽当并用,然吉祥茂集之时,尤宜推恩肆赦,敬迓天休。朕遵圣母皇太后谕旨,思佐宫闱之化,爰慎贤淑之求,于本月初六日,封内大臣鄂硕之女董氏为皇贵妃。赞理得人,群情悦预,逢兹庆典,恩赦特颁。所有事宜,条列于右。(条文略)
>
> 於戏!殊恩荡荡,法宥过以施仁;嘉祉绵绵,衍贻谋而昌后。布告天下,咸使闻知。

董鄂氏原为福临弟博穆博尔古之妻,受封为襄亲王妃,时年十八岁。福临热恋之,襄亲王羞愤死,纳入宫。十四年,董鄂妃产一子,封崇亲王,福临许立为太子,未几殇。顺治十七年八月,董贵妃亦薨,福临哀悼殊甚,为之辍朝五日。帝亲制行状,又命大学士金之俊别作传。未几,谕礼部云:“奉圣母皇太后懿旨:‘皇贵妃佐理内政有年,淑德彰闻,宫闱式化,倏尔薨逝,予心为之痛悼!宜追封为皇后,以示褒崇。’朕仰承慈谕,特用追封,加之谥号,谥曰‘孝献庄和至德宣仁温惠端敬皇后’。其应行典礼,尔部详察,速议具奏。”皇后之废黜,贵妃之追封,惟以己意为予夺,专制之威,可想见矣。

(七) 福临之崩与为僧之传说

福临自八年亲政,凡十年,一切措施,赖汉满大臣为之襄赞,故顺治政象,略有可观。顺治十八年正月,福临崩于养心殿,年二十四。董鄂氏之妹贞妃以身殉。皇太子玄烨即位,以明年为康熙元年。上尊谥曰:“礼天

隆运英睿钦文大德宏功至仁纯孝章皇帝”,庙号世祖。其遗诏以十四罪自责,兹录如下:

朕以凉德,承嗣丕基,十八年于兹矣。自亲政以来,纪纲法度,用人行政,不能仰法于太祖太宗谟烈,因循悠忽,苟且目前。且渐习汉俗,于淳朴旧制,日有更张;以致国本未臻,民生未遂;是朕之罪一也。朕自弱龄,即遇皇考太宗皇帝上宾,教训抚养,惟圣母皇太后慈育是依。隆恩罔极,高厚莫酬,惟朝夕趋承,冀尽孝养。今不幸子道不终,诚悃未遂;是朕之罪一也。皇考宾天时,朕止六岁,不能服衰绖行三年丧,终天抱憾;惟侍奉皇太后顺志承颜,且冀万年之后,庶尽子职,少抒前憾。今永违膝下,反上廑圣母哀痛;是朕之罪一也。宗室诸王贝勒等,皆系太祖、太宗子孙,为国藩翰,理宜优遇,以示展亲。朕于诸王贝勒等,晋接既疏,恩惠复鲜,以致情谊暌隔,友爱之道未周;是朕之罪一也。满洲诸臣,或历世竭忠,或累年效力,宜加倚托,尽厥猷为。朕不能信任,有才莫展。且明季失国,多由偏用文臣,朕不以为戒,而委任汉官;即部院印信,间亦令汉官掌管,以致满臣无心任事,精力懈弛;是朕之罪一也。朕夙性好高,不能虚己延纳,于用人之际,务求其德与己相侔,未能随才器使,以致每叹乏人。若舍短录长,则人有微技,亦获见用;岂遂至于举世无才?是朕之罪一也。设官分职,惟德是用,进退黜陟,不可忽视。朕于廷臣中,有明知其不肖,不即罢斥,仍复优容姑息。如刘正宗者,偏私躁忌,朕已洞悉于心,乃容其久任政地,诚可谓见贤不能举,见不肖不能退!是朕之罪一也。国用浩繁,兵饷不足,而金花钱粮尽给宫中之费,未尝节省发施;及度支告匮,每令诸王大臣会议,未能别有奇策,止议裁减俸禄,以赡军饷。厚己薄人,益上损下,是朕之罪一也。营业殿宇,造作器具,务极精工,求为前代后人之所不及。无益之地,糜费甚多,乃不自省察,罔恤民艰。是朕之罪一也。端敬皇后,克尽孝道,辅佐朕躬,内政聿修,朕仰奉慈纶,追念贤淑,丧祭典礼,过从优厚,不能以礼止情,诸事逾滥不经;是朕之罪一也。祖宗创业,未尝任用中官,且明朝亡国,亦因委用宦寺。朕明知其弊,不以为戒,设立内十三衙门,委用任使,与明无异,以致营私作弊,更逾往时;是朕之罪一也。朕性耽闲静,常图安逸,燕处深宫,御朝绝少;以致与廷臣接见稀疏,上下情谊否塞;是朕之罪一也。人之行事,孰能无过?在朕日理万几,岂能无一违错?惟肯听言纳谏,则有过必知。朕每恃聪明,不能听言纳谏,古云"良贾深藏若虚,君子盛德容貌若愚",朕于斯言,大相违背;以致臣工缄默,不肯进言。是朕之罪一也。朕既知有过,每日刻责生悔,乃徒尚虚文,未能省改;以致过端日积,愆戾愈多。是朕之罪一也。太祖、太宗创垂基业,所关至重,元良储嗣,不可久虚。朕子佟氏所生,八岁岐嶷颖慧,克承宗祧,兹立为皇太子,即遵典制,持服二十七日,释服,即皇帝位。特命内大臣索尼、苏克萨哈、遏必隆、鳌拜为辅臣。伊等皆勋旧重臣,朕以腹心寄托,其勉矢忠荩,保翊冲主,佐理政务!布告中外,咸使闻知。(福临为僧事,虽无确据,然通观此诏,并非遗嘱口吻。从容自责,而又切切以子道不终,上廑母虑为言,非生别似不能若是之深憾也。读者玩味,可得一证。)

或谓福临为僧于五台山,非终于帝位也。当董贵妃薨,福临哀悼过甚,既加封号,而数月以来,均郁郁不自乐。乃逊位出宫,披缁云游,至五台山清凉寺,遂卓锡焉。家人百方劝之,不肯回,不得已,讳言病崩,以大丧告天下。后康熙帝五奉太皇太后皇太后幸五台山,虔礼诸寺,即谒世祖也。及世祖死,乃止不再幸。其说虽无确据,然至今犹盛传之,稗乘野史,更增益其辞,言之凿凿。而《红楼梦》一书,今人为之索隐者,并指贾宝玉出家,即为影射福临之遁入五台山,其言不足尽信也。吴梅村《清凉山赞佛诗》四首,或以为即咏此事,今录于下,以供参考:

西北有高山,云是文殊台,台上明月池,千叶金莲开;花花相映发,叶叶同根栽。王母携双成,绿盖云中来;汉主坐法宫,一见光徘徊;结以同心合,授以九子钗,翠装雕玉辇,丹髹沉音斋;护置琉璃屏,立在文石阶,长恐乘风去,舍我归蓬莱。从猎往上林,小队城南隈,雪膺异凡羽,果马殊群材。言过乐游宛,进及长杨街,张宴奏丝桐,新同穿宫槐。携手忽太息,乐极生微哀;千秋终寂寞,此日谁追陪?陛下寿万年,妾命如尘埃;愿共南山椁,长奉西宫杯!披香淖博士,侧听私惊猜,今日乐方乐,斯语胡为哉?待诏东方生,执戟前诙谐,薰炉拂黼帐,白露零苍苔。吾王慎玉体,对酒毋伤怀!(此其一)伤怀惊凉风,深宫鸣蟋蟀,严霜被琼树,芙蓉雕素质。可怜千里草,萎落无颜色。孔雀蒲桃锦,亲自红女织,殊方初云献,知破万家室。瑟瑟大秦珠,珊瑚高八尺,割之施精蓝,千佛庄严饰,持来付一炬,泉路谁能识?红颜尚焦土,百万无容惜。小臣助长号,赐衣或一袭,只愁许史辈,急泪难时得。从官进京诔,黄纸抄名入,流涕卢郎才,咨嗟谢生笔。尚方列珍膳,天厨供玉粒,官家未解菜,对案不能食。黑衣召志公,白马献罗什;焚香内道场,广坐楞伽译。资彼象教恩,轻我人王力;微闻金鸡诏,亦由玉妃出。高原营寝庙,近野开陵邑,南望仓舒坟,掩面添凄恻。戒言秣我马,邀游凌八极。(此其二)八极何茫茫!曰往清凉山,此山蓄灵异,浩气供屈盘。能蓄太古雪,一洗天地颜,日驭有不到,缥缈风云寒。世尊昔示现,说法同阿难,讲树耸千尺,摇落青琅玕。诸王过峰头,绛节成银鸾;一笑偶下谪,脱却英蓉冠。游戏登璠楼,窈窕垂云鬟,三世俄去来,任作优昙看。名山初望幸,衔命释道安,预从最高顶,洒扫七佛坛。灵境乃杳绝,扪葛劳跻攀,路尽逢一峰,杰阁围朱阑。中坐一天人,吐气如旃檀;寄语汉皇帝,何苦留人间?烟岚倏灭没,流水空潺湲;回首长安城,缁素惨不欢。房星竟未动,天降白玉棺。惜哉善财洞,未得夸迎銮!惟有大道心,与石永不刊,以此获金轮,法海无波澜。(此其三)尝闻穆天子,六飞骋万里,仙人觞瑶池,白云出杯底,远驾求长生,逐日过濛汜,盛姬病不救,挥鞭哭弱水。汉皇好神仙,妻子思脱屣,东巡并西幸,离宫宿罗绮。宠夺长门陈,恩盛倾城李;秾华即修夜,痛入哀蝉诔。苦无不死方,得令昭阳起;晚抱甘泉病,遽下轮台悔。萧萧茂陵树,残碑泣风雨,天地布此山,苍崖阅兴毁。我佛施津梁,层台簇莲蕊,龙象居虚空,下界闻斗蚁;乘时方救物,民生难其已,澹泊心无为,怡神在玉几。长以兢业心，了彼清净理，羊车稀复幸，牛山窃所鄙。纵洒苍梧泪，莫卖西陵履，持此礼觉王，贤圣同一轨。道参无生妙，功谢有为耻，色空两不住，收拾宗风里。（此其四）

梅村号为"诗史"，然身历沧桑，恐触时讳，故词多诡谲，不能为之一一疏证，但以双成千里草，影射董字，以穆天子之遨游，影射福临出家，固极显然。"微闻金鸡诏，亦由玉妃出"二语，即指妃死后，命秋谳停决，从后志也(《清史稿·孝献皇后董鄂氏传》语)。"南望仓舒坟，掩面添凄恻"二语，即指妃有子而不育也。"房星竟未动，天降白玉棺，惜哉善财洞，未得夸迎銮。"似谓顺治帝未死；而"晚抱甘泉病，遽下轮台悔"，又明指遗诏罪己之事。盖当时有此传说，梅村以为大事而入诗耳。孟森先生著《三大疑案考实》，谓顺治确死于痘，出家之说，视为无稽。后陈垣先生据汤若望《回忆录》，木陈忞《北游集》等，撰《汤若望与木陈忞》及《语录与顺治宫庭》两文，证明确有出家之事，且已削发，经太后阻止。是出家与病死两说，均有所据，故梅村诗中亦有"萧萧茂陵树，残碑泣风雨"之句也。大概顺治帝为一聪明性急之青年，汤若望《回忆录》谓帝性火烈急爆，《北游集》亦载"上龙性难撄，不时鞭扑左右"。因董妃生前奉佛极诚，乃亦沉迷于相教，日与高僧往还，颇悟禅机，遂有效法释迦之志。惟身体羸弱，又为董妃之丧，哀痛逾分，至欲引决以殉，是以不克永年也。

六十二　开国之勋臣

（一）概说

福临以冲龄践祚，奠定中原，征服华夏，其所以能成大业者，皆群臣襄赞之力也。当时宗室懿亲，戮力行间，栉风沐雨，勤劳佐命者：如豫亲王多铎、肃亲王豪格、英亲王阿济格、郑亲王济尔哈朗、敬谨亲王尼堪、端重亲王博洛、顺承郡王勒克德浑等：其殊勋茂绩，诚可为开国之大人物。而运筹策划，经略四方，筦理机要，创制规模者：如范文程、洪承畴、金之俊、冯铨辈，虽以汉人投效，行节有亏，史书所载，黜之贰臣；然经营勤劳，亦不失为开国之良辅。至若杨雍建等之直言敢谏;魏象枢等之骨鲠事君;亦皆新朝股肱,大臣风度。凡此诸人,多为从龙旧侣,佐命元勋;而在入关初,总成其事,揽权行政者,则睿王多尔衮也。使清无多尔衮之摄政,无范、洪诸人之运筹,无多铎等之征伐,则清之一统,未可必也。故诸人之于清,实有莫大之关系焉。多尔衮之摄政,前既述之矣。今复就开国勋臣中,择其尤者,类述及之;以见当时人才之盛衰,并于清初经营之状况,更可了然于胸中矣。

(二) 宗室之功绩(上)

多铎为努尔哈赤第十五子,初封贝勒,皇太极时,随征皆有功;崇德元年,晋封和硕豫亲王。顺治元年四月,随多尔衮入关破贼。十月,福临命多铎为定国大将军,统师南征。先剿贼至孟津,遣图赖先渡河击走黄士欣等,沿河十五寨堡,望风归附;明总兵李定国,土寨首领李际遇降。师次陕州,自成将张有曾壁灵宝城外,拔之;进据潼关,败刘宗敏。李自成亲率步骑迎战,击败之,自成遁,遂入西安。时二年二月也。谕嘉其壮猷伟略,调度有方。三月移师东征,沿途纳款。四月,直抵扬州,明督师史可法死之。五月,渡长江,至南京。十月,俘福王凯旋。三年五月,苏尼特部腾机思、腾机特等叛奔喀尔喀;诏集外藩诸蒙古兵于克鲁伦河,以多铎为扬威大将军,同承泽郡王硕塞统师追剿。七月,师至盈阿尔察克山,闻腾机思至衮噶噜台,星夜驰进,三日,败贼于谔特克山,斩台吉茂海。渡图拉河,追至布尔哈图山,斩腾机特二子。师次扎齐布喇克,喀尔喀,土谢图汗两子以兵二万;硕雷汗子以兵三万,两路迎战。清师奋击,大捷。十月,班师。四年,晋封辅政叔德豫亲王。册文称"定鼎中原以来,所建功勋,卓越等伦"云。六年三月卒,年三十六。九年三月,多尔衮既削封,多铎以同母弟追降郡王。乾隆时,追复原封。其子多尼以十五六年平云南有功,十八年正月卒,年二十六。豪格为皇太极长子,崇德元年,晋封和硕肃亲王。顺治元年,以语侵多尔衮,为和洛辉等所讦,削爵。十月大封诸王,念豪格从定中原有功,复原封。是冬,命征山东土寇,至则定济宁,破满家洞等巢堙二百五十一洞,平之。三年正月,命为靖远大将军西征,三月,抵西安。遣尚书星讷等剿贼于邠州,复遣都类剿贼于庆阳,斩石二。五月,刘文柄、康千总、郭天星等迎拒,击斩康千总。时贺珍、一只虎、孙守法据汉中、兴安;武大定、高如砺、蒋登雷、石国玺、王可成、周克德据徽县、阶州;豪格分兵进击,降登雷等四人,陕西平。十一月入四川,抵西充,擒斩张献忠。五年二月,凯旋。三月,多尔衮以其徇隐随征护军参领希尔根冒功事,又欲擢用罪人扬善之弟吉赛,遂议削爵,系之,卒于狱。多尔衮复纳其妃。八年,福临亲政,念其枉,始复原封。阿济格,努尔哈赤第十二子,崇德元年,晋封武英郡王,征明有功。顺治元年,晋封英亲王,命为靖远大将军,由沿边趋陕西,断贼归路。先是,宣府巡抚李鉴,以赤城道朱寿鋆贪酷不法,将劾之,寿鋆遣子入京,嘱素识之旗人绰书泰,求英王给印札与鉴,令贳其罪。至是,阿济格过宣府,召谕鉴曰:“寿鋆忠良,宜释免。”鉴曰:“此重犯,若擅释之,王亦不便。”绰书泰在侧叱之曰:“尔何不惧王,而反惧冲龄皇帝耶?”鉴艴然去。阿济格复遣绰书泰与总兵刘芳名强之,不可。事闻。寿鋆、绰书泰伏诛。二年二月,克陕西,追剿流寇,屡败之于邓州、武昌、九江,而破其老营,凡十三战皆捷。明将左良玉子梦庚,方泊军九江,执总督袁继咸,率总兵十二,马步兵十万,舟数万降。闰六月捷闻,八月师旋。方自成遁时,阿济格诳报已死,又不候旨班师,多尔衮以其有罪,不遣迎。复议前胁李鉴,又擅索上默特鄂尔多斯马事,降郡王。又阿济格尝称福临为孺子,三年正月,以张盖坐午门罪之。未几复原爵。五年,剿平天津曹县寇。十一月,喀尔喀行猎近边,命赴大同驻守。十二月,大同总兵姜瓖闻之,疑袭己,据城叛,附近十一城皆应;阿济格围之,福临即命为平西大将军。六年三月,多尔衮亲征大同,命还京。六月,阿济格遣人启多尔衮言:豫王征流寇,不歼其家,追腾机思,不取其国;功绩未著,不当优异其子。郑亲王乃叔父子,不当称叔父。予乃太祖之子,皇帝之叔,当以予为叔王。多尔衮拒之,又数其罪,令勿复预部务。多尔衮既死,阿济格胁其所属人附己,且讽博洛等推己摄政。福临迎丧至石门,阿济格佩刀张纛,举动甚悖。济尔哈朗等即于路监守之,至京鞫实,削爵幽禁。旋以阿济格私藏兵器,欲暗掘地道出狱,减其恩养。既而监者又告其谋于狱中举火,于是论死,赐自尽。盖多铎、多尼以懿亲殊勋,封赏有加,既得其死,惟年不永耳。

豪格冤死,功不得叙,妃不得守,亦诚可怜矣！阿济格举动荒谬,犹欲摄政,其死宜也。

(三) 宗室之功绩(下)

济尔哈朗,舒尔阿齐第六子,崇德元年,封和硕郑亲王。福临即位,与多尔衮同辅政。四年,以造第逾制,罢辅政。五年三月,屯齐等讦其不举发两黄旗谋立肃王私议,及扈驾入关,擅令军士越次立营事,降多罗郡王。闰四月复爵。九月,命为定远大将军,征湖广。十月,道出山东,剿曹县土贼,擒李化鲸等,得降镇刘泽清逆书煽乱状以闻,叛党伏诛。六年正月,抵长沙,令勒克德浑、阿齐格、尼堪为前哨,抵湘潭。获何腾蛟,分兵进击,湖南略定。七年正月,班师。八年,同满达海、博洛等奏削多尔衮封爵。九年,晋封叔和硕郑亲王。十二年,疏言:“平治天下,莫要于信诏令,顺民心。”又言:“宜仿古制,特设起居注官,置之左右。”福临嘉纳之。五月,疾剧,福临临问。奏言:“受三朝厚恩,未能仰答,不胜感痛！惟愿以取云贵,灭桂王为念。且满洲兵甚少,而能破流贼,取京都,应加抚恤。”福临垂涕曰:“天何不令朕叔长年耶!”翌日,济尔哈朗卒,年五十七。次子济度,顺治八年封简郡王,四月封世子。九年,命议政。十一年,攻郑成功,授定远大将军;十四年三月,还京。五月袭封和硕亲王,仍其郡王之号曰简。十七年七月,卒,年二十八。尼堪,褚英第三子,崇德元年,封固山贝子。顺治元年,以随剿流贼功,晋封多罗贝勒。随豫王平江南,肃王平四川,皆有功。五年,随英王剿天津寇,封多罗郡王,加号敬谨。六年,命为定西大将军,讨大同姜瓖。三月,多尔衮赴大同,晋尼堪为亲王。七年,命理六部事,寻以事降郡王。八年,晋封和硕敬谨亲王。九年七月,命为定远大将军,征孙可望、李定国。八月,定国破桂林,敕取湖南,入广西,抵湘潭,马进忠遁,率师进击衡阳,败之;是夜,兼程趋衡州。诘旦,清兵方列阵,定国四万余猝至,破之。方进击时,林中伏发,城内兵出应之。师欲退,尼堪曰:“我兵临阵无退者。我为宗室,不斩除逆寇,何面目归乎!”遂奋勇直入,李兵环围之。尼堪率将士纵横冲击,矢尽,拔刀力战,殁于阵。年四十三。博洛,努尔哈赤孙,阿巴泰第三子。崇德元年,封固山贝子。

顺治元年，晋封多罗贝勒，随多铎下西安，定江宁。多铎分兵半，以博洛领之，招抚常州、苏州，同拜音图趋杭州，明潞王降。十月，凯旋。三年，命为征南大将军，往平浙闽。五月至杭州，败方国安，遂定绍兴。七月，克金华，杀明蜀王朱盛浓，浙江以次平。遂分常山、江山两路攻闽，博洛偕图赖、努山、都尔德破仙霞关，获唐王聿键。姜正希引兵二万来援，击却之，克福州。令佟养甲征广东。四年二月，凯旋。五年同英王围大同。六年三月，多尔衮出征大同，晋博洛为亲王，命为定西大将军，移师讨汾州，以次平山西州郡。八月，与满达海合攻汾州，克之。八年正月，晋封和硕端重亲王。九年三月卒，年四十。勒克德浑，努尔哈赤曾孙，萨哈璘第二子。顺治元年，封多罗贝勒。二年七月，命为平南大将军，代多铎驻江宁，分兵剿抚两浙。遣副都统珠吗喇、和托、济度哈等，败鲁王之众；命镇国将军巩阿岱，都统叶臣征湖南；又遣奉国将军巴布泰等，分追流贼于安远、南漳、喜峰山、关王岭、襄阳府，击斩殆尽。五年，晋封多罗顺承郡王。寻同济尔哈朗拔湘潭，杀何腾蛟。移师征广西，败赵廉于全州。七年，师还，预议政。八年，掌刑部事。九年三月卒，年三十有四。

(四) 宗室王公表

宗室勋臣之事略，已汇述如上矣。其余有功业彰著，而世次较晚者；或袭承先爵，稍著懋绩者，不复一一详述。特为列表于下，以见当时宗室之状况焉。

宗室王公功绩表

名	封　爵	宗　系	封袭之年	卒　年	岁数	备　注
代　善	礼亲王	努尔哈赤二子	崇德元年封	顺治五年	六六	
满达海	巽亲王	代善七子	顺治六年袭	顺治九年	三一	
常阿岱	巽亲王	满达海长子	顺治九年袭	康熙四年	三三	以父罪降贝勒杰书袭
杰　书	康亲王	祜塞三子 常阿岱从弟	顺治十六年袭	康熙三十六年	五三	

续 表

名	封 爵	宗 系	封袭之年	卒 年	岁数	备 注
阿济格	英亲王	努尔哈赤十二子	顺治元年袭	顺治八年	四七	八年削爵
多尔衮	睿亲王	努尔哈赤十四子	崇德元年封	顺治七年	三九	八年罪削乾隆四十三年追复
多 铎	豫亲王	努尔哈赤十五子	顺治元年封	顺治六年	三六	九年降郡王,乾隆四十三年追复
多 尼	信亲王	多铎二子	顺治六年袭	顺治十八年	二六	以父罪降郡王
豪 格	肃亲王	皇太极长子	崇德元年封	顺治五年	?	五年削爵八年追复
硕 塞	承泽亲王	皇太极五子	顺治八年封	顺治十一年	二七	
博尔铎	庄亲王	硕塞长子	顺治十二年袭	雍正元年	七四	
济尔哈朗	郑亲王	舒尔哈齐六子	崇德元年封	顺治十二年	五七	
济 度	简亲王	济尔哈朗二子	顺治十四年袭	顺治十七年	二八	
德 塞	简亲王	济度三子	顺治十八年袭	康熙九年	一九	
喇 布	简亲王	济度二子	康熙九年袭	康熙二十年	二八	二十二年追削
尼 堪	敬谨亲王	褚英三子	顺治六年封	顺治九年	四三	
博 洛	端重亲王	阿巴泰三子	顺治六年封	顺治九年	四〇	十六年罪削
阿巴泰	饶余郡王	努尔哈赤七子	顺治元年封	顺治三年	五八	
岳 乐	安亲王	阿巴泰四子	顺治十四年晋	康熙二十八年	六〇	二十九年追降郡王
岳 托	克勤郡王	代善长子	崇德三年追封	崇德三年	四一	初封成亲王以罪降贝子
瓦克达	谦亲王	代善四子	顺治五年封	顺治九年	四七	
勒克德浑	顺承郡王	萨哈璘二子	顺治五年封	顺治九年	三四	

续 表

名	封 爵	宗 系	封袭之年	卒 年	岁数	备 注
勒尔锦	顺承郡王	勒克德浑四子	顺治九年袭	?	?	康熙十九年罪削
察 尼	多罗贝勒	多铎四子	顺治十三年封	康熙二十七年	四八	顺治十九年罪削
喀尔楚浑	多罗贝勒	岳托三子	顺治六年封	顺治八年	二四	
务达海	固山贝子	穆尔哈齐四子	顺治五年封	顺治十二年	五五	
博和托	固山贝子	阿巴泰四子	顺治元年晋	顺治五年	三九	
洛 托	固山贝子	寨桑古长子	崇德元年封	康熙四年	五〇	八年罪削顺治十六年晋一等镇国将军
萨 弼	固山贝子	杜度七子	顺治六年封	顺治十二年	二八	
温 齐	固山贝子	屯齐长子	顺治六年封	康熙十八年	?	康熙十六年降辅国公
巴布泰	镇国公	努尔哈赤九子	顺治六年封	顺治十二年	六〇	
屯 齐	镇国公品级	图伦二子	顺治十二年授	康熙二年	五〇	顺治二年封贝勒十一年罪削
赖慕布	辅国公	努尔哈赤十三子	顺治十年追封	顺治三年	三六	

此表系择有功绩声誉者录之,其余封袭虽多,不能备载。

(五) 佐辅之大臣

范文程,字宪斗,沈阳人。读书为诸生。天命三年,杖策谒努尔哈赤于抚顺,遂命直文馆,参预帷幄,金用汉人,盖自文程始。天聪年间,屡出计克遵化,及招降大凌河城。崇德二年,遂授秘书院大学士;每议大政,辄资筹划。顺治元年,吴三桂乞师清廷,召之汤泉,决策进兵,文程力疾趋朝,建议进兵之策(见前)。五月,多尔衮入京,文程议首先为明帝发丧,以收拾人心。十月,福临迁都北京,文程疏请:抚遗黎,起废斥,定册籍,减赋额;尽除明季加派税饷,厂卫诸弊。尝昼夜在阙下,事无巨细,应机立办。开国规制,文程手定居多。中原既定,请再行乡会试,以致人材;国用不足,请兴屯田,又上保举连坐法:诏皆立予施行。累加一等男世爵。六年,任议政大臣,纂修《实录》,加至一等子,晋少保,兼太子太保。以疾乞休,诏许暂解职调理,病痊即召用,特加太傅。康熙五年,文程卒。谥文肃。福临入关,宣力文臣,必以文程居首,历事四朝,首定大计,诏敕谕檄,皆出其手,经营草昧,弼成丕业,盖亦清之厚幸也!文程常言:"天下治安,惟在得贤。庶官有一眚者,悉请湔濯。"于直臣善类,尤多保全。器量宏深,人莫测其喜怒焉。洪承畴,福建南安人,明万历四十四年进士。崇祯四年,由巡抚擢陕西三边总督,与总兵曹文诏等同剿流贼。七年,监督河南、山、陕、川、湖军务,出关讨贼。既而明廷以其统辖太广,势难兼顾,令专督关内。十一年,兵部尚书杨嗣昌劾承畴纵贼,往来秦蜀,逾久无功;削宫保衔。十二年,授蓟辽总督。松山之败,承畴遂降清,命隶镶黄旗汉军。顺治元年,闻自成破京师,自陈进兵策。五月入关,以太子太保兵部尚书,为秘书院大学士。二年闰六月,命承畴驻江宁,招抚南方,督理军务,两江义师,以次削平。四年,以丧父解任。六年,充太宗《实录》总裁,恩加少傅。八年,管都察院事。十年,累调宏文院国史院大学士。时明桂王居安隆,孙可望、李定国及郝摇旗、一只虎等俱获封号,雄踞黔、滇、楚、粤间。清念大局未定,必得夙望重臣,晓畅民情,练达治理者,相机进攻,方可敉宁。以承畴堪任,遂命为六省经略。十四年,孙可望赴长沙乞降,承畴受之,遂取贵州。清命多尼统三路兵,攻云南,盖从承畴策也。承畴在黔,调度粮饷,颇为得计。十五年,改内院为殿阁,授承畴武英殿大学士。十六年清兵并入云南,桂王南逃缅甸,承畴亲往料理。疏请留大臣驻守,俾镇边隅。且言:"民间遭兵火残毁,饥饿载道,死无虚日,永昌一带,更为惨烈,周围数百余里,杳无人烟。追剿大兵,因无粮不能久驻,而省城粮米,以湖南官斗市粜,每石需银十三两有奇。是以令驻宜良等处就食。"既而兵部密咨,宜速进兵缅甸,令承畴相机布置。承畴以凋敝不堪,及土司观望之状,不可谋急,须先安内;疏请缓期。清廷知承畴无斩绝明裔成心,遂允以目疾解任还京。十八年,乞休致仕,以招抚功,予三等轻车都尉。为九等二十六级世爵中之第二十三级,是清廷之于功臣,亦有鸟尽工藏之意也。承畴既失政柄,独居侘傺,将略无所用,时借小事发泄之。(如《啸亭杂录》所云:“文襄谢事,有同乡士人谒之,拒不见。士人归旅邸,晚间喧传相国回拜,已至门矣。士人趋出,公降舆,握手作寒温语,久之。入则珠帘绣幕,华灯辉熠,肴馔备陈。公延客入席,陪坐者皆一时名士。既而笙管缤纷,伶工演剧。酒数行罢,公起告辞。士人送出返舍,则寒灯如豆,破壁颓垣如故也。”)然则承畴之不甚得志于新朝,乃以天良之微存一线,不忍穷追桂王于缅甸,而甘罢兵柄。三桂惟恐失兵柄,而揽事向前,此可以观稍解儒书之人品,毕竟有殊矣。康熙四年卒,谥文襄。金之俊,吴江人。明万历四十七年进士。闯贼入京,之俊被拷索。顺治元年,降清,屡有建议,为清廷所采纳。二年六月,条陈漕政八事,调吏部右侍郎。三年,疏请酌改进士铨选之制,得旨允行。五年,擢工部尚书。八年,迁兵部尚书,晋少保。十年,调都察院左都御史。会与陈名复,议任珍罪,坐党附论死,奉旨从宽。五月,疏言盗犯不宜概行籍没,及直省江南提学,宜以翰林官简用,均报可。寻迁吏部尚书。十五年,授中和殿大学士。十八年,改秘书院大学士。康熙元年,予告致仕。四年,应诏驰疏,约陈三事:一决囚秋后行刑;二酌免有司之实降实革,以资久任;分别粮里之欠多欠少,以示勤戒;三民间挟私叩阍,凌铄官府,以乱法纪者,宜严禁之。之俊家居数年,有撰匿名帖榜其门者,多言其赃私暧昧事。之俊白之总督朗廷佐,穷治之,牵累不决。事闻,以不合律,削太傅衔。九年卒,谥文通。冯铨,涿州人,万历四十一年进士。天启中,因党附魏忠贤,累官至户部尚书,武英殿大学士。后与崔呈秀不合,为廷臣劾罢。顺治元年,多尔衮入京,征铨即至,令入内院,佐理机务。与洪承畴请复内阁票拟旧例。寻又同大学士谢陞等议定郊社宗庙乐章。二年,授铨弘文院大学士,兼礼部尚书。八月,御史吴达等疏劾铨曾为魏阉干儿,揽权纳贿,覆明社稷。多尔衮以铨附己,寝其事。八年,福临以吴达前疏,着令致仕。十年,谕:“国家用人,使功不使过,冯铨素有才学,前经物议致仕。朕思原无显过,且博洽典故,谙练政事;朕求贤图治,特召用以观自新。”铨召对内院,有言:“人有优于文而无能无守者,有短于文而有能有守者。南人优于文,而行不符;北人短于文,而行或善。今取文行兼优者用之,可也。”福临是其言,仍授宏文院大学士。十一年,以陈名夏被劾,坐党附革职,从宽降级留任。十二年,谕奖铨翼襄政务,称厥委任,加少师,充《圣训》纂修总裁官。翌年,以年老令其解院事,备顾问,以便养颐,铨请回籍,许之。十六年,铨以太保衔,兼中和殿大学士。康熙十一年卒。谥文敏。

(六)谏垣之臣

清初台省诸臣,以伉直著声者,惟海宁杨雍建、即墨郭琇。郭长御史时,疏劾大学士明珠、余国柱结党营私纳贿事,一时直声震然。其详见下篇。杨当顺治时,历谏垣三载,前后疏数十上。尝一日而上九疏,于天下事,独能见其大。新城王士祯称为清朝谏官第一。雍建给事兵科时,车驾数幸南海子,首疏请慎起居,略言:"郊原陟历,虽非畋游可比;然兽起于前,马逸于后,惊属车之清尘,不能无万一之虑。"福临震怒,宣跪苑廷,谕以阅兵习武之义。雍建神色不变。是时,尚可喜、耿继茂并镇广东,雍建疏言:"粤民困苦,由两藩并镇,每牧令缺员,市井无赖,辄用重贿营委署,取偿民间。且王谷王席,皆责民供亿,民困不支。今川贵底定,请以一藩移川,以苏民困。"此则盈廷所不敢置议者,雍建以新进小臣,奋舌及之。既而耿氏移闽,其谠论有以启之也。又疏言:"明季仕途,分门立户,意见横生,国事遂不可问。由社盟标榜,排挤报复所致,请饬学臣禁士子立社结盟,以杜朋党之渐。"下部议行。康熙初,辅政大臣索尼、鳌拜等张威福,奏事者见之,皆长跪。雍建入,独立而语,辅臣目送曰:"此南苑上书谏猎者也。"自是奏事者皆得不跪。三年,旨大赦天下,翌日,御前发红本,二囚当决,吏钳纸尾,请进抄发。雍建曰:"昨颁赦而今行刑,是诏令不信于天下也。红本当封还。"同官皆变色,争言不可。雍建曰:"六科以封驳为职,古制也。吾封之,咎吾任之。"有旨"三法司再议",二囚得不死,因是直声益震。四十三年,以河工积劳,卒于家。所著有《景疏楼文集》、《黄门疏稿》等。魏象枢,山西蔚州人。顺治三年进士,选庶吉士。明年,改刑科给事中。性骨鲠,敢言事,尤注意于人才贤否,民生休戚,是是非非,必尽意乃止。八年,象枢上请慎起居一疏,辞迫辅臣,人谓祸且不测,有旨嘉之。九年,迁吏科都给事中。十年大计,琐厅阅册,令兵马司周卢巡徼，纲纪肃然。上四疏，皆言计典。又详陈民命、民情、民食、民困四端，以佐勤民大政，皆报可。十六年，告养归。家居十三年，讲求理学，以躬行实践为宗。康熙十一年，大学士冯溥疏荐，补御史。疏言："崇教化，则宜励臣僚之家教；重河工，则宜蓄任使之人才；正人心，则宜戒淫巧；定民志，则宜辑礼书。"玄烨皆韪其言。擢左佥都御史，寻佥户部侍郎。十七年，授左都御史。首疏申明宪纲十事，谓："国家根本在百姓，百姓安危在督抚。督抚廉，则物阜民安；督抚贪，则民穷财尽。愿诸臣为百姓留膏血，为国家培元气；臣不敢不为朝廷振纲纪。"玄烨嘉其切中时弊，立予施行。十九年，任刑部尚书。二十三年，以疾乞休。二十五年卒，谥敏果。著有《儒宗录》、《知言录》、《寒松堂集》（参看第三十二章一百三十二第四目）。

第十六章　康熙之初政

六十三　康熙初年之事功

（一）康熙以前之治乱大势

大乱之后，必继以和平，和平之余，更必叠生变乱。盛衰循环，其数若定。孟子所谓一治一乱，盖即此也。治乱之原因若何？曰不外人民生计之变化，与政治良否之问题而已。古今中外，何莫非然！吾国自明季万历以降，至于康熙初年，凡七八十年间，中原变化殊甚。其致乱之原，固由于东方后金汗国之兴起，以致外患不绝；而实则汉人对于明代政治，亦已生厌恶观念，多怀破坏心理也。崇祯中，江淮之民谣有曰："朱家面，李家磨，做得一个大馍馍，送与对巷赵大哥。"朱家谓明朝，李家谓闯王，赵家谓爱新觉罗氏。其称之为赵者，因宋人所作百家姓之首为赵氏，世俗以清人无姓，乃以首姓归之也。此虽里巷委词，不久而竟成事实。内乱之余，果举锦绣江山，送与邻敌为赵大哥之清国；其得之之易，实与"投牡丹饼于已开之口"无异。清人入关之初，即怀此意，故借口仁义之师，受此一大赠品。观于顺治之际，屡次声明："决非为战争而来，实为享和平而来；决非为破坏现状而来，实为恢复秩序而来。"明人乱极思治，苟能粗安稍息，即以异族入主，除少数有故国之思者外，亦不加反抗。故为治之易，胜于平时也。清人既入北京，首为崇祯帝发丧，示以伦理纲常之可重；减除三饷及加派，恢复万历初年税率，以革苛政之根本。此不得不谓为深知国家治乱之关键，与夫能善乘时机也。当时除多尔衮摄政外，虽大半出于范文程、洪承畴诸人之政策，然顺治自亲政以后，亦复年少有为，能粗立开国规模。惟时海内未一,南陬建号,戎马仓皇,未暇专力于政治。而此英年睿主,遽于十八年遗诏殂谢,鸿图大业,遂传统于六十余年励精图治之康熙帝玄烨矣。

(二) 四大臣之辅政

顺治帝既崩,遗命以第三子玄烨嗣位,并令大臣索尼、苏克萨哈、遏必隆、鳌拜同辅政。原任学士麻勒吉捧遗诏宣示。索尼等谓诸王贝勒等曰:"今主上遗诏,命我四人辅佐冲主。从来国家政务,惟宗室协理,索尼等皆异姓臣子,何能综理? 今宜与诸王等共任之。"诸王贝勒等曰:"大行皇帝,深知汝四大臣之心,故委以国家重务。诏旨甚明,谁敢干预?"索尼等遂誓告受事。索尼,姓赫舍哩氏,满洲正黄旗人。努尔哈赤时,随其父硕色挈家来归,得受一等侍卫。天聪二年,征兵科尔沁不至,皇太极命索尼往责土谢图额驸奥巴。既至,其部人馈以牲,麾之去,曰:"尔汗有异心,尔物安可食耶?"既见奥巴,谓之曰:"尔有罪,义当绝,今特以公主故,来馈问耳。"遂出,旋出玺书示之。奥巴恐,令所属跪请少留,索尼拂衣而起,整辔欲行,众泣挽之,乃止。卒命奥巴入朝谢罪。其后随征皆有功;而日直内院,宣示谕旨,及审察功罪,咸当帝意。顺治二年,授一等子。是时,多尔衮摄政,以索尼既授子爵,不宜复列郎官,令解启心郎任,仍理部事。先是,索尼之叔希福,以不附多尔衮,为其党谭泰构罪劾罢。未几,索尼发谭泰隐匿谕旨事,谭亦坐削公爵。适索尼令仆从于禁门桥下捕鱼,见库院草长,令牧者秣马院中;谭遂胪状以劾之。勘讯论死,从轻削职罢废。三年,复二等子,终不附多尔衮,遇事多以理争,多尔衮以是恶之。五年,以屯齐讦告索尼尝与图赖私结盟誓,谋立肃亲王,议罪应死;得旨免,令守昭陵。八年,福临亲政,特召还朝,复其爵,擢内大臣,总管内务府。十七年,应诏上言十一事,其要如下:

一、小民冤抑,有司不为详审者,宜别为严察,使无壅闻。

一、凡犯罪发觉,问官以奉有严旨,往往不察其情,辄加重罪。乞敕法司详慎!

一、在外诸藩,风俗不齐,若必严以内廷之例,恐反滋扰。宜宽容。

一、近闻大臣势豪,夺据行市;奸徒投托使引,以攘货财。请严禁!

一、四方商贾,担负捆载来京者,多为旗下大臣短价强买,人将畏而不敢前。请察禁!

一、诸王贝勒及各官,私引玉泉山水为灌溉,致竭泉流,当禁。

一、边外木植,皆商人雇民采伐,今闻大臣于采伐之地,私行强占,致商不聊生。请禁止!

一、大臣不殚力公事,惟饰宅第,请惩禁!

一、五城审事诸臣,遇世族与贫民构讼,曲意徇私,请严饬!

疏入,福临以皆实事,饬部议行。十八年,遗命令辅政。未几,苏克萨哈与鳌拜成仇隙,虽恶之,年已老矣。苏克萨哈为正白旗人,少随征有功。顺治八年,任议政大臣。初隶多尔衮属下,多死,苏克萨哈等举首其殡殓服色违制,及谋迁永平逆状,遂论多尔衮罪如律。十年,以护军统领率禁旅镇湖南,刘文秀遣冯双礼等犯岳州、武昌,苏伏兵击破之。文秀引兵犯常德,战舰千余,蔽江下,苏挥军奋击,六战皆捷,纵火焚其船,文秀走贵州。叙功晋二等子,任领侍卫大臣,加太子太保。十八年,受顾命辅政。辅政中,索尼为四朝旧臣,遏必隆、鳌拜皆以公爵,先为内大臣;而鳌拜尤功多,意气凌轹,人多惮之。苏与鳌称姻娅,而论事多与之迕,遂积以成仇。遏必隆姓钮祜禄氏,额亦都之第十六子。崇德六年,从皇太极征松山,筑围守之。曹变蛟率乳峰山步骑,欲突围走,屡攻两黄旗,遏击败之。夜三鼓,变蛟集兵犯皇太极营,军中惊扰,遏坚守后营门,力战却之。后随略山东,征李锦,皆有功。顺治九年,任议政大臣,领侍卫内大臣,加少傅,兼太子太傅。十八年,辅玄烨嗣位。鳌拜姓瓜尔佳氏,镶黄旗人。初为护军校,从征屡立战功,天聪八年授骑都尉世职。崇德二年,以夺克皮岛功,晋三等男,赐号巴图鲁。四年随军略地锦州,六年随郑亲王围锦州,以步战败明步军营,有功,得晋爵一等男。七年擢护军统领。八年随阿巴泰等攻明边城,长驱入犯,进薄燕京。略地至山东,三败明兵,斩杀甚众。是岁晋三等子。顺治元年随大兵定燕京,二年考核群臣功绩,晋一等子。随阿济格征湖广,又随豪格征四川。后私盟谋立肃王论死,得旨罚赎。七年晋三等侯。八年任议政大臣,晋一等侯。九年自陈劳绩,且以忤睿王意致屈抑战功,讼于帝前,诏议晋二等公,赐敕予世袭,免死二次。寻授领侍卫内大臣,十三年加少保,寻加少傅。十八年与索尼、苏克萨哈、遏必隆同为辅政大臣。意气凌轹,人多畏之。引其党班布尔善为大学士,六郡尚书,几尽党羽。一时威权,无与匹者。四大臣中,索尼老病,遏必隆避其凶焰,不敢立异;惟苏克萨哈以额驸子,入侍禁廷,承眷辅政,论事多与之迕,遂积以成仇。后乃借题以诛之,其横暴亦可见一斑矣。

(三) 十三衙门之罢除与哭庙之狱

十三衙门之设,本为弊政,福临亦旋悟其非,遗诏令罢除之。玄烨即位,遵命革十三衙门,谕言:

> 朕惟历代治乱不同,皆系用人之得失。大抵任用宦寺,未有不召乱者;加以佥邪附和其间,则为害尤巨。我太祖、太宗,痛览往辙,不设宦官。先帝以宫闱使令之役,偶用若辈,而深悉其奸,是以遗诏有云:"祖宗创业,未尝任用中官,且明朝亡国,亦因任用宦寺。"朕懔承先志,厘剔弊端,因而详加体察,乃知满洲佟义,内官吴良辅阴险狡诈,巧售其奸,荧惑欺蒙,变易旧制,倡立十三衙门名色,广招党类,恣意妄行。钱粮借端滥费,以遂侵牟;权势震于中外,以窃威福。恣意贪婪,相济为恶,假窃威权,要挟专擅。各衙门事务任意把持,广兴营造,糜冒钱粮;以致民力告匮,兵饷不敷。二人朋比作奸,挠乱法纪;坏本朝醇朴之风俗,变祖宗久定之典章。其情辜重大,稔恶已极,通国莫不知之;虽置于法,岂足蔽辜?吴良辅已处斩,佟义若存,法亦难贷,已伏冥诛,着削其世职。十三衙门,尽行革去。凡事皆遵太祖、太宗定制,内官俱永不用。又刘正宗亦当仰遵遗诏,置之重典;但念其年老姑从宽免,其党类亦皆赦宥。

至是复内务府,以御用监之职,立广储司;以尚膳监之职,改采捕衙门;以惜薪司之职,改内工部;又改御马监曰阿敦衙门;兵仗局曰武备院(初名鞍楼后改设鞍库)。至康熙十六年,改宣徽院为会计司;礼仪院为掌仪司;及尚方院为慎刑司。又改采捕衙门为都虞司;内工部为营造司;阿敦衙门为上驷院。其内监别立敬事房,设总管、副总管,较为划一,不相侵越。二十三年,分掌仪司,立庆丰司(初名牛羊群牧处);分都虞司,立奉宸苑(初归尚膳监);于是内七司三院之职,粲然大备矣。然康熙虽裁十三衙门,而又有改宣徽院为会计司等事,其亦革名而存实者乎?王庆云《熙朝纪政》言:"时明季宫监,犹有在御前服役者,每为上述明宫中之奢,工作之广。彼其余孽尚存,卒不敢复盟故智者,诚驭之得其道尔。"是可知内监并未革除,惟以三旗包衣,充内府之役,较之十三衙门为稍有约束耳。此亦可谓为即位初之善政也。至如哭庙之狱,则不免为士民所窃恨焉。初,江苏吴县知县任维初,滥用非刑,贪贿浮征,道路侧目。诸生金人瑞、倪用宾等十八人,率众千余,于世祖哀诏到苏,巡抚等官,举行哭临大典之日,聚哭于文庙;并至府堂进揭帖。其卷堂文为人瑞所作,且在其家开雕。巡抚朱国治袒庇知县,指人瑞等为震惊先帝之灵,大逆不道。朝廷命侍郎叶尼等往勘,不分首从,一律凌迟处斩。当时苏州有民谣曰:"天呀天!圣叹(人瑞字)杀头真是冤!今日圣叹国治杀,他年国治定被国贼歼!"后国治抚云南,果为吴三桂所杀云。按哭庙之狱所以为当时人注重者,则以金人瑞有文名故也。人瑞字若采,圣叹其法号也。少年以诸生为游戏具,补而旋弃,弃而旋补。故《辛壬纪闻》谓其原名张采,字若采,文倜傥不群,少补长洲博士弟子员,后以岁试文怪诞黜革,顶金人瑞名就科试,即拔第一,补吴庠生。性故颖敏绝世,而用心虚明,魔来附之。钱谦益《天台泐法师灵异记》所谓慈月宫陈夫人,以天启丁卯五月,降于金氏之乩者,即指圣叹也。圣叹自为乩所凭,下笔益机变澜翻,常有神助。然多不轨于正,好评解稗官词曲,手眼独出,初批《水浒传》行世,昆山归元恭庄见之曰:"此倡乱之书也。"继又批《西厢记》行世,元恭见之又曰:"此诲淫之书也。"顾一时学者,爱读圣叹书,几于家置一编。而圣叹自负其才,益肆言无忌,遂陷于难。圣叹轶事,流传众口者极多,惟临死,大叹诧曰:

"断头至痛也,籍家至惨也,而圣叹以不意得之,大奇。"于是一笑受刑。圣叹所批十才子书,惟《西厢》、《水浒》为最著,亥子之交,方从事《杜诗》,细加评点,未卒业而被难。其为人具见所批诸书内。袁枚《随园诗话》有其《宿野庙》一绝云:"众响渐已寂,虫于佛面飞,半窗关夜雨,四壁挂僧衣。"殊清绝。

(四)江南奏销案

哭庙之狱,虽以处理太过,为当时苏人所痛恨,但受害者仅十八人,尚未若奏销一案,苏、松、常、镇四属,官绅士子,革黜至数千人,并多刑责逮捕之事,案亦巨矣。特清廷讳言此事,不欲示之后人,故官书绝不记载。然征诸当时人之笔录,其苛政固历历可考也。顺治十八年正月初七日世祖晏驾,二十九日己卯谕吏部、户部:

> 钱粮系军国急需,经管大小各官,须加意督催,按期完解,乃为称职。近览章奏,见直隶各省钱粮,拖欠甚多,完解甚少。或系前官积逋,贻累后官,或系官役侵挪,借口民欠。向来拖欠钱粮,有司则参罚停升,知府以上,虽有拖欠钱粮未完,仍得升转,以致上官不肯尽力督催。有司怠于征比,枝梧推诿,完解愆期。今后经管钱粮各官,不论大小,凡有拖欠参罚,俱一体停其升转,必待钱粮完解无欠,方许题请开复升转。尔等即会同各部寺,酌立年限,勒令完解,如限内拖欠钱粮不完,或应革职,或应降级处分,确议具奏。如将经管钱粮未完之官升转者,拖欠官并该部俱治以作弊之罪。

三月庚戌朔,定直隶各省巡抚以下,州县以上,征催钱粮未完分数处分例。《东华录》所见者止此,此即当时之所谓新令,海内所痛心疾首者也。凡入奏销案者,固谓之絓新令,即辛丑奏销以后,官吏之追呼,士绅之戮辱,亦无不以新令为陷阱。而朱国治在江苏巡抚任内所为者尤惨酷。据其传云:"国治疏言苏、松、常、镇四府钱粮,抗欠者多,因分别造册,绅士一万三千五百余,衙役二百四十人,敕部察议。部议见任官降二级调用,衿士褫革,衙役照赃治罪。”董含《三冈识略》记江南奏销之祸云:“江南赋役,百倍他省,而苏、松尤重,迩来役外之征,有兑役、里役、该年催办、捆头等名,杂派有钻夫、水夫、牛税、马豆、马草、大树钉、麻油、铁箭、竹、铅弹、火药、造仓等项。又有黄册人丁、三梱军田、壮丁逃兵等册,大约旧赋未清,新饷已近,积逋常数十万。时司农告匮,始十年并征,民力已竭,而逋欠如故。巡抚朱国治强愎自用,造欠册达部,悉列江南绅衿一万三千余人,号曰抗粮。既而尽行褫革,发本处枷责,鞭朴纷纷,衣冠扫地。如某探花欠一钱,亦被黜,民间有‘探花不值一文钱’之谣。夫士夫自宜急公,乃轩冕与杂犯同科,千金与一毫等罚,仕籍学校,为之一空。至贪吏蠹胥,侵没多至千万,反置不问,吁,过矣!后大司马龚公,特疏请宽奏销,有‘事出创行,过在初犯’等语,天下诵之。”董氏籍华亭,字阆石,辛丑进士,通籍后,即以奏销斥革,终身不仕,以笔墨自娱,其所纪皆当时目击者也。其弟名俞,字苍水,年三十,举孝廉,亦以絓名被革,兄弟同遭此厄,而幽忧侘傺,愈益无憀。二人皆有诗集,宋琬为之序。其所称某探花者,叶方蔼也。方蔼以顺治十六年一甲第三名及第。当时尚为编修,未升他职,至康熙十二年始充日讲起居注官。王应奎《柳南续笔》亦纪此事,谓方蔼以欠折银一厘左官,一厘准今制钱一文也。所谓大司马龚公者,龚鼎孳也。《东华录》康熙二年八月辛丑,左都御史龚鼎孳奏:“钱粮新旧并征,参罚叠出,即见征以补带征,因旧欠而滋新欠,请将康熙元年以前催缴不得钱粮,概行蠲免。有司既并心一事,得以毕力见征,小民亦不苦纷纭,得以专完正课。”下部知之。此即《三冈识略》所赞美者,然距奏销案发生已二年矣。朱国治所列册籍一万三千五百十七人,被逮者达三千人,皆在籍缙绅也。械送刑部议处,锒铛手梏拲,徒步赤日黄尘中,至康熙元年五月,始奉特旨释放还乡(见娄东无名氏《研堂见闻杂记》)。其时国治已以丁忧罢,韩世琦继任,稍宽假,续报完清者得万余人。其有朦混奏报,或影冒立户,挟嫌未经注销者,多为昭雪。而士子辄以有田为大累,如邵长蘅《与杨静山(名廷鉴)表兄书》云:

先人贻薄田八百余亩,一月间为某斥卖过半,然不名一钱,只白送与人耳。昨陈生来，辱垂谕，士君子制行不可好奇，恒产不可无。非老成忠告，某安得闻此言？顾某之为此，亦自有说。私念先府君孺人举某极迟，又独子，奇爱之，稍长略读书识字，亦望稍有树立，横遭废斥，此事便已。窃见两年来，新法如秋荼凝脂，县令如乳虎，隶卒如猘犬，书生以逋赋笞辱，都成常事。某实不忍以父母遗躯，受县卒挤曳入讼庭，俛酷吏裸体受杖，乃愤而出此，为纾祸计耳。然缘此得家累渐轻，故吾亡恙。罂有十粟之储，家无打门之吏，菜羹啜水，读书自娱，亦未必非息黥补劓之道也。缘长兄爱我之切，敢覼缕奉闻。昨偶见八十岁村翁，举俚语一则：元时富人，往往以田为累，委田契于路，伺行人拾取，遽持之大呼曰：田已属尔，我无与矣。并书上一笑。

邵长蘅为常州武进人，亦因奏销案革学籍。其时常州罹祸者，较他郡为独轻。盖府学教授郭士璟夜扣知府崔某，请按三日不发，且即榜示通衢，许以三日内补输，以此得保全者数百人。而长蘅不及也。陈玉璂撰《青门山人传》谓："江南奏销案起，绊误者万人，而山人亦黜弟子籍。"又云："初山人之被黜也，先人遗田及千亩，一月间忽斥卖过半，然不名一钱，乡里窃笑之。未几，里诸生十余人，多以田赋逋，伍伯累累絷颈去，被箠笞荷校府门，至有毕命者。乃诧曰：'邵君其智人耶？'"青门山人即长蘅别号也。长蘅卖田在奏销后，可知清廷以田赋威江南士人，为祸正无底止。"新法如秋荼凝脂，县令如乳虎，隶卒如猘犬，书生以逋赋笞辱，都成常事。"是长蘅所述者，乃当时实情也。且自辛丑新令以来，官吏无不以奉行为能事，又不仅苏抚朱国治之辖境为然，安徽、浙江等地亦有之，惟苏抚为最酷耳。当时名人如吴伟业、徐元文、翁叔元、彭遹孙、韩菼、王昊、曹尔堪、汪琬、顾予咸、范必英、黄祖颛、计东、钱陆灿、秦松龄、何讷、钱遵王、宋实颖等以此降调削籍者，不一而足。盖当时以故明海上之师（即郑成功兵深入南京一役），清廷积怒于南方人心之未尽帖服，特假大狱以示威，地方官又牵连逆案以成狱，意有不慊，任情荼毒，易世而后，言之尚有余恫焉。《研堂见闻杂记》云："抚臣朱国治既以钱粮兴大狱，又杀吴郡诸生一二十人（指哭庙狱），知外人怨之入骨，适以丁忧罢。故事，隶旗下者例不丁忧,守丧二十七日,即出视事。公守丧毕,具疏请进止,朝议许其终制。另推新抚韩公世琦,尚未莅位,朱恐吴人为变,仓猝离位,轻舟遁去。吴中为幸。朝议以大臣擅离汛地,拟降五级。而严旨切责,革职为民。(又云:"奏销案提解诸人,于康熙元年五月,奉特旨无论已到京未到京,皆释放还乡。吾娄凌播,前以绁误提者,抚臣韩公特与之具疏辩白,部臣题复,以为凌播于三月十九日完,事在未奏前,有司何得朦混。于是总书徐来江,知州吕与兴,知府余廉征,署兵宪者抚臣朱国治应各议处。奉旨依议,人心一快。")后于康熙十一二年,复抚滇中,值吴三桂变,提去开膛枭示。"此则酷吏最后之结局也。

(五) 清国之一统

顺治年间,明桂王偏安西南,郑成功据有海隅,统一之业,未克完成,前既言之矣。顺治十八年,吴三桂入缅甸擒获桂王,而成功亦于是年辟疆台湾,沿海各地,得以稍息兵革。是皆玄烨即位后事也。康熙元年,以擒获永历帝之事,祭告宗庙,宣示天下,其诏曰:

> 奉天承运皇帝诏曰:自古乂安海宇,衽席生民,必使逆孽,无有稽诛,庶几治化遐宣,兵民休息,此历代之隆规也。我世祖章皇帝宅中定鼎,混一四方,惟伪永历率逆贼奔窜遐荒,尚逋天讨。数年以来,大兵征剿,转运粮饷,地方困苦,生民弗宁。特命平西大将军平西王吴三桂,同定西将军爱星阿等统领大兵,出边进讨,直抵缅甸。于顺治十八年十二月初一日,擒伪永历及其眷属。伪巩昌王白文选,及伪官全军投降。此诚天地祖宗之鸿庥,薄海内外之大庆也!捷书奏闻,朕心嘉悦,已命所司虔行祭先典礼。念永历既获,大勋克集,士卒免征戍之苦,兆姓省挽输之劳;疆圉从此奠安,闾阎获宁干止。是用诏告天下,以慰群情。於戏!武烈维扬,式惬观成之意;纶音载涣,聿昭求莫之心。布告万方,咸使知悉。康熙元年三月十二日。

自此而清室一统之业成矣。元年四月,永历帝既被杀于云南,郑成功亦病薨于台湾。至是,不惟无内忧之患,即可以为患者,亦相率逝去。直至十二年三藩之乱,凡十余年间,略得休息。诚如诏书所云:"士卒免征戍之苦,兆姓省挽输之劳。"惜鳌拜专政,不足有为;及鳌拜除,而三藩之乱,亦不久旋起。故康熙大政,仍在三藩之乱平定以后也。

六十四　辅政大臣之专横

(一) 鳌拜之专横

辅政四大臣中,以鳌拜最为擅权专恣,藐玄烨冲幼,独揽朝政。遏必隆附和之,索尼年老姑息,皆不能自异者也。独苏克萨哈屡与之迕,然苏亦庸碌无能,鳌以是衔之,二人成仇隙。鳌既擅权,务以引进私人,结党舞弊为事,当时大学士班布尔善、吏部尚书噶褚哈、工部尚书济世,皆列要职,为鳌拜党羽。清代领侍卫内大臣最贵,班在大学士上,则以其子那摩佛为之。内大臣飞扬古为开国世臣,与鳌拜有隙,其子侍卫倭赫,与侍卫西住、折克图、觉罗赛尔弼四人,同值卫前,不敬辅臣,遂以劾幸景山瀛台骑御马,用上弓矢射鹿,论斩。又坐飞扬古以守陵怨望,并其子尼侃萨哈萨俱绞死,房产籍入鳌拜之弟穆尔玛家。此鳌拜专横擅杀之例也。当时南北肃清,颇可有为;而鳌拜盘据要津,朋比为奸。故康熙初政,殊无足纪。康熙六年,内宏文院侍读熊赐履,应诏上书云:

> 臣备员侍从,遇皇上虚己求言,不敢摭拾浮词,以混宸听。谨因圣谕所及,而推本言之。伏读诏书曰:"近闻直隶各省人民,疾苦困穷,深可悯念。或因官吏朘则,或因法制未便。"此真二帝三王之用心也!但国家日言生聚,而凋敝愈甚;日言轸恤,而疮痍不起;日言招集、言蠲免而流离琐尾之状,不可胜言。溯厥由来,诚如圣谕所云者!盖小民终岁勤劳,仅给俯仰之资,而夏税秋粮,朝催暮督,私派倍于官征,杂项浮于正额。设一旦水旱频仍,饥馑见告,蠲赋则吏收其实,而民受其名;赈济则官增其肥,而民重其瘠。此不独守令之过也,上之则监司,又上之有督抚;有司之职业在地方,上官之激劝在举劾。朝

廷方责守令以廉,而上官实教之以贪;方授守令以养民之职,而上官实课以厉民之行;故督抚廉,则监司廉,守令亦不得不廉;督抚贪,则监司、守令,亦不得不贪。伏乞将督抚大加甄别,贤能者加衔久任,贪污不肖者,立赐罢斥。以民生之苦乐,为守令之贤否;以守令之贪廉,为督抚之优劣;则廉者以劝,贪者以惩;有利必兴,有害必除;而民之不得所者,寡矣!虽然,内臣者,外臣之表也。京师者,四方之倡也。本原之地,在乎朝廷而已。臣请择其大者言之:一曰政事纷更,而法制未定。我国家章程法度,其间有积重难反者,不闻略加整顿,而急功喜事之人,又从而意为更变,但知趋目前尺寸之利,以便其私,而不知无穷之弊,已潜倚暗伏。朝举夕罢,以致盈廷聚讼,甲令游移。乞敕将国家制度,详审会议;凡沿革损益,参以古制,酌以时宜,勒成会典,颁示天下。则上有道揆,下有法守。一曰职业隳废而士气日靡。国家之设官也,满汉相制,堂属相维,正欲同寅协恭,责无他卸。近见大小臣工,大率缄默依阿,绝少实心任事之人,树议者谓之疏狂,任事者目为躁兢,廉静者斥为矫情,端方者笑为迂腐。伏乞立振颓风,作养士气;申饬满汉诸臣,虚衷酌理,实意任事!一曰学校废弛而文教日衰。今庠序之教,缺焉不讲,师道不立,经训不明。士子惟揣摩举业,以为弋取科名之具,绝不知读书讲学,以求圣贤理道之归。其高名者,又或泛滥百家,沉沦二氏,惑世诬民,莫此为甚!乞隆重师儒,兴起学校。至于山林隐逸之士,有经明行修,德业完备者,敕地方官悉心谘访,据实奏闻;朝廷优礼延聘,加意褒崇。一曰风俗潜移而礼制日废。臣观近日风俗奢侈,陵越不可殚述,一裘而费中人之产,一宴而靡终岁之需;舆隶披贵介之衣,倡优拟命妇之饰。此饥之本,寒之源,而盗贼狱讼所由起也。然礼教之行,自贵近始;乞皇上躬行节俭,为天下先!……

赐履所谓“内臣者,外臣之表也”,又曰“急公喜事,但知趋目前尺寸之利,以便其私图”,盖皆隐指鳌拜。鳌恶其侵己,曰:“是劾我也。”请玄烨治以妄言罪。且请申禁言官,不得上书。幸玄烨明察,谓之曰:“彼自陈国家事,何豫汝耶?”次年,赐履复上言:“朝政积习未除,国计隐忧。年来灾异频仍,饥灾叠见,正宵旰忧勤彻县减膳之日;讲学勤政,在今日最为切要。”疏入,鳌拜传旨,问积习隐忧实事。以所陈无据,妄奏沽名,议降二级,玄烨原之。当时鳌拜枋用,生杀惟其意;时在玄烨前忿争,或呵叱部臣,张威福劫众,大臣稍异同其间,立致死。惟赐履以一词臣,论事侃侃,无所避讳,鳌故衔之,终其身不获迁。妄作威福,诸如此类者,不鲜也。

(二) 圈换土地之议

先是八旗土地,各照左右翼次序分给,时因多尔衮欲住永平府,故将镶黄旗应得之地,给与正白旗;而给镶黄旗地于右翼之末保定、河间、涿州等二十余处,旗民已各安其业。至是,鳌拜与苏克萨哈相争成隙,鳌拜镶黄旗人,苏克萨哈正白旗人,而镶黄旗应得之地,为正白旗所占;鳌拜故立意更换。索尼亦素恶苏,遏必隆不能自异,因共附和之;鳌拜遂使八旗以土地不堪,呈请更换,移送户部。户部尚书苏纳海等奏:“地分拨已久,且康熙三年,奉有民间地土,不许再圈之旨,不便更换。请将八旗移文驳回!”疏入,鳌拜以其不附己也,欲构成其罪,称旨:着议政王贝勒大臣九卿科道会议以闻。旋议覆:“沙压水淹地十五万四千晌有奇,该佐领未经踏勘,难以悬议。应差部臣前往踏勘明白,造册再议。”鳌拜等遂矫旨令贝子温齐等前往查勘,旋以各旗沙压水淹,不堪耕种之地内,镶黄旗尤不堪覆奏。鳌拜等称旨:“永平府周围地亩,未经圈出,应令镶黄旗移住。庄田房屋,应照翼给与。将镶黄旗移于左翼,仍从头挨次拨给。至各旗不堪地亩,作何分别?圈占之地,作何补还?镶黄旗移出旧地,作何料理?着户部酌议。”既而户部议覆八旗圈换土地一事,以两议请旨:

> 一、镶黄旗近圈顺义、密云、怀柔、平谷四县之地,毋庸拨换外,其左右翼之涿州、雄县、大城、新安、河间、任邱、肃宁、容城等处地,应照旧例,从头挨次拨换。将正白旗通州三河迤东大路北边,至丰润县地,永平府周围留剩地,拨给镶黄旗。如不敷,将遵化至永平路北夹空民地圈给。其正白旗所撤通州迤东之地,亦应于永平周围地内拨

补;不敷,将北路夹空民地滦州乐亭县民地圈给。至二旗包衣佐领下壮丁,应否迁移?再六旗地亩内,除一半可耕,一半不堪者不准拨换外,其过半不堪与全不堪者,应将各旗圈内空地,或退回地亩,酌量拨换。俱俟秋成后,差员丈量分拨。

一、镶黄旗既有顺义等四县地,应将所移涿州壮丁,即于顺义等处民地圈给。其河间等七县所移壮丁,应将正白旗蓟州遵化地拨给;不敷,将夹空民地圈给。其通州、三河、玉田、丰润等处地,仍留正白旗,余照前议。

鳌拜等随称旨:“镶黄旗涿州壮丁,移于顺义等县,依后议。其前议将正白旗通州迤东大路北边给镶黄旗,南边留于正白旗之处,俟秋收后,差员将正白旗满洲地,投充人地,皇庄地,丈量明白,取具实数,酌议分拨。余俱俟镶黄旗迁移事竣,具题请旨。”观此,可知苏纳海之意,虽不得已而许两旗圈换地土,然亦须平衡拨给,无所偏左;而鳌拜务以利于镶黄旗者为之,故有是旨,时康熙五年四月间也。旋命苏纳海会同直隶,山东,河南总督朱昌祚,巡抚王登联经理其事。昌祚初抵任,正己率属,遇事执法,无所婞婀。圈地议起,旗民嚣然,咸泣诉失业。昌祚因上书,极陈其不便曰:

镶黄、正白两旗拨换地土一事,奉差大学士管户尚书事苏纳海、侍郎雷虎会同臣与巡抚王登联酌议圈换。臣等履亩圈丈,将及一月,而两旗官丁,较量肥瘠,相持不决。且旧拨房地,垂二十年,今换给新地,未必尽胜于旧;口虽不言,实不免有安土重迁之意。至被圈夹空民地,百姓环恳失业,尤有不忍见闻者!若果出自庙谟,臣何敢越职陈奏?但目睹旗民交困之状,不敢不据实上闻。仰祈断自宸衷,即谕停止!

王登联亦密疏陈请,其言略曰:“旗民皆不愿圈换。自闻命后,旗地待换,民地待圈,皆抛弃不耕,荒凉极目,亟请停止。”而苏则以屯地难以丈量,候明诏进止。鳌拜等遂坐以藐视上命,纷更妄奏,械三人付刑部议罪。部以律无正条,拟鞭百籍没家产。玄烨召辅政四大臣询问,鳌拜极言情罪重大,应置重典。索尼、遏必隆附和之,独苏克萨哈不对。玄烨仍以不按律文弗允。鳌拜遂出矫旨,处三人立绞,籍没,人咸冤之。时五年十二月也。鳌拜以一己之私谋,致同时而矫杀三大臣,其手段之辣,专横之态,可想而知矣。

（三）玄烨亲政与苏克萨哈之冤死

康熙六年三月间,辅政大臣索尼等奏请玄烨亲政,留中未发。六月,索尼卒,予祭葬。谥文忠。七月,以太皇太后谕,乃下旨曰:

> 朕年尚幼冲,天下事务殷繁,未能料理。欲再俟数年,辅政臣屡行陈奏,朕再三未允。辅政臣等奏云:"世祖章皇帝亦于十四岁亲政。今主上年德相符,天下事务,总揽裕如。恳切奏请!"朕乃率辅政臣往奏太皇太后,太皇太后谕以帝尚幼冲,如尔等俱谢政,天下事何能独理?缓三年再奏。辅政臣等复奏:"主上躬亲万几,臣等仍行佐理。"太皇太后俞允,择吉亲政。其吉期,礼部选择以闻。

至是,玄烨始亲政。越日,苏克萨哈奏:

> 臣才庸识浅,蒙先皇帝眷遇,拔授大臣,夙夜悚惧,恐负大恩!值先皇帝上宾之时,惟愿身殉,以尽愚悃。不意恭逢遗诏,臣名列于辅臣之中,臣分不获死;以蒙昧余生,勉竭心力,冀图报称。不幸一二年来,身婴重疾,不能始终效力于皇上之前,此臣不可逭之罪也!兹遇躬亲大政,伏祈睿鉴,令臣往守先皇帝陵寝,如线余息,得以生存;则臣仰报豢育之微忱,亦可以稍尽矣!

玄烨览奏言曰:"苏克萨哈奏请守陵,如线余息,得以生全;不识有何逼迫之处。在此何以不得生?守陵何以得生?朕所不解,着议政王贝勒会议具奏。"鳌拜既与苏成仇恨,至是必欲置之死,讽王大臣等会议,列苏克萨哈二十四大罪；内有怀抱奸诈，存蓄异心，欺藐幼主，不愿归政，种种任意诡饰之罪。应坐大逆律与其长子内大臣查克旦皆凌迟处死；余子六人，孙一人，兄弟之子二人，皆斩决；族人前锋统领白尔赫图，侍卫额尔等皆斩决。狱具，入奏。玄烨知鳌拜怨苏克萨哈与之迕，积以成仇；与其党班布尔善等构成罪款，必欲置之极刑。谕以核议未当，不允所请。而鳌拜攘臂上前，强奏累日，竟坐苏克萨哈处绞，余悉如议。鳌拜前既以圈地议，一日而杀数大臣；今又以区区不关紧要之“如线余息，得以生全”两语，而构杀遗命辅政之苏克萨哈，与大臣白尔赫图，亦可谓跋扈之甚矣！至攘臂殿廷，逆状显著，玄烨虽知，不能制也。

（四）鳌拜之得罪

索尼、苏克萨哈既死，辅政四臣中，惟鳌拜、遏必隆尚存。遏必隆附和鳌拜，不敢立异；故朝廷政权，操于鳌拜一人而已。玄烨亲政后，鳌复结党擅权，玄烨深恶之。又尝托病不朝，要玄烨亲往问疾，玄烨幸其第，入其寝。御前侍卫和托见其色变，急趋至榻前，揭席刀见。玄烨笑曰：“刀不离身，满洲故俗，不足异也。”即返。以弈棋召索额图入谋。数日后，鳌拜入见，令羽林士卒执之。（或言：玄烨居宫中，每选满洲小儿善扑者戏于前，鳌拜以玄烨童心好弄，益轻侮不介意。至是入见，遽为所擒。事见姚元之《竹叶亭杂记》。《清史稿·圣祖本纪》亦云：“上久悉鳌拜专横，特虑其多力难制，乃选侍卫拜唐阿年少有力者，为扑击之戏。是日鳌拜入见，即令侍卫等掊而系之，于是有善扑营之制，以近臣领之。”可见玄烨以十六岁之幼主，早能不动声色，以销此肘腋之患也。）因谕曰：

> 前工部尚书员缺，鳌拜以朕素不知之济世，妄称才能推补，通同结党，以欺朕躬。又奏称户部尚书缺，太宗时设有二员，今亦应授二员，将马迩赛徇情补用。又鳌拜于朕前办事，不求当理，稍有拂意之处，即将部臣叱喝。又引见时，鳌拜在朕前理宜和平，乃施威震众，高声喝问。又科道官员条奏，鳌拜屡请禁止，恐身干物议，闭塞言路。又凡用人行政，鳌拜欺朕专权，恣意妄为；文武各官，尽出伊门下，内

外用伊奸党,大失天下之望。穆里玛、塞本得纳、莫佛伦、苏尔马、班布尔善、阿思哈、噶褚哈、济世、马迩赛、壁图、迈音达、吴格赛、布达礼等,结成同党,凡事在家议定,然后施行。且将部院衙门各官,于启奏后,常带往商议,众所共知。鳌拜等依仗凶恶,弃毁国典,与伊等相好者,荐拔之;不相好者,陷害之。朕念鳌旧臣,遗诏有名,宠眷过深,望其改恶悔罪。今乃贪聚贿赂,奸党日甚,上违君父重托,下则残害生民。种种恶迹,难以枚举。遏必隆知而缄口,将伊等过恶未尝露奏一言,是何意见?阿南达负朕隆宠,每进奏时,称赞鳌拜为圣人。着一并严拿勘审!

康亲王杰书等遂勘问鳌拜罪三十款:欺君擅权,罪一。引用奸党,罪二。结党议政,罪三。聚货养奸,罪四。巧饰供词,罪五。擅起马迩赛等先帝不用之人,罪六。杀苏克萨哈等,罪七。擅杀苏纳海等,罪八。偏护本旗,将地更换,罪九。轻慢圣母,罪十。贪揽事权,罪十一。奏阻立后,罪十二。谬用济世,罪十三。添户部尚书,以马迩赛居要地,罪十四。禁止科道陈言,罪十五。熊赐履条奏之事,鳌拜以为劾己,意图倾害,罪十六。违旨擅谥,罪十七。旧疏呈览,逼勒依允,罪十八。呵叱大臣,罪十九。私买外藩为仆,罪二十。擅授败将原职,罪二十一。不使巴泰与闻会议,罪二十二。将御马头目处决,籍产归己,罪二十三。裁止蒙古都统,不使会议,罪二十四。违遗命,起居班行,妄居遏必隆之右,罪二十五。闻遏必隆有成何朝廷之说,不行举首,罪二十六。嗔怒奉旨放鹰者,不先关白,罪二十七。不遵圣旨,罪二十八。勒人之妾,配伊家人,罪二十九。以人之坟墓,有碍伊家风水,逼令迁移,罪三十。又议遏必隆不行纠劾,藐视皇上之罪,十二款。均应革职斩绞。玄烨亲加鞫问,情罪俱实,诸臣均请置之重典。玄烨以鳌拜顾命大臣,效力年久,特宥其一死,从宽革职,籍没,仍行拘禁。子那摩佛亦免死,其弟穆里玛,侄塞本得俱伏诛。遏必隆为勋臣之子,且其咎止在因循瞻徇,未尝身蹈重愆;特宥其罪,削去太师,及后加公爵;仍以一等公爵宿卫内廷。其党班布尔善、阿思哈、噶褚哈、璧图、塞本得讷俱立斩。时康熙八年五月,玄烨亲政已二年矣。七月,以言官白苏克萨哈之冤,乃给还苏克萨哈及其族白尔赫图世职。后追赐苏纳海、朱昌祚、王登联谥,曰襄愍、勤愍、悫愍。并各荫其子入监读书。于是鳌拜所冤杀之人,至此得昭雪矣。《清史稿·四辅臣传论》云:“四辅臣当国时,改世祖之政,必举太祖、太宗以为辞,然世祖罢明季三饷,四辅臣时复征练饷,此非旧制,又将何辞?”清以永不加赋为一代惠政之特色,而顺治十八年八月,竟以明季练饷每亩派征一分为词,加派各省数百万。十二月以左都御史魏裔介奏请停止,始罢。亦可见四辅政时之阙失矣。

六十五 房地圈占之纷扰

(一) 圈地之缘起

先是,清人之初入关也,东来诸王,及八旗兵丁,强占田地,视为己有,圈以标志,是谓圈地。盖当混乱之际,又属异族入主,直不啻取消前朝之土地所有权,而以圈画为先占也。此种事实本不合理,惟以战胜征服之余威,视为必然现象。若战胜者为有法纪有组织之国家,则尚可少增人民之苦痛,然如清初之散漫无秩序,朝廷盖已承认而经理之。观顺治元年谕户部曰:

> 我朝定都燕京,期于久远,凡近京各州县无主荒田,及前明皇亲、驸马、公、侯、伯、内监,殁于寇乱者,无主庄田甚多。尔部清厘,如本主尚存,及有子弟存者,量口给与;其余尽分给东来诸王、勋臣、兵丁人等。盖非利其土地,良以东来诸王、勋臣、兵丁人等,无处安置,故不得已而取之。可令各府州县乡村,满汉分居,各理疆界,以杜异日争端。今年从东来诸王,各官兵丁,及见来在京各部院官,着先拨给田园。其后至者,再酌量拨给。

朝旨虽以无主荒田,及前明庄田为应当指拨之地,表面上似属正当,然实则指民地为官庄,诈私田以无主,谁复敢与计较!谕中切切以“非利其土地”为言,正所以解释人民被强夺之痛苦,亦与假仁义灭贼之师,而

徙据北京之言,乃同一步调也。时顺天巡按刘寅东恐乱圈乱住,易启争端,因上满汉分居五便之疏。略言:

> 清查无主之地,安置满洲庄头,诚开创宏规!第无主与有主地,犬牙相错,势必与汉民杂处;不惟今日履亩之难,恐日后争端易生。臣以为莫若先将州县大小,定田亩多寡,使满洲自住一方;而后以察出无主地,与有主地互相兑换;务使满汉界限分明、疆理各别而后可。盖满人聚居一处,阡陌在于斯,庐舍在于斯,耕作收放,各相友助;其便一也。满汉疆理,无相侵夺,争端不生;其便二也。里役田赋,各自承办,满汉各官,无相干涉,且亦无可委卸;其便三也。处分当,经界明,汉民无窜避惊疑,得以保业安生,耕耘如故,赋役不缺;其便四也。可仍者仍,可换者换,汉人乐从,且其中有主者,既已归并,其余自不容无主者隐匿;其便五也。

疏入,下部议行。寅东所言:"处分当,经界明,汉民无窜避惊疑,得以保业安生,耕耘如故。"则当时之强夺霸占,经界不明,汉民窜避惊疑不得安生之状况,可以想见矣。

(二) 房地之处置

顺治二年,谕户部:"民间田房,有旗人指圈,改换他处者,视其田产之美恶,速行补给,务令均平。傥瞻顾徇庇,不从公速拨,从重处分。"户部尚书英俄尔岱等,随奏请将易州等处有主地,酌量给旗,而以满城庆都等二十四州县无主荒地,就近给民。盖以满城等处,去京渐远,兵民杂处,多有未便故也。所有应拨应给之事,令给事中四员,御史四员,同户部司官八员,前往清查。时给事中向玉轩奏请,许民间坟墓,在满洲圈地内者,子孙得随时祭扫。此亦便民之事,更可知当时圈占之处,即坟墓间亦及之,骚扰之状,不言可知矣。又其时不止田地之圈占,强行收为己有,即京城内之房舍亦然。御史傅景星奏:民房应给旗下者,当宽以期限,俟其般移,始令旗人管业。盖入关之士卒,如蜂虿群集,毒螫人民,强占霸据,在所难免。韩菼《有怀堂集·己未出都怀诗》云:“破巢兵捕捉,勾租吏怒嗔,输租仍殿租,褫辱及衣巾。室毁还作室,督促旧主人。”自注云:“辛丑年奏销案应连逮,时驻防兵圈占房屋,更代为修葺。”据此则韩在被逮数内,但同时苏州有旗兵圈地之举,韩屋被圈旗兵逐屋主,而又令屋主代为修葺,清初之虐政如此。而韩之被逮,则或因修屋而暂缓,旋有放免指挥,遂省此桎梏之一行,未可知也。其所撰《刑部尚书翁公叔元神道碑》有云:“坐奏销案俱黜,公以隶卒,菼以官兵圈房,被迫辱俱欲死。后公寄籍永平,菼秀水,俱第一。亦俱黜。”据此,则韩受圈房之迫辱,而改籍应试之功名,亦因奏销案而斥革矣。后纳粟入监始举北闱。当时受害者何止韩菼一人?顺治三年议,凡直隶人民田地被圈者,以各州县地亩拨补;其不愿他往者,以未圈之民房地均分居住耕种。至是,户部遂奏言:“民间田地,拨给满洲,已经于邻近地补还。但庐户田园,顿非其故;又有迁徙之劳,请照被拨地数,一应钱粮,全免一年。其地土房舍,虽未经拨给满洲,而与近村被拨之民,同居分种,亦照请分出地数,将钱粮量免一半。凡故明公侯外戚屯地,既经拨出,其钱粮照数永免。”从之。纤芥之小惠,又何足为民福也!顺治十年,始有圈拨民间房地永行停止之令。然旗下退出荒地,与游牧投来人丁,皆复行圈补,而并圈接壤民地者,亘顺治至康熙初年,其事盖难免也。

(三)圈占之罢除

康熙初年,鳌拜当国,欲以正白旗屯庄,给镶黄旗;而另圈民地给正白旗。苏纳海、朱昌祚、王登联皆以不便闻,致迕鳌意,于是矫旨致三人于死。二十年安居乐业之庄田民地,又复迁徙流离,民间之困苦失业者,不知凡几矣。玄烨亲政,鳌拜得罪,乃谕户部曰:“朕缵承祖宗丕基,乂安天下,抚育群生,满汉军民,原无异视;务俾各得其所,乃惬朕心。比年以来,复将民间田地,圈给旗下;以致民生失业,衣食无资,流离困苦,深为可悯!自后圈占民间房地,永行停止。其今年所已圈者,悉令给还。尔部速行晓谕,昭朕嘉惠生民至意!至于旗民无地,亦难资生,应否以古北等口边外空地,拨给耕种?令议政王贝勒大臣确议以闻。”至是,圈地之事,遂毅然禁止。然就此谕观之，当时人民之因霸圈而失业者，必不少也。至八旗之地，饬以张家口、山海关等处旷地换拨，又令新满洲以官庄余地，拨与耕种。其指圈之地，仍归民有。从此旗人多不营耕作，又以生齿日繁，稍稍典卖矣。雍正初，清查旗地私卖与民者，用官款赎回，限一年令原业主取赎，不赎准本旗或别旗人照价承买。后复有私卖者，皆入官，为公产旗地。时议以为百姓买者，不苦于得价还田，而惧其夺田别佃。故乾隆五年，乃定回赎旗田，仍令原佃承种，庄头土豪，无故争租夺佃者，罪之。此盖夺其所有权，而不夺其永佃权，亦一救济之法也。清初学者之文集中，多有记圈地之害者，事例甚繁，不便枚举矣。圈地之外，复有督捕逃人一事，亦为清初秕政，盖皆赡徇满人而为之，最足以扰民者也。清入关前，往往掠汉人为奴，视为大利。被虏者逃至朝鲜，朝鲜辄解送中国，建州恨之，时为寇于朝鲜，以为报复。太宗既以兵力压服朝鲜，乃严约不许解送，有私纵者，必予重罚。入关以后，各旗风习如故，所欲得保障于国家者，以有逃人法为最要。十一年，王大臣议，匿逃人者给其主为奴，两邻流徙，捕得在途复逃，解子亦流徙。帝以其过严，命再议，仍如原议上。因设兵部督捕衙门，以满汉侍郎等专理之，辖巡捕三营。科臣李裀上七可痛之疏，其言罚重窝逃，不深究逃者之弊。王大臣以为情由可恶，当论死，帝改徙尚阳堡，逾年死。福临明知此法便于奸人图诱，诬人窝藏，以遂其索诈取盈之计，时方用八旗之力以定天下，又不敢拂众情。后乃两谕申诫之，逃人祸始渐息。至康熙三十八年，撤督捕衙门，并入刑部设督捕司，专稽旗人无故离京，而逃人案乃自然消灭矣。

六十六　乱事之奠定

（一）川东之平定

初，吴三桂由保宁趋遵义，只定川北入滇一路，其后川南、川西以次平定，而明义师之据川东者，其势复炽。郝摇旗、袁宗第、刘礼纯、李来亨、马腾云等，皆拥众数万，隐奉明宗室朱盛蒗，往来川湖，与郧襄山中，为清劲敌。康熙二年，湖广提督董学礼，奉命同襄阳总兵于大海等，率众三万，会攻李、马。凿山开道,以正月初五日,进至曹家店,遇李兵万余人,击败之。又遣将复归州、巴东、巫山等处,直达夔州。而郝摇旗部将罗某,亦同时为陕西提督王一正败于横水(房县)。三月,四川总督李国英进攻袁宗第于昌宁,宗第败遁,死者甚众。而董学礼由鱼利坡进抵长坪,复大破李来亨之众,进攻双龙观、三白垭二关,来亨遁走。王一正又败郝摇旗于张老河。时李来亨等据谭家寨,董学礼围攻之,六月二十七日,大雾,李兵乘势突出,分击塘汛,为清兵所败。八月,郝摇旗复败于白玉坪,降者二千余人。清兵以敌兵之往来不定也,李国英奏请三省会剿。诏令都统穆里玛为靖西将军,都统图海为定西将军,统军往征。于是以荆州宜昌兵,平远安、兴山、巴东、归州等处;以兴安、郧阳兵,平房县、竹山等处;以四川兵,平夔州、建始、巫山、大宁、大昌等处;三路之兵,刻期并进,截其走路。十月,郝摇旗、刘礼纯、李来亨、袁宗第、党守素、塔天宝、马腾云七部之兵,出击巫山,李国英等督师守御,危城得全,因奏请速发大兵,乘胜剿灭。副都统杜敏等,遂于十二月二十三日,师次陈家坡,距敌营甚迩,清军奋勇击之,敌遁天池寨。杜敏等统兵追剿,刘礼纯势穷自缢。郝摇旗、袁宗第夜遁,杜敏等追至横草坪,大败其众,擒摇旗、宗第,及明东南王朱盛蒗等杀之。而李来亨犹拥众茅鹿山,恃为险峻。康熙三年,图赖等率兵围之,绝其声援,先平外围据点,始督兵昼夜环攻,其势穷迫,党人陆续下山请降。八月初五日,来亨全家自缢,举火焚寨,余众皆壮烈殉国。清兵到处搜剿,于是川楚之为明而抗拒者,皆平。

(二) 云贵土司之叛乱

康熙元年二月,丹平土官莫之廉擅用坐纛旗帜盔甲,与官兵接战二次,又窝藏叛党刘鼎,讹言煽惑,集众弄兵,为谋叵测。贵州总督杨茂勋会提督李本深遣兵剿之,莫之廉拥众高岩,弩矢乱发。清兵奋勇进击,斩首六百余人,擒莫之廉及其妻妾子女,莫之廉绝食而死,乱事遂平。既而陇纳又乱,吴三桂遣将剿之,逆首贺云逃遁。以上下木咱距此不远,且蛮目陆亮与贺云为至亲,平日连结甚欢,恐贺匿其中,令总兵王会、赵良栋、张鹏程三路进剿;逆苗炮弩交发,清兵猛击,斩陆亮,贺云闻败自杀。时二年十二月也。三年,贵州水西土酋安坤等作乱,吴三桂亲提师至毕节,由大方乌西,直捣卧这。总兵沈应时等,由卧这、果勇、陇胯、大方等处,分路进剿。贵州提督李本深等,攻敌于塔寨箐,又自雪棚攻破阿哈箐。总兵王会等,攻剿龙广、补岗等处,李本深复击之于六广河。都统吴国贵等大败其众于矣列,追至天生桥,安坤等仅以身免。三年十一月,命总兵李世耀等自乌蒙进发,安坤遂悉众来拒,清兵破之于波罗箐,追至法地屯,擒安坤。四年正月,复获安党安如鼎及煽惑安坤作乱之黔阳王皮熊,遂进攻乌撒。擒土酋安重圣、安重坤。于是蛮方略定。三桂因奏请"水西地有十一则溪,应设三府:将陇胯、的都、朵你、阿架四则溪,设为一府,建府治于大方。将以著、则窝、雄所三则溪,设为一府,建府治于水西城。原设分巡毕节道,应改为整饬三府分巡贵宁道,兼管水宁、赤毕等卫,驻扎比喇。三府应各设知府、通判、经历、司狱、儒学教授等官,再设推官于比喇,承理三府刑名大案。其三道应易新名。"朝议从之,时四年五月也。先是,四月间,云南省城迤东土酋王耀祖等窥三桂远征水西,窃据新兴(今休纳县)叛,僭号大庆,谋犯省治。复分遣其党王义、齐正,陷易门,攻昆阳、河西。宁州土酋禄昌贤陷宁州,攻江川、通海、宜良,窥澄江府。嶍峨县土酋禄益陷嶍峨。明开国公赵印选攻弥勒;龙韬等攻石屏,谋犯广西。王朔、李世藩等攻临安府城。滇南震动。总督卞三元,巡抚袁懋功,提督张国柱等,调兵分路剿捕,所至克捷。三桂闻警回滇,四月初七日,擒王耀祖于新兴,破其大营城,进援易门,复之,尽俘其党王义等。三桂又遣左都督何进忠等,败敌于宜良县之竹工山,复宁州;禄昌贤遁走。总兵王辅臣等援弥勒,破敌木城九座于城下,擒赵印选。副都统高拱宸复嶍峨;总兵赵得胜等,解石屏围,龙韬败去。总兵严镇援临安,土司李阿侧遣兵助战,大败王朔、李世藩,临安围解。其余州郡,均行保全。先是,禄昌贤自复宁败遁,据大西山、陇箐、马耳山一带地方。何进忠分兵剿之,其党大溃。四月二十日,直捣普蚌山,擒杨道生。滇中之乱略平。时土酋那烈等,率众数千,三攻元江府;知府潘士秀,游击武荣元等,督兵守御,卒未得破。五月,总兵马维兴进剿邱北大挫之,俱得旨嘉奖。五年,三桂奏:"滇东诸酋平,改设流官,建置开化一府,永定一州。开化府设知府、同知、经历、教授各一,永定州设知州、州判、吏目、学正各一。”下部议行,于是土司之乱略定。先是,水西之乱也,乌撒土酋安重圣、安重坤被擒,既而乌撒女酋陇氏又复集众作乱。吴三桂命都统吴应麒、总兵马宁等往剿之。康熙五年八月,应麒等进斩助逆之郎岱土酋陇安藩,及水西土目阿豆等。于是改乌撒土府为威宁府,隶贵州省辖。六年,应麒等生擒陇氏及其党余,蛮疆复定。康熙八年,云南阿戎作乱,云贵总督甘文焜遣兵攻之,杀敌百余人。复聚踞阿鲁山(云南边境山名,在番州土司界),副将冶秉忠阵斩阿戎,擒杀七百余,逆党悉平。土司之民,本属苗族,梗顽不化,叛服无常。地方官若不能善为监视,则祸乱立见,此不独康熙初为然也。

(三)粤闽之戡乱

先是,顺治八年,尚可喜率师入粤,奠定两广,明桂王穷蹙于南宁土司。其后桂王被擒,两广间之遗师亦略尽。虽间有举兵倡义者,亦不过仓卒乌合,或海盗入掠而已。今摭拾康熙初粤海之事略述之。顺治十八年,萧国隆据武定屯,起兵略广肇二府。平南王尚可喜遣兵水陆进剿,九月平武定十三处,国隆穷迫投水死。广肇地方悉平。康熙二年,福建延津等处,王铁佛起事。延津等处皆高山峻岭,铁佛依险结寨,总督李率泰遣兵三路攻之,生擒铁佛等六十六人,均处斩。是年十二月,尚可喜奏剿蜑贼,擒伪恢粤将军周玉,与伪军制林辅,斩首二千六百余,焚船一百三十一艘。先是,顺治时,蜑户有周玉者,缯船数百,三帆八棹,冲涛若飞,可喜署为游击。十八年,议沿海迁界,并尽撤缯船归港汊,徙其众于城邑。玉遂纠党入海,自称恢粤将军,破顺德。可喜破斩其众,复剿其余党于柬浦,海岛遂平。三年八月,福建官兵会剿茶仔畲山,生擒为首余角。广西总督屈尽美,剿平恭城县瑶贼,擒逆首黄天贵,附近瑶寨,相率归降。四年,潮州总兵许龙,以舟师抵碣石,叛首苏利,势穷就抚,获其船九十余艘。(《东华录》康熙四年二月己未,广东潮州总兵许龙奏,舟师直抵碣石,逆贼苏利,势穷就抚。然三年九月丙午,广东总督卢崇峻则奏:“擒斩贼首苏利。”两说矛盾,不知何故！注此待考。)既而玄烨以苏利就擒,免地方各官因此案所得之罪,上谕有曰:

> 苏利反叛,地方官多罣罪戾,今思苏利以投诚居住内地,仓卒叛乱,与外来贼寇,失于防御者不同。且当苏利反叛之际,该省王及将军总督,即以本省兵力剿灭。其系苏利反叛一案,凡地方大小官之罪,俱着宽免。

八年蜑户之叛者,党窜于柬浦海岛。游击佟养谟奋剿,擒其魁谭琳高。蜑户黄明初等,驾船在马流门一带接济粮米,拖沙喇哈等搜剿,斩其党四百。时广东屡有盗乱,兵临其地,辄自处分,而不解巡抚提审,间或伤害良民,广东巡抚王来任因奏言:

> 粤东盗贼窃伏,兵临其地,辄称尽行剿洗,容有捕获,或称负伤难行,或报已经斩首,从未有解审者。且善恶杂处,未必尽皆附盗。请严敕官兵,俘获贼犯,务必解审,以便根究余孽。亦须分别善恶,勿得妄害良民!

部议允如所奏,禁官兵不许妄杀良民,违者并罪其长官。至是粤乱稍息。闽粤之乱,盖受郑氏之影响,郑氏衰,而闽粤亦稍稍平复矣。

第十七章 三藩之乱

六十七 三藩之乱源

(一) 三藩之建始及其势力

康熙初,明宗室之偏安江南者,已荡灭无遗;其遗臣之奔走号召,以恢复为志者,独台湾郑氏而已。海内郡县,皆已一统,然开创诸将,分镇封土,握兵马财赋之大权,隐如敌国。及玄烨亲政,渐欲定成中央集权之制,知藩镇强大,终非朝廷之福,阴拟除之。及移藩撤藩之论起,而三藩之乱遂作。初,清人之占据北京也,东南尚为明之宗室所据有;故令大学士洪承畴经略五省;而以定南王孔有德循广西,平南王尚可喜、靖南王耿仲明循广东,平西王吴三桂循四川及云南:皆以明朝故臣,领所部绿旗兵;外以借其招徕,内以补八旗兵力之不足。耿仲明以顺治六年七月,道死于江西吉安;而孔有德亦以九年李定国之攻,自裁于桂林。有德无子,爵除;而仲明子继茂袭封。及南方略定,承畴偕宗室托洛、信郡王多尼率八旗兵还京师;而诸王各率所部,留镇一方。于是三桂王云南,可喜、继茂王广东。寻徙继茂王福建,继茂卒,子精忠嗣。是为三藩并建之始。三藩中,耿、尚所属,各十五佐领,绿旗兵各六七千,丁口各二万;而三桂则藩属五十三佐领,绿旗兵万有二千,丁口计数万。故以三桂为最强,其功亦最高,而清廷之恩礼,亦最侈。三桂破流寇,定陕川,入滇,执明桂王于缅甸,又平水西土司,四方精兵猛将,多归其部下。计五丁出一甲,甲二百设一佐领,积五十佐领,辖以左右都统;设前后左右援剿四镇,分十营,每营兵千有二百。以吴应麒、吴国贵、夏国相、胡国柱等为都统,以马宝、王屏藩、王绪等十人为总兵。方其入滇之始,军书旁午,清廷假以便宜,云贵督抚,咸受节制。用人不受吏、兵二部之掣肘,用财不受户部之稽核,其所除授,号曰西选(选用文武官,本吏、兵二部之职;三桂欲市恩于人,每以藩府龙凤下批咨部,曰:“某为某守令,某为某参游。”虽部选已定,例必撤回,而用藩府所咨选者,号曰西选)。西选之官遍天下,(此系《圣武记》说,孟森谓:“当时所论三桂任官之不法,亦不过谓所辖云贵省内缺官,任意指调他省及京朝之员充补,非他省缺官,三桂辄遣员来补也。”)而西选之官莅任,即督抚大臣,亦改容加礼;盖惟恐得罪藩府也。顺治十七年,部臣奏计:云南省俸饷,岁九百余万,除召还满兵外,议裁绿营兵五分之二。三桂谓边疆未靖,兵力难减,于是倡缅甸、水西各役以自固。加以闽粤二藩,运饷岁需二千余万,近省挽输不给,一切仰诸江南。绌则连章入告,赢则不复请稽核。天下财赋,半耗于三藩。御史郝浴、杨素蕴,庆阳知府傅宏烈先后奏劾其不法,而清廷固畏惮之,反晋封为亲王。浙人吕黍子因言于三桂曰:“王权尊威重,致使傅、郝参劾。盍营园亭,多买歌童舞女,使朝廷弗疑?”三桂因造安福园于府左,历三年而成。与吴复庵等弹琴赋诗,徜徉其间。又买吴伶年十五者四十人,为一队,造各色哆啰甲带,费数十万金,其奢靡如此。长子应熊,尚主为额驸,恩礼优渥,亚于亲王。及康熙六年,三桂以目疾辞总管,罢其除吏之权,而兵饷尚不赀。又自以功高,朝廷终不夺其分土,益固根蒂。踞桂王五华山旧宫为藩府,增崇侈丽;尽括沐氏旧庄七百顷为藩庄,通使达赖喇嘛,奏互市茶马于北胜州。于是西番蒙古之马,由西藏入滇者,岁千万匹。假浚渠筑城为名,广征关市,榷盐井,开矿鼓铸,潜积硝磺,重敛土司金币,厚自封殖。又以连年战争,幕府故旧,散亡殆尽,乃择诸将子弟,及四方宾客资性颖敏者,授以黄石兵书,武侯阵法,以备将帅之选。散财结士,人人得其死力。专制滇中十余年,日练士马,利器械,水陆冲要,遍置私人。子应熊居京师,朝廷巨细,无所不悉。以是根蒂既固,异志益坚。尝诡报蒙古侵掠丽江中甸地,及调兵往,又称寇遁,挟边防以自重,而不轨之心,亦渐露矣。先是,福临卒时,三桂入临,虑廷议见留,乃提兵远道,络绎启行。三桂未至,前驱在燕者,人马塞途,居民走匿。清廷恐其为变,令于京城外搭厂设祭,成礼而去。久之,三桂自以滇中形势,南扼黔粤,西控秦陇;财用富饶,兵甲坚利;而且治军严整,号令肃然,屯守攻战之宜,无不悉备。乃复伪为恭敬,虚怀延纳,将士乐为之用,民心亦翕然归附,强藩雄镇,咸受其笼络。久必为变,识者早固知之矣。

(二) 尚耿之横虐与撤藩之议

可喜老病,以兵事属其子之信。之信酗酒嗜杀,所为多不道:深宫静夜,无以解醒,即以佩刀刺杀其侍者,虽宠爱所勿惜也。喜畜犬,筑居设监,出必塞途,居民避匿;令左右割肉啖犬,肉尽而止。可喜之宫监传命至,见腹大,曰:"此中必有奇宝!"即剸刃于腹而毙。尝缚可喜之堂官王化,曝酷日中,自辰至酉,百计规脱。可喜知之,呼之信至,予杖三十,而恶凶已甚。浙人金光,多智数,从可喜入关,从定楚粤,多与密议。乘间言于可喜曰:"安达公刚而多虐,勇而寡仁,若以嗣位,必不利于社稷,请立之孝。"可喜深然之,然犹豫终未决。光恐谋泄,反曲事之信。凡凿山开矿,煮海鬻盐,无不穷极其利;于是平南之富,甲于天下,而光之橐,亦充然矣。后台湾郑锦下东莞,守将赵天元、谢厥扶,以舟师迎降,乘势欲袭广东。之信与父计,杀光以谢郑氏曰:"向之抗衡上国者,皆光为之也。"自是之信益酗横于粤;而耿精忠亦以税敛暴于闽。精忠气体伟岸,生有异表,少长宫壸,不知祖父缔造艰难;继位后,日与宵小为伍。而群不逞之徒,复煽以邪谋;因谶纬所载,有"天子分身火耳"之谣,谓"火耳者,耿也。天下有变,据八闽以图进取,必可以得志"。劝令部署将士,以待时变,于是精忠遂蓄异志。康熙十二年三月,尚可喜既受制于其子之信,虑不得自全;乃疏请归老辽东,留子镇粤,冀见玄烨得自陈。是时玄烨亲政已数年,习知中外利害,与前代方镇得失,数思有以变置,而审慎未发。至是,议政王大臣等议谓:"可喜归辽,之信仍带官兵居粤,则是父子分离;而藩下官兵,父子兄弟宗族,亦至分离。今粤省已底定,既议迁移,应将全藩家属兵丁,均行议迁。"三桂及耿精忠闻之,亦于是年七月,疏言:"臣驻滇省,臣下官兵家口,于康熙元年迁移,至康熙三年迁完;虽家口到滇九载,而臣身在岩疆已十六年。念臣世受天恩,捐糜难报;惟期尽瘁藩篱,安敢遽请息肩?今闻平南王尚可喜有陈情之疏,已蒙恩览,准撤全藩。仰恃鸿慈,冒干天听，请撤安插！”（以上吴疏）“臣袭爵二载，心恋帝阙，只以海氛叵测，未敢遽议罢兵。近见平南王尚可喜乞归一疏，已奉谕旨。伏念臣部下官兵，南征二十余载，仰恳皇仁，撤回安插！”（以上耿疏）以相尝试。玄烨因令议政王大臣，会同户兵二部确议。时廷议有二派：一谓吴三桂镇守云南以来，地方平定，总无乱萌。今若将其迁移，不得不遣兵戍守，兵丁往返，与三桂之迁移，沿途地方，民驿苦累。且戍守之兵，系暂居住，骚扰地方，亦未可定。应仍令吴三桂镇守云南。一谓三桂既疏请安插，应将所属官兵家口，均行迁山海关外，酌量安插。云南地方，有土司苗蛮杂处，宜暂遣满洲官兵戍守。而户部尚书米思翰、兵部尚书明珠、刑部尚书莫洛等，力主后说，主张撤藩。玄烨以三藩蓄谋已久，不早除之，且为巨患。况其势已成，撤亦反，不撤亦反，不若先发制之。又念三桂子及精忠诸弟，皆宿卫京师，或无能为变。于是徙藩之议遂决。

（三）吴三桂之发难

撤藩之议既决，清廷因命侍郎折尔肯，学士傅达礼往云南，户部尚书梁清标往广东，吏部右侍郎陈一炳往福建，经理其事。玄烨更手诏谕吴三桂曰：

> 自古帝王平定天下，式赖师武臣力。及海宇宁谧，必振旅班师，休息士卒；俾封疆重臣，优游颐养，赏延奕世，宠固河山，甚盛典也！王夙笃忠贞，克摅猷略，宣劳戮力，镇守岩疆；释朕南顾之忧，厥功懋焉！但念王年齿已高，师徒暴露，久驻遐荒，眷怀良切。近以地方底定，故允王所请，搬移安插。兹特遣礼部侍郎折尔肯、翰林院学士傅达礼，前往宣谕朕意，王其率所属官兵，趣装北来，慰朕眷注：庶几旦夕觐止，君臣偕乐，永保无疆之休！至一应安插事宜，已饬所司饬庀周详，王到日，即有宁宇，无以为念！

三桂本以功高自负，意朝廷终不夺其分土，自当优诏慰留，如明沐英世守云南故事。及是令至，全藩震动，反谋益急。谅清廷诸将，无足当己者,惟难于举兵之名;欲立明后以号召天下,则缅甸之役,何以自解?且以滇蜀阻隘难进,非举兵之地,拟行至中原而后发。因阳为恭顺,阴事部勒,禁遏邮传,屡迁行期。巡抚朱国治及傅达礼等问何日起程,三日一次,俱答缓商。十一月十五日,国治与达礼等同见三桂。国治曰:"三大人候久,王若不搬,三大人自去回旨了。"三桂赪颊大骂曰:"咄咄!朱国治,汝贪污小奴,不容吾住耶?"国治曰:"巡抚贪在何处?"三桂曰:"汝还强口,汝前索大理知府冯苏银三千两,是向我所借。其屡年贪污狼藉,多出我家,现有日历可查。"达礼曰:"请王息怒,此事与巡抚无干。"遂辞出。国治与司道议:"朝廷封疆与百姓生灵,所关不小,宜急上疏,请停搬运。"达礼曰:"吾辈奉旨,何以复命?"众议达礼先归,尔肯等留滇。又二日,国治犹豫不敢上疏,达礼行未百里,为守口官所阻,仍还城中。二十一日,三桂集藩下官属于殿上,发兵缚国治于市,杀之。自称天下都招讨兵马大元帅,以明年为周元年,蓄发易衣冠,旗帜皆白。移檄远近,谓与明室复仇,其辞曰:

原镇守山海关总兵官,今奉旨总统天下水陆大元帅,兴明讨虏大将军吴,檄天下文武官吏军民人等知悉:本镇深叨大明世爵,统镇山海关。惟时李逆倡乱,聚贼百万,横行天下,旋寇京师。痛哉,毅皇、列后之宾天!惨矣,东宫定藩之颠踣!文武瓦解,六宫纷乱,宗庙邱墟,生灵涂炭,臣民侧目,莫敢谁何!普天之下,竟无仗义兴师,勤王讨贼者,伤哉国运,夫复何言!本镇独居关外,矢尽兵穷,泪干有血,心痛无声!不得已,歃血订盟,许虏藩封,暂借夷兵十万,身为前驱,斩将入关,李贼遁逃。夫君父之仇,不共戴天,必亲擒贼帅,献首太庙,始足以对先帝之灵。幸而渠魁授首,方欲择立嗣君,继承大统,封藩割地,以谢满酋。不意狡虏逆天背盟,乘我内虚,雄据燕京;窃我先朝神器,变我中国冠裳;方知拒虎进狼之非,莫挽抱薪救火之误!本镇刺心呕血,追悔靡及,将欲返戈北伐,扫荡腥膻,适遇先皇之三太子,太子年甫三岁,刺股为记,寄命托孤,宗社是赖。姑饮血隐忍,未敢轻举,故避居穷壤,养晦待时,选将练兵,密图兴复,迄于今日,盖三十年矣。兹者,虏酋无道,奸邪高张,道义之儒,悉处下僚;斗筲之辈,咸居显职;山惨水愁,妇号子泣;以致彗星流陨,天怒于上;山崩土裂,地怨于下。本镇仰观俯察,是诚伐暴救民,顺天应人之日。爰卜甲寅之年正月元旦,恭奉太子,祭告天地,敬登大宝,建元周咨。

先是,三桂得撤藩诏时,谕其属,将行,须谒永历陵。先期召集诸将,谓之曰:"别故君,当以故君之衣服见。"指其首曰:"我先朝曾有此冠乎?"指其身曰:"我先朝曾有此衣乎?老臣且易服以祭,诸君其预图之!"诸将皆曰诺。乃下令三军,择某日启行,趣使臣先发。至日,各具汉官威仪,集陵下。三桂易方巾,素服,酹酒山呼,再拜恸哭,伏地不能起,三军皆哭,声震如雷,人怀愤懑,盖反谋已成矣。至是,举兵反,以复明为口实。三桂果有复明之志与否,当不待智者而后知已。清贝勒尚善答此檄有云:"盖闻殿下以胜国为口实,果尔,则亦人臣之所当然!惟果欲纳忠于胜国旧君,则殿下不宜受我朝之爵土,不宜倒永历之干戈。既已使旧君无噍类,而自求利达,臣仆于我朝,叠承恩宠;今复回心转虑,纳忠旧君,果何心哉?"而新安处士谢四新亦尝答三桂诗云:"李陵心事久风尘,三十年来讵卧薪?复楚未能先覆楚,帝秦何必又亡秦?丹心已为红颜改,青史难宽白发人。永夜角声悲不寐,那堪思子又思亲!"皆冷讥其行者也。

六十八　三桂变起后之两方攻守大势

(一) 清廷之布置

三桂既叛,贵州巡抚曹申吉、提督李本深,云南提督张国柱皆起应之。云贵总督甘文焜闻变,遣弟文炯疏告,度贵阳不能守,惟镇远地势险阻,外可号召荆楚之兵,内可抗扼黔滇之隘,少遏凶烽,事尚可为。因仓卒出贵阳,将十余骑自随,日夕行数驿。十二月初八日至镇远,镇远桥守将江义,已应三桂,文焜挥鞭渡河,抵吉祥寺,义以兵环之。文焜下马叹曰:"封疆之臣,义死封疆,过此则非黔地!"遂自刎死。(刘健《庭闻录》:"公之未显也,曾问终身于朱山人,山人曰:'一路功名到吉祥。'公被阻,逡巡渡桥,见吉祥寺,愕然曰:‘前定矣。’遂自缢。子国城笔帖式雅图华善从。”张汉撰《甘公祠记》亦云:“先是公问卜,繇云‘一路功名到吉祥’,公喜无虞也。至镇远,裨将江义夙怨公,执公不得脱,乃自杀及其幼子。是为吉祥寺,始信吉祥之言,凶谶也。”按此预言,传者甚众,朱山人者,即朱方旦也。)兵部郎中党务礼,户部员外郎萨穆哈,在黔督理移藩舟马刍粮事务,疾驰十二日,至京告变。既而湖广总督蔡毓荣之疏亦至,举朝震恐。大学士索额图请诛诸臣之建议削藩者,以谢三桂,玄烨不许;惟驰诏止闽粤两藩勿撤。先遣都统巴尔布等率满洲精骑三千,由荆州守常德;命都统珠满以兵三千,由武昌赴守岳州,以阻其东犯湖广之师。命西安将军瓦尔喀率骑兵星夜赴四川,以绝自滇入蜀之路。命都督尼雅翰、赫业席、布根持、穆占、佟国瑶等,分驰西安、汉中、安庆、兖州、郧阳、汝宁、南昌诸要地,听调遣。命顺承郡王勒尔锦为宁南靖寇大将军,总统诸将,率大军进剿。乃下三桂子应熊及其家属于狱,削三桂官爵,公布其罪状曰:

> 逆贼吴三桂穷蹙来归,我世祖章皇帝念其输款投诚,授之军旅,锡封王爵,盟勒山河;其所属将弁,崇阶世职,恩赉有加;开阃滇南,倾心倚任。迨及朕躬,特隆异数,晋爵亲王,重寄干城,实托心膂,殊恩优礼,振古所无!讵意吴三桂性类穷奇,中怀狙诈,宠极生骄,阴图不轨,于本年七月内,自请搬移。朕以吴三桂出于诚心,且念及年齿衰迈,师徒远戍已久,遂允奏请,令其休息,仍饬所司安插周至,务使得所;又特遣大臣前往宣谕朕怀。朕之待吴三桂,可谓礼隆情至,蔑以加矣!近览川湖总督蔡毓荣等奏称:吴三桂径行反叛,背累朝豢养之恩,逞一旦鸱张之势,横行凶逆,涂炭生灵,理法难容,神人共愤!今削其爵,特遣宁南靖寇大将军统领劲旅,前往扑灭,兵威所至,克期荡平。但念地方官民人等,身在贼境,或心存忠义,不能自拔;或被贼驱迫,怀疑畏罪,大兵一到,玉石莫分,朕心甚为不忍!爰颁敕旨通行,晓谕尔等各宜安分自保,无听诱胁!或误从贼党,但能悔罪归诚,悉赦已往,不复究治。至尔等父兄子弟亲族人等,见在直隶各省出仕居住者,已有谕旨,俱令各安职业,并不株连。尔等毋怀疑虑!其有能

擒吴三桂投献军前者，即以其爵爵之；有能诛缚其下渠魁，及以兵马城池归命自效者，论功从优叙录，朕不食言。尔等皆朕之赤子，忠孝天性，人孰无之？从逆从顺，吉凶判然，各宜审度，勿贻后悔！

十三年二月，复以陕西要地，西控番回，南通巴蜀，特遣刑部尚书莫洛为经略，率领满兵驻扎西安，假以便宜，会同将军、总督而行，巡提以下，悉听节制，兵马粮饷，悉听调发。盖玄烨之意，以荆州为根本，扼常德阻东犯，以劲兵驻守四川、陕西，遏其进窥西北之路，然后相机进剿，攻取云贵。其揆度形势，了如指掌，故不得谓此役之功，非出于庙堂上也。所谓"兵在千里之外，岂能遥为一一指示"（十三年三月谕勒尔锦语）者，是玄烨亦欲听诸将之筹策，奈诸将皆非其材耳。

（二）六省之失陷

三桂既据有云贵，乃遣其部将王屏藩犯四川，遣马宝等自贵州出湖南，以十二年岁除陷沅州，总兵崔世禄被执。明年正月，张国柱、龚应麟、夏国相引兵继进，湖南提督桑额自澧州走夷陵，巡抚卢震弃长沙奔窜。而巴尔布、硕岱、珠满等兵于二月初旬至荆州武昌，皆畏葸不敢前。于是常德、长沙、岳、澧、衡四府一州，先后陷落，且广布札书，四出煽动。于是广西将军孙延龄，提督马雄；四川巡抚罗森，提督郑蛟麟，总兵谭洪、吴之茂；襄阳总兵杨来嘉，皆叛应之。耿精忠闻之，亦于三月举兵反，陷全闽。数月之间，六省尽失，中原动摇，当官者无守志。惟尚可喜镇广东，按兵守臣节。三桂闻湖南已定，乃亲赴常澧督战，驱土司苗猓助军锋，伐黔楚山木，造楼船巨舰，铸滇铜为钱，文曰"利用"，转川湖之粟以饷军，广布羽翼，号召天下。遣其将吴应麟踞岳州，于城外浚濠三重，设陷坑鹿角，以拒步骑；于洞庭峡口，攒立梢桩，以拒舟舰。而澧州、石首、华容、松、滋皆布重兵为犄角。清兵云集荆、襄、武、宜诸郡，无敢渡江撄其锋者。三桂不于此时决策进取，不得谓非失计也。当时其部将有谓宜疾行渡江，全师北进者；有谓宜直下南京，扼守运河，以绝南北粮道者：三桂皆不从。盖三桂以子孙并质京师，冀免其诛；又年老持重，不欲轻去云贵根据；故当发难之日，尝以疏付撤藩使者折尔肯还奏,有所陈请。及既得湖南,又下令诸将,毋得北进,冀清廷裂土议和,画江为国。并使西藏达赖喇嘛奏言:“三桂若穷蹙乞降,可宥其死;倘竟鸱张,不若裂土罢兵。”玄烨深恐三桂狙诈,不欲苟且息兵;故一面谕勒尔锦严加儆备,毋堕其谋;一面严斥喇嘛,不许其请。(《东华录》十四年四月乙卯敕曰:“朕思自太宗文皇帝、世祖章皇帝至今,遣使往来,恩礼无间,喇嘛素崇信义,必如所奏而行。故遂以达赖台吉等进兵滇省之故,晓谕两省。及达赖台吉奏以松潘路险,未进四川,喇嘛又奏言:‘蒙古兵力虽强,难以进边,纵得城池,恐其贪据,且西南地热,风土不宜。若吴三桂力穷,乞免其死罪,万一鸱张,莫若裂土罢兵。’吴三桂乃明时微弁,父死流贼,摇尾乞怜,世祖章皇帝优擢封王,其子尚公主,朕又宠加亲王,所受恩典,不但越绝朝臣,盖自古罕有。吴三桂负此殊恩,构衅残民,天人共愤。朕乃天下人民之主,岂容裂土罢兵?但果悔罪来归,亦当待以不死。”是喇嘛罢兵之请,已在应熊死后一年矣。)且先已于四月赐三桂子应熊及其长子世霖死,以绝三桂之妄想,而乱其志。(三桂闻之,惊曰:“上少年,乃能是耶?事决矣!”)旋又命贝勒尚善为安远靖寇大将军,助勒尔锦分讨岳州。尚善至,移书三桂,略言:

> 王以亡国余生,乞师我朝,殄歼流寇,为国雪耻,为父复仇,感激圣恩,倾心报国。蒙恩眷顾,列爵分藩,荣施后嗣,迄今三十余年矣。而末路晚节,复效童昏,顿丧初心,自取颠覆,窃为王不解也!何者?王借言兴复明室,则曩者大兵入关,奚不闻王请立明裔?且天下大定,犹为我计除明后,翦灭明宗,安在为故主效忠哉?将为子孙计,创大业,则公主、额驸,曾偕至滇,其时何不遽萌反侧?至遣子入侍,乃复背叛,以陷子戮,可谓慈乎?如欲光耀前人,则王之投诚也,祖考皆膺封赐,今则坟茔毁弃,骸骨遗于道路,可谓孝乎?为人臣仆,迭事两朝,而未尝忠于一主,可谓义乎?不忠、不孝、不义、不慈之罪,躬自蹈之,而欲逞志角力,收复人心,犹厝薪于火而云安,结巢于幕而云固也。谚言:“老将至而耄及之。”王非老悖,即当输诚悔罪,圣朝宽大,应许自新,毋蹈公孙述、彭宠故辙,赤族湛身,为世大僇!

三桂不答。分兵一由长沙出江西，一由四川窥陕西。其出江西者，分扰袁州，陷萍乡、安福、上高，与耿精忠之兵合，陷三十余城。清命安亲王岳乐为定远平寇大将军出江西；又以简视王喇布为扬威大将军，统师镇江南；以贝勒洞鄂为定西大将军，与莫洛由陕攻蜀；康王杰书为奉命大将军，贝子傅喇塔为宁海将军，由浙讨闽；而广西孙延龄，则令尚可喜及总督金光祖由粤东进兵讨之。且谕岳乐："以湖南一隅，四方群寇所观望，今荆州兵未能渡江，岳州城坚难骤进，宜由袁州直取长沙。长沙一破，贼势瓦解，荆州大兵，即可乘机进攻。"玄烨指挥甫定，而陕西提督王辅臣，又以是年十二月举兵宁羌，遥附三桂。于是东西响应，其势益张。

（三）陕甘之骚动及王辅臣之降

先是清廷以四川叛乱，陕甘摇动，当严为警备，乃使大学士莫洛率绿营步兵，驰往经略；使贝子董额率满骑继进。而三桂将王屏藩骁勇善战，与西安将军瓦尔喀相持川北，数出偏师绝饷运，断栈道，劫粮艘于略阳，清军遂由保宁退至广元。缺饷两月，总兵王怀兵标兵四千哗变；辅臣阴生异志，以索饷为名，鼓众杀莫洛于宁羌。陕西之变遂作。辅臣为三桂养子，山西大同人，明季为盗，号马鹞子。顺治五年，从姜瓖叛，六年，阿济格围大同，辅臣降，隶正白旗汉军，授侍卫。十六年，云南既定，三桂奏授辅臣援剿右镇总兵。康熙十三年，辅臣遣子继贞首三桂召降书，得旨嘉奖，封三等子。时湖南、四川皆陷，奉命从勒尔锦征湖南；旋莫洛经略陕西，奏留辅臣仍驻平凉，随大军进征四川。辅臣疏请入京，玄烨以边疆正资弹压，谕俟乱平来京。辅臣又请入湖南，玄烨亦未许。寻莫洛统诸将征四川，与辅臣马二千。辅臣谓经略尽调我良马，以疲瘠者与我，欲置我于死地；将以激众怒也。行次宁羌，两营距二里许，辅臣潜布健儿截要隘，纠众逼莫洛营，噪以马羸饷缺。莫洛遣从者抚慰，辅臣突前，炮矢齐发；莫洛自出督战，中鸟枪殁。变报达京师，玄烨恐人心震动，又以诸将不遵指授，互相观望，迁延不进，以致三桂得据江南；欲亲至荆州，相机调遣。诸大臣议覆：京师根本，不宜轻出。亲征之议遂寝。而令署副都统鄂克济哈星夜赴西安，又令尚善等克期决战，攻复岳州，冀以和缓人心。先是董额奉命继进，迟延绕道,致莫洛孤单遇变。及辅臣变起,以余众踞略阳,而董额逡巡不敢击,尽退诸军困守西安。玄烨以陕西一变,西北动摇,欲致辅臣降,乃遣其子继贞赍敕往谕之曰:

> 尔自大同隶于英王后,归入正白旗,世祖章皇帝知尔赋性忠义,才勇兼优,拔于俦伍之中,置之侍卫之列。继随经略洪承畴进取滇黔,果能殚心抒忠,茂建功绩,遂进秩总戎。迨及朕躬,以尔勋旧重臣,岩疆倚赖,特擢秦省提督,来京陛见,面加讯问,益悉尔之忠贞天禀,猷略出群,朕心深为嘉悦,特赐密谕,言犹在耳,想尔犹能记忆也!去冬吴逆叛变,人怀观望,尔独首倡忠义,举发逆札,遣了继贞驰奏。朕召见尔子,面询情形,愈知尔之忠诚纯笃,果不负朕知。疾风劲草,于今见之!……经略莫洛奏请率尔入蜀,朕以尔与莫洛和衷共济,毫无嫌疑,故令尔同往建功。兹兵变之后,面询尔子,始知莫洛与尔,心怀私隙,颇有猜嫌,致有今日之事。则朕之知人未明,俾尔变遭意外,忠荩莫伸;咎在朕躬,于尔何罪?朕之于尔,谊则君臣,情同父子,任寄心膂,恩重河山。以朕之惓惓于尔,知尔之必不负朕也。至尔所属官兵,被调进川,征戍困苦,行役艰辛,朕亦悉知。今变起仓卒,情非得已,朕惟加矜恤,并弗致谴。顷已降谕,令陕西督抚招徕安插,并遣尔子往宣朕意。恐尔尚怀犹豫,兹特再颁专敕,尔果不忘累朝恩眷,不负平日忠忱,翻然悔悟,敛戢所属官兵,各归队伍,即领率仍归平凉原任。已往之事,概从宽宥。或莫洛别有变故,亦系兵卒一时愤激所致,并不追论。朕推心置腹,决不食言,勿心存疑畏,有负朕笃念旧勋之意!

辅臣得敕,具疏附祝表正上奏,而留继贞勿遣。又使其党据秦州而自归平凉,三桂闻之,急给辅臣犒师银二十万两,铸印曰平远大将军陕西东路总管。又令王屏藩、吴之茂由汉中出陇西援应。遍布檄书,要约党附,固原定边等将从反,而土寇羌番亦蜂起。时荆州、夷陵赴援之兵,及保宁引回之兵,尽集西安;诏分千人赴守兰州,千人赴守延安,董额及总督哈占皆留兵不遣。于是十四年,秦州、兰州、巩昌、定边、靖边、临洮、庆阳、绥德、延安、花马池相继失。辅臣使其党分据各郡,陇右皆陷;惟甘肃提督张勇,总兵孙思克、王进宝、陈福斩使缴札,故河西及陕西得保全。董额督诸将复秦州,进攻平凉。张勇遣诸将复兰州、延巩诸郡,自守巩昌、秦州,以隔蜀陇敌人相通之路;清以勇为靖逆将军,便宜行事。辅臣与董额相持一年不下,又旁煽宁夏标兵杀提督陈福。清遂遣天津总兵赵良栋自京疾驰赴宁夏。是冬,兴安兵亦叛。十五年,乃命大学士图海为定远大将军任西征事,节制董额以下诸军。三桂方遣王屏藩、谭洪、吴之茂等三路犯秦陇,欲与辅臣合,并令云南土司陆道清率苗猓千人,入平凉助守。图海至,督诸将一战,大败辅臣等于平凉城北,夺其虎山墩,断其饷道,俯瞰城中,以炮攻之。辅臣遂以是年六月降,王屏藩等亦遁回汉中。清命图海留陕,而令征南将军穆占率满兵,及平凉降兵,移征湖南,又以栈道不易运饷,敕诸将暂缓进蜀,但守险要,以分其势,俾大兵得专力湖南。于是甘陕之事大定。

(四) 长沙吉安之攻守

初三桂以王辅臣之变,欲取道川陕,入犯京师;乃留兵七万守岳、澧诸水口,以拒荆州江北之师;又留兵七万守长沙、醴陵、萍乡,以当岳乐江西之师;而自赴松滋调度,布船于虎渡口上游,截荆岳大兵咽喉。扬言将决荆州夹堤灌城,潜分其众踞夷陵东北之镇荆山,纠王会、杨来嘉、洪福,掠谷城、郧城、均州、南漳,欲以通西北之师。及辅臣败降,王屏藩退还汉中,图海、张勇四守要害;而岳乐亦率兵复建昌、广信、饶州。清廷命岳乐趋长沙,而简亲王喇布移军江西。岳乐乘三桂西上,由间道袭破袁州,自醴陵攻萍乡,斩首万余。夏国相弃城走,三桂削其职。岳乐进攻长沙,湖南震动。三桂既不得志于西北,又闻长沙急,乃由松滋回军,自将援之,屯隔江岳麓山。使胡国柱守城中,马宝、王绪营城外,掘重濠,布铁蒺藜,列象阵,尽调夷陵、南漳诸将,合力拒守。玄烨以三桂并兵守长沙,其湖北各路,守备必虚,命荆岳兵渡江急进。于是勒尔锦败其众于公安之虎渡口(澧水入江之处),察尼败其众于澧州之太平街,尚善遣舟师入洞庭,克君山,获舟五十艘。时三桂下游兵少,苟清军长驱直进,则澧州、常德、湘阴可以迎刃而解,夹攻长沙。乃诸军迁延不进,又不力扼虎渡口。故未几松滋上游舰队来援,荆州军复遽借口溽暑引还。尚善亦未能断其饷道,而江湖之险,复为三桂所有。三桂又使其将高大节(刘健《庭闻录》作高得捷,今从《平定三逆方略》)出醴陵、萍乡,以断岳乐后路;喇布顿兵南昌不援,屡诏趣之,始赴军。大节骁勇善战,所将选锋四千,以少击众,清师辄挫。尝以百骑攻清军于大觉寺,斩将搴旗;又以少兵攻敌于螺子山,喇布及将军布尔根皆仓卒弃营走,大节入营纵饮,饱掠而归。初大节既陷吉安,使其党韩大任守之,而自率所部出战,寻大节与大任不相能,屡为所谗,大节愤死。大任不敢出战,吉安遂为清师所围。十六年春,吉安粮且尽,三桂遣马宝、王绪以兵九千援之,大任疑不之信;宝师至,阻水,城中寂然无一炮相应,亦疑不敢进,遂引还湖南。喇布遣兵二万追击,为马宝连败。四月,大任不能守,率众宵遁,兵步行渡河,清师闻其鼓炮,以为劫营,尚惊扰达旦,不敢追击;于是大任复合土寇踞宁都、乐安间。清廷乃诏江西绿旗兵,听总督董卫国调遣。会闽粤告捷,耿精忠、尚之信先后反正,而大任亦走降康王杰书于福建,大任之所以不降于赣,而降于康王杰书者,则孙旭为之也。先是,旭以周发祥(耿精忠将乐灿之参军,灿败于建昌,发祥以残卒千人归大任)荐,为大任幕客,遂用事,权倾一军。清兵围城,岳乐、喇布皆招降,大任犹豫。时杰书偕闽督姚启圣经略福建,旭欲大任就启圣,故诸招降者阻不允。赣州折尔肯遣魏祥来招,旭忌其才,恐大任为所动,则夺其闽约;构祥于大任,大任入其言,怒曰:"二王招我,我且未许;折尔肯乃欲以藩臬为饵乎?"命旭收祥,榜掠惨毒,发祥争之不得,竟杀祥。旭说大任入闽,大任亦以诸招降者前已皆不允,非闽不可就,遂从旭言,降于闽。旭以招降功,议叙,当以道员用。给假归里,一门血属,死无孑遗,庐舍亦焚毁一空;旭自伤,薙发为僧,号谛灰(诸书或作谛晖),住持灵隐寺,雍正三年始死云。于是江西遂略定。

六十九　耿尚两藩之叛服及孙延龄

(一) 耿精忠之叛服

初,精忠与福建总督范承谟(范文程次子)为姻娅晚辈,承谟入觐时,以赞决撤藩事,颇蒙玄烨优渥;及仗钺南来,精忠疑有密敕处分,心中不安,二人渐成仇隙。十二年撤藩议起,三桂变于云南,翌年,诏止靖南勿撤。然承谟察其有异志,计督抚标兵,又与精忠所部习,不足恃,乃疏请增兵以备之。疏上,未及行,或谓承谟曰:"滇氛已及楚矣,盍以备邻封为辞,出据其上游乎?"承谟曰:"彼犹未发,我动则失守而激变,不可为也。"因密檄诸道,令率健儿赴行省,兵未集,而精忠忽叛。精忠诡言海寇至,邀承谟议事,左右知有变,请擐甲以从。承谟谓"众寡不敌(时总督标兵只有三千,又多虚冒,按实不过二千而已,而精忠之众,且逾十万),备无益也。"至则藩众露刃相胁,承谟挺身前骂,曰:"狂贼乃敢反耶?"精忠素惮其威望,恐杀之重民怨,乃幽诸土室,绝粒八日,不死。精忠遣巡抚刘秉政说之降。承谟大怒,蹴之仆地,骂曰:"逆臣!不日当就诛,我先褫其魄!"终不屈。先是,总兵曾养性曾受范文程提携,见事急,告承谟曰:"时事不静,请告病去!"承谟曰:"我受命秉钺而来,遑计利害乎?"既而又至曰:"病不必告,亟去,毋及于祸!"承谟曰:"吾生死依之。"卒不去,至是遂被幽。精忠既反,自称总统兵马大将军,效三桂束发易衣冠。铸钱曰"裕民通宝"(余家尚藏一枚)。以都统马九玉,总兵曾养性、白显忠三人,为其爪牙,分三路出兵:

一、曾养性出东路,据浙江之温、台、端州县。

二、白显忠出西路,据江西之广信、建昌、饶州。

三、马九玉出中路,由仙霞关据浙江之金华、衢州。

于是沿海震动。精忠又诱潮州总兵刘进忠,使攻广东,约台湾郑经征潮惠。围海澄公黄芳度于漳,执续顺公沈瑞于潮。及赣兵援粤,精忠益使白显忠犯建昌抚赣,以阻清师,内外夹击,声势甚盛。清廷数遣敕使招抚之,悉拒不受。十三年六月,以康亲王杰书为奉命大将军,贝子傅喇塔为宁海将军,赴浙进讨。是秋,养性窥衢州,总督李之芳亲冒矢石,麾众败之,乘胜复义乌、汤溪、寿昌。又遣兵破其众于金华、绍兴,饬各路严守,勿迎击。十一月,之芳又乘夜捣之于衢城西沟溪。四十年,杰书亦破养性于金华城外,克复处州。傅喇塔由土才岭间道出茂平岭背,破养性二十五营,复黄岩。养性走保温州,增障固守,环温皆水,清军不能陆攻,久之不下。而马九玉踞江山、常山、开化三县,连结数十寨,负山阻水,与李之芳相持。会郑经声言借漳、泉二府,精忠不许,耿、郑遂交恶,经夺其漳、泉、汀、邵诸府。杰书等遂乘势攻九玉于衢州。时九玉众数万,屯九龙山,而分万人营于大溪滩,护挽运。杰书等议先夺其饷道,乃击破大溪滩,复江山县,即以中秋夕,涉河捣九玉营。适遇其来袭之众于江岸,遽炮却之。敌营踞高垒,复桩密,鱼贯而出,不能骤返,炮薄山下歼之。翌日,乘胜火寨,九玉仅以三十骑溃遁,遂复常山,长驱入仙霞关,于是中路师破。是时岳乐驻军江西,使将军希尔根击败白显忠,复建昌饶州,使江宁将军额楚击走徽州土贼,复广信。显忠闻清军入关,声言将趋建阳,断其后路。李之芳遣使说降其二裨将,显忠势孤,亦降。于是西路亦破。杰书既入闽,乃移书精忠,略言:

> 尔蒙累朝厚恩,世授王爵,正当遇时立功,以承先绪。乃溺于奸计,自取诛夷!圣上念尔祖父之功,凡尔在京诸弟,俱留原职,如旧豢养,复遣尔弟聚忠招抚,不得前进,还京。今大兵屯仙霞岭,长驱直入,攻破蒲城。蒲城乃闽省财赋要地,咽喉先塞,粮运不通,建宁、延平,旦夕可下。与其絷颈受戮,不如率众归诚,仍受王爵,保全百万生灵。况郑锦(即郑经,清书多作锦)与尔有仇,尔当助大军,进剿立功,何久事仇人为?

精忠得书,犹豫未决。答言:“自愿归诚,恐部下不从,致滋变患。望赐明诏,许赦罪立功,以慰众心。”会杰书等已下建阳,进次延平,精忠震慑无措,遣子显祚诣军前,献总统印。先杀范承谟以灭口,而后出降,请随大军剿郑经赎罪。曾养性闻之,亦以温州降,郑经遂以翌年为闽师所迫,退守厦门,尽复漳泉诸府,刘进忠亦以潮州降,浙闽遂告平。

(二) 尚之信之叛降

初康熙十年,尚可喜年老,请以子之信佐理军务,之信酗酒嗜杀,既掌兵柄,即营别宅,擅威福,可喜不得出一令。十二年,可喜乞归辽东,即为三藩之乱所由起;然可喜始终无二志。尝执三桂使,奏其诱降之书;又虑之信不可恃,遣次子之孝讨刘进忠于潮,并请以之孝袭封爵。诏授之孝平南大将军,而之信以讨寇将军协剿。清廷深依赖之。十四年,晋封亲王,督抚以下,咸受节制。广东叛者四起,可喜皆遣兵扑灭。会精忠结郑经侵略广东沿海,祖泽清叛于高雷;同时三桂亦遣故广西提督马雄进围肇庆,夹攻可喜,广东十郡失其四。可喜东西受敌,又内制于之信,力不支,因自陈衰病,将不起,乞江西军往援。诏以将军觉罗舒恕及副都统莽依图赴之,军至而之信已变。受三桂招讨大将军号,改帜易服,严兵守可喜府,移檄诸郡。是时尚之孝军惠州,两广总督金光祖及舒恕军高州,莽依图军肇庆;精锐不下二三万,足以合力制之信。而光祖阴受三桂密札,牵制诸军,使不得进。之孝势孤,解兵还广州。之信势大振,且以兵击舒恕军,江西援军遂引还。光祖遂与巡抚佟养钜并降三桂;三桂封之信"辅德亲王",趣之出师,视为后劲。可喜竟以忧愤,于十五年死。三桂又遣总督董重民代金光祖,巡抚冯甦代佟养钜分守冲要;光祖、之信,皆萌悔志,阴通款于江西清军。诏以莽依图为镇南将军,自赣州入广东,受之信降,而又令都统赖塔领漳、汀守兵赴潮州应之。于是江西、福建之师,同时入粤,之信遂以十六年六月,唆旧督标兵噪饷,执董重民于肇庆,率军民薙发迎降。七月,三桂遣马宝、胡国柱出韶州攻之,莽依图逾岭援韶。韶居五岭脊,为赣、粤咽喉,马宝志在必得。莽依图于城北敌冲,厚增土墙,夜则缒卒出城,浚濠通水,并遣一军据广州饷道。自七月至九月,宝攻城不拔,乃据河西,断清军水运;又列营莲花峰,俯瞰发炮,土墙尽坏;清兵退保土城固守。会江宁将军额楚援至,与城中兵夹击,旧督标兵亦横冲其阵,遂大溃,乘夜追斩无算,河西众亦遁,饷运遂通。十月,追击于乐昌之风门澳,三路仰攻,而瑶兵间道袭其后,斩敌二千。于是佟国卿以琼州降,祖泽清以高、雷、廉三州降,并执送三桂之水师将军谢厥扶。于是广东亦略定。

(三) 孙延龄与孔四贞

孙延龄者,定南王孔有德之婿也。顺治初,有德殉难广西,其子庭训被虏,(刘健《庭闻录》谓:“有德子士训,三桂之婿,为李定国所僇。”《东华录》:“顺治十六年定南王属下总管官兵李茹春奏:‘定南王孔有德子廷训,顺治九年失陷桂林时,被逆寇掳去。今入云南访问,已于十五年十二月十六日遭李定国惨害,臣随同平西王吴三桂等赴土主庙,迎廷训榇于臣营,容臣扶榇回京。’”)止遗一女,名四贞(《庭闻录》言名似贞。叶梦珠《续编绥寇纪略》言名思贞)。顺治十一年,四贞以父遗榇归京师,清廷给地营葬立碑,令四贞入宫,为太后养女。福临欲册立为妃(吴梅村《仿唐人本事诗》四首,全咏四贞事,起首“聘就蛾眉未入宫,待年长罢主恩空”二句,即指此事也),四贞自陈有夫,昔有德在日,已许孙偏将龙之子延龄矣。时四贞尚幼,岁俸视郡主。康熙元年,始遣回给配孙延龄,赐第西华门外。广西之再定也,以线国安统众部曲如故,而藩府久虚。福临念有德后无人,并虑孔师无主,乃封四贞为和硕格格,掌定南王事,遥制广西军。延龄为和硕额驸,内辅政大臣,都勒机昂邦,世袭一等阿思尼哈番。延龄美丰姿,晓音律,长于击刺,体劲捷,能超九尺屏风;惟不喜读书,然遇有章奏,令幕友读之,辄能斟酌可否。与人交,必尽其诚,能容人过失。时年二十有六。四贞美而才,自以太后养女,又掌藩府事,视延龄蔑如也。延龄机智深阻,以太后故,貌为恭谨,以顺其意。四贞喜,出入宫掖,力誉其能。由是太后亦善视之,宠赉优渥,亚于亲王,四贞不知延龄以计愚之也。谓其和柔易制,事辄专决,延龄内愈不平,日思所以夺其权。康熙五年,四贞面奏家口众多,费用浩繁,欲就食广西。奉特旨:“查定南王孔四贞于顺治十七年,奉世祖皇帝旨掌定南王事,在京遥制,今可否给与伊婿孙延龄掌管,着议政亲王贝勒大臣九卿科道会议具奏。”诸臣皆以为可。议上,奉旨:“孙延龄受镇守广西将军,其下应设都统一员,副都统二员,即着延龄遴选具奏。线国安年老着休致。”四贞遂请和硕格格仪卫以行,与延龄南下,舟抵淮安,诰封册书至,以延龄为特晋上柱国,光禄大夫,世袭一等阿思尼哈番,和硕额驸,镇守广西等处将军,其妻孔氏为一品夫人。四贞自以为和硕格格已居极品,不从夫贵也,今忽封一品夫人,则仍以妻从夫贵矣。疑延龄嘱内院为之,不惬意,夫妇遂不相睦。戴良臣者,原系四贞包衣佐领,颇负才智,希大用,力荐其亲王永年为都统,而欲已与严朝纲副之。延龄初不许，乃日夜营谋于内，四贞强之而可。延龄虽为请命于朝，而心甚恶良臣；良臣因构难其间，谓延龄独信任蛮子而薄格格旧人。由是夫妇益不合。良臣佐四贞，每事与延龄相左，所用之人，必逐之而后已，延龄竟同木偶，不能复出一令矣。四贞初任良臣，以为尊己，故惟言是听；及其得志，并四贞而藐之，权且渐归于下。广西一军，惟知有都统，不知有将军，并不知有格格。四贞乃大悔恨，知为良臣所弄，仍与延龄和好。然大权旁落，不可复制，三都统益甚专主。延龄积不能平，以良臣僭乱不法事，诉于朝，三都统亦具疏讦之。玄烨命总督金光祖究其事，光祖与严朝纲为至戚，奏延龄御下失宜，良臣等无罪。玄烨疑非实，复令大臣按问，三都统惧得罪，并力以求伸，故大臣亦不直延龄，延龄应坐罢，免议。时康熙十二年也。是冬吴三桂反，玄烨以广西邻贵州，特授延龄抚蛮将军，与巡抚提督守御。延龄既与所部都统不相能，三桂以书诱之。十三年二月，延龄遂召良臣等十三人议事，伏力士掷盏为号，尽缚而斩之；并杀巡抚马雄镇，举兵应三桂。夫清廷之所以羁縻四贞，乃以广西一军尚屹在，线国安辈，惟知为孔氏家将，故以四贞遥领军事，则可以维系之。纳四贞，即所以定广西也。四贞归藩，国安之安然请老，待十年以后，乃复崛强天南，则知非四贞无能训国安者，世祖之欲得四贞为妃，与四贞之不愿，并清廷之不敢相强，彼此皆有利害关系存焉。然四贞既非男子，延龄又系女夫，非孔氏子姓，清廷遂有以构之，而四贞不悟也。戴良臣之离间得行，王永年之挟制有隙，金光祖辈皆奉行中旨，延龄夫妇欲诉于清廷，以求伸理，固知其无能为矣。设非三藩乱起，则定藩当早撤矣。

（四）广西之战局与傅宏烈

延龄既以桂林附三桂，三桂封为临江王。广西提督马雄，亦定南藩下，为都统之助，恐延龄害己，坚守不下。未几，三桂军至广，雄乘势以柳州应之，三桂以雄为东路总管。于是广西全陷。延龄招致土寇，参以旧军，分设五镇，每镇兵二千，骚掠远近。有傅宏烈者，旧为庆阳知府，以讦三桂不轨事，坐诬谪戍苍梧。及是，欲集兵图恢复，思假其事权，佯受三桂信胜将军之职，入思州、泗城、广南、富川诸土司及交趾界，联络义勇，得五千人。遂移檄讨三桂,从尚可喜军规复肇庆,通款于江西,大为三桂所忌,使马雄害其家百口于柳州,然不能害宏烈。宏烈因以大义利害说延龄,延龄故与马雄有怨,虽共事,而畏其逼己,猜疑日深;而妻四贞又日夜以朝廷恩德为言,劝之反正。延龄意动,因约宏烈往迓清军,至即归降。马雄讦诸三桂谓延龄有异志,当急图之。三桂乃使其从孙世琮,领兵以恢复广东为名,进驻桂林。延龄出迎,叙旧甚欢,及送之辕门,有苗兵数十,突出马首。延龄于棰中出利刃奋击,毙数人,力不支,为所杀。时十五年十二月也。四贞以三桂义女入滇,三桂仍倚以羁縻桂军。至康熙二十一年,三藩之乱已平,乃撤定南藩属,分隶八旗汉军,麻勒吉率之还京,孔军至此归结。而四贞入京,为孤豚腐鼠,不过孙氏一老寡妇,无争相取重者矣。十六年,宏烈迎清军于韶,谓、"王师但进广东为声援,则广西一面,宏烈可独当之。但当假以虚衔,并颁给各土司印,以便号召。"诏授宏烈广西巡抚,抚蛮灭寇将军,俾增募义兵,便宜行事。命额楚守韶,而莽依图以兵八千赴宏烈于广西,又命尚之信分兵三千助之。尚之信不遣,又不为莽依图具舟舰,师久不集。宏烈遂独领所部兵万余,乘机先进,克梧、浔诸郡,所向克捷。惟新兵皆无马,无大炮,屡借于之信不应。十七年,莽依图军至,乃进围平乐,距桂林百余里。世琮以数万众来援,与清军夹江而营,渡江攻绿营,兵溃,满营隔涨潦不能救。世琮众据河扼饷道,莽依图退梧州,旋就饷德庆。所复郡县皆陷。祖泽清复叛于高州,粤东亦震。诏尚之信讨泽清,并选藩兵万人及潮州标兵六千,付福建都统马九玉,赴援广西。又诏将军舒恕自赣州,额楚自肇庆,兼程进攻;皆未至。宏烈孤军踞梧,十月,敌数万渡江来攻,宏烈战于贺,战于藤,皆不利,敌以三路逼梧。时三桂已死,尚之信始赴援。十八年正月,宏烈、莽依图令诸军分布水陆,乘其犯城时,三面夹击,大败之,长驱复桂林。而世琮复围马承荫于南宁。承荫马雄子也,雄死后,以南宁降。世琮围攻数月,几陷,莽依图等倍道援之。世琮悉锐依山列鹿角拒战,莽依图使额楚引前锋兵冲之,自与舒恕麾大军进,预伏兵山后,截其走路,擒斩殆尽。世琮负重伤以数十骑遁,南宁围解。广西尽复。宏烈请率所部兵,随莽依图进取云南,玄烨壮其志,许之;命喇布代守桂林。而承荫所部降兵皆桀悍,十九年,承荫请以七千人分设七营,部议只许五营。于是降兵复变,给宏烈登舟赴柳城,而袭破其营,执送贵阳。吴世璠诱降,宏烈骂之,遂死。莽依图再赴讨,以劲弩射其象阵,象反奔,阵乱,以铁骑乘之,遂大败。喇布与金光祖军亦分路败敌,俘承荫,至京伏诛。盖自延龄死后,又三载而广西始定云。

七十　三藩之末路

(一) 三桂之称帝及其暴崩

康熙十六年,三桂既失陕西、福建、广东三大援,又失江西,乃使胡国柱、马宝攻之信于韶,使吴世琮攻孙延龄于桂林,以图两粤。其地皆与湖南相唇齿,故急于自救,且图牵制。清命诸将专力攻湖南,十七年,岳乐复浏阳、平江,又招降其水师将军林兴珠于湘潭;而将军穆占,亦以陕西荆州精兵至,拔永兴、茶陵、攸县、酃县、安仁、兴宁、郴州、宜章、临武、蓝山、嘉禾、桂阳、桂东十三城。诏喇布进守茶陵。时三桂年六十有七矣。其领地自云贵而外,独有四川、湖南及广西之一部而已。又自军兴以来,东西调发,财用渐竭,川湖赋税,不足以供军需,情现势绌,恐四方见轻,诸将解体,欲示威重,以维人心;而其下亦争相劝进。以衡州当兵冲,遂自长沙徙都之,筑坛南岳之麓,以十七年三月朔,郊天即位,改元昭武。改衡州为定天府,置百官,封诸将,造新历,举云、贵、川、湖乡试,号召远近。殿瓦不及易黄,以漆髹之,构芦舍万间为朝房,适大风雨,潦草成礼而罢。衡州民谣曰:"横也是二年,竖也是二年。"以昭字横竖皆两也。初,十四年关陕之变,玄烨欲亲征,驻荆州节制,大臣以车驾远出,恐有讹言奸宄窃发,固请止之。至是,玄烨以诸军旷日持久,复下亲征之令,大臣复以三桂势已穷蹙,无劳远征为请,议未决。会三桂召回马宝,王绪、胡国柱悉锐攻永兴。永兴为衡州门户,相距仅百余里,三桂所必争。据河外营垒,三面环攻,昼夜不息。清都统伊里布,副都统哈克山,相继战殁。前锋统领硕岱等入城死守,喇布居茶陵不敢救,穆占由郴州遣兵来援,亦畏不敢进。城坏于炮,囊土补之,且筑且战,凡二十日濒危者数矣。至八月,而三桂暴卒,诸将解围赴衡州,聚谋迎其孙世璠于云南立之。玄烨始罢亲征之议。三桂既死,诸将聚谋,不知所出,吴国贵复倡北进之议,谓:“从前所为皆大误!今日之计,宜弃滇不顾,北向以争天下;以一军图荆州,略襄阳,直趋河南;一军下武昌,顺流而下,经略江北。吾辈勿畏难,勿恤死,宁进死,毋退生,殊死决战,剜中原之腹心,断东南之漕运,即令不能统一,黄河以南,我当有之。”诸将俱重滇,马宝首梗议,一唱百和,计遂不行。十月,世璠至衡,始发丧即位,改元洪化,迎柩还滇。

(二) 三桂死后之形势

世璠既立,不敢留衡州,退居贵阳,恃川、湖、广西为屏蔽。然自三桂没,部下失措,无能定攻守之策者,清军势益振。于是湖南则安亲王岳乐,广西则傅宏烈、莽依图、赖塔,四川则平凉提督王进宝、陕西提督赵良栋,皆累战累捷。十八年正月,遂复岳州。时贝勒尚善已死,以察尼代统其军,而令贝勒鄂鼐统舟师。初,岳州恃湖为险,军粮皆取给于湘阴、常德,清舟师仅营君山,吴军往来自如。冬令水涸,清楼船不能入,吴军驾小舟出没湖中。至是水师乌船百艘,沙船四百三十八艘皆造成,配兵三万。降将林兴珠献策:以其半泊君山,截常德之道;以其半泊扁山,香炉峡,布袋口诸处,并沿九贵山立陆营,以断长沙、衡州之道。冬令水涸,则决新堤,灌水通舟。水陆绵亘百里,三桂援军不敢进。吴应麒使其党驾巨舰二百,乘风犯柳林,清舟师掉轻舟飞越其船,炮毁过半,又败其众五千于陆石口,饷运遂不继。清军又纵反间离其党,应麒以疑杀杜辉等数将。于是总兵三人以舟师降,应麒溃围走常德,寻复弃城遁。岳州既复,勒尔锦亦率师自荆州渡江,夷陵、澧州相继降,常德长沙亦下。岳乐由长沙进衡州,吴国贵、夏国相等南遁。穆占追败国贵于永州。时湖南上游,惟辰州之辰龙关,与武冈之枫木岭为入黔要路,皆天险。吴国贵、马宝踞武冈,胡国柱等踞辰州。岳乐攻枫木岭,傅宏烈由后路断其饷道,清军奋击,炮殪国贵,其众遂溃走,遣彰泰追败之,遂复武冈。察尼攻辰龙关,径狭箐密,仅容一骑,胡国柱跨隘口立五营以拒,相持逾年,始由间道袭破之;遂克辰州、沅州,国柱走贵阳。是为湖南入滇黔之师。是年,吴世琮亦败死于广西,清命大将军赖塔由南宁进云南,连败何继祖二万众于安笼所及黄草坝。是为由粤入滇之师。先是，关陕之定也，图海、孙思克皆密奏暂缓进汉中，玄烨不许，而赵良栋、王进宝力任取蜀。汉中全仰四川兵饷，自三桂死，谋策日乱，汉中饷援不继。于是进宝复凤县、武关，王屏藩退守保宁，进宝以三路兵趋之。十九年正月，败其众二万于城外锦屏山，夺桥以进，屏藩自缢死；吴之茂等被擒，遂乘胜复顺庆。而赵良栋由略阳进克阳平关，渡白水江，复龙安，浮渡明月江，亦以是月克成都，降其将军以下官百余，又败胡国柱于建昌。而图海亦复兴安，将军佛尼勒等复永宁、马湖，湖广提督徐治都败杨来嘉于巫山，复夔州、重庆。于是四川略定。会是秋谭洪等复叛，乃诏王进宝留镇四川，赵良栋以勇略将军兼云贵总督统川师进捣。是为由蜀入滇之师。十九年三月，诏岳乐久劳于外，克歼强寇，令先率大兵之半凯旋；其蒙古宁古塔乌拉之兵全返。玄烨亲迎之芦沟桥，如顺治中劳信郡王多尼之例。以贝子彰泰代为定远平寇大将军，进取云贵。又以云贵山地，皆绿营步兵居前，满骑继后；特命总督蔡毓荣为绥远将军，节制汉兵先进。三藩之乱，至是遂告一结束，而世璠负嵎，亦不久败亡矣。

（三）勒尔锦等之得罪

勒尔锦自奉命为大将军，以满汉精兵，进驻荆州；不惟无战守之略，且畏葸不前，劳师糜饷。康熙十九年，奉命取重庆，中道径返荆州，上疏自劾。召回京师，诏曰："当吴逆初叛时，即选满汉精兵，命顺承郡王勒尔锦统之进讨，三月至荆州，不乘贼远来马疲，守备未固之时，渡江扼险，挫其锋锐；俾贼得以其暇据湖南，守要害，犯我夷陵江西，分我兵力；致耿精忠、孙延龄、杨来嘉等相继变乱，劳师数载，无尺寸功；惟安坐荆州，索督抚司道馈送，其贝勒尚善、察尼、鄂鼐等攻岳州，奉命以舟师断贼饷道，动以舟楫未具，风涛不测为词；迨长沙大兵已进，尚不乘机夹攻。又简亲王喇布逗留于江右，贝子洞鄂（即董额）失机于陕西。若非朕运筹决策，力饬水师取岳州，饬岳乐江西军进攻长沙，饬图海陕西军速复平凉，则疆宇几不可问！劳师糜饷，误国病民，情罪重大，在他人尚不可原，况王贝勒等国家同休戚之人乎？其令议政王大臣等举我太祖、太宗军法，严行议罪！"于是皆削爵籍产，拘禁有差。并将迟延逗留，失陷岳州之都统珠满，失陷镇荆山之贝子准达,失陷太平街之前锋统领伊都勒齐;敌遁空营,饰奏克复之都统巴尔布;岳州饥贼,溃围步遁,不能邀截之辅国公温齐;调援永兴,数月不赴之额驸将军华善;屡次败遁,纵兵攘扰,诈病回京之将军觉罗舒恕;以及左都御史多诺,兵部侍郎勒布等,奉命督理荆州大兵粮饷,擅遁回京;阿范参赞江西军务,副都统绰克托随征广东,托病回京回江宁,皆罪之。又诏曰:"军兴数载,供亿浩繁,朕恐累民,不忍加派科敛;因允诸臣条奏:凡裁节浮费,改折漕贡,量增盐料杂税,稽查隐漏田赋,核减军需报销,皆用兵不得已之意,事平自有裁酌。至满洲、蒙古、汉军,久劳于外,械朽马毙,借贷买补,朕深悉其苦,其迅奏肤功!凯旋之日,所有借贷,无论数百万,俱令户部发帑代还。朕不食言,昭如日月,其宣示中外!"盖既加之以恩,复啖之以利,士奋马腾,始克奏肤功焉。

(四)三路之入滇

康熙十九年十月,彭泰湖南之师由平越趋贵阳,世璠偕应麒奔云南,降其文武官员二百余。十一月,复遵义、安顺、石阡、都匀、思南等府;使提督桑格据盘江之险,吴军焚铁索桥而遁。乃令土司龙氏、沙氏结浮桥以济,将军李本深降。二十年正月,夏国相、高起隆、王会等,拥众二万,屯平远西南山;又分兵万余,据盘江西坡,天险斜径,螺旋而上。吴军以象迎战,清军迫险,见象即惊溃,蔡毓荣以红旗督战,众奔不能止,死伤甚众。逾二日,毓荣整队复进,国相弃险西走,贵州尽复。贝子赖塔广西之军,亦屡败吴师,入滇,与湖南之师,会于曲靖。分队前进,二月抵云南。世璠使郭壮图率步骑数万,列象阵迎战三十里外。清贝子彰泰军其左,赖塔军其右,自卯至午,五战五进,殊死战。象忽反践其军于金汁河,清以劲骑左右冲之,始大却;进逼城东归化寺,擒斩甚夥。自归化寺列营,亘碧鸡关,为长围数十里。世璠尽移诸将家口于五华山宫城,分门守御,誓必死。数月,临安、永顺、姚安、大理诸路总兵相继降。先是世璠使胡国柱、夏国相、马宝等犯四川,陷泸、叙、建昌、永宁、马湖诸府;又嗾降将马承荫再叛于柳州,谭洪、彭时亨等再叛于川东,以分其兵力。至是,城危急,尽调四川兵回救;赵良栋率诸将分路蹑击,或死或降,无一至滇者。世璠复割地乞师于西藏达赖喇嘛,其书适为清军所得,亦不成。九月,赵良栋之师自蜀至,与湘粤军合。初,长围距城远,世璠誓死固守,数月不下。良栋连逾三濠,夺三桥,直薄其城;诸军从之,皆至城下,围之数重。又于昆明池内,横筏施楼橹,以断接济。十月,城中食尽援绝,南门守将潜纳款,启门迎降。世璠冕旒南面服毒而死,时年十六岁,郭壮图、方英皆自刎。胡国柱在迤西自焚死。俘大学士方光琛,将军夏国相、马宝等斩之。函世璠首级入京。析三桂骸骨,颁示海内。诸将争取子女玉帛,惟赵良栋严禁军士,并簿籍藩产以献。云贵悉平。班师。诏户部发帑代还军士积负,共费五百六十万金有奇。因大赦天下,诏曰:"当滇逆初变时,多谓撤藩所致,欲诛建议之人,以谢过者。朕自少时,见三藩势焰日炽,不可不撤。岂因三桂背叛,遂诿过于人?今大逆削平,疮痍未复,其恤兵养民,与天下休息!"自十二年冬,三桂以撤藩举兵,数月之间,六省尽失,中原摇动;及辅臣叛而陕甘又亡。三桂之势力,在此为最盛时期。十五年,图海以一战而复关陕,同时杰书等亦败耿精忠三路之师于赣浙,精忠遂降;次年,尚之信亦纳款于清。三桂之势,遂逐渐衰微。至建号称尊,亦不过晚年自娱而已,不数月而三桂亡矣。三桂亡,而岳州旋失,湖南之根据,遂不可保;屏藩败而四川又亡,饷糈之所出,遂不可继,清以三路入滇,以十九年克贵州,翌二十年复云南。于是为时八载,蔓延十省之大乱,至此而全归底定矣。

(五)耿尚之结局

先是,尚之信既降,仍怀两端,清廷数命进兵潮州、湖南,之信不行。永兴危急,亦坐视不救,后虽出师,辄自引退。总兵时应运、水师游击张瑜出剿,之信密止之,令顿兵不进。三桂死始听调遣,从征广西,驻军宣武。会其弟之孝谋袭藩位,令藩下人张允祥、张士选赴京告之信心怀怨望、放言讪上,及种种不法事。又有都统王国宝者,故之信私人,至是亦助之孝发其罪。而之信母舒氏、胡氏,与两广总督金光祖、广东巡抚金儁,亦相继奏列其罪。十九年三月,遣刑部侍郎宜昌阿等驰往按问,之信闻命自武宣还广州,上疏抗辩。诏令至京对簿。而藩下总兵李天植,与其弟尚之节,怒国宝谗构,诱杀之。事闻,天植、之节坐谋反,伏诛;之信遂以是年八月赐死,之孝并坐革职。耿精忠之降也,以请剿海贼,立功赎罪为词,康亲王杰书奏复其爵,及所属官职如旧。清廷乃以精忠弟昭忠为镇平将军,驻守福州;而使精忠率所部从征。旋收复兴化、泉州、漳州,郑经退入台湾,移师征潮州。会尚之信以广州反正,潮州之刘进忠亦降,精忠遂驻守其地。十六年四月,康亲王议令将军赖塔守潮,而撤精忠还福州。玄烨虑其疑惧生变,诏勿撤。十一月,藩下参领徐鸿弼等遣人赴部,首精忠归顺后尚蓄逆谋,列罪状五款;同时昭忠亦以鸿弼首词,具疏入告。玄烨留疏不发。十七年春,召昭忠还京,仍命精忠还驻福州;而密谕杰书,令之自请入觐。十九年八月,精忠入朝,以藩兵授所属都统马九玉辖之。玄烨乃以前此所留之诸疏,下法司勘问。部议黜爵,磔死。然玄烨以九玉尚握兵柄,不欲遽发,命系精忠,待鸿弼等至京对簿。明年十月,清兵平云南,九玉亦解任归旗。于是台官交章言精忠及其党应按律议磔;而大学士明珠、勒德洪亦极言精忠等罪在不赦。于是磔精忠等于市。

七十一 藩镇之废除与战役之评论

(一)藩镇之全废

初,三桂等以汗马之功,专制一方,渐成尾大不掉之势。玄烨审藩镇之祸,思有以去之,故移藩议起,遂定庙谟,而八载大勋,于焉克成。当时各省疆吏,兵柄久握,亦渐至骄慢。观康熙二十二年谕云:"边疆提镇将军,久握兵权,常来朝觐,则心生敬畏。如吴三桂、耿精忠辈,皆以久不朝觐,遂生骄妄。前者广西将军马承荫跪受敕旨,其下惊曰:'我将军亦跪人耶?'此兵权不可久握之明验云。"自三藩平定后,尽籍藩产入官,充军饷,撤藩兵回京师;而于福州、广州、荆州等处,各设八旗兵驻防;不复以兵权土地,世予臣下。凡亲贵功臣,毕留京师。宗室自亲王以下,至奉恩将军,爵凡九等,有俸有庄田。功臣自一等公以下,至恩骑尉,爵凡二十六等,虽世袭有差,实际上无几微之权势。内外蒙古各王汗,各君其部,世世保塞为臣仆。内地则各省有提督、总兵等官,以统绿旗;各要地有将军、都统等官,以统驻防八旗。然皆掌兵柄,而不擅财赋,与文臣互相牵制焉。

由是前代藩镇之弊亦绝,而中央集权之制,至是渐完密矣。

(二) 关于三藩乱役之批评

玄烨于康熙六年亲政,十二年而三藩之乱役起,当时宿将殆尽,诸将皆非三桂敌。然三藩终归失败者,虽由玄烨之运筹策画,要亦不能不归咎于三桂之妄想苟安,自乱其谋也。三桂飚起西南,诈立明后,当人心未定之时,亦未尝不可号召一时。乃羽檄一布,朱三终杳;甚且食言自帝,反复无常,此一失策也。当极盛之时,清兵畏葸而不敢进,驱众而北,先据武汉,以一支徇下游,据江宁;以一支北向中原,直指京师;关陕既附,蒙乱方殷,狼烟四起,清将不国矣。奈三桂计不出此,徒欲计保万全,画江为国,安可得乎? 此又一失策也。清以大兵四布,先灭三桂声援;而三桂军惟以湖南为重,不肯乘时进取。且三桂又以其子应熊故,冀免其诛,欲以和平议款,玄烨窥其意以诛应熊,而三桂之胆落矣。盖三桂本无坚确之计画,故遇事苟且,一至于败。而玄烨之英武明智,则亦可谓为三桂之劲敌也。玄烨当基础未固,六省陷落之时,成此大业,实为清朝最大之幸运。故高宗《御制全韵诗》注曰:"是役也,用兵甫八年,而三逆悉已扫荡。集勋之速,实史册所罕觏! 圣祖亲政以后,即成此大功,守成而兼创业,亿万世永承垂裕之恩矣!"魏源论是役战胜之原因曰:"恭读《平定三逆方略》而知其战胜于庙堂者,数端:一则不蹈汉诛晁错之辙,归咎于首议撤藩之人;二则不从达赖喇嘛裂土罢兵,苟且息事之请,力申天讨;三则不宽王贝勒老师养寇之罪,罚先行于亲贵。谕绿旗诸将等,以'从古汉人叛乱,止用汉兵剿平,岂有满兵助战?'故一时张勇、赵良栋、王进宝、孙思克奋于陕;蔡毓荣、徐治都、万正色奋于楚;杨捷、施琅、姚启圣、吴兴祚奋于闽;李之芳奋于浙;傅宏烈奋于粤;群策群力,敌忾同仇。又任岳乐、傅喇塔于宗室,拔图海、穆占、硕岱于满洲,一时开国宿将已尽,诸臣不必皆三桂敌,卒能戮蚩尤于涿鹿,覆豨布于荆吴。其时乱起多方,所在鼎沸,情形日日不同,故中原腹地,皆屯重兵,以备应援:楚急则调安庆兵赴楚,河南兵移安庆,又调兵屯河南以继之;蜀警则调西安兵援蜀,而太原兵移西安,又调兵屯太原以继之;闽警则调江宁、江西兵赴闽浙,调兖州兵赴江宁,又调兵赴兖州以继之;使贼渠不得出湖南一步。各边虽乱,而江淮晏然,得以转输财赋,佐军兴之急。而贼惟以一隅敌天下,饷匮财竭,重敛劳怨,遂臻瓦解。且羽书络绎,命兵部于驿递之外,每四百里置笔帖式,拨什库各一;以速邮传,诘奸宄,防诈伪。甘肃西边五千余里,九日可至,荆州、西安五日可至,浙江四日可至。每日军报三四百疏,手批口谕,发纵指示,洞的中窾。遵命者罔不摧敌,违机者罔不钝衄,用能指麾臂使于数千里之外,健行默运于八载一日之余!兵多而民不扰,饷费而赋不增。至矣哉!震惊百里,不丧匕鬯,古之聪明睿智、神武而不杀者夫!是知覆蚩尤于涿鹿者,轩皇,非力牧也;禽豨布于荆吴者,高祖,非绛灌也。”康熙二十二年十二月,群臣以大憝既除,请上尊号,圣祖召议政王大臣,大学士,九卿詹事道等官谕曰:“曩者平南王尚可喜奏请回籍,朕与阁臣面议,图海言断不可迁移。朕以三藩俱握兵柄,恐日久滋蔓,驯致不测,故决意撤回。吴三桂反叛,八年之间,兵民交困,倘再延数年,百姓不几疲敝耶?忆尔时惟莫洛、米斯翰、明珠、苏拜、塞克德等言应迁移,其余并未言迁移必致反叛,议事之人至今尚多,试问当日曾有言吴三桂必反者否?及吴逆倡叛,四方扰乱,多有退而诽毁,谓因迁移所致,若彼时诿过于言应撤者,尽行诛僇,则彼等含冤泉壤矣。朕自小以三藩势日炽,不可不撤,岂因吴三桂反叛,遂诿过于人耶?贼虽已平,疮痍未复,君臣宜加修省,恤兵养民,布宣德化,务以廉洁为本,共致太平,若遂以为功德,崇上尊称,滥邀恩赏,实可耻也。”群臣再请,复谕:“朕自幼读书,觉古人君行事,始终一辙者甚少,尝以为戒。惟恐几务或旷,鲜克有终,宵衣旰食,祁寒盛暑,不敢少间,偶有违和,亦勉出听断,中夜有几宜奏报,披衣而起。总为天下生灵之计。今更鲜洁清之效,民无康阜之庥,君臣之间,全无功绩可纪,倘复上朕尊号,加尔等官秩,则徒有负愧,何尊荣之有?”其所叙撤藩之初,廷议情状,及藩变以后归咎情状,皆见事由主断。况八年中不罢经筵日讲,极见好整以暇之态度,而又开鸿博科,以抚驭汉人,保全归降叛党,不轻斩刈,此不得不谓玄烨之手段高明,而以二十岁之青年,智勇兼备,宜其大有作为矣。

第十八章 台湾之收服

七十二 郑氏占领前之台湾

(一) 台湾之史略及名称

台湾亘福建海中,袤二千八百里,衡五百里,与旧日之福、兴、泉、漳四府相直。距澎湖约二百里,厦门约五百里。其山起鸡笼,南尽沙马碕千里有奇。惟山西东二面沃野,自海至山,浅阔相均,约各百里。大于琉球,埒于吕宋。自郑氏以前,为马来(Malay)种生番所据,未尝受中国之统治。隋大业中,虎贲将陈棱,尝一至澎湖,东向望洋而返。《宋史》谓澎湖东有毗舍那国,即其地也。元置巡司于澎湖,明初废之。《隋书》、《宋史》、《元史》所谓之琉球,柯绍忞先生谓即今台湾,或乃妄合为一,误莫甚矣(见《新元史》)。明称台湾为鸡笼山,又名东番,地多深山大泽,聚落星散,无君长,有十五社,社多者千人,少或五六百人。明嘉靖中,倭寇为戚继光所败,遁居鸡笼,恣意焚掠。至是,台湾渐为中国及日本人所注意。而草间求活之徒,无籍可归之氓,趋之若鹜。时外人至者,犹借地于生番,年纳租税以为报酬;及开垦成功,反逐土番于深山中,视为己有。天启二年,荷兰人既据南洋爪哇(Java)诸岛为贸易根据地,欲求商港于中国,乃以十七艘之舰队,谋犯澳门。时澳门已为葡萄牙人极东之要地,当荷人来侵,中国兵与葡人合力拒之。荷人不得志,退入澎湖(葡语 Pescadores,渔夫之义),筑城而守。屡侵沿海,且请得地如葡萄牙,以便通商;明边吏拒之。天启四年,荷人为明军及土人所逼,退据台湾之安平,称其城曰热兰遮(Fort Zeelandia)。或云:安平当时自成一小岛,与台湾本岛相隔离;而台湾本岛,则因葡语称为虖汝摩沙(Ilha Formosa)。Formosa 者,美丽之意也。盖葡人既据澳门为通商之所,常往中国沿海,遥望台湾,赞其美丽,遂以为名。

(二) 荷兰人之经营

荷人既筑安平城,旋复筑赤嵌城(Fort Providentia)于台湾,一变从前对于中国日本人之不妨害贸易主义,进而课砂糖米谷以输出税。当时颇有所争执,而日人更以对于长崎之荷兰贸易,以为抵抗。然荷人恃其城寨与枪炮之利,卒得屈服两国人,而为台湾雄主。于是开水利,奖屯垦,建学校,布宗教,抚恤生番,教以荷兰语,成效大著。时西班牙人既得马尼剌(Manila)贸易之地,又见荷兰殖民于台湾,西元一千六百二十六年,遣将占领鸡笼,筑圣萨尔瓦多城(San Salvador),施民政,布宗教。更据淡水港为基础,名之曰圣度明哥(San Domingo)。荷兰以其足以妨碍自己势力之发展,颇注意西人之举动;至一千六百四十年,遂决意逐之。当时荷兰总督璞拉斯杜洛狄纽斯,致书于鸡笼西班牙总督,劝其速以鸡笼降,否则当武力以解决。西班牙总督刚萨罗璞尔奇利斯拒之;荷人遂以军舰攻鸡笼及淡水,无功而还。既而马尼剌西班牙政府,欲攻民达那峨(Mindanao),命鸡笼之兵赴之;为荷人所探悉,急以军舰再攻鸡笼。西兵虽少,守城阅三周,力尽始降。至是,台湾全土,悉归荷兰掌握。荷人锐意改革,广布教化。而是时中国大陆,兵乱渐起,避难来住者,日以繁衍。崇祯中,海寇郑芝龙(芝龙乳名一官,学名国桂,字飞黄,福建南安人。天启元年,年十八,赴粤香山寻母舅黄程,三年程命往日本贸易。翌年,结织颜思齐等共二十八人,拜盟欲图日本,事觉,思齐率其党退台湾,设寨抚番。闽人来者渐多。天启五年,思齐病故,众推芝龙为首。六年芝龙率诸弟及从属六百余人抄掠金门、厦门,犯闽粤沿海多所,官兵莫能御,屡议招抚。至崇祯元年始由游击卢毓英说以归诚)降于福建巡抚熊文灿,屡平剧盗李魁奇、钟斌、刘香等,积官至都督同知。会闽大旱,芝龙言于巡抚熊文灿,以舶徙饥民数万,至台湾,人给三金一牛,使垦岛荒,渐成邑聚。而荷人踞城中,专治市舶,不敛田赋,与流民耦俱无猜。时流民数万,散屯城外,土膏坟盈,一岁三熟,漳泉之人争赴之。于是中荷两国之移民势力相敌,而郑成功终以战胜之结果,据有其地。

七十三　郑氏之占领台湾

(一) 成功与荷兰之战

顺治十七年,成功自江南败归,使其子经留守厦门,而自以舰队向台湾。是时荷兰人科爱脱(Coyet)为台湾总督,怒岛人与成功相通,下令捕治,中国移民皆不服。会总督所属会计员负帑二十万,恐发觉,无以偿,乃走报成功,请为向导。成功览其地图,欢曰:"此真海外之扶余也!"十八年,先以百艘泊澎湖,进图鹿耳门。门外曩有浅沙数十里,海舟不能近岸;荷人又沉大艘塞港口。及是潮骤涨丈余,成功遂以四月自安平附近上陆,断安平与赤嵌之交通。赤嵌城先下,荷兰人守安平,而告急于巴达维亚(Batavia)。巴达维亚总督遣兵舰七艘,兵七百人赴援。会清国边吏致书科爱脱求合兵,先逐成功余众之扰大陆沿海者,然后攻其本营。荷人分兵舰五艘应之。成功乘机悉锐还攻,而安平陷重围者,已数月,兵士死者千六百余人。成功并塞水源以困之,且曰:"予我先人故土者,子女玉帛,任尔所之。"科爱脱知不能敌,遂以城降。兹录其降伏之条件如次:

一、荷人得携带必需之食料,及弹药而去。

二、荷人之私有财产,得携之而去。

三、荷人得携带一定之金钱而去。

四、荷人得奏乐,携带装药之武器而去。

五、交换俘虏。

六、成功交还其所夺荷人之船舶。

七、商会之财产与城寨,一律让与成功。

八、荷兰政府之国书,俱携往巴达维亚。

自天启四年,荷兰人占领台湾以来,至是凡三十八年,尽失其所有,而让于明末遗臣之海外英雄郑成功。

(二) 郑氏之经营

成功既有台湾,内则组织政府,兴农业,修兵备,定法制,建学校,用处士陈永华为谋主,筑馆舍以居明宗室遗臣之渡海来归者。以赤嵌城为承天府,置天兴万年二县。招来漳、泉、惠、潮之民,汙莱日辟。外则置兵守金门厦门两岛,与相犄角。又通使菲律宾群岛,求聘问于西班牙总督,欲以得海上之应援。清廷知成功终不可致,顺治十八年,诛其父芝龙,并郑氏子弟之在京者,而诏徙沿海三十里内之居民于内地,禁渔舟商船出海,以坚壁清野之法困之。于是沿海商民,荡析流离,又失海上鱼盐之利,颇相疾苦。张煌言因遗书成功,趣之内渡(皆见前),而成功以台湾初定,恐荷人来袭,未暇争霸大陆。康熙元年五月初八日,成功以疟疾卒,时年三十有九。壮志未伸,雄图莫展,深可慨也! 成功既薨,长子经入台嗣立,成功弟世袭谋据位,为经所杀。清靖南王耿继茂、总督李率泰贻书招经,经请如琉球、朝鲜例,不登岸,不薙发,不易衣冠,不报。是年,鲁王监国亦卒于金门(《明史》及《三藩纪事本末》谓以海居金门,成功礼待颇恭,既而懈。以海不能平,将往南澳,成功使人沉之海中。《金门志》及《新金门志》所载鲁王墓碑均驳正此说,据《续闽书》谓王薨于壬寅十一月十三日,年四十五。最近金门发现《皇明监国鲁王圹志》,系宁靖王术桂所撰,谓王有哮疾,壬寅十一月十三日,中痰而薨,悉与志合。是鲁王后成功半年卒,岂得有使人沉王于海之事哉? 盖前人早已有所辨正矣)。明桂王既被难于云南,而经犹奉其永历之号。三年,继茂、率泰、施琅、黄梧等进兵攻之;巴达维亚之荷兰政府亦发军舰十六艘,水兵一千三百八十六人,陆军三十四人,以图报复。经不得已,弃厦门而退回台湾。遣使四方,开贸易之道,劝民力农,奖励教育,惟兵力渐衰,自是以迄于三藩之乱,不复能出入于大陆上矣。

(三) 福建之征略

康熙十三年,三藩乱起,耿精忠据福建,乞援于郑氏,许以漳、泉二府酬之。台人大喜,亟渡海而西,与耿氏合攻广东。既而精忠背约,经请漳、泉不得,于是反兵自取之。福建故属郑氏势力,其旧部多有存者。海澄总兵赵得胜，广东潮州总兵刘进忠，皆叛附经。经乘势取汀州、邵武等府。会精忠反正，与康亲王杰书合军攻郑氏，遂以十六年收复漳泉以下诸府。经退守厦门。清贝子傅喇塔卒于军，以贝子赖塔继之。十七年春，经复遣将出没沿海，连下城堡十余。十八年，经将刘国轩、吴淑、何祐等分道入犯，总督郎廷相檄调清军，四路进击，大战兼旬，海澄公黄芳世，都统穆赫林，提督段应举皆失利，国轩围之于海澄，环堑树栅。清援军至，国轩恐内外受敌，故开一面纵之入，以耗城中粮，围复合。六月，城中食尽，遂破，清军三万余人，都统穆赫林以下皆死焉。诏罢郎廷相，以姚启圣代之，以吴兴祚为巡抚，杨捷为提督。时国轩乘胜下漳平、长泰、同安，略取南安、惠安、安溪、永春、德化诸邑，国轩自围漳州，遣兵围泉州；而断漳之江东桥，及泉之万安桥，以拒清军。杰书驻军福州不敢救，杨捷进复惠安，吴兴祚赖塔复漳平。杨捷遣兵袭破陈山坝以出万安桥之背，与大兵夹攻，夺其桥；而吴兴祚赖塔军阻江涨。时翰林李光地引出安溪间道，遂解泉围。国轩与吴淑、何祐等以兵五万，分军漳州龙虎、蜈蚣二山，势甚盛。漳城兵少，哈喇达、耿精忠欲弃城避其锐，姚启圣闭城偃旗鼓，乘大雾突出精兵五千冲之，破其十六营，复长泰、同安。及杨捷军赴援，复与启圣夹攻江东桥，克之，尽夺险要。漳、泉之路始通。国轩还据海澄，海澄三面环海，其陆地一面，复掘壕引潮，以阻清军；且不时出攻江东桥诸营，窥漳州，兼列艨艟守诸岛，相持一年不决。清将议厚集舟师，水陆夹攻，并邀荷兰军舰为助。时吴三桂已死，清舟师破岳州，诏水师提督万正色督湖南、江浙战艘二百，由海赴闽。而姚启圣、吴兴祚新修战艘三百亦成，合兵共三万。启圣等复纵反间离其党，重赏购募，先后降其官四百余人，兵万余人，以之分隶水师，导军进攻。时海澄守将亦纳款于清军，故不待荷兰军舰，启圣与杨捷即复海澄。万正色亦以水师克海坛，水陆之师，合攻厦门，朱天贵以舟师降，乘力捣袭，诸塞悉破。郑经及国轩等，遂以十九年夏退归台湾。

（四）清廷招抚之议

先是，郑经之初立也，清廷遣总督李率泰贻书报之，经请如琉球、朝鲜例，不登岸，不薙发，议竟中辍。至是，贝子赖塔复与经书曰："自海上用兵以来,朝廷屡下招抚之令,而议终不成;皆由封疆诸臣,执泥削发登岸,彼此龃龉。台湾本非中国版籍,足下父子,自辟荆榛;且眷怀胜国,未尝如吴三桂之僭妄。本朝亦何惜海外一弹丸地,不听田横壮士,逍遥其间乎?今三藩殄灭,中外一家,豪杰识时,必不复思嘘已灰之焰,毒疮痍之民。若能保境息兵,则从此不必登岸,不必薙发,不必易衣冠。称臣入贡,可也;不称臣,不入贡,亦可也。以台湾为箕子之朝鲜,为徐福之日本,与世无患,与人无争;而沿海生灵,永息涂炭。惟足下图之!"经报书请如约,惟欲留海澄为互市公所,而姚启圣持不可,议复寝。二十年,姚启圣、吴兴祚疏请沿海民展界复业,从之(见前)。初,闽人当成功世,内输官赋,外应郑饷,十室九匮。又耿乱交作,杀掠所至,不知谁兵。清驻一王,一贝子,一公,一伯;将军都统以下,各开幕府,所将皆禁旅,居民居,食民食,役其丁壮,而渔其妻女。至是,清军北还,始稍息肩;然驱掠而北者,尚有数万。姚启圣请杰书下令禁之,且捐金赎还者二万。启圣在闽,靡财如河沙,耳目遍海岛。官帑不足,则贸迁以济之,前后挥霍百万。其人轻财豪纵,能恤人患难。以犯法亡入旗,中康熙二年旗籍第一名举人。出为县令,多奇特之行。从杰书讨耿氏立功,洊升福建布政使。寻擢总督,对于郑氏,则务欲灭之,收台湾以为功。郑经在厦门时,有嬖人施亥者,启圣密赂使为间,诱经至海口擒之。郑氏大享将士,复令其庖人谋毒,事皆不成。而经竟以康熙二十年正月卒。于是王位继承之争起,而郑氏之势力顿衰。

七十四　台湾之降附及善后

(一) 郑氏之内乱及出降

先是,经连用兵在外,用陈永华言,以长子克壓监国。克壓长而才,然乳婢出也,方成功在时,已有搆之者,谓壓孽贱,不当为世孙辱国。及壓监国,礼贤恤下,谨法令,物望归之;而群小惮其明察,经诸弟亦不利其立。至是经卒,侍卫冯锡范首以计罢永华兵柄,永华郁郁死,克壓失助。时成功妻董夫人尚在,复入间言;遂袭杀克壓,而立经次子克塽为延平郡王。塽幼弱不能莅事,事皆决于锡范。行人傅为霖密约十三镇同日发难,事泄;锡范并构陷续顺公沈瑞而有其赀,人心益失。闽督姚启圣数遣刺客谋杀台将刘国轩皆未成。二十年,启圣闻台湾内乱,又知水师提督施琅习海道可用,请乘机出师;而内阁学士李光地,亦以是为请。征台之议始决。二十二年六月,启圣欲候北风直取台湾,施琅欲乘南风先取澎湖,奏言:"澎湖不破,台湾无取理,澎湖失,则台湾不攻自溃。请以战舰三百,水师二万,独任讨贼;而留督臣于厦门济饷。"从之。时国轩守澎湖甚严,尽据港口,舟不得泊。国轩复于沿岸筑垒,环二十余里间,垒设炮。会飓风夜发,清师前锋簸荡飘散,为敌舰所围,施琅亲督大艅冲围,矢集琅目,几死,力战始解。时国轩率众二万泊牛心湾;而别屯万兵于鸡笼屿相犄角。清军惩前次失利,乃议分三路:以五十艘出牛心湾,五十艘出鸡笼屿为奇兵,以分其势;而琅自督五十六艘,分八队,攻其中坚,以八十艘继后。每路中复各分三队,不列大阵,惟约以五艘攻其一艘,人自为战,酣鏖竟日,声震数百里,焚敌舰百九十艘,国轩力不能支,乘小艇渡台。清军遂据澎湖,乘胜至台湾,鹿耳门胶浅不得入。泊海中二十日,潮不至,忽大雾,潮高丈余,舟师浮入。郑氏皆惊曰:"先王得台湾,鹿耳门涨,今复然,天也!"七月,遣使议降。施琅、姚启圣以闻(琅由海道专船奏捷,启圣则驰驿入奏,迟琅奏二十日而达。圣祖立封琅侯爵,启圣积年经划之劳,赏竟弗及。圣祖以其奏言庙谟天定,微臣无力,益疑有怨望意。不久,启圣以疽发背卒),八月,敕至。于是国轩及冯锡范以克塽降,缴上成功所受明延平郡王招讨大将军金印各一,籍土地户口府库军实以献。时康熙二十二年八月十八日也。自顺治十八年,成功逐荷兰人据全台后,其独立之局,凡二十三年。诏封塽靖海侯,克塽入京,隶汉军,封一等公,克塽死而爵除。

(二) 台湾之善后

台湾既平,廷议以其孤悬海外,易薮贼,欲弃之,专守澎湖。施琅以为:"中国东南形势,在海而不在陆;陆之为患有形,海之薮奸莫测!台湾虽一岛,实腹地数省之屏蔽,弃之,则不归番,不归贼,而必归于荷兰。彼恃其戈船火器,又据形胜膏沃为巢穴,是借寇兵而资盗粮也。且澎湖不毛之地,不及台湾什一,无台湾,则澎湖亦不能守。”于是疏言:“台湾自古未入版图,然中国之民,潜往生息其间,不下万计,海寇郑芝龙始踞为巢穴。明崇祯初,芝龙就抚,借与红毛为互市之所。顺治十八年,郑成功破之,盘踞其地,传三世数十年。一旦畏威纳土,此诚天佑皇上以未辟之方舆,资东南之保障,若弃其地,迁其人,则此原为红毛所有,万一乘隙复踞,后患方长。伏思海氛既靖,汰内地溢设之官兵,即可分防两处。三年后,开征济用内地,可免转输。窃谓弃之必贻大患,守则永固边隅。”大学士李霨深然其言,而姚启圣亦如琅议,请设总兵等官。由是置台湾府,诸罗、台湾、凤山三县,设吏治之,属福建布政使。西为澎湖厅。其后分诸罗北彰化为县,又北为淡水厅,设巡台御史,旋改兵备道。总兵辖水陆兵八千,澎湖副将水师二千,其后复增兵额万有四千,俨然为海东重镇。说者谓姚启圣生于天启四年,正郑芝龙入台之时,康熙二十二年,台湾郑氏亡,而启圣亦卒,天特生启圣以与台湾相终始也。

七十五　朱一贵之反清

(一) 朱一贵之起事

朱一贵者,福建长泰人,小名祖。或言郑氏部将也。明亡后,居罗汉门内,贩鸭为生,地辽远,政令莫及。其鸭旦暮编队出入,居民异之。性任侠,所往来多故国遗民,草泽壮士,以至奇僧剑客,留宿其家,宰鸭煮酒,痛谈亡国事,每至悲歔不已。因结会拜盟,欲图光复。时承平日久,守土恬熙,绝不以吏治民生为意,防范疏阔;一贵心易之。六十年,知府王珍税敛苛虐,滥捕拜会歃盟及私伐山木之民数十人,淫刑以逞,民心怨恨。凤山人黄殿、李勇、吴外等,皆天地会党人,因与一贵密谋举事,以一贵朱姓,可托明裔。四月十九日,李勇、吴外、郑定瑞、王玉全、陈印等五十二人,遂就黄殿庄中,奉一贵焚表结盟,各招党羽,得千数百人。立帜书大元帅朱,夜出冈山,袭劫塘汛;揭竿荷耰,无多器械。冈山距府城三十里,总兵欧阳凯闻警,集众议,游击刘得紫最知兵,请行不许。而令游击周应龙以兵四百,及四社土番数百随之往。应龙庞躯,有口,实无能,行五里,即止营;次月,再行十五里。一贵夜出槟榔林泛，戕把总，掠军器，应龙隔一溪不救。一贵旁掠四出，于是南路杜君英等亦蜂起应之，约攻台湾府。周应龙遇一贵于冈山，千总陈元等，奋力掩击，一贵败走入山，应龙收兵不追，而纵番兵焚掠附近村。于是各乡皆煽于朱党，树帜响应。南路叛众，攻参将苗景龙于淡水营，周应龙闻报，复行十五里，翌日，遇敌赤山，方合战，应龙遽以后队遁归府城，陈元战死。一贵大队随之，而君英等别攻凤山县，苗景龙败死，府城大震。官吏居民，尽室登舟，人无固志。总兵欧阳凯，游击刘得紫，副将许云，率师千五百人出御之，中夜自惊扰，黎明稍集；而一贵等至，许云跃马陷阵，清兵继之，一贵败屯竿津林。时水师游击游崇功出哨笨港，闻报，亦以兵还入鹿耳门，赴援。五月一日，一贵、君英，合兵数万进攻，刘得紫以兵截中路口，欧阳凯、许云、游崇功迎战春牛浦。而把总杨泰通敌为内应，刺欧阳凯坠马死，清兵大溃。刘得紫率兵还救，马踣被执；许云、游崇功血战至日中，矢炮俱尽，各手刃数十人以死。于是水师游击张彦贤、王鼎等率兵千余，战舰四十，扬帆出澎湖。台厦道梁文煊，知府王珍等，尽驱港内商船渔艇出鹿耳门渡海；而周应龙亦遁回内地。是日，一贵等破台湾府，掠仓库，复开红毛楼，即荷兰人所筑之赤嵌城也。郑氏以贮火药军器，四十年来，莫有启者，一贵等疑为金银库，故发之，得大小炮位，刀、枪、硝、磺、铜、铁、铅弹无算。北路赖池、张岳等亦于同日破诸罗，戕参将罗万仓。初，一贵欲起事，有僧异服怪饰，周游街巷，诡称天帝使告台民，四月杪当有大难，难至，如门设香案，以黄旗书“帝令”二字，插于香案，可免。及一贵至，家如僧言，官兵见者，以为民心已附，多败走，凡七日而全台皆落党人手。一贵自称中兴王，建元永和，布告中外曰：

在昔胡元猾夏，窃号神州，秽德彰闻，毒痛四海。我太祖高皇帝提剑而起，群士影从，以恢复区宇，日月重光，传之万世。闯贼不道，弄兵潢池，震动京师，帝后殉国，地拆天崩，椎心泣血。东南忠义，再造邦基，秣马厉兵，方谋讨贼。何图建虏乘隙而入，借言仗义，肆其穷凶，窃据我都邑，奴僇我人民，颠覆我邦家，殄灭我制度，长蛇封豕，搏噬无遗，遂使神明胄子，降为舆台，锦绣河山，沦于左衽。乌乎痛哉！

延平郡王精忠大义,应运而生,开府思明,经略闽粤,旌旗所指,喋血关河,使彼建虏,疲于奔命。则有熊罴之士,不二心之臣,戮力同仇,效命宗国。南京之役,大勋未集,移师东下,用启台湾,率我先民,以造新邑,遥奉正朔,永戴本朝,蓄锐养精,俟时而动。虽张坚之王扶余,田横之居海岛,史策所载,犹未若斯之烈也。天未厌祸,大星遽殒,兴王之气,猝尔销沉。然东都片壤,犹足以抗衡海上焉。嗣王冲幼,辅政非人,大厦将倾,一木难柱,以故权奸窃柄,偷事宴安,叛将称戈,甘为罪首,沧海横流,载胥及溺,茫茫九州,无复我子孙托足之所矣!哀哉!夫盛衰者时也,强弱者势也,成败者人也,兴亡者天也。古人有言,炎炎之火,可焚昆冈,是以夏后一成,能复故国,楚人三户,足以亡秦;况以中国之大,人民之众,忠臣义士之眷怀本朝,而谓不足以诛建虏者乎?不佞世受国恩,痛心异族,窜逃荒谷,莫敢自遑,伫苦停辛,垂四十载。今天启其衷,人思其旧,揆时度势,否极泰来,爰举义旗,为天下倡。群贤霞蔚,多士云兴,一鼓功成,克有全土,此则列圣在天之灵,实式以凭,而中兴之运,可操左券也。夫台湾虽小,固延平郡王肇造之土也,绝长补短,犹方千里;重以山河之固,风涛之险,物产之饶,甲兵之足,进则可以克敌,退则可以自存,博我皇道,宏我汉京,此其时矣。唯是新邦初建,庶事待兴,引企英豪,同襄治理。然后奖帅三军,横渡大海,会师北伐,饮马长城,捣彼虏廷,歼其丑类,使胡元之辙,复见于今,斯为快尔!所望江东耆艾,河朔健儿,岭表孤忠,中原旧曲,各整义师,以匡诸夏,则齐桓攘夷之业,晋文勤王之劳,赫赫宗盟,于今为烈。其或甘心事敌,以抗颜行,斧钺之诛,罪在不赦。夫非常之原,黎民所惧,救国之志,人有同心,敢布区区,咸知大义,二三君子,尚克图之。

于是大封群臣,以王玉全为国师,王君彩、洪陈为太师,公侯大将军总兵以千计。优伶冠服,炫煌于道,民间为之谣曰:“头戴明朝冠,身穿清朝衣,五月称永和,六月还康熙。”盖人心知一贵仓促举兵,必不可久也。

（二）征台之议与朱党内讧

先是，刘得紫被擒，一贵素重其名，不杀，且听其收瘗死难诸将之尸，而禁之学宫。七日不食，诸生林皋、刘化鲤为言一贵可灭状，始受食，谋恢复。时逃官难民，皆至澎湖，澎湖协副将，仓皇不知所措，亦尽室登舟，将渡厦门。百姓妇女争舟杂沓，声震海岸。守备林亮历声曰："朝廷以海外封疆付我等，正为缓急倚赖，非徒升平食禄已也。今锋刃未血，而相率委去，他日骈首市曹，岂能免乎？丈夫不死则已，死则死忠义耳。请整兵配船，守御要害，俟贼至，决一死战。战不捷，走未迟也！"因驰赴海滨，拔刀驱官民家属登岸，众心始固。是时，水师提督施世骠在厦门，闻警，即调兵渡海。总督觉罗满保疾驰至厦门，世骠已先二日率师出港矣。初，厦门居民闻台湾猝变，疑且长驱澎、厦，而漳、泉山僻无赖，嚣然有揭竿啸聚之谋。居郡邑者，携眷遁深山；居乡村者，入郡邑。又闻各路征兵，恐所至骚扰，米价腾贵，市里惊惶。及满保至，从容镇静，民乃晏然。召丁壮游手隶军中，伏莽略尽，所征兵多从海船赴厦，陆行至者，亦处之舟中，禁兵上岸。复檄运浙粤之米数万石，而米价顿平。方是时，台湾朱党内讧，其势渐衰。先是，杜君英入台湾，欲立其子杜会三为王，众不服，君英故恚甚，每事骄蹇，掠妇女闭营中。一贵出禁淫掠，违者杀之。君英所掠女，有吴外戚属者，外请释之，不听，怒欲相攻。一贵遣人问之，反为所缚，一贵怒，密使李勇等围攻君英，败之；君英率数万至猫儿墟，剽掠村社。而淡水营守备陈策，团练义勇，固守要害；诸罗民陈徽等，亦起兵攻复县治，旋复陷。陈策遣人赴澎、厦请兵，满保施世骠先后发兵千七百赴援。六月，满保调南澳镇总兵蓝廷珍至厦，使总统渡台水陆兵八千，余船四百艘，出港。七日，会施世骠于澎湖，共兵万二千余人，大小船六百余艘，一切军需，皆满保自厦整备。适世骠获间谍吴良等十二人，搜获伪札百道。良故把总，降一贵为谋取澎湖者也，穷讯之，尽知台湾内乱状。清军士气骤奋。满保议三路进攻，廷珍与世骠言："南风已盛，南路不可泊舟，北路去府百余里，饷运艰难；度敌必屯聚中路，宜直捣鹿耳门。"而廷珍复言于世骠曰："群盗皆穿窬乌合，畏死胁从，一攻即靡。其众至三十万，不可胜诛，且多杀无益，止歼巨魁数人可也。余令自新，勿有所问，则人人有生之乐，无死之心，可不血刃平也。"世骠然之。因戒将士无妄杀,降者纵之,门帜书"大清良民"者,即以良民待之。至是征台之议始定,距一贵起事破府城已四十余日矣。

(三) 台湾之平定

六月十日,世骠等发澎湖,以守备林亮,千总董芳为前锋,并率善水者十余,驾小舟于鹿耳门,表识沙路,并载旌帜伏南北港。时一贵将苏天威以大炮扼险迎拒,林亮、董方以六舟冒死直进;遥望炮台,火药积累,专以炮注攻,中之,轰发如雷,死者无算。清军齐集两港,遂扬帆直渡鲲身。鲲身者,海沙也,胶浅不能行大舟。是日,海潮忽涨,清舰皆薄岸,天威遁保安平镇,列兵迎敌。林亮、董方复先登陷阵,廷珍率人队继之,大威败走。清兵入安平,日犹未晡。是夕,施世骠亦乘潮至鹿耳门,次日抵镇。一贵遣兵八千来击,清兵迎战于四鲲身,而别遣小舟沿岸夹击,逐北至七鲲身濑口,复以火舟烧其战舰。十六日,一贵复遣李勇、吴外等将数万众来攻,驾牛车列盾为阵,冒炮火死突。廷珍亲督战于二鲲身,而林亮等别以小舟附岸夹攻,斩溺无数,敌始退保台湾,不敢再出,惟沿岸列炮,昼夜固守。世骠因如廷珍议下令军中,戒勿妄杀。于是远近胁从,望风瓦解。有西港仔民某,载家属为质,愿引清兵从西港登岸,径攻台湾。世骠即密遣林亮、董芳等以千二百兵往。次日,廷珍闻之,急白世骠曰:"闻贼多在萧垄、麻豆间,西港仔乃其治下,且距府不远,呼召立应。又多竹林,可埋伏,彼若以数千人分布要害,四面掩击,亮等一军危矣!"世骠曰:"奈何?"廷珍曰:"请急以大队进,而别遣将分攻各港牵制之,使不得兼顾。"廷珍因率舟师五千五百,夜指西港仔,黎明登岸。令诸舟悉回安平,示军士必死;而林亮等方与敌鏖战。廷珍分兵八队,设伏而进,前锋遇敌,左右奇兵绕后夹攻,伏兵突出竹林,朱军大败。廷珍料其夜必来劫营,初更撤帐卷旗,露刃伏芒蔗间,敌至,不见一人,大惊,伏起冲击,复大败之。至是,朱军不复有斗志。十九日,廷珍督师直捣府城,一贵率众数万遁;而施世骠亦分败西南两角之敌,同日抵城。自鹿耳门至是,凡七日。复分遣大兵剿抚南北二路,而刘得紫亦乘间来归,募丁壮为乡导。陈策率援淡之兵,南下诸罗,与大军合。北路朱军溃散略尽,一贵走沟尾庄为村民杨石、杨旭、杨雄等擒献。王玉全、翁飞虎、张阿山随之。旭缚一贵解赴世骠营,廷珍会讯,叱之跪,一贵岸然立。廷珍骂曰:“朝廷深仁厚泽,待汝不薄,汝何反?”一贵曰:“孤为大明臣子,兴师光复,何言反?汝等堂堂汉人,甘心事虏,乃真反尔!”廷珍怒,命捶其足,至不能立,乃伏地而号,顾飞虎曰:“大丈夫死忠义耳,事之不成,天也,卿其无怼!”对曰:“君有所命,敢不勉从!”于是槛送厦门,满保命解赴北京。而吴外、李勇、陈正达等亦次被擒。惟杜君英、杜会三、陈福寿、江国论等尚未获,廷珍购得一二,皆善待之,使转招其党。旬日,先后出降。与吴、李等皆槛送京师,磔死,黄殿亦被诛,台湾遂平。而世骠亦因风灾惊悸,卒于军。其后尚有布散流言,啸聚岩谷,复谋作乱者,屡经扑灭,兼岁始殄。然皆乌合,无足述者,至乾隆时林爽文之乱,台湾始再动兵事云。

第四篇　清初中国社会之组织

第十九章　政治社会之组织(一)

七十六　中央政府之组织

(一) 政权之所在及中央官制述略

清朝定鼎之初,一切职官,悉仿明制,其间略有损益,盖以满汉二族不同之故,遂稍稍有所变通,俾便于统治耳。顺治十五年,裁内三院之秘书、弘文、国史名色,而设殿阁大学士。康熙即位,以内三院为太宗时之旧制,诏复之,罢内阁翰林院。六年,复改内三院为内阁,设翰林院。玄烨虽欲保存先人之制,然边塞旧规,究非所宜,故旋改而复罢也。内阁大学士之职,在赞理机务,表率百僚,犹古之宰相。其数满汉各二员,协办大学士,满汉各一员,为政令所自出,然满大学士以品级较崇之故,实权多归之。又崇德旧制每旗设议政王大臣三员,皆以满臣充之(汉人充议政大臣者,为数极少,仅范文程、宁完我等均以汉军旗员位至大吏,而授议政),凡军国重务,不由阁臣票拟者,皆交议政大臣会议具奏。故清初之政令,虽号称出自内阁,而实权则仍在满洲大臣也。康熙九年,复顺治十五年满汉官员品级划一之例,于是大学士渐为文臣之极品。然玄烨设立南书房于乾清门右阶下,拣择词臣才品兼优者充之,令其拟进谕旨。是时南书房最为亲切地,如唐翰林之掌内制;故内阁之权不免稍分焉。及雍正之时,因西方用兵,而立军机处,选大学士及尚书侍郎为军机大臣,使参机密重务;而内阁随失其实权。其不入军机处者,除照例之票拟外,几与闲散冗员等。惟大学士品益尊,与三公并列矣。至满洲大学士尚书向例俱兼议政虚衔,自此亦有名无实。乾隆五十六年遂谕不必兼充空衔,而议政之名遂废。

军机处本内阁之分局,清初承明旧制,机务出纳,悉关内阁,其军事付议政王大臣议奏。雍正年间,以内阁在太和门外,儤直者多,虑泄漏事机,始设军需房于隆宗门内,选内阁中书之谨密者入直缮写,后名军机处,地近宫廷,便于宣召,为军机大臣者,皆亲近重臣,于是承旨出政,皆在于此矣。直庐初仅板屋数间,乾隆时命改建瓦屋,然拟旨犹军机大臣之事,张廷玉始荐汪由敦以代劳。傅恒领揆席,满司员欲借以为见才营进地,始稍假之,其始不过短幅片纸,后则无一非司员所拟矣。由敦见满司员如此,而汉文犹必自己出,嫌于揽持,乃亦听司员代拟,相沿日久,遂为军机章京之专职。而员数且数倍于昔,不必皆内阁之人,凡部院之能事者,皆得进焉。大臣之特简者无定员,后复有大臣上行走及大臣上学习行走,章京则满汉各十六人,分为二班,每班各以一人领班,曰"达拉密"。其额外汉章京无定员。此制至清末未变,虽皆兼差,而有实权,犹唐之中书枢密,咸丰谕旨谓丝纶重地,殆属政权所寄欤！其与内阁同为中央政府,而分司行政者,曰吏、户、礼、兵、刑、工六部。部设尚书,左右侍郎,其属有郎中、员外、主事等官,概偶数,以满汉人分任之。其余号言路司纠参者,曰都察院;储人材备顾问者,曰翰林院,以入直上书房,南书房为最荣。詹事府本东宫官,至定制不立太子,徒以为翰林扬历之阶而已。司裁判者,曰大理寺,与刑部、都察院,称三法司。掌外藩者,曰理藩院,皆满员,无汉官。主教育者曰国子监,祭酒、司业为之长,均以翰詹官升用。而通政司则专司章奏。此中央文官之大略也。然帝室私掌,不关民政者,有宗人府、内务府、太常寺、光禄寺、太仆寺、鸿胪寺、銮仪卫等官,今先列总表,而后分述其组织于下:

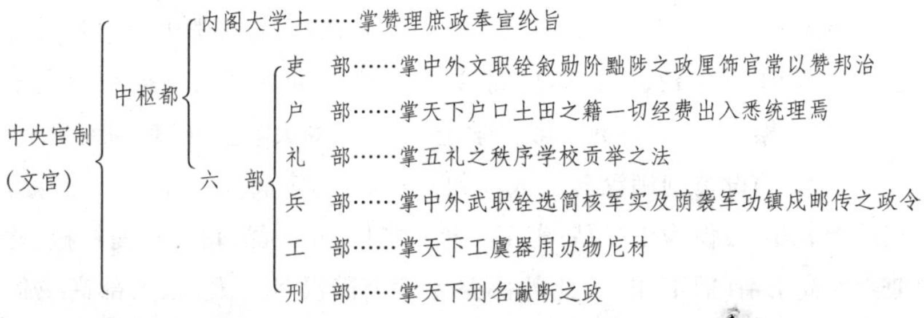

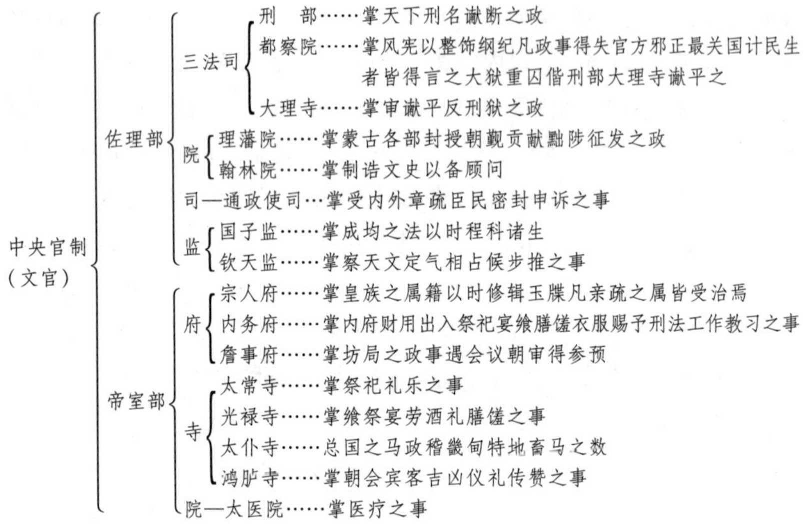

（二）行政中枢之组织

独裁政体下之内阁，所以襄赞君主平允庶政者也。明自洪武罢丞相不设，析中书省之政归六部，而殿阁大学士，只备顾问，其威柄完全操于皇帝一人之手。迨仁宣之世，大学士以太子经师恩，累加至三孤，威望益重。而宣宗内柄无大小，悉下大学士杨士奇等参可否，自是内阁权始重，吏兵之长，莫能与竞矣。世宗中叶，夏、严当国，遂赫为真宰相，以压制六卿；故内阁为政权所在地。清建国辽左，设立内三院，其职权与内阁略同。世祖入关，一切仿明制，而内阁因为全国行政之总机关。然分司职掌，则仍在于六部，故内阁与六部，实为行政部之中枢。今分述之如下：

甲　内阁

内阁大学士以殿阁之名冠之。殿阁之名凡六，故大学士曰中和殿大学士（乾隆十三年裁，增设体仁阁，以配三殿三阁之名），曰保和殿大学士，曰文华殿大学士，曰武英殿大学士，曰文渊阁大学士，曰东阁大学士，其名虽六，而设员则满汉各二人，不必备也。初定满人一品，汉人二品。顺治十五年，改俱为正二品；雍正八年，俱升为正一品，均由特简补授，并兼六部尚书衔（后不兼）。此外协办大学士满汉各一人，以六部尚书简充；雍正始置，佐大学士厘阁务。学士满六人，汉四人，兼礼部侍郎衔。初定满人二品，汉人三品，顺治十五年，俱改正五品，寻改正三品；雍正八年，升为从二品。所以敷奏本章，传重纶綍也。其下复有侍读学士，满四人，蒙二人，汉二人；共八人。侍读满十人，蒙古、汉军、汉人各二，共十六人。典籍满、汉、汉军各二人；共六人。中书满七十人，蒙十六人，汉军八人，汉人三十；共百二十四人。贴写中书满四十人，蒙六人；共四十六人。中书舍人满二人，汉四人；共六人。内阁承办本章有五所：(一)满本房，司缮写。(二)汉本房，司翻译。(三)蒙古本房，司翻译外藩属国文字。(四)满票签处。(五)汉票签处；司缮写票签，记载谕旨撰文之事。俱以侍读学士、侍读，司其事。中书分任之。批发红本，曰红本房，以内阁翰林等官，司其事。

乙　六部

六部，即吏、户、礼、兵、刑、工是也。部设尚书，满汉各一人。初定满洲一品，汉人二品，顺治十六年，改俱为二品。康熙六年，复改满洲为一品，九年，定俱为正二品。雍正八年，升为从一品。左右侍郎满汉各一人(初定满洲、汉军二品，汉人三品。顺治十六年，改俱为三品。康熙六年，复改满洲为二品；九年，定俱为正三品。雍正八年，升为从二品。乾隆十四年，复升为正二品)。初制，吏、礼二部汉右侍郎，兼翰林院学士衔，其非翰林出身者，不兼；寻罢兼衔。又各部院初设有启心郎，顺治十五年始裁。各部各设清吏司，吏部四，户部十四，礼部四，兵部四，刑部十八，工部四，有郎中、员外郎、主事等官，兹表之如下：

六部分司表

部别	清吏司	官名人数(品级附)									职　掌
		郎中(正五)			员外郎(从五)			主事(正六)			
		满	汉	蒙	满	汉	蒙	满	汉	蒙	
吏部	文选	三	一	一	二	二		一	二		官吏班秩平均选法
	考功	三	一								论劾考察旌别功过
	稽勋	一	一		二	一		一	一		更名改籍终养服制兼稽在京文员俸廪
	验封	一	一		二	一		一	一	一	封赠袭荫土司嗣职

续 表

部别	清吏司	官名人数（品级附）									职 掌
		郎中（正五）			员外郎（从五）			主事（正六）			
		满	汉	蒙	满	汉	蒙	满	汉	蒙	
户部	山 东	二	一		三	一		一	一		掌稽山东布政使司及盛京民赋兼西殷长芦等处盐课请引疏销
	山 西	一	一		一	一	一	一	一		山西民赋收支奏册兼核游牧察哈尔地亩
	河 南	一	一		二	一		一	一		河南民赋收支奏册兼核游牧察哈尔及围场捕盗官兵俸饷
	江 南	一	一		二	一		一	一		稽江苏安徽民赋兼核苏宁织造支销奏册
	江 西	一	一		二	一		一	一		稽江西布政使司民赋收支奏册
	福 建	二	一		五	一		一	一	一	稽直隶福建二布政使司民赋兼核直属内府庄田及游牧察哈尔地亩
	浙 江	一	一		二	一		一	一		浙江民赋收支奏册兼核杭州织造支销奏册
	湖 广	二	一		二	一		一	一		湖北湖南布政使司民赋收支奏册
	陕 西	一	一	一	三	一		一	一		稽西安甘肃二布政使司民赋兼核在京汉官俸廉及巡捕营俸饷各衙门经费
	四 川	一	一		二	一		一	一		四川民赋兼核本省关税及在京人官户口
	广 东	一	一		三	一		一	一		稽广东民赋兼核八旗继嗣归宗更正户口
	广 西	一	一		四	一		一	一		广西民赋兼核京省钱局运铜鼓铸及内仓支放供应刍豆
	云 南	二	一		三	一		一	一		云南民赋兼核山东河南江南江西浙江湖广等省岁运漕稭京通仓储
	贵 州	一	一		三	一		一	一		贵州民赋兼核各关口税课

续　表

部别	清吏司	官名人数(品级附)									职　掌
		郎中(正五)			员外郎(从五)			主事(正六)			
		满	汉	蒙	满	汉	蒙	满	汉	蒙	
礼部	仪　制	二	一		三	一		一	一		嘉礼
	祠　祭	二	一		三	一	一	一	一		吉礼凶礼
	主　客	一	一	一	二			一	一		宾礼
	精　膳	一	一		二			一	一	一	五礼宴享之宜
兵部	武　选	三	一	一	四	四		一	一		武职铨选封荫及预保注册推升降调告病丁忧终养诸事
	车　驾	三	一		二		一	一	一		驿传邮符中外马政
	职　方	四	二		三	一	一	一	二	一	天下舆籍
	武　库	二	一		二		一	一	一		兵籍戎器乡会武科之事
刑部	直　隶	一	一		一	二	一	一	一	一	直隶及八旗游牧察哈尔左翼所属刑名
	奉　天		一	一	一	一		一	一		东省所属刑名及宗人府理藩院文移关白之事
	江　苏	一	一		二	一		一	一		江苏所属刑名
	安　徽	一	一		一	一		一	一		安徽所属刑名兼镶红旗文移关白之事
	江　西	一	一		一	一		一	一		江西所属刑名兼正黄旗文移关白之事
	福　建	一	一		一	一		一	一		福建所属刑名兼户部户科镶蓝旗文移关白
	浙　江	一	一		一	二		一	一		浙江所属刑名及都察院刑科文移关白兼本部条奏汇题
	湖　广	一	二		二	一		一	一		湖北湖南所属刑名
	河　南	一	一		二	一		一	一		河南所属刑名兼礼部詹事府国子监太常等寺礼科正红旗文移关白并筹办热审

续 表

部别	清吏司	官名人数(品级附)									职 掌
		郎中(正五)			员外郎(从五)			主事(正六)			
		满	汉	蒙	满	汉	蒙	满	汉	蒙	
刑部	山 东	一	一		二	一		一	一		山东所属刑名兼兵部太仆寺兵科文移关白
	山 西	一	一		一	一			一	一	山西及八旗游牧察哈尔右翼所属刑名兼内阁翰林院内务府钦天监等文移关白之事
	陕 西	一	二		二	一		一	一		陕甘刑名兼大理寺文移关白并核稽囚粮出纳
	四 川	一	一		一	一		一	一		四川刑名兼工部工科文移关白之事秋审则序次直省之爰书而稽核之
	广 东	一	一		二	一		一	一		广东刑名兼銮仪卫正白旗文移关白之事
	广 西	一	一		一	一		一	一		广西刑名兼通政使司文移关白之事及以时散给囚衣并核朝审
	云 南	一	一		一	一		一	一		云南刑名兼太医院镶黄旗文移关白之事
	贵 州	一	一		一	一		一	一		贵州刑名兼吏部吏科正蓝旗文移关白之事
	督 捕	一	一		一			一	一		中外旗人逃亡之事
工部	营 缮	四	一	一	五	一		二	二	一	缮治坛庙官府城郭仓库廨宇营房
	虞 衡	四	一		四	一	一	三	二		掌山泽采办陶冶器用修造权衡武备
	都 水	五	一		五	一		四	二		水利河防桥道舟车券契量衡
	屯 田	四	一		五	一		三	二		修缮陵寝并屯种抽分夫役坟茔之事

六部分司而外,尚有堂主事一官,以满洲、汉军充之,其数满人三至五不等,而汉军则部各一人;掌文案及章奏之事。又各部均有司务厅司务满汉各一人,掌出纳文书,稽察胥吏。笔帖式满人三十四至百零五,汉军四至十六,蒙古二至八人不等。掌翻译清汉章奏文籍等事。而各部复有附属之局、所、库、仓等机关,分述如下:

【户部】〔宝泉局〕监督　(满汉各一于司官内拣任无专员掌铸造制钱收纳铜课)　大使(满五于笔帖式遴委分理匠役工料)

〔三库〕总理三库大臣(于大臣内简用无定员总稽库藏节制出纳雍正元年始置)　银库段疋库颜料库郎中(各一)　员外郎(各二)　司库(各二)　大使(各一)　(皆满员分掌银币物料解纳收支)　堂主事(满一)　笔帖式(满十五)　库使(满二十六)

〔仓场衙门〕总督仓场户部右侍郎(满汉各一总稽岁漕之入以均廪禄以储军饷)　坐粮厅(满汉各一于各部司官内拣任)　大通桥监督京通各仓监督(满汉各于各衙门属员内拣任)　内库监督(于司内拣任)

【礼部】〔铸印局〕员外郎(汉一)　主事(笔帖式署满一)　大使(汉一掌铸造金玺及内外官之印信)

〔四译馆〕提督会同四译馆礼部郎中兼鸿胪寺少卿衔(一人掌接待诸藩朝贡使人)　大使(汉一)　序班(汉二)　朝鲜通事(十二人)

〔乐部〕典乐大臣(无定员以本部尚书及部院堂官知乐者充之兼掌五音六律以治乐政)　神乐署署正(一人)　署丞(二人)　协律郎(五人)　司乐(二十三人)　乐生(一百八十人)　舞生(三百人)　和声署署正(满汉各一)　署丞(满汉各一)　供奉供用(无定员)〔案初制有教坊司奉銮左右韶舞左右司乐协同俳长雍正七年改为署而总理乐部事务大臣至乾隆七年始置〕

【刑部】〔律例馆〕总裁(无定员)　提调官(一人)　纂修官(四人)　收掌官(四人)　翻译官(四人)　誊录官(六人)

〔狱库〕提牢主事(满汉各一)　北所南所司狱(满人各二汉军汉人各一)　司库(满一)　库使(满二)

【工部】〔节慎库〕郎中(满一)　员外郎(满二)　司库(满二)　司使(满十二掌出纳金银)

〔制造库〕郎中(满二汉一)　司匠(满二)　司库(满二)　库使(满二十二掌攻治金革)

〔宝源局〕监督(满汉各一)　大使(满二)　各省钱局监铸官(十八掌鼓铸钱布)

〔琉璃窑〕监督(满汉各一掌大工陶冶)

〔料估所〕司员(满汉各三掌审曲面执以鸠百工)

〔木厂〕皇木厂监督(满一掌稽收运木)　木厂监督(掌储木材)　柴薪监督煤炭监督(掌采取薪炭)

〔街道厅〕御史(一人)　司员(一人掌平治道涂经理沟洫)

(三)佐理部之职官

中央官署,除内阁六部外,以都察院大理寺为最要,与刑部合称三法司,所以谳平刑狱者也。而都察院司纠劾,尤为专制时代之特色。盖言路职司,不仅为天子耳目,百官监督,亦所以达民隐,辨是非;调和专制之弊,代表百姓之旨,法至善也。其次则理藩、翰林二院,又其次则国子、钦天二监。至通政司虽名为重要,而实则具有其表而已。兹将各署之官秩,职掌,表之如下:

官名	员数		品秩	职掌	备注
	满	汉			
(一)都察院					
左都御史	一	一	从一	整饬纲纪谏言得失	
左副都御史	二	二	正三		
右都御史					外省督抚兼衔无专职
右副都御史					同前
掌印给事中	六	六	正五	稽察六部百司	分吏户礼兵刑工六科每科满汉各一人雍正元年始隶此
给事中	六	六	正五		同前

续　表

官　名	员　数		品　秩	职　掌	备　注
	满	汉			
掌印监察御史	一五	一五	从五乾隆时改	纠察内外百司之官邪分理各省之刑名兼稽京内各衙署库仓之事	分道十五曰京畿河南江南浙江山西山东陕西湖广江西福建四川广东广西云南贵州每道满汉各一人初满蒙御史自为定数不分道今照乾隆时所定
江南道监察御史	三	三	同　前		
山东道监察御史	二	二	同　前		
监察御史	八	八	同　前		分道八曰京畿河南浙江山西陕西湖广江西福建
经　历	一	一	正　六		
都　事	一	一	同　前		
笔帖式	三五	五	七八九品不等		由举人恩拔岁副贡生考取者七品由生员监生考取者八品由官学义学生考取者九品各部均同
六科笔帖式	八〇				
巡视京通各仓科道	七	七	御史或给事中		雍正五年设岁一更代
盐课御史				巡视盐务	长芦河东两淮各一
漕务科道			御史或给事中	巡视漕务	淮安济宁天津通州各一
东省科道	三		同	巡视东三省	盛京吉林黑龙江各一人三年更代
台湾科道	一	一	同	巡视台湾	汉御史兼提督台湾学政
五城科道	五	五	同	巡视中东南西北五城	每城各一人三年差满巡视地方厘剔奸弊以资弹压
兵马司正指挥	五		正　六	巡捕盗贼疏理街道及囚徒火禁之事	分五城曰中东南西北每城一人属五城科道
副指挥	五		正　七	画境分领	其下尚有吏目每城各一人

续 表

官名	员数		品秩	职掌	备注
	满	汉			
(二) 大理寺					
寺卿	一	一	正三	平反刑狱	会勘之案先经刑部审明送都察院参核既确送大理寺平允会稿具题凡有应议大政大狱与六部都察院通政使称九卿会议
少卿	一	一	正四		
寺丞	二	四	正六		左右寺丞满汉汉军各一人
评事	一	二	正七		左右各一人堂评事满一人其余尚有司务厅司务二人笔帖式六人
(三) 理藩院其属有六清吏司曰旗籍曰典属曰王会曰柔远曰理刑曰徕远					
尚书	一		从一	藩部之政控驭抚绥以固邦翰	不分满蒙补授
侍郎	三		正二		左右各一额外一以蒙古贝勒贝子之贤者任之
旗籍郎中	二	一	正五	掌漠南诸藩科尔沁等二十五部五十一旗之封爵会盟	(注意)左列员数在汉人格内填者俱系蒙古人下同因理藩院中无汉人执事故也
员外郎	三	二	从五		
主事	一		正六		
王会郎中	一	二	正五	掌科尔沁等部朝贡禄赐之事	其下有主事二人
典属郎中	一	一	正五	外蒙诸部封爵会盟及喇嘛承袭之事	其下有员外郎满五蒙四人主事满蒙各一人
柔远郎中	一		正五	掌喀尔喀等部及喇嘛番僧朝贡禄赐之事	其下有员外郎满蒙各三人主事蒙一人
理刑郎中	一	一	正五	蒙古及番部刑罚之事	其下有员外郎满二蒙三人主事满一人

续　表

官　　名	员　数		品　秩	职　　掌	备　　注
	满	汉			
徕远郎中	一		正　五	回部及四川土司之政令	其下有员外郎满三蒙二人主事满蒙各一人
堂主事	二	三			
校正汉文官				校缮章疏	共二人于内阁翰林院侍读学士侍读等官内奏委
银库郎中	一		本院司官奏委	帑金出纳	其下有员外郎一人司库满一笔帖式满二库使满二人
蒙古翻译房员外郎	一		司官内简委	翻译章奏文书	其下有主事一人
唐古忒学司业	一		六	教习唐古忒字译西藏章疏文移	其下助教一人笔帖式蒙四人
稽察内馆外馆监督	二		由科道及各司官选	致馆于宾缮完涤除以待行李	
游牧处员外郎		一六		治游牧察哈尔狱讼之事	
管理驿站官	五		从　六	蒙古各处邮驿之政令	张家口喜峰口独石口杀虎口古北口各一
围场总管	一		三　乾隆时升	木兰围场事	其下有左右翼掌各一人章京八骁骑八人
（四）翰林院初隶内三院顺治元年设康熙时仍并入内三院十五年复设					
掌院学士	一	一	从　二	制诰文史以备顾问	兼礼部侍郎衔修辑诸书充总裁官
侍读学士	三	三	从　四		凡南书房侍直尚书房教读自读讲下皆得预选
侍讲学士	三	三	从　四		
侍　读	三	三	从　五		
侍　讲	三	三	从　五		
修　撰			从　六	撰述编辑儤直经幄	无定员由一甲状元授职
编　修			正　七	同前	二甲授职无定员

续 表

官名	员数		品秩	职掌	备注
	满	汉			
检讨			从七	同前	三甲授职无定员
教习大臣	一	一			
庶吉士				不任事	由新进士引见改授入馆肄业三年散馆御试引见后留馆授职余以主事知县用
典簿	一	一	从八	出纳文移	其下尚有待诏孔目满汉各一人笔帖式满四十汉军四人
经筵讲官	八	八	以大臣兼充	进读讲章敷陈典训	
日讲起居注官	八	一二	翰詹官充之		不专设
(五)国子监					
祭酒	一	一	从四	成均之法	
司业	一	二	正六		
监丞	一	一	正七	督教课纠勤惰均廪饩	
博士	一	一	从七	阐明经说以助启迪	
典簿	一	一	从八	簿书	
助教	一六	六		教俊选之士	分六堂曰率性修道诚心正义崇志广业堂各一人八旗官学满十六蒙八人又算法馆一人俄罗斯学一人俱于官学六堂助教内遴选兼充
学正学录		六			六堂各一人学正四学录二
(六)钦天监员数内注“西”者即西洋人注“蒙”者即蒙古人					
监正	一	西一	正五	察天文定气朔占候推步之事	
监副	一	一	正六		

续 表

官名	员数		品秩	职掌	备注
	满	汉			
左右监副		西二	正六		
时宪科五官正	二	蒙二	从六	推天行之度验岁差均节气	
五官正		五	从六		分春夏中秋冬五官正外有秋官正汉军一人其下有司书博士等官
天文科五官灵台郎	二	五	从七	观天象之垂书云物	外蒙古一人
五官监候		一	正九		其下有博士满三汉二人
漏刻科五官挈壶正	一	二	从八	调壶漏测中星	外蒙古一人
五官司晨		一	从九		其外有博士六人及食俸食粮天文生食粮阴阳生等
主簿	一	一	正八	章奏文移簿籍	其下有笔帖式掌翻译
（七）通政使司					
通政使	一	一	正三	受内外章奏	制昉于宋明因而更加详备然其规太密其权太重嘉靖时严嵩与赵文华相结擅权政府大坏清鉴明弊凡臣工封事许其自达或径送内阁在外邮递至司亦仅负移送于内阁之责非若明时执奏之专封驳之重也
副使	一	一	正四		
参议	一	一	正五		
经历	一	一	正七	出纳文移	
知事	一	一	正七		其下有笔帖式满六汉二人
登闻鼓厅笔帖式	一	一	不等		旧例派给事中或御史更替管理康熙六十一年始归并

（四）帝室之官属

帝室官属之职掌，要不外为一家一族之便宜而设，于国家行政上，本无若何关系，故无容细述。然以其为帝国组织之一部，亦须汇略及之，以见君主时代之政典大较焉。清自福临入关，鉴于明代太监之弊，设立内务府,以总承其事。既而惑于吴良辅之言,设立十三衙门,致成弊政。至康熙时,始以遗诏罢除,仍立内务府;故内务府为职掌帝室事件之最大机关。司其事者,亦为大臣简摄。而皇族之属籍,则属之宗人府,盖沿明制而定者也。至詹事府,本太子之官,故亦附属于此。然修书典试,与翰林同职;会议朝审,偕九卿参预;是又与宗人、内务二府不同也。其余太常、光禄、太仆、鸿胪诸寺,或司祭享,或掌马政,则纯属于皇帝之私役耳。兹分别表述之如下:

一　宗人府

宗令一　左右宗正二　左右宗人二(并以宗室王公为之)　府丞一(汉人)正三(校理汉文册籍)　左右司理事官二三正五(宗室)　副理事官二从五(分掌左右翼觉罗之籍)　经历二正六(出纳文书)　堂主事二三宗汉正六(奏疏稿案)

二　内务府

总管大臣(无定员　正二〔乾隆十四年定〕于满州文武大臣或王公内简任)　所属有七司三院等

甲　七司

1. 广储司(掌管理银段衣茶皮瓷器六库)　总管六库郎中二　部员兼管六库郎中二　郎中四　员外郎十二　兼库员外郎六　主事二　司库二十四　笔帖式二十六　(宁寿宫)郎中二　员外郎二　主事二　管领二　(江宁府苏州府杭州府)织造监督各一　司库各一　库使各二

2. 会计司(掌管庄田收支等事)　郎中二　员外郎六　主事二　笔帖式二十六　催长五　内管领掌关防一　协理关防事务二　内管领三十　副内管领三十　(管理三旗纳银庄)郎中一　员外郎六

3. 掌仪司(掌内府祭祀筵宴礼仪乐舞之事)　郎中二　员外郎八　主事二　笔帖式二十一　司俎官五　赞礼郎十七　(御茶膳房)总管大臣(无定员)　尚膳茶正头等侍卫二　二等三　尚膳茶副三等侍卫三　尚膳茶三等侍卫四三　主事二　笔帖式十二　(中正殿)员外郎二　笔帖式四　(雍和宫)郎中一　员外郎一　(咸安宫官学)管理事务大臣一　协理事务大臣一　满汉总裁二四　郎中二　员外郎二　笔帖式一　教习满汉十三九　(蒙古学)总裁二

司官二 教习二 (景山宫官学)司官五 教习满九汉十二 (御药房)司官二 内管领五 主事二 副内管领二 库掌四 笔帖式十二

4. 都虞司(掌府属武职升补及三旗禁旅训练调遣供应畋渔之禁令) 郎中二 员外郎五 主事二 笔帖式二十六 催长八 (内务府镶黄正黄正白三旗护军营)护军统领各一 护军参领各五 副参领各五 鸟枪护军校各二十 (圆明园内务府三旗护军营)夸兰大一 护军参领各一 副参领各一 护军校各三 笔帖式四 (热河行宫)总管二 苑副四 千总十一 副千总二十二 (养鹰鹞处) 管理事务三 协办二 头领五 (内养狗处)头目二 副头目二 (外养狗处)头目六 副头目六 笔帖式三

5. 慎刑司(掌府属刑名审谳定拟之事)郎中二 员外郎四 主事二 笔帖式二十

6. 营造司(掌缮修工作及薪炭陶冶之事) 郎中二 员外郎八 主事二 笔帖式二十六 (官房租库)值政总管内务府大臣一 郎中一 员外郎三 笔帖式七 掌库一 (御书处)管理大臣一 兼管郎中员外郎(无定员) 监造二 库掌九 笔帖式二 (武英殿修书处)管理大臣一 监造二 库掌十 笔帖式四 (养心殿造办处)郎中三 员外郎二 主事二 库掌六 司匠十三 笔帖式十五

7. 庆丰司(掌蕃息牛羊群牧供用考成之事) 郎中一 员外郎八 主事二 笔帖式十五 厩长十 厩副十九

乙 三院

1. 上驷院(掌御厩事务) 兼管事务大臣(无定员) 卿二 堂郎中一 主事三 左右司员外郎三 主事三 笔帖式二十二 上驷侍卫二十一 司鞍长三 厩长十七 牧长五 副牧长五 牧厩副四十五 蒙古医生头目三

2. 奉宸苑(掌苑囿事务) 兼管事务大臣(无定员) 卿二 郎中二 员外郎四 主事二 苑丞十三 笔帖式十五 (圆明园)管理事务大臣(无定员)郎中二 主事二 苑丞六 苑副十七 笔帖式九 掌库二 (长春园熙春园绮春园春熙院)管理事务员外郎一 苑丞三 苑副九 笔帖式四 (畅春园)管理事务郎中一 苑丞四 苑副二十二 笔帖式六

(清漪园静明园静宜园)员外郎各一　苑丞九　苑副十　笔帖式六　催长二　(织染局)员外郎(无定员)　司库一　笔帖式三　库使六　司匠二　领催二

3. 武备院(掌陈设御用武备修造器械及赏赐支放之事)兼管事务大臣(无定员)　卿二　郎中一　主事三　笔帖式二十八　(北鞍库)员外郎二　库掌二　(伞房)掌盖三　班领三　(账房处)　司幄三　(南鞍库)员外郎二　库掌二　熟皮作司匠一　(甲库)员外郎二　库掌二　镀作司匠三　(毡库)员外郎二　库掌二　司匠一　司弓三

附太监职制

总管太监有二衔:曰“宫殿监督领侍”,曰“宫殿监正侍”。副总管衔曰“宫殿监副侍”。首领太监亦有二衔:曰“执守侍”。曰“侍监”。其级不过八品,至四品,而太监概无品级。总管首领之品级,初定皆有正从,雍正八年,更定不分正从。乾隆七年,定官职,以四品为定,不得加至三品以上。钱粮俱按《现行则例》内额数,以银五钱,米半斛,为一等。银自每月八两至二两,凡十三等;米自每月八斛,至一斛半,凡十四等。人数:总管十四,副总管八,首领一百八十九,太监无定额,顺治年定制,不过千余人。其职掌:惟敬事房办理宫内一切事务,礼仪,及承行内务府文移,并收纳外库钱粮。其余则专掌随侍、守护、承应、洒扫、坐更等事之贱役而已。

三　詹事府

詹事满二汉一　皆正三　兼翰林院侍读学士衔　少詹事满二汉一　皆正四　兼侍讲学士衔　(左右春坊)　左右庶子满汉各一　正五　汉人兼侍读衔　左右中允满汉各一　正六　汉人兼编修衔　左右赞善满汉各一　从六　汉人兼检讨衔　(司经局)洗马满二汉二　兼修撰衔　主簿满汉各一

(按詹事府于顺治元年十一月省归内三院,九年复设詹事等官,而令内三院官兼之,专置满詹事一人掌府事。十五年,悉裁之。康熙十四年,复奉诏置定各官。后经三十七年、五十二年,及乾隆十三年,三次裁减,始成上制。)

四　太常寺

卿满汉各一　正三　少卿满汉各一　正四　寺丞满一汉三　正六　博士满一汉一汉军一　正七　赞礼郎

满二十二汉十四　六品正九　　读礼官满八六品　（余从略）

（按各官初隶礼部，顺治十六年，析归本寺。康熙二年，复以寺事属礼部。十年改归本寺。）

五　光禄寺

卿满汉各一从三　少卿满汉各一正五　（大官署）署正满汉各一从六　署丞满二从七（珍羞署　良酝署　掌醢署）设官与大官署同

（按光禄寺初隶礼部，顺治十五年，题准外解钱粮析归本寺。十八年，定寺事复归礼部。康熙十年，仍以精膳司所掌归之本寺。）

六　太仆寺

卿满汉各一从三　少卿满汉各一正四　左右司员外郎满蒙各一人　主事满蒙各一　主簿满一　笔帖式满八蒙八

七　鸿胪寺

卿满汉各一正四　少卿满汉各一从五　鸣赞满十四汉二　序班汉四　主簿满汉各一　笔帖式满四

（按鸿胪寺初隶礼部，顺治十六年，始分。十八年，复归礼部。康熙十年，复归本寺。雍正四年，仍隶礼部统辖。）

〔附言〕　以上官员品级，概从乾隆时之所定，中有与顺康雍三朝不同者，其升降俱详见清朝《通考》、《通典》，不复一一赘述。

七十七　地方制度（一）——行省

（一）地方行政之区分

行省之制，椎轮于元，当时名曰行中书省，明清因之，以为地方最高级之行政区，实为中国地方制度上之一大变局。三代之世，封建列国，秦一而郡县之，始完成中央集权之制。其后政区之划分，在汉曰州，在唐曰道，在宋曰路，已有疆域递广之趋向，而分级亦渐多矣。元仿魏晋尚书行台之意，改中国为十一行省，至是郡县又一变；而地方权力亦渐趋隆重。清仿元制，官职则略依明法，分行政区为四级：最大者曰省，道次之，府又次之，厅州县为最下。其官级：则县上有府，府上有道，道上有司，司上有督抚，凡五等。是为普通之行政区。此外若东三省、新疆、顺天府、蒙古、西藏、青海,及土司等,则为特别之行政区。盖与各省又不同也。兹撮其意,表之如下:

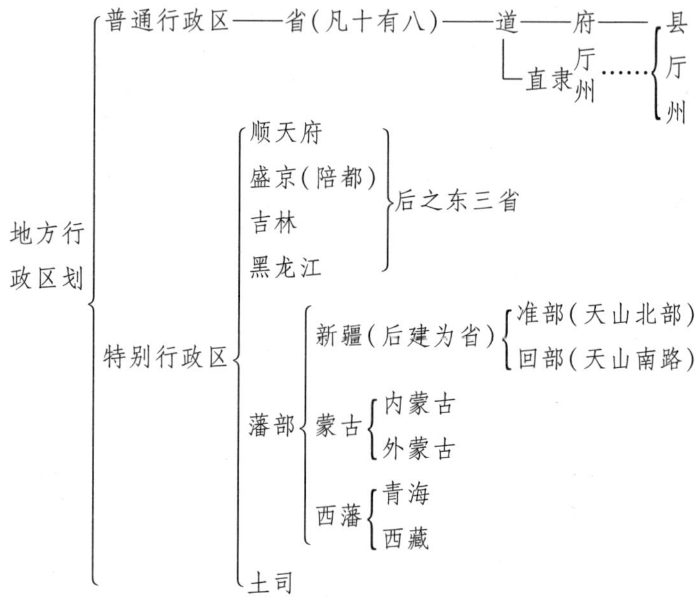

(二)省道府县之隶属关系

清既一统中国,北至蒙古,南及海陬,禹域藩邦,莫不率服。其区划除京师、盛京、吉、黑、藩部而外,为省一十有八,分置各府,以领诸县。州、厅则参列其间,或直隶如府,或分治如县。而道又合并数府,或以府及直隶州为区域,以成四级行政之制,其意盖如前表所示。兹复统计各省道、府、县等之隶属关系为一表,则不仅于舆地有所稽考,即制度建置,亦可借以了然矣。

清初省、道、府、县、州、厅隶属关系表(县、州、厅兼采清季者):

清初十八省,光绪时始改建台湾、新疆、盛京、吉林、黑龙江为行省。旋台湾弃于日本,故有二十二省云。

省	道	府 及所属州县数目 有( )者为州	直隶州及属县数	直隶厅	州	厅
直隶	霸昌道	顺天(三)十五				
	通永道	永平(一)五	遵化二		通蓟	
	清河道	保定(二)十五正定(一)十三	易二冀五深三赵五定二			
	热河道	承德(一)五朝阳				
	天津道	天津(一)六河间(一)十				
	大名道	大名(一)七顺德九广平(一)九				
	口北道	宣化(三)七				张家口 独石口 多伦诺尔
山东	济东泰武临道	济南(一)十五东昌(一)九泰安(一)六武定(一)九	临清三			
	兖沂曹道	兖州十沂州(一)六曹州(一)十	济宁三			
	登莱青道	登州(一)九莱州(二)五青州十一	胶州			
山西	冀宁道	太原(一)十泽州五汾州(一)七潞安七	辽二沁二平定二			
	河东道	平阳(一)十蒲州六	绛五霍二解四隰三			
	雁平道	大同(二)七朔平(一)四宁武四	忻二代三保德一			
	归绥道					归化 绥远 和林格尔 清水 萨拉齐 托克托
河南	开归陈许道	开封(二)十五归德(一)七陈州七	许四郑			
	河北道	彰德七卫辉七怀庆八				
	河陕汝道	河南十	陕三汝四			
	南汝光道	南阳(二)十二汝宁(一)八	光四			
江苏	江南盐道	江宁七				
	苏松粮道	苏州九				
	松太道	松江七	太仓四			
	常镇通道	镇江四常州八	通	海门		
	淮扬道	淮安六扬州(三)六				
	淮徐海道	徐州(一)七	海州			

续 表

省	道	府 及所属州县数目有( )者为州	直隶州及属县数	直隶厅	州	厅
安徽	安徽道	安庆六徽州六宁国六太平三池州六广德一				
	庐凤道	庐州(一)四凤阳(二)五颍州(一)五	滁二和一六安二泗三			
江西	江西粮道	南昌(一)七建昌五抚州六				
	江西盐道	瑞州三袁州四临江四				
	广饶九南道	广信七饶州七九江五南康四				
	吉南赣宁道	吉安九南安四赣州八	宁都			莲花 定南
浙江	杭嘉湖道	杭州(一)八嘉兴七湖州七				
	宁绍台道	宁波六绍兴八台州六		定海		
	金衢严道	衢州五金华八严州八				
	温处道	温州五处州十				玉环
福建	福建粮道	福州十福宁五				
	兴泉永道	兴化二泉州五	永春二			厦门
	汀漳龙道	汀州八漳州七	龙岩二			
	延建邵道	延平六建宁七邵武四				
	台湾道	台湾四				淡水澎湖
湖北	武汉黄德道	武昌(一)九汉阳(一)四 黄州(一)七德安(一)四				
	安襄郧荆道	襄阳(一)六安陆(二)五郧阳七	荆门			
	荆宜施道	荆州八宜昌(二)五施南六				
湖南	湖南盐道	长沙(一)十二宝庆四				
	岳常澧道	岳州四常德七	澧五	南州		
	衡永郴桂道	衡州七永州(一)七	郴五桂阳三			
	辰沅永靖道	辰州四沅州三永顺四	靖三	凤凰永绥乾晃		

续　表

省	道	府　及所属州县数目 有(　)者为州	直隶州 及属县数	直隶厅	州	厅
陕西	陕西粮道	凤翔(一)七西安(一)十五	邠三乾二鄜三			
	潼商道	同州(一)八	商四			潼关
	汉兴道	汉中(一)八兴安六				
	延榆绥道	榆林(一)四延安十	绥德三			
甘肃	甘肃驿传道	兰州(二)四				
	平庆道	平凉(二)二庆阳(一)四	固原　泾三			
	巩秦道	巩昌(一)八	秦五阶二			
	宁夏道	宁夏(一)四				
	西宁道	西宁三				
	凉庄道	甘州二凉州五				
	肃州道		肃一			
	安西道	镇西二	安西一迪化三			
四川	成绵道	成都(三)十三	绵四			
	松茂道	龙安四	茂三	松潘		理番
	建昌上南道	雅州(一)五宁远(一)三嘉定七	眉四邛九	打箭炉		
	川北道	保宁(一)七潼川八顺庆(二)八				
	川南永宁道	叙州十一	资四泸三	叙永		
	川东道	重庆(二)十二夔州六	忠三达三酉阳三	石砫		
广东	广东粮驿道	广州十四				
	南韶连道	韶州六南雄二	连四	连山		
	惠潮嘉道	潮州九惠州(二)九	嘉应四	佛冈		
	肇罗道	肇庆(一)十二	罗定一	赤溪		
	高廉道	高州(一)五廉州(一)二		阳江		
	雷琼道	雷州三琼州(四)十				

续 表

省	道	府　及所属州县数目有(　)者为州	直隶州及属县数	直隶厅	州	厅
广西	苍梧道	桂林(一)七 平乐(一)七 梧州五				
	右江道	柳州(一)十 庆远(二)三 思恩(一)三 泗城一(二)		百色		
	左江道	南宁(一)三 浔州四 太平(四)二 镇安(一)	郁林四	上思		
云南	云南驿盐道	云南(四)七	武定(二)			
	迤东道	曲靖(六)二 东川一 昭通(一)二 澂江(二)二 开化一 广南一	广西			
	迤西道	大理三(四) 楚雄(三)四 丽江(四)二 永昌(一)二	蒙化 永北			
	迤南道	普洱一 顺宁(一)二 临安(三)五	元江	景东 镇边 镇沅		
贵州	贵州粮驿道	贵阳(三)四 石阡一 平越(一)四		仁怀		
	贵西道	安顺(二)三 南笼　大定(三)二 遵义(一)四		普安		
	古州道	黎平三 都匀(二)三 镇远三 思州二 铜仁一 思南三				
府、县、州、厅之建置,亘顺、康、雍、乾四朝,常有更改;而尤以雍正初年之变动为最甚。至乾隆时,乃大定焉。其后虽亦有降府为州者,如广东之南雄,贵州之平越等,然为数甚少。上表系据乾隆时之区划,自与顺康时有不同处,惟与后世颇相合,其升降沿革,不能一一叙述也						

(三) 省之官制

省为最高级之行政区,清初凡十有八,已如前述。省有总督、巡抚(或仅有巡抚无总督,亦有仅有总督无巡抚)、布政、按察、提督学政、道员,为行政之官。布按二司,虽袭明制,而督抚则与明有别。明之督抚,因时而设,事毕复命,职亦消灭,清则为地方常设之长官;不过总督有管二省或三省之殊耳。凡此诸官,其组织权限,各有不同,须分别细述之:

甲、总督(正二品)　总督为地方最高级之官,其职权极为广漠。浑言之,所以综治军民,统辖文武,考核官吏,修饬封疆。分言之,其要有八:一曰奏折咨请之权(即关系地方重要事务,当奏请裁可,或咨请各部院商酌而行之权也)。二曰制定省例之权(即官民均当遵守之例章)。三曰升调黜免文武官吏之权(如文官道府以下,武员副将以下,皆由总督奏请升调黜免之政令)。四曰监督文武官吏之权(监督有定期行之者,有不定期行之者,定期监督,如文官每三年一次,即大计也。武官每五年一次,即军政也)。五曰节制绿营军队之权(因总督有军队总司令官之职权,若管下有事,立即移牒巡抚提督,命其出兵,或躬亲督战)。六曰上奏会计及监督藩库之权(布政每行前年会计决算,须申报总督覆核。或督抚新任时,必亲行检查,然后奏上)。七曰第四审之裁判权(凡流罪以上之案件,假以县署为第一审,即督抚审级,当居第四)。八曰外国交涉之权(关于外国交涉,重要事件,督抚当折冲之任,遇事体重大者,当上奏及咨报外部,不然,则独断专行之)。此外祭祀、典礼、旌表、赈恤、监督学务之职权,亦不为少。但此仅就其普通之职权而言之。若兼河道总督者,则有提防疏浚之职;兼理盐政者,则有整治盐务之职,此又总督之特别职权也。总督为单独处理政务之官,在官制上并无若何之辅助官,惟在实际上,则有书吏、幕友,及附属职员,以掌理诸务(附属员大凡有六:一曰中军副将,为总督卫兵司令官,掌中军营务。二曰武巡捕,掌保衙门秩序,及文武官员谒见时,当执傧之职。三曰戈什哈,当侍奉之职。四曰文巡捕,于总督行公务时,常侍左右,供其使令。五曰监印委员,管理印钤。六曰收呈委员,掌收受呈诉)。至于总督之设置,在顺、康、雍、乾四朝,各有不同。其裁并大概如下:

(顺治初设)直隶(一)　山东(一)　河南(一)　福建(一)　江西(一)　浙江(一)　陕西(一)　四川(一)　广西(一)　云南(一)

贵州(一) (后并云贵)

(康熙时裁并)三省 (直隶山东河南)(一)(不久即裁) 闽浙(一) 四川(一) 川湖(一) (后仍并川陕)

(雍正时并设)直隶(一) 两广(一)

(乾隆时)直隶(一)(兼巡抚) 两江(江西江南)(一) 闽浙(一) 两湖(一) 陕甘(一)(兼甘肃巡抚) 两广(一) 云贵(一) 四川(一)(兼巡抚事) 此外不以疆土而以职务特设者,有:

(一) 漕运总督(一人正二品加尚书衔从一品) 掌督理漕挽,以足国储,凡收粮起运,过淮抵通,皆以时稽核催儹而总其政令。其下有巡漕御史(淮安一人,济宁一人,天津一人,通州一人,掌稽察所巡之地以肃漕政,以科道简充,一年而代。顺治七年裁,以粮道分押。雍正七年,复分遣御史稽察,乾隆二年定此制)。督粮道(江南二人,山东、河南、江西、浙江、湖南、湖北各一人,掌监察兑粮,督押运艘。其他福建、陕西、广东、云南、贵州、甘肃,皆有粮道,然非总漕所辖)。管粮或押运同知通判(管粮同知山东、武定一人。江南、江宁、苏州、松江、凤阳各一人。浙江、湖州一人。通判山东:济南、兖州、东昌、泰安、曹州各一人。河南:归德、卫辉、怀庆各一人。江南、苏州、安庆、宁国、池州、太平、庐州、扬州、松江、镇江、徐州、淮安各一人。浙江:杭州、嘉兴各一人。江西:南昌、吉安、临江各一人。湖北:武昌、汉阳、黄州、安陆、德安、荆州各一人。湖南;长沙、衡州、岳州各一人。押运同知通判山东一人,河南一人,江南七人,浙江三人,江西二人,湖北一人,湖南一人。其名有管粮押运之别,而所司事则一也)。此外武职副将(一人),游击(一人),都司(二人),守备(三人),千总(四人),把总(十人),为漕标属官,掌催护粮艘。而领运守备(十四人),千总(百九十九人),则随营效力者也。

(二) 河道总督(正二品加尚书衔从一品) 江南一人,山东河南一人,直隶以总督兼管。南河总督掌黄淮会流入海,洪泽湖汕黄济运,南北运河泄水行漕,及瓜洲江工,支河湖港疏浚堤防之事。东河总督掌黄河南下,汶水分流,运河蓄泄,及支河湖港疏浚堤防之事

（顺治初只设总河一人，雍正二年南河设副总河一人，七年分设如此。初俱兼兵部尚书左都御史衔，乾隆四十八年，改给兵部侍郎右副都御史衔）。其下有江南河库道，江苏淮扬道，直隶永定道，专司河务；直隶清河道、霸昌道、通永道、天津道、大名道，江南淮徐海道，河南开归陈许道，河北道，皆以巡道兼司河务。其余管河各员，有同知（二十七人），通判（二十五人），州同（十人），州判（二十人），县丞（七十三人），主簿（六十九人），巡检（二十五人），吏目（二人），典史（四人），兼管河务知县（十八人）。各掌沿河堤堰坝闸岁修抢修及挑浚淤浅导引泉流，并江防海防各工程。闸官（四十三人）。掌司闸之启闭，以时蓄泄。此外河标武职，副将参游都守千把，略同绿营，惟职守有专属焉。其详具见《大清会典》、《皇朝三通》等书，不能尽引也。

乙、巡抚（从二品）　巡抚之职，与总督略同，除前述八项外，更有巡抚特具者，约言之有四：一曰监理关税（清税关监督，或特派京官，或为驻扎该地将军，或为巡抚兼理，无有一定）。二曰总管盐政（如两浙等是）。三曰监临乡试（每三岁行乡试于各省，巡抚即为监临官，有保持试场秩序之职）。四曰管理漕政（漕政，各省以粮储道司之，各府以管粮同知通判分治，征收兑运由州县官，而总成于巡抚）。其职务大略与总督平等，而权力则略小。至有兼总督者，则与总督等。巡抚在官制上，亦未有辅助吏，而实则有书吏、幕友、附属职员，与总督同，以掌理诸事务。武官有中军参将，以为护卫。顺治初设巡抚，顺天、天津、凤阳、南赣、登莱、延绥、宁夏等处各一，及操江巡抚，后并裁。至乾隆时，除直隶、四川、甘肃由总督兼管外，每省各一，共十五人。

丙、承宣布政使司　清初每承宣布政使司，设左右布政使（从二品）各一人，至康熙六年，各裁一人。其职权有七：一曰掌财政（凡州、县、厅所征收之地租，及其他一切租税，输之于府及直隶州，更自府及直隶州纳之布政使，清末时，始由州县直达）。二曰调查户口（每十年报告一次，呈由督抚上奏）。三曰宣布朝廷命令（朝命由内阁〔或军机处〕传之督抚,下之布政使,自布政达于府州县,使人民周知)。四曰监督及转免道府以下文官(任免之权属督抚,而实行调撤审查,则为布政使)。五曰干与一切政务(省内大政,督抚必与布政使参议决行,盖以其握民政之实权也)。六曰干与裁判事务(户婚田土之裁判,固布政使所掌;即其他案件及行秋审,布政使亦预席焉)。七曰管理乡试事务(布按两司,有充提调官之例)。其官属各省不同,库大使则俱有,经历,惟湖南无之。直隶、江宁、苏州、江西、浙江、湖南、陕西、云南各有理问一人,河南福建各有都事一人,山西、福建、浙江、湖北、甘肃、四川、广东各有照磨一人,安徽有仓大使一人,至于书吏,则与督抚同。

丁、提刑按察使司　木司长官,为按察使(正三品),所以司法律按劾之事也。各省皆有。所掌之事,大要有五;一曰掌省内刑名案件(如裁判上告之事件,监督下级之审判,审查督抚批发之案件,刑之审拟,死罪审判之主查)。二曰掌驿传之事(清初各省驿传事务,直隶省则以按察使兼管,其他诸省,则有使粮道盐道兼管之制。乾隆四十三年使各守巡道管理之,及所属府州县分掌之,而按察使则总辖其大体,故有统巡驿传之兼衔)。三曰大计之考察(按察与布政皆有监督省内官员之职,《通考》所谓"振扬风纪,澄清吏治"是也)。四曰乡考之监试。五曰参与一切之政务(与布政使同)。所属有经历、知事、照磨、司狱等(各省初无一定,如直隶、山东、山西、河南、江苏、江西、福建、浙江、湖北、陕西、四川、广东、广西、云南各有经历一人。江西知事一人。安徽、福建、浙江、湖南、甘肃、广东、贵州照磨各一人。司狱则各省皆有)。其他幕友书吏与布政同。

戊、提督学政　掌一省学校士习文风之政令,每省一人。初,直隶、江南差御史,余省专设提学道,后直隶、江南、浙江俱用翰林,余省以部郎及参议道知府为之,仍称学道。雍正四年,定各省学政,俱为学院;翰林部郎并差;其由部属差者,加以编修检讨衔。

己、道员　道员有特别职务之道员,有一般职务之道员。前者无守土之责,如督粮道、盐法道等。后者有守土之责,如分守道、分巡道二者。然实际上之分别，非必一定，多互兼管，如守巡道之兼兵备道，驻在开港地之各道，必兼海关道；是为通例。其他分守、分巡道之兼驿传、水利，及屯田、茶马之衔；或督粮道之兼守巡道衔，可知皆因地方情形而异其设置者也。兹先述有特别职务之道员，至于一般之道员，当于下目详述之。

1. 督粮道　承督抚之命，掌粮米运送之事。

2. 盐法道或盐茶道　关于盐务，有盐政监理。盐政之下，有都转盐运使，与盐法道，分领职权，管理盐务。或并盐法与茶道为一官，称盐茶道。专掌盐茶税务。

3. 河工道　又称河道，系分守、分巡兼职，多驻河川要地。或为河道总督之官属，或直辖于督抚，故不一致。

4. 驿传道　掌驿传事务，通常由守巡二道兼。

5. 海关道　受巡抚委任，监理海关，大抵由守巡兼职（清末叶始设，特附于此）。

6. 屯田道　掌开垦屯田之事，多设于偏僻地方，如甘肃、云南等处。

7. 茶马道　监督关于茶税及马政一切事务。惟甘肃有之。

8. 兵备道　亦守巡二道兼之。

庚、盐政之官　因地不同。盐政，长芦、两淮各一人。初制，河东一人，乾隆时裁，山西由巡抚兼管。都转盐运使司盐运使（从三品）长芦、河东、两淮、两广各一人。运同（从四品）长芦、山东、河东、两广各一人。运副（从五品）两浙一人。运判（从六品）长芦二人，山东两浙各一人，两淮三人。监掣同知（正五品）两淮南北各一人，盐课提举司提举（正五品）云南三人，盐课司大使（正八品）长芦十人，山东十人，两淮二十五人，两浙三十二人，陕甘各一人，四川九人，广东十三人，福建十八人，云南十一人。盐引批验所大使（正八品）长芦、山东、两淮各二人，两浙四人，两广福建各一人。库大使（正八品）长芦、山东、河东、两淮两广各一人。仓大使河东三人。经历（从七品）长芦、山东、河东、两淮、两浙、两广各一人。知事（从八品）长芦、河东、两淮、两广各一人。巡检(从九品)两淮二人。盐法道则已详于前,兹不赘述。

(四)道府州县之官制

道为一省第二级之行政区,府为第三级,直隶州厅则与府同。州厅县为第四级,其职官与人民最接近。兹分述如下:

甲、道之官制　清初有分守道、分巡道之分。分守专掌钱谷,分巡专掌刑名。守巡之名起于明朝,清初因之,设参政、参议为布政使之次官,分守各道,曰守道,每省无定员。粮储、屯田、清军、驿传、水利,各以其职为名。设副使、佥事为按察使之次官,分巡各道,口巡道,每省亦无定员。提学、兵备、清军、巡海、水利、屯田、驿传、盐法诸道,各以事设各省要地。后因时裁设,衔额无定,至乾隆时,始裁去参政、参议、副使、佥事之衔,定守巡道为正四品。其职务之区分,至清末而尽泯;盖钱谷刑名守巡并得掌之也。其普通职权,约言有二:一曰弹压地方。守巡道虽系文官,而有命令军队之权,若认为必要时,则移牒各地镇营,命其出兵,而亲行总率之。二曰监督管内事务。各道职司风宪,综核官吏,为督抚布教令,以率所属。故刑名事件,除府所理流罪以上,直达按察使外,其余案件,必申详于道。若直隶厅州之案件,则无论性质如何,皆必经道,然后达之按察使。是道对于下级官厅之审判,可谓为第二审之裁判所矣。

乙、府之官制　府置知府(从四品)一人,统辖管内一切职务,并指挥监督下级官厅事务,但与督抚司道不同,督抚司道,专在监督下级官厅,对于人民,无直接之关系,若知府,则系牧民官,亲任抚育教养之责。至于征收租税,裁判案件,水旱灾荒之赈恤,典礼旌表之举行,亦知府职内事也。府之辅助官,因地方情形不同,多寡亦异。最要者,有同知(正五品)、通判(正六品),同知皆有专职,如供给军粮,造船,水运,河海防御,镇抚蛮族等,种类极多,皆冠以职名。通判分职,略同同知。此外尚有经历(正八品),知事(正九品),照磨(从九品），司狱（从九品），宣课司大使（从九品），税课司大使（从九品），仓大使（从九品），检校（未入流），库大使（未入流），茶引批验所大使（未入流），吏目（未入流）及幕友书吏等。

丙、直隶州之官制　有知州（正五品）一人，掌一州之政令，其规制与知府同。惟无倚郭，其所治州，即以知州行知县事，此外州同（从六品）、州判（从七品），其职与府同知、通判同，以佐知州为治者也，员额建置不定。又有吏目（从九品）、巡检（从九品）、驿丞（未入流）、闸官（未入流）、税课司大使（未入流）诸官。吏目掌禁戢奸宄，防护狱囚，典司簿籍。巡检以下，各掌其职，与县所属同。

府及直隶州，皆有儒学教授（正七品），掌生徒训迪之事。凡儒学官，除江苏、安徽两省通用外，其余例用本省人，惟同府州者，避不用。康熙三年，裁各府州训导（从八品），又大县裁训导，小县裁教谕（正八品），十五年后均设。

丁、县之官制　县置知县（正七品）一人，掌一县之政令，平赋役，听狱讼，兴教化，厉风俗，凡养老祀神，贡士读法，皆躬亲厥职，而勤理之，所谓亲民之官者是也。僚属有县丞（正八品），主簿（正九品），分掌粮马、征税、户籍、巡捕之事。典史（未入流），掌监囚狱，若无丞簿，则兼领之。巡检（从九品），掌缉捕盗贼、盘诘奸伪，凡州县关津要害，并设之。驿丞（未入流）典邮传、迎送。闸官（未入流），掌潴泄启闭事。税课大使（未入流），典商税之事。河泊所官（未入流），掌收鱼税。清初每县置县丞各官，因事多寡无定员，惟典史每县一人。嗣后因时裁设，并因各县之升改分并，而定其员额焉。

戊、州之官制　州置知州（从五品）一人，掌一州之政治。以县之地大事繁者，升而置之。所统辖一如县制。僚属有州同（从六品），州判（从七品），分掌粮马巡捕之事。有吏目（从九品），掌辅理各州之刑禁，巡检（从九品）以下（如驿丞、闸官等），各因所属之地而掌其职事。清初每州置州判各官，因事之繁简无定员，惟吏目每州一人。嗣后因时裁设，无有一定。

己、厅之官制　大约与州县同。

县州厅各有儒学教谕一人,与府同。

七十八　地方制度(二)——顺天府、东三省及新疆

(一)顺天府

顺天为君主辇毂之地,全国首善之区,其设置自当与各省不同。府尹(正三品)本为行政长官,雍正时,以部院大臣兼管府事,亦犹六部尚书之外,设管理部务大臣者也。其职权有与普通府同者,又有特别委任者。约而言之,其要有六:一曰监督所部官吏,并升调州县官吏(大都与总督会衔,比他道府之皆由督抚具题者异趣)。二曰裁判(关于流刑以上,则须总督审核,报之刑部。徒刑以下,则不必申报督抚,直报之刑部。上告事,若重罪,必与督抚会同审判,轻者或候刑部指令,或不候之,亦得行裁决)。三曰监督钱粮及会计(即《皇朝通典》所谓"凡田赋出纳,以时勾稽,会直隶总督而上其要于户部"是也)。四曰出征及祭祀之际,供给所需役夫车马,及其他材料。五曰科举(顺天乡试,兼管府尹事大臣,及府尹为监临官。飨正副考官,及关系试验之官员,并受验者。试前称"上马宴"。试后称"鹿鸣宴"。会试时,府尹督饬僚属为试场中之准备供给)。六曰具奏京师之粮银价格,及雨雪量度(粮银价格,由京县申报,每月底府尹具奏之。雨雪之日,复随时具奏分寸量度)。此外关于赈恤典祀之事,亦较他府为繁剧。其下有府丞(正四品)、治中(正五品)、通判(正六品)、经历(从七品)、司狱(从九品)、崇文门副使(未入流),及儒学教授(正七品),汉满各一人,训导,汉满各一人。治中掌供文武乡会试之饔饩制卷。通判掌京城各市牙侩之籍,而榷其常税,会试则治其名簿焉。经历掌出纳文书。照磨掌乡试缮册弥封之事。司狱掌刑部所送军流徒罪人收系而发遣之。副使掌守崇文门库藏。儒学教授等掌八旗及京师黉序训课之政。所属有大兴宛平二县,各置知县(正六品)一人,掌其县之政令。与五城兵马司分壤而治。其下有县丞(正七品)、主簿(正九品)、巡检、典史、闸官等,员额二县不

一致,盖视事之繁简而设也。

(二)盛京

盛京为爱新氏发祥之地,其设置亦当较异于各省。清初建都时,既已设六部承政参政等官,顺治元年,迁都北京,悉撤废之,派内大臣驻防。后改为昂邦章京,给镇守总管官印。至十五年,复置礼部。翌年,复置户工二部。康熙元年,复置刑部。三十年,复置兵部。使各侍郎及其官属治之。盖仿明留都之制也。以各官俱由京师铨选,故不置吏部。雍正八年,又设满洲尚书一人,总理五部,未几而罢。兹将五部之组织及职权,分述如下:

一、户部 置侍郎一人为长官。下有经会、粮储、农田三司。经会、粮储两司,各有郎中一人,员外郎二人,主事二人。农田司则只有员外郎二人,主事一人。其外堂主事二人,银库掌关防郎中一人,司库二人,仓监督正副各一人,掌官庄六品官二人,笔帖式二十三人,皆为满人。其主要职权有三:一曰征收官庄旗地租税(官庄旗地,皆归户部衙门直接管理。官庄如帝室庄园,有粮盐棉花等庄,皆以庄头管之。至秋成时,由部奏请简派大臣会同征收,该大臣收领后,回京复命)。二曰支办将军衙门及衙门之经费。三曰裁判户婚田土之事件(皆旗人事)。

二、礼部 置侍郎一人,左司郎中一人,员外郎二人,右司郎中一人,员外郎一人,堂主事一人,主事一人,六品官一人,七品官一人,助教四人,读祝官八人,赞礼郎十六人,笔帖式十一人,皆为满人,其职权有五:一曰掌管三陵祭祀(每岁清明、孟秋望日、冬至,及岁暮为盛京三陵祭事。三陵者,福陵、永陵、昭陵也。礼部先开列盛京宗室官六人之衔名,经太常寺奏请钦命承祭官。又每朔望三陵之常祭,元旦及万寿节之贺仪,盛京城隍庙之祭祀,均系礼部举行)。二曰监理祭田(三陵祭祀之物品,官地之田庄、果园、瓜菜园、鱼泊等供给之。礼部则监理此等田园鱼泊)。三曰保管銮驾库(銮驾库内,必备皇帝卤簿。一切器用,礼部会同将军衙门,遣员保藏之)。四曰供给修葺寺庙用品(祀典所列盛京寺庙,礼部咨盛京户、工二部供给其器物及金钱)。五曰接待贡使(朝鲜贡使赴京路过盛京时,礼部则供给米肉刍秣柴薪)。

三、兵部　置侍郎一人,左右司各置郎中一人,员外郎二人,主事二人。其外堂主事二人,驿站正副监督各一人。笔帖式十二人,皆为满人。其职权有五:一曰检阅军器。二曰监射(盛京有旗员会射之事,每春秋二季行之。届期将军移咨兵部,请派员稽查)。三曰驿传。四曰稽察边门(凡因公事出边门,皆持有兵部军符)。五曰铨试(凡仓官、驿官、守边官有缺员时,兵部拣选候补者,报之中央吏部,经吏部奏准而后补任)。

四、刑部　置侍郎一人,下分肃纪四司:前左二司,各置郎中一人,员外郎二人,主事一人。右司后司,各置郎中一人,员外郎一人;主事则右司三人,后司一人,其外堂主事二人,司狱二人,司库一人,笔帖式三十人。其职权有四:一曰裁判旗人之犯罪事件。二曰裁判旗人对汉民之犯罪(其他重罪而当付秋审者,刑部侍郎及奉天府尹会同酌定)。三曰裁判边外蒙古人之犯罪,及蒙古人对旗民之诉讼(盛京法库及柳条边蒙古人之犯罪,及与族民交涉之案件,则由将军、奉天府尹,或该地方之蒙古札萨克押送到部,为之裁判。遇有必应验视之时,通报奉天府尹,府尹酌派附近州县官临验,具状报部)。四曰裁判关于人参之犯罪(私采人参及私贩者,刑部将军及府尹会同审断)。

五、工部　置侍郎一人,左右司郎中各一人,员外郎各二人,主事各一人,四品官各一人,银库司库二人,笔帖式十七人。其职权有四:一曰营造修缮坛庙陵寝宫殿公庙祠宇。二曰监理采木山场(官林二十二处,均归工部监督,若有商人愿伐木者,工部及将军衙门会同给予准伐之证,一切税收,藏之工部库内)。三曰监督火药库,及制造埴瓦(盛京及黑龙江各兵营之火药,皆由工部供给,故特设火药库,以造火药。至于埴瓦工场,为造各坛庙黄瓦之用,亦归工部监督)。四曰修缮官船及供给围场车马(自辽河至盛京内河川所用之官船,二部当随时修缮。又附属将军衙门之围场车马,亦当供给之)。

盛京五部而外,又有将军、奉天府尹、知府等官,皆因行政区而设,其制甚简。将军康熙元年改昂邦章京所设,掌军政,其权最尊。府尹掌一府之政令,关于裁判、征税、典礼、学校之事,皆能及之。惟盛京满人属将军管辖,其数甚多。府尹则其对于一般人民有治理之责而已。其上有兼管府尹事务大臣一,为五部侍郎兼充。其下有府丞一,治中一,理事通判一,经历一,司狱一,儒学教授一。至道员之设,光绪时始行之。而州县厅府之在清初者,亦属寥寥无几。然其组织则略与直省无异,至改省而后,始渐完密也。

(三) 吉林、黑龙江

吉林之行政组织,比诸盛京,尤为简略,只设吉林将军,副都统以下八旗武官。将军驻吉林城,综理全省事务。辅助官有主事一人,笔帖式十二人,副都统则吉林、宁古塔、伯都纳、三姓、阿勒楚喀各一人。打牲乌拉、拉林等地方,惟有协领以下诸官,分掌镇抚事务。伯都纳副都统衙门,有委署主事一人,各处驻防衙门,有笔帖式二十八人。其他管台站笔帖式十八人,管仓笔帖式十二人,仓官七人,助教十人。盖以军政而附属民事,草莱初辟,大抵然也。厥后内地人民,移驻日多,户口繁殖,政事亦渐繁冗,遂于吉林、兴京、岫岩设立政厅,理事同知、通判,为其长官,专掌裁判事务。其他则仍令所在协领等审理。于是渐渐有民政之可言矣。至于黑龙江,则大体专行军政,又非吉林之带有民政者可比。盖土地僻远,人民稀少故也。其制,黑龙江将军一人,驻齐齐哈尔城,副都统三人,分驻齐齐哈尔、墨尔根及黑龙江等处。辅助官则将军衙门主事一人,理刑主事一人,银库主事一人,笔帖式十二人,各处驻防衙门笔帖式二十人,管台站笔帖式三十三人,六品官二人,台站官二人,管仓笔帖式六人,管官屯七品官四人。分掌裁判、租税、邮驿、仓储等事务。盖省内无复掌民治之官厅,均以僚属文吏治之。

(四) 新疆

新疆初为回、准二部,乾隆时始定天山南北,创立经制,建城置官,俨同藩疆。然新抚之地,关于军政者多,故中央所简派之官吏,只有将军大臣等武员,而无直接理民之文吏。所赖以统辖部落者,惟在其固有之伯克及札萨克等自治机关。今先述之如次,而后及于中央所派之官员。

甲、自治机关

一、伯克　伯克者,回民呼其酋长之号也。乾隆改定回疆,仍其故俗,各城设置伯克。所以于抚驭之中,收策遣之用者也。但伯克与札萨克不同,札萨克受汗王公爵,大抵世袭罔替;伯克则按照其职,仅受三品以下至七品官。又其任命,不用世袭法,大抵由参赞大臣奏请简放,小者由参赞及各城大臣亲检补用,然后年终汇奏,故实权不及札萨克。又伯克之同职异名者,皆加职名于其上。有大者曰阿奇木伯克,统理城村大小之事务,副曰伊什罕伯克,其首领官为都噶伯克,掌租税者有噶杂那齐伯克,及商伯克,掌登记田园家屋者,有密特瓦尔伯克,分理回家千人者,曰明伯克。分理百人者,曰玉资伯克,此等官员,皆在各城承将军大臣等之指挥,以治其部众。惟比诸直省州县官之所有大小事件悉受上司监督者不同。

二、札萨克　新疆内之哈密、吐鲁番地方,其民皆出自蒙古部落,故其组织亦如蒙古。有旗,有札萨克,清廷赐之王贝勒等爵,一如蒙古。惟其地方有限,故其数极少。

乙、派遣官员

一、伊犁将军　乾隆二十七年着明瑞为总管伊犁等处将军,乃率满洲兵丁屯田,伊犁遣官自此始。将军所居曰惠远城,统督驻在新疆各地之参赞、领队、办事、协办诸大臣。掌天山南北路之军政,专任边防之事。下有副都统二人,赞助机务,其他有总管、副总管、协领、佐领、防御、骑尉等。

二、参赞大臣　将军任地,设有参赞一人,赞襄军务。其属有总管、副总管、佐领、骁骑校、卡伦侍卫、印房章京、笔帖式等。又塔尔巴哈台、乌什等处参赞大臣各一人,有印房章京,笔帖式,管理粮饷等属官。

三、领队大臣　初派屯田兵于新疆,有八旗索伦、锡泊、察哈尔、额鲁特五队,皆以大臣统之,故称领队大臣,各冠以族名,如索伦领队大臣等。驻伊犁者五人(惠宁城一,惠远城四),分统游牧,驻乌苏、塔尔巴哈台、巴里坤、古城、阿克苏等处各一人。

四、协理大臣　驻乌什等处者,与参赞同。均裁设无定。

五、办事大臣　为天山南路回疆职官。驻乌什、阿克苏、叶尔羌、和阗、喀什噶尔、库车、辟展、赛哩木、拜达克、沙雅尔、哈喇沙尔等处,由特旨简派,其下各员,略同参赞。

六、协办大臣　亦在乌什叶尔羌等处,助办事大臣统治回民。

七、都统副都统　在乌鲁木齐。其下有协领等军官,盖亦掌地方之军政而统满洲及绿营官兵者也。

新疆初辟,以屯务为最要,其理事大臣,率量期轮替。粮务则由陕甘总督酌委道员同知以下,照西藏驻防之例,三年更代。且将军得量地繁简,随时设官,恒无定额。至光绪时改建行省,始稍稍与内地之组织趋于一致矣。

七十九　地方制度(三)——藩部及土司

(一) 内外蒙古之区划

清兴东陲,内蒙科尔沁首先归附。及既灭察哈尔,诸部相继来降,凡有征伐,必率师以从。入关以后,锡以爵禄,裨得世及;惟察哈尔以布尔呢之叛,康熙时,袭其众于宣大边外,以总管临治,与内蒙札萨克不同。然其散处边陲,习于游牧,固无异也。内蒙部落之最小者为旗,合旗为部,合部为盟。皆因其会盟之地称之。共六盟,二十四部,四十九旗,兹列表如下:

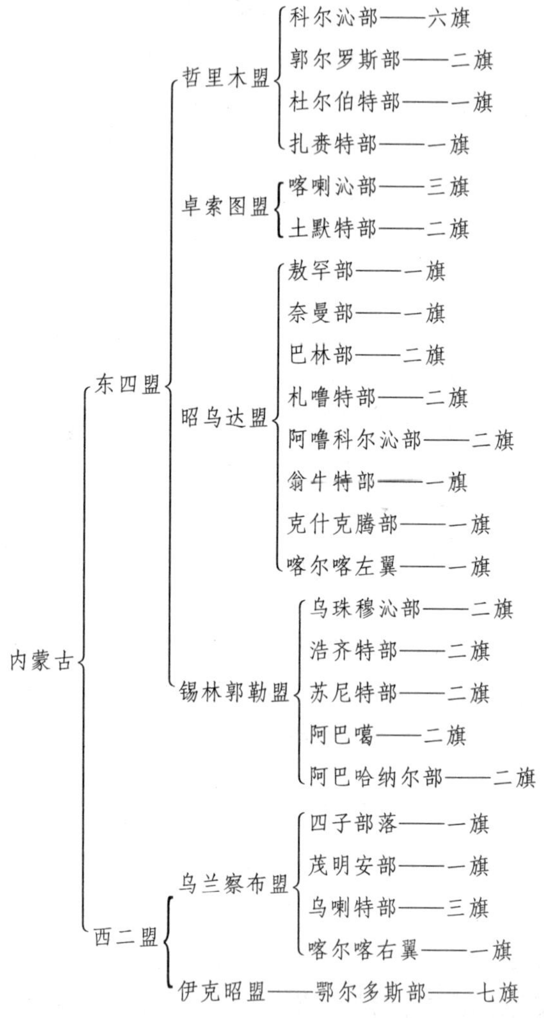

外蒙在沙漠之北,汉唐之时,荒远不与中国通。元起和林,其后混一中国,遂置行中书省,与内部十省并列。其后裔于明初退保于此,位号相传,自成强国。清兴,内蒙归附,外蒙喀尔喀三汗,亦相继来贡。康熙年间,喀尔喀与准噶尔搆难,举国内属,及准部荡平,喀尔喀遂列爵分旗,与内蒙无异矣。外蒙之地,除喀尔喀大部外,尚有杜尔伯特、土尔扈特、和硕特各一部,其区分盟旗,与内蒙古同。

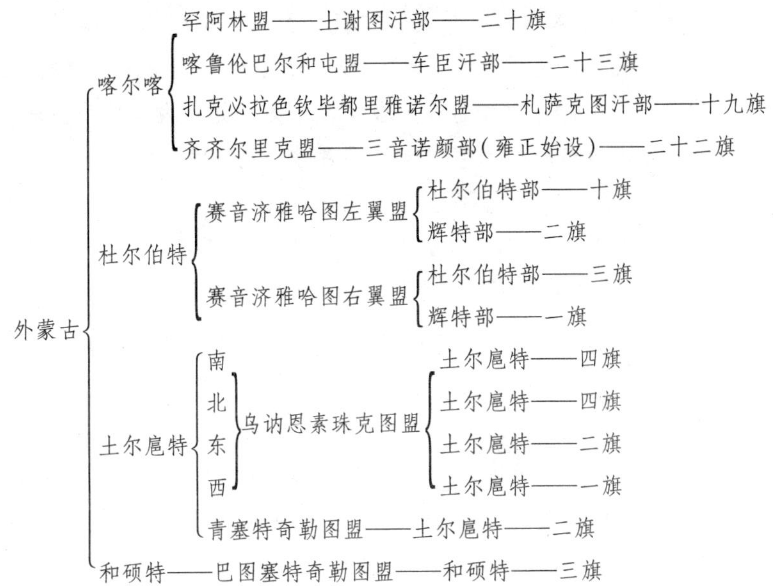

(二) 内外蒙古之组织

内外蒙古之行政机关,有自治、官治二种,所谓自治者,不过部落酋长之治而已。官治则政府所派遣之官吏也。分述如下:

一、自治机关　旗有旗长,盟有盟长,旗长世治其民,称曰札萨克(冠内外字而分之,曰内蒙古札萨克,曰外蒙古札萨克,又在外蒙古有称汗者),关于其领内行政,虽受理藩院及将军都统大臣之监督,然实际则不受牵掣。各札萨克惟每年贡羊、酒、马、香、厕、刀械,及朝贺(凡内外札萨克,皆分若干班,每年一班,轮番于十二月十五以后,二十五以前,到京待元旦朝贺,名曰年班)、围班(皇帝猎木兰之时,札萨克不可不扈从,顺次交代,名曰围班)、行走(札萨克中又分班每年在京充当御前行走,或乾清门行走。两者共备仪卫,非别有职掌也)而已。又有协理台吉(二人或四人)为札萨克之副,助理旗务。若有员缺,则札萨克与盟长会同择闲散王以下,台吉塔布囊以上,保举正陪二人,送之理藩院。理藩院奏请引见,然后补任。其余官属,有管旗章京(一人)、副章京(二人或一人)、参领(每六佐领则一人)、佐领(每百丁,或二百丁,或二百五十丁,则一人)、骁骑校(每佐领下一人)等,均皆选补于台吉塔布囊及部众内。盟长由理藩院开列盟内各部之札萨克,奏请敕裁任之。又依同一方式,选任副盟长一人,助理事务。故盟长异于旗长,为由政府任命也。然惟择札萨克中最有德望者,以总理各旗大事而已,其为札萨克则一也。各旗遇有重大事件,乃两者合议而行之。关于裁判事务,札萨克不能自决诉讼之时,报之盟长,或札萨克之裁判不得当,则准两造禀控盟长,盟长会同审讯。至各旗间之交涉事件,必待盟长办理,至不待言。每三年各旗会盟于一地,盟长即为会主,解决种种议题。而对内蒙古之会盟,则中央特派钦差大臣,赍制书莅焉。

二、派遣官员 中央派遣之大员,不独管辖无札萨克之部族,且驻在各要地,以任控御之责,分述如下:

甲、察哈尔都统 驻张家口,管辖察哈尔及其他游牧部属,惟张家口属直隶,故关于此地汉人之事,仍须直隶总督协议。其下有副都统(一人)、理事官(满九人,蒙八人)、八旗总管(八人)、参领(八人)、副参领(八人)、佐领(一百十一人)、骁骑校(一百十七人)、护军校(同上)、捕盗六品官(三人)等。又都统当兼阿勒台军台(驿站监督官),凡由内地越长城至阿勒台山或库伦及乌里雅苏台等驿站,阿勒台军台监督之。递送文书,护送官吏,并稽查无院票(即理藩院所发之旅行券)者之出口,亦为其职务。盖张家口为蒙古之门户,而官商必经之地,故使都统兼掌此事也。

乙、热河都统 驻热河,专治游牧蒙古。关于一般民事,必与直隶总督协议。而政治则有理藩院理事、理刑二司员,承都统指挥,分掌钱谷刑名。其他官属,则有总管二人;协领(五人)、佐领(十五)、防御(二十),及骁骑校、前锋校等。

丙、绥远城将军 驻绥远城,凡土默特部之内属者,皆归其直接管辖。以其地在直省内,故一般民政,须与山西巡抚合议,一如热河、察哈尔之都统。

丁、定边左副将军　驻乌里雅苏台城。在外蒙古之西部。统制喀尔喀诸部,或称乌里雅苏台将军。其余承其指挥,分掌诸部者,有(一)乌里雅苏台参赞大臣(二人:一自中央满员选派,一自喀尔喀贵族补充)。(二)科布多参赞大臣(居科布多,统制乌梁海部,其副为帮办大臣,皆治其所管地方)。

戊、库伦办事大臣　驻在库伦,掌中俄交涉事件。理藩院所派遣之司官、笔帖式,帮助大臣,掌贸易裁判事务。又恰克图置办事司员一人,监理俄人贸易事务,受库伦大臣之节制。

蒙古札萨克而外,尚有以宗教之首长,而私有土地人民者,曰"喇嘛",喇嘛本为黄教之首领,在西藏为最贵,其后迎入蒙古者,亦握政教之大权。且各有特别之名,如"哲卜尊巴"、"呼图克图"等。又有于喇嘛尊号上,加札萨克三字者,如内蒙锡呼图库伦札萨克喇嘛。盖其握政治之权,一如札萨克焉。

(三)青海之组织

青海古曰西海,魏晋为诸戎所据。隋唐以来,则有吐谷浑、吐蕃代兴。明初遣官招谕,授番酋以诸卫所指挥、佥事等官,且与互市;又加番僧国师、禅师等封号,各许其朝贡。西番之势益分。清初有厄鲁特顾实汗者,自西北侵有其地,崇德年间,即遣使通好。后其子留汗西藏,乃分其地为左右境,部落散处,谓之青海诸台吉。康熙既平准噶尔,青海台吉咸内附,封以王、贝勒、贝子、公、台吉等爵。雍正时,罗卜藏丹津诱众犯边,命将平之。未叛者,仍其封号,以军功赠世爵。三年,始编设旗分,大别如下:

青海额鲁特
- 和硕特——二十一旗(乾隆时增一旗)
- 绰罗斯——二旗
- 辉特——一旗
- 土尔扈特——四旗
- 喀尔喀——一旗

各旗有札萨克,犹喀尔喀诸部也。惟不置盟长,而以西宁办事大臣摄之。办事大臣为中央派遣之官,驻甘肃西宁府,专掌青海之军政。凡简稽军实,巡阅边防之事,皆属之。其辅助官有司员一人,笔帖式三人。又有大喇嘛察罕诺们汗所属蒙古,分为四佐领,不统于各旗;即令喇嘛管辖,其封爵朝贡,隶于理藩院之典属、柔远二司,权力与蒙古喇嘛等。

(四) 西藏之组织

西藏为吐蕃之地,唐时始通中国,南与印度相接,其俗信奉佛教。元时西藏领于番僧(若大宝法王帝师之号),尊礼特殊,明代因之。自宗喀巴肇兴黄教,数传之后,为西番所尊信。于是有“达赖”、“班禅”两喇嘛,更在番王之上。清兴东土,喇嘛遣使通好,锡以封号。康熙时,为准部侵扰,经大兵平定后,乃永为中国藩属。其地有四:

西藏:
- 康 (亦曰喀木)
- 卫 (即前藏)
- 藏 (即后藏,亦曰喀齐)
- 阿里

西藏亦有自治及官治两种机关,自治即喇嘛,官治即中央简派之官吏,同归理藩院管辖。兹分述如下:

一、自治之官　达赖喇嘛、班禅喇嘛,实为政教二权之长。达赖领卫、康两地;班禅领藏与阿里。其下机关,大别有二:

甲、唐古特官(前藏)　为非喇嘛之官吏,其组织之官厅,主要者亦有二:

(一) 噶厦　由噶布伦四人组织行政会议,属驻藏大臣,监督办理一切行政事务;西藏军队之高级军官,皆有被任之资格。其议事堂曰“噶厦”。其中复有大小中译五人,卓尼尔三人,掌书记之事。

(二) 商上　管理财政之官厅,曰“商上”。其事务官有仔倖三人,以噶布伦一人管理之。商卓特色二人,业尔仓巴二人,掌征收租税事务。

其余掌裁判道路等之官吏，则有以下数种：

(1) 郎仔辖　定额二人，掌道路事项。

(2) 协尔帮　定额二人，掌裁判事项。

(3) 达琫　定额二人，掌马厂事项。

(4) 第巴及牒巴　藏语酋长之义也。奉达赖命，代执国政者，后为地方官之名。更加职名于其上，如司牛羊第巴、司帐第巴是也。

(5) 硕第巴　定额二人，掌布达拉一带警察事项。

以上所述，皆系文官。至武官，则有戴琫（或用代贲、代奔等字）、如琫、甲琫、定琫等。分理地方之官，则有边营官、大营官、中营官、小营官等，后藏亦同。凡文武官总称曰番目。西藏世家东科尔中任此职者最多。

乙、喇嘛官　谓喇嘛僧之官吏，皆僧侣掌行政事务者。其于商上及噶厦二官厅，则有事务官、济中喇嘛等。

唐古特官、喇嘛官，事实上虽为达赖、班禅之属官，然关于其任免，皆须驻藏大臣合议。故驻藏大臣之权，亦为不小；而官吏又非尽属于达赖、班禅矣。

二、派遣之官　有驻藏大臣、帮办大臣各一人，驻拉萨，以三年交代。其属官有司员一人、笔帖式一人。又于四川同知、通判、知县、县丞内选派粮员（又称粮台）三人，驻于拉萨、札什伦布、阿里三处，为屯驻军队之主计官，并受驻藏大臣之指挥。驻藏大臣及帮办大臣，与达赖、班禅立于平等之地位，噶布伦以下番目及喇嘛官，皆为其属员。所有大小行政事务，皆奉其命令行之。其特殊职权有三：一曰节制军队（大臣为驻屯军队及士兵之司令官，定例自四川省绿营内，派游击一人、都司一人、守备一人、千总二人、把总四人、外委八人、兵六百四十六人，分驻前后藏。又游击以下武官，率兵七百八十二人，防守打箭炉。至前藏一带之要所，尚有士兵三千人，使戴琫以下武官统带之；共归大臣之节制。每岁五六月农隙之时，大臣亲行检阅士兵）。二曰管理贸易事务（大臣兼管印度廓尔喀国贸易事务。衙门内置廓尔喀贴写一人、通事一人，掌文书往复事）。三曰统辖达木蒙古(青海西藏之境,有地曰柴达木,住此之蒙古人,称曰达木蒙古,别为八旗,归大臣直辖)。

(五) 土司之官制

云、贵、四川、广西僻野之地,苗瑶诸民,栖息其间,乃原始民族之遗裔,其文化甚低微。一般行政之制度,至难实施于此等地方。清初沿明之旧,分土之官制为二种,分述如下:

一、土官 分苗瑶诸族之领地为土州县,择其族之酋长子孙,世袭知府州县之职,曰土知府、土知州、土知县,即所谓土官也。土官死亡,则督抚令其嫡子,权摄事务。若一族中无可继承者,则选其妻、婿,能得人民信仰者继承之。又继承人年幼时,则督抚咨部,由本族选人代理之,待十五岁,则使袭承。土官亦有州同、县丞等辅助官。辅助官之任免,与一般官吏铨叙同。土司之文化稍进者,后议改为普通官厅,名曰"改土归流"。即改土官而为流官之义也。

二、土司 土司为蛮族酋长,归降而有战功者,世袭与土官同。惟土官为文官,土司为武官。土司之职位,比土官略高,常带指挥使宣慰使之职衔,受三品至五品之官,除征纳钱粮及贡物外,其他皆受所在府、州、县、厅之管辖。辅助官有同知、佥使、佥事等。其外尚有千户、副千户、百户、长官司、副长官司、吏目等,其品秩稍下,为一部落之首领,辖治其族。

第二十章　政治社会之组织(二)

八十　兵事之组织

(一) 兵制总说

努尔哈赤以戎甲十三,攻服邻近,创制满洲八旗,是为清朝兵制之始。其后皇太极更以汉人、蒙古人各编八旗,共有二十四旗。入关之役,即赖以克敌制胜。故八旗为清室开国之军。中原略定,八旗兵主任京城警卫,兼驻形胜要地,以资震慑。八旗遂有京营及驻防之别。洎中外一统,复设绿旗营(《吾学录》云:"国初定八旗之色,以蓝代黑。黄、白、红、蓝各位于所胜之方,惟不备东方甲乙之色。及定鼎后,汉兵令皆用绿旗,是为绿营。")以统汉兵。于是京城有巡捕五营,而各省有督标(总督所属)、抚标(巡抚所属)、提标(提督所属)、镇标(总兵所属)、军标(成都将军所属)、河标(河道总督所属)、漕标(漕运总督所属)之分。京营中又有所谓郎卫及兵卫者:盖八旗之中,镶黄、正黄、正白为天子亲军(亦称上三旗),选其中材武出众之子弟,及执事效力人等之可任者,命之分班入直,名曰侍卫。其优者,则日侍禁廷,供趋走,名曰御前侍卫,稍次曰乾清门侍卫,而值宿宫门者,统曰三旗侍卫。设领侍卫内大臣六员统之,即所谓郎卫也。前锋统领所辖之前锋营,护军统领所辖之护军营,掌宿卫、清跸及宫禁传筹、内禁门启闭之事。内府三旗所辖之前锋营、护军营、骁骑营,掌守卫随从之事。八旗都统所辖之骁骑营,掌各处直班巡徼之事。步军统领所辖之步军营,掌禁城汛守、外禁门启闭之事,即所谓兵卫也。兵卫之中,专卫禁苑者,为圆明园八旗护军营,及内府三旗护军营。其演习枪炮者,别为火器营;演习云梯者,别为健锐营;专备行狩者,别为虎枪营。于是禁卫之制备矣。清朝建旗之制,以旗统人,即以旗统兵;凡隶于旗者,皆可以为兵,非如前代佥派招募之制。故所谓旗者,亦不过笼统区分之词,并非有显明之编制也。至诸营并列,则为实际服役之兵,即就八旗中而另为组织者也。各省绿营,分标而不相连属,惟总督节制抚、提、镇各标,提督节制镇标,皆为人的关系。其组织上,则各标下分营协而已。兹撮兵制大意,而为简表以明之,如下:

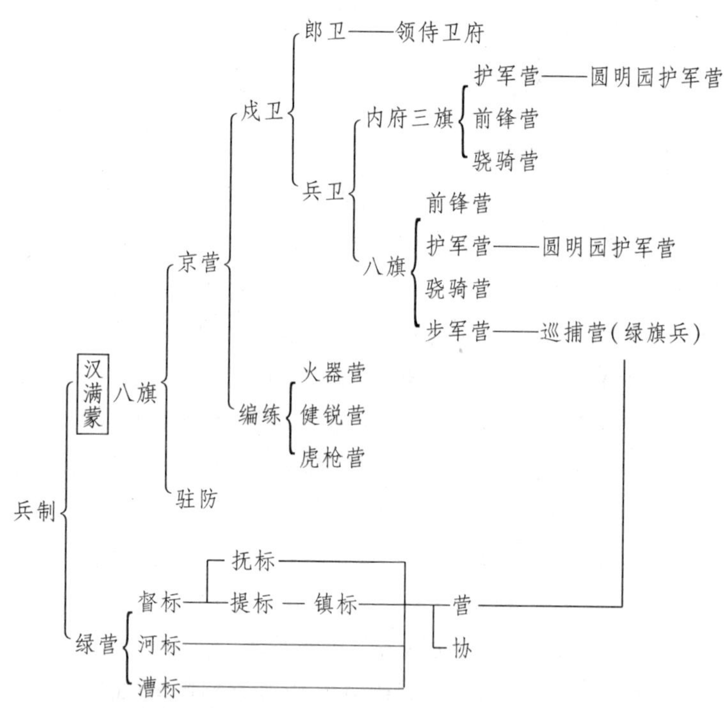

八旗、绿营,为清代主要之陆军,此外尚有旗兵、番兵、索伦兵等,而末叶则有勇营、新军等,勇营、新军,后当另述。旗兵者,乃蒙古部落之一种民兵,即藩部而统以旗籍者也。分内蒙为四十九旗,外蒙为八十六旗,青海为二十九旗,皆各任其地警备之责。番兵者,以土民编成之佣兵也。惟西藏有之。索伦兵者,则索伦归附之众,别编佐领,不列于八旗之兵也。其余锡伯、达尔瑚、巴尔虎、察哈尔诸兵,亦略同于索伦,然皆非经制也。

其职亦不过驻防东三省及新疆,与遇有大征伐之调遣而已。《圣武记》有云:“八旗禁旅,虽分隶八都统,然惟骁骑营之马甲(满洲、蒙古每佐领下马甲二十人,共一万有七千七百人。汉军每佐领下马甲四十二人,共一万有一千一百七十二人。总计二万八千八百七十二人)、领催(马甲之优者,选为领催,以司册籍俸饷,每佐领下五人,满、蒙、汉佐领千有一百五十一人,计领催五千七百五十有五人)、匠役(每佐领下有弓矢鞍铁等匠,听武备院挑补。共匠役千有三百九十一人)隶之。其不隶都统者,则备折冲,曰前锋(每佐领下二人,共千七百七十人,蒙古仅四百有八人,余皆满洲。又健锐营二千人,即云梯兵也。亦为前锋);司宿卫,曰亲军(额同前锋);扈警跸,曰护军(每佐领下十七人,满洲万有一千五百七十七人。蒙古三千四百六十八人。又有圆明园护军,亦在此挑补);习远攻,曰火器(鸟枪护军,每佐领下六人,满蒙共五千三百有十人。炮甲每佐领下一人,满蒙共八百八十五人。内外城上共贮炮千九百三十七位,每季秋,配二百位运芦沟桥演放。白塔山设信炮五,有警则鸣之;九门信炮毕应),皆别隶于总统,惟亲军隶领侍卫内大臣(上三旗隶领侍卫内大臣,下五旗隶王公府。又有虎枪营六百名,为行围进哨之用,亦以领侍卫内大臣为总统)。此四营者,汉军不得与。其汉军骁骑营内之炮甲(每旗四十,共三百二十人)、藤牌兵(藤牌以护炮,每旗百人,共八百)、舁鹿角兵(每佐领下八人,共二千百有二十八人),亦满洲蒙古骁骑营所无。惟步军则合满、蒙、汉为营,而皆隶于统领(满蒙每佐领下步军领催二人,共千有七百七十人,步军十八人,共万有五千九百三十人。汉军每佐领下步军领催一人,共二百六十六人。步军十二人,共三千一百九十二人。合计二万一千一百五十八人)。此皆八旗禁旅之制也。又有五城巡捕营步兵万人,则绿旗兵而亦隶于步军统领;(东南西北中五城,即九门提督所辖也。其辖八旗步军,则曰统领。其辖绿旗步兵,则曰提督,实即一官。又有左右翼副之。)此绿营之附于禁旅者。通计京师之兵,满洲、蒙古、汉军、绿营四项,共十万有奇;而余丁二万七千四百不与焉(此即养育兵,又有有米、无米两种)。若夫驻防之兵,则无论骑步,皆合满洲、蒙古、汉军以为营。畿辅驻防二十有五,兵八千七百五十有八;东三省各城驻防四十有四,兵三万五千三百六十;新疆驻防八,兵万五千一百四十;各省驻防二十,兵四万五千五百四十。又守陵寝(千四百十九人),守围场(八百五十人),盛京、吉林守边门(七百人),二千九百七十人;共驻防兵十万七千七百有六十,皆统于将军、都统、城守尉。通计中外禁旅驻防兵,二十万有奇,而居京师者半之。"又云:"绿营有马兵,有守兵,有战兵;而战守皆步兵,其额外外委,皆马兵也。"观此,则对于清初兵制,更可了然矣。

(二) 京内兵营之制

顺治元年,福临迁都燕京,分置满、蒙、汉八旗于京城内:镶黄、正黄旗居北方,正白、镶白旗居东方,正红、镶红旗居西方,正蓝镶、蓝旗居南方。左翼自北而东,自东而南:镶黄旗在安定门内,正白旗在东直门内,镶白旗在朝阳门内,正蓝旗在崇文门内;右翼自北而西,自西而南:正黄旗在德胜门内,正红旗在西直门内,镶红旗在阜成门内,镶蓝旗在宣武门内;以寓制胜之意。是为八旗戍卫京师之始。其后制定兵制,遂有骁骑步军前锋护军诸营之组织;而侍卫亲军,亦设领侍卫府以统之,兼辖内府三旗(后改隶内务府)京内兵营之制度,至是始渐完备矣。兹分述其职官如下:

一、领侍卫府　领侍卫内大臣六人(正一品镶黄、正黄、正白三旗各二人),内大臣(从一品)六人,散秩大臣(从二品衔)无定员;一等侍卫六十九人(正三品),二等侍卫(正四品)一百六十八人,三等侍卫(正五品)三百三十三人,四等侍卫无定员;蓝翎侍卫(五六品)九十人,御前侍卫、乾清门侍卫(于三旗侍卫内简用)及汉侍卫皆无定员;亲军九百九十五名。凡宿卫之制,更番轮值,三旗侍卫分六班,班分两翼,各设侍卫班领二人,署班领二人,侍卫三十人,宿卫乾清门,为内班。昼坐门禁,夜守扃钥。散秩大臣一人,侍卫亲军十人,宿卫中和殿;侍卫什长三人,侍卫亲军三十人,宿卫太和殿,为外班。以领侍卫内大臣一人总统之。

二、八旗骁骑营　八旗都统(从一品)满、蒙、汉旗每旗各一人,副都统(正二品)各二人;骁骑参领(正三品)汉、满旗每旗各五人,蒙旗各二人;副骁骑参领(正四品,康熙三十四年设委署参领,雍正改是名)数如参领。佐领无定员,随人口编设。每佐领下骁骑校一人、领催五人、骁骑二十人、弓匠一人、鞍匠或铁匠一人,惟汉军无弓鞍铁匠,有鸟枪骁骑四十一名,每旗藤牌兵一百名。是营起于天聪年间所设之阿礼哈超哈(即骁骑)营,顺治初,始定制,令分驻城内,司城门直班及汛守之事。

三、八旗前锋营　满蒙八旗,分左右两翼。前锋统领(正二品)每翼各一人。前锋参领(正三品)、前锋侍卫(正四品)每翼各八人。委署前锋侍卫每翼各四人。前锋校(正六品)每翼各四十八人。随印协理事务前锋参领侍卫每翼各一人。随印前锋校每翼各二人。笔帖式亦各二人。是营起于天聪间所设之噶布什贤超哈(即前锋)营,顺治初,始详定营制。

四、八旗护军营　护军统领每旗各一人。护军参领每旗满洲十人、蒙古四人。内司钥长,署司钥长每旗各一人。副护军参领每旗满十人、蒙四人。委署护军参领每旗各七人。护军校满蒙每佐领各一人。随印笔帖式每旗各二人。笔帖式上三旗(镶黄、正黄、正白)各十人。是营始于天聪间之巴牙喇(即护军)营。初制,上三旗守禁门,下五旗守王公府门,雍正时,始定均司禁卫。又有圆明园八旗护军营,于雍正三年始设,选京中八旗官兵按旗驻札于禁苑周围,而以总统(无定员,以王公大臣兼)统之。其下有随印协理事务营总,护军参领各二人,随印护军校四人,随印笔帖式八人,乾隆时置。

五、八旗步军营(巡捕营附)　顺治元年设提督九门步军统领(正二品)一人,统辖八旗步军,及九门官兵。其巡捕营,则别隶于兵部职方司。康熙三十年,始定由步军统领兼管。又巡捕初只南北二营,顺治十四年增设中营,乾隆四十六年,又设左右二营。营有参将(正三品)一人、游击一人(从三品)、都司(正四品)一人、守备(正五品)三至五人、千总(正六品)八至十二人、把总(正七品)十六至二十四人,惟中营不设参将,置副将(从二品)一人领之。五营分汛巡缉,于外七门城上,设汛所二十有五,与步军营分掌禁卫巡警之事。至步军统领下之职官,则有左右翼步军翼尉(正三品,初名总尉,乾隆时改)每翼各一人,八旗步军协尉(正四品,初名副尉,乾隆时改)每旗各三人,步军副尉(正五品,雍正增设,名参尉,乾隆改)每旗各三人,步军校每旗满、蒙、汉不等。其余在衙门司佐理者,有员外郎、主事、司务、笔帖式等。守城门司启闭者,有城门领(满十八汉军七)、城门吏(同上)、门千总(汉军三十二);备警急司信炮者,有信炮总管(正四品)一人、司信炮官(正五品)汉军旗各一人。

六、内府三旗　顺治初年,设内府三旗(镶黄、正黄、正白),置满洲佐领、旗鼓佐领、正黄旗朝鲜佐领、内管领等,统各护军骁骑,隶于领侍卫内大臣,后改隶内务府总管。嗣后,以次增设参领、副参领,及护军统领。复添设前锋,分为护军、前锋、骁骑三营。护军营职官,已详见于第七十六节(中央政府之组织)第四目(帝室之官属)内务府之都虞司,兹不赘。前锋营为乾隆时所设,即于护军内拨选,仍属护军统领管辖,共百二十余人。至骁骑营,初制满洲朝鲜佐领及内管领下每二丁设骁骑一名,旗鼓佐领下,不论丁,每佐领下设骁骑五十名;其后屡有更定,然亦不过名数之增减耳。

七、火器营　其制始于康熙三十年。鸟枪护军,每人各给鸟枪一,八旗各给子母炮五,专司教演火器,置总统六人(以王公大臣都统统领兼任)管之。其下左右翼长各一人,八旗掌关防营总每旗各一人,鸟枪护军参领每旗各一人,副参领各二人,兼管炮位每旗各一人,鸟枪护军校每旗二十八人,笔帖式每旗各二人。

八、健锐营　乾隆十四年设。以金川之役,云梯兵有功故也。额共千名,由上三旗挑选五百名,下五旗每旗百名,设总统(无定员,由公候大臣兼理)统之。其下左右翼翼长各一人,八旗前锋参领每旗各一人,副参领同前锋校共五十人,副校共四十人,笔帖式四人。

九、虎枪营　康熙二十三年,黑龙江将军进精骑射、善杀虎新满洲四十人至京,分隶上三旗,遂设虎枪营,以总统一人管之。其下三旗总领各二人,虎枪长每旗各七人,副长如之,笔帖式六人。遇搜狩则总统率所属为前导。

（三）驻防之兵制

顺治迁都，命和洛会为盛京总管，设左右翼梅勒章京，统领满、蒙、汉八旗兵驻防盛京；并设各城城守官。为满洲驻防所自始。未几，复于独石口张家口设防御，遣甲兵驻守。至二年，复遣八旗兵驻防顺德、济南、德州、临清、徐州、平阳、潞安、蒲州八城，每城设协领一人，章京八人，是为直省驻防所自始。三年，改盛京总管为昂邦章京，十年增宁古塔昂邦章京。康熙元年，改昂邦章京为将军，十五年，移宁古塔将军驻吉林船厂城。二十三年，增设黑龙江将军。于是满洲驻防渐完备。至直省驻防，嗣后亦随各地形势，增定多处，并设将军、都统、副都统，或城守尉、防守尉诸官。而驻防兵制始渐划一。今先列驻防要地如后，而后述驻防兵营之组织。

驻防地大致可分三等：一为最重要之地，二为次要之地，三为又次要之地，皆以置官之大小为标准，今表之如下：

（一）盛京　吉林　黑龙江　绥远　江宁　杭州　福州　广州　荆州　成都　西安　宁夏

（二）熊岳　锦州　宁古塔　伯都讷　三姓　阿勒楚喀　拉林　黑龙江城　墨尔根　呼伦贝尔　山海关　察哈尔　热河　密云　青州　归化　京口　乍浦　凉州

（三）兴京　抚顺　凤凰城　辽阳　开原　铁岭　牛庄　广宁　复州　金州　岫岩　盖州　宁远　中前所　中后所　小凌河　义州　珲春　伊通　额木赫索啰　呼兰河　良乡　宝抵　固安　采育里　保定　雄县　沧州　永平　玉田　三河　顺义　喜峰口　罗文峪　冷口　张家口　独石口　昌平　喀喇河屯　桦榆沟　古北口　开封　庄浪

最要驻防地，多为各省省会所在。设将军一人，统全省驻防之旗兵，其下有都统，或副都统、协领、佐领等以辅之；更设骁骑等官，与京内八旗等，皆所以治兵者也。至东省将军衙门所设之主事、笔帖式等官，则又分掌民事，微与各省不同。次要之地，多为各省重镇，其间亦有曾设将军者，如江南之京口、山东之青州等,后即裁减划一,俱设都统,或副都统以领之,兼辖附近各处驻防之旗兵。以下协领、佐领、笔帖式各官,俱与京内旗同;并有骁骑、前锋诸军。再次要之地,多为各省要害之地,其主官为城守尉,或防守尉。城守尉之下,有防御、骁骑校等,然亦有不设城防守尉,而只设协领、佐领者,如金州、宁远是。各处驻防之兵,少则一二百人,多则四五千人,其总数已如前目(兵制总说)所述,兹不赘。惟各兵之中,有骁骑、步军、鸟枪、前锋、养育兵、捕盗兵、弓铁诸匠,虽大致与京内略同;而将军所统,或更兼有之云。

(四) 绿旗兵制

各省绿旗营,有督、抚、提、镇诸标之分,前既言之矣。各标之下,复分前后、中、左、右诸营;有兼有四营者亦有只两营或三营者,要视其地之需要以为断。此本标之制也。本标之外,复分城守,分防诸营。城守者,即与本标同城而守之兵营也。分防者,即分驻各镇县之兵营也。其官属督、抚、提(从一品)、镇(正二品)以下,有副将、参将、游击、都司、守备、千总、把总等,各领兵丁数百千人。兹将各省绿营大概,表之如下:

此表据乾隆二十九年所修《会典》。

省　名	长　官	本标营名	分防营	兵　数	节　制
直　隶	总　督	前后左右	营十	五八四五	提一　镇五
山　东	巡抚兼提督	左　右		九一六	镇二
山　西	同　上	同　上		一二〇〇	镇二
河　南	同　上	同　上		九六六	同上
两　江	总　督	中　左	协一　营十二	九一二七	抚三　提一　镇五
江　西	巡抚兼提督	左　右	协二　营三	三二〇七	镇二
闽　浙	总　督	中左右		四二二一	抚二　提三　镇十三
湖　广	总　督	中左右		一四〇三	抚二　提一　镇四
四　川	同　上	同　上		二四〇〇	提一　镇四
陕　甘	同　上	同　上		四九〇〇	抚二　提三　镇四
两　广	同　上	同　上	营二	五五八四	抚二　提二　镇九
云　贵	同　上	同　上	营一	六一四〇	抚二　提二　镇十三

督抚提镇诸标而外，尚有河标、漕标二种，兹复表之如下：

职名区分	本标营名	分　防	兵　数
河东河道总督	中左右	营三	三二五五
江南河道总督	同　上	营二十三	一三〇七二
漕运总督	同　上	营六	五〇〇二

抚、提、镇各标，皆受总督节制，其兵营职官人数，亦颇不亚于督标；惟各省设置太繁，不能详述，只就各省标区大数，附于督标之末，盖如前表所述。兹更就康乾两朝《会典》、《通考》所载直省绿营兵额，表之如次：

省　区	康熙二十八年会典 附二十四年饷额驻防兵在内	乾隆二十九年会典	乾隆五十年通考
巡捕营	三三〇〇	五〇〇〇	一〇〇〇〇
直　隶	三〇七〇〇 俸饷八二七四四二两有奇	四四三四八	三九四〇二
山　西	二五〇〇〇	二八七〇七	二五七五二
河　南	一〇〇〇〇	一〇四三六	一一八七四
山　东	二五〇〇〇 并总河在内	一六七九七	一七五〇四
江　南	四九八五〇 总漕在内	四一二七五	四八七四七
江　西	一五〇〇〇	一四三一二	一三九二九
福　建	六九七二六	六六五六六	六三一一九
浙　江	四三四五〇	四一五二九	四〇〇三七
湖　广	四〇〇〇〇	四三四四七	湖北　一七七九四 湖南　二三六四〇
陕　甘	八五九七八	九六〇六七	八四四九六
四　川	四〇〇〇〇	三三九七〇	三一一一二
广　东	七三一一〇	七二五六五	六八〇九四
广　西	二〇〇〇〇	二四一六六	二三五八八
云　南	四二〇〇〇	四八五五四	四一三五三
贵　州	二〇〇〇〇	三八二五七	三七七六九
合　计	五九四四一四 附饷一三六三三九〇〇两	六三七三二三 京营不算	五九九八一四

(五) 军政与兵器

凡军政,五年一举,考察中外武职,以定黜陟。注上考者,荐举卓异;注下考者,纠劾该管官,具疏以闻。不入举劾者,以中平注考,汇送兵部。部会都察院、兵科、京畿道,察核题复,奉旨以卓异加一级,注册候升。其以军政纠劾:贪、酷革职,提问;疲软、不谨,革职;老、病,休致;才力不及,降二级;浮躁,降一级;皆调用。前有卓异应升,及加级纪录,均不准抵销。如遇考察八旗武职,在京管旗大臣,及各省将军、都统、副都统等,俱开列事实清册;在京于九月内送部,在外于十月内送部。兵部汇齐,缮具履历清单进呈。至在京文员,兼旗下武职者,仍于京察时听该部院衙门考察,不在军政之列。銮仪卫满洲各官,八旗世职人员,俱不行考察。此外各衙门所属武职,各该管官详核,填注考语,定以四格:曰操守、曰才能、曰骑射、曰年岁。纠以八法:曰贪、曰酷、曰疲软无为、曰不谨、曰年老、曰有疾、曰浮躁、曰才力不及。并将各该员履历,及有无在军前行走、受伤得功之处,注明,分别应去、应留,造册送部。其堪膺荐举官员,必须行止端方,弓马娴熟,管辖严肃,当差勤慎,不扰该属给饷,无虚考语,并历俸已满三年,任内并无事故;兼试问国语,方准荐举。届期兵部将管旗王贝勒等,满洲蒙古都统、前锋统领、护军统领,满洲蒙古副都统,满洲补授汉军都统、副都统,兵部满洲堂官职名开列,请旨派出,考察具奏。此即军政考察之大略也。至若军营武器,令箭、盔、甲、弓、箭、旗纛、佩刀,为各营所俱有。虎枪营之虎枪,健锐营之云梯、云梯刀、长枪、鞭、顺刀、前锋营之镰、斧,护军营之长枪,藤牌兵之藤牌、扁刀、挑刀、汉军之枷棒、鹿角、偃月刀,则为各营所独有。而绿旗武具,大别之可分刀、枪、炮、杂项四种。兹就《通典》所载,汇述如下:

一、刀类　朴刀　斩马刀　长刃大刀　宽刃大刀　双手带刀　背刀　片牙刀　虎牙刀　窝刀　船尾刀　割刀　缭风刀

二、枪类　(甲)长枪　火焰枪　钩镰枪　双钩镰枪　虎牙枪　蛇镰枪　雁翎枪　十字镰枪　火镰枪　梨花枪　手枪　钉枪　(乙)御制威捷枪　旧神花枪　素铁大交枪　金口交枪　素口花交枪　八棱口花枪　仿神花大交枪　仿神花枪　摺花交枪　花口小交

枪 蒙古花大交枪 小交枪 回部花套枪 新回部花套枪 大小线枪 旧神花线枪 丽花线枪 秀花线枪 轻锐花线枪 轻捷花线枪 轻便花线枪 轻花线枪 落禽花线枪 神海青花线枪 赛海青花线枪 雁神花线枪 凫神花线枪 甫神花线枪 连坠花线枪 胜鸦鹘花线枪 山鸡花线枪 孤顶花线枪 水札子花线枪 树鸡神花奇枪 花线奇枪 兵丁鸟枪

三、炮类 金龙炮 制胜将军炮 威远将军炮 神威大将军炮 神威无敌大将军炮 神威将军炮 武成永固大将军炮 得胜炮 九节十成炮 冲天炮 铁心铜炮 子母炮 严威炮 红衣炮 龙炮 奇炮 行营信炮 浑铜炮 台湾炮 回炮

四、杂类 矛 戟 双锏 双锤 马叉 凤翅挡 五齿挡 月牙钯 通天钯 长柄斧 双斧 双钺 三须钩 铁挽 犁头镖 铁斗镖 棒 虎头棒 盾 虎头牌 燕尾牌 挨牌 圆木牌 藤牌 牌刀 战被 滚被 滚被双刀

以上军器,刀枪箭戟之类,本为中国旧法,无足细述。惟炮火来自西洋,天聪五年,金铸红夷炮成,是为清朝有炮之始。前于第五章中,已详言之矣。炮之制,或铁,或铜,或铁心铜体,或铜质木瓖,或铁质金饰,重至五百六十斤,至七千斤,轻自三百九十斤,至二十七斤;长自一尺七寸七分,至一丈二尺。其击远,或宜铁弹,或宜铅子,均助以火药,引以烘药。铁弹自四十八两至四百八十两;铅子自二两至二十两;火药自一两三钱至八十两;烘药自三四钱至二两;皆按炮尺高下度数以定所及之远近,此即火器之大者也。其小者,有鸟枪、火球、火箭、弩箭、喷筒、铳枪,铳亦为西法,余系旧制。而鸟枪则近代步枪之滥觞也。

八十一 爵禄与品阶之制

(一)职爵之制

清初封爵之制,宗臣贵位,统名“贝勒”。崇德元年,定亲王、郡王、贝

勒、贝子、镇国辅国二公,皆冠宝石顶,以补服翎眼为差次,公名曰"入八分公"。其不入八分公,以及镇国辅国将军,皆冠珊瑚顶。奉国将军,视武臣正三品,奉恩将军视武职正四品,秩皆与流官同。亲王嫡子封郡王,郡王以下嫡子,皆递降一等受封。亲王众子,封辅国公,亲王庶子,封辅国将军;郡王以下递降同。康熙中,以俸糈繁众,改亲王无论嫡子众子,皆封未入八分辅国公,郡王以下,递为减等;而考以翻译,马、步射,三者皆优,然后授以本职,否则递相降等授爵。其亲郡王皆世袭罔替。贝勒以下,皆降袭至辅国公,然后世袭。而辅国公又无复降袭之例。其未入八分辅国公以下,皆降至奉恩将军,世袭罔替。无论军功恩封,皆一例。乾隆时,始分定军功恩封之例,其有勋劳者,无论王贝勒皆世袭罔替;其恩封者,亲王递降至镇国公,郡王递降至辅国公,贝勒递降至不入八分镇国公,贝子递降至不入八分辅国公,镇国公递降至镇国将军,辅国公递降至辅国将军,皆世袭罔替。此宗室封爵降袭之大概也。其制自和硕亲王,至奉恩将军,凡十有四等,兹复详表于下:

爵　名	嫡子降袭	余子考授	侧室子考授	妾媵子考授
(一) 和硕亲王	郡王	不入八分公	二等镇国将军	三等辅国将军
(二) 世子 亲王嫡子奉特旨始封	不入八分公(恩封)	一等镇国将军	三等镇国将军	三等奉国将军
(三) 多罗郡王	贝勒	同前	同前	同前
(四) 长子 郡王嫡子奉特旨始封	一等镇国将军(恩封)	二等镇国将军	一等辅国将军	奉恩将军
(五) 多罗贝勒	贝子	同前	同前	同前
(六) 固山贝子	镇国公 原封为亲王递降至此世袭罔替	三等镇国将军	二等辅国将军	同前
(七) 镇国公	辅国公 原封为郡王递降至此世袭罔替	一等辅国将军	三等辅国将军	同前
(八) 辅国公	不入八分镇国公 原封为贝勒至此世袭罔替	一等奉国将军	停封是为闲散宗室不许考授	

续　表

爵　名	嫡子降袭	余子考授	侧室子考授	妾媵子考授
(九)不入八分镇国公	不入八分辅国公 原封贝子至此世袭罔替	三等辅国将军	同前	
(十)不入八分辅国公	三等镇国将军 原封镇国公至此世袭罔替	同前	同前	
(十一)一二三等镇国将军	一二三等辅国将军 原封辅国公至此世袭罔替	同前	同前	
(十二)一二三等辅国将军	一二三等奉国将军	三等奉国将军	同前	
(十三)一二三等奉国将军	奉恩将军	奉国将军	同前	
(十四)奉恩将军	仍袭奉恩将军(罔替)	停封是为闲散宗室不许考授		

功臣世爵,其等有九,曰公、侯、伯、子、男、轻车都尉、骑都尉、云骑尉、恩骑尉。自公至轻车都尉,又各分三等。凡授爵自云骑尉始。积二十六云骑尉,始至一等公。初,清定世爵,自"公"至"拖沙喇哈番",共八等,凡授爵自拖沙喇哈番始。如拖沙喇哈番再加一拖沙喇哈番,则合为一"拜他喇布勒哈番";再加则为拜他喇哈番,兼一拖沙喇哈番;再加,为"三等阿达哈哈番",递加至一等阿达哈哈番;如再加一拖沙喇哈番,则为一等阿达哈哈番,兼一拖沙喇哈番;再加,则为"三等阿思尼哈番"。积拖沙喇哈番二十六,则为一等公。开创功臣封爵,在顺治七年、九年恩诏以前,或特旨世袭罔替外,余自拖沙喇哈番袭一次,递加至一等公袭二十六次。雍正元年,定一、二、三等公各锡以美名,如褒绩公、忠达公等,其外戚则仿恩泽侯义,命为承恩公。乾隆元年,总理王大臣奏定"精奇尼哈番"以下世爵,清文并改用汉文;精奇尼哈番为子,阿思尼哈番为男,阿达哈哈番为轻车都尉,拜他喇布勒哈番为骑都尉,拖沙喇哈番为云骑尉。其清文从旧。十四年,定侯、伯亦各锡以美名。又阵亡人子孙袭次已完者,赏七品京官,令其世袭罔替。十六年,世袭七品官,定为恩骑尉,与初制共为九等。兹

复表之如下：

爵号(凡授爵自云骑尉始)	品　　秩	袭　　次
一等公	视一品	二十六次
二等公	以下均同	二十五次
三等公		二十四次
一等侯兼一云骑尉		二十三次
一等侯		二十二次
二等侯		二十一次
三等侯		二十次
一等伯兼一云骑尉		十九次
一等伯		十八次
二等伯		十七次
三等伯		十六次
一等子兼一云骑尉	视二品	十五次
一等子	以下均同	十四次
二等子		十三次
三等子(精奇尼哈番)		十二次
一等男兼一云骑尉		十一次
一等男		十次
二等男		九次
三等男(阿思呢哈番)		八次
一等轻车都尉兼一云骑尉	视三品	七次
一等轻车都尉	以下均同	六次
二等轻车都尉		五次
三等轻车都尉(阿达哈哈番)		四次
骑都尉兼一云骑尉	视四品	三次
骑都尉合两云骑尉为一骑都尉(拜他喇布勒哈番)	同前	二次
云骑尉(拖沙喇哈番)	视五品	一次
恩骑尉	视七品	罔替

(二) 品阶之差次

凡设官之制,职与位为实,而阶与品为虚。量位之大小以为区别者,此品之说也。随品之高下,多为层级者,此阶之说也。二者实附之以为升降。周汉之世,无所谓品,则命数与秩次而已。九品肇自曹魏,至北魏遂分正从,降至有明,九品之外,又有未入流。清初因之,故十八级外,又有一阶。表之如下:

正从一品　正从二品　正从三品　正从四品　正从五品　正从六品　正从七品　正从八品　正从九品

未入流

至于官阶,则光禄大夫(正一品)、荣禄大夫(从一品)、资政大夫(正二品)、通奉大夫(从二品)、通议大夫(正三品)、中议大夫(从三品)、中宪大夫(正四品)、朝议大夫(从四品)、奉政大夫(正五品)、奉直大夫(从五品)、承德郎(正六品)、儒林郎(从六品)、文林郎(正七品)、征仕郎(从七品)、修职郎(正八品)、修职佐郎(从八品)、登仕郎(正九品)、登仕佐郎(从九品),为文官阶。建威将军(正一品)、振威将军(从一品)、武显将军(正二品)、武功将军(从二品)、武义都尉(正三品)、武翼都尉(从三品)、昭武都尉(正四品)、宣武都尉(从四品)、武德骑尉(正五品)、武德佐骑尉(从五品)、武略骑尉(正六品)、武略佐骑尉(从六品)、武信骑尉(正七品)、武信佐骑尉(从七品)、奋武校尉(正八品)、奋武佐校尉(从八品)、修武校尉(正九品)、修武佐校尉(从九品),为武官阶。凡五品以上,俱为诰授;六品以下,俱为敕授。若文职吏员出身者,其从六品、正七品,俱为宣德郎,不及九品,为未入流。初制,正从一品,俱为光禄大夫,后从一品改荣禄大夫。武阶正二品,称骠骑将军,从二品骁骑将军,正三品昭勇将军,从三品怀远将军,正四品明威将军,从四品宣武将军,正五品武德将军,从五品武略将军,正六品昭信校尉,从六品忠显校尉,正七品奋力校尉,八品、九品则级所无焉;嗣更定初例,一品至四品俱称大夫:五品以下,则皆改称为郎。乾隆五十一年上谕,更定官阶,议一二品俱封将军,三四品俱封都尉,五六七品俱封骑尉,八九品俱封校尉,至是官阶始大定焉。

(三) 禄俸之给与

清初禄俸,世爵世职而外,满汉文武官员,俱按品颁发。有俸银及禄米两种;禄米即照俸定数,每俸银一两,支米一斛;惟在外武官,不支禄米,另有薪银,其岁俸则较他官为少。今先表之于下:

品位	在京文武官员岁俸银	俸米在外文官亦同	在外武官岁俸	薪银
正从 一品	一八〇两	九〇石	九五两 八一两	一四四两
正从 二品	一五五	七七石五	六七 五二	一四四
正从 三品	一三〇	六五	三九	一二〇
正从 四品	一〇五	五二石五	二七	七二
正从 五品	八〇	四〇	一八	四八
正从 六品	六〇	三〇	一四	三二
正从 七品	四五	二二石五	一二	三二
正从 八品	四〇	二〇	以下俱无	
正九品	三三两一一四	一六石五五七		
从九品未入流同	三一两五	一五石七五		

凡官员于正俸外,加倍给赏,曰恩俸。乾隆元年谕:

> 从前在京文员,俸入未足供其日用,时廑皇考圣怀;是以雍正三年,特旨增添汉官俸米,而各部堂官,又加恩给与双俸,其余大小各员,原欲次第加恩,俾得均沾渥泽。今朕仰体皇考加恩臣工之意,仿佛双俸之例,将在京大小文员俸银,加一倍赏给;令其用度从容,益得专心官守。所给恩俸,着自乾隆二年春季为始。

故自乾隆二年始,在京文员,其俸禄已增加一倍。虽曰恩赏,亦正薪也。正俸之外,复有养廉,直省文职养廉之设,始自雍正二年,山西巡抚诺岷奏请:以耗羡之存公者,即其赢余,以为补助。于是各省仿而行之。乾隆初,又增佐贰杂职各官养廉,大抵因差务繁简而定,虽同一官而数有差等。自总督巡抚以下,至佐贰杂职,多者二万两,少者数十两,递减不等。其八旗及绿营武职,初有亲随名粮,乾隆中,亦改为养廉,符名实也。旗员自领侍卫内大臣始,岁九百两,绿营自提督始,岁二千两;总兵一千五百两,副将八百两,参将五百两,游击四百两,都司二百六十两,守备二百两,千总一百二十两,把总九十两,经制外委千把总每员十八两。而巡捕五营,边徼重地,视此又加多焉。故养廉一项,实较正俸为多。至宗室封爵之禄秩,《通考》、《会典》俱未载,兹据《户部则例》表之如下:

爵　名	岁俸银	禄　米
亲王	一〇〇〇〇两	五〇〇〇石
世子	六〇〇〇	三〇〇〇
郡王	五〇〇〇	二五〇〇
长子	三〇〇〇	一五〇〇
贝勒	二五〇〇	一二五〇
贝子	一三〇〇	六五〇
镇国公	七〇〇	三五〇
辅国公	五〇〇	二五〇
一等镇国将军	四一〇	二〇五
二等镇国将军	三八五	一九二石五
三等镇国将军	三六〇	一八〇
一等辅国将军(兼一云骑尉)	三三五	一六七石五
一等辅国将军	三一〇	一五五
二等辅国将军	二八五	一四二石五
三等辅国将军	二六〇	一三〇
一等奉国将军(兼一云骑尉)	二三五	一一七石五
一等奉国将军	二一〇	一〇五
二等奉国将军	一八五	九二石五
三等奉国将军	一六〇	八〇
奉恩将军(兼一云骑尉)	一三五	六七石五
奉恩将军	一一〇	五五

功臣世职俸禄,自一等公始,岁俸银七百两。二等公银六百八十五两,以下递减一等,减银二十五两,至云骑尉止,岁俸八十五两。恩骑尉岁俸银四十五两。其禄米亦照官员之例,即每俸银一两,支米一斛;计一等公三百五十石,恩骑尉二十五石五斗云。

(四) 兵饷之制

兵饷之制,八旗中前锋、亲军、护军、领催、弓匠长,月给银四两;骁骑、铜匠、弓匠,月给银三两;皆岁支米四十八斛。步军领催,月给银二两;步军一两五钱;皆岁支米二十四斛。炮手月给银二两,岁支米三十六斛(由觉罗补前锋亲军护军者,月加银一两);教养兵月给银如步军之数,不给米。绿旗营中,京师巡捕营,马兵月给银二两,步兵一两,皆月米五斗;各省标营马兵月饷银二两,步兵一两五钱,守兵一两,皆月支米三斗。顺治间司农林起龙条奏有曰:"有制之师,兵虽少,以一当十,饷愈省,兵愈强,而国富;无制之师,兵虽多,万不敌千,饷愈贵,兵愈弱,而国贫。今天下绿旗营兵几六十万,而地方有事,即请满洲大兵,是六十万之多,仍不足当数万之用。推原其故,总缘将官赴任,招募家丁,随营开粮,军牢伴当,吹手轿夫,皆充兵数。甚有地方铺户命子侄充兵,以免徭役,其月饷则归之本营。又马兵关支草料,多有克扣短少,至驿递缺马,亦借营兵应付,是以马皆骨立,鞭策不前。又器械如弓箭、刀枪、盔甲、火器等件,俱钝敝朽坏,至于、帐房、窝铺、雨衣、弓箭罩从未见备。又春秋两操之法,竟不举行,将不知分合奇正之势,兵不知坐作进退之法,徒空国帑而竭民膏,虽有百万之众,亦属何益?然其大病有二:一则营兵原以戡乱,今乃责之捕盗;一则出饷养兵,原以备战守之用,今则加以克扣,兵丁所得,仅能存活,又不按月支发,贫乏之兵,何以自支?今总计天下绿旗兵共六十万,诚抽得二十万精兵,养以四十万兵饷,饷厚兵精,不过十年,可使库藏充溢。"(见《竹叶亭杂记》)而魏默深曰:"西洋欧罗巴各国兵,月给洋银六圆,每岁七十二圆,饷糈优厚,故训练精强。其饷几同中国禁旅亲军领催之饷数,其余绿营,则仅半之,且有不及其半者。然通计各省岁饷,已千有七百余万,岂能再增?如欲优养勤练,惟有各省拔其尤者,以为选锋,予以双饷,而汰除老弱冗散之额,以为津贴精壮之数。使边省各有选锋六千人,腹省各有选锋四千人,技勇一可当百,庶壁垒一新,藜藿不采,而国家经费,仍无所增。或谓:'以汰卒之粮,加精卒之饷,则兵额将减十万,恐不敷于防守。'曰:冗兵明减十万,则精兵暗增十万矣。至腹地城戍,原有胥役保甲,分助弹压,初不藉疲病冗伍之力。以英吉利之倔强,而胜兵止十七万,已无敌于诸国。是知兵在精不在多。"(见《圣武记》)两氏之言,深为中肯,营伍废弛,亦大概可见。汰冗卒以练精兵,保疆圉致重边省,是诚不易之论!然两氏处顺道之时,正中原多事之秋,兵营虽疲,饷糈靡缺。今者财政窘涸,军阀扣饷,举全国无一精练之兵,合营伍无一中饱之卒,而犹拓地争雄,招募不已,饥卒焉得不为盗?土匪横行,兵助之也;兵变为匪,谁致之欤?故居今而谈郅治,非裁兵不可!

八十二　刑制与考察

(一) 刑法之大略

清在入关以前,文化未启,刑制简陋,著于令者,鞭扑、斩决而已。福临混一中原,从刑科给事中孙襄之请,特命大臣纂辑《大清律》,颁行天下。于是斩,绞、徒、流、笞、杖之条具;而朝审、秋审、热审之制详。是书成于顺治三年,亘康熙、雍正两朝,屡加增订,及乾隆时,复命重修律例,斟酌损益,法典之书,渐臻完密矣。律者,定罪者也;例者,辅律者也;亦犹近世之法文与判例也。《大清律例》中,计《律目》一卷、《图》一卷、《服制》一卷、《名例》二卷、《吏律》二卷(曰职制、曰公式)、《户律》八卷(曰户役、曰田宅、曰婚姻、曰仓库上下、曰课程、曰钱债、曰市廛)、《礼律》二卷(曰祭祀、曰仪制)、《兵律》五卷(曰官卫、曰军政、曰关津、曰厩牧、曰邮驿)、《刑律》十五卷(曰盗贼上中下、曰人命、曰斗殴上下、曰骂詈、曰诉讼、曰受赃、曰诈伪、曰犯奸、曰杂犯、曰捕亡、曰断狱上下)、《工律》二卷(曰营造、曰河防)、《总例》七卷、《比引条例》一卷:凡四十七卷,全二百二十七门。其后门数虽有增加,惟大体则仍旧。其《名例》律所载五刑、十恶、八议之目,颇为重要。表之如下:

〔五刑〕

刑名	一　等	二　等	三　等	四　等	五　等
笞	一十	二十	三十	四十	五十
杖	六十	七十	八十	九十	一百
徒	一年(杖六十)	一年半(杖七十)	二年(杖八十)	二年半(杖九十)	三年(杖一百)
流	二千里	二千五百里	三千里　三等均杖一百		
死	绞	斩	二等皆有立决、监候之别,其最重者为凌迟、枭示		

〔十恶〕　谋反(谓谋危社稷)　谋大逆(谓谋毁宗庙、山陵、宫殿)　谋叛(谓谋背本国,潜从他国)　恶逆(谓殴及谋杀祖父母、父母,夫之祖父母、父母;杀伯叔父母、姑、兄、姊、外祖父母及夫者)　不道(谓杀一家非死罪三人,及支解人,若采生折割,造畜蛊毒,魇魅)　大不敬(谓盗大祀神御物,乘舆服御物。及伪造御宝。合和御药误不依本方,及封题错误。若造御膳,误犯食禁。御幸舟,误不坚固)　不孝(谓告言咒骂祖父母、父母;夫之祖父母、父母。及祖父母、父母在,别籍异财;若奉养有阙。居父母丧,身自嫁娶,若作乐,释服从吉。闻祖父母、父母丧,匿不举哀。诈称祖父母、父母死)　不睦(谓谋杀及卖缌麻以上亲。殴告夫及大功以上尊长、小功尊属)　不义(谓部民杀本府州县正官,军士杀本管官,吏卒杀本部五品以上长官。若杀受业师。及闻夫丧匿不举哀,若作乐,释服从吉,及改嫁)　内乱(谓奸小功以上亲,祖父妾,及与和者)

〔八议〕　议亲　议故　议功　议贤　议能　议勤　议贵　议宾(雍正时有八议不可为训之谕,盖谓屈法徇亲故,殊非公平也)

所谓十恶者,为常赦之所不原。八议者,有司不得擅自勾问,当奏请取旨,奉旨鞫问者,开具所犯罪名及应议之状,先奏请议,议定奏闻,取自帝裁。其犯十恶者,不用此例。此所以优亲贵而严叛恶也。五刑之外,有较流徒加重者,曰充军,发边远安置。至康熙时,又分五等:一附近、二边卫、三边远、四极边、五烟瘴。曰边外为民,发边外安置。曰杂犯流罪,准徒四年。曰杂犯斩绞,准徒五年。至割脚筋,穿耳鼻之刑,于顺治初年,即停止。又定重囚刺字之法，颁五刑赎罪之例。初罪赎之例，并行于军旅、朝会、田猎、游牧，于后有王公职官，罪应金赎者，改为罚俸，而赎与罚始分。顺治三年，颁五刑赎罪之图，凡赎刑轻者，为收赎。若老幼残废，犯军流以下罪者，若乐户、象奴，及习业已成之天文生，罪止杖笞者；若过失杀伤人，自笞罪至绞罪者，并准收赎。次轻者为折赎。若命妇正妻，例难的决者，杖罪余罪，并准赎免。重者为纳赎。分有力、稍有力二等：有力者，谓饶余之家；稍有力者，谓家道略饶者也。若军民有力，若举监生员，冠带人犯，非奸盗诈伪者，流徒以下，并听纳赎。此著于赎例者也。不著于例者，尚有捐赎，必叙其情，请旨乃准焉。赎银之数，收赎少者（老幼残废、天文生等）七厘五毫（笞一十），至五钱二分五厘（杂犯斩绞）；多者（过失杀伤）自三钱五分四厘（笞二十）至十二两四钱二分（绞）。捐赎自平民至三品以上官员，又分六等：平民轻者（笞）五十两，重者（斩绞）一千二百两。三品以上大员，轻者（笞）六百两，重者（斩绞）一万二千两。其详俱见《大清律例》诸图，不能细述也。

（二）审决之经制

详谳之法，凡分三种：在京者曰朝审，在各省者曰秋审，是为经制。在暑月中者，曰热审，是为非经制。顺治十年，定朝审事例，每年于霜降后十日，三法司会同九卿科道官，将刑部现监重囚，逐一详录，分矜疑、缓决、情实，三项具题，命下之日，矜疑者照例减等，缓决者仍行监禁。其情实者，刑部三覆奏闻，临决之时，另本开列花名，候御笔勾除，方行处决。秋审者，于秋季总决狱内重囚，别为情实、缓决、可矜、留养四种。督抚率其属集囚之坐大辟者，亲讯而覆核之，刑部总其成。八月中旬会九卿詹事科道，于天安门外之金水桥西，公阅直省审册，所拟情实、缓决、可矜、可疑有不当者正之。凡情实者，皆缮黄册，以呈御览。朝审亦如之。康熙四年，申定秋审事例，凡霜降后，冬至前，续到案件，督抚即陆续审明具题。内有可矜、可疑者，刑部核议请旨减释，其情实人犯，具题在冬至以前者，照例行刑；如已过冬至，督抚题明，仍行监候，俟明年秋审。十二年，又定秋审册籍限期到部之例，每年以七月十五日为期。以便列于复奏

案内,不致留俟来年。乾隆三十三年,定各省秋审责成该管道府巡历审勘例,谕言:

> 阿思哈奏各省每年秋审,请照京师按册覆谳之例,停其提犯到省一折,所见甚是;而其中尚有未尽周当之处。此等罪犯,所有案情,久经督抚臬司等确核详定,及秋审届期,亦不过循用故事,就招册分别情实、缓决、可矜三项;而在省过堂时,亦从不闻有声屈平反之事,徒令狱囚辗转提解,纷扰疏虞,种种不免,自应酌议停止,以省具文。第各属成案颇繁,研究务宜详审,若概免提解,而执法之司,惟知抱牍从事,于貌稽词听之义,犹属未协。朕意从古按部录囚,原有旧典,在督抚统辖全省,臬司亦刑名总汇,势难亲临州县,一一按问。至本管道府,职司既专,而分辖地方,又不甚辽远,若令于每年审录之前,巡历所属,逐案细心审勘;其情罪允符,毫无疑义者,自可汇册具申上司。间遇有狱成未孚,临时呼冤之犯,亦止什佰中之一二,仍应据实另缮招册,将本案犯证,一并解送司院,复讯定拟。

秋审虽系大决之期,民命所关,而循用故事,等于具文。观此一谕,盖可知矣。雍正时,曾禁止秋审陋习,盖各省秋审,无论案件多少,定拟于一日之内,一切听督抚主张;而且悬彩鼓吹,肆筵设席,甚至优人演剧为乐。雍正十三年,始下令禁革。以详慎刑谳之重事,历朝平反之大规,其成效乃不过如此!热审之例,始于顺治八年,当时因天气炎热,恐罪囚淹毙,在京行之。自十年以后,则每年于小满后,十日内外,直省一例通行。迨康熙四十三年停止。然每逢暑月,恤诏辄下。雍正元年,仍复旧例。乾隆时,定热审杖减之条,展热审减等之限,热审之制,始渐确定。至热审期限,于小满后十日举行。凡减等事件,如遇七月立秋,以立秋前一日为限,其六月立秋之年,以六月底为限。至于三覆奏之法,顺治十年,以给事中刘馀谟言,于朝审行之。至外省情实重犯,秋审后,法司具题,即咨行各省,无覆奏之例。迨雍正二年,奉旨凡外省重囚,经秋审情实应决者,亦照朝审之例,法司三覆具奏。乾隆时,以各省奏牍繁多,迫于时日,披览虑未周详,法司虚行故事;十四年,特命朝审照例三覆,秋审减去三覆,以从务实。故自后秋审只勾到后,将原本进呈覆阅,再行批发处决云。

(三) 狱具与减赦之例

狱具之著于律者有五:一、板(大头阔二寸,小头阔一寸五分,长五尺五寸),重不过二斤,以竹篦为之,须削去粗节毛根,照尺寸较准,应决者执小头,臀受。二、枷(长三尺,阔二尺九寸),以干木为之,重二十五斤,斤数刻志枷上。律例内有特用重枷者,不在此限。三、杻(长一尺六寸,厚一寸),手杻亦以干木为之,死罪重囚用,轻罪及妇人不用。四、铁索(长七尺,重五斤),以铁为之,轻重罪俱用。五、镣(连环共重一斤),脚镣亦以铁为之,徒罪以上罪囚用。以上为规定之刑具。然实际上刑具之应用,尚不止此(地方官吏多不按律例,任意处断。人民更不知律例为何物,亦不能执律例以绳官),刑具之惨酷,或更有百倍于此者,此刑法观念之不进步,驯至于末叶而法权丧失焉。凡恤刑之典,曰停刑、曰减刑、曰停遣,各定以时日。若停勾,若减等,则皆俟恩旨。其例得请减者,各按其情罪请焉。大赦则颁诏,遇庆典眚灾始行之,会大学士而议其例款。《皇朝通典》有云:"世祖章皇帝定鼎之初,荡瑕涤垢,咸与维新,自时厥后,民风丕变。逢庆典则赦,值眚灾则赦,有间岁而举,有数十岁而举,民之沐浴膏泽者,浃髓沦肌,而非其时不赦也。又赦有常格,十恶不得与,赦有三次——缓决、减等、开释,情实重犯不得与。彼抵网触禁,自速厥辜者,又岂幸焉!故民卒不闻以幸赦之心,轻罹宪典;而上益得以好生之德,敬迓天庥。圣祖仁皇帝谕曰:'自古不以颁赦为善政,以其便于恶人,而无益于善人也。'百余年来,只率盛典,不疏不数,与时偕行。故自开国以迄于今,赦典凡数十见。"(案历朝赦宥之事,详《皇朝通志·刑法略》第六,《会典》概以钦恤,不详析也)是皆专制君主借以为收买人心之具,无甚重要,至刑讯一事,清末已垂为厉禁,而至今尚不能革,殊可慨焉。

(四) 京察与大计

凡天下文武官,三载考绩,以定黜陟,在内曰京察,在外曰大计。京察之要,考以四格,纠以八法。四格者:守、政、才、年是也。而守有清有谨有平,才有长有平,政有勤有平,年有青有壮有健,因其成绩之分配,立为三等:(一)称职、(二)勤职、(三)供职。今表而示之:

四格	称职(第一等)	勤职(第二等)		供职(第三等)	
守(清、谨、平)	守清	甲类	守谨	甲类	守谨
才(长、平)	才长		才长		才平
政(勤、平)	政勤		政平		政平
年(青、健、壮)	年(青、健、壮)		年同上		年同上
		乙类	守谨	乙类	守平
			才平		才长
			政勤		政勤
			年同上		年同上

八法者:曰贪、曰酷、曰疲软无为、曰不谨、曰年老、曰有疾、曰浮躁、曰才力不及。贪、酷者革职提问,疲软无为、不谨者,革职,年老有疾者勒令休致,浮躁者降三级调用,才力不及者降二级调用。凡列于一等官除内阁侍读学士翰詹开坊各官不引见不优叙,其余各官,由部引见准一等者加一级,遇保荐时,该堂官即于一等人员内选取。其入八法应去之员,除贪、酷外均引见。注考循情及遗漏舛错者罪之。是故以四格叙其功劳,以八法行其处分者,京察是也。顺治九年,始定京察,六年一次,顾京察之制虽定,而甄别亦不尽依年限。十二年又定考满议叙例:初次优等加衔,二三次优等加级。时三年考满与六年京察之典并行。凡三品以上自陈,四品等官,吏部都察院议奏,亲定去留。康熙元年谕曰:"内外官员历俸三年考满,即可分别去留,此外又有京察大计,实属繁文。"乃停京察大计,专用考满。以五等分别劝惩,一二等称职,加级纪录,平常者留任,不及者降调,不称职者革职,以后升转,一等者先用。三年,御史张冲翼请以部院员数之多寡,定一二等名数,以息奔竞。四年,御史季振宜请停考满三疏,其一曰:"自行考满以来,大臣上疏自陈,不过铺张功绩,博朝廷表里羊酒之赐。至堂官核司属,朝夕同事,孰肯破除情面,一秉至公?其中钻营奔竞,

弊不胜言。况今日尚书以下,悉按品升补,与考满无涉。自正月至四月,皆考满自陈之日,一人一疏,以数十计,诸务丛脞,弊从此生,请停考满之法,照序升转!"从之。六年遂复行京察。然嗣后往往于京察之外,特令纠参,未尝以年为限。乾隆四年,鸿胪寺少卿查斯海奏:"京察被劾,向不引见。或姿本英露,而堂官性多沉抑,即目为浮躁;或质稍迟钝,而堂官识多明敏,即弃为不及。且更有赋性戆直,不善应酬,遂以嫌隙加之吏议,嗣后京察六法,照外省大计例引见。"从之。八年,论大臣自陈乞罢,各举自代之人,食禄及韦带之人均许,但不得举同列,著为令。顾行之不能无弊,故十二年有朋比之谕,因多立科条。十五年谕:"京察届期,四五品京堂,既不自陈,亦不引见,虽吏部都察院填注考语,不过虚文。龙钟庸劣,既得姑容,即才具优长,亦无由自见,于培养人材,澄叙官方之道,盖两失之。嗣后派王大臣秉公分别一二三等引见。"十七年,停自陈之例,以大臣谬以罢斥为辞,是相率为伪也。十八年,京察三品京堂,令吏部月呈事实清折,亲为裁夺。至四十八年以大小三品京堂,既不时常接见,又不便派大臣验看,着吏部带领引见。此京察之略也。大计之制,直省督抚核其属官功过事迹,注考缮册,举以卓异,劾以八法,不入举劾者为平等,限十一月内具题到部,会同都察院吏科京畿道考察题覆。上考曰卓异,自道府以至佐杂,才守兼优,阅俸满三年者,均准荐举,得旨后檄令赴京引见,准卓异者注册赐衣,回任候升。不入举劾官,自知州、知县以上,仍令督抚以守、政、才、年四格注考,具册咨部,核定等次,汇缮黄册进呈。大计三年一举,始于顺治四年。九年,吏部言计典旧例,府州县正官入觐,但委署害民,反为地方之累,议令藩臬代觐,从之。十三年,大计天下官二百九十二员休致降革有差,又谕曰:"朕亲政六载,振饬官方,未尝宽假,今又当大计之年而治犹未进,民犹未安,钱粮犹逋欠,盗贼窃发,大者仍不法,小者仍不廉,致上之德意,无由下究,民之疾苦,无由上闻。非尔等失职之咎欤?已饬所司重惩贪酷,宜各正直存心,清廉持己,勉图后效。"十五年定荐举员数(大省无过十人,小省三四人)。康熙元年,停藩臬入觐,以参政、副使等官代(十二年以御史马大成请,复令入觐,二十五年又停)。于是罢大计,行考满,以五等分优劣。四年御史季振宜疏言:“自改八法为五等,其弊更大。请嗣后止责督抚不时举劾,其无参罚注误者,照俸升转。”六年,复行大计。二十五年,都御史佛伦疏言:“藩臬专理一省钱谷刑名,朝觐来京,委员代理,或至舛错稽迟,虽有条奏,不过细事塞责。况道途供应官员,或藉端私派,请嗣后将藩臬及府佐官员入觐之例停止,照庆贺万寿表章例,每省委道官一员赍册入觐。至官员贤否,止以督抚文册为凭,藩臬造册,亦请停止。”从之。盖省一繁文,即省一繁费,免虚縻于官吏,即留气力于闾阎,故立法莫若简,又不独大计然也。雍正元年,定大计平等知县以上官,亦注考语。乾隆二十四年,令大计之年,吏部将督抚履历开单呈览,督抚将藩臬考语月折奏闻。此大计之大略也。

八十三 科举之制

(一) 科举之途径

科举之制,清悉依于明。明以八股取士,谓之制义,三年大比,以诸生试之直省,曰乡试,中式者为举人;次年以举人试之京师,曰会试;中式者,天子亲策于廷,曰廷试(试于太和殿丹墀),亦曰殿试,分一二三甲以为名第之次。一甲止三人,曰状元、榜眼、探花,赐进士及第;第二甲若干人,赐进士出身;第三甲若干人,赐同进士出身。子午卯酉年乡试,辰戌丑未年会试,乡试以八月,会试以二月(清改三月);皆初九日为第一场,又三日为第二场,又三日为第三场。乡试,直隶于京府,各省于布政司,会试于礼部。举子则国子生,及府州县学生员之学成者,儒士之未仕者,官之未入流者,皆由有司申举性情敦厚,文行可称者,应之,此明制大略也。清入关后,于顺治二年开科,一切仍明旧,分天下乡试为十五榜(雍正元年敕湖南建立试院,自是乃有十六榜)。解额颇广。取中式者,天下共一千五百三十四人,后诏减半。康熙三十五年,按省增十余名。五十年,令各省五分加一,后间有增加。至乾隆九年,诏十分减一,以为定额。至进士之额,每因选官迟速,而为之增减,顺治三年,龙飞首榜,诏增定额至四百名。顺治凡八科,惟丁亥、乙未,稍不及额。康熙二十一科,率在二百人以内,惟有四榜至三百人。雍正凡六科，自百余人渐增至三百余人。庚戌一榜，至四百六人，为清朝进士最多之数。乾隆初科，亦三百余人，以后渐减；五十四年一榜，止九十六人，是为最少之数。以上为文科，武科亦如之。至满洲科举，始于顺治八年，吏部言："先帝在盛京，作养人材，已有成例，今日正当举行。"于是令八旗子弟通文义者，取入顺天府学，合满、蒙、汉军以三百人为额，乡试取中百二十人。汉清文随其所习，惟汉军依汉人例。廷试满洲进士各五十人，别为一榜。十四年，停八旗考试文艺，限每佐领下一人读书，用为部院官。康熙六年，复考试，与汉科举始同场同榜。十五年，又停，旋复故。其额自解额减半后，时有增减，乾隆九年，定乡试举人，四十一名为定额；进士本无定额，康熙间取六名，雍正渐增至二十余名，乾隆间递减至四名。此皆两科取士之常制也。三年大比，得多寡疏数之中，若因事而加恩泽，则有加科，有广额，有加科而兼广额。加科之典，顺治年间，凡二举行，以平江南与收云贵之庆也。康熙丁巳，加四省乡闱，越五十二年，以六旬大寿，再加乡会试。雍正惟加一科。乾隆则七次举行。故综科举之制，其途径凡三：曰乡试、曰会试、曰殿试。其类别有二：曰文科、曰武科。其区分亦有二：曰汉人、曰八旗。其科目则大比与加科两种。大比三年一次，是为常制。加科遇庆典特别举行，是为非常制。乡试之中式者、曰举人，副于正榜曰副贡生；会试中式曰贡士；殿试则赐及第出身，统曰进士。此科举制度之大略也。

（二）试文之程式

试文之程式，清仍明制。第一场《四书》艺三篇，经艺四篇，士子各占一经；《四书》主朱子《集注》，《易》主程《传》，《诗》主朱子《集传》，《书》主蔡《传》，《春秋》主胡安国《传》，《礼记》主陈澔《集说》。第二场论一道，判五道，诏诰表内科一道。第三场经史时务策五道。时给事中龚鼎孳请减时文二篇，于论表判外，增用诗，去策改用奏疏，不许。又定磨勘试卷例，如决裂本题，不尊传注，引用异教，影合时事，摭入俚言谐语，及小结大结不分明，甚至作全不可解之语者；并后场空疏五策，原问十不忆五者，酌量所犯重轻，察参。首严弊幸，次简瑕疵。初《四书》第一题用《论语》，第二题用《中庸》,第三题用《孟子》;如第一题用《大学》,则第二题用《论语》,第三题用《孟子》。第一场试题,先将经书分段书签,公同拈掣。如《论语》分为十段,主考掣得某段,即令房考于本段内,各拟一题;仍书签拈掣。余题俱准此例。顺治十五年,会试始钦命《四书》题(乡试钦命《四书》题,始于康熙二十四年,其年并钦定表题)。康熙二年,停止八股文,减试一场。首场试策五道,二场《四书》论,经论各一道,表一道,判五条。四年,礼部侍郎黄玑疏言:"制科取士,稽诸往例,皆系三场。先用经书,使士子阐发圣贤之微旨,以观其心术;次用策论,使士子通达古今之政变,以察其才猷。今止用策论,减去一场,似太简易,恐将来士子,剿袭浮词,反开捷径。且不用经书为文,则人将置圣贤之学于不讲,恐非朝廷设科取士之深意,请复旧制。"许之。自清初停五经中式之例,至康熙三十六年,四十一年,京闱并有五经之卷,特旨赐举人。并令嗣后闱中备长卷,以待能者,别于额外取中(以一二三名为额)。乾隆十八年,乃停五经中式,时命方苞选录《四书》文,以为程式。二十一年,移经文于第二场,会试作表一道,乡试并论判去之。寻易表以五言八韵唐律,又于首场增作性理论(论题初专用《孝经》,后兼以《性理》、《太极图说》、《正蒙》命题,而统名之为性理论)。屡颁谕旨,厘正文体,以清直雅正为宗。谕曰:"制科取士,首重《四书》文,盖六经精微,尽于四子书;非读书穷理,无以发先圣之义蕴。今士子或故为艰深,或矜为俳俪,偶有得售,彼此仿效,文风日下,非细故也。古人论文,以浑金璞玉为比,未有穿凿支离,可以传世行远者。"四十三年,又定每篇以七百字为率,然旧例本有逾五百五十字之禁;康熙间改限六百五十字,第日久渐泛滥耳。四十七年,移律诗于第一场,性理论于后场。五十二年,廷臣议准:士子束发受书,五经原宜全读,乡、会试次场酌考五经,各出一题;惟明岁场期甚近,恐边远未能骤习,宋臣朱熹有各经分年试士之议,请仿其法,轮试一周,再行并试。五十八年裁性理论,五经并试,至末叶而未常少改。盖入清以来,试文惟策论与制艺相争。其间消长之故,一见之于康熙二年,再见之于光绪二十四年。然八股旋废,不久即复,策论终非其敌也。末年,时变孔急,群知八股之不可用,而重又废绝,清亦不久遂墟矣。八股之文,为中国数百年之陋制,其弊盖不胜述。康熙某臣有言:“非不知八股为无用,特以牢笼人才,舍此莫属!”其言简明而深刻!历代帝王之心理,皆不外是。举天下之人才以兢兢于仕宦之途;竭天下之智慧以消磨于制艺之间;桎梏思想,其法良甚。秦皇愚民之策,明祖阴毒之计,亦不过使民无反抗之心而已!

(三) 进举之授官

举人选官之制,有考选,有拣选。考选因文艺而别其人才,拣选初兼考试,康熙三十九年,以具文罢之。案考选之法,顺治十三年,内宏文院以机务殷繁,请举贡考取撰文中书,康熙间,举人得就中书职候选。三十九年,以人数缺少,令改注他职。乾隆二十六年,从大学士蒋溥请,于会试落卷,别取中书一榜;遇应取明通榜之年,更于中书外选取。是年,又于会试落卷,挑取学正、学录;寻又改为考选。五十五年,停落卷挑取之例,其中书、学正、学录,于归班进士选用。至嘉庆初,会试照乡试之例,于落卷挑取誊录、教习,旋复考试教习之例。凡各馆誊录、官学教习、举人期满,以知县教职并用。此举人考试授官之大略也。举人拣选知县,初定三科,以后惟就教不限年;后令远省一科即得拣选。雍正初,以举人拣选,每逾三十年不得,而远省官多悬缺;乃拣发云、贵、川、广以知县试用,以知州同归举班。五年,令九卿各举所知,而举人亦得自相举荐。乾隆时,以举班壅积,二十年,谕吏部筹议疏通。寻部议捐纳人员,将次用竣,以其缺尽归举人序选。其挑选之制,初惟恩科举行。十七年,恩科拣选,以知县教职并用;其数大省四十人,中小省以十人为差。是为大挑之始。三十年谕曰:“举人选用知县,需次每至三十余年,其壮岁获售者,既不得及锋而用,而晚遇者年力益衰,中夜思维,筹所以疏通壅滞。查每科中额,一千二百九十名,统十年而计,加以恩科,则多至五千余人。而十年中所铨选者,不过五百人;除会试中式外,其曾经拣选候选者,尚余数千,经年愈多,随成壅积。而知县员缺,只有此数,缺少人多,固必然之势也。不知者,或归咎于捐班之占缺,捐班所选,每岁亦不过三四十人,现在捐班已停,自无虞占缺。即将来再议开捐,知县一条,不必载入。”于是部议截取举人。督抚据实验看,并定就教及赏给京衔之例。至次年,大挑增其额(大省百八十人,中小省递减);旋令远省挑十之六,近省十之五。四十六年,改定无论省份远近,就人数均挑。至进士授官之制,一甲一名授修撰,二三名授编修,及二三甲选用庶吉士者,皆为翰林官,清初选庶吉士,专由保举;雍正初设朝考(于殿试后加以御试论、诏、奏、议、诗五题),犹与保举兼行。乾隆二年,御史程盛修言:"新科进士,俱未经出任之人,九卿等原不能深知,不过就有志读书,可以造就者举之。行之既久,或有冒滥。"于是罢保举,专以朝考次之。初,各省或分额选取,以其半习清书后分选合选,时有不同;清书亦递减其员数。其教习散馆之制,详《翰詹源流考》中。明制:进士二甲,以部属与知州兼用,顺治三年,定二甲前五十名选部属,其后停止。雍正七年,复令分部学习。乾隆初,以额外主事多铨补壅滞,部议暂停。初沿明制,部属外兼用中行评博,至后并除中书一官,举贡例监,皆得考授。康熙六年,御史李棠乃奏停例监考试,中书以进士考补。五十二年,定制专以留京教习进士补中书。雍正初,选进士为官学教习。乾隆初,令期满称职,得为主事,次以知县用。于是进士入部,稍纡其途矣。设科之始,三甲选知州、推官、知县,顺治十五年,吏部奏:"设科取士,原为授官治民,向例二甲授京官,三甲授外官,今科除庶吉士外,俱授外官,京官有缺,择称职者升补。试之以治民,而后重任,法尤近古。"康熙九年,以推官已裁,二三甲俱授知县。五十一年,以进士选授知县,有刑名钱谷之责;选翰林教习文艺,从事典礼,并率同修书,以作养之。满三年,考试优等者,入月选。此进士授官之大略也。

八十四　学校教育之制度

(一) 乡党小学

学校之制,京师立国子监,曰太学。直省,府、州、县、卫,各于所治立学,设教授、学正、教谕、训导等官以主之。凡童生入学,满、蒙、汉军由本旗佐领考录,顺天及直省,由州县考录,册送于府;府丞知府以其录取者,册送学政。岁科考选,择其秀者入学,曰附学生员。诸生考课入学,生员各治一经,本学教官,月有课,季有考,别有等差,册报学政。岁科考取,其

最优者,食饩于官,曰廪膳生员。次优者别于附学,曰增广生员。其每考取入之数,皆有定额,表之于下:

<table>
<tr><th>生别
人数
学</th><th>附生</th><th>增生</th><th>廪生</th></tr>
<tr><td>满蒙旗</td><td>六〇</td><td>六〇</td><td rowspan="15">俱如增生之数</td></tr>
<tr><td>满军旗</td><td>三〇</td><td>三〇</td></tr>
<tr><td>盛京满蒙旗</td><td>一一</td><td>六</td></tr>
<tr><td>满军旗</td><td>八</td><td>三</td></tr>
<tr><td>顺天大兴县</td><td>二五</td><td>二〇</td></tr>
<tr><td>宛平县</td><td>二五</td><td>二〇</td></tr>
<tr><td>直隶府</td><td>二三</td><td>四〇</td></tr>
<tr><td>大州县</td><td>同前</td><td rowspan="8">以下不分大州县、次州县及大中小学等,只州学三十人、县学二十人、卫学十人之差</td></tr>
<tr><td>次州县大
次州县中
次州县小</td><td>一八
一五
一〇</td></tr>
<tr><td>江南府
浙江府</td><td>二五</td></tr>
<tr><td>大州县</td><td>同前</td></tr>
<tr><td>次州县大
次州县中
次州县小</td><td>二〇
一六
一二</td></tr>
<tr><td>余省府</td><td>二〇</td></tr>
<tr><td>大州县</td><td>同前</td></tr>
<tr><td>次州县大
次州县中
次州县小</td><td>一五
一二
八</td></tr>
</table>

诸生入学者,免本身徭役,入学三十年,及齿已七十者,免岁科试,以生员冠带(顺治二年,颁定生员品服式,银雀帽,顶高二寸,带用九品。“乌角,圆板四块,蓝袍,青边。披领同”)。终其身。游学远方,随祖父任所,赴试不及者,临试而病者,均给假限期补考。父母服及承祖父母重,三年免试。贫不能自存者,发学田租以周之。犯事情轻,后自改悔者,既革许开复;经定罪者,许以原名应童子试。所坐细微,地方有司具详学政,会教官戒饬,不得同齐民鞭挞。其劝惩优劣之法,学政岁考所至,行令提调州县教职等官,各举诸生优劣,开具事迹,封送学政,体访确实,随咨部;至三年任满,汇疏以闻。由部覆核,优生行谊最著者,升入太学,其次量予奖赏;劣生悔悟自艾者,以改过注册,终者除名。至于考试禁例,则凡娼、优、隶卒,及执贱役之家,皆不准投考,违者治罪。乾隆三十五年,议凡娼、优、隶卒,转以本身嫡派为断,本身既经充当贱役,所生子孙,例应永远不准投考。其子孙虽经出继为人后者,终系下贱嫡派,未便混行投考。次年,又议山陕乐户,江浙丐户,削籍四世,清白自守者,方准报捐应试;若仅一二世,亲伯叔姑姊尚习猥业者,一概不许侥幸出身。其广东之蛋户,浙江之九姓渔户,及各省相似者,悉照此办理。盖严阶级,而贱猥业,专制之时,殆亦难免也。

(二)太学

顺治元年,始置国子监官,详定规制。置官之法,已见前,兹不更赘。凡入监读书者,有恩拔岁优副功六贡。及优荫例三监。拔贡生,每十二年一举,由国子监疏请,得旨下部行。直省学政,于科考合两试优等生员,考择文行兼优者,会督抚复试文艺;既赴部,奏请廷试,考列一二等者,简选引见,候旨录用。三等及简遗者,送国子监肄业。文理有疵者,发回本籍读书,三年,再送廷试,荒谬者黜革。副贡生,以乡试取中副榜,升入太学,准作贡生,与选拔生同岁贡生,以各学廪膳生员,食饩年久者;依序贡入成均。恩贡生,遇国家覃恩,以本岁正贡,作为恩贡,与选拔及副贡同。优贡及优监生,学政岁科试竣,于所报优生中,择其优者,送部考试,廪增准作贡生,附学及武生,准作监生。功贡生,诸生有从军者,以功升诸太学,准作贡生，与优贡均视岁贡。荫监生，为有功官员子弟，奉旨特许者；始于顺治元年，恩诏文官三品以上，荫一子入监读书。其拔岁二贡之数，各地亦有不同，表之如下：

	拔　贡	岁　贡		拔　贡	岁　贡
京师满蒙旗	二（每旗人数）	二	盛京满蒙旗	二	三岁一人
汉军旗	一（每旗人数）	一	汉军旗	一	五岁一人
直省府学	二	一	州县学	一	州三岁二人 县二岁一人

国子监之规制，于顺治元年定，其内容大概如下：

一、祭酒、司业，职在总理监务，严立规矩，表率属员，模范后进。

一、监丞职在绳愆。凡教官怠于师训，监生有戾规矩，并课业不精，悉从纠举惩治。

一、博士、助教、学正、学录，职在教诲。务须严立课程，用心讲解，如或怠惰，致监生有戾学规者，堂上官举觉罚治。

一、典籍职在收掌一应经史书板。典簿职在明立文案，并支销钱粮，季报文册。

一、各监生于朔望日随行释奠礼。外有讲书（两厢及六堂讲《四书》、《性理》、《通鉴》，博士讲《五经》）、覆书、上书、覆背诸课，每月三回，周而复始。

一、各监生每日务写楷书六百字以上。

一、各监肄业各监生，祭酒三月季考一次，司业每月月课一次，不许托故规避。

一、各生坐监时日如下：

例监及恩荫	恤难诸荫	恩贡	岁贡	拔贡
二十四月	六	六	八	廪十四，增附十六

一、监生入监后，遇有省亲完姻，及同居叔伯兄长丧而无子者，许告假归里，立限给以假票，违限本监行文提取，计日停罚。

吾国旧制,学校以太学为最大,辟雍成均之化,所以作养士气,砥砺廉隅。虽与近世学校之制不同,然贤士之所关,教化之本原,其影响社会,殊非浅鲜也。汉明党锢,宋末太学,皆与人心政治有莫大之关系。惟清以利禄诱人,入学读书,亦有名无实,不过以学校制艺,作为进身之阶耳。

(三)官塾之学

京师太学,及直省乡学而外,在京师者又有宗学、景山官学、咸安宫学、八旗官学等。初,顺治元年,分八旗为四处,各立官学一所,用伴读十人,勤加教习。每十日赴国子监考课一次,春秋演射,五日一次。是为八旗官学之始。官学生每佐领下各取二名,以二十名习汉书,余习满书。康熙二十四年,以内府竟无能书射之人,应设学房简选,次年,遂设景山官学。二十六年,诏八旗子弟,准与汉人一体考试,惟满洲生员,则并试骑射。雍正元年,又设八旗教场官学、八旗蒙古官学,及八旗官学。七年,复设咸安宫官学,以景山官学生,功课未专故也。十二年,定咸安宫、景山官学生,考试年限,分别勤惰之例,以翰林院侍读保良奏也。以上皆旗学之大概也。宗学始于顺治九年,宗人府衙门议,每旗各设宗学,每学用满汉官各一员为之师,凡未封宗室之子,年十岁以上者,俱入宗学。设满洲官教习满书,其汉书听其便。十一年,乃谕:

> 朕思习汉书、入汉俗,渐忘我满洲旧制。前设立宗学,令宗室子弟,读书其内,因派员教习满书,其原习汉书者,各听其便。今思既习满书,即可将翻译各项汉书玩观。着永停其习汉字诸书!

雍正二年,复定宗室官学之制,左右两翼官房,每翼各立一满学、一汉学。王、贝勒、贝子、公、将军,及闲散宗室子弟十八岁以下,有愿在家读书者,听。其在官学子弟,或清书,或汉书,随其志愿,分别教授。十九岁以上,已曾读书者,亦听其入学,兼习骑射。每学以王公一人总其事,申严宗学立教之法。十一年,以翰林官二人,分教宗室子弟,分日入学,讲解经义,指授文法。每月给公费,与各馆纂修同,给米及衣服,与本学教习同。

觉罗学之设,始于雍正七年,当时以宗学未及于觉罗,觉罗人众,若并归宗学,势难遍及。诏每旗各立一衙门,管辖觉罗,于衙门旁设立十学,以教觉罗之子。此京师诸学,所以教八旗子弟之大概情形也。其在各省者,又有商学、卫所学、土苗学等。顺治十一年,题准商籍生员,凡长芦、两淮、山东、陕西盐运使所属,就附近府学;而山西河东,则于运城另设运司学。十五年,题准土司子弟,有向化愿学者,令立学一所,地方官取一人充为教读,训督瑶童。其瑶童有稍通文理者,听土司具名本县,转申提学收试,以示鼓舞。其教读年给饩银八两,灯油纸墨银二十四两。十六年,题准直隶、山海、宣府各卫学,无可归并,仍准照旧。此又外省特设诸学之大概也。

(四) 书院及义学

学校之制,虽京师有太学、官学;直省有府、州、县、卫学,然自学官不复教士,士之入学读书者,徒以为利禄之阶,有名无实。教育之权,遂移于书院之山长。书院之设,始于雍正十一年,初于省城设置。当时上谕言:

> 各省学校之外,地方大吏,每有设立书院,聚集生徒,讲诵肄业者。朕临宇以来,时时以教育人材为念,但稔闻书院之设,实有裨益者少,浮慕虚名者多,是以未尝敕令各省通行;盖欲徐徐有待,而后颁降谕旨也。近见各省大吏,渐知崇尚实政,不事沽名邀誉之为;而读书应举者,亦颇能屏去浮嚣奔竞之习。则建立书院,择取文行兼优之士,读书其中,使之朝夕讲诵,整躬励行,有所成就;俾远近士子,观感奋发,亦兴贤育才之一道也。督抚驻札之所,为省会之地,着该督抚商酌奉行,各赐帑金一千两。将来士子群聚读书,须预为筹划,资其膏火,以垂永久。其不足者,在于存公银内支用。封疆大吏,并有化导士子之职,各宜殚心奉行,黜浮崇实,以广国家菁莪棫朴之化;则书院之设,于士习文风,有裨益而无流弊,乃朕之所厚望也。

各省遵旨而设者,在直隶曰莲池,山东曰泺源,山西曰晋阳,河南曰大梁,江苏曰钟山,江西曰豫章,浙江曰敷文,福建曰鳌峰,湖北曰江汉,湖南曰岳麓、曰城南,陕西曰关中,甘肃曰兰山,四川曰锦江,广东曰端溪、曰粤秀,广西曰秀峰、曰宣城,云南曰五华,贵州曰贵山。皆奉旨赐帑银赡给师生膏火,令有志向上无力就师各生入院肄业。师长由督抚学臣以礼聘请,生员由驻省道员专司稽察,各州县秉公选择,布政使会同该道再加考验,果系材堪造就者,方准留院肄业。各省书院师长实有教术可观,人材奋起,六年之后,著有成效者,准督抚学臣请旨酌量议叙。诸生中材器尤异者,亦令荐举一二,以示鼓舞。其余各府县书院或绅士捐资倡立,或地方官拨公经理,俱申报该官查核。自后到处设立,而扬州之梅花,苏州之紫阳,杭州之诂经,广州之学海,湖南之岳麓,皆以讲求实学,颇著声誉。惟聚徒讲学,为政府规令所禁,故书院亦失宋元明时之性质,即稍以经史实学见称者,后亦败坏不堪;不过废绅于此猎束修,寒士借以博膏火,徒以月课八股诗赋之属,为科举之预备场而已。乾隆元年,上谕:

> 书院之制,所以导进人材,广学校所不及。我世宗宪皇帝,设之省会,发帑金以资膏火,恩意至渥也。古者乡学之秀,始升于国,然其时诸侯之国,皆有学;今府、州、县学并建,而递升之法,国子监虽设于京师,而道里辽远,四方之士,不能胥会。则书院即古侯国之学也。居中讲习者,固宜老成宿望,而从游之士,亦必立品勤学,争自濯磨,俾相观而善;庶人材成就,足备朝廷佐使,不负教育之意!该部即行文各省督抚学政,凡书院之长,必选经明行修,足为多士模范者,以礼聘请。负笈生徒,必择乡里秀异,沉潜学问者,肄业其中;其恃才放诞,佻达不羁之士,不得滥入。书院中酌仿朱子白鹿洞规条,立之仪节,以检束其心,仿分年读书法,予以程课,使贯通乎经史。有不率教者,则摈斥勿留。学臣三年任满,咨访考核,如果教术可观,人材兴起,各加奖励。六年之后,著有成效,奏请酌量议叙。诸生中才器尤异者,准令荐举一二,以示鼓舞。

以书院为侯国之学,择乡里之秀士肄业其中,然仪制鄙陋,高才或不屑而入。故清代大师，多非书院人物。特以朝夕讲研，较府县各学之空具其名，为稍有实益耳。书院之外，又有社学、义学，由地方官择延文行兼优之士为馆师，诸生中贫乏无力，酌给薪水膏火；每年将师生姓名，册报学政。此种学校，为切近平民之馆塾，亦贫乏无力延师者之教育地。在比较上，远胜于其他各学之有名无实。一代学校足称者，仅此而已。

第二十一章　政治以外之社会组织

八十五　宗族制度

（一）宗法社会之蜕变

中国社会之形成，系以家族为本位，由家族扩而为宗族，由宗族扩而为民族，故国与家二字恒并举，而国族一词尚少见。家族起于父系时代，盖在婚姻制度建立以后，“男女有别”，则父子始亲。父古文作㪅，《说文》云：“家长率教者，从又举杖。”又即右手，其所举之杖，固以率教，亦示威严也。㪅与𠬪形义皆极相近，《说文》：“尹，治也，从又丨，握事者也。”父所举杖，与尹所握事，实同一物。其后尹下加口以表发令，则为君，父之与君，谓由一字孳乳而来可耳。《孝经》曰：“家人有严君焉，父之谓也。”父之本义如此，即家族制度所由成立也。家庭组织及其相互间权利义务关系，远古特别情形如何，不可深考，自周以迄清末，原则上似无剧烈变化。所谓父系父权父治之社会，父之在家，尊无与二。“惟妻之为言齐也，一与之齐，终身不改”（《礼记》）。是以男女分主内外，主母在家庭亦有相当权力。夫妻结合，最初或由于掠夺，其继或由于买卖，后来“以仲春之月会男女，奔者不禁”，亦犹今日之自由恋爱耳。至父母之命，媒妁之言，完全由父母长亲为之主持，则以婚龄过早男女未成年，恐其无别择能力，此风相沿二三千年，至民国以后始渐革。父母对于子女，在古代殆纯认为所有品，不承认其有独立人格，父母擅夺子女生命者，中外皆不稀见。及周公作《康诰》：“于父不能字厥子，乃疾厥子……刑兹毋赦”，与“子弗祇父服事”，同一显戮。《唐律》：“以刃杀子孙者徒二年，故杀者加一等。”《大清律》：“子孙违犯教令，而祖父母、父母非理殴杀者，处十等罚，故杀者徒一年。”此与十恶之刑相较，一般平等之原则，究未适用也。财产则“父母在不有私财”，为古礼所教。《唐律》犹严“卑幼私擅用财”之禁。盖父在时常合一父所产之子若孙为一家族单位，析产而居，目为不祥，此观念至清末未变。且更有以四五世同居或百口同居为美谈，以是构成中国之大家庭制。惟古风不能终守，清代已多于父殁后即分居。父在而子分居，惟战国时秦俗为然。（贾谊言：“秦人家富子壮则出分。”）各家族以同居同爨为常。若子孙有所获，均应归诸家族。其各自保存者，曰“私房钱”。至父殁而子承袭，除封建时贵族，皆归袭爵之子外，庶人之家，则兄弟均分遗产，汉以后皆承认此原则《大清律》更详为规定云：“分析家财田产，不问妻妾婢生，止以子数均分。”此种继承制度，已与近代之民法精神相吻合。然女子无继承权，以其出嫁为异姓，非复家族之一员矣。各家族相互间，有大家族之联属组织焉，此殆社会自然之趋势，至周代更加以人为的规划，以形成一大规模有系统之组织，所谓宗法是已。宗法之制：“别子为祖，继别为宗，继祢者为小宗，有五世则迁之宗，有百世不迁之宗。”（《大传》文）此为周代封建制度之特色，以一诸侯为中心，长嫡（《公羊传》谓：“立嫡以长不以贤，立子以贵不以长。”）继袭为诸侯，余子谓之别子，各自为开宗之祖，继其世者谓之宗。宗有大小，大宗者，此别子之长嫡累代袭继者也。凡此别子所衍之子孙，皆累代宗之，其国一日不已，则其家一日不绝，故曰百世不迁之宗。小宗者，此别子之余子，复各自立宗，谓之继祢，其所衍之宗为小宗。小宗亦长嫡世袭，其支庶亦代代劈立小宗，宗之世袭法，大小一也。所异者，大宗则同此一祖所出之子孙永远宗之，小宗则至同高祖昆弟而止。故曰五世则迁之宗。后世祖宗合为一词，若祖即宗，宗即祖者，其实不然。祖者父道也，宗者兄道也，以事父之道事其祖，以事兄之道事其宗，人人皆奉一大宗，而因其世次之尊卑兼奉一小宗，至四小宗而止。故谓之“五宗”。如是一国中无数小宗以上属于大宗，无数大宗以上属于诸侯，诸侯迭相宗而同宗天子，故亦曰“宗周”。层层系属，若网在纲。《白虎通》谓：“大宗率小宗，小宗率群弟，以纪理族人。”则社会上一大部分事业,皆可以敦亲睦族的意味行之,由父系部落进为家族主义的国家,其组织于是大完。国君同姓之外,异姓始迁者亦有宗。同姓不婚,则异姓之宗,皆甥舅也。故原邑之民谓:“夫谁非王之婚姻?”是宗法又可为同异姓之连锁,亦家族政治之旁通者耳。由于宗法之重嗣续,诸侯一娶九女,士庶人亦一妻一妾。妾媵在家庭,盖介于妻奴之间,以为性生活之调剂品,此我国婚制之特色。子有嫡庶,即由于其母之为妻为妾也。宗法至周末渐坏,战国以后,秦汉间惟“为父后”之制,尚存其遗蜕,东汉几已绝迹。然清代丧服之制,父殁而长子已故者,以嫡长孙为承重孙,诸父虽尊而不敢先者,宗人不敢先宗子也。同姓之人,非五服以内者,辄曰不宗,不得列于讣闻。此皆宗法时代之残影,其潜势力寄托于宗族,遂为近代社会组织之一大基础矣。

(二) 族产宗祠之设置

封建制度破坏以后,宗法亦随之瓦解。顾宗法虽废,而家族制仍未变,是以“收族”“睦族”“赡族”之事,仍为吾国社会所极重视。自北宋范仲淹(谥文正)创设义庄义田,使同族有公产,以为保族传远之计,于是宗族复为社会组织之基层。其言曰:

> 吾吴中宗族甚众,于吾固有亲疏,然以吾祖宗视之,则均是子孙;固无亲疏也。吾安得不恤其饥寒哉?且自祖宗以来,积德百余年,而始发于吾,得至大官,若独享富贵而不恤宗族,异日何以见祖宗于地下,亦何以入家庙乎?(《范文正公文集》)

仲淹之六世孙范之柔(谥清宪,旧名良能),在奏章中谓:“仲淹奋身孤藐,遭世休明,深念保族之难,欲为传远之计,自庆历、皇祐以来,节次于苏州、吴长两县,置田亩,立义庄,赡同族。”此其最初目的,仅为赡恤同族,结果则宗族互相团结,形成地方自治之单位。他族仿而行之,铅山(江西)刘辉、潍州(山东)吴奎、长山(山东)韩贽、临江(江西)向子湮,皆同时最著者也。世家大族,莫不以踵行范氏之法为慕义好善,故吴中义庄林立(俞樾《春在堂杂文·镇海李氏义庄记》)。晚清时,冯桂芬所称:“今义庄之设遍天下”(《显志堂稿·汪氏义庄记》),“而江南尤盛”。又称:“义庄虽一人一家之事乎?而实有合于三代圣人宗法遗志。”(《显志堂稿·武进盛氏义田记》)可见义庄义田之设,无间南北,所在多有,惟江以南为尤盛耳。盖宋室南渡以后,衣冠士族,多随之南迁。“聚族而居”,本为自然之势(王检《皇清奏议·请除尝租锢弊疏》、陈宏谋《经世文编·寄杨朴园书》、《方望溪集外文·教忠祠禁》,皆谓广东、闽中、江西、湖南、荆、楚、吴、越均聚族而居)。如乾隆江西《赣县志》,谓:“其乡聚族而居,六乡一姓,有众至数千户,必建宗祠,置祭田。”江苏《吴县志》谓:“兄弟析烟,亦不远徙,祖宗庐墓,永以相寄。一村之中,同姓者至数十家或数百家,往往以姓名其村巷。”方苞《赫氏祭田记》谓:“三楚吴越闽广,山溪之间,聚族而居者,常数千百家。”《仁和汤氏义田记》云:“吴楚闽粤山泽乡邑之间,族聚者常千百人。”类此之记载实不胜枚举。似皆偏于南方,北方虽亦多聚族而居,且亦有义庄之设(如元代韩元善为河南人,盖苗为河北人),惟不若江南之繁盛普遍耳。顾亭林曰:“北人重同姓,多通谱系,南人则有比邻而各自为族者。”(《日知录·通谱》)又曰:“今日中原北方,虽号甲族,无有至千丁者,户口之寡,族姓之衰,与江南相去夐绝。”(《日知录·北方门族》)即可知矣。义庄既为苏州范氏所首倡,子孙世守其法,自宋迄清末,九百余年,始终不衰,以故范氏无穷人,他族皆莫能比(说见顾亭林及冯桂芬)。至义田之来源,大都为宗族中之慕义者所捐献,如范文正公初置田千余亩,次子纯仁(谥忠宣)又增置千余亩,积至明初,已接近四千亩。因有子孙得罪而没官者,有因户役艰窘而典卖者,有被权豪恃势侵占者,宣德五年,巡抚周忱清理之结果,只存一千三百余亩。以后又逐渐扩充,至清嘉庆间,范来宗统计为四千八百九十二亩。道光初已逾五千亩(太原《王氏家谱》所载王仲鎏之言,谓范氏义田至道光二十年左右已达八千余亩,未知信否),但亦有就族中田产之多寡,额定捐出者。如明代于镒中之说:“族中有田十顷者,勒出义田五十亩,有三顷者,助四十亩,中间递为增减,二顷以下免之。”(见《古今图书集成·家范典》)是也。而东门涂氏捐义产以十亩为准。他日子孙式微,除如例赒恤

外,仍每岁给谷二石,以报其人。此种事例似不甚多。兹先将江、浙、皖、赣、鄂诸省义田之较著者,约略表之如下:

省名	义庄名称	义田数目	引据书名	附 注
江苏	吴中范氏义庄	五二六六亩	范氏家乘	包括祭田学田
	浔阳陶氏义庄	一二〇〇亩	王玫(苏州府志)	
	彭氏润族田	二〇〇亩	彭绍升(苏州府志)	
	木渎朱氏义田	一〇〇〇亩	同上	
	临海戈氏义田	一〇〇〇亩	沈德潜(苏州府志)	
	骆氏二庄义田	一四〇亩	骆居祉(句容县志)	
	长洲陆氏义田(陆豫斋)	五〇〇亩	钱大昕(潜研堂文集)	
	武进盛氏拙圃义庄	一〇二二亩	冯桂芬(显志堂稿)	
	汪氏耕荫义庄	一〇〇〇亩	同上	
	上海曾氏瑞芝义庄	一〇五五亩	曾氏瑞芝义庄全案	祭田一一二亩、义塾田四三〇亩、墓田五亩
	东汇潘氏荥阳义庄	二八五〇亩	东汇潘氏族谱	
	大阜潘氏松麟义庄	二二二〇亩	大阜潘氏支谱	
	吴县程氏资敬义庄	二四〇〇亩	吴县程氏支谱	包括祭田
	葑门陆氏丰裕义庄	一〇〇〇亩	陆氏葑门支谱	
	徐氏义田	一〇〇〇亩	李坤元(忍斋杂识)	
浙江	镇海李氏养正义庄	二〇〇〇亩	俞樾(春在堂杂文)	
	镇海方氏宝善义庄	一二〇〇亩	同上	
	麻陕陈氏赡族公产	一六〇石	吴陈勋(宁海县志)	学田一四〇石、墓山二四亩
	杨氏义田	八〇石	刘仪(宁海县志)	
	嘉善程氏义田(程廷玙兄弟)	一〇九〇亩	赵遵路(榆巢杂识)	
安徽	庐江章氏义庄	三〇〇〇亩	皇朝经世文编	
江西	程氏义田	一〇〇〇亩	彭宗岱(新建县志)	
湖北	戚氏义田	八〇亩	戚天保(沔阳县志)	
	江夏陈氏义庄	三〇〇〇亩	江夏陈氏义庄条规	

上表仅五省二十四姓，义田当然不限于五省，五省亦不止此二十四姓，兹仅就目前所有资料，略示一斑而已。义田之外，复有祭田、学田，学田或称读书田、义塾田，专作奖学之用，其数不多，大多由义田拨出。祭田始于南宋朱熹。朱子云："初立祠堂，则计见田，每龛取其二十之一，以为祭田。亲尽则以为墓田，后凡正位祔位皆放此。宗子主之，以给祭用。上世初未置田，则合墓下子孙之田，计数而割之，皆立约闻官，不得典卖。"(《朱子全书·通礼第一祠堂》)朱子之祭田，因享祭者止于高祖，致祭者止于玄孙，仍系以家族为本位。明清两代，祠堂之祀，上及始祖或始迁祖，因而祭田转为宗族所共有。明方孝孺所谓："立祠，祀始迁祖。""为始迁祖之祠，以维系族人之心。"（见《逊志斋集》卷一）清谢济世，祭始祖以下五十七代之本支世图，为《家庙记》（见《皇朝续文献通考》）。自此立宗祠设祭田之风盛行，较之义田纯以赡族为事者，更有进一步之团结精神。虽曰"直省士庶之家，其笃念亲故者，每立祀产以供先世烝尝，立义田以赡同族贫乏"（见《皇清奏议》庄有恭《请定盗卖盗买祀产义田例以厚风俗疏》）。似乎义田、祭田，各有目的，显非一种，其实义田亦包括祭田，祭田多者，十八为赡族之用（沈鲤《沈公家政》，沈氏族田，赡族费十分之八，烝尝费十分之二。《常州府志》吴氏义田，赡族费十分之三，助役费十分之七）。是故义田与祭田，名目虽分，而素质则相同也。祭田最大之作用，为立祠堂、祀祖先。各省县志，多有此类记载，祠堂一名家庙，或祖祠，城乡皆有，尤以江南最为普遍。方孝孺所称睦族之三道："为谱以联其族；谒始祖之墓，以系其心；敦亲亲之礼，以养其恩。"亲亲之道，即"喜戚贫富，相庆吊周恤也。老壮稚弱，相敬让慈爱也。役相助也，力相藉也，难相拯而死相葬也"。历来言尊祖敬宗收族者，认此为最有效之三法：家谱是一族之历史记载，所以明世系，别支属，全国大族，莫不有之；谒祖墓，则兼立宗祠，敦亲亲，则多赖义庄。如《新宁县志》云："民重建祠，多置祭田，岁收其入，祭祀之外，其用有三：朔日进子弟于祠，以课文武童者，助以卷金，列胶庠者，助以膏火，及科岁用度。捷秋榜赴礼闱者，助以路费。年登六十者，祭则赠以肉，岁给以米，有贫困残疾者论其家口给谷。无力婚嫁丧葬者，亦量给焉。遇大荒，则又计丁发粟，可谓敦睦宗族矣。"由此可见义庄、祭田、学田,名称及来源虽不同,而作用则一。于是宗族自治之规模,皆藉此种庄田之兴起,而普及于我国社会,尤以江南一带为显著焉。

(三)宗族自治之实例

范氏义庄之设,仲淹创立规条,其子孙复追补之,渐臻完备。大要为全族人每口日给白米一升,冬给布一匹。嫁娶丧葬,皆有补助。科举考试及就师求学,皆有束脩。族人生活,既获最低之保障,而宗法之遗义,又复行于近代。《范氏家乘·历代主奉题名记》云:

> 主奉者何?宗子也。以承奉祭祀,统率族众,遴选执事,总理义庄,贵显不敢越辈行,不敢序公举。文正长房监簿(范纯祐)之后居多,所以重宗子也。

清代方苞论之曰:

> 范氏之家法,宗子正位于庙,则祖父行俯首而听命,过愆辩讼,皆于家庙治之。故范氏之子孙,越数百年,无受罚于公庭者。盖以文正置义田,贫者皆赖以养,故教法可得而行也。(《方望溪文集·仁和汤氏义田记》)
>
> 吴郡范氏宗法,行之七百余年,乡人有事争辩者,不之公庭,而之文正祠堂。宗子虽襁褓,正位于上,掌祠事者四人奉之,苟不直,虽诸父诸祖父行,解衣伏地,受扑以谢乡人。故子孙奕世无受官刑者。此虽其家法之明,抑亦文正、忠宣德行勋庸,有以大服众志,而仪式于后昆也。(《方望溪文集·教忠祠禁》)

观乎范氏之宗法,以义田赡族,计口授米,颇似封建世禄与八旗口粮,故教法得行。而宗子之地位,不但为一族之长,抑且为一乡之长矣。于是宗族转成为一自治单位,凡有争讼,无需对簿公庭,“上祠堂”即可解决。此法全国各宗祠无不仿效之,乃形成一族治之社会组织。梁任公先生于

《中国文化史》详记其乡之自治组织,虽所述为晚清事,与清初当大致不差也。谨录如下:

> 吾乡曰茶坑,距厓门十余里之一岛也。岛中一山,依山麓为村落,居民约五千,吾梁氏约三千,居山之东麓,自为一保。余余、袁、聂等姓分居环山之三面,为二保。故吾乡总名,亦称三保。乡治各决于本保,其有关系三保共同利害者,则由三保联治机关决之,联治机关曰“三保庙”。本保自治机关,则吾梁氏宗祠“叠绳堂”。
>
> 自治机关之最高权,由叠绳堂子孙年五十一岁以上之耆老会议掌之,未及年而有“功名”者(秀才、监生以上),亦得与焉。会议名曰“上祠堂”(联治会议则曰“上庙”)。本保大小事皆以上祠堂决之。
>
> 叠绳堂置值理四人至六人,以壮年子弟任之,执行耆老会议所决定之事项。内二人专管会计,其人每年由耆老会议指定,但有连任至十余年者。凡值理虽未及年,亦得列席于耆老会议。
>
> 保长一人,专以应官,身份甚卑,未及年者,则不得列席耆老会议。
>
> 耆老及值理皆名誉职,其特别权利,只在祭祀时领双胙,及祠堂有宴饮时得入座。保长有俸给,每年每户给米三升,名曰“保长米”。由保长亲自沿门征收。
>
> 耆老会议每年两次,以春秋二祭之前一日行之,春祭会主要事项为指定来年值理。秋祭会主要事项为报告决算及新旧值理交代。故秋祭会时,或延长至三四日。此外遇有重要事件发生,即临时开会。大率每年开会总在二十次以上,农忙时较少,冬春之交最多。
>
> 耆老总数常六七十人,但出席者每不及半数,有时仅数人亦开议。
>
> 未满五十岁者亦得立而旁听,有大事或挤至数百人,堂前阶下皆满,亦常有发言者,但发言不当,辄被耆老诃斥。
>
> 临时会议,其议题以对于纷争之调解或裁判为最多。每有纷争,最初由耆老和判,不服则诉诸各房分祠。不服则诉诸叠绳堂,叠绳堂

为一乡最高法庭,不服则讼于官矣。然不服叠绳堂之判决而兴讼,乡人认为不道德,故行者极稀。

子弟犯法,如聚赌斗殴之类,小者上祠堂申斥,大者在神龛前跪领鞭扑,再大者停胙一季或一年,更大者革胙。停胙者逾期即复,革胙者,非经下次会议免除其罪不得复胙。故革胙为极重刑罚。

耕祠堂之田而拖欠租税者停胙,完纳后立即复胙。

犯窃盗罪者,缚其人游行全乡,群儿共噪辱之,名曰"游刑"。凡曾经游刑者,最少停胙一年。

有奸淫案发生,则取全乡人所豢之豕,悉行刺杀,将豕肉分配于全乡人,而令犯罪之家偿豕价。名曰"倒猪"。凡曾犯倒猪罪者,永远革胙。

祠堂主要收入为尝田,各分祠皆有,叠绳堂最富,约七八顷。凡新淤积之沙田,皆归叠绳堂,不得私有。尝田由本祠子孙承耕之,而纳租税约十分之四于祠堂,名曰"兑田"。凡兑田均于年末以竞争投标行之。但现兑此田不欠租,次年大率继续其兑耕权,不另投标。遇水旱风灾则减租,凡减租之率,由耆老会议定之,其率便为私人田主减租之标准。

支出以坟墓之拜扫,祠堂之祭祀为最主要,凡祭皆分胙肉,岁杪辞年所分独多,各分祠皆然。故度岁时虽至贫之家,亦得温饱。

有乡团,本保及三保联治机关分任之,置枪购弹,分担其费。团丁由壮年子弟,志愿补充,但须耆老会议之许可。团丁得领双胙,枪由团丁保管(或数人共保一枪),盗卖者除追究赔偿外,仍科以永远革胙之严罚,枪弹由祠堂值理保管之。

乡前有小运河,常淤塞。率三五年一浚治,每浚治由祠堂供给物料,全乡人自十八岁以上五十一岁以下皆服工役,惟耆老、功名得免役。余人不愿到工或不能到工者,须纳免役钱。祠堂雇人代之。遇有筑堤堰等工程亦然。凡不到工,又不纳免役钱者,受停胙之罚。

乡有蒙馆三四所,大率借用各祠堂为教室,教师总是本乡念过书的人,学费无定额,多者每年三十几块钱,少者几升米。当教师者在祠堂得领双胙。因领双胙及借用祠堂故,其所负之义务,则本族儿童虽无力纳钱米者,亦不得拒其附学。

每年正月放灯,七月打醮,为乡人主要之公共娱乐,其费例由各人乐捐,不足则归叠绳堂包圆。每三年或五年演戏一次,其费大率由三保庙出四之一,叠绳堂出四之一,分祠堂及他种团体出四之一,私人乐捐者亦四之一。

乡中有一颇饶趣味之组织曰"江南会"。性质极类欧人之信用合作社,会之成立,以二十年或三十年为期。成立后三年或五年开始抽签还本,先还者得利少,后还者得利多,所得利息,除每岁分胙及大宴会所费外,悉分配于会员(乡中娱乐费此种会常多捐)。会中值理,每年轮充,但得连任。值理无俸给,所享惟双胙权利。三十年前,吾乡盛时,此种会有三四个之多,乡中勤俭子弟得此等会之信用,以赤贫起家而致中产者盖不少。

又有一种组织,颇类消费合作社,或贩卖合作社者,吾乡农民所需主要之肥料曰"麻麸"。常有若干家相约以较廉价购入大量之麻麸,薄取其利以分配于会员。吾乡主要产品曰葵扇,曰柑,常有若干家相约联合售出,得较高之价,会中亦抽其所入之若干。此等会临时结合者多,亦有继续至数年以上者。会中所得,除捐助娱乐费外,大率每年终尽数扩充分胙之用。

各分祠及各种私会之组织,大率模仿叠绳堂。三保庙则取叠绳堂之组织而扩大之。然而乡自治实权,则什九操诸叠绳堂之耆老会议及值理。

先君自二十八岁起,任叠绳堂值理三十余年,在一个江南会中兼任值理亦二三十年,此外又常兼三保庙及各分祠值理。启超幼时,正是吾乡乡自治最美满时代。

任公先生所说之乡自治,实即宗族自治之一例也。故谓"此盖宗法社会蜕余之遗影,以极自然的互助精神,作简单合理之组织。其于中国全体社会之生存及发展,盖有极重大之关系。国内具此规模者,尚所在多有,虽其间亦恒视得人与否为成绩之等差,然大体上相去不远”。此数语对吾国社会由于宗法演变而成之乡自治,论断极为确当。盖吾国各处宗祠之治法,即有小异亦实大同。如范氏之主奉,梁氏之耆老,皆其宗之嫡长辈行,以为自然之领袖。耆老取会议制,主奉取宗子制,殆亦虚君耳。此颇具有相当之民主精神,殊非后日“官办的自治”所能望其项背也。

(四) 族制发生之流弊

族产之设,对于中国社会,影响甚大,盖尊祖敬宗一事,原为古代以孝道治天下之精神所系,数千年来,民族蕃衍不衰,社会安定不紊,其功不可泯也。惟互助团结之义,推而至于计口授粮,则愚者怠于作业,黠者侵吞盗卖,以致同室操戈,讼狱繁兴,是以敬宗收族之事,反成谇诟嚣陵之习,利弊相生,其端早见。而尤甚者,则莫如两姓之械斗,在清代社会上,已成为一种最坏之风气。于成龙《判牍菁华》有《两姓械斗之妙判》一则,述广西赵廖二姓间之械斗,发端于争夺五亩之土地,在斗争中死亡者,赵姓三十八人,廖姓四十八人,且赵姓之房屋被焚毁七十二户,全村悉付一炬。王检论广东人之械斗有曰:

> 广东人民,率多聚族而居,每族皆建宗祠,随祠置有祭田,名为尝租。大户之田,多至数千亩,小户亦有数百亩不等。递年租谷,按支轮收,除祭祠完粮之外,又复变价生息,日积月累,竟至数百千万。凡系大族之人,资财丰富,无不倚强凌弱,恃众暴寡。如遇势均力敌之户,恐其不能取胜,则聚族于宗祠之内,纠约出斗。先行定议,凡族斗受伤之人,厚给尝租,以供药饵,因伤身故,令其木主入祠,分给尝田,以养妻孥。如伤毙他姓,有肯顶凶认抵者,亦照因伤之人,入祠给田。因而亡命奸徒,视此械斗之风,以为牟利之具,遇有雀角,各攘臂争先,连毙多命。迨经拿讯,而两造顶凶,各有其人,承审之员,据供问拟正法,正犯又至漏网。奸徒愈无顾忌,种种刁恶,皆由尝租之为厉。(《皇清奏议·请除尝租锢弊疏》)

汪志伊论福建异姓间之械斗亦云：

> 查闽省械斗之风，泉、漳尤甚。缘民俗犷狎，生齿日繁，仇怨甚深。且聚族而居，大者千余户，小者亦百数十户，大户欺凌小户，小户忿不能平，亦即纠合亲党，抵敌大户。每遇雀角微嫌，动辄鸣锣号召。千百成群，列械互斗，其凶横若此。且各立宗祠，元旦拜祖后，即作阄书，写多名以为殴毙抵偿之名次，拈得者颇以为荣。族人代为立后，并设位于祠，其愚若此。间有稍知礼法，退避不前者，即怀恨逞凶，毁其器而焚其房，挟以必从之势，其胁从又若此。是以彼此报复，乘机掠夺，仇杀相寻，将两造被杀人数，互算互抵，有余则以拈阄之姓名，依此认抵，到案茹刑，总不翻供，其甘心自残又如此。（《皇朝经世文编·吏政·敬陈治化漳泉风俗疏》）

械斗之风，盖不仅粤闽为然，凡有宗祠祭田之乡村氏族多有之。北方虽少祠堂之设，但聚族而居，类似江南之两姓械斗者亦时常发生。地方官吏只能作善后之处理。不能作事先之防范，往往以睚眦之怨，结仇数世，终以私斗为快。异姓视若鸿沟，邻里转成敌国，昧于亲亲仁民之义，更不知进宗族以为国族矣。清代二百余年，此弊有增无已，康熙以后，地方官吏欲革除其弊者，颇不乏人，然积弊已深，效果不彰。迄于清末，两广总督张之洞犹以为言，其《请严定械斗专条折》云：

> 粤省民情强悍，每因睚眦小怨，田山细故，辄即不候官断，招雇外匪，约期械斗。主斗之人，大率系其族首、族绅、祠长之不肖者，名为两族两乡互斗，实行临时雇募土匪、盐枭、海盗，及一种专习线枪游手亡命之徒。号召者或数百人或千余人，附和者或数村或数十村。外洋利器，随处可购，是以洋炮、洋枪、旗帜、刀械，无一不有。又复高筑塞墙，建造炮台，有攻击三五年而互斗不已者，有已经和息而挟恨复斗者。临斗之时，高竖大旗，对放巨炮，若攻入彼村，即恣意焚杀搜抢，所烧房屋，动以百间计数，所杀人口，动以数十计命。甚至掘毁坟

墓,掳捉男女,拒杀兵差,凶残不法,无异化外。且斗胜之村,动辄残毁田禾薯蔗数百亩,砍伐树木果园数千株,故此数村经一次械斗,即丧失一二年或数十年之资产,其隐害民生者,尤非细微。(《张文襄公全集》卷十四)

两姓械斗,不受法律约束,原已超出政治的范围以外。清末且有雇募职业打手,联络盗匪流氓,用枪炮施攻守者,不啻两国宣战,军阀互鬩,真令人叹观止矣。之洞于奏折中,复述械斗之原因,弊端皆从族产丰厚发生,其言曰:

粤民聚族而处,祠产素丰,事无大小,皆听族首、族绅、祠长号召,族首等贤否不齐,主斗者,既借势豪,兼恃财力;取公帑,以恣挥霍,敛众费,以供侵渔。而所雇觅之匪徒,又足以为羽翼,但有得财之乐,从无偿命之苦。

族产之流弊竟如此,岂范文正提倡义田时所及料乎?周代宗法社会,原以世禄为基础,以贵族为对象,而庶人无宗,平民尚未尽行也。故"礼不下庶人,刑不上大夫"。义田本为保族久远之计,如能本互助合作之精神,实行地方宗族之联治,不假官府,原属无可厚非。奈以义庄演为祭田,以祭田演为宗祠,普及民间,各守封域,而流弊遂滋。然天下无绝对之事理,中国宗族之社会组织,在农业经济时代,较之西洋封建社会,贵族僧侣暴虐专横,似犹胜一筹。但西洋由专制一变而为民主,中国则由自治一变而为官治,祸福倚伏,又岂可一概而论哉?

〔附记〕 社会部《中国家族社会之演变》一书中,对家族制度之批判,谓:中国家族制度行之数千年,精神始终一贯,自有其优点在。(甲)养老,……(乙)育婴,……(丙)家庭教育,……(丁)保存社会产业。……其弱点有:(甲)阻止工商业必需的进取精神,……(乙)家族制度之结果为成立经济的依赖,……(丙)家长的负担过重……

(丁)政治团结力薄弱。按中国家族制度所以能长期保存,盖有其经济的、政治的及法律的基础,此三者既随时代而崩溃,则今日之家族制度,当然呈分崩离析之象,下卷中拟再言之。兹录《合肥风俗志》所述之家族组织云:"四乡之民,多聚族而居,故宗法极重。每族各设一祠堂,族大者多至四五处。祠内供历代祖先牌位,每届清明冬至二节,族人群赴祠中祭祀。或族中有重要事件发生,亦于祠中开会决之。祠有田房等不动产,每岁由族中年高有德者管理之。其所得之利息,则存放以谋合族之公益。每族均有一宗谱,族人少则只一挂谱,将族中存殁人名,各依其宗支,作一表式,悬诸祠中,族大者宗谱多至数十册。谱约每三十年一修,修时须先调查此三十年内存殁人名,及其生年月日时。修谱时最重要者为承嗣问题。盖乡人重视族谱,以为一登于书,则永不能变,而官中亦认为听讼时证据之一种。故无后者若有财产,则有承嗣之资格及本支中刁滑而希冀承继者必力争之,往往至于涉讼。族中规例极严重,颇具自治之雏型。举凡族人争吵沟洫等事,均取决于族中之贤者长者。必重大案件,为族人调解不开者,始诉之于官。官之判断,仍须参令族绅之意见。族中有不法而败坏一族之名誉者,族人得召集会议,于宗祠中处分之,或罚以金钱酒席,或责以杖,重且至于绞死。……变乱时……合肥独能匕鬯不惊,商民安谧者,即赖各族各自约束其族人,不准为非作歹,有逾法轨者,则执行宗法以划除之。是故宵小敛迹,外盗莫侵,补官法之不足,作良民之保障,正不得附和新学家之言,谓为阻碍文化进步,一鼓而废之也。"亦可见其大凡矣。

八十六 乡治与保甲

(一) 乡村自治之由来

欧洲国家,积市而成,中国国家,积乡而成,故中国有乡自治而无市自治。乡盖古代邻、里、乡、党、比、闾、族、州之总名,专称乡者,则指一国中最高之自治单位。《周礼》有乡师、乡大夫、州长、党正、族师、闾胥、比长诸职;《管子》则乡师、乡良人、州长、里尉、游宗、什长、伍长或轨长诸职;其制不尽相吻合,两书皆战国末年所记述,未必皆属事实,即事实亦未必各国皆从同也。其职权之内容,则《周礼》所说,重在乡官,《管子》所说,重在乡自治。《管子》曰:“野与市争民,乡与朝争治。”又曰:“朝不合众,乡分治也。”是则乡治为一国政治以外之社会组织,亦即人民以宗族闾党为单位之自治团体也。孟子述古代井田之制,亦曰:“死徙无出乡,乡田同井,出入相友,守望相助,疾病相扶持,则百姓亲睦。”综古人所言,盖无不以乡治为吾国社会组织之基础,虽名称不尽相同,而意义殊无大差。因中国为农业国家,民居于野,散漫不易为治,只有由族姓而聚为乡村,借宗法而实行自理,耕牧合作,义塾施教,出入相稽,守望相助而已。此种制度,其精神在于互助,其实行在于自动,由人类相友爱相依赖之本能,充分利用而浚发之,彼此咸负连带责任,以构成一美满而巩固之社会,人民既可获极大之自由,政府亦可少管制之干涉。法律所定,不过就其便利,因其成规,除隋文帝师心变古,尽罢州郡乡官外,鲜有改弦而更张者。此吾国周秦以来所行乡治之遗意也。自宋代行保甲之法,明清更明诏推行,于是乡治与保甲,几乎联为一体矣。惟清初所行之里甲法,以徭役户课为主,与乾嘉时代之保甲法,以警备侦防为主者,实相似而不尽同,当于卷中第二篇第八章五十一节中申论之。后以丁税摊入田赋,里甲制废,代之而兴者,即为图保甲社之名称,是保甲法不过仍袭旧制而加以整饬,如警卫、户籍、赋税诸端,皆事事兼顾,故谓里甲与保甲之关系,犹一物之有二面,或谓为保甲组织形式之前身,亦无不可。盖清代之地方制度,自县以下,委诸民治,官书所载,殊不甚详,或里或乡,或保或社,或区或村,一地迭用数种名称者有之,数种名称而各地互异者亦有之,论其组织之系统如何,行政方式如何,要皆莫能详解,初惟就习惯上之方便,随意采用,固未尝依合理之规制,具整齐划一之方式也。里乡保社,应用之名称既杂,故后之论者,乃有一体二体,或一体两端之不同。但保甲制度,与乡村组织,彼此有不可分离之关系,则诸家均无异辞。清人以异族入主,其疆域扩及于蒙、藏、新疆,故地方行政区划之标准,大别之有三类:关于汉族繁殖之内省,一切政务,由六部主之,户口之编查,丁役之征调,田赋之课税,率掌之户部与兵部。其乡村之保卫政策，重在施行保甲，以期彼此相牵制。此其一。关于蒙、回、藏、苗诸族所居之蒙古、新疆、青海、西藏及云、贵、川、桂诸省边境之地者，收税、征丁、编户、课役、缉盗、诘奸，及一切政务，率掌于理藩院，其乡村之保卫政策，重在施行土官、土司、札萨克（行于内外蒙古）、伯克（行于新疆者）等于半官半民之酋长制度，以期辅佐统治。此其二。关于满族所居之东北者，一切政务，率长于宗人府。其乡村之保卫政策，重在设立台吉、章京等半官式之小吏，专事卫护镇摄，而以之兼理租税户籍征丁缉盗诸事焉。此其三。斯三者，其情势不同，其政策亦异，是清之保甲法，仅限于内地各省，雷厉风行，藩属与族地，只有类似地方自治之变相组织而已。兹综合其大意，列表以明之：

中央行政	地方行政（以上系政治社会组织）	地方自治性质（以下系政治以外之社会组织）
帝—户部 　兵部	——省—道—府—（州厅县）—（司）……	（区…乡…里…社…集…镇）村—保—甲—牌—户
帝—理藩院	—将军、都统、大臣—盟—部—旗—	札萨克—台吉、章京……
帝—宗人府	—将军—府尹—协领— 笔帖式或设台吉章京—……	关于满蒙回藏等族之下层社会组织，率因各族情形互异，名称亦至不一。或以丁口计数，为一集团；或以家户计数，为一集团；然多少总带半官性质。所谓酋长制度，固不尽同于内地保甲组织之具规律也。

清代所行之保甲法，其用意不外以少数民族克制多数之汉人，借以相保，而互察非为，既善观动静，尤便役使，故严于内省，而疏于边属。然汉人传统之乡自治，反借此得以保存。盖“为民各治其乡之事，而以职役于官”（见《文献通考》）。“以士大夫治其乡之事为职，以民供事于官为役”（见《皇朝文献通考》）。此种精神，始终维持不衰，故实际任乡治之首领者，皆一乡中之耆宿，为人民所拥戴；而保甲长执贱役以供事于官，梁任公先生所谓“保长以应官，身分甚卑，不得列席耆老会议”者也。所以乡治乃政治以外之社会组织，而保甲只是形式上之乡村制度而已。

（二）保甲制度之沿革

清代保甲制度之演变，约分三期：自顺治元年至康熙四十六年，为保甲法草创之雏型;自康熙四十七年至乾隆二十二年,为保甲法制度之确立;自乾隆三十七年以后,则为保甲法组织之逐渐废弛也。顺治元年,初行总甲法,令各州县所属之乡村,十家置一甲长,百家置一总甲,若有盗贼匪人奸宄等事,自邻右报知甲长,甲长报知总甲,总甲申告于府、州、县衙门,府、州、县衙门审知其事实,申告于兵部。若一家有隐匿盗贼及其他犯罪者,邻右之九家甲长总甲,不具报告,虽再申报,俱以罪论(见《文献通考·职役考》,《通典》所述异是)。此法仅行于近畿,以当时清廷尚未奄有大河以南也。顺治三年,更定里甲制。"各处人民,每百户内议设里长一名,甲首十名,轮年应勾摄公事。"是十户为甲,百户为里。仍以赋役征课为主,偏重于户政。"十七年……有里长、社长之名,惟八旗庄田,以设领催不便,设里长。南省地方,以图名者有图长,以保名者有保长。其甲长又曰牌头,以其为十家牌之首也。十牌即为甲头,十甲即为保长,又曰保正。"(见《皇朝文献通考·职役考》)故《皇朝掌故汇编》云:"保甲之制,因地方之情况而异,其设里社之处,有里长、社长之名,其设图保之处,有图长、保长之名。",是里、社、图、保皆一乡之下层单位,再下曰甲、曰牌,皆十户一小组之异名耳。此虽非正式之保甲制,而实亦为保甲制之变名。盖南北异趣,新旧杂称,或保或里,重审重卫,规模未能划一也。迨康熙四十七年,申行保甲之令,里社等制之精神,渐融会于保甲之组织中,保甲名称,遂从此确立,规模制度,亦稍异于前代。《皇朝文献通考》曰:

> 四十七年申行保甲之法,部臣议奏:弭盗良法,无如保甲,宜仿古法,而用以变通。一州一县城关各若干户,四邻村落各若干户,户给印信纸牌一张,书写姓名丁男口数于上,出则注明所往,入则稽其所来。……十户立一牌头,十牌立一甲头,十甲立一保长。村庄人少,户不及数,即就其少数编之。无事递相稽查,有事互相救应。保长、牌头,不得借端鱼肉众户,客店立簿稽查,寺庙亦给纸牌,月底令保长出具无事甘结,报官备查,违者罪之。(见《职役考》)

此种规定,依十数进位,编户立"牌"、"甲"、"保"之制。与从前"其甲长又曰牌头，以其为十家牌之首也”已有显著之不同。盖一则甲即牌，十家共立一门牌，甲长即牌头也。一则甲为十牌，牌为十户，即一甲百户，一保千户矣。清官书对此常混淆不清，如前引《皇朝文献通考》谓甲长即牌头，又谓十牌为甲头。甲长、甲头，何以异乎？清初似未有十牌一甲之规定，盖甲即牌，牌即甲也。后来以十牌为甲，作者误为引入，致令人有牌甲是一是二疑莫能明之感。《中国保甲制度》一书，对此亦未作详细说明，而清人论保甲制者，又率从古制，以十家为甲，或十户轮充甲长之语，因此对牌与甲常苦无从辨别。但乾隆《会典》、《户部则例》、《大清律》、《兵律》、《关津律》，则明白规定牌头、甲长、保正处罚减等之例。如：

牌头于所管内之盗贼，知情而误于警察者，照罪减轻议处，杖四十，甲长、保正，递减科罪。

倘为窝窃之徒，知而隐蔽者，杖八十。……甲长比牌头减罪一等，保正减二等。……

是牌头甲长显为两人，非复“甲长又曰牌头”之旧制矣。故律文有：

州县城乡十户立一牌，十牌立一甲头，十甲立一保长，各户给以门牌，记载家族姓名，出注所往，入记所来。其客店簿一册，每夜宿客之姓名，备载其职业往来等项，以及牲匹类等，均逐一记载，出入稽查。寺院亦给门牌，记载僧侣之人数，稽其出入。

是康熙四十七年所申行之保甲法，允为清朝保甲制度之正轨。雍正四年，又严饬力行，颁谕下县，更定保正、甲长、牌头赏罚，及选举族正之规则，此雍正帝察及民隐，欲使乡治与保甲并重之一例也。至乾隆年间，拟以保甲励行全国，重加整顿，统筹全策，乃于二十二年谕旨云：

州县编查保甲，本比闾什伍遗法，有司自当实力奉行，乃日久玩生，类以市井无赖之徒，承充保长甲长。……着各督抚，就该地情形，详悉议奏。嗣经各督抚上奏,户部汇议:略言保甲之设,所以弭盗安民,今各省奏到情形,其中如慎选保甲一条,议令士民公举诚实识字及有身家之人,承充保正、甲长,不得以市井滥厕。其一切户婚,田土,催粮,拘犯等事,另设"地方"一名承值。至巡更看栅等役,民间以次轮充,惟缙绅及衰废幼丁量免。……俱应准行。至所请减设牌头,免点甲长二条,查十户一牌,十牌立一甲长,原使分任责成,若经减免,则保正耳目难周,稽查恐有不密。……又十户轮充甲长一条,仍恐无赖之徒滥厕,俱应议驳。……从之。

此谕特重严慎人选,坚定组织,俾保甲长对于编户稽查之职,专其责成。别设"地方"一名,以任杂役,即清末所称之"地保"也。自是保甲长之地位,业经提高,虽仍不能与宗族之乡自治等量齐观,然保甲长已非前此之徒供贱役者矣。自乾隆三十七年罢五年一编审之旧例,以户口稽考,属诸保甲,任重事繁,仅具虚文,反造成保甲废弛之象征。"地方"遂变为官民连系之中间人。故清末虽有保甲总局之设,而保甲之不能弭盗安民也如故。及新式的警察制度兴,则保甲之旧制全废。然官方以保甲为乡治,民间以乡治代保甲之精神,仍存在地方社会之组织中,以致民国后尚有倡行之者。

(三)保甲之任务及人选

保甲最初之作用,原为"弭盗安民","稽其犯令作慝而报焉"。"自城市达于乡村,使相董率,遵约法,察奸宄,劝微行。善则相共,罪则相及,以保安息之政。"(俱见《大清会典》))此为清代推行保甲制度之总纲,仅作原则上之规定。历朝谕旨,轻重均有不同,故目的及作用,亦稍有差别。大约顺治以前,重在编查户口,催办钱粮,以寡御众,以尊使卑,防汉人犯令作乱,削减其反抗清朝之能力而已。严格论之,此非真正之保甲制也。康熙时代,始确定保甲重在弭盗,以保安息之政。后亦兼及于编查户口。故乾隆二十三年之令,最重清匪,兼摄户籍之事。是为清朝保甲制最盛之时代。至四十年一反其道而行,惟注重周知民生之数,兼顾弭盗工作。而保甲制遂有名无实矣。综合前后谕示及规约，要不外检察、告发、调查、差办、约束、劝善诸端，兹为图以明之：

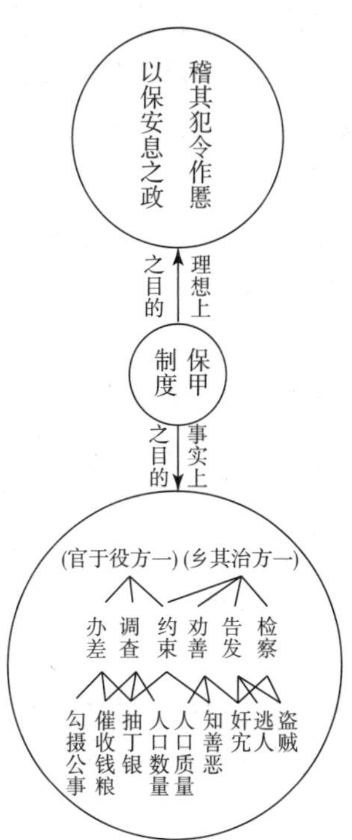

依上所述，可知保甲之任务，大概有三：一、警卫之事，二、收税之事，三、户籍之事。三事虽时有偏重，以构成清代保甲三期制度之特色，然历朝诏谕，多称：保甲之设，除莠安良，最为善法。又称：稽查奸宄，肃清盗源，实为整顿地方之良法。皆可证明其本旨固以警卫之事为重也。在实际上，此三者亦复有连带之关系，何以言之？清代编查户口之意义，不过为收税及警卫之必要而行之，而收税又必以周知户口确数，有无逃匿，以比较其多寡，重视警卫，则检察告发之作用是尚，约束之政，皆一一随之。故户籍审查严密，则于纠察盗贼之窜匿尤便，并得以时按户催科，方无漏税脱赋之事。其互相连环之作用，乃有不期然而然者。自丁赋并入地亩税以后，编审户籍一事，悉以付之保甲，而保甲乃变成胁催督缴之税吏，其警卫之主要精神颓废无余矣。总之，保甲之任务，相当于今日之警察，惟警察为政治之基层,而保甲则由人民所推选,故其一方面能为乡自治之掩护体,一方面又为役于官之下级组织也。

至保甲长之人选,《户部则例》载有“士民公举诚实识字有身家之人报官点充”。如何公举,如何点充,初无明义规定。因时因地,亦恒有异同。《福惠全书》所述保长选任之法,先出告示,示保长辖统保正,有稽查盗贼逃人奸宄职掌,并待以破格优异之殊礼,免除各种杂役。先依各乡约总地及庄镇长,合词公举能适任者,每乡举正副二人报县,县官详审其推荐书,召之县堂,引见于公庭,免其下跪叩头诸礼。观其仪容,审其应对,择二人中之最堪胜任者,于某月某日行公任式,余一人备置候补。公任行之于县庭,奏乐升堂,进新保长,簪金银花,着红衣,对县官行谒见礼,礼毕,知县始令传杯进酌,饮三巡乃毕式,奏乐退席,并授以夫役优免之证票等。又保正甲长之公举任命,亦略准此,惟视其等级之差,稍减其礼节。此书所称之保长、保正、甲长,即一乡之保甲长及牌头。牌头甲长,俱选庶民,青衿衙役,勿使充任,青衿妨肄业,衙役善作奸。必选殷实老成有子弟者,择以充任。是官方虽注意其人选,然“以民供事于官为役”之故,所以自好者不为,类以市井无赖之徒承充。梁任公先生所谓“保长以应官,身分甚卑,不得列席耆老会议”,盖事实也。保甲长之任期,《户部则例》有“限年更代,以均劳逸”之语,此限年究为一年或三年,睽之乾隆“甲长三年更代”,“保长一年更代”之例,或依其职任而不同耳。又保甲长之任务,前已述其梗概,兹再就《福惠全书》十家长条约,摘举如次:

一、甲长(牌头)掌管十家人口之稽查,按日于日暮持簿,向各户稽查本日以前各项内之过犯,或男子夜出未归,或留宿面生之人,均查明确实,登簿存查。如系应报甲者,即行禀报,以凭拿究。通同容隐者并罪。

一、守栅瞭望巡更伏路之人伕,由甲长、庄保等,公同拨派。如人伕违反法令,擅离时刻,偷安误事者,许即严查禀究。通同容隐者并罪。

一、本庄有警,甲长即率伍壮堵御。邻庄有警,亦同此例。倘迟延误事,及不到者并罪。甲长容隐不举者同罪。

一、凡本甲内客店,每晚住宿之人,俱须查明登簿。如马匹器械,以及货物行李。佚脚者立即盘查,不许容歇。如形迹可疑,一面兜拿飞报,违抗者并究。

一、定更后禁止夜行,如生产急病请稳延医之类,经甲长验明给与夜行牌,方准放行。回时即将牌缴回。倘有捏造索牌,次日指名禀报,以凭拿究。甲长容隐者并罪。

一、本县信签(符檄)传到时,该甲长保正,应即密率伍壮,依限飞驰,遵照信签所注处所,集齐调遣。倘敢延误,处死不贷。

一、凡甲长稽查、拨派、传习、教演,以及奉行一切保甲公事,倘敢借端需索分文,扰害甲户伍壮者,立拿查究追给,仍倍罚不贷。

以上所定关于警卫之事,至为详尽,惟究能实行至何种程度,殊令人怀疑。倘保甲所规定之事项,一一作到,恐非少数保甲长之力所能胜也。《户部则例》,又定"凡甲内有盗贼、邪教、赌博、赌具、窝逃、奸拐、私铸、私硝、私盐、跴曲,贩运硝磺,巧立名色,敛钱集会等事,及面生可疑,行踪诡秘之徒,责令专司查报。"任务更属广博,责愈重而愈不能举,岂有不流于形式者乎?

(四) 乡村之组织及其成效

清代之保甲制,盖取消极的维持治安,以为国家地方行政之佐辅,而行之能否有效,则恒视长官所以督率之者何如。人存政举,人亡政息,故保甲仅为一种官方督治之形式,在实际上,乡村组织依然是以宗族为背景之自治单位也。前述梁任公先生家乡茶坑之事,可作例证。乡村之名称,系与城市相对,每城四周外,必称东乡、南乡、西乡、北乡。全国各处莫不皆然。但亦有称"里"、"区"、"社"、"总"、"图"、"都"、"保"者,似系官定名称。乡以下又有"镇"、"集"、"铺"、"村"、"庄"、"营"、"圩"等。又有所谓"寨"、"堡"、"团"、"卡房"者,皆在特殊情形(筑土为城以自保)下之乡村社会组织也。其彼此范围之大小殊未易判辨,但乡为最大最高之总

名。或以陵谷变迁,名存而实亡者,亦恒有之。然吾国民性,素重保守,习俗相沿,关于乡村组织之原则和情形,大略如下:

> 一、农村各家,互相联合,村置一长。间有数村共设一长,或一村数长者。
>
> 二、村长由族长兼任者居多,因一般农村多聚族而居。其族长不但有行政权,且有处决诉讼及族中私事之权。
>
> 三、村之大小,多则百余家以上,少则三五家,普通是二三十家,依自然地势,相依相集。
>
> 四、村名随一族之姓氏,或地主之姓氏而各异。倘一村有数姓者,以大族之姓氏为名,亦有因地得名者。
>
> 五、村与村,乡与乡间,可以联合编制,大概集镇村庄皆为一乡中之聚点,而集镇比村庄较大。集镇村庄合而为乡,乡与乡合,则必东南、东北、西南、西北之类。故乡是县以下之最高自治单位,代表广大面积。其首领多属有声誉知识分子,或在乡军人。亦有取会议制者。

乡村执役之首长,其名称亦不统一,或曰"长",如乡、里、区、社、镇、铺、集、图、都、保、村、圩、甲、卡等。或曰"头",如总、庄、牌等。或曰"正",如里、保、村、族等。或曰"主",如寨、庄等。或曰"董",如区、堡、团等。或曰"总",如营、团等。皆一族之长老,或一乡之耆绅,公选而出,照例由地方政府承认。其与保甲长之关系,《福惠全书》论之最详,其言曰:

> 各乡之镇,宜设镇长,集设集长,村宜设一村长,庄宜设一庄头。……其集镇村庄,无论大小,一切建立栅门,筑浚墙濠,以及拨派瞭哨巡更等事,皆本镇集村长庄头专司。而保正为兼理。盖保正主于分,号召难;未若镇集长等统于合,呼应为灵也。

是保甲之长与集镇之长,其任务固相表里,一主于分,一主于合,在保卫行政上之效用,殊无二致;在地方自治上之组织,则乡镇集村长之权,实远超于保甲也。保甲所以防盗,而巡更仍赖村长。即可知保甲仅官定之形式,而乡村长乃实际之领袖。其自卫之方法,多由乡村长指派轮值,或自集戈矛,入夜巡逻。亦有自募或合雇更夫,以梆锣之属,到处鸣击,以警盗贼。或联络各村,于要路总会,共建一卡房,公举二人,管理卡务,以行守望稽察诸政。所谓"无保甲之名,有保甲之实,去保甲之扰,而获保甲之安"者是已。梁任公先生曰:"乡治之善者,往往与官府不相问闻,肃然自行其政教。其强有力者,且能自全于乱世,盗贼污吏,莫敢谁何。例如吾粤之花县,在明末盖为番禺县瓯脱地,其民筑堡砦自卫,清师入粤,固守不肯薙发,不许官吏入境。每年应纳官课,以上下两忙前汇齐署诸境上,吏临境则交割焉。一切狱讼,皆自处理,帖然相安。直至康熙二十一年,始纳土示服,清廷特为置县曰花县。斯可谓乡自治之极效也已。"又曰:"此事始末,清代官书,皆削不载,但言昔为盗窟,康熙二十一年盗效顺置为县而已。然吾乡父老类能言其事,吾幼时闻诸先王父,盖有明遗民二人如田畴者为之计划主持。二老临终语其人勿复固守,民从其言,乃纳土,距清之兴三十余年矣。"梁先生所言,系变乱时之特殊情形,在清初类此者尚多,如四明山寨之王翊,即为最著之例。河南登封之李际遇,汝宁之沈万登、刘洪起,舞阳之李好,许州之韩甲第,湖北襄城之刘铉等,皆结寨自保之豪杰。惟最后亦必"纳土示服"耳。此种自保自治之风气,不但有清一代,绵延不绝,即民国以后,尚有实行之者,如豫南镇平一带是。总之,吾国乡村自治之社会组织,千百年间,始终维持不衰,其于全民族之生存与发展,盖有极重大之关系。以自然的互助精神,作简单合理之组织,乃宗法之蜕遗,为乡党之遗影。"出入相友,守望相助"(见《孟子》),"人与人相保,家与家相爱"(见《管子》),不论历朝兴替,政治制度如何因革损益,而下层社会之组织,似乎万变不离其宗。《中华全国风俗志》下篇卷六,述武昌东乡乡里制度云:"武昌为本省首邑,因地势而分东南北三乡。东乡分二里,曰保安、曰永丰,里以下有村正族正。族支出为房长,族正、房长协助村正者也。同宗者虽远家千里,族正皆有管理之责。任其事者,年有更代。民有争执之事,先经本系族正、房长及村正与村之贤德者,平之。不果,巨绅里保再平之,而后上达。苟直接官府,必罚不赦。理曲者则议罚于宗祠云。”此可见乡村自治之大凡矣。清人入主,虽厉行保甲政策,其微意盖在防制汉人之反动(如康熙年间,侦破天地会组织于浙,嘉庆年间,侦破天地会组织于赣,即借编查保甲之法也)。更仿明朝约正副讲史之事,每朔望必宣读《圣谕广训》(顺治颁六条,康熙增十六条),最注意者仍为“各安生理,无作非为”。殊不知乡民即借保甲之掩护,以实行地方自治。此真政治以外之社会组织也。自清末摹仿西风,将日本式的自治规条剿译成文,颁诸乡邑,以行“官办的自治”。所谓“代大匠斫,必伤其手”,固有精神,泯然尽矣。

八十七 城市组织

(一) 都城之建置

古代盖无乡市之别,“民春夏出田,秋冬入保城郭”(《公羊传·宣十五年》何注文),城郭不过农民积储粮糗,岁终休燕之地而已。其后职业渐分,治工商业者,吏之治人者,皆以阛阓城阙为恒居,于是始有“国”与“野”之分。野扩为乡村,国衍为城市。后此城市,可分为政治的、军事的、商业的三种,古代则同出一源。盖筑为崇墉以保积聚,以圉寇盗,而商亦于是集焉。其后政务渐扩,即以为行政首长所住地,为出令之中枢,故最初之城市,皆政治都市也。市行政即占中央行政之重要一部分,《周礼》所述綦详,若此书全部可信,则市政之纤悉周备,殆不亚于今日欧美之都市。秦汉以降,政治统一,全国视听,集于首都,秦始皇及汉诸帝,先后移各地强宗大侠豪富以实长安,所谓“三选七迁,充奉陵邑,所以强干弱枝,隆上都而观万国”。其盛时以政治而兼商务之首都,壮丽殷阗,超越前古。东汉以后,迁都洛阳,历魏及晋,其规摹繁盛,亦不亚长安。孙吴、东晋、宋、齐、梁、陈六朝帝都,建于金陵,此“钟山龙蟠,石头虎踞”(诸葛亮语)之胜地,乃为吾国东南千余年之繁华肇其基。隋唐以后,虽仍都长安,至五代时,又不免凋零矣。北宋建都汴梁(开封),南宋建都临安(杭州),此两城为赵氏特辟之都市,但“南渡君臣轻社稷”,只空余陈迹而已。反不若辽金元明所建之燕都——北京,历千余年而繁盛不歇。所谓“芳华裙腰涂尚微,少年竞逐马如飞,金貂日暮宫墙外,一道银河春鸭稀”,已可见其盛况。因北京地处险要,北倚长城,南望鲁豫,左凭渤海,右跨太行,真有高屋建瓴之势。以故清人入据,不久即告统一。城之建置,全依明旧,而无所变更。盖以明成祖拟迁都于此,用僧人姚广孝之设计,饰言仿天宫图样,建三城:曰内城,周围四十里,垣高三丈五尺五寸;曰皇城,周围十八里,贵族所居;曰紫禁城,周围六里,即皇宫也。自永乐四年秋开始营造,至十八年冬始成。金陛银桥,丹柱黄甍,瑰丽壮阔,在中国所有城市,均莫能与之比伦。嘉靖年间复因城外居民繁夥,增筑外城,环抱内城南面之东西角楼,垣高二丈,周围二十八里。东西较内城为阔,相连成一凸字形。是谓“京畿”。金吾之卫,清设步军统领,兼九门提督,负治安之责。九门者,即内城之正南曰正阳门,俗称前门,右宣武门,左崇文门。北曰安定门,曰德胜门。东曰朝阳门,曰东直门,西曰阜成门,曰西直门。是为九门。皇城四门:曰天安,曰地安,曰东华,曰西华。地安门俗称后门。紫禁城南曰午门,北曰后载门。外城则南曰永定,东曰广渠,西曰广安。北接内城之两端,曰东便门,西便门。除东西便门后辟者,合之亦共九门。京都司民牧者,设京兆尹,辖近畿大兴、宛平二县。县以下之民治组织,亦以保甲为依归。惟日下辇毂之地,官吏充塞,缇骑遍布,已不如“天高皇帝远”之乡村,能获充分自由也。北京城建造之最堪称述者,尚有两事:一、街道皆取直角形,对称如棋盘格,长安洛阳之古都皆类是。西方惟罗马有之,今亦不存。二、自玉泉山引水入城,汇为什刹海,三海(北中南),流为御河。三海列为禁苑,有九孔石桥,横卧波虹,两岸巨坊对峙,西曰金鳌,东曰玉蛛。总名曰太液池。北海有琼华岛、善因殿、白塔、团城、五龙亭、九龙壁;南海有瀛台,形如半岛。昔人诗谓:“菱花照眼叶齐腰,西苑池塘入望遥,箫管悠扬云影里,嫔妃含笑上金桥。”因三海在禁城之西,故曰西苑。风景之美,殆不亚于巴黎、康伯拉之为“花园都市”矣。然此种设施,并非专为点缀风景,乃全城皆浚有极深且广之地下水道,借玉泉之水以冲刷之,则城中绝无积污之虞。六百年前,吾国有以预定计划,依科学的原理而建筑之城市,舍北京外,殆罕觏焉。永乐初年,徙直隶苏州等十郡，及浙江等九省富民实北京。清人入关，八旗子弟，大半均为禁旅。加以求名于朝者之接踵摩毂，是以五方杂厝，风俗不绝，既富且庶，娱乐无疆。旗人习于奢靡，众庶流于浮嚣，“京油子”之名，所由起也。惟郡国辐辏，人文荟萃，世家好礼，典籍多藏，故异代以后，仍能保持“文化城”之名，又不仅如西安徒以“历史都市”见称而已。都城而外，复有郊祀之天坛、地坛、先农坛、社稷坛等设置，亦皆绮丽辉煌，为世界著名之建筑物，今日所谓“宫殿式”的建筑，即指北平故都而言也。

（二）省县城之建置

都城为中央政府所在地，故《释名》谓：“国城曰都，都者，国君所居。”普通所谓之都市，乃系城市之泛称，非真都也。世界统计学者，常以人口二千五百以上为市，日本以三万以上为市，中国则以五万以上为市。城市与乡村之区别，盖不仅以人口多寡而论，亦恒视其生产品及交通状况以为衡。必需工商云集之聚落，方可谓之市；必需行政官署所在地而有崇墉浚濠以障之者，方可谓之城。城与市虽不必合而为一，但有城者多有市，无城之市，则属贸易市场，如古人“日中为市”，后人曰赶集、赶场、赶墟，实皆赶市也。故城市、市场、市集、市镇，能相连而并用也。我国各省县，无不有城，大约省会之城，与北京内城之面积相伯仲。如江苏省之南京，以其为明太祖建都之地，城垣长达六十一里，平均高度在四十呎以上，垣阔约二十五至四十呎，铺石为道。城以花岗石为基，巨砖为墙，又以石灰秫米锢其外，是以崇垣屹立，历数百年巍然无恙。苏州城周四十五里，为江苏巡抚驻地，亦属省会。其余各省城垣大概均在四十里上下。县城普通宽长各三里许，城周约有十二里。若道府附郭之首县，亦有南北长达五六里者，边僻小县，则城周多不过六七里耳。《易》曰：“王公设险，以守其国。”是故有百里之封者，必有十里之城，有五十里之封者，必有三里之城。古代地域狭小，公侯百里之封，已为极致。至清代则一县之境域，恒过百里，俗称知县为“百里侯”，即由于此。所以县有十里之城，盖亦寻常事耳。城外有池绕城四周以环卫者，亦曰濠。府州城亦恒有郭，城多砖砌，郭则土筑。普通县城建四门：曰南、北、东、西。亦有建五门以上者。

大多为府治附郭之首县。如台湾府台湾县，即清末改制之台南府安平县，原建七门：曰大东，曰小东，曰大南，曰小南，曰大北，曰小北，另一水门，独缺其西。乾隆晚叶，复改筑砖城，增建大西门，共八门矣。门各有名，如东曰迎春，西曰镇海，南曰宁南，北曰拱辰。台北府城，建筑较晚，光绪五年始由府捐款为之，城周一千五百有六丈，池略大之，辟五门：东曰照正，西曰宝成，南曰丽正，北曰承恩，小南曰重熙。而东北两门，又筑一郭，题曰"岩疆锁钥"。惟此所谓郭，乃子城、甕城一类，非若内地之郭，皆在砖城外所建之大城，其面积，周围有二三十里，俗称为土城者也。以上所述，无论省城、府城、县城（州厅同），大都皆为砖石所建，因地势关系，未必能成正方形，故城门亦不拘定为四。但多数均以东南西北四门为准则。此皆政治之都市，兼为军事的重镇，尤以省城为然。清初派八旗兵驻防各省，以资镇摄，旗兵必于省城内另建小城，号曰"旗城"，或"旗营"。此种旗兵及眷属，久之皆与汉人通婚而同化。至于商业都市，清代惟苏州、杭州、扬州为最著名，苏杭为蚕丝业集中地，绸缎之制造特盛。故清廷特设之"江南织造"，即驻苏州。民间谓"上有天堂，下有苏杭"即形容苏杭繁华之谣也。扬州为两淮食盐集中地，盐为日用必需品，全国多仰赖之，盐商均由此转输。以故盐商、盐官之富甲天下。东南富庶之区，除盐丝外，即稻米。浙之杭嘉湖绍，苏之苏松常太七府一州五十九县，实为最大之产地。运河由杭州、苏州、镇江、扬州、淮安、徐州、济宁、东昌、临清、沧州、天津，转而通州，以达京师。粮漕所经，商业随之。各省虽亦多有税关，惟江海、浙海、闽海、粤海四关，为对国际贸易之城市。江海关在上海县，宋时为秀州地。宣和元年开华亭之青龙江浦，置市舶司，船舶辐辏，实今日上海之嚆矢。孙觌《鸿庆居士集·朱公墓志铭》云："华亭据江瞰海，富室大家，蛮商舶贾，交错于水陆之道，为东南一大镇。"可见当时盛况。《明一统志》云："上海本华亭县地，居海之上洋，旧曰华亭海。宋时商贩积聚，名曰上海市。元至元中，置上海县。"《永乐大典》载松江有大浦十八，中有上海、下海二浦，上海浦即后之黄浦江，相传为春申君黄歇所凿，故亦名春申浦，又名黄歇浦。是则上海市之名，宋时已有，清惟沿旧制以开关，实则江道常淤塞，海舶之出入不常也。浙海关在宁波府，宋为明州，元为庆元，以余姚小江,接连运河,故海商船舶多趋之。明设宁波、泉州、广州三市舶司,以宁波专与日本通市。嘉靖二年,日本使者宗设大掠宁波,遂罢市舶,严海禁。至康熙二十二年开海禁,仍置浙海关于宁波。闽海关在泉州府,泉州自唐时已为蕃客走集之地,入宋而浸盛。吴自牧《梦粱录》云:"若欲船泛外国买卖,则自泉州便可出洋。"阿拉伯人蒲寿庚任泉州市舶提举官,久以豪富闻。少帝入海,寿庚不纳,以泉降元。故意大利人马可波罗《游记》称塞登(即刺桐译音,泉州亦称刺桐城)为世界独一无二之大商埠。清设闽海关于此。粤海关在广州。宋时广、杭、明三州市舶司并立,而广州占全国对外贸易额百分之九十以上(见梁廷枏《粤海关志》,及朱彧《萍洲可谈》),故三方惟广最盛。清康熙开海禁,首设粤海关,总西南洋互市之枢。其时澳门已为葡萄牙人所租占,番舶来粤者,岁以二十余舵为率,至则劳以牛酒,牙行主之,所谓十三行是也。皆起重楼台榭,为番人居停之所。今广州尚存有十三行街。以上四关所在地,一为省城,一为县城,二为府城,虽与外人通商,但法律规定,"化外人法不当城居"。故番坊市亭,多在城外,如广州城西南之海山楼,泉州城南之宝林院,杭州城东之荐桥。番商常有捐款助修城池者,或许或不许(如宋时大食商人进银钱助修广州城,不许。明泉州守以贾胡簿录之赀,请于朝而大修之,城始固)。顾炎武《天下郡国利病书》云:"自唐设结好使于广州,自是商人立户,迄宋不绝。诡服殊音,多流寓海滨湾舶之地,筑石联城,以长子孙……禁网疏阔,夷人随商,翱翔城市。"可见夷商初居海滨,自为聚落,久之,禁网疏阔,亦可定居城中矣。广州为广东省会,督、抚、将军所驻地,是以政治的军事的城市,而兼商业的城市。泉州、宁波、上海除地方行政官外,殊非军事重镇,实系商业都市也。我国各省府县虽亦有商业,然皆非对外贸易,倘以国际市场为衡,则只有广州、泉州、宁波、上海乃为真正之城市耳。

(三) 城市之组织

古之治民也,筑城郭以居之,制庐井以均之,开市肆以通之,设庠序以教之,士农工商,各安其业,故朝亡废官,邑亡敖民,地亡旷土,理民之道,地著为本。此我国农业社会之规模也。是故五家为伍,又谓之邻,邻,连也，相连接也；又曰比，相亲比也。五邻为里，居方一里之中也，一曰闾。四里为族，五族为党，党，长也，一聚之所尊长也。五党为州，五州为乡，乡向也，众所向也（见刘熙《释名》及《周礼》郑注）。邻长位下士，自此以上，渐登一级，至乡而为卿。其政不令而行，其教不劳而齐，其兵不养而备，其税不敛而足。此吾国乡治之大略也。惟乡官之制，在周代亦未必能完全实行，一乡辖万二千五百家，尤非地旷人稀之时所能有。顾此种理想，早为我国历朝施政之原则，递衍而为保甲制，则乡村与城市皆一律矣。清初编审之法，仿前明里、厢、坊之制，每百户为十甲，甲有长。城中曰坊，近城曰厢，在乡曰里，各置一长。是里、坊、厢以下，有甲而无保，仅城中曰坊，近城曰厢，在乡曰里，名辞有不同，其等级盖相若也。以后保甲法行，乡村有保甲牌之制，而里、社、图、都之名，仍为人民所沿用，则城坊与城厢之称，当亦未改。例如台湾当郑氏之时，改东都为东宁，分都中为四坊：曰东安、曰西定、曰宁南、曰镇北。坊置签首，理民事，制鄙为三十四里，置总理，里有社，十户为牌，牌有长，十牌为甲，甲有首，十甲为保，保有长，理户籍之事。凡人民之迁徙、职业、婚嫁、生死，均报于总理。仲春之月，总理汇报于官。考其善恶，信其赏罚，劝农工，禁淫赌，计丁庸，严盗贼，而又训之以诗书，申之以礼义，范之以刑法，励之以忠敬，故民皆有勇知方，此郑氏城乡治之效也。清人得台，沿用其制，而有司奉行不谨，渐就废弛。朱一贵既平之后，地方未靖，总兵蓝廷珍上书请行保甲，各县签举干练勤谨家殷品端者，使为乡长，就其所辖数乡，以联守望相助之心，给之游兵，以供奔走使令之役。中路设乡长六名，南路八名，各立大乡总一名，北路十二名，分立大乡总二名，以统率之。是清初台湾之乡治及城坊厢制均与保甲合一矣。内地各省之情形，亦大略相同。惟京都省会比较复杂，京都分东西南北外五城，故有五城兵马司之设。有商肆或四通八达者，曰街，曰路；民居之小巷曰胡同。各省县城内，名称至为繁杂，难以详计，大略言之，则东西南北四城之俗名，东西南北四厢（亦曰关）之区分，极为普遍。而通四门之街道，莫不曰东门大街、南门大街、西门大街、北门大街。民居则称里称巷，组织则仍循保甲法，但亦有称邻称里称区者。各举乡绅一人以董之。惟坊厢接近官府，区董邻里长之权力，不若乡镇村庄长之能借宗族以实行自治也。但守望相助之法,则城市较乡村尤严。各坊厢街巷,入夜均有更夫,或执锣,或持梆,到处巡逻。击锣敲梆之声以更计数,如定更则敲一下,二更二下,三更三下,四更四下,五更五下。定更在下午六时,二更九时,三更十二时,四更上午三时,五更则天明矣。各城中复有鼓楼之设,鼓楼按更次以击鼓示民以时,古称谯楼。正午定更又各鸣炮一响,二更鸣二响,则全城皆可闻,所以济鼓声之不达也。俗谚云:"定更,小孩安生;二炮,小孩睡觉。"是故民众之生活,均以"午时炮"、"定更炮"、"二炮"为准,其时钟表尚少,惟赖此以为约期守时之用耳。城门之启闭,在二更五更,惟除夕则终夜不闭。城濠吊桥,非大乱守城时不撤。若商业城市有外人聚居者,则划区以限之。如南宋临安城内分六区,第二区为犹太人、基督教徒及拜日教之突厥人所居。第三区则回教徒所居,其市场与回教国无异(见日本《史学杂志》藤田丰八著《宋元时代杭州海港》引阿拉伯人 Ibn Batuta 之书)。元僧也里可温(基督教徒)居荐桥西之旧十方寺,西域夷人(回教徒)居文锦坊南之真教寺,畏吾人居灵寿寺一义乌寺(即摩尼教寺之突厥人)。西洋人于广东通商,只能住城外十三行,不得入广州城,因此而酿成后日英法联军之役。绅民大起团练,以百人为一甲,八甲为一总,八总为一社,八社为一大总,不受地方官约束,聚众自卫,以御外侮,可见城市中之组织,虽在商业都市,亦不受外人影响,而保、甲、总、社之名,有时且通行于城乡矣。总之,清代城市与乡村之组织,大体上不甚相违;惟名称稍有区别,乡村借宗族以实行自治,城市则借官治以实行保甲。是故城市之组织较乡村为严密,而自治之绩效,则乡村又较城市为优良也。

八十八　其他社会集团

(一) 职业区分之集团

家族之制度,城乡之自治,虽在政治社会组织以外,然其性质仍属管理人民之生活,所以济官府之不足也。至于其他社会之组织,有纯出于政治范围以外者,如职业上之行会是已。我国以农立国,从事于耕作者,盖占十分之七八。从事于工商者，不过十分之一二。俗称各种职业有三十六行，倍之则为七十二行，十之则为三百六十行，皆就成数而言，未必能一一指定分配也。谚云："三百六十行，行行出状元。"可见无论何种行业，均有特殊杰出之人才，不仅以读书出仕为贵。行为职业区分中之一类，亦可代表职业，故改业曰改行。出语必符其职份，则曰："三句话不离本行。"是行业殆属一词矣。若就三十六行而论，亦其能悉数乎？考旧日以行名者，如广货行、洋货行、杂货行、药材行、牛马行、荐头行、车行、轿行、船行、脚行、牙行、镖行、粮行、鱼行、油行、茶行、酒行、柴行、鸡鸭行、水果行、屠宰行、木材行、泥水行、木工行、铜器行、铁器行、锡器行、染织行、绸缎行、扎纸行、裱糊行、油漆行、帽行、鞋行、裁缝行、制革（皮）行、梨园行、吹鼓（手）行、刺绣行、藤器行、竹器行、首饰（金银器）行、剃头行、客栈行、厨役行等，不下四十余种，而世俗所指之三十六行，未必尽属于此。盖江湖卖艺者一类（如拳击、绳技、杂耍、相声、说平书、唱鼓词、大鼓、花鼓、弦子鼓、玉鼓等）之杂技，医、卜、星、相、僧、道、尼之九流，以及将校、士兵、教书、官吏、杂佐、幕客（师爷）、衙役、书班、讼师、牢头、禁卒、刽子手、佃户、长短工、说合（拉房地牵的）、乐户（如老鸨、龟奴、窑姐、像姑等）、钱庄、当典、浴室、饭铺、茶馆等，全不在内，社会上所有之行业，如一一详细列举，恐尚不止于七十二行耳。每行皆有其"行规"，行规为各该行所订之不成文法，凡属行员，均应遵守。否则以破坏行规论，由同行予以名誉上之制裁，或罚锾充作公益之用。行规之制定，大概皆由同行协议面约，或系传统的习惯，彼此所公认者，其目的不外：一、同行之相互济助；二、以组织之力量，谋本行之发达；三、免除同业间彼此之竞争；四、协议工资及货价；五、改善各行员之待遇。譬如同行中有资金周转不灵者，彼此可以挪借；有亏累而将倒闭者，由各行扶持之。行员所得之报酬，各种货品之价格，皆于每年正月十六日开市前（旧历新年，工商业照例休假，初六日开市，为小市，只作零星买卖，十六日始正式开市），举行"同行公议"，凡同行公议之事项，皆刻版印刷，张贴于每行铺面上，以资信守。此种行会制度，类似西洋之基尔特（Gild），今日之工会、商会等。惟组织较散漫，无董事、监察、评议等职员之设置，亦无固定会所，仅同行中之资历较优者为之首,有事则相召聚集,无事则各安生业。在通都大邑之中,亦有集资设置公所会馆者,关于本行之种种事项,皆于会所中议定发布。如北京之药行会馆、烟行会馆、安平公所;上海之济生会(酒帮)、同善会(鱼帮)、永兴会(南货帮)、长胜会(石器帮)、崇德会(海产帮)、同兴会(竹器帮)等。惟清代前期之会所,往往带有地方色彩,非尽属同业之组织也。广东十三洋行为鸦片战争前中外惟一之贸易机关,规模最大,持续最久,兹录其康熙五十九年十一月二十六日,公行初成立时,行商在神前宰鸡啜血,共同盟誓,并规定公行行规十三条之内容如次:

一、华夷商民,同属食毛践土,应一体仰戴皇仁,誓图报称。

二、为使公私利益界划清楚起见,爰立行规,共相遵守。

三、华夷商民,一视同仁,倘夷商得买贱卖贵,则行商必致亏折,且恐发生鱼目混珠之弊,故行商应与夷商相聚一堂,共商议价,其有单独行为者,应受处罚。

四、他处或他省商人来省与夷商交易时,本行应与之协订货价,俾得卖价公道,有自行订定货价或暗中购入货物者罚。

五、货价既经协议妥贴以后,货物应力求道地,有以劣货欺瞒夷商者,应受处罚。

六、为防止私贩起见,凡落货夷船时均须填册,有故意规避或手续不清者,应受惩罚。

七、手工业品如扇、漆器、刺绣、图画之类,得由普通商家任意经营贩卖之。

八、瓷器有待特别鉴定者(古瓷),任何人得自行贩卖,但卖者无论赢亏,均须以卖价百分之三十纳交本行。

九、绿茶净量,应从实呈报,违者处罚。

十、自夷船卸货及缔订装货合同时,均须先期交款,以后并须将余款交清,违者处罚。

十一、夷船欲专择某商交易时,该商得承受此船货物之一半,但其他一半须归本行同仁摊分之,有独揽全船货物者处罚。

十二、行商中对于公行负责最重及担任经费最大者，许其在外洋贸易占一全股，次者占半股，其余则占一股之四分之一。

十三、头等行即占一全股者，凡五，二等者五，三等者六。新入公行者，应纳银一千两作为公共开支经费，并列入三等内。

据此可知以前对外贸易各行商，有时于价格任意高下，于商业行为上则互相排挤，货物以伪乱真，夷船落货，不为填册，不交现款，绿茶净量不从实呈报，他处商人有以贱卖贵买争揽生意者，乃作一公平严密之组织，以处理各行商与外人在贸易上之协调信实。以资本及营业之大小，分为三等，而头等中之翘楚，自然居总商地位，为之领袖。当时全国各地，皆有类似此种之同业组织，惟范围大小不同耳。

（二）劳动者之组织

至于劳动者之组织，称为"帮"。帮会之最显著者，曰红帮，曰青帮。其次曰白帮，黑帮。红帮即洪门之音讹，原为我国近代民族革命之一大集团——天地会，其源流当另详第三十章。青帮系潘（清）、翁（岩）、钱（坚）三氏在杭州拱宸桥所创立，以联络运河水手为主体。《洪门志》谓：潘、翁、钱为陆祖（他书称罗祖）之徒，陆赐潘名德林，翁名德惠，钱名德正，令组织粮帮，广收弟子。陆为安清始祖，潘、翁、钱为清帮祖师。《临济正宗》述清帮之事甚详，谓由潘德林等仿洪门而组织者，初名潘门，或称潘家。其徒王伊传道，以"安清"二字作自己宗族同气连枝，后遂由安清帮讹为青帮。《教会源流考》则云："有潘庆者，窃洪门余绪以组织潘门，或曰潘家，又曰庆帮，俗讹作青帮。或讹作安清，以为保护清廷而起，大误之至。"其实安清二字，为青帮本名，大约取海晏河清之意，因此种组织，最初皆在运河之漕船上，安清运粮，盖取吉祥语耳，故一曰"粮帮"。又有谓洪门为"反清"之组织，青帮为"安清"之组织，取相对之意。无论其来源如何，青为清或庆（另有安庆道友一种）之讹，则无疑也。白帮为在理（或作礼）教，乃白莲教之支流，以不吸烟不饮酒为号召，最有公德，行于北方。而南方之扒手拆白者流，亦曰白帮。黑帮乃鼠窃狗盗乞丐之徒。四帮中以红帮之组织为近正,惟后来流品甚杂,亦颇有混合之趋势。所谓“只有金盆栽花,没有清洪分家”一语,即其证也。《教会源流考》谓:“潘庆为贩卖私盐之魁,哥老会之徒皆湘勇,则又为捕贩卖私盐者也。势成反对,故别立旗帜。然湘勇之捕盐枭也其名,而暗通也其实,故虽有反对之名,而无其实。且源流本出于洪门,尚未尽忘木本水源之意。故凡潘门兄弟,遇见洪门兄弟,其开口必曰:‘潘、洪原是一家。’”此不仅青红二帮为然,即白黑两帮中人,亦曰:“红花绿叶白莲藕,三教九流是一家。”因红帮崇拜关公(红帮供关公,原系采桃园结义故事,以忠心义气为上),青帮崇拜达摩,白帮崇拜观音,黑帮崇拜真武,在帮会中传说:佛祖前有一莲花池,佛祖命关公入池采物,关公取莲花一朵,佛祖命在东土成立红帮。达摩采绿叶,命组青帮。观音采白藕,命组白帮。真武无物可采,捞一把黑泥,命组织黑社会。此种神话,当然为附会之辞,红青白黑皆非其原来名称,特以音近而讹,又适逢所崇拜之神像,其庙貌正是红青白黑四种颜色,故因而联想以名之也。红帮会员皆称兄弟,其首领曰大哥。青帮会员,各有师徒,以预拟之排行字如最近之悟通学等作辈份代表。白帮有祖师、师父、师兄。黑帮则仅有“把头”。四种帮会,似皆为江湖中人,虽无固定之职业,但因处政治范围以外,从事秘密活动,其组织乃异常严密。混营伍之士兵,跑江湖之杂技,贩私货之盐枭,兼偷窃之流丐,以及水手苦力,莫不有其社会,莫不有其组织,一人为首,多人附和,各据地盘,各立帮口。不特山林啸聚之徒,与之遥相应和,即衙役侦缉之辈,亦隐隐与之相通。此类秘密社会集团,盖与各行业之公开组织者,均有异曲同工之妙用。除洋、广、杂货、药材、绸缎、染织、金、银、铜、铁、锡器、钱庄当典诸行外,其余如牙、车、轿、船、镖、渔、乐、戏、旅、浴、茶、饭、脚(苦力)等行,似均无不与秘密社会有相连之关系焉。吾人读清代之笔记小说,随处皆可得其例证,固不烦列举矣。

(三) 地域区分之集团

由于家族制度之根深蒂固,发展而为乡土观念,凡旅居原籍以外之游子,遇其同乡里之比邻,虽非故旧,亦倍感亲切。于是同乡会馆之组织,乃应时而兴。会馆起于何时？今不能确考。至清代则同省同府或同县之人，侨居异地，几无不集合团体，建设馆舍，以为岁时会集之所。北京为全国人文荟萃之地，各省府县之会馆，无虑数百。如江苏一省，有江苏会馆、江宁会馆、扬州会馆、徐州会馆、苏州会馆、镇江会馆、常熟会馆、淮安会馆等。广东一省，有广东会馆、南海会馆、粤东会馆、高州会馆、潮州会馆等。其中有省馆，有府馆，亦有县馆，他省皆类是。各省省城亦多有其他省份之会馆，或本省各府县之会馆。因山西商人之足迹遍中国，山西会馆之设，到处皆是。徐州在清代，商务不甚发达，但亦有一山西会馆。会馆中多设有乡贤牌位，以备岁时祭祀。馆务由同乡中之耆绅督理之，雇一看守门户，兼办杂役者，曰长班。同乡之人初到此地，亦可借宿其中，尤以入京会试之举子为然，以节旅店之费用。有贫病或失业不能自存者则赒恤之。此虽为联络乡谊而设，但亦旅外同乡之互助组织也。各省会馆，又有时设置公共墓地，以待有丧者，名曰义园。如北京宣武门外之江苏义园即是。此种会馆之组织，递演而为民国以后之同乡会。在政治上常发生相当之作用。以同乡而兼同业之集团，则社会上称之为“地方帮”。上海各埠，宁波帮、广东帮、福建帮、山东帮、南帮、北帮，均属于此类。京津一带则亦有上海帮、山西帮。帮之组织，在经营正当工商业之同乡间，尚不甚显著，若纯粹以筋肉劳动者，则特别彰明。粗工苦力或引车卖浆之流，在上海有所谓“江北佬”者，每帮且多至数百千人矣。其头目曰：“把头”。其目的则在彼此互相援助，以免他地工人之侵入，掠取工作。风气所趋，各地皆然，又不独工商大埠而已。除以上所述职业帮、地方帮以外，清代更有一极为普遍之拜盟组织。上自缙绅士大夫，下至贩夫走卒、流氓地痞，常联络若干亲友，立誓联盟，互换“兰谱”，焚香祷天，结为异姓兄弟，如刘关张桃园故事，以管（仲）鲍（叔）、左（伯陶）羊（角哀）为法。兰谱有序，述结义因由，下列各人之姓名、籍贯、生年月日、祖宗三代。各执一纸，称为盟兄弟，一曰把兄弟，或曰义兄弟、契兄弟。以年齿序雁行，以老大为领袖。重在事业上之互助，有“苟富贵勿相忘”之意义。然同盟兄弟日后有地位较高者，则位低者常将其兰谱退还，以示解盟。每人参加之兰契，多寡不等。大约读书仕宦吃粮（当兵）及工商江湖之人，几无不有其盟友也。同盟之外,复有同窗、同寅、同年、同行之谊。同窗者,即受业于一师而风雨连床之同学也。同寅者,即共职于一机关而朝夕相处之同事也。同年者,即乡会试同榜之举人进士也。同行者,即操相同之职业者也。谚云“同行是冤家”,是同行常有利害冲突,彼此或不免发生互忌相猜之事。其余各种学、寅、年之友谊,则皆属世交永好,其子孙亦称世谊,亲善而勿替。此虽非正式之社会组织,而实为构成社会关系之一端也。惟由于乡土观念,转变为后日之地域思想,由同学联谊,转变为门户派系,对国事之团结,文化之进步,阻碍甚大,殊非初创会馆者之本旨矣。

(四) 阶级区分之集团

“物之不齐,物之情也”,历史上无论在何时代,其人民恒自然分为若干阶级,近世欧美,以平等为法律原则,然而贵贱阶级废,贫富阶级兴焉。故阶级者,人类社会所不能免也。以前阶级最显著之标识,一曰贵族与平民,二曰平民与奴隶。中国人在全世界诸民族中,可谓最爱平等之国民也,自有成文史籍以来,严格的阶级分别,即已不甚可见。彼印度至今犹有释迦时代四级之遗迹。西欧各国在法国大革命前,贵族、僧侣之特权,至为优越。日本明治维新前,尚有“秽多”、“非人”诸名称。美国当南北战争前,黑奴之待遇,非复人道。俄国当苏维埃革命前,大多数人民皆在农奴状态之下。求诸我国,则春秋时代已不复能睹此痕迹。前此有无不可深考,后此虽有一二时代裂痕颇著,然其地位不如他国之固定,且不久而原状旋恢复。故阶级之区分,在中国史上所占位置,不如欧美各国史之重,但其事亦有足言者。上古君相,多起侧陋,周初虽有世官世禄,乃所以崇专业,酬勋庸,而世卿之制无闻焉。故《荀子》谓:“虽王公士大夫之子,不能属于礼义,则归之庶人;虽庶人之子孙,能属于礼义,则归之卿相士大夫。”此为儒家理想之言欤?然能支配吾国社会政治,而使布衣可致卿相之局,自秦汉以后历二千年而不变。科举制度,即属贯彻此种思想之经法也。魏晋至唐,有变相之阶级发生,所谓“下品无高门,上品无寒士”,此由“九品中正法”,为豪右所垄断,而中原民族南迁,率以族望门第作识别之结果也。五代时始全消灭。元分蒙古、色目、汉人、南人为四级,不久旋覆。清初建国,以民隶军,画为“八旗”。其后蒙古服属,则置蒙古八旗。入辽后,得关外人民及明降卒,则置汉军八旗。旗人与汉人之名称,三百年来,遂成对立之两阶级。旗人驻防各省会,与金之“明安”、“穆昆”颇相类,而体势更为隆重。就形式上论,别满蒙汉三旗于汉人,与元代之四阶级颇相类,然而不同者,则清代蒙旗人之在内地,其地位并不如元代色目人之优越,而清代汉人比元代之汉人、南人,做官吏之机会,犹胜一筹。例如中央各官署大小员缺,皆满汉平分,外省官吏,因无双缺,汉人以自由竞争之结果,且常占优势。故清代之满汉,殆无阶级可言。因统治者与被统治者并未沟绝而永不能通也。至平民与奴隶分级,盖起自原始社会,直至清末,犹革而未尽。奴隶原为俘虏降人,及犯罪者之家属,剥夺良民资格,没入官为奴婢。战国末期,豪强兼并,工商勃兴,贫富悬隔斯起,于是民间之大地主大商贾多蓄奴婢,资其劳力以从事于生产货殖。汉代问人之富,辄数奴以对,奴乃成为一种货品,公开买卖,与牛马同视。魏晋迄唐,复有变相的奴隶,曰佃客,曰部曲。直至明末,尚有“投靠”之风,多者家奴至于千人。顾亭林云:“人奴之多,吴中为甚,其专恣暴横,亦吴中为甚。有王者起,当悉免为良民,而徙之以实远方空虚之地。士大夫之家所用仆役,并令出赀雇募,如江北之例,则豪横一清,而四乡之民可以安枕。其为士大夫者,亦不至受制于人。”(《日知录》)卷十三)可见家奴多者,已可结成团体,专恣横暴,以挟持主人,卒酿成康熙间之“奴变’,缙绅之家,罹祸极惨。数千年养奴之习,乃告一结束矣。清人入关以前,曾三次抄掠汉人为奴,入关后,亦有犯罪者或家属“发满洲披甲人为奴”之例。但雍正帝胤祯着重解放贱民,屡下诏旨,如:

> 雍正元年上谕:“山西等省有‘乐户’一项,其先世因明建文末不附燕兵被害,世世不得自拔。令各属禁革,俾改业为良。又浙江绍兴府之‘惰民’,与乐籍无异,亦令削除其籍,俾改业与编氓同列。”
>
> 雍正五年谕:“江南徽州府有‘伴当’,宁国府有‘世仆’,本地呼为细民,其籍与乐户、惰民同。甚至有两姓丁户村庄相等,而此姓为彼姓执役,有如奴隶。究其仆役起自何时,则茫然无考,非实有上下

之分。……可悉开除为民。”

八年又以苏州之常熟、昭文二县“丐户”,与浙江惰民无异,令削除丐籍。

乾隆三十六年谕:“广州之‘蜑户’,浙江之‘九姓渔户’,及各省凡有似此者,悉令该地方查照雍正元年山陕乐户成案办理。令改业为良。”

自是社会上类似奴隶之劣等阶级,缘法律之保障,悉了豁除。但此种积习,由于人类惰性之故,虽法律早有禁止(宋明清律均对于略卖和卖课罪綦严,即长亲卖子孙,亦皆有罚)。而政府亦常有承认买卖人口为正当权利之令,如雍正元年定白契买人例。奴婢之阶级,至清末盖未尝绝。其卖身文契上,皆改称“义男义女”。奴婢虽无显著之组织,但已自成一种社会,与良民不通婚姻,不得应试出仕,终身为其主服贱役。洪门为革命团体,最尚平等者,对于乐户、惰民、伴当、世仆、丐户、蜑民、戈陈(陈友谅部众之不降者,明朝贬之,不得与齐民齿)等之归附者,亦不令人五堂九级,在老九之下,设大麽、小麽、大么、小么、七牌、八牌之名目以处之,必有功升总么麽,始可平步入五堂。可见传统习惯之改良,绝非一纸法令所能立刻奏效者。自清中叶以后,腹地各省,人丁滋衍,地狭民稠,生计状况大有变动,蓄奴者无所利,故不禁自革矣。然如清末华工出口,视为“猪仔”之事,亦偶有所闻。民间尚多婢女、养女之存在,流风虽未尽泯,而阶级之区分,乃为法律所绝不容许,是则民主潮流、人类平等之思想所嘉贻也。

第五篇 中外之交通与会约

第二十二章 中西国际之由来

八十九 欧亚交通之起源

（一）印度航路之发现

当明清之际，中国历史上，渐开一从古未有之变局，即中西国际之交通是也。前此千余年间，欧亚两大陆，未尝无一二交通之事实，西人至中国者，唐贞观中，则有景教教士阿罗本；元初，则有威尼斯（Venice）巨商尼哥罗博罗（Nicolo Polo）父子。而马可波罗（Marco Polo）留仕元室，淹居中土者前后且二十余年；其所著《旅行记》，一时颇动欧洲人之耳目。然此不过艰苦卓绝之旅行家，旷代一至，于国际上无若何之关系，未得谓为近世东西交通之起源也。东西交通之起源，实在印度航路发现以后，而发现此航路者，为葡萄牙政府之力，故交通中国者，亦以葡萄牙人为最先。初，欧洲中古之时，威尼斯（Venice）及热内亚（Genoa）诸商之往来印度者，其航行之路有三：一则取道埃及，而出红海；二则由地中海东岸登陆，至幼发拉底河，顺流出波斯湾；三则由黑海至埃尔塞伦（Erzerum），取道美索不达米亚，而出波斯湾是也。自东罗马帝国灭亡以来，黑海之通路，为土耳其人所扼。欧人之从事贸易者，不得不更辟他途以通之。是时，航海之术，渐次发明；西欧诸国如英吉利、法兰西、葡萄牙、西班牙，已渐次成立民族主义之国家，互相争雄，尤热心于商业上霸权之获得，故力谋向外发展，竞以奖励航海为事，而葡萄牙其最著者也。西元千四百十五年顷，葡王约翰第一在位，命王子亨利征非洲，略地而归。俘囚中有说南非地理及印度贸易之利者，亨利闻之，遂谋探险；设天文台于阿尔干维（Algarve），招集天文航海学家,研究回航非洲,达东印度之航路。至约翰第二世,更奖励之;遂于千四百八十四年,葡船南航至距赤道千五百英里。翌三年,巴多罗买地亚士(Bartholomew Diaz)始达非洲南端。其时严寒凛冽,风涛怒吼,光景惨淡,势难久居;遂转舵北归,期阳和再至,名此地曰大浪山(Cada Tormentoso)。约翰得报,喜甚,更名曰好望角(Cado Dabọa Esperuny),或曰喜望峰;盖谓副其发见船路之望也。是时欧洲社会方在重要的转变之中。盖因毛织业繁荣,贵族收回土地作牧场,以致失业之农民,聚集都市。都市中可以获得自由工人,加以机器科学发达,海外市场扩充,工商业遂欣欣向荣。此为近代资本主义发展之始基,与新航路之发现,实有相互之因果关系者也。一四九二年,哥伦布既以地圆之理,游说西班牙政府,资其舟楫财用,以求诸大西洋,而发见亚美利加洲。翌五年(一四九七年),葡萄牙臣华士噶德噶马(Vasco da Gama)亦解缆东航,凡十一阅月,抵印度之喀尔各达(Calicut)。是为欧亚交通之始。时明弘治十一年也(西历一四九八年)。

(二) 葡萄牙之始通中国与澳门互市之起源

自噶马发现印度航路以后,葡王以马弩利第一东略之志益锐,弘治、正德间,遂县卧亚(Goa),略马剌加(Malacca),设印度总督,以掌贸易拓殖之务;置僧正以综理东洋布教之事,势力及于苏门答腊(Sumatra)、爪哇(Java)诸岛。自马剌加占领后五年,印度总督阿布葵葵(Alfonso Dalboquereque)遂遣葡人剌匪尔别斯特罗(Rafael Perestrello)附帆船入中国,是为欧洲船舶入中国之始。时正德十一年,西元千五百十六年也。其翌年,印度总督复遣使臣比勒斯(Thome Pixes 或作 Fernão Pexez),求与明廷缔约;遣卧亚市长斐迪南安剌德(Ferdinand Andrade)测量中国港湾。两人至广东,诸事驯良,地方官颇欢迎之,使碇泊上川岛(Shangchuen),即欧人所谓圣约翰岛(St. John's Island)者也。明年,斐迪南弟西蒙(Simon Andrade)者踵至,有暴行,大为吏民所恶。先是,明武宗闻比勒斯之至,使留广东待命;及西蒙事作,遂遣使鞫之,坐以间谍,下诸狱。正德十六年(一五二一年),遂下令放逐葡人于境外,未几令弛,葡人来者益众。嘉靖中,广东附近,有葡人居留地(即租借地之意)三,即上川岛、浪白滘(澳属香山县 Lambacao)及澳门(Macao)是也。十余年间,浪白为诸港之冠,葡商寄居者,常达五六百人;及澳门兴盛,遂驾而上之。当时沿海诸省,亦多有葡人足迹,而宁波、泉州等处,尤为葡商出入地。居宁波之葡商,或结党四出,诱掠妇孺。居民大愤,争起复仇,以嘉靖二十四年(一五四五年),屠教徒万有二千,焚葡船三十七艘;而泉州之葡人,亦以二十八年,为吏民所逐。于是澳门遂独为葡人极东贸易之要港。澳门互市之起源,盖在嘉靖十四年。是时,都指挥黄庆者,得葡人巨贿,为请于上官,始以濠境(即澳门)为通商之地,岁输课二万金(关税岁额)。其后三十二年,葡船有遭风涛之害者,以贡品被水为辞,请于海道副使汪柏,乞地暴之,岁纳租千金。三十六年,葡政府公然以澳门为殖民地,设官吏治理之,于是葡人自其本国携家至澳,为户凡四百二十有奇,明政府亦不之拒。万历元年(一五七三年),明于澳门附近筑境壁为区划,置吏守之,不啻默认界外为葡人属地。自是葡人屡要求减少地租。十年,规定每年地租五百金。至清道光年间不易云(摩尔斯《中国国际关系史》谓最初为一千金,一六九一至一七四〇年后为六百金。约自一七五四年则为五百金云)。明人因回教国对西人通称(Frang,Franks),遂名葡萄牙人曰佛郎机,与隋唐间所谓之拂森,元时所谓之富浪、佛郎盖皆同一音译耳。

九十 西班牙人之东来

(一) 西班牙之占据菲律宾与林凤之战

方葡萄牙人开辟印度航路,垄断东洋贸易之全权,同时西班牙政府,亦发现美洲大陆,取墨西哥为殖民地,一意西进,以求达其世界回航之目的。正德十三年(一五一八年),当西班牙加罗第一之时,其臣墨加蜡(Magalkaes,亦作麦哲伦 Magellan,葡萄牙人仕于西班牙者),始率舰队自大西洋出亚美利加南端,进达太平洋,凡航行三十三月之久,而至马来群岛之息布(Cepu)。是为欧美至东亚西南航路开通之始。墨加蜡旋为土著所杀,部将亦多遇害,仅余残卒十八人,以嘉靖元年,越印度洋好望角而还。时西元千五百二十二年九月六日也。于是加罗第一,以太子腓力布之名,名所至群岛曰菲律宾。当加罗之世,西班牙之舰队至菲律宾者三,然仅得出入其地而已,未暇占领也。嘉靖三十五年(一五五六年),腓力布立(是为腓力布第二)益经营四方,逞其远略。其将勒迦斯比(Legaspi),遂以嘉靖四十四年(一五六五年),占据菲律宾,定马尼拉为列岛之都会。是时,中国商人往来南洋者,获利甚巨,沿海慓悍之民,或以武力恣其暴取。及西班牙人至,菲律宾海陆间,遂为两国民之战场。时海盗渠魁有林凤者,泉州人,数出没远近,从事劫夺。会海上有番船来自马尼拉者,为凤所掠;凤即以捕虏为向导,率帆船武装者六十二艘,水陆兵各二千,妇女千有五百,进征菲律宾。万历二年冬(一五七四年十一月二十九日),舰队达马尼拉湾,凤使部将日本人庄公(Sioco)将兵六百先入。时暴风雨,舟多覆者,溺死几二百人。庄公以残兵薄马尼拉城外,进殪西班牙副将,西兵走保桑的亚哥(Santiago)。会援军一队至,庄公以为大军也,稍稍引退。西兵乘势追击,血战亘数时,庄公收败卒,退合林凤之本营。时勒迦斯比已死,其孙温萨尔塞特方经略吕宋北部,及林兵迫马尼拉,急还谋防御之策。十二月三日(西历),两军战备已就,凤集部将下进击之令。庄公引兵千五百人登岸,纵火市街,围其堡垒,而舰队自港外发炮助攻;庄公遂以所部入城。西军殊死战,庄公阵殁。凤复发兵五百继之,终无功而退。于是凤收余众,航吕宋岛西岸,数日至亚格诺(Agno)河口,降服土人,得河上四里地,筑城居焉。萨尔塞特闻之,复大举来薄。凤知不敌,乃留兵城中,牵制敌军,自乘间出海。其留者,亦走匿山谷间,至今菲律宾有伊哥罗德支那人(Igorrots-Chinese)者,即其苗裔也。

(二) 西班牙之始通中国与墨洋间接之输入

方林凤之据亚格诺河口也,福建总督闻其势盛,发舰队侦之。西班牙人闻中国舰队之至,欲乘机与订通商条约,乃邀使者至马尼拉,谒其知事。使者言:通商事,当就督臣议之,请俟舰队归国之际,简信使与俱。于是知事以教士马丁拉达等为使,赍书翰贡物,附闽舰内渡,求缔商约,是为西班牙遣使中国之始,时万历三年也(一五七五年)。其后万历八年(一五八〇年),西班牙王腓力布第二,复遣马丁伊格奈条(Martin Ignatius)来申前请,而先后并为葡人所间,不得要领。然中国商船往来菲律宾自若;故马尼拉遂为两国之市场。先是,西班牙政府之得菲律宾也,以为墨西哥殖民地之附庸,凡菲律宾行政补助费,及商品代价,悉取诸墨西哥,岁额二百五十万元。以故墨西哥银币充溢马尼拉,复经南洋商人之手,以输诸中国。此墨洋(俗称站人)通行内地之由来也。中国以西班牙人由吕宋来者,遂称之为吕宋。有时亦泛称佛郎机,如孙承泽《春明梦余录》谓:"吕宋佛郎机见我禁海。"俞正燮《癸巳类稿》云:"吕宋实佛郎机。"赵翼《廿二史札记》亦云:"佛郎机并吕宋、满剌加二国,其势独强。"后则改称为干系腊。即西班牙音之初译也。

九十一　荷英两国人之继起

(一) 荷兰之经略南洋

正嘉以来,东洋商利,殆为葡萄牙人所独擅,既如上述。然葡人之经营拓殖,专以暴力制胜,及拓地既广,国力不足以维系之,故不久中衰;而荷兰、英吉利两国代之而起。荷兰故西班牙领土,以宗教纷争之故,于万历九年(一五八一年),脱西班牙政府之羁绊,宣告独立。方葡萄牙商业盛时,其都会里斯本为东洋百货所萃;荷兰、英吉利诸商,率就其地为稗贩之业。然自万历八年,西班牙王腓力布兼袭葡国王统以来,有辖治比勒尼全半岛之主权;以荷兰人为其叛民故,务有以困之;遂于万历十九年(一五九一年),下令禁荷兰人出入里斯本。荷人既失稗贩之利,势不得不自辟商路,直接与东方诸国贸易;而是时林斯哥敦(Jan Huigen Van Linsikoten)、好德曼(Cornelius Houtman)之徒,并以游历外国,习识海程,为全国提倡。万历二十三年(一五九五年),亚摩斯德登诸商,始创"私立东印度公司",从事探险。好德曼遂以是年回航南非,经苏门答腊,至爪哇西岸,巡览而归。自是荷船东渡者不绝。至万历三十年(一六〇二年),东印度公司得政府允许,有于殖民地置兵除吏,及与所在国宣战媾和之权。遂自苏门答腊、爪哇、摩鹿加列岛(Moluccas)逐葡人而有之。而千六百九年,日本德川幕府,亦许其通商;寻又以万历末年(一六一九年),建巴达维亚(Batavia)政府于爪哇,以为东洋贸易之中心。于是西自印度之马拉巴尔海岸,东至日本之长崎,其商港相接;海上权力,极盛一时。

(二)荷兰与清廷之交涉

荷兰既席卷马来群岛,所至排斥他国,恣其独占。千六百二十二年,以舰队十七,攻取澳门;葡人得中国兵之援助,荷人不得志,遂转据澎湖,又移于台湾,经营安平、赤嵌诸城,以实施于南洋者,试行此地。时清朝代兴,旧教牧师有马尔底尼者,自中国入巴达维亚,盛道新政府之开通。荷人方以广东交涉之途,为葡人所遮,苦不得间;及闻牧师言,遂欲遣使北京,与政府为直接之谈判。顺治十三年(一六五六年),荷使哥页(Goyer)及开泽(Keyzer)二人,始自爪哇抵京师,觐见福临,以互市为请。廷议许荷兰商船,八岁一至,船数以四艘为限,其他所请,皆不得行(英译二使之游记,已成孤本。惟敝寓非宇书屋存其全帙两巨册)。其后台湾为郑成功所克服(详见第十八章),福建沿海,连年被其征略。荷人数欲报复不成。乃遣舰队助清军覆厦门郑氏之根据,以泄余愤。其后荷人挟功求报酬,康熙三年(一六六四年),使臣胡伦(Van Hoorn)复以巴达维亚总督之命,议约北京。竟略无所得而返。然荷人对于中国,始终持温和之态度;自遣使北京,呈贡方物,即于皇帝前行三跪九叩礼,冀以得中国欢心。其后虽以厦门助清之功,而贸易权利之获得,亦无可观者。仅得与朝鲜、琉球、安南为伍,备于朝贡国之列而已。至雍正七年,始继英、法之后,在广州设立商馆,其时海上霸权则已属之英人矣。

(三)英人之东渡

英人之从事东洋探险,殆与荷兰人同时,惟荷人所经营者,以马来西亚群岛为主,而英人所注意者,则在印度。万历七年(一五七九年),托马斯士德芬(Thomas Stephens 者)始至印度;英人得自其通信中,知商务之概况,进取之志由此生。方荷兰之独立也,英女王伊利萨伯以宗教上之关系,为之后援,故英与西班牙交恶。万历十六年(一五八八年),西班牙之无敌舰队,为英军所歼,英人于海上之威望,坐是骤增。而是时西葡合并,葡人之东洋商利,为西班牙财赋所从出;故英人欲借战胜之势,进覆其根据。会荷兰暴兴,南洋贸易,为其所持,其出品之行售欧洲者,价腾贵至倍蓰。英人益不平。万历二十七年(一五九九年),伦敦商人集议组织东印度公司,与荷兰竞争。翌年(一六〇〇年)成立之顷,其资本金仅七万镑而已;而以累次远航之结果,得于爪哇及印度沿岸,行其贸易,赢获日富。顾其在爪哇等地者,始终为荷人所排斥,不能得志(如一六一九年,英人在安波那(Amboyna)者,俱为荷兰商人所屠杀。及至一六五四年,克林威尔始迫荷兰赔偿八万五千镑和一个岛屿);独于印度大陆,所在奏功。千六百三十九年,开马达拉萨(Madras)港;千六百六十二年,取孟买(Bombay)港于葡萄牙;千六百九十年,开加尔各答(Calcuta)府于恒河口。其势力远出于他国之上。

(四) 中英交涉之起源

中英之互市,自崇祯十年(一六三七年)虎门之役始。先是,万历二十四年(一五九六年),英女王伊利萨伯虽尝一遣使节。奉书明廷,然舟行遇飓,其事遂寝。后英人以经略印度之故,与葡人相冲突,战争连年不绝。于是卧亚总督以屡败之余,与英人缔休战条约,许英船有出入澳门之权利。崇祯十年,英国克尔丁公司(Courteen Association)派威代尔(Weddell)率舰队至澳门,携卧亚总督书,谒其知事,葡人拒不纳。威代尔乃思与广东大吏相交涉,而葡人复谗构其间。当英船之至虎门也,守者遽发炮击之,激战数小时,炮台遂陷。其终局,英人以所得战利品,还付中国;而中国亦允英人通商。(此事详见《英华通商事略》。《明史》无英吉利之名,盖误为荷兰人故也。《和兰传》云:"十年,驾四舶由虎跳门薄广州,声言求市。其酋招摇市上,奸民视之若金穴,盖大姓有为之主者。当道鉴濠境事,议驰斥;或从中挠之。会总督张镜心初至,力持不可,乃遁去。")然未几鼎革之乱起,海内骚动,故外国贸易为之中辍。至康熙三年(一六六四年),东印度公司遣船一艘至厦门,无功而返。会郑经在台湾,颇讲外交之策;英人与订约,得以安平及厦门为出入地。然台湾新辟,物产贫乏,故安平贸易,不久旋废。而厦门独盛。康熙十五年(一六七六年),英人始于厦门建商馆,乃托庇于郑氏故也。及郑氏退还台湾,清廷干涉之,故馆卒撤废,惟其商船得以时间至而已。康熙五十四年,始成立商馆于广州。先是,欧洲诸国人之东来通商也,皆以武装为后盾,藏武器于商品之后,有不能和平贸易者,即起而逞暴行,肆掠夺,如临南洋诸岛蛮民,直以征服从事,夺地开港。其于中国及日本,知以兵力不足威,辄以甘言诱之,西人之用心,诚可谓巧矣(英有打劫商人 Interlopers 一名词,盖海盗与商人混而不分矣)。

我国对外交通,自汉初即以广州为孔道。《货殖列传》所谓:"番禺一都会,珠玑犀玳瑁果布之凑。"隋唐以来,波斯大食商人与中国贸易极盛。黄巢陷广州,回教、景教、祆教之徒被害者,凡十二万人,则外人流寓之多可想。宋代颇奖励对外贸易,先后置市舶司八:一、广州,二、杭州,三、明州(今宁波),四、泉州,五、密州(今青岛),六、秀州(今松江),七、江阴,八、温州。元朝因之,惟废密、秀、江阴,而增上海、澉浦(今海盐)。明中叶以后,以倭寇而始设海禁,末年还弛焉。清初因郑氏据台湾,禁海益严,但澳门之葡人,不同本国,"奉命免迁"。西人之来中国贸易者,恒借澳门为转输地。康熙二十二年,台湾平,始弛禁。二十四年,设江海、浙海、闽海、粤海四榷关,于是广州、泉州、宁波、上海仍保持其历史上对外通商口岸之地位。姜宸英《海防总论》云:"商舶交于四省,遍于诸国,缓耳雕脚之伦,贯领横裙之众,莫不累驿款贡叩关,蒲伏请命下吏。凡藏山隐谷方物,环宝可效之珍,毕致于阙下,軿积于内府。于是恩贷之诏日下,德泽汪涉,耄倪欢悦,喜见太平,可谓一时之盛。"但以广州接近南洋故,外商向厦门、宁波、上海贸易者日少,而广州、澳门独盛。康熙三十七年,法国人立商馆于广州,旋弃之。派代理人驻澳门。至雍正七年荷兰人在广州重建商馆,而丹麦、瑞典、法国亦接踵而立矣。

第二十三章　西洋文明之东渐

九十二　基督教之传来

（一）明以前之耶教概况

自欧亚之航路发明。商贾教徒，联袂偕来，而西洋之文明，亦借此输入于东土。商贾以负贩为利，其影响于文化者尚小，教徒以布道为业，往往以学术取信于人，故初期基督教之传布，实与东亚文明有莫大之关系焉。基督教之最先流布中国者，为聂斯托良宗（Nestorians），当盛唐之世，已风靡一时；所谓大秦景教者也。然是宗之在欧洲，以不信耶稣为神之故，尝为宗教会议所排斥，固非基督正宗。及唐会昌五年（八四五年），下诏严禁，而其徒遂绝迹于中国。尔后蒙古帝国兴，东欧地方，被其征服。罗马教皇及列国君主，思以宗教之力怀柔之，数遣教徒为议和使，肆其游说。于是若望高未诺（John of Monte Corvino）者，受教皇尼古拉司第四之命，经印度而来，以至元二十七年（一二九〇年），得元廷许可，布教北京，建教堂四所。罗马加特力宗之入中国，自此始。当时受洗者，达六千人；学希腊罗马语者，达百五十人。教皇库烈门第五嘉其功，升为大主教，遣教士七人辅之。至元亡，而布教事业，因之中衰。及东西航路既通，欧人东渡者日众，商业所及，宗教随之。是时加特力宗方以新教之勃兴，失势于欧洲，其徒有志者，因欲转入他土，宣传旧教主义，而耶稣会（Jesuites or Compagnie de Jesus，是会为 Ignace de Loyola 在一五三四年所创立。除绝财、绝色、绝意三愿外，又加服从一愿。在欧势力颇大）传布最力。加以旧教国家如葡、西、法诸君主均竭力提倡远方传教事业，而欧洲文艺复兴以后,科学发达,传教士所携以俱来者,均为中土所未有,故能受人欢迎,凡此皆加特力宗得蔓延于东洋诸国之原因也。

(二)利玛窦之布教事业

加特力宗之再兴于中国也,实以意大利人利玛窦(Matthoeus Ricci)为其初祖;中国所谓天主教者,即玛窦所传也。先是,嘉靖三十一年(一五五二年),耶稣会东洋布教长方济各·沙勿略(Francis Xavier)自卧亚内渡,死于上川岛。其后任范礼安(Valignani)乃遣玛窦及罗明坚(Michael Ruggieri)入中国,绍其遗志。罗明坚以万历七年(一五七九年)至澳门,九年曾一度至广州,不久又返澳门。玛窦以万历十年(一五八二年)八月七日至澳,次年偕罗明坚赴肇庆,日着佛衣学华语,先以数学、地理等科学之思想,灌输士人,乘暇始说教。盖知当时中国人之思想,必不与异教之思想相容,欲借此以博信用也。罗明坚遂于一五八四年著《天主圣教实录》,是为西士华文著述之第一书。翌年明坚赴绍兴传教,旋又往桂林。总督刘节斋颇信玛窦之说,劝至韶州,设天主堂,与学者相往来。万历二十三年(一五九五年),有某京官过韶,子病乞医。时罗明坚已于万历十六年归国,玛窦遂托郭居静(一作加多纳 Cattaneo)掌理广东教务,而自随某京官由庾岭北上,抵宿南昌,数日泛江至南京;易儒服,游说荐绅间,日见尊信。时南京礼部尚书为玛窦旧识,见而惊之,谓:“南京尚非外人可来,若予加以保护,则谗言集于余身,君能谅余者,幸勿留此!”玛窦不得已,再回江西。因著《天主实义》刊之,旋被任为耶稣会会长。识王应麟于南雄,万历二十六年,遂偕应麟至北京,居二月,时因朝鲜战役方罢,有疑为日本间谍者,玛窦复返南京,与礼科给事中祝世禄相友善,而礼部尚书王忠铭等亦先后问道,兼及数学、天文。玛窦之传道南京也,不专敷陈教义,而先以科学思想,正中国天文上之陋见;更设医院,以济疗疾苦,故颇名噪一时。间有举家奉教者,亦可见其传道之效果矣。玛窦欲再诣北京,令郭居静、王丰肃驰赴澳门,多输传道资金,及绘画、玻璃器、麻布、时表、地图、火器等物。玛窦偕庞迪我(Didacus de Pantoja)等八人,由运河北上,留滞天津,半载始入京,时万历二十八年十月也(西书记其抵京为

一六〇一年一月二十四日)。玛窦因宦官马堂进方物,且上表陈情。录之如下:

大西洋陪臣利玛窦,谨献土物于皇帝陛下:臣本国窎远,从来贡献不通,逖闻天朝之声教文物,窃愿沾被余溉,终身为氓,始为不虚所生;因此辞离本国,航海远来,时历三年,路经三万余里,始达广东。语言未通,有同喑哑,因僦居而习华文,淹留于肇庆韶州府,垂十五年;颇知中国古先圣人之学,于经籍略能记诵,而通其指。乃复越岭由江西至南京,又淹留五年。伏念堂堂天朝,且招徕四夷,遂奋志努力,径趋阙廷。谨以天主像一幅,天主母像二幅,天主经一本,珍珠镶嵌十字架一座,报时钟二架,《万国图志》一册,西琴一张,奉献于御前;物虽不腆,然从极西贡来,差足贵异耳。臣从幼慕道,年齿逾艾,讫未婚娶,都无系累,他非所望,谨以所献之宝像祝万世,祈纯嘏,佑国保民,实则区区之忠悃也。伏乞皇上怜臣诚慤来归,将所献土物,俯赐收纳,则益感皇恩浩荡,无所不容,远臣慕义之忱,庶少伸于万一。抑臣在本国,忝列科名,已叨禄位。天地图及度数,深测其秘,所制观象考验日晷,与中国古法吻合,倘皇上不弃疏微,使臣得于至尊之前,罄其愚昧,又区区之大愿,而未敢必者。臣不胜感激待命之至!

表上,反对者议使返还原地,神宗念其远来,馆饩之,礼遇甚厚。次年,复给以天主堂。即今北京南堂之起源也。乾隆四十年,顺治敕建之南堂毁于火,帝赐银一万两重建。西什库教堂乃康熙帝感张诚功,赐地建筑者,落成于一七〇三年(康熙四十二年),即北堂也(东堂为耶稣会士住所,汤若望、南怀仁任钦天监正时,有职员二百余人任编译之事。雍正八年,京师地震,东堂、南堂几全毁。嘉庆十七年,东堂遭火,遂无闻矣。西堂系罗马传信部之堂,自一八三三年——道光十三年——毕学源主教逝世后,亦不著)。

(三) 玛窦之死与天主教之禁令

玛窦入京后,不数年,信徒至二百余,朝臣徐光启、李之藻、杨廷筠辈,并服习其说,折节与游。玛窦能属文,常有所论述;其布教专斟酌中国习俗思想而调和之,故成就有足观者。玛窦又译述《几何原本》、《乾坤礼义》、《测量法义》等书,以授光启、之藻等;是为泰西科学输入之始。盖当时士夫,对于宗教,非所信仰;特以西洋学术之精审,欲就教士研究之;而玛窦等亦以鼓吹学术为传道之方法,务与中国思想,不相抵触,期渐感化。万历三十八年(一六一〇年),利玛窦卒,而天主教徒,亦颇为朝议所攻击。南京礼部侍郎沈淮、给事中晏文辉、郎中徐如珂等,以为陪京都会,不宜令异教处此,反对尤烈。自万历四十四年五月至十二月,淮凡三上奏疏,疏见《破邪集》,大意谓:"彼之妖妄怪诞……是举尧舜以来,中国相传纲维统纪之最大者,而欲变乱之。……辄曰祖宗不必祭祀,但尊奉天主,可以升天堂,免地狱。夫天堂地狱之说,释道二氏皆有之,然以之劝人孝弟,而示惩夫不孝不弟造恶业者,故亦有助于儒术尔。今彼直劝人不祀祖先,是教之不孝也,是率天下而无君臣父子,何物丑类,造此矫诬!盖儒术之大贼,而圣世所必诛,尚可蚩蚩然驱天下而从其说乎?"淮上第一疏后,即会同巡视东城御史,行令兵部司马,逮捕西教士王丰肃、谢务禄,及中国教徒共十四人。在京教士庞迪我、熊三拔等惧祸延全教,遂具揭疏,谋救济之法,遣人持赴南京,谋议刊刻。淮复令逮捕八人。其时王丰肃继利玛窦后,在南京洪武冈起建天主教堂,又置花园于孝陵卫,教友增至二百余人。南京礼部没收其产业,并发布拿获邪教告示,有云:"耶稣会士所称天主之意义,与我中国所称之天无异。然彼夷人等自刻《天主教解要略》曰:'天主生于汉哀帝某年,其名为耶稣,其母为玛利亚。'如是,则直西洋之一胡耳。又曰:'见恶于官,钉死于十字架。'是则胡之以罪而死者,安可称为天主耶?至于天体运行之说明,则与《大明律》私习天文之禁,适相违反;况彼等又以别制之浑天仪,而私藏之耶?若任彼所为,恐天下事无不被其颠倒诳惑矣。又其教仪有大瞻礼、小瞻礼、擦圣油、洒圣水等名目,夜聚晨散,一反于《大明律》私家告天之禁。"明廷纳淮等之言,万历四十四年十二月,遂下令驱逐耶稣会士返国,王丰肃、谢务禄、庞迪我、熊三拔等,均被遣送广东,候船归国。不久庞、熊相继殁于澳门,丰肃改名高一志,务禄改名鲁德照,仍赴内地传教。其余西士散处各地,匿藏中国教友家,为禁令所不及,实皆未尝回国也。后以光启、之藻等调护之力,至天启二年(一六二二年),事得解。

九十三 科学思想之输入

(一) 炮铳之铸造

中国近世之火器,为明成祖征交趾时所得神机枪炮法。其后中西交通,欧洲新式之火器,亦由商舶输入于中国。然明廷以为夷品,不屑利用。及朝鲜之役,日本以炮铳获微胜,而是时金汗崛起,辽东用兵,在在均有改良军器之必要;于是天启二年,明帝遣使如澳门,命罗如望(Joannes de Rocha)、阳玛诺(Emmanual Diaz)、龙华民(Nicolaus Longobardi)诸教士,制造炮铳。次年,又召用艾儒略(Julius Aleni)、毕方济(Franciscus Sambiaso)等,于是至者不独耶稣会士,即凡在澳门之外人,亦相率偕来,或制造武器,或驰驱疆场。铳与炮原属同类之火器。明人以铳初传自葡萄牙人,故称"佛郎机铳"。其小者为鸟枪。炮初传自荷兰人,故称"红夷炮"。徐光启、李之藻等均精于制作,以授其门生孙元化、张焘等,皆号称专家。张星曜《徐光启传》云:"公得西学守御之道。精造火器,捍卫不虞。且更条陈保安制胜之策,屡疏于朝。上欲大用之,小人忌其功,沮抑不用。集有《庖言》等书,存于监局中。后章皇帝得之,读不释手。曰:'使明朝能尽用其言,则朕何以至此耶?'"崇祯十二年,毕方济上疏言:

> 臣西极鄙儒,以格物穷理为学,以事天爱人为行。在先帝之时,同人致力于占星、修历、制器、讲武,得效微劳。今幸皇上龙飞,仁明英武,远臣不胜欣戴!敬献星屏一架、舆屏一架、西琴一张、风篁一座、自鸣钟一架、千里镜一筒、火镜一图、西香六炷、沙漏一具、白鹦鹉一只,伏乞俯赐饬收!抑臣蒿目时艰,思所以恢复封疆,而裨益国家者:一曰明历法以昭大统,二曰辨矿脉以裕军需,三曰通西商以官海

> 利,四曰购西铳以资战守。盖造化之利,发现于矿,第不知脉苗之所在,则妄凿一日,即虚一日之费。西国格物穷理之书,凡天文、地理、农政、水法、火攻等器、无不具载。其论五金之矿脉,征兆多端,宜往澳门聘招精于矿路之儒,翻译中文,循脉而细察之,庶能左右逢源。广东之澳门商人,设店贸易,纳税已经百年,偶因牙侩之争端,遂阻进省之贸易,宜照旧令其进省,以充国用。西铳之所以可用者,因其钢铁皆经百炼,纯粹无滓,故为精工也。天启元年,边疆不靖,从兵部奏请,准购用西铳,募用西兵,以此臣辈陆若汉(Johannes Rodri Puez)等二十四人,进铳四尊,缓急击敌,屡著奇功。更乞敕从澳门,聘招熟于制铳之西士数人,使授以制药点放之术,摧锋破敌之奇。并使精于推历之西士数人,襄助历局之事务云。

此时明廷之所急者,在于对金问题,毕疏一上,因利其言,颇倾信之。崇祯十五年,命汤若望商榷制造,将用法传授兵仗局内监。若望共铸"无间大将军"炮二十余位,大者重一千二百斤,小者不下数百斤。帝派大臣验放,嘉其坚利,诏再铸五百位。若望因授焦勗泽《火攻揭要》一书,于诸式火器之铸法、用法,以及子弹、火药、火箭、地雷之制造,莫不详述。后若望从李建泰出征,因随之降清。刘宗周奏若望倡邪说以背大道,又作为技巧以惑君心,乞放还本国。帝曰:"火器乃中国长技,汤若望不过令其监制,何必深求?"炮术之有明效,既无所疑,且欲进而研究此等之智识,以讲求西人所谓格物之理焉。然兵器而外,更有足使明人顷心者,即关于天文历象之占验是也。

(二) 天文历象学之利用

天文为授历之要务,中国古时,已极重视。明自洪武设回回历科,历局遂为回人所把持;沿袭旧规,不加修正,故末流显生时差。自利玛窦入北京,其徒皆注意此事,言"大统"(刘基大统历循元郭守敬授时历之旧)、"回回历"疏舛不合实测。并出西洋天文之书,以示士大夫,皆为中国典籍所无。乃有五官正周子愚言:庞迪我、熊三拔(Sabbathinus de Umsis)

等,深明历事,请仿洪武初设回回历科之例,许迪我等入局测验。新法遂为世人所注重。时在京教士,除迪我等外,尚有龙华民、邓玉函(Joannes Terreuz)等,然皆非天文专家,故不能有所成就。俟德人汤若望(Joannes Adam Schall Von Bell)至,而其业始大昌也。若望于天启二年至西安,天启末,始来北京,在宣武门内之首善书院,开设历局,推步天文,兼制造象限仪、纪限仪、平悬浑仪、交食仪、列宿经纬天球、万国经纬地球仪、平面日晷、转盘星球、候时钟、望远镜等,并译纂历书。邓玉函及同来者罗雅谷(Jocobus Rho)助之。崇祯二年,徐光启荐李之藻、邓玉函、龙华民协同修历,旋辟历局于京师东长安街,作观星台。又选畴人子弟习西法。崇祯三年,邓玉函卒,乃征汤若望、罗雅谷共事历局,于是新法日益显明矣。光启又令若望等以新旧法,较其疏密,纂修《新法算书》一百卷进之。崇祯六年,光启卒,时值干戈扰攘,又牵于廷臣之门户,遂不果行。十六年,日食,钦天监之推步不合,而汤若望之推步,较为密合,明帝始谕以新历代回历。然以台官掣肘,事仍未行,明祚旋移矣。顺治二年,若望上书言新法有验,并进西洋仪器,得旨试行。遂令若望与南怀仁(Ferdinandus Verbiest)入为钦天监官。至是历局与钦天监始合为一。依新法造时宪书,颁行直省。并给邸第银两,赏赉优渥。先是明加教士官衔,皆辞不受,若望始于顺治三年,受太常寺少卿衔。八年,叙通议大夫。十年赐号通玄教师,敕曰:“朕惟国家肇造鸿业,以授时定历为急务。尔汤若望来自西洋,涉海十万里,明末居京师,精于象纬,闳通历法。其时大学士徐光启特荐于朝,令修历局中。一时专家治历,如魏文奎等,推测之法,实不及尔。但以远人之故,多忌成功,历十余年终不见用。朕承天眷,定鼎之初,爰谘尔姓名,为朕修大清时宪历,迄于有成,可谓勤矣!比之古洛下闳诸人,不亦优乎?”十五年,晋光禄大夫。亘顺治之世,清廷对于若望等,始终优待,无中国菲薄夷狄种族之见;且利用其法,以新天下耳目。及顺治帝崩,不久而有排教复历之事起。先是,新安卫人杨光先世习畴人之学,顺治时,具呈礼部,谓宪书面上,不应用“依西洋新法”五字。不报。及康熙三年,又上书礼部,攻击新法,并摘其推算本年十二月戊午朔,日食交会之误。旨交议政王会审。王等皆不通历法,无从分辨。但谓:“若望进二百年历,夫天祐皇上,历祚无疆,而若望止进二百年为大不合。又若望选择荣亲王安葬日期,不用正五行,反用洪范下五行,山向年月,俱犯重煞,——俱事犯重大。"议决若望等皆论磔,以太皇太后念其前勋仅得不死。其徒并连坐禁锢,教堂书籍,亦多被毁。杨光先为钦天监正,旧历遂复。然光先明推步之理,而不明其数,故终不免于舛误也。

(三)杨光先之排斥基督教义

康熙六年,光先以推闰失实,方请更正;则宪书业已颁行,遂下光先于狱,拟议大辟。秋审缓决,乃以遣戍,遇赦归。自是复用汤若望为钦天监官。一时士大夫言天学者,无不右汤而左杨。光先自愤,著《不得已书》以攻之,其略曰:

> 自利玛窦入中国以来,其徒党皆借历法,以阴行其天主之教于中土。今开堂京师宣武门外及各省,凡三十窟穴;而广东之香山澳,盈数万人,盘踞其间,成一大都会。以暗地送往迎来,而棋布党羽于大清十三省要害之地,其意欲何为乎?汤若望之历法,其推验康熙三年十二月戊午朔之日食,人人有目,难尽掩也,而世方以其不合天象之交食为准,而附和之。是以西洋邪教为中国不可无之人,而欲招徕之,援引之,自贻伊戚。无论其交食不准之甚,即准矣,而大清国卧榻之旁,岂容若辈鼾睡耶?盖从古至今,有不奉彼国差来朝贡,而可度越我疆界者否?有入贡陪臣,不回本国,而呼朋引类,煽惑我人民者否?江统《徙戎论》,盖蚤烛于几先,以为羽毛既丰,不至破坏人之天下不已。兹著书显言东西万国及我伏戏与中国之初人,尽是邪教子孙,其辱我天下之人,至不可言喻,而人直受之而不辞!异日者,设有蠢动,还是子弟拒父兄乎?还是子弟卫父兄乎?卫之义既不可,拒之力又不能,请问天下人何居焉?光先之愚见,宁可使中国无好历法,不可使中国有西洋人;无好历法,不过如汉家不知合朔之法,日食多在晦日,而犹享四百年之国祚;有西洋人,吾惧其挥金以收拾我天下之人心,如抱火于积薪,而祸至之无日也。……徐光启以历法荐利玛

> 窦等于朝,以数万里不朝贡之人,来而弗稽其所从来,去而弗究其所从去;行不监押之,止不关防之;十三省之山川形势,兵马钱粮,靡不收归图籍,而莫之禁。古今有此玩待外国人之政否?大清因明之待西洋如此,习以为常,不察伏戎于莽,万一窃发,百余年后,将有知余言之不得已者。……世或以其制器之精奇而喜之,或以其不婚不宦而重之。不知其仪器精者,兵械亦精,适足为我隐患也;不婚不宦者,其志不在小,乃在诱吾民而去之。如图日本取吕宋之已事可鉴也。诗曰:"相彼雨雪,先集微霰。"又传曰:"鹰化为鸠,君子犹恶其眼。"今者海氛未靖,讥察当严,揖盗开门,后患宜毖。宁使今日詈予为妒口,毋使异日神予为前知,是则中国之厚幸也。

光先之论,盖忧患于未然。历象之术,不如西人,彼亦自知,惟西人以历法行天主教,故不得不辞而辟之耳。观其"宁可使中国无好历法,不可使中国有西洋人"及"仪器精者,兵械亦精,适足为我隐患也"数语,即可知矣。此种论调,自系顽固之言,然以吕宋、日本为戒,尚能洞见其微。西欧自新大陆发现以来,诸国率以拓殖为务,教士之甘言利诱,武力之暴行侵略,远道驰驱,不无关系。此由西洋文化自始即与海洋结不解缘,腓尼基克列特荒远无论矣。希腊罗马之繁荣,岂非以海外贸易、海外掠夺、海外殖民为基础乎?至文艺复兴时代,西南欧之海外贸易复兴,十二世纪之准市府经济,皆与近代帝国有一线相承之关系者也。特防渐之术,当以输入新智,充实已力为事,若一意闭拒,排斥外人,多见其不识时务而已。

(四) 南怀仁之任事与地图之绘测

光先既罪罢(据《中西纪事》载,遇赦归,行至山东,为西人毒死,恐不可信。叶廷琯《吹网录》谓:以布衣上书劾温礼仁,至舆榇待命,可谓豪杰之士。王渔洋《池北偶谈》言:明末居京师,以劾陈维新妄得敢言名,实市侩之魁也。康熙六年,疏言西洋历法之弊,逐汤若望而夺其位,然光先于历法,实毫无所解,寻大败,论大辟。光先刻一书曰《不得已》,自附于亚圣之辟异端,可谓无忌惮矣。对光先之批评不同如此),中西钦天监官,仍时生龃龉。康熙八年,玄烨命南怀仁与钦天监副吴明煊对测日影,吴测有误;乃以监副授南怀仁,而教堂毁者,概行修筑,许教士有传道之自由,钦天监例用西人。于是南怀仁、徐日昇等,遂以学术博帝眷。盖彼等明习历法,旁通百技,非信其教,重其学术耳。怀仁旋为钦天监正,将李自成所毁之测天仪器,重新制造,安置于观象台。此仪器合六件而成,以青铜雕龙为托,以大理石为座,制造精密,可耐风雨。怀仁复编《灵台仪象志》(十三卷)、《康熙永年历法》(三十三卷)等书。三藩之乱,怀仁为清廷铸造大小铁炮百二十门,轻便神武炮三百二十门,试放于芦沟桥,颇中式。帝喜。怀仁又编《神武图说》一书,中分理论二十六,图解四十四,说明铳炮之详情。怀仁当帝之时,南巡北狩,必多扈从,以康熙二十七年卒于京。继其后者,每非其人,故不能得君主之宠眷。传教之禁争,亦渐渐起矣。厥后教士在京者,或当司天之任,或佐军用,皆不显著。惟《皇朝全览图》之测绘,实为中国地学之曙光。兹先表其测绘年地人名如下:

测绘年代	测绘之地	测　绘　者
康熙四七年	蒙古等处	费隐(Fridelli)、白晋(原名见五九〇页[①])、雷孝思(Regis)、杜德美(见五九一页)
四七年	直隶	费隐、雷孝思、杜德美
四九年	黑龙江	同前
五〇年	山东	雷孝思、麦大成(Cardoso)
五〇年	山西、陕西、甘肃	杜德美、费隐、潘如(Bonjour)、汤尚贤(de Tartre)
五一年	河南、江南、浙江、福建	雷孝思、冯秉正、德玛诺(二人均见五九一页)
五二年	江西、两广	麦大成、汤尚贤
五二年	四川	费隐、潘如
五四年	云贵、两湖	费隐、雷孝思

康熙五十五年图成。白晋又汇为总图一张,各省分图一张。玄烨谓内阁学士蒋廷锡曰:“此朕费三十余年之心力,始得告成,山脉水道,亦合乎《禹贡》。尔可以此图并各省分图,使九卿细阅,倘有不合,九卿有所知

① 此页码为初版页码,不再说明。——编者注

者,可即面奏!”九卿寻奏称:“从来舆图地记,往往前后相沿,虽有成书,终难考信。……此图诚开辟方圆之至宝,混一区夏之巨观。”观此则帝对于是图之成,其得意可想而知。以后中国出版之地图,多以此图为蓝本,(如法人但维尔 Dunville 之《中国新地图》*Nouvel Atlas de la Chine*〔乾隆二年出版〕是),而绵密不及。其于文化增辉,诚非浅鲜矣。

(五) 基督教士之著述

明清之际,基督教士之在中国者,多以天主教义,编为浅说,化导民众。其所输入之科学著作,乃传教士之附带事业,率肤阔浅薄;故《四库全书书目提要》谓:“作《新法算书》时,欧罗巴人自秘其学,立说复多深隐不可解。”王锡阐亦谓“西人不能深知法意”。是知耶稣会士实未能尽量将西方所已发明之学术输入中国,此科学思想终不能发达之主因也。当时,政府欢迎西学,纯以改良历书、制造炮铳为目的,故输入以天文学为主,数学、物理学次之,其余则皆附庸也。西洋天文学自歌白尼出,已与占星学分家。而耶稣会士初于歌白尼之大发明,未道只字,反谓歌氏有言天动之书。又改刻白尔定律,以实日动之说。其所输入之天文学,仍不脱占星学之窠臼。汤若望在钦天监任占候,择日,穆尼阁撰“人命”一书,以西方天文学之计算,诠释星命之说,即可为明证矣。顾教士对于西方学术之介绍,虽未能洞澈本源,穷述格物之理,但已足影响吾国古学之复兴,为西洋文明东渐之先导;不可不注意也。兹将其著书大概,表之如下:

明末山西绛州人韩霖及福建漳州人张赓及同志公述《圣教信证》一书,刻于顺治四年,内有《真教来历》一篇,列举自圣方济各至康熙初年之传教士传略,及所著书。同时复有《道学家传》,不著撰人,自亚当叙至明末之传教士,内容多相同。清王韬《西学辑存》中之《泰西著述考》及近人张星烺《中西交通史料汇编》中之《明末来华外国教士传略》,皆与韩书大同小异。清藏书家所称《耶稣会士西洋姓氏著述书目》者,即韩书也。惟现存中央研究院之抄本,仅存人名书目,只列四十四人,无著述者七人。《清朝全史》改作表而加详焉。

以后梁任公先生,及柳诒徵、蒋廷黻、张荫麟诸氏,均有所諟正。抗战胜利,徐宗泽所著《明清间耶稣会士译著提要》出版,对此表所录著述,均有极详之考订。兹依韩、徐书目及其他西籍,加以增改,大体当不甚差矣。

明末清初外国基督教士及著书一览表

华名	原名	国籍	来华年代 卒年卒地	著书
罗明坚 字复初	Michael Ruggieri	意大利	一五七九(万历七年)。一六〇七,五,十一(万历三十五年),萨勒尔	天主圣教实录
利玛窦 字西泰	Mathaeus Ricci or Matte Ricci	意大利	一五八二(万历十年)。一六一〇,五,二(万历三十八年),北京	天主实义。几何原本(授徐光启译)。交友论。同义算指(授李之藻译)。两国纪法。勾股义。二十五言。圜容较义(授徐光启译)。畸人十篇。辨学遗牍。乾坤体义。经天该。奏疏。斋旨。测量法义(授徐光启译)。西字奇迹。浑盖通宪图说(授李之藻译)。万国舆图。西琴曲意(附畸人后)
孟三德	Sande Edward	葡萄牙	一五八五(万历十三年)。一六〇〇,六,二二(万历二十八年),澳门	长历补注解惑。浑天仪说(崇祯历书之一)
苏如望 字瞻清	Joannes Soerio	葡萄牙	一五九五(万历二十三年)。一六〇七,八(万历三十五年),南昌	天主圣教约言
龙华民 字精华	Nicolaus Longobardi	意大利	一五九七(万历二十五年)。一六五四,九,一(顺治十一年,或作一六五九年卒),北京	死说。念珠默想规程。灵魂道体说。圣教日课。圣若瑟行实。地震解。急救事宜。圣人祷文。圣母德叙祷文。预修崇祯历书
郭居静 字仰凤	Lazaxus Cattaneo	瑞士	一五九四(万历二十二年)。一六四〇(崇祯十三年),杭州	性灵诣主。悔罪要旨

续　表

华　名	原　名	国　籍	来华年代 卒年卒地	著　　书
罗如望字怀中	Joannes de Rocha	葡萄牙	一五九四年至澳门,一五九八(万历二十六年)至韶,一六〇〇年至南京,一六〇三年为徐光启受洗,一六二三,三(天启三年),杭州	天主圣教启蒙。天主圣像略说
杜奥定字公开	Augustin Tudeschini	意大利	一六三一(崇祯四年)。一六四三(崇祯十六年),福州	渡海苦迹记。杜奥定先生东来渡海苦迹
庞迪我字顺阳	Didacus(or Diego) de Pantoja	西班牙	一五九九(万历二十七年)。一六一八,一,一(万历四十六年),澳门	耶稣苦难祷文。未来辨论。天主实义续篇。庞子遗铨。七克大全。天神魔鬼说。人类原始。受难始末。辨揭
费奇观字揆一	Gaspar Ferreira	葡萄牙	一六〇三(万历三十一年)。一六四九(顺治六年)	振心总牍。周年主保圣人单。玫瑰经十五端
王丰肃(高一志)字则圣	Alphonsus Vagnoni	意大利	一六〇五(万历三十三年)。来华年代据南京教案始末,作一五九九年七月。一六四〇,四,十九(崇祯十三年),蒲州	则圣十篇。西学齐家。天主圣教圣人行实。达道纪言。四末论。西学修身。譬学警语。励学古言。教要解略。寰宇始末。圣母行实。神鬼正纪。十慰。童幼教育。空际格致(录十四库)。西学治平。斐录汇答。推验正道论
熊三拔字有纲	Sabbathinus de Ursis	意大利	一六〇六(万历三十四年)。一六二〇,五,三(泰昌元年),澳门	泰西水法(授徐光启译)。表度说。简平仪说
阳玛诺字演西	Emmanuel Diaz	葡萄牙	一六一〇年(万历三十八年)。一六五九,三,四(顺治十六年),杭州	圣若瑟行实。天问略。十诫真诠。圣经直解。天学举要。唐景教碑颂正诠。代疑论。袖珍日课。经世全书。经世全书句解。避罪指南。天神祷文。圣若瑟祷文

续 表

华　名	原　名	国　籍	来华年代 卒年卒地	著　　书
艾儒略字思及	Gulius Aleni	意大利	一六一〇至澳门,又三年始入内地。一六一三(万历四十一年)。一六四九,八,三(顺治六年),卒延平葬福州	弥撒祭义。天主降生言行纪略。出像经解。天主降生引义。耶稣言行纪略。景教碑颂。圣体祷文。坤舆图说。玫瑰经十五端图像。熙朝崇正集。杨淇园行略。张弥克遗迹。万物真源。涤罪正规。三山论学纪。圣体要理。圣梦歌(一名性灵篇)。圣体四字经文。悔罪要旨。几何要法。口铎日钞。五十余言。西方答问。西学凡。职方外纪(以上三种在奇器图说前)。性学粗述。天主降生引义。大西利西泰子传。大西利西泰先生行迹。泰西思及先生语录
谢务禄曾(或作鲁)德昭字继元	Alvarus de Semedo	葡萄牙	一六一三(万历四十一年)。一六五八,五,六(顺治十五年),澳门	字考(汉葡萄汉字汇)。中华帝国史
毕方济字今梁	Franciscus Sambiaso	意大利	一六一三(万历四十一年)。一六四九(顺治六年),广东	画答。睡画二答。灵言蠡勺。奏折。皇帝御制诗
金尼阁字四表	Nicolas Trigault	法兰西	一六二〇(万历四十八年)。初来为一六一〇年,一六一一居金陵,会长龙华民令往罗马报告,一六二〇年始复来华。一六二八,十一,一四(崇祯元年),杭州	中国传教史。宗徒祷文。西儒耳目资。况义(一名意拾—后译伊索—喻言)(Robert Thom 编译)。推历年瞻礼法
邓玉函字涵玉	Jean (Joannes) Terrenz	日耳曼	一六二一(天启元年)。一六三〇(崇祯三年),北京	远西奇器图说(授王征泽)。人身概说。测天约说。黄赤距度表。正球升度表。大测(以上四种皆崇祯历书之一)

续　表

华　名	原　名	国　籍	来华年代 卒年卒地	著　　书
傅汛济 字体斋	Franciscus Furtabo	葡萄牙	一六二一(天启元年)。一六五三,十一,二一(顺治十年),澳门	寰有铨。名理探(与李之藻同译为亚里士多德哲学一部分)
汤若望 字道味	Joannes Adam Schall Von Bell	日耳曼	一六二二(天启二年)。一六六六,八,一五(康熙五年),北京	进呈书像。主教缘起。浑天仪说。主制群征。远镜说。真福训铨。古今交食考。西洋测日历。星图。交食历指。交食表。恒星历指。恒星表。共译各图。八线表。恒星出没。学历小辨。测食说,测天约说。大测(以上十三种皆崇祯历书之一)。奏疏。新历小惑。新法历引。历法西传。新法表异。敕谕寿文。火攻揭要(授焦勖译)。赤道南北两动星图。中国耶稣会传教史略(拉丁文)
费乐德 字心铭	Rodericus de Figueredo	葡萄牙	一六二二(天启二年)一六四二,一〇,九(崇祯十五年),开封(李自成围开封官兵决水死者近三十万)	念经总牍。圣教源流。念经劝
罗雅各 字味韶	Jacobus Rho	意大利	一六二四(天启四年)。一六三八,四,二六(崇祯十一年),北京	天主经解。天主圣教启蒙。斋克。哀矜行铨。求说。圣纪百言。圣母经解。周岁警言。测量全义。比例规解。五纬表。五纬历指。月离历指。月离表。日躔历指。日躔表。黄赤正球。日躔考。昼夜刻分(以上十种皆崇祯历书之一)。筹算。历引
伏若望 字定源	Joannes Froez	葡萄牙	一六二四(天启四年)。一六三八,七,一一(崇祯十一年),杭州	五伤经礼规程。助善终经。善终助功。苦难祷文
卢安德 字盘石	Andreas Rudomina	立陶宛	一六二六(天启六年)。一六三二,九,五(崇祯五年),福州	口铎日抄。十八幅星图。十幅勤息图

续 表

华 名	原 名	国 籍	来华年代 卒年卒地	著 书
瞿西满 字弗溢	Simon de Cunha	葡萄牙	一六二九(崇祯二年)。一六六〇(顺治十七年),澳门	经要直指
马奥图 (栗安当)	Antonio de Santa Maria	西班牙	一六三三(崇祯六年)。一六六九,五,一三(康熙八年),广东	正学镠石
郭纳爵 字德旗	Ignatius da Costa	葡萄牙	一六三四(崇祯七年)。一六六六(康熙五年),广东	原染亏益。身后编。老人妙处。教要。烛俗迷篇
何大化 字德川	Antonius de Gouvea	葡萄牙	一六三六(崇祯九年)。一六七七,二,一四(康熙十六年),福州	蒙引
贾宜睦 字九章	Geronimo de Gravina	意大利	一六三七(崇祯十年)。一六六二,九,四(康熙元年),常熟	提正编。辨惑论
利类思 字再可	Ludovicus Buglio	意大利	一六三七(崇祯十年)。一六八二,一〇,六(康熙二十一年),北京	天主正教约征。圣教要旨。超性学要。进呈鹰论。狮子说。司铎典要。灵性说。不得已辨。天学真铨。御览西方纪要(与南怀仁安文思合撰)。圣母小日课。已亡者日课经。圣教简要。善终瘗茔礼典。弥撒经典。日课概要。圣事礼典。安先生行述。天主性体。三位一体。万物原始。天神。昭事经典。西历年月。六目工(目一作日)。首人受造。主教要指
孟儒望 字士表	Joao Monteiro	葡萄牙	一六三七(崇祯十年)。一六四八(顺治五年),印度	天学略义。辨敬录。炤迷镜。圣号祷文。炼狱祷文
潘国光 字用观	Franciscus Brancati	意大利	一六三七(崇祯十年)。一六七一,四,二五(康熙十年),广州葬上海	十诫劝谕圣迹。圣体规仪。圣教四规。圣安德助。宗徒瞻礼。天阶。瞻礼口铎。天神会课。未来辩论

续　表

华　名	原　名	国　籍	来华年代 卒年卒地	著　　书
安文思 字景明	Gabriel de Magalhaens	葡萄牙	一六四〇(崇祯十三年)。一六七七,五,六(康熙十六年),北京	复活论
卫匡国 字济泰	Martinus Martini	匈牙利	一六四三(崇祯十六年)。一六六一,六,六(顺治十八年),杭州	天主理证。灵性理证(合为真主灵性理证)。逑友篇。韩目于卫后列傅若望字遐及有古圣行实未刻。中国上古史
穆尼阁 字如德	Nicolas Smogolenski	波兰	一六四六。(顺治三年)。一六五六,九,一七,肇庆	天步真原(授薛凤祚译)。天学会通(薛氏笔记)。比例对数表
万济国	Francisco Varo	西班牙	一六五四(顺治十一年),未详	圣教明证
柏应理 字信末	Philippus Couplet	比利时	一六五六(顺治十三年)。一六九三,五,一五(康熙三十二年),卧亚	天主圣教永年瞻礼单。天主圣教百问答。四末真论。圣坡而日亚行实。圣若瑟祷文。周岁圣人行略。圣教铎音。西文四书直解。许母徐太夫人传略
穆迪我 字惠吉	Jacobues Motel	法兰西	一六五七(顺治十四年)。一六九二,六,二(康熙三十一年),武昌	圣洗规仪。成修神务
聂仲迁 字若瑞	Adrianus Greslon	法兰西	一六五七(顺治十四年)。一六九七(康熙三十四年),赣州	古圣行实
殷铎泽 字觉斯	Prosper Intorcetta	意大利	一六五七(顺治十四年)。一六九六,一〇,三(康熙三十五年),杭州	耶稣会例(例或作则)。西文四书直解。泰西殷觉斯先生行述
郎安德	André Ferran	葡萄牙	一六五九(顺治十六年)。一六六一(顺治十八年),福州	

续 表

华 名	原 名	国 籍	来华年代 卒年卒地	著 书
陆安德 字泰然	Giovani Andrea Lobelli	意大利	一六四三(崇祯十六年),至澳门。一六五九(顺治十六年),赴广东。一六八三(康熙二十二年),澳门	圣教略说。真福直指。善生福终正路。圣教问答。圣教撮言。圣教要理。默想大全。默想规矩。万民四末图。讲道规矩(韩表四末二字作永)
南怀仁 字敦伯	Ferdinand Verbiest	比利时	一六五九(顺治十六年)。一六八八,一,二八(康熙二十七年),北京	妄推古凶辨。熙朝定案。验气图说。坤舆图说。告解原义。善恶报略说。教要序论。不得已辨。灵台仪象志。仪象图。康熙永年历法。测验纪略。坤舆全图。简平规总星图。赤道南北星图。妄占辨。预推纪验。形性理推。光向异验理推。理辨之引启。目司图总。理推各国说。御览简平新仪式用法。进呈穷理学。圣体答疑。理学家传。验气说。坤舆图说。坤舆外纪。七器图说。盛京推算表。神武图说
鲁日满 字谦受	Francois de Rougemont	比利时	一六五九(顺治十六年)。一六七六,二,四(康熙十五年),太仓	教要六端。天主圣教要理。问世编
恩理格 字性涵	Christian Herdtricht	意大利	一六六〇(顺治十七年)。一六八四(康熙三十三年),绛州	文字考(未刻)。韩霖书目于恩理格后列巴济范字庸乐。石方西字镇宇。罗儒望字怀仲。李玛诺。黎宁石。杜禄亩。穆尼谷字如德七人。除罗有圣教启蒙。圣像图说外。余均无著述
闵明我 字德先	Philippus Maria Grimaltc	意大利	一六六九(康熙八年)。一七一二,一一,八,北京	方星图解
利安定	Augustin de San Pascual	西班牙	一六七〇(康熙九年)。一六九五(康熙三十四年)	永福天衢。天成人要集

续　表

华　名	原　名	国　籍	来华年代 卒年卒地	著　　书
徐日昇 字寅公	Thomas Pereira	葡萄牙	一六七三(康熙十二年)。一七〇八,三,二四(康熙四十七年),北京	南先生行述。律吕正义续篇(与意人德礼格合编)
宾纽拉 (石铎禄)	Tedro Pinuela	墨西哥	一六七六(康熙十五年)。一七〇四,七,三〇(康熙四十二年),漳州	初会问答。永暂定衡。大赦解略。默想神功。哀矜炼灵略说
庞嘉宾	Castner (Gasper)	日耳曼	一六七九(康熙十八年)。一七〇九,二,九(康熙四十八年),北京	
白亚维	Alvare Benevente	西班牙	一六八〇(康熙十九年),未详	要经略解
叶宗贤	Basilio Brollo	意大利	一六八四(康熙二十三年)。一七〇四,七,一六(康熙四十三年),西安	宗元直指
孟由义	Manoel Mendez	葡萄牙	一六八四(康熙二十三年)。一七四三(乾隆八年),澳门	
利安宁	Emmanuel de San Joan Bapt	西班牙	一六八五(康熙二十四年)。一七一〇,三,一〇(康熙四十九年),北京	破迷集。圣文都竦。圣母日课
洪若翰 字时登	Joames de Fontaney	法兰西	一六八七(康熙二十六年)。一七一〇(康熙四十九年),法国	天文历算书颇多
张　诚 字实斋	Joan, Franciscus Gerbillon	法兰西	一六八七(康熙二十六年)。一七〇七(康熙四十六年)	哲学要略。满文字典。几何三角天文等书。用汉满文译授康熙帝

续 表

华 名	原 名	国 籍	来华年代 卒年卒地	著 书
白 晋 字明远	Joachin Bouvet	法兰西	一六八七(康熙二十六年)。一七三〇(雍正八年),北京	天学本义。古今敬天鉴
卫方济	Francois Noel	比利时	一六八七(康熙二十六年)。一七二九,九,一七(雍正七年),Lille(丽耳)	人罪至重。(译中文经子书甚多)
李 明 字复初	Aloysius Le Comte	法兰西	一六八七(康熙二十六年)。一七二八(雍正六年),法国	中国现状新志。中国礼仪论(此二书在法国出版对欧洲华化之影响甚大)
刘 应 字闻声	Claudus de Visdelorc	法兰西	一六八七(康熙二十六年)。一七三七(乾隆二年),印度	著多种西文书
白多玛	Hortis Ortiz	西班牙	一六九五(康熙三十四年),未详	圣教功要。四络略意
林安多	Antonio de Silva	葡萄牙	一六九五(康熙三十四年),未详	崇修精蕴。此书为安国宁(宁永康 Andreas Rodrigues 一七五九即乾隆二十四年来华,一七九六年,即嘉庆元年卒)所著,各书多误为林作
巴多明 字克安	Dominicus Parrenin	法兰西	一六九八(康熙三十七年)。一七四一,九,二十七(或作二十九)(乾隆六年),北京	济美篇。德行谱
马若瑟	Joseph-maria de Premare	法兰西	一六九八(康熙三十七年)。一七三六,九,一七(乾隆元年),澳门(或作一七三五)	圣母净配圣若瑟传。杨淇园行迹。信经直解。真神说论。神明为主。儒交信。经传议论。六书析义(译法文)
殷弘绪 字继宗	Franc. Xav. d'Entreccolles	法兰西	一六九八(康熙三十七年)。一七四一(乾隆六年)	主经体味。逆耳忠言。莫居凶恶劝。训慰神编(即圣多俾亚传)。驳回教。人参考。中华风俗志(三书未刊)

续　表

华　名	原　名	国　籍	来华年代 卒年卒地	著　　书
雷孝思字永维	Joan-Bapx Régis	法兰西	一六九八(康熙三十七年)。一七三八(乾隆三年)	中国皇舆全图
聂若望	Jean Duarte	葡萄牙	一七〇〇(康熙三十九年),未详	八天避静神书。十诫略说(抄本)
杜德美	Petrus (Rerre) Jartoux	法兰西	一七〇〇(康熙三十九年)。一七二〇(康熙五十九年)	康熙地图。周径密率。求正弦正矢捷法
赫苍璧字儒良	Jul. Plaeidus Hervieu	法兰西	一七〇一(康熙四十年)。一七四五(乾隆十年),澳门	
沙守信	Emeric de Chavagnac	未详	一七〇一(康熙四十年)。一七一七,九,一四(康熙五十六年),饶州	真道自证
冯秉正字端友	Mailla Joseph Marie Anne de Moyxiac	法兰西	一七〇三(康熙四十二年)。一七四八,六,二八(乾隆十三年),北京	朋来集说。圣心规条。圣体仁爱经规条。圣经广益。盛世刍荛。圣年广益。避静汇钞。求真自证。法译通鉴纲目
德玛诺	Tellez Monoel	葡萄牙	一七〇四(康熙四十三年)。一七三三(雍正元年),饶州	题像十五端玫瑰经
德诺玛	Romanus Hinderer	法兰西	一七〇七(康熙四十六年)。一七四四,八,二六(乾隆九年),常熟	与弥撒功程
徐懋德字卓贤	Andreas Pereixa	葡萄牙	一七一六(康熙五十五年)。一七四三(乾隆八年),北京	历象考成后编(与戴进贤合著)。为律历渊源之第一部。第二为律吕正义。第三为数理精蕴。第四为仪象考成
严家乐	Carolus Slaviszek	奥地利	一七一六(康熙五十五年),至北京	测北极出地简法

续 表

华　名	原　名	国　籍	来华年代 卒年卒地	著　　书
戴进贤	Kögler (Ignatrus)	日耳曼	一七一六(康熙五十五年)。一七四六,三,二九(乾隆十一年),北京	历象考成后编。仪象考成。策算。睿鉴录。黄道经纬恒星图。地球图。月离表。日躔表玑衡抚辰仪记(或言此书为乾隆十九年所成。仪象考成为十七年所成。则卒年当不在一七四六矣)
宋君荣 字奇英	Antonius Goubil	法兰西	一七二二(康熙六十一年)。一七五九(乾隆二十四年)	法译诗经。书经。易经。礼记。成吉思汗及蒙古史
孙　璋 字玉峰	Alexander de la Charme	法兰西	一七二八(雍正六年)。一七六七(乾隆三丨二年),北京	性理真铨。甲子会记(注释薛应旂原著)
魏继晋 字善修	Floxianus Bahr.	日耳曼	一七三八(乾隆三年)。一七七一(乾隆三十六年),北京	圣若望臬玻穆传。圣咏续解
蒋友仁 字德翊	Benoist, Micher 一作 Fras, Ghorardin	法兰西	一七四四(乾隆九年)。一七七四,一〇,二三(乾隆三十九年),北京	新制浑天仪图说。增补坤舆全图。坤舆图说(何国宗钱大昕助译)。铜版中国舆图
钱德明 字若瑟		法兰西	一七五〇(乾隆十五年)。一七九三(乾隆五十八年),北京	汉满蒙藏法五国文字汇。中国历代帝王纪年表。纪年略史。孔子传。四贤略传。列代名贤传。古今音乐篇。孙吴司马穰苴兵法。中国古代宗教舞蹈

(六) 西学输入与我国学术之关系

西学输入中国,最先发生显著之影响者为天文学。其次为数学。天文学之书,在明末以《崇祯历书》集其大成,由检赐名曰《新法算书》。共一百四十余册,为一百卷,分十一部;曰法原、曰法数、曰法算、曰法器、曰会通:谓之基本五目。曰日躔、曰恒星、曰月离、曰日月交会、曰五纬星,曰五星交会:谓之节次六目。其中有图,有考,有表,有论,以西法镕通中法,如置闰月之类,徐光启所谓“镕西洋之巧算,入大统之模型”者也。是书采西洋法,以第谷(Tycho,Brahe)为主,不采歌白尼(Copernicus,Nicolaus)地动之说,故书中《日躔历指》一部,述求太阳行度之术,以为日动焉。书成,命宣付史馆,刊传四方,与海内知历者共之。清初康熙帝深嗜西学,天算尤素所留心,常命西士进讲,虽巡幸不辍。晚年敕编《御定四余七政万年书》,及《历象考成》。钦天监推算历书,悉遵其法。是书仍袭《崇祯历书》所采第谷法之旧,而第谷至此已百余年,欧洲天文学之新发明又辈出。雍正间始先后命戴进贤、徐懋德、梅瑴成、何国宗等纂《历象考成后编》。其修正《崇祯历书》者,采刻白尔(Kelper,Johann)行星轨道为椭圆之律,而改其地动之言。地球与日月距离之计算,采奈端(Newton,Isaac)之术,惜于奈端万有引力之大发明,尚未输入只字也。蒙气差及太阳与地半径差之分度,均采当时新率。其后戴进贤复纂《仪象考成》,以订正南怀仁所造《灵台仪象志》之不合处。时乾隆初年矣。乾隆二十年以后,法人蒋友仁(Bcnoist,Michel)来华,进《增补坤舆全图》,及新制浑天仪,奉命翻译图说,使何国宗、钱大昕为之详加润色。其《坤舆全图》中,述歌白尼地动之原理,并列举例证,甚为明晰,是为地动说入中国之始。然当时我国学者,即号称精通天文学之阮元,犹坚信汤若望谓歌白尼有天动以圆之说,而谓其言为诬,其他更无论矣。蒋友仁而后,西学之输入,乃告中绝。数学之输入,始于利玛窦口授徐光启所译欧几里得(Euclid)之《几何原本》六卷,《四库提要》称是书为"西学之弁冕"。其得清代学者之重视可知。李之藻又从玛窦译《圜容较义》及《同文算指》,所述比例级数,皆前此中土所未闻。徐光启奏上《崇祯历书》中,有《上割圜八线表》及《大测》二书,即言平面三角及弧三角者也。《历象考成》中,于此术益加阐明。对数术在当时已臻完备,顺治间穆尼阁居金陵,始以其术授薛凤祚,《天步真原》以加减代乘除以折半代开方,即其意也。代数于康熙时始输入,当时称"借根方程"或"阿尔热八达"(Algebra 译音)。《御制数理精蕴》一书,即集西方数学之大成,惟仅至二次方程式为止,尚未达于西方符号的代表(Symbolic algebra),而及于四次方程式也。物理学之输入,始于汤若望之《远镜说》,中言光学之原理,惟词旨艰晦。邓玉函授王征所译之《远西奇器图说》,言重心比重之理凡六十一款。言杠杆、滑车、轮轴、斜面之理凡九十二款。每款悉有例证。又述起重,引重,转重,取水,及用水力代人力诸器械及其用法。《图说》云:“天地生物,有数,有度,有重,数为算学,度为测量,重即力艺之学,皆相资而成。”是物理与测算可以并著其美矣。王征,陕西泾阳人,天启三年进士,与徐光启、李之藻并为首先接受西学之人。其言曰:“学原不问精粗,总期有济于世,人亦不问中西,总期不违于天。”此与徐、李之意见,如出一辙。(徐光启谓:“算数之学,特废于近世数百年间尔。废之缘,一为名理之儒土苴天下实事……昔圣人所以制世利用之法,曾不得之士大夫间,而术业政事逊于古初远矣。余友振之——李之藻字——生平相与慨叹此事。”)惟物理学之应用,除王征自制虹吸、鹤饮、轮壶、代耕,及自转磨、自行车等外,仅方以智有《物理小识》一书,戴震“因西人龙尾车法作《嬴旋车记》,因西人引重法,作《自转车记》”。余则无闻焉。其他如医药、美术、音乐、语言、论理、伦理、哲学、教育学,亦各有传入。邓玉函之《人身说概》,毕方济之《画答》《睡画二答》,徐日昇、德里格之《律吕正义续编》,金尼阁之《西儒耳目资》(授王征以欧洲语言文字),某西士所译之《辨学》,王丰肃之《修身西学》《齐家西学》,《斐录汇答》(斐录即斐录所费亚〔Philosophia〕哲学之简称),艾儒略之《西学凡》等皆可为证。但以中国对是类学术尚有相当根底,故不易接受,清代无过而问之者。及禁教事起,而西学之输入,亦中绝矣。我国学人受西学之影响者,除徐光启、李之藻、杨廷筠(后人称为中国圣教三柱石)、周子愚、李天德(代徐督修历法)、王征、焦勗、方以智外。尚有瞿式耜、虞淳熙、樊良枢、汪应熊、郑洪猷、冯应京、方汝淳、周炳谟、王家植、瞿汝夔、曹子汴、郑以焯、熊明遇、陈亮采、洪士祚、许胥臣、熊士旂、王英等。其后天文、数学研究日盛,清初最能深入堂奥,融贯中西者,有王锡阐、梅定九。以斯二学名家者,有薛凤祚、杜知耕、方中通、方中履、陈讦、陈世仁、庄亨阳、胡亶、游艺、屠文漪、王百家、秦文渊、揭暄、邵昂霄、余熙、李子金、孔兴泰、毛乾乾、梅文鼎、明安图、何国宗等,皆有著述传世,《畴人传》所载详矣。后来汉学家治经,以与天算有关,几莫不精究之。考据学之饶有科学精神,即由天算为归纳最好之模范也。惜乎初期所输入之西学,对于我国学术界之重要影响,仅在研究范围之增加、古籍之整理及治学方法之改进，而终不能发展我国之科学思想，以与远西并驾齐驱。甚至汉学掩蔽一世，反导科学思想于支离破碎之歧途，即如徐、李、王诸先贤最早接受西学之实用精神亦稀，以致至今仍为落后之国家，岂不重可慨哉？

九十四　传教事业之失败

（一）传教之方法与中国人之思想

明末清初时代，西洋教士之在中国者，常以调和方法，从事宣传。对于中国之习俗与信仰，不惟摹仿而尊信之，且以之牵合西洋教义，以图中国人之渐次感化。其于下等社会之人，即以浅易之演说，讲明基督福音，于上等士人，则以科学之智识立论。盖中国对于形上之学，有其固有之思想，不欲苟同外人，至于形下之学，则亦自知不逮；故教士辄赖欧洲之学术以与吾国士大夫接近。及听闻日广，其排外之意识渐消，而基督教义，亦可被认为百家之流不致拒为异说邪教矣。杭世骏《道古堂集》云："穆尼阁泰西人。久居白门，喜与人言历，而不强人入教。君子人也。"盖若不言宗教，则教士为学术饥荒之救济者，自受国人欢迎。然正以既言学术，复言宗教，而于宗教之推行，更有大助，其方法甚精审。当两种思想不同之民族接触之始，此亦自然之情势也。又当时之教士，除直接违悖教旨及圣训者外，对于信徒之固有信仰，亦不加以禁止；此盖经过若干人讨论之结果。如崇拜祖先一事，本出于亲爱之义，孝思之念，所谓报本反始之礼，而非以求福祐。设立祖先牌，非谓祖先之魂在于其上，不过子孙追远，稍抒如在之怀。至于郊天之典礼，非祀苍苍有形之天，乃敬天地万物之源。此孔子所谓郊祀之礼，以事上帝也。教士知此种形式，并非迷信之意义，遂予以许可。如艾儒略《大西利先生行迹》云："奉天主真教，航海东来，其言多与孔孟合。"梁章钜《退庵随笔》云："西洋人入中国，自利玛窦始。其教法之传中国，自《二十五言》一书始。大抵暗资释氏，而明攻之。又明知儒教之不可改，故所著《天主实义》并附会六经中上帝之说。同时庞迪我又著《七克》一书，……则与儒书又何所异焉。"黄伯禄《正教奉褒》：

“徐光启奏:彼国教人,皆务修身以事天主,闻中国圣人之教,亦皆修身事天,理相符合,是以辛苦艰难来相印证。欲使人人为善,以称上天爱人之意。”然教士内讧,后即因此而起。明季之世,奉教者逮数千人,及康熙初年,教士所到之处,信徒大增;广东有教堂七所,江南百余所。余省亦复二三十所,奉教者至达十万以上云。

(二) 教士之分派与教皇之密令

先是,在印度、中国之旧教徒,依一四五四年教皇尼古拉司第五之教书,受葡萄牙王保护。及法国强大,欲破坏葡王之保护权,其政府与教士,遂合力以对教皇为种种之阴谋。当教皇亚历山大第三时,以教正巴流(Pallu)等三人,遣使东方;然葡、荷、英诸国之船,以巴流法人故,拒其乘载,法人大窘。知非自造船舶,不克达其目的,故支那会社以起。千六百八十三年(康熙二十二年),法人设托朗哲尔传教会(La Societe des Missions Etrangeres)于巴黎,以着手于中国布教事业,而巴流为总管。巴流以翌年至中国,其后至者亦众。于是葡王护教之权,显呈破裂。其时除旧有之耶稣会及新来之法人教士外,又有西班牙之多敏诺会(Dominicans),该会以一六三〇年,布教中国,因不谙中国语言,处处被人鄙视。又以耶稣会士气焰高涨,不可一世,积愤无从发泄,乃对于耶稣会放任信徒尊崇祖先孔子之事,深致不满。而托朗哲尔会及拉扎利司会(Lazarists)、方济各会(Franciscans)附和之,遂向罗马教皇诬奏:“天主教宣教师,对于中国之教义宽容,以求彼一身之荣耀,而卖基督教。”教皇历久不能决。因诺曾爵第十以多敏诺会之说为是(一六四五年),然亚历山大第七及因诺曾爵第十一,则右耶稣会。谓此等仪式,非属偶像礼拜也。一七〇四年,教皇克列门第十,因南京总主教墨克罗(Maigrot,索榜大学教授,托朗会员。一六八四年,受巴流之遗托为总教)之陈奏(在一六九三年,大意谓耶稣会士之报告失实),特派图尔囊(Tournon 即铎罗,为安提阿大主教)携密旨往北京,翌年至,驻西安门内之天主堂,谒见清康熙帝。帝优遇甚隆,教皇密旨,卒未发表。盖教旨所云,适与中国之思想相反(如对于基督不许用天之称号,严禁基督教信徒,崇拜祖先,及诘责清帝所用教士修订历书、玩弄星象之行为),恐惹起清廷之恶感;且天主教士,势力甚盛,表面攻击,亦属无益之举。图尔曩乃自请为总教于帝,欲以和平手段,使天主教士,服从教皇之命。时玄烨先入天主教徒之言,谓中国之神,与基督之神,原无二致。故皆可呼之为天;即祀典仪式,亦非不合于天主教义;倡违此说者,一概放逐之。于是墨克罗遂被迫回国。图尔曩初欲调和清廷与教皇之冲突,密旨迄未发表。至是,乃以自己名义,摘要公布,大致排斥清帝对于神学之意见,令教士不从教皇命令者,即退去。时千七百零七年二月事也(康熙四十六年)。玄烨怒其抗命,捕送澳门,使葡人监视之。葡故握东洋布教之权,凡非葡之教师,欲来东洋者,须经葡王许可。图尔曩以教皇命至,又为中国总教,显然漠视葡王布教之权,以是葡人甚恶之,拘禁甚严。千七百十年,图尔曩遂病死于狱。

(三) 传教方法之变更与清廷之禁止

千七百十八年(康熙五十七年),教皇克列门第十一发表伊克司伊尔拉得伊(Ex illa die)教令,以不从一七〇四年教令之宣教师,命处以破门之罪。盖实行图尔曩之南京布告(Le Mendement de Nanking)也。然教皇之命,适足动清帝之反感而已。千七百二十一年(康熙五十九年十一月,已为西历之岁首)。业历山大里亚总教嘉禄(一作嘉乐,或作麦匝巴尔巴,Jean Ambrose Charles Mezzobarba)衔教皇命至北京,见大势所在,知厉行教令,则布教事业,终必失败。因以总教之权,对于教令,附加八条,大略承认旧仪式之保存。然教皇终不以此事为然。至千七百四十二年,俾尼狄克第十四时,乃发表伊克司奎阿沁固拉利(Ex QuoSingulari)教令,以确定千七百十八年之教令为旨趣。于是中国之天主教徒,遂不得再行崇拜祖先之仪式,而宣教问题,因生非常之影响。盖中国社会之组成,与崇拜祖先有密切之关系,所谓家族主义之社会中,一旦加以此等之限制,则根本上不免发生颠覆之危险;况财产分配之争执,教士恒庇护教民,要挟官长。于是攻击之声,嚣然四起,清廷遂不能不加以制止矣。先是,康熙之时,清廷许教士在京传教,而各省开堂,例仍禁止。然各省私设之天主堂,并未谕毁,其风久而愈炽。五十六年(一七一六年),广东碣石镇总兵陈昴奏言:“天主一教,各省开堂聚众,在广东城内外者尤多。加以洋船所汇,同类招引,恐滋事端,乞循旧例,再行严禁,毋使滋蔓。”从之。翌年,两广总督杨琳复请禁止。雍正元年,闽浙总督满保疏言:“西洋人内地行教,闻见渐淆,请除送京效力人员外,俱安置澳门;其天主堂改为公廨。”奏入,得旨:“远夷住居各省年久,今令其迁移,可给限半年,委官照看,毋使地方扰累,沿途劳苦。”盖是时清廷对于外人传教之禁,已渐取严厉态度矣。二年,两广总督孔毓珣疏言:“西洋人先后来粤者,若尽送澳门安置,滨海地窄难容,亦无便舟回国,请令暂居广州城内天主堂。有年壮愿回者,附洋船归国,年老有疾不能归者听;惟不许妄自行走,倡衍教语。其外府之天主堂,悉撤为公廨,内地人民入其教者,出之。”翌年,又疏言:“广东香山澳有西洋人来居此二百余年,户口日繁,至三千余丁。请著为定额,多者悉令随舶回国。”俱报可。是传教之禁,且及于入教人民,惟外人犯者仅送往澳门安插,或遣令归国而已。至乾隆之时,则私入传教,部议且永远监禁矣(乾隆五十年,西人巴亚央等,因私入传教,刑部审拟监禁。后虽以情实可悯,谕旨释放,而清廷对于传教之禁止,亦未始非教皇教令之影响也)。至雍正以后,清廷所以对天主教渐取严厉态度者,实亦受宗室党祸之影响。盖皇九子胤禟曾以天主教神父穆经远为谋主,拥护皇八子胤禩,阴谋夺位。而信奉天主教之宗室,如苏努父子,亦曾为之助。世宗既贬苏氏,杀胤禩、胤禟,因迁怒及于教会,始有禁止之令。又欧洲当时对于传教事业提倡最力之西班牙、葡萄牙二国,已丧失其强国之资格,而法自路易十五即位以后,对于传教所抱之政策,亦有改变。即向来掌握传教事业之重要机关耶稣会,亦于一七七三年(乾隆三十八年)七月二十一日,被罗马教皇格来孟十四世(Clement XIV)解散。以故大失其原动力,而天主教之传播,遂忽归于沉寂矣。

九十五　中国文化之西被

(一) 中国思想之传入欧洲

明清之际,耶稣会士既以西方之科学,输入中国,同时亦以中国之思想,传入欧洲。彼此交流融会,均发生相当之影响。惟西方科学在中国,除历算为少数考据家所利用以治经学外,其余则无闻焉。中国思想在欧美所发生之影响,于十七八世纪颇有风靡之势。如自由思想家(Freethinker)之自然神教(Deisn)提倡理性哲学之启明运动,主张唯物无神论之民主思想,罗柯柯艺术,重农主义派,以及美国之《独立宣言》,殆无不由于中国文化之影响而来。

其起因先由于思想上之冲突,而冲突之事实,则以耶稣会与多明诺会两派传教之争为焦点。利玛窦初来中国之时,衣僧衣,服儒服,研究中国文字思想,"颇知中国古先圣人之学,六经子史,无不尽畅其义"。对于中国崇德追远,养亲敬天之旧习,以为与基督教不相冲突,凡信仰"天主耶稣"者,固不妨祀孔祭祖也。所以徐光启之奏疏,有云:"彼国教人,皆务修身,以事天主,闻中国圣贤之教,皆修身事天,理相符合,是以辛苦艰难,来相印证。"艾儒略之《利玛窦行迹》谓其"奉天主真教,航海东来,其言多与孔孟合"。是利玛窦以中国天地万物自然真宰之观念,实与西洋造物主之观念吻合,而"天"与"上帝"之名,即拉丁文之Deus,其所著之《天主实义》,本名为《天学实义》,盖以儒家敬天事天顺天畏天之道,即人类对于真正造物主之信仰也。故耶稣会士所著之宗教书,大都取中国经书上之宗教思想,与天主教之道理,比论而观。如《古今敬天鉴》、《天学本义》、《天儒印正》、《天儒同异考》、《补儒文告》等皆是。利玛窦之传教方法,为耶稣会士所遵信,推行一百余年,天主教能发展无阻者,即由于此。但此种思想,传至欧洲,引起欧洲教士之反对,谓中国所讲之天,和基督教之上帝,根本不同。尤以方济各会(Franciscans)与度明哥会(Domincans,今译多敏我会)更大加攻击。因其来华较晚,又不谙华文,受中国教徒之歧视,遂向教皇诬告,谓:"耶稣会士迁就异教,助修历书,玩弄星象,忘却支配星象之天主。"教皇遂下令查办,派红衣主教铎罗(Tournon)来中国,觐见康熙帝,诘以天与上帝,是否与基督教之天主同义。康熙帝原赞成耶稣会士之说,因下令除利玛窦派,一概不准传教。铎罗乃发布教皇禁令,只许拜天主,不许拜天与上帝,更不准拜祖先,否则予以破门罪。此即教史上所谓之"典礼问题",法人所谓之"中国事件"。自十七世纪中叶开始,其初为思想之争,继而为传教之争,前后凡一百余年,两方各以其理由宣布于欧洲社会。据考狄(H. Cordier)氏书目所列,当时参加辩论而著述立说者,共有二百六十二部之多,未刊者尚数百种。法国耶稣会自一七〇三年起,继续发表七十余年之通讯,是为《耶稣会士书简集》(*Lettres édifiantes et Curieuses*)。英国之《学术提要》(*The Works of the Learned*)上亦连篇累牍登载此种争论。于是中国思想之传递,更普遍于欧洲矣。在此次事件中,有二书显为争论之目标,即神父李明(Louis le Comle)所著之《中国现状回忆录》及《中国礼仪论》是也。二书于一六九六年及一七〇一年(即康熙卅五年及四十年)出版,各处教会,大为轰动,在罗马、巴黎、鲁文、威尼斯,均有攻击辩护或解释之小册子发现,英译本且于两年内印行至三版。其中最为当时人所注意者,即李明对于中国宗教之介绍。彼谓中国宗教有两方面:一为现实的,一为理想的。对现实的宗教,李氏以为古老之帝国,几全为佛道之迷信与魔术所笼罩。但中国自有其真正之宗教,其起源远在基督教以前,此即儒家学说。儒家尚保存原始时代之信仰,乃是中国真正的宗教。凡崇拜孔子之人,即崇拜真正宗教之人。孔子信天道,不信偶像,其学说与基督教毫无出入。——虽然在形式上显属两个系统。李氏所说,代表利玛窦一派之看法,虽平淡无奇,但对欧洲之宗教思想,竟发生意想不到之影响。实则李明在中国传教,不过五年(一六八七——一六九二),对于中国之智识,尚属有限。利玛窦"尝将中国《四书》,译以西文,寄回本国,国人读而悦之"(见艾儒略《大西利先生行迹》)。其后郭纳爵、殷铎泽、柏应理等陆续将《大学》、《中庸》、《论语》、《孟子》译成拉丁文,最后由柏应理合订为《四书直解》,在巴黎出版,此为一六八七年,尚早于李明氏之书九年。孔子学说,有系统地传入欧洲,当以是年为始。自此中国、孔子、道德三名词,在欧洲学者心目中,遂成为不可分离的"三位一体"。更早于柏应理者,有金尼阁之《中国传教史》(一六一六年),鲁德昭之《中华帝国史》(一六五五年),书皆用拉丁文、法文或意大利文写成,而译本则西班牙文、葡萄牙文、英文无不有也。所以一六八八年(康熙二十七年)六月之《巴黎学术报》(*Journal des Savants*)即有一条云:

中国人对于德行、智慧、信义、仁爱、慈惠、礼貌、威仪、谦逊，以及畏天敬神之道，特别注重，为其他民族所不及。你听了一定觉得兴奋。再者，他们所依靠的，只是大自然所给予的启示，你还能希望他们有更大的贡献么？

此对于中国自然天道之思想，伦理方面之成就，简要叙述，已惊其对人类贡献之大。可见欧洲人之膺服中国文化，盖早在典礼问题发生以前，不过典礼问题发生以后，乃呈显著之影响耳。

（二）天道思想与自然神教

自宗教革命以后，欧洲学者之思想，已渐脱离神学之桎梏。至十七世纪法国之笛卡儿（Descartes）、英国之洛克（Locke）、德国之来布尼兹（Leibniz）出，而理性学说，更见抬头。法国文学史家郎宋（G. Lanson）研究十七八世纪思想演变之结论，谓："思想之转变，不仅由于抽象之思考，且亦由于具体的新事实之发现。"此具体的新事实，即指中国之文化，传入欧洲，予当时思想家以鼓励是也。英国史蒂芬爵士之《十八世纪英国思想史》亦云："地理上的大发现，把一般人对于'无穷'的概念推广了，这不是似是而非之谈。"接着就申说此种观念之演变，乃由于从前只知道有基督教的国家，自从非基督教的中国与欧洲发生联系以后，使彼辈对于人类历史始有正确之认识，此认识不仅智识而已，尤其关于人生之基本问题——信仰。史蒂芬谓为："从中国人那里借来的议论（Argumemt from Chinese）。"其言曰："基督教徒以为能知教义者，可以上天堂，享永恒之生命；否则下地狱，受无穷之痛苦。中国三万万人，根本即不知此种教义，基督教无论在地球或月球，与之毫不相干，而中国人皆需下地狱受苦乎？实际不然，中国人与基督徒，同样的快乐纯良，全未吃苦。是以基督教义，在中国人之情形下，无论如何是讲不通的。此一惊人之事实，可以不断向基督教徒进攻矣。"史氏以为在十八世纪中，英国之自由思想家，信奉自然神教，全是用中国人的议论，向传统之基督教徒进攻。而上述李明之书，正是自然神教者所得的新材料、新议论、新武器之来源也。自然神教之思想家,消极的只欲打倒传统之基督教与神学,积极的更欲建设一种新的教义。李明所述孔子之教,为“天”与“天道”,天即“自然真宰”,此学说,不期与自然神教之名实皆合,以后彼辈恒持以为有力之佐证。休谟所谓“孔子的门徒,是天地间最纯正的自然神教之信徒”,即可知矣。基督徒每以基督教是天地间唯一真正之宗教,相信上帝,相信神的“启示”,相信一切的神秘,以为必如此,方能于现世得到幸福,于来生得到快乐。自由思想家说:“孔子绝口不谈神怪,其学说亦全无神秘之意味,岂中国人即全无幸福乎?”所以彼等认为孔子之学说,是理性的结晶,智慧的宝库。人类既属理性动物,何必钻入神学之圈套,以自蔽其智慧耶?此皆史蒂芬所谓从中国借来的议论也。

耶稣会士对于中国天道之见解,自利玛窦以来,即作为传教之策略,其介绍孔子之学说,不过为此种策略作辩护而已。柏应理《四书直指导言》已明言其目的,不在向欧洲人献宝,而在供给中国传教者之参考。不料自由思想家即“以子之矛,攻子之盾”,用此武器来攻击基督教,可见文化对于人类精神之影响,其效果有不期然而然者。如高林士(Anthony Collins)之《思想自由论》(*Discourse of Freethinking*,1712)、丁特尔(Matthew Tindal)之《基督教探源》(*Christianity as old as the Creation*,1730)皆是自由神教之巨著,后者且被视为圣经。二书之主张,无非拥护理性,攻击基督教神学,其所持之论据,几全为孔子之学说。丁氏引录孔子之言,以批驳《圣经》。乃欲凭借理性,以建设中国式之伦理学。中国文化对于欧洲影响之大可知。以后苏格兰人蓝母塞(Chevaliar de Ramsay)著《自然宗教与启示宗教的哲学原理》,颇欲糅合各种宗教而为一,以调和两派之思想,关于“天”之概念,杂用《四书》及《老子》、《关尹子》、《淮南子》之说,足见当时不仅孔孟之经典,为欧洲人所注重,即诸子百家之言亦为英、法人所欣赏。而鲍林白洛克(Lord Bolingbroke)以贵族政治家之身份,宣传中国文化尤力。其致隋夫妥(Swift)函云:

孔孟皆为最奇特之形上学家,同时亦为最佳之道德家。其学说分三部:一、个人对自己之责任(修身)。二、个人对家庭之责任(齐家)。三、个人对国家之责任(治国)。总之,每人皆可作哲学家,亦可担任公务,以前之人如此,今后之人亦如此。进而为政治家,退而为哲学家(按即修己治人内圣外王之意)。

在《人类的智识》(Essay on Human Knowledge)一文中,又云:

> 中国古代圣贤,全在简洁了当之格言、比喻、寓言里,表达其学说。其门徒无此简洁,然亦常用比喻方式。往往为解释一寓言,重复加一寓言。因此,本来晦涩难读之辞,愈加晦涩。后来注疏愈写愈多,而争辩也愈闹愈凶。于是一段故事,便有多种说法,各执一词,不相上下。又因为语言与民族性的关系,此种混乱更加一层。譬如伏羲的八卦,演为六十四卦,三百四十八爻,原极简单,一到了注疏家手里,就复杂起来了。他们在错综变化的符号上,建立了一套自然的与道德的哲学。也许是故弄玄虚,别有用意,但一经点染,八卦的真面目就看不见了。原始的经典,亦复如此。经过注疏家一再傅会,愈说愈奥妙,简单的真理,就变成神话的东西。

鲍林批评中国之注疏家,以及道家、佛家变乱孔孟原始之教义,并非贬抑中国思想,乃系抬高孔孟之价值。其立论实由于利玛窦而来。利氏曾谓中国经典,受宋代理学家之层层注疏,重重诠解,以主观之意见,改换客观之本来面目。所以主张直读五经四书原文,不应拘泥于程朱陆王之说,庶古人立言真旨,可以复明于后世。不过,利氏反对宋明理学,是以理学为唯物论无神论而起,欲假孔孟之原始思想以傅会基督教义;而鲍林之反对注疏及佛老,乃系指指桑骂槐,欲借此证明基督教之《圣经》,本是一种“自然神教”,可惜被后来之神学家解释为奥妙莫测,玄而又玄之“启示”所以说“中国人不过替伏羲造谣言,而基督教徒,乃是替上帝造谣言”。因此鲍林特别表扬中国古书中之原始宗教。谓中国人很早就以上帝为宇宙之主宰,孔子所说之“天”,即为自然,所说之“天道”,即为自然的道理,所说之“顺天而行”,即为顺自然的道理来行。自然的道理,即理性也。孔子所说之修身齐家治国平天下,皆属理性之行为,亦为自然之道理,此种单纯信仰,乃真正之宗教,比较基督教的神学高明多矣。中国人并非无神主义,亦非偶像主义,而是“自然神教”,后来一切思想,一切制度,皆以此为基础。总之自由思想家在信仰方面,虽不显然攻击基督教本身,而攻击基督教之神学,其主张纯粹的理性,明白晓畅的常识,所有论据皆从耶稣会士传译之中国书籍而获得。法国服尔德之笃信中国学说,即由于鲍林之影响也。

(三) 中国思想与启明运动

十八世纪之欧洲,德法史学家谓之为哲学时代和启明时代(如 F. C. Sehelossen 及 D. Alembert)。因此时代之特点,是以哲学文化推翻中世纪之宗教文化,以理性权威,代替上帝之权威,一切都尊重理性的评判,故亦谓之理性时期。此时期在历史上表现最著之事,厥惟一、法国之理性派,从笛卡儿开始,经过百科全书派之唯物的无神论,影响到法国革命。二、德国古典哲学,从来布尼兹(Leibniz)、吴尔夫(Wolff)以及康德(Kant)、费希特(Fichte)与黑格尔(Hegel)之观念论,影响到精神革命。法国革命,判决帝国贵族之死刑;德国哲学家用艰深文字,反对宗教,以判决上帝之死刑。康德认为神只是一个虚构的观念。费希特之《智识论》,竟因无神而被人控告,黑格尔曾对青年说:“我们都是上帝。”而最妙者,莫过于法国泰纳(Taine)描写革命时代雅各宾党之新教纲领说:“在今日以前,一切都受宗教的管辖,今日以后,却是理性管辖的时代了。我们同志,都是百科全书派的信徒,我们尊重理性,而以之为一种宗教。从前的宗教时代已告一结束,我们应用此哲学的宗教,即理性的光明,来为历史上开一新纪元。”此种尊重理性,而以哲学为宗教之思想,亦如英国自然神教派,大半系受中国文化之影响。笛卡儿一生对于耶稣会特别关心,其流寓荷兰之时间最久,荷兰与中国交通,在于明末。首派使者哥贝开泽至北京朝贡,著有《出使中国记》,为西洋人介绍中国最早之书。所以笛卡儿之《方法论》,其中颇多赞美中国。贝尔(Bayle)袭笛卡儿之说提出无神论,即以中国哲学为攻击基督教之护符。其直接继承笛卡儿之麦尔伯兰基(Molebranche)虽以天主教之请,著《关于神的存在,及其本质——中国哲学者与基督教哲学者之对话》,欲为“典礼问题”中之天主教徒张目。但其所攻击者,乃宋儒之理学,而非孔孟之道。其以宋儒理学为无神论、唯物论亦犹利玛窦之说耳。此种解释,予法国一般智识阶级以极大之影响,百科全书派之唯物论与无神论,即以此为其革命哲学。至服尔德(Voltaire)出,中国文化在欧洲,已达登峰造极之境。服尔德之中国智识,系肄业耶稣会学院得来,流亡英国数年,日与鲍林白洛克相处。彼即以中国思想为武器,竭力攻击耶稣会,耶稣会之解散,几全出服尔德一人之力。此与自由思想家以中国之天道来攻击基督教,情形正复相同,殊为教会中人所不及料也。服尔德说中国是一个纯粹德性的民族,欧洲商人在中国只求得财富,而哲学家却求得新的道德和物质之世界。自称对孔子之书,曾下极大功夫,深知孔子所说,只是精纯的道德,不涉奇迹,不谈神话,此种高尚道德,能得民众之反应,与国家之治平。虽其人民与风尚亦如欧洲,有种种缺点;但就统治阶级之文化,和社会组织之均衡而言,中国是全世界所仅见的一个以父权为根据之国家。欧洲宗教派别,如此复杂,尚以中国为无神,遣人传教,殊为欧洲人特有之病象。吾人对于中国,应该赞美,应该自惭,尤其应该模仿。倘使不能像中国人一样,真是大不幸。服尔德为欧洲全盘华化论者,对中国文化各方面——宗教、政治、教育、文学,乃至物质生活,均赞叹不置。所著《世界各国风俗论》,极言中国文化之优美,以反驳孟德斯鸠对于中国文化之批评;又著《中国孤儿》剧本,以宣扬中国道德,来反驳卢梭,文明不是幸福的中国文化观。服氏认为人类智慧绝不能想出比中国文化更伟大更优美矣。在服氏同时,百科全书派之领袖人物荷尔巴赫(Holbach,德国人)所著《社会之体系》一书,亦极力赞美中国,引出许多中国事例,谓中国为最好政治之模范。欧洲政府,非学中国不可。所以狄德罗(Diderot)之《百科全书字典》,说中国民族,万众一心,历史悠久,天资、艺术、聪明、政策、哲学的趣味,无不在所有民族之上。此派承认中国文化之真价值,又以孔教之根本观念,即为理性,恰与其哲学宗教之思想相合也。巴夫尔(Poiver)在《一个哲学家的旅行记》中,说:“若是中国的法律变为各民族的法律,地球上就成光华灿烂的世界。”总之,当时法国学者多以吸收中国精神文化,为挽救法国之良法,后来大革命提出自由、平等、博爱之口号,即此种精神之具体表现也。而服尔德以中国哲学之“理”,代替基督教之“神”,是为法国启明运动最大之权威。有人说十八世纪是服尔德的世纪,实即受中国文化影响最大之世纪也。

德国之启明运动,从来布尼兹开始。来氏研究中国哲学,早在一六七六年(康熙十五年)。后十三年(一六八九年),与耶稣会士闵明我相会于罗马,遂于一六九七年发布《新中国》(*Novissim Sinica*)一书,序中说:“西方哲理,如算学、天文、论理学、形而上学等固超出东方,而中国之实际哲学和政治道德,实远胜吾辈。孔子学说对于公私生活,秩然有序,可谓已无遗憾。此种伟大完美之政治哲学体系,得以出现世界,使欧亚两大文化互相补益,实为天命。故欧洲人均宜从中国学习人生的道理。”一七〇三年,又从白晋处获得邵康节《六十四卦方位图》,及《次序图》,以为与其所发明之“二元算术”完全相合。中国哲学所谓之“理”,就是欧洲人所谓之“神”,理为天之自然法则,违背天之法则,即属违背理性之法则,此与基督教之本义相合,所以否认中国哲学为无神论。由此可见来布尼兹拥护中国文化与法国人不同,法国是以无神论来接受,其影响为法国之政治革命;来氏是以“理神论”来接受,其影响则为德国之精神革命,因而造成观念论之正统哲学。来氏主张中西文化融合,以统一全世界,遂组织“科学会”,以为研究中国文化及交换中欧文化之机关。以后法郎克(A. H. Francke)和吴尔夫(Christian Wolff)均受其影响。法郎克设东方神学院,有中国研究一科;吴尔夫在哈尔(Halle)大学讲演“中国的实践哲学”,极力称赞儒家,对基督教不满。吴氏以为凡是德行,必须不背人类天性,否则,就不算德行。中国人之道德习惯既合乎人情,所以非常合理。有德之智识,必能引至有德之行动,国家的主要责任,就是在学校中实施道德教育。中国教育即属此种理想之典型。中国教育分大学、小学两级,极为合理。幼童无理解力,特施以感觉的训练,而诉诸天良。大学则教以克己功夫,而以理性为德行之指导,借以造成正己正人的全才。治人者为数不多,故大学生只以少数特优者为限。此种教育制度,实合乎人情之理想制度。凡理性之活动,必有一定目的,目的即快乐,中国教育之目的即如此。

吴尔夫之意见,足以代表当时启明运动之重要主张,虽一度为教会所排斥而被逐,但其他大学则热烈欢迎。所有德国启明时代之学者,对于中国先哲融政治道德为一体,无不一致倾倒。当时德国教育制度和农业之大进步,全系受此派孔门哲学家之影响。康德为吴尔夫之再传弟子,受来布尼兹、吴尔夫之影响最深,所著《纯粹理性批判》,建立德国观念论之正统哲学,观念论实即理性论。以后费希特、黑格尔、谢林(Schelling)皆欲以哲学的宗教,代替天主的宗教,固不能不谓受中国文化之影响也。海涅(Heine)在《德国宗教及哲学历史》中,述诸人之思想背景,谓:"当革命的波涛在巴黎汹涌的时候,莱茵河畔之德国人也吼动了。但他们太孤立,站在中国制造的佛像之下,这佛像对着全无感觉的瓷器,似乎无所不知的点着头。"此数语寓意颇深,饶有风趣,即可知德国之精神革命,实以中国哲学为背景矣。

(四) 艺术园林所受中国之影响

当十八世纪初年,法王路易十四时代之严肃生活,因其去世而获得解放。思想上之解放,当以哲学家贝勒(Pierre Bayle)为代表,由贝勒而至服尔德,始大张其军,造成法国启明运动之鼎盛。艺术上之解放,即为十七八世纪风行于法德诸国之"罗科科运动"(Rococo)。此种富丽新奇之艺术情绪,一如服尔德之膺服中国哲学,系受中国文化之影响也。不过启明运动之理性思想,系由于孔孟之学说;而罗科科运动之美术装璜,则由于瓷漆器与丝绸品。盖十七世纪末叶,欧洲之美术界,仍为罗马之巴洛克(Baroque)式所统治,加以文艺复兴后之新专制(New Monorchy)艺术,含有骄傲及权力之象征,庄严古板。而中国丝绣瓷器所表现之光彩,暗示一种自然乐观的人生。当时没落的法国贵族,正寄情花鸟,吟风弄月,对于中国古淡清新之艺术品,无不倾倒万分。一时风气所趋,上自王室,下至平民,几全以瓷器为装饰品。

因此欧洲人对于中国装璜之样式及方法,尽量仿造,此种华化物品,人皆称为罗科科作风。罗科科艺术,与巴洛克艺术不同之点,即一向自然,一重刻划;一为自由曲线形,一为集体直线形;一则千门万户,变化无方;一则呆滞强烈,整齐粗俗;一好作花草纹,一好作火焰式。当时欧人对于中国美术之欣赏,辄发生一种悬想之价值,视为丝绣瓷漆器所代表之自然精神,复杂丰富,虚无缥缈,有若仙境。法国最著名之风景画家瓦韬(Wattean,1684—1721)可为代表之一例。其作品喜用单色,山光隐现,淡若云烟,极似我国宋代之名画。此与欧人素重极浓之彩色,并以风景为重心者,迥然不同矣。德国梅生(Mejissen)是欧洲仿造中国瓷器之发祥地。法国马丁(Martin)一族,是仿造中国漆器之霸王。巴黎为丝织品商业之中心,其花纹染色,无一不仿自中国,惟仍不能如我所制之精纯,但其大量生产之结果,已可夺取我国之市场而代之。其余如载人之轿子,因欧洲贵族自视本极矜重,轿子适足象征此种态度,故能风行一时。以后马车汽车之形式均由轿子演变而来。又如糊墙之花纸,亦由中国传入,成为当时欧洲之风尚。法国于一六八八年即着手仿造,但成绩不如一七四六年英国人模仿之佳。此后欧洲人之住室,几无不以中国式之花纸糊壁矣。不但墙壁糊纸一事,即内部之装饰,亦大受中国影响,罗科科式之门楣窗户,仿用中国之格子,变化多端,尤为精美。建筑内部,由斜形而演为无角,为欧洲建筑术一大革命。俄国彼得堡之斯摩尔尼寺(Smolni),即属此种典型。钟楼亦纯仿中国,俄皇彼得大帝,并特聘中国工匠赴俄造石桥。中国之拱式桥洞及圆顶,迄今仍为欧洲工程师所艳称也。当时欧洲之社会生活,亦颇受中国影响。例如中国之灯影戏风行于德法诸国,中国式之茶室初设于巴黎,各国公园中,无不有中国式之石桥与假山,水中养有金鱼。到处通行中国衣冠之化装跳舞。巴黎剧场流行中国式的滑稽。中国戏剧,影响欧洲歌剧之发展颇大。文士中并有所谓“中国人通讯”一类之讽刺文字。假借中国人之口吻,以抨击欧洲的政情。此外欧洲人之家具,亦多仿造中国式之漆器及工艺品。总之:当十八世纪时,欧洲人之情绪与生活,上自王宫建筑,下至寻常娱乐,几无一不受中国之影响。所以有人说:“欧洲倘无中国艺术之影响,决不会产生罗科科之运动。”当罗科科运动极盛时代,欧洲人之思想,乃从香艳空气中转入冷静之研究,此即欧洲思想史上之“启明运动”。罗科科运动是诗歌的情绪,启明运动是思想的态度:二者原属相反之观念。但在中国文化中,中庸之道,乃相反相成,可以并行不悖者也。所以几千年来,一方有老子一派之宇宙观,既无限制,亦无定律;一方有孔子一派之唯理思想,求一定之观点,用一定之规律,以求实践。直觉和科学两种精神,分别表演于此二大先哲之学说中。罗科科之运动为反定律的,模仿自然,自然之形态却变化无穷,其精神实与老子相合。潜伏在中国瓷器、丝绸美丽色彩之下者,隐然有一老子灵魂。启明运动则不然,乃系一种服从定律之思想,欲于历史中获得教训,以因果观念造成合理之世界,所以注重人类社会与国家构造之问题。当时欧洲哲学家,逐渐脱离中古末造烦琐哲学之束缚,超出文艺复兴时代自然哲学之范围,思从万物本身上寻出一种规律,以宗教中之道德为根据,而放弃纯粹的宗教。因此孔子之学说,遂成为十八世纪启明运动之导师矣。

由于罗科科运动崇尚自然之美丽,不事刻板之艺术,而欧洲园林之风趣,亦为之大变。此种新式园林,初见于英国,因此中国园林,亦称中英园林(Anglo-Chinese Garden;jardin Anglais-Chinois)。当时法(Lenotle 派)荷两派之造园旧法,已为英国人所厌弃,艾迪生(Joseph Addison)于一七一二年六月二十四日在《旁观报》(*Spectator*)所发表之论文,可作代表,其言中国人嘲笑欧洲之种植方法,将树木种成直线,排列整齐为尽人能为之事,彼等欲于此种工作中表现天才,常依据艺术之原理,以布置一远大美丽之奇景,举目无涯,情感豁然。此种特殊之美丽,融合于宏伟之中,如怒涛掀腾之大海,……亦如辽阔之野景,尽为泉石田林,令人一望即生愉快之情,而又不明其所以然也。英国园工,不求顺适天然,而务远离天然,形成一律,如球形、圆锥形、金字塔形,刀痕宛在,故吾宁爱生意盎然之树木,而不爱修剪整齐之树木也。同时蒲伯(Pope,蒲氏《名家之寺诗》云:"东方有孔子,孤立如高峰,教人以为善,切实而有用。")在《师保报》(*Guardian*)亦发表类此文字,二人不仅提倡,而且实行,蒲京哈姆(Twickenham)之名园,即蒲氏所经营。但欧人对中国园艺受影响甚大者,莫过于法国教士巴德尼(Attiret)给达素(Monsieur d' Assaut)之书,载于一七四七年《耶稣会士书简集》(*Letters edifiantes et curieuses*)中,英人叠有译述。巴德尼供职清廷画苑,常出入宫禁,其述圆明园之风景,大意如下:

> 中国人亦深喜秩序和布置,但在圆明园所见者,四面八方,均系美丽之纷纭(Beau Desordre),与夫反对偶的铺陈(Anti-Symetrie)。一切均依此原则,以表现浑朴天然之野趣,乃一种幽静之境地,而非依匀称比例法则筑成之宫庭也。山冈满布着花之树,河流蜿蜒曲折,广狭不等,夹岸及山道,乱石砌路,凸凹时现,杂花丛生,极富自然之美,可谓巧夺天工矣。湖滨景色,变化无穷,水面小岛挺出作参差苍莽之态,此种使人醉心脱俗的风格,更无其他事物有如此之可爱也。凡是艺术与优美鉴赏之所能融合天然者,中国人均已达到成功之地步。余深佩彼等之聪慧,比较言之,吾欧人似乎笨拙而平平无奇矣。

巴德尼指出中国园林之特点,在乎利用人工以迫近自然,有一种令人怡悦的天趣,虽可见到人工,却无斧凿之痕。如屋宇建筑在山者,栋柱窗牖,髹漆得法,瓦色亦各不同,全景渲染,接近天然,一如欧人意象中所拟虚无缥缈间的仙人宫宇。自巴氏通信于有意无意间,道出中国造园艺术时,不十年,而英国之园艺专家张伯尔士(Sir William Chambers)乃尽力宣扬中国园林如何宏伟卓绝。先刊《中国屋宇画图》(*Designs for Chinese Buildings*),又著《东方园艺论》(*Observation on Oriental Gardening*),详征博引,以为中国园师意味着美术与天然可以融合无间,中国园林之所以可贵,在能于多方变幻之美丽中,保存全体的和谐。知识情感,俱获满足。张氏即以此种理想为肯德公爵(Duke of Kent)改造庭园(Garden at Kew),此为欧洲第一个中国式花园,后来驰名欧陆,为当时之模范。花园中除假山、瀑布、曲水、丛林外,复有九层高塔,荷兰、法、德诸国,多仿造之。尤以德国卡塞尔伯爵(Landgrave of Kassel)所经营之中国村规模最大。村在威廉湖(Wilhelamshohe)滨,题名木兰村(Monlang),村旁小溪曰吴江(Wu-Chiang),共有中国式建筑十二栋。并雇用黑种女子以代替中国居民。恩则(Luduring Unzer)著《中国园林论》(*Uberbie Chinesischen Garten*)有云:

> 英国很早就深悟中国造园的超越性。……他们极爱曲线,以为比直线富有生命。不特用之于园径与山路,山谷与溪流,而且用之于

桥梁。用鲜明的颜色与深沉的颜色相配，简单的形式与复杂的形式相配，以雅趣为标准，所以卒能产生一种大调和，虽各种设计，往往五光十色，极光怪陆离之致，而全局结果，仍给人们以和谐的愉快。……我们断不能达到完善之境，除非采取中国的风格而保存之。

基尔大学美学教授黑尔希菲儿特(Hirschfeld)以为园林全在乎唤起感情，高山使人惊诧，幽谷使人恬静，瀑布使人恐惧。又述欧洲园艺变迁之迹，云：

世界各国之园林，中国园林最令人注意，最使人感觉可爱。我们确知：英国人强烈的偏爱此种园林。而法国人、德国人也开始放任倾向这偏爱。人们现在所要求的，并不是依照其理想而造成之园林，乃是中国式的中英的园林。

欧人偏爱中国园林因而兼及中国建筑，自不逮论。即美术界亦以此兴趣用毛笔作画，描写山水人物花草仕女，英国之柯曾士(John Robert Cozens)、法国之华托(Antoinc Wattcau)、吴哀(Christopho Huet)，其最著者也。在欧洲园林之变迁中，颇足代表时代精神；十七八世纪之启明运动(Enlightment)，以清明与格律见称，于是有法、荷两派之侧重图案，其反动则趋向于自然。既而又主张人工与自然调和，采用中国之格式。此种风尚，亦称之为“主情运动”。主情运动原由于罗科科运动之反笛卡儿精神而来，服尔德欲以人类现象之观察，代替形而上学的玄想，而卢梭则渴望返诸自然。此一主情运动之代表人物，虽曾受老子思想之影响，但极端反对中国，卢氏主张科学和艺术足以腐化人类，即以中国为例。其言科学如果足以提高道德，激发爱国勇气，则中国应成为自由无敌之民族！事实上，彼聪明才智之官吏，法律道德之精美，何尝能抵抗无智识的野蛮卤莽之侵略乎？卢梭以现实讽刺中国，当然不了解中国文化，故服尔德视为偏见。在当时真能了解中国文化者，自以德国文豪歌德为巨擘矣。

(五)欧洲孔子与歌德之中国文化观

在歌德以前,法国之启明运动中,尚有重要学派曰“重农主义者”,其领袖为克斯内(Quesnay, 1694—1774)。克氏与卢梭同是研究自然律之学者,却属对立之两派:后一派主张民约以前,系公有社会,前一派主张,自始就有社约所允许之私有制。此经济思想之来源,亦多受中国文化之影响。因为克氏本系路易十五之情妇彭巴度夫人(Pompadour)家医生,彭夫人原为崇拜中国文化之人。克氏与耶稣会士及中国学者往还甚久,习闻孔孟之说,对于宇宙与人身之自然机构,素所熟悉,因此中国之“天人合一论”,使其思想获得完整之体系。彼以国家是一种手段,得到自然经济之助力,可使人类回复自然之乐境。对于中国人之国家观与公民观,极其崇拜。当其逝世时,弟子大密拉波(The Elder Miradean)致哀词云:

> 孔子立教,在恢复人类之天性,不为情欲所蔽。敬天、畏天、爱人、克己复礼,均应以理性为衡。凡不合乎理性者,勿动、勿思、勿言。宗教道德之极致,盖无以复加矣。然尚有一事须待后人努力者,厥惟道德教训之普行于世界也。此即吾师之事业,发天地自然之秘传,建人类经济之体系。

欧洲重农主义派之经济学家,均以克斯内为继承孔子之人,故予以尊号曰:“欧洲孔子。”所著《中国的专制》一文,纯用中国哲理。同志包多(Baudean)曾述其义蕴云:“希腊各共和国间无所谓公平与善意,亦无所谓自然之秩序。历史所载,全是破坏人类和平快乐之陈迹。连年战争,血流不已,全国沃土,尽变沙漠,沙漠之中,废墟满目,此现象实希腊小邦间之大误也。现代纯正思想家决不会附和希腊哲人政客,以其政治组织为杰作而仿行之。”此种论调,与服尔德一班启明运动之思想家相同。全以国家之目的,在谋人民之和平与幸福,开明专制是达成此目的最有效之方法,而中国政府即属最完美之实例。法王路易十五受克斯内之影响,仿中国天子亲耕“籍田”。路易十六时代,法国所颁布之学校课程亦以其理论为根据。盖克氏深信德性可由教学而致,自然律之教学,实为平治天下之基础。举世只有中国实施此种完善教育。故可称开明专制之模范也。

欧洲人赞赏中国文化至歌德(Goethe, 1749—1832)时代而成熟,亦自歌德时代而衰落。歌德对于中国文化之态度。可分两期:前一期所见只是中国文化之外表,后一期始认识中国文化之精神,其幼年崇拜古典主义,反对浪漫主义,以为中国艺术与浪漫派接近,故不为所喜,《情操的凯旋》之作,可为代表。不久又著《爱尔彼诺》(*Elpenoy*)一剧,席勒(Schiller)大加赞美,此剧即以中国之《赵氏孤儿》作蓝本。十九世纪初叶,欧洲政局动荡不安,始感觉中国和平发展之可贵,于是放弃其一向之主观态度,而潜心研究中国文化。脱离现实问题,另作综合观察,读中国之《好逑传》、《老生儿》、《花笺记》诸剧本,颇感津津有味。在其名作《浮士德》第二阕中,所谓之"结晶的人类",即指中国而言也。歌氏认为中国系一轻美精妙之世界,一切事物,关系清明,内心外表,生活安静,依古代习惯进行,正如儿童毽戏,往来投送,秩然有序。中国建筑,玲珑可爱。中国人之性格比较欧洲人为纯洁、清明、道德,到处显现其感觉灵敏、具有公德,中国立国数千年,所以能巍然独存者,即由中国人温柔敦厚之故也。歌德晚年渴望发见一种定律,为人类安全之出路,而中国人之所谓"道",似即其理想之物。所以幼年虽反对中国复杂之艺术,晚年却极爱中国平衡之道德,对欧洲人而言,彼仍不漠视希腊文化,但中国文化亦大有参考价值。此种"不薄今人爱古人"之见解,代表其成熟心理,亦属合理之态度,惟以十九世纪之重商主义出,中欧文化之沟通工作,乃渐趋于衰微矣。

(六) 中国文化在欧洲之低落

当服尔德极端崇拜中国文化之时,其知己普鲁士名王菲特烈即持怀疑态度,而卢梭、孟德斯鸠及格林姆(Grimm)辈,更藐视中国文化,因彼等只取材于商人之报告,不相信传教士之通讯,商人对于中国文化,毫无研究,一如英国航海家安生(Anson)所著之《中国游记》(英人以之为神怪小说)完全以诋毁中国为能事。服尔德之《风俗论》,曾分别予以答辩,并认卢、孟诸人均有偏见。其实此种偏见之由来已久,在十八世纪中欧洲学者既多倾心中国文化,视希腊文化为不足取。于是崇拜希腊文化者,乃极力反对中国。如法国大主教费内龙(Fenelon,1651—1715)所著《死人对话》(*Dialogues des Marh*)一书,即假托苏格拉底与孔子二人作学术上之辩论。苏格拉底谓:惟有恐惧和希望可以激起人民之善行,孔子以德化人,实是梦想。中国人曾否受过德化,尚属疑问,因为历史所载,未必正确,印刷术之贡献,微不足道,火药只用于杀人,并非贡献。中国建筑缺乏平衡,图画没有结构,磁漆发明,则源于自然环境。结果孔子被苏氏说得闭口无言。此显然为一面之辞,非笃论也。中国文化之西传,酝酿于十六七世纪东西航路大通以后,至十八世纪传入欧洲,罗科科运动即受中国美术之影响而发皇;启明运动又受孔子唯理哲学之影响而进展;重农主义之经济学说亦大都取材中国古代文明;最后"返诸自然"之主情运动,则以中国式园林为发泄热情的宫殿。中国文化统制欧洲思想界达百年之久,何以骤告衰落乎?其原因甚多,兹分述如下:

① 耶稣会之解散——耶稣会士东来传教,实为中欧文化互相传播之媒介。自典礼问题发生以后,各教派对中国信徒仍得拜天、祀孔、祭祖诸事,有激烈之争执。教皇偏袒多明诺会,下令禁止祭祀,清廷遂不准耶稣会以外之教士传教。一七六二年法国驱逐耶稣会士;耶稣会之势力骤衰。一七七三年教皇下令解散该会,于是中国文化丧失一有力之传布者,而欧人对于中国之研究,亦旋归于冷淡矣。

② 重商主义之兴起——欧洲产业革命开始进展,资本主义之大腹贾渐占上风,彼辈对于中国文化,所见原不甚广,积年受中国人之歧视,自此乃得发泄之机会,英、法之东方学者,亦尽量排抵中国。世界史之言及中国者,皆为商品出入之报告。商业利害,统制欧洲人之心理,以致欧人所念念不忘者,中国已非一头等文明古国,乃一头等商业市场耳。十九世纪以来,英国以大量鸦片输入中国,独霸东方贸易,中国文化在功利主义者心目中,已不复有丝毫价值。此法国汉学家保提爱(G. Pauthier)所以慨叹于开化较早之中国,不料竟一蹶不振也。

③ 希腊文化之复兴——十七八世纪欧洲人提倡中国文化,漠视

希腊文化,所以抱费内龙式之思想者,乃故意造谣,中伤中国。此种潜意识至一七七八年德国哲学家美纳斯(Christoph Meiners)发挥至于极致。所谓中国文化是从希腊经阿拉伯而传入,其用意可知矣。一般人多随声附和。于是百年来为世界文化中心之中国,不得不让位于希腊矣。以下摘录美纳斯数言即可反映若辈之心理。

希腊人实为欧洲之导师,在希腊未有文字以前,说这般没有文化的中国民族,竟能产生史和诗,且有完备之宗教道德,其谁信之?在亚历山大以前数百年,中国民族竟有若干著作,其精神之超越、真确、高贵、雄辩、伟大,虽在罗马的杰作中,亦所罕见。而且其宗教的、道德的、哲学的理想,除基督经典外,都足以居首席,真是"岂有此理"了。

中国文化之博大精微,绝非一般现实的重商主义或功利主义者所能了解,亦非今日主张"全盘西化论"者所能摧毁。盖文化为指导人类社会进步之原动力,其影响所及,常在有形无形间获见效果。欧洲十九世纪之民主政治,即由中国之民本思想演变而来,百科全书派标榜孔孟学说可以见矣。而美国之《独立宣言》更可以作显明之例证。《独立宣言》有一段云:

人人生而平等,天生就有不可剥夺的意志,就是:求生的意志,求自适其适的意志,和求安居乐业的意志。这些道理,不言而喻,我们坚信不移。

当年美国开国人士,多不明其中用意所在,主张将"安居乐业的意志",修改为"求有财产的权利"。起草人杰斐逊(Thomas Jefferson)起立解释曰:"此段宣言之一贯精神,得自孔子。不可剥夺的意志一语,即孔子之言也。孔子说:有教养之人,志在唯心;无教养之人,志在唯物(按即"三军可夺帅也,匹夫不可夺志也";"君子喻于义,小人喻于利";"君子怀德,小人怀土"诸语)。是以人生之目的,不在斤斤争权攘利,计较有产无产,而在精神上获得适意与遂志。”闻者一致悦服。《独立宣言》表示美国之立国精神,数百年来,美国虽系资本主义发达之国家,却始终不循英、法帝国主义者之道路,即由于立国精神不同之故。英、法虽亦受中国文化影响,高倡自由平等口号,然因其承袭希腊、罗马之精神,遂产生资本主义与帝国主义孪生之兄弟,故自十九世纪以来,到处侵略。美国独立,系受英国人之压迫而求解放,故颇能推己及人,以采用孔子之恕道。开国诸贤如弗兰克林、杰斐逊等,皆身处十八世纪中国文化统制世界之时代,受此影响,毫无足奇。是以孔子人人平等、生活自由、仁民爱物、天下一家之精神,在《独立宣言》中不期有所流露。因此美国史学家辄以杰斐逊比孔子,谓:“二人见地相同,不尚空谈,均同情贫困之弱者,反对为富不仁之人。主张人人生而平等,生而性善,生而具有德性(Decency)。并且主张以德服人,反对用政府权势管制人。”此可见中国文化对于美国民主政治之影响矣。但中国何以不克受此遗泽,而早达民主政治之境域?依政治思想进化之里程,由独夫政治(For King And By King)而至贤人政治(For People And By King),由贤人政治(开明专制)而至平民政治(For People And By People)。西洋十七世纪,正逢“朕即国家”之独夫政治当阳时期,霍布士(Thomas Hobbes)之君权万能论,弥漫欧洲。所以来布尼兹等均高倡“君主为人民而设,非人民为君主所有”之“开明专制”。但十八世纪法国大革命以后,西洋即已达到民权政治,其进步之迅速如此。而中国则秦汉以迄清末,二千余年来,始终未脱独夫政治与开明专制之夹壁中,何也?盖中庸文化之精义,政治哲学之原理,已为“俗儒”、“陋儒”、“贱儒”、“伪儒”所湮没,汉唐之训诂小学,宋明之心性理学,破碎支离,买椟还珠,不复能为经世致用之南针,所以清代虽接受西洋历算之科学方法,徒为汉学家作饾饤补苴之考据,而“有益于世则未也”。文化既失其指导之作用,社会自停滞而不前,此真可为太息痛恨者矣。

〔附言〕 拙著《民族文化概论》中,有《中国文化的厄运》一章,可作本目结论之参考。

第二十四章　明清间对外之关系

九十六　明清与日本之关系

（一）清与日本之间接关系

万历之时，日本丰臣秀吉当国，尝叹："人生不过百年，安能郁郁久居于此乎？"遂怀侵略大陆之志，欲使有明四百州，尽化其俗。万历二十年，遣师侵朝鲜，与明军相持于半岛者七年；明调甲兵二十万，而所费不支，末叶财政之枯涸，此役实大有影响。是时金方崛起，努尔哈赤以辽东雄酋，欲助朝鲜以攻日本，卒因朝鲜为明保护，故未成事实。然当时日本之产品，如刀剑之类，已由朝鲜间接输入于辽东，而努尔哈赤亦知海外有所谓日本者在。其后金与朝鲜之交涉，朝鲜屡以引导日兵为抗拒金人轻侮之口实，观朝鲜降将姜功烈之言，盖可知矣。功烈以杨镐四路之师，助明兵攻金，战败而降。达海语之曰："日本与贵国通好何如？"功烈曰："平秀吉与我为仇，今已不然，家康尽灭秀吉之族，愿从旧好，我国许之。日本称我国，必曰大国，文书甚恭。"达海又曰："去年有白气，贵国亦见之乎？"曰："见之。"达海曰："满住（言努尔哈赤）初见白气，即谓朝鲜日本之兵必来，已而贵国之兵果来。"功烈且语曰："日本之兵，我国得借之；惟此次出兵，则实非本意耳。"当时战役中，日本降卒之助战被杀于界藩山者颇不乏人。自是以后，金国乃注意日本之情形，故第二次朝鲜之役，和约中遂有许日本贸易，令日本使臣来朝之条。日本当第一次战役之后，即欲助朝鲜以攻金，朝鲜泄其事，遂止，故金、日之冲突无由发生。此皆明末清初时与日本之间接关系也。及清人入关，而明人乃有乞援日本之事。

(二)崔芝之乞援

清军之下南京也,唐、鲁二王,并立闽浙。时崔芝(福清人,初为海盗,既而受抚。黄宗羲《行朝录》作崔芝是也。各书多误作周崔芝。)率舟师驻舟山,唐王加以水师都督便宜行事,令招讨浙直,规复两京。芝知兵力不逮,且器械缺乏,乃使参将林高贲书二封,乞援日本。两函照录如下:

(一)

大明国钦命总督水师,便宜行事,总兵官,前军都督府右都督,臣崔芝,泣血稽颡,奏为国仇不共天地,邻谊可联唇齿;敬竭请讨之诚,以图恢复之举事:窃维东西南北,开国之界限甚明;治乱兴衰,元会之循环递变。四维尽撤,国乃灭亡;五伦未毁,运必聿兴。我大明一统开基,递传三百余祀,列后延祚,相承一十六君;主圣臣忠,父慈子孝,敦睦之风,久播于来贡来宾之国;仁让之声,爰止于我疆我土之封。去岁甲申,数奇阳九,逆闯披倡,天摧地缺。蠢尔鞑虏,乘机恣毒,膻污我陵廊,侵陵我境土,残害我臣灵,天怒人怨,恶贯罪盈!今我皇上,神明天纵,乘龙御极,改元隆武,应运中兴,亲率天师,以荡妖孽。命芝于肃虏将军爵下,任芝以水师先锋都督,芝荷重寄,誓不俱生。切图吊伐大举,不禁呼援邻邦,环按朝贡列辟,有心者无力,有力者无饷,有饷者无舟楫。恭维日本大国,人皆向义,人皆有勇,人皆训练弓刃,人皆惯习舟楫,地邻佛国,王识天时,我明人众货贸通,匪止一日,敬爱相将,不远千里。芝葵心是抱,苌血在胸,欲尽主辱臣死之忱,难忘泣血枕戈之举。特修奏楮,驰诸殿下,聊效七日之哭,乞借三千之师。伏祈迅鼓雄威,刻征健部,舳舻渡江,载仁风之披拂;旌旗映日,展义气之宣扬!一战而复金陵,便叩半臂;再战而复燕都,并借全功!船械粮草,概仰携来;报德酬勋,应从厚往。从此普天血气,共推日国断鳌补石之手;而中华君臣,永缔日国山河带砺之盟。沥血披衷,翘望明镜,芝不胜激切痛吁之至!为此具本,专差参将林高贲捧,谨具奏闻。

自为字起至贲字止,共四百八十七字,纸全张。

隆武元年十二月十二日。

总督水师总兵官前军都督府右都督臣崔芝。

（二）

大明国钦命总督水师便宜行事，总兵官，前军都督府右都督，臣崔芝谨奏，为冒请坚甲，以助恢复事：芝承王命，总领水师，招讨浙直，以复南北二京，现驻浙江舟山。日出崇明县金山卫与虏相持，恨兵械缺乏，未奏全捷。窃慕日本大国，威望隆赫，笼盖诸邦，敬修奏本，请兵三千，以联唇齿之谊，以报君父之仇，伏叩威德，发兵相助！外缘虏之长技，以箭为先，芝军因乏坚甲，战辄受伤。因思日国之甲，天下共羡，以御弓矢，如金如石。伏恳俞允，准芝平价贸易甲贰百领，一同大国精兵，前来赴战，倘得成功，皆荷大德，统容竭诚厚报！事关激切，一并专差参将林高赍捧，谨奏闻。

自为字起至赍字止，共计一百八十九字，纸全张。

隆武元年十二月十二日。

总督水师总兵官前军都督府右都督臣崔芝。

上书二通，前者为乞师事，后者则为购甲事也。林高至长崎，由日官传达幕府。日廷议百年之久，未与明通往来；且江南已破，恐难恢复。遂咨长崎官吏使促林高归国，其咨文如下：

前者接得十二月二十六日来文，所称林高赍来乞援之书，及林高口调，均已入览。因大明反乱，来请助兵及军器之事，俱与众阁老言之，皆谓日本与大明有百年之久，并无往来。所以日本人不往唐山，而唐山商船屡来日本贸易者，只是密通之事。此时林高赍来文，非可卒然奏请出兵，当与林高说明，速使回唐，正保三年春。

（三）郑芝龙之乞援

崔芝乞援，既不得请，次年八月，唐王因大势阽危，复命郑芝龙具书赠方物，派使者黄征明赴日乞援。此事中国典籍多不载。按《华夷变态》云：

隆武二年,即当正保三年,其年八月十三日,隆武帝命使者黄征明,渡海乞日本出力。有郑芝龙书数通,上日本正京皇帝二通,上上将军三通,各有进物。然征明在海上,被鞑靼人(指清人)所押,不能来朝,因以己乘之小船,载使者,将芝龙书简并进物,更添付自己书简,共致送于长崎。同年十月,由长崎投进江户阁老上闻。先考即于御前进读,评议数日,对于此项书简,每日出纳,每回封闭,不许他人偶见。然每日侍席之所论者,据先考笔述,大概如下:

正保三年丙戌十月,由太师平虏侯爵,进呈正京皇帝之状二通:其一通为隆武皇帝之敕旨,书中引周之彭濮,唐之回纥故事,为借兵之申请,先请派兵五千御敌,并付礼物书。其礼物:即大花真金缎子二十端,双面色大缎子二十端,大花二彩缎子二十端,大红花京绫二十端,大鸟素入丝二十端,雪白花京绫六十端,乌花天鹅绒二十端,雪白花丝绢四十端。隆武二年八月十三日年号之间,有太师平虏之印。

一由唐王使者黄征明进呈正京皇帝之书,专为借兵之事而至,并引日本与大明相通之事,太伯仲雍之事,及秦人之来居海岛之事。又叙元朝数苦日本,是鞑靼实为日本之仇,举种种理由,以证明日本与大明原为友邦,当可补助以发援兵云云。

此次之进物,系由芝龙之使者陈必胜、黄征明乘小船而抵长崎者。其时有由江户发下之文书如下:

本月八日之书帖,系从大明使臣黄征明捧来。书简二通,并其他之书简一通,一应呈送前来;其黄某之面禀,及其别纸之备忘录,一切均已知悉。然黄征明以下位而代表上意,徒以书简奉呈,遽请出兵,殊难率尔奏请!仰即对该使臣说明,促其早日归帆可也!谨言。九月二十一日。

《变态》又云:"同月十七日,由长崎来十月四日之书状,其大旨言:八月下旬,鞑靼人已攻闽中,破山贺关(即指仙霞关),大明人未及战而降。鞑靼人攻入延平,唐王出奔江西之赣中,其后自杀;或云为鞑靼所捕。八月二十八日，郑芝龙避福州，乘舟而入离福州三里之海上，王孙文武官，并芝龙妻子，乘舟奔泉州。陆地一带，皆被蹂躏；福州之军人，多乘舟逃去，官吏则走不及，富民亦多逃出，其残留于福州者，惟贫民而已。时鞑人尚未入福州。九月二日，由延平致三使于芝龙，使其薙发投降，以福建、广东、江西三省王之云云。芝龙复书从之，愿降而纳贡，三使即以其书情告鞑酋。"据《变态》所载，则芝龙乞师之事，虽不甚明了，然大概之情形可知矣。又《日本国志》关于此事之记载有云："正保三年八月，郑芝龙奉明唐王聿键意，赠书及方物乞援兵。书闻，将军德川家光，召宰执酒井忠胜等议之，又下议德川三亲藩。赖宣建议曰：'援而有功，无益于国，倘若无功，匪维辱国，结怨强邻，实贻后患。勿援为便！'议遂寝。命日根野吉明如长崎告之。会闻清兵下福建，芝龙就抚，遂罢使，却信物；令西北诸大藩，阴戒不虞。"盖芝龙援乞事，日廷叠开会议，终以福州之陷落而罢。然日人其初果有出师之意与否，据当时之情形测之，恐终不能舍"勿援为便"之主旨也。

(四) 郑成功之通好

崔芝、芝龙而后，监国二年，鲁王复派冯京第乞师日本。时日本新遭外国之侮，(《日本乞师记》云："先是，日本绝西洋人往来……西洋人复仇，大舶载炮而来，与日本为难。日本请解，始退。退一日，而京第至。")闻外国人至，一切不听登岸；京第至，即于舟中朝服，遥望而哭，终未得请。至后永历十二年，郑成功复遣使致书日本幕府表示修好之意，其书如下：

钦命总督南北直省水陆军兼理粮饷节制勋镇赐蟒玉尚方剑便宜行事挂招讨大将军印总统使成功顿首拜，

启上

日国上将军麾下：

伏以

州同瞻部，就一水以定东西；境接蓬莱，连三岛而橐天地；域占为雷之位，光拂若木之华。百篇古文，蚤得嬴秦之仙使；历代列史，并分上国之车书;道不拾遗,风欲追乎三代;人重然诺,俗尤敦乎四维。
恭维
上将军麾下,
才擅擎天,
动高浴日,铸六十五州之刀剑,雌雄为精;服五百一郡之版图,砾沙皆宝。文谐丹府,屡有表使至金台;释辅儒宗,再见元公参黄蘖。虽共临覆载,独奠其山河。成功生于日出,长而云从;一身系天下安危,百战占师中贞吉。且马嘶塞外,肃慎不数余凶;虏在目中,女真几无剩孽。缘征伐未息,致玉帛久疏,仰止高山,宛寿安之有望;溯洄秋水,怅沧海之太长!敬勒尺函,稍伸丹悃,爰赍币篚,用缔缟交。旧好可敦,曾无赵居任于今复往,明兴伊迩,敢望僧桂梧如昔重来!文难悉情,言不尽意,伏祈鉴照,无任翘瞻,成功再拜!(旁钤慎余二字图章)

成功此书,亦不过表示其缔结旧好之意,而日本载籍,多谓成功托使臣言乞师之意。《日本国志》并载成功与长崎官吏书,略言:“大明龙兴三百余年,治平日久,人皆忘乱,以至今日!成功誓心报国,徘徊浙闽,颇有感愤乐从者。然孤军悬绝,四面无援,成功生于贵国,值此艰难,倘惠假数万甲兵,感岂有极!”据此书,则成功明明向日本乞援矣。此事确否未可知,而日本小说,且谓幕府会议,尾张、纪伊、水户三君,争为大将,以助成功。后以豫备缺如,终未果行云。

(五) 朱之瑜与日本文化

唐、鲁二王及郑氏父子向日本乞师之举,虽未获结果,然从冯京第赴日之朱之瑜,屡经外邦,甘冒风涛,欲资恢复之势,而愿终不遂,则羁迟海岛,以示不与异族同中国。因之中国文化,沾溉东瀛,历数百年而德业弥尊,声光焕著者,其人其事,固不可无述焉。之瑜字鲁屿,号舜水,浙江余姚人。明万历二十八年(一六〇〇年)生,九岁丧父,颖悟绝伦。初为松江府儒学生,受知于吏部左侍郎朱永祐,东阁大学士张肯堂,及礼部尚书吴钟峦。素抱经济之志,见世道日非,国政日窳,慨然绝意仕进。庄烈帝殉国时,之瑜年四十四。福王立南京,累征不起,盖耻与马士英辈同流也。台省劾其偃蹇,乃走海滨。会鲁王监国浙东,派御史冯京第(字跻仲)赴日乞师,之瑜从之。既不得请,乃展转走交趾,并及暹罗。安南王欲胁而用之,之瑜懔然不为动,遂得脱。兵部左侍郎王翊(字完勋)结寨四明,抵抗清兵,之瑜与相结纳,再赴日本,欲借外援以北伐,事卒无成。乃王翊死难,舟山陷落,张肯堂、吴钟峦等皆殉节,之瑜进退维谷,故濡滞沿海,历尽艰危。郑成功、张煌言会师入长江,之瑜主建威伯马信营,克瓜州,下镇江,皆亲历行阵。未几郑师败,知事不可为,乃决计蹈海全节。顺治十六年(一六五九年),六至日本,遂流寓不归,时年六十矣。居长崎,孤身飘然,不能自支。日人柳川儒臣安东守约钦其学,愿师事之,分禄奉其半,赖以存活。守约问明室致乱之由,及恢复兵势,之瑜著《中原阳九述略》以答之。时福建黄檗寺名僧隐元隆琦先之瑜五年渡日,说法于长崎兴福、崇福两寺,其徒独立名戴笠号曼公者,实抱亡国之痛,削发为僧,能诗文,善书,与之瑜善,尝为之瑜疗疾,并跋《安南供役纪事》。其他华人于鼎革之际流寓颇多,而之瑜交通镇巡,接迹中东英俊,声华特著焉。康熙四年(日宽文五年,一六六五年),日本宰相上公源光圀(字子龙,号梅里,德川家康之孙,父为水户侯赖房)闻其才德,礼聘东行。光圀就藩,迎之瑜至水户,与论经史,讲求道义,不以抗礼为傲,不以尽言为忤。之瑜每谈论,援引古义,弥缝规讽,曲尽忠告善导之意。光圀为起新第于驹笼别庄(今东京帝大农学院即其故址),设养老之礼,授几杖,礼接稠叠,恩遇特隆。之瑜作《诸侯五庙图说》及《学宫图说》,并率儒生习释奠礼。康熙十八年(日延宝七年,一六七九年),之瑜年八十,光圀就第祝寿,奉以衣裘、鸠杖、鹤屏等二十品。之瑜设香烛拜告天地,以逆虏未亡,故土为墟,而身在异域,迟暮衰疾,歔欷流涕,感动傍人。光圀命奏古乐以慰之。康熙二十一年(日天和二年,一六八二年)三月,设宴招亲友及门人等,力疾起坐,谆谆教诲,盖永诀也。四月十七日,奄然而逝,年八十三。葬于常陆久慈郡大田乡瑞龙山麓,依明式成坟,光圀题其碑曰"明征君朱子墓"。之瑜不以讲学为名,亦不以著书为业,但其躬行实践之精神,经世致用之目的,显与清初大儒顾亭林、颜习斋相近。博学于文,不如亭林,而守约易简则过之;摧陷扩清,不如习斋,而气象宏远则过之。日本"德川二百余年太平之治",胥之瑜之教化使然,而"王政复古"所以成明治维新之大业,又皆受之瑜之影响者也。其学于宋儒特致不满,对王阳明虽同里推崇其功业,许为豪杰之士,但谓其多却讲学一事。盖于理学末流之弊,实深恶之。尝曰:

> 有良工能于棘端刻沐猴,此天下之巧匠也,然不佞得此,必诋之为砂砾,何也?工虽巧,无益于世用也。……宋儒辨析毫厘,终不曾做得一事,况又于其屋下架屋哉!(《文集·与安东守约书》)
>
> 为学之道,在于近里着己,有益天下国家,不在掉弄虚脾,捕风捉影。……勿剽窃粉饰自号于人曰:我儒者也。处之危疑而弗能决,投之艰大而弗能胜,岂儒者哉?(《文集·答兴村庸礼书》)

之瑜之学,以身体力行,有益于世为依归,若雕琢文字,规橅昔人,则斥为非学。故不特宋学之空虚,为所排诋,即汉学之支离,亦所不许。其语门人曰:"为学之道如治裘,遴其粹然者而取之,若曰吾某氏学某氏学,则非博学审问之谓也。"又曰:"为学之道,外修其名者无益也,必须身体力行,方为有得。"又曰:"家有母学为孝,家有弟学为友,家有妇学为和,出而有君上学为忠,有朋友学为信,无往而非学。"又曰:"不佞之学,木豆瓦登,布帛菽粟而已。"之瑜饰身以礼,自律甚严,内不欺己,外不欺人。行而不言者有之矣,未有言而不能行者也。自谓:"仆事事不如人,独于'富贵不能淫、贫贱不能移、威武不能屈',庶可无愧于古圣先贤万分之一。"(《答小宅顺书》)尝《答石源助书》云:

> 不佞总角时,恒见先人与士大夫相接,冠裳济济,言论丰采,进退周旋,皆雍容彬彬焉。斯时太平气象,至足尚也。其后士大夫好为脱略而恶言礼,以为厌物,以为王道。所谓王道者,非尊之也,亦借名斥绝之词耳。未能二十年,而国已沦亡。前年至厦门,赴国姓(郑成功)之臣,见其将吏,并寄居缙绅,皆佻达自喜,屏斥礼教,以为古气,以为骨董。不佞知其事必无成,故万里耑行,不投一刺而返。不幸果

无所济。可见礼也者,不特为国家之精神荣卫,直乃国家之桢干。……故曰礼乐不可斯须去身。……礼者,乃天理自然之节文,非苛礼多仪之谓也。

又尝《与奥村庸礼书》云:

吟诗作赋非学也,而弃日废时,必不可者也。“空梁落燕泥”,工则工矣,曾何益于治理?“僧敲月下门”,核则核矣,曾何补于民事?“鸡声茅店月,人迹板桥霜”,新则新矣,曾何当于事机?且捻髭呕心,倘或不能工致,徒足供人指摘,又何益于诗名?

又门人林春信问崇祯年间巨儒鸿士为世所推重者,之瑜答曰:

明朝中叶以时文取士,时文者制举义也。此物视为尘饭土羹。而讲道学者,又迂腐不近人情。如邹元标、高攀龙、刘念台等,讲正心诚意,大资非笑。于是分门标榜,遂成水火,而国家被其祸,未闻所谓巨儒鸿士也。巨儒鸿士者,经邦宏化,康济艰难者也。

观上可知之瑜对于义理、辞章、考据之学,皆有所非议,而独推崇礼学。礼学者,非繁文褥节之谓也。乃经邦宏化,开物成务,体用兼赅,有为有守,大而礼乐行政之详,小而文物木瓦之事,靡不淹贯。故源光圀尝曰:“先生为经济家,假令旷野无人之地,士农工商各业,先生皆可兼之。而礼乐刑政之大,以及田园耕作酒食盐酱等事,先生殆亦无不胜任愉快也。”一百六十年后,曾国藩所谓“圣人者,自天地万物推极之至一室米盐,无不条而理之”,实为最切当之解释。曾氏尝言:“古之学者,无所谓经世之术也,学礼焉而已。”又言:“古之君子之所以尽其心养其性者,不可得而见,其修身齐家治国平天下,则一秉于礼。自内焉者言之,舍礼无所谓道德,自外焉者言之,舍礼无所谓政事。故六官经制大备,而以《周礼》名书。”夫所谓礼学或经济学者,曾氏虽比之为孔门政事之科,以与德行（义理）、言语（词章）、文学（考据）并列四科。然究其实则孔子中庸一贯之道也。孔子之所谓大学，古人之所谓大儒，皆体用兼赅之通才耳。辛稼轩诗云："大儒学礼小儒诗。"又云："诗礼相传大小儒。"可见小儒守专门之业，而大儒综百家之事，礼也者，"修己治人，经纬万汇"，此非大学而何？自孔子既殁，七十子之徒人各异说，于是有俗儒陋儒贱儒，而无大儒巨儒矣。之瑜传千百年之绝学于异域，此日本之幸，而亦中国之不幸也。后藤新平论其事曰：

> 明季征君朱之瑜，邻邦所贡之至琛又至宝也。道义则贯心肝，学术则主王业，不得行怀抱于故国，而却传衣钵于我邦。……以满身忠愤之气，寓之一篇楠公之题赞。烛大义，阐王道，使东海之日月，有光于千载，岂不亦贤乎？之瑜既义不帝秦，坚守鲁连之志，遂来蹈东海，得义公（光圀）之知遇，乃为与湊川之碑不朽千古之人，况于其纯忠尊王之精神，磅薄郁屈，潜默酝酿，可二百年，而遂发为志士勤王之倡议，一转王政复古，乃至翼成维新之大业，以致国运今日之蔚兴。我之所得于之瑜也固大矣。（《朱舜水全集序》）

日人以源光圀弼成德川氏之文治，其子孙累世勤王，均盛倡尊君爱国之说。又开彰考馆修《大日本史》（总裁安觉积为舜水高足），历二百五十余年始全部杀青，所裨于日本人心者至大。及后人庆喜入承幕府，弃十五世三百年之藩政如敝屣，盖皆舜水之赐也。舜水矫宋学之空虚，以经世治民为要，教化日本儒学，重礼尚贤，蒸为风尚，其有益于日本国民性者深且远矣。顾以海禁森严，交通困阻，故国陆沉，归骨难期（舜水曾以桧木为寿器，作清亡后归骨计，卒未果），中国学人，几无知之者。至清末始因日人之表彰，震动我国留学生之心弦，排满革命，受其影响不小。民国成立，浙人汤寿潜为建祠于杭州，并刊其遗书，而新会梁启超首揭其学行，以介绍于国人云。

〔附记〕 明季华人流寓日本，于中国文化之东渐有重大贡献者，首推朱之瑜，其次则隐元隆琦、戴笠与陈元赟。舜水传儒学，仕水户藩为国师，以尊王重礼尚实之教，振导于朝野。隐元为黄檗名僧，开宗扶桑，门下英杰辈出，法化之隆，媲于唐之鉴真、宋之道隆。戴笠则以书法、医术沾溉僧俗。元赟本钱塘布衣，其东行视三人为尤先。日人笃信佛法，而元赟宏扬道书，著《老子通考》，训点行世。又以公安派诗文及书法、制瓷、武术等，纵横活跃于各方面，影响之大，视舜水等无多让焉。兹附记三人事迹，以证东瀛近代文化受益于中国者，初非如欧洲人之旋取旋弃也。隐元俗姓林，讳隆琦，福建福清人。生明神宗万历二十年。性耽沉思，每夜观天河运转，星月流辉，辄慕仙佛，有高蹈之志。二十岁后云游各地名山，礼佛拜师。二十九岁就黄檗寺鉴源寿禅师剃染为僧，矢志精修，光扬佛道。四十六岁，始主黄檗，广植田园，重兴殿宇，使多年荒僻之道场，焕然成东南一大禅林。清顺治十年，日本长崎兴福寺住持逸然，得德川幕府之许可，四次遣徒恳隐元东渡宏法。隐元念乾坤一体，大道无私，疆域虽殊，佛性不异，遂率弟子十人于次年航海而东，时六十三岁矣。时长崎为中日交通要港，华人流寓者颇多，因建有唐三寺，即兴福（一名南京寺）、福济（一名漳州寺）、崇福（一名福州寺）也。皆创建于明朝中国船主，其主持必用中国僧。逸然本杭州人，慕隐元盛名，欲请其弟子凤山主，凤山中途溺死，隐元叹曰："此乃子债父还也。"隐元开法于三寺后，顺治十四年（日万治元年）下江户，谒德川家纲，大老酒井忠胜，位尊望重，称当时名臣第一，延问法要，相见恨晚。次年赐地于山城宇治，创建寺院，仍以黄檗山万福寺名之，示不忘旧也。宽文元年，定名"黄檗禅林"，仪制采然一新。太上法皇（后西天皇）特召见问法要，奏对称旨。朝士京尹，时与法会。居四载，体力就衰，乃退休于松隐堂，以弟子木庵统寺事。清康熙十二年（日延宝癸丑，一六七三年）四月四日，乃书偈坐化，世寿八十二。法皇赐以"大光普照国师"之号。大正六年（民国六年）日皇追怀德化之美，又赐谥"真空大师"。黄檗继法席者，凡十三世皆中国僧，以后招请皆不肯渡，始以日人龙统元栋为十四世。今黄檗本山，气势宏伟，建筑巍峨，二百年前之面貌俱在,以较福清,尤远过之。黄檗宗在日拥有寺五百零一,信徒八万七千余,檀越四万四千余,皆奉隐元为祖师。隐元渡日,对于寺庙建筑、佛像雕刻,纯用中国式,雕工亦来自福建。而书画珍藏,人物描绘,对日本之美术影响甚大。医药、饮食、垦荒、造圃、治印、印刷由其徒所传入于东瀛者,德泽深矣。其塔铭有"达摩东渡,断际重来,亘古一人,于今莫比"之语,盖非虚誉也。戴笠字曼公,杭州人(时吴江亦有一戴笠,字耘野。二人并与惊隐诗社,顾亭林、归元恭、潘力田、吴赤溟等皆为社友。曼公年较长,耘野生万历四十二年,亭林已二岁,曼公则十九岁)。博学能诗,兼工篆隶,不欲以儒术显,乃学医于龚廷贤,潜究《素问》、《难经》诸书,悬壶濮里。顺治十年,江南云扰,粤人有劝以乘桴浮海,快涤胸襟者。发帆,三月抵长崎,时日本承应二年也。居医师陈入德(原名明德,号颖川居士,亦杭人)家,与安东守约交,以诗文相往复。次年黄檗隐元禅师渡日,为僧俗所景仰,名重一时。曼公晤隐元,翻然有悟,遂薙发为僧,法名性易,字独立,时年五十八矣。挂锡各寺,所至为缘,文墨之外,以岐黄济世,起废愈痼,不知其数,远近目为神医。曼公痛心于诸夏之"裂峨冠而鼠尾,袒左纴而马蹄",决然去国,力赞朱舜水之凛凛大节(见《跋安南供役纪事》),故诗有"虏运不消天厌在,人心自昧日余亡"之句。舜水与书云:"鸿论深入显出,切中事机,据理辨驳,虽有利口,无所复置其喙。不偏不循,当为儒释立一标准,固不朽之作也。弟谓当函藏石室。"日人东条琴台谓:"其学术主洛闽,文章经艺不逊朱舜水,势不得已而入释氏,其忠愤义烈,足以照耀后世。故不入于僧传,特载于儒家,聊成其志云。"可见曼公亦僧亦儒,固与舜水、隐元同有媒介中国文化之功。惟舜水以礼学,隐元以佛法传日,而曼公则以书法与医术显,日本之书家高玄岱,痘科池田嵩山等,皆曼公弟子也。曼公以康熙十一年(日宽文十二年,一六七二年)圆寂,临逝书偈曰:"凿凿尘尘傍海村,不忘残梦绕空轩。咄!任他冻折梅花影,接却江南白玉魂!"盖已深入禅中三昧矣。陈元赟字羲都,别号"既白山人"、"瀛壶逸史",杭州人。生万历十五年(一五八七年),幼聪敏,通经史,应科举不第。崇祯十一年,以流寇纷扰,渡海抵长崎,定居不归。寻入江户,以武术授徒。名古屋尾张藩主毛利义直闻其名,辟为客,备顾问,元赟感知遇,尽心事之。深草瑞光寺诗僧元政,少元赟三十六岁,与为忘年交,元赟授以《袁中郎集》,相与唱和不倦。元赟治老子书有得,为《老子训诂》,刻版印行。书法宗赵松雪,娟秀有风致。元赟为尾张藩主制"御庭烧",自为书画,施透明水彩,时人仿之,称为"元赟烧"。今名古屋仍为制陶名地,实元赟之遗也。又日本有所谓柔道者,相传元赟传其技。元赟以康熙十年(日宽文十一年,一六七一年)卒,年八十五。名古屋城东九十轩町,即元赟号"菊秀轩"之通音也。元政序元赟诗谓:"老人之诗,应物为态,始无定迹。非禅焉,非儒焉,非幽人焉,非骚人焉;而似禅也,似儒也,似幽人也,似骚人也。种种色色,千变万态,如水中之月,不可捉焉,如空中之花,不可摘焉。"可谓善颂矣。

九十七　明桂王与罗马教皇之关系

(一) 太后之致谕教皇

先是波兰人卜尔格(Michael Boym),于顺治四年至海南岛传教,七年抵澳门。奉命至广西,供职永历帝。是时基督教自万历以来,已渐通行,崇祯帝首信仰之,至毁宫内佛像。文秉《烈皇小识》云:"上初年,崇奉天主教,徐光启上海教中人也,既入政府,力进天主之说。将宫内供养诸佛铜像,尽行毁碎。至是悼灵王病笃,上临视之,王指九莲华娘娘现立空中,历数毁坏三宝之罪,言讫而薨。上大惊惧,极力挽回,然亦无及矣。"桂王立肇庆,廷臣如瞿式耜(教名 Thomas)、丁魁楚(教名 Luckas)等,皆尊信之;桂王之生母嫡母马王两太后,及皇后王氏,太子慈烜等,亦皆因太监庞天寿之劝,而受洗礼。教士瞿纱微(Andreas Xavier Koffler)且得桂王信任,赞助机密,欲佐桂王复兴岭南,如东罗马之君士坦丁帝。及永历四年,清兵入韶,由梆奔梧,太后欲遣使至罗马,为明祈福。天寿愿奉使,以其年老不许。遂荐卜弥格携书往罗马,奉致教皇因诺曾爵(Innocenzo),以表

仰慕之意,其谕文照录如下:

大明宁圣慈肃皇太后烈纳(Helena 入教后所取之名),致谕于因诺曾爵,

代天主耶稣在世总师公教皇主圣父座前:窃念烈纳本中国女子,忝处皇宫,惟知阃中之礼,未谙域外之教;赖有

耶稣会士瞿纱微在我皇朝,敷扬圣教,传闻自外,予始知之,遂尔信心,敬领圣洗;使

皇太后玛利亚(Maria 入教后所取之名),

中宫皇后亚纳(Anne 入教后所取之名),

皇太子当定(Constantinus 入教后所取之名),并请入领圣洗,三年于兹矣。虽知沥血披诚,未获涓埃报答,每思恭诣

圣父座前,亲领圣诲,兹远国难臻,仰风徒切!伏乞

圣父在

天主前,怜我等罪人,去世时,特赐罪罚全赦!更望

圣父与圣而公一教之会,代求

天主,保佑我国中兴太平,俾我

大明第十八代帝(即桂王)

太祖第十二世孙

主臣等悉知敬

真主耶稣,更冀

圣父多遣

耶稣会士来华,广传

圣教;如斯诸事,俱惟怜念!种种眷慕,非口所得宣。

今有

耶稣会士卜弥格知我中国事情,即令回国,致言我

圣父之前,彼能详述鄙意也。俟太平之时,即遣使官来到圣伯多禄(圣彼得)圣保禄(圣保罗)台前,致仪行礼。伏望

圣慈鉴兹愚悃,特谕。

永历四年十月十一日。(朱印有宁圣慈肃皇太后宝字)

(二) 教皇之复音

卜弥格赍太后谕旨,及庞天寿之书信,以事留澳门一年,始西渡。至印度卧亚登陆,经莫卧儿帝国,及波斯,以翌年至小亚细亚之斯密尔纳。会其地之教士,讲述远东布教之状况;旋入威尼斯(Venice),谒其统领,呈递天寿书信,颇得优待。又翌年,遂入罗马。教皇因内争不息,且稔明室终无恢复之望,助之亦不过召新朝之嫉视,于将来布教,当生影响;故迟迟不报。千六百五十五年(永历九年,顺治十三年),因诺曾爵逝世,亚历山大七世立,始复太后及天寿书,其复天寿书如下:

与我爱子支那皇帝内官兼水陆军务统监庞西基楼:我爱子乎!此予之返翰,且为在世代天主者与汝以福祉。前接汝书信,予实欢喜无涯。不分东西,不别南北(天下到处),天主必然发大慈悲,垂怜吾人。此大慈悲之天主,曾依圣水之洗礼,与汝统御宫廷内官(司礼太监)以清净之身(为汝洗涤其罪)。今又呼我爱子。汝因耶稣圣教,为此世界邦国排斥轻侮,不胜忧虑,将授汝以天国常乐矣。汝为此大善,予实满腔欢喜。故示汝说此圣教吾人当行之轨范。倘言念天主耶稣,自易觉汝(今后)当为如何之行为矣。务刻苦黾勉,以着手于汝之大帝国内大事业(传教之事),以扬汝之大名誉。夫信仰如山之不动,爱情不若浮云之散灭无踪,必可以覆载万物,左右万事。有此信仰与爱情,虽占世界大部之大帝国(广大如支那帝国),亦何有哉。予今亲以双手抱持汝,虽有横于吾人前之大海,如何困难,如何危险,然不能冷却对于汝与汝国民之热情。予更以满腔诚心,给汝所愿得之福祉。

此书仍由卜弥格携送来华,卜于千六百五十六年首途,翌二年到广东。其时明室陵夷,桂王播迁云南,而太后及天寿已死。且清军以桂王故,颇与教士为难,故到处多惊阻。卜遂转入安南,以千六百五十九年(顺治十六年)八月二十一日,病死中途。

第二十五章　中俄之交涉

九十八　俄人东侵史略

(一) 西伯利亚及雅克萨之经营

康熙之时,既平定三藩,收服台湾,中国乂安,无复兵革之事,乃一意经略边疆,以绝外患。先是明季之世,清方遣兵定黑龙江畔之索伦、达瑚尔等处;而俄罗斯之远征军,亦越外兴安岭以达鄂霍海岸,闻黑龙江之饶富,心艳其说,渐谋南下,遂与中国相接触,以酿成尼布楚之约,而为中俄交涉之起源焉。初俄人于十五世纪末叶,谋扩张领土于东方,至千五百八十七年,遂建托波尔斯克(Tobolsk)府,以为西比利亚重镇。至后三十余年间,托木斯克(Tomsk,一六〇四年即万历三十二年。万历四十六、七年,俄可萨克人斐德林〔Ivan Petlin〕与曼多夫〔Ondrushka Mandoff〕曾至北京,采访中国情形。明神宗给谕准予通商并希派使),叶尼塞斯克(Yeniseisk,一六一九年即万历四十七年),雅库次克(Yakutsk,一六三二年即崇祯五年天聪六年也),鄂霍次克(Okhotsk,一六三八年,即崇祯十一年,崇德三年也)亦以次建筑,以为东方殖民之根据地。惟西伯利亚苦寒,恒感粮食接济之困难。千六百三十六年(崇祯九年崇德元年),俄之可萨克兵自托木斯克远征阿勒丹河(R. Aldan),途中闻黑龙江之名;及至鄂霍次克,益闻通古斯人言黑龙江部落繁衍,适于耕牧,且富矿产。至是俄人始知黑龙江一带之情形,欲解决其粮食问题,益锐意南下。千六百四十三年(崇德八年即崇祯十六年),雅库次克政厅遣颇雅可夫(Poyarkoff)溯阿勒丹河、精奇里江,以达黑龙江之下流,周览其山川部落,三载而归。具以所见报告：谓得精兵三百，可使其地入俄国之版图。时有哈巴罗夫(Khabaroff)者，以耕牧制盐至巨富，闻黑龙江之天产丰饶，欲自往略之，乃请于叶尼塞斯克将军，愿以私财供远征。遂于千六百四十九年(顺治六年)，率七十人出发，以翌年达黑龙江，顺流而下，至什耳喀、额尔古纳两河会流之处，战胜索伦人，而取其所居之雅克萨地。翌年，哈巴罗夫复自雅库次克请狙击兵二十一名，大炮二门，募义勇兵数百，筑城雅克萨河口，名曰阿尔巴青(Albazin)，中国所谓雅克萨城者也。俄人顺流东下，略索伦呼尔喀诸部，沿途剽掠。是时乌苏里江口有部落曰阿枪，见俄军之东下也，赴满洲乞援；于是宁古塔都统募兵使章京海色助阿枪人御俄。顺治九年(一六五二年)四月，海色率兵二千，逐俄兵于黑龙江岸，无功而返。而哈巴罗夫亦以顺治十一年(一六五四年)归国。

(二) 中俄之冲突

先是，俄政府闻远征军之横暴，恐不利于拓殖，议遣伊凡亲王(Prince Ivan Ivanovich Lobanof Rootovskoi)为总督，使当黑龙江经略之任，而遣西摩维阿夫(Simovief)率兵一队先发。西以千六百五十三年至黑龙江与精奇里江会口，见哈巴罗夫，令还本国，以所遇上奏。哈、西遂以翌年同返莫斯科，而由斯梯帕诺夫(Stepanof)代领其众(哈巴罗夫至莫斯科以功列贵族，任勒那河上村落监督，今奇楞斯科附近有哈巴罗夫村云)。斯梯帕诺夫复以是年五月，引兵下黑龙江，剽掠粮聚，都统明安达哩御之松花江口，破其军，斯梯帕诺夫退守哈马喇河。先是，叶尼塞斯克将军帕休可夫(Pashkoff)以黑龙江地方辽远，非置重镇于贝加尔湖东为根据，则侵略之志，终不能达；因欲于尼布楚河注入什尔喀河之处，建设要塞。顺治十年(一六五三年)，其所遣远征队，遂略地什尔喀河流域，于右岸筑小砦焉。俄政府闻之，命帕休可夫兼黑龙江总督，任经略事。顺治十五年(一六五八年)，帕休可夫亲赴什尔喀部署军事，因筑城尼布楚河口，曰尼尔臣斯克(Nerchinsk)，即所谓尼布楚城也。先是哈巴罗夫之占据江岸也，遣使往莫斯科乞援，使者沿途布散流言，谓“黑龙江一带，金银矿产，遍地皆是，牛马羊貂，逐处成群，土地膏腴，居民丰裕，衣服宫室，俱镂黄金；真人间之宝库,世界之乐国也!”于是俄人梦想奇利,结队东来,沿途抢掠,残害人民。时通古斯之居于江岸者,多苦俄人之残暴,争避他乡,人烟既稀,俄人遂野无所掠;而斯梯帕诺夫亦因粮匮,冀俄国大队东出。会俄皇诏止出师,令斯梯帕诺夫等勉力辟疆,严禁剽掠,并须力避与清人冲突。惟俄人既与江岸之人成雠仇,而清因边疆之事,亦不能坐视不问;且屯田耕作,亦所难能。故斯梯帕诺夫是时窘甚,率所部可萨克兵五百人,出松花江侵入满洲,抄掠村落。宁古塔都统沙尔呼达,率舰队四十七艘载火器拒敌,激战于松花江与瑚尔哈河间,斩杀过半,斯梯帕诺夫死焉。残兵逃窜,途遇帕休可夫所遣璞他颇夫(Potapof)兵三十人(时帕休可夫居雅克萨,留百人守尼布楚,命璞他颇夫率三十人往会斯梯帕诺夫),乃夺其粮食,逃奔雅库次克;其入尼布楚者,仅十七人而已。帕休可夫既遇此挫折,又以顺治十七年(一六六〇年),为宁古塔将军巴海所败,不得不移营于伊尔根斯科。嗣是以还,黑龙江沿岸,遂鲜俄人踪迹矣。

(三) 中俄通使之起源与俄人之盘据黑龙江

当是时,俄人虽以侵略黑龙江之故,数与中国兵相冲突,然未知中国国力之若何。顺治十二三年间,尝两遣使节(第一次使者阿布林〔Seitkul Ablin〕乃第二次使者白克夫〔Theodor Isakovich Baikoff〕之随员,先来报信者也),赍方物,上书以请互市为名,至北京觇虚实。而中国亦方侗然自大,不识俄罗斯之为何物,视之与邻近朝贡诸国等。顺治十二年,清廷与俄帝书,有云:“尔国远处西北,从未一达中华,今尔诚心向化,遣使贡进方物,朕实嘉之。特赐礼物,即令尔使人赍至,以明朕柔远之至意。尔其钦承,永效忠顺,以世恩宠!”其词绝倨,而俄人不解汉文,无由知其所云也。顺治十七年五月,俄使白尔非立夫(Ivan Perfilieff)与阿布林复携国书至北京,因语多矜诩,不合礼制,清廷量加恩赉,不令陛见。然帕休可夫既失败西去,俄人至者亦寥,江岸人民,始暂得安。未几,波兰人尼奇托尔·启尔哥布斯基(Nikitor Chernigovsky),以杀人逃至雅克萨,筑城为守,日率其徒淫掠近村,征贡索伦,于是俄人至者日多。而尼布楚亦自康熙八年以来,以托尔布辛(L. Tolbusin)、阿尔新斯基(Daniel Arshinsky)等之尽力再为俄所占,与雅克萨相犄角。先是,顺治十年,俄军占据什尔喀河流域时,土酋罕帖木儿知俄志在攻略,乃率其部众内徙,求保护;中国有司遇之薄,罕帖木儿心弗善也。康熙六年,复越额尔古纳河入俄境,居因古塔河域。清廷以俄人连年寇边,又纳我逋逃,乃以康熙九年(一六七〇年)致书尼布楚,令交付罕帖木儿,且约束边人,禁抄掠。尼布楚总管戴表罗阿尔新斯奇(Dainlo Arshinsky)知未可与清敌,乃遣密鲁瓦诺夫(Milovanoff)赴北京。告以除贸易外,不敢有他意。清廷视为归顺,优遇之,使孟格德送使者赴尼布楚,会其守城总管,不久即返。讵知俄人非惟不履行前约,且乘清廷对于北边稍息之时,征服附近诸部,且殖无数农民于雅克萨,以为持久计。于是清廷始悟俄人狡诈,命巴海严为守备,且移吉林水师于黑龙江。十一年复遣人至尼布楚致书以诘之。俄人欲乞援本国,恐因波兰之战不暇顾及,乃诡言:“清军已逼,势极危险。”俄廷乃遣二千人为助守,且以兵士之请,赦启尔哥布斯基等罪。然俄方有事于波兰,且闻雅克萨兵士之不法,恐一旦开衅,终难得胜;遂于康熙十四年,遣尼可赉·斯帕塞理(Nikolai Gavrllovich Spathary)等(即我国所谓尼果赉)往北京请修好,以次年四月至。觐见清帝,赐宴宫中。惟不肯跪接礼物,清廷亦不复俄国书。并谓俄如不引渡罕帖木儿,遵从中国命令,永保和平,即拒绝通使通商。尼可赉住京三月余,交涉毫无结果。仅于归途致书雅克萨,命嗣后无航行于黑龙江下流,及精奇里江,并毋征土民之贡。然俄人野心勃勃,益经营雅克萨,筑塞精奇里江一带,以相策应。其著者表之如下:

名　称	所　在　地	建　筑　之　年
Old zeisk	精奇里江上流	康熙十七年(一六七八年)
Selimbinsk	西里穆的河口	康熙十八年(一六七九年)
Dolonskoi	笃陇遮河口	同上
New zeisk	精奇里河口	康熙二十年(一六八一年)
Ust Nemilenskoi	阿穆共河上	康熙二十一年(一六八二年)

是时俄人盘据黑龙江一带,将席卷其东北数千里之地而有之,而中国方疲于三藩之乱,无暇北顾,及三藩乱平,则两国之决裂,遂在旦夕间矣。

九十九 中俄之战争

(一) 雅克萨之攻克

康熙二十一年(一六八二年),玄烨以俄人占据黑龙江一带,密迩留都,不可滋蔓。始命副都统郎坦以行猎为名,渡黑龙江侦察雅克萨城形势,郎坦归言,俄兵寡少,不足患。玄烨乃定征俄之策:先命户部尚书伊桑阿赴宁古塔制巨舟,筑爱珲、呼玛尔二城,置十驿通饷运,以萨布素为黑龙江将军,治爱珲;又令车臣汗绝俄人贸易,戍兵刈其田禾以困之。二十二年(一六八三年),俄将模里尼克率可萨克兵六十余人,发自雅克萨,将移营黑龙江下流,至爱珲附近。萨布素遣兵迎击之,俘其全军,致诸齐齐哈尔。二十三年(一六八四年),清军从译官至雅克萨城谕降,其书略曰:

> 前遣孟格德等至尼布楚,曾与尔约,以为勿得收纳逋逃,并将往年逸出之罕帖木儿,使归于我。乃尔竟背前约,潜入我地,扰害我达尔瑚索伦,焚劫我费平喀,奇勒尔。今特命将出师,永驻额苏里,尔若离我边境,还尔故土,而以逋逃来归,则已;否则,我亦纳尔逋逃,即往来之人,亦必擒而戮之!

时雅克萨守将伊凡伏伊鲁克尼可夫(Ivan Voilochnikof)集众议,皆誓死守;因修城备,谋抗清军,且遣使乞援于叶尼塞斯克。于是清俄之战,迫在眉睫矣。康熙二十四年正月,清廷命都统彭春率水陆两军北征,期与萨布素协攻雅克萨。陆军凡万人,携野战炮百五十门,攻城炮五十门。自齐齐哈尔陆行;水军凡五千人,舰百艘,自松花江出黑龙江;(按《广阳杂记》云:“命彭春公领铁骑三千为陆军将军,林兴珠领滚牌五百为水路将军,往征之。”《清史稿·朋春传》:“康熙二十四年,诏选八旗及安置山东、河南、山西三省,福建投诚藤牌兵,付左都督何祐率赴盛京,命朋春统之,进剿罗刹。”《圣祖本纪》:“命公彭春赴黑龙江督察军务,命侯林兴珠率福建藤牌兵从之。”《广阳杂记》又云:“建义侯林兴珠……上召见,论及火器之利,因问所以御之者,曰惟滚牌第一。问:‘能用滚牌之人,何方可以招募?得人几何可以成一旅?’曰:‘多则一千,少则五百,可以用矣。惟臣乡漳、泉之人多喜此者,须入闽募之。’上曰:‘此去闽远,往还非数月不可。今直隶、山东、河南多台湾投诚垦种者,皆闽人,用之,五百可得也。’侯曰:‘诚如上谕。’遂招募,教演,未几而成,亦未知上之将何用也。至乙丑春夏间,上命往征罗刹国阿克萨城。”综诸书所记,则往征雅克萨者,仅彭春之旗兵三千,与林兴珠之藤牌水军五百耳。)两军集雅克萨城下,谕令城兵引去。是时俄骁将图尔布青(Alexei Tolbusin)以四百五十人守城,拒命不屈。六月,清军始发炮轰击,俄军竭力御战,而军械窳败,城垣渐毁。教士额尔摩金(Yermoghen)恐军气沮丧,手捧十字架,高呼上帝,以励人心。然众寡悬绝,外援不至,其势难支;遂劝图尔布青退守尼布楚。二十六日,图尔布青遣使清军约降,请收兵往尼布楚,彭春许之,图尔布青遂携众西去,惟副将巴什里率四十人降清。是役俄军战死及生擒者,殆百人,清兵毁雅克萨城而还。俘献京师,玄烨赦之,编为佐领(是为俄罗斯旗兵,其苗裔今有存者云)。移爱珲城于黑龙江右岸,留副都统温岱纳秦以兵二千守之;别遣马喇率五百人司屯田以实边。而萨布素则移于新筑之墨尔根城,总揽黑龙江全境兵务。

(二)雅克萨之二次攻围

图尔布青之还尼布楚也,尼布楚长官维拉速夫(Ivan Zin Vlasof)者,性豪宕不羁,以雅克萨之败,为俄人之耻。当图尔布青等归来,未及数日,即派兵七十,探清军之动静。既至雅克萨,见四野萧条,杳无人迹,仅废叠残壕,尚余战迹而已,乃还告。会俄国所俘波兰军人皮尔顿(Pexton)被放逐于西伯利亚,闻雅克萨告急,乃于托波尔斯克城召集可萨克兵六百余,自组一队,赴尼布楚投效。维拉速夫因令与图尔布青合军而东。至雅克萨旧址,筑土垒为防御计。清廷闻之,遣理藩院郎中满丕赴索伦侦探敌情,丕以土酋乌木布尔代假称纳贡,至雅克萨。俄兵疑之。皮尔顿率三百人循江岸,知清人正备战,益严雅克萨守备。时城内有兵七百三十六人,野战炮八门,旧炮一门,炸弹大小五百个。二十五年(一六八六年),清命萨布素增修战舰,往驻爱珲,俟冰消发乌拉宁古塔水陆兵协力往剿;又以副都统郎坦等赴爱珲参赞军务。七月,萨布素引兵八千,载大炮四百门,战舰百五十艘,进围雅克萨,相持两月不下。至九月,清军奋勇薄城,欲一举平其垒,俄军抵死拒战,坚不可拔。图尔布青中弹丸毙,皮尔顿代之守,逾年不下。时俄兵皆穴居,病湿死者,甚众,萨布素闻之,自爱珲遣医师至,请为治疗。皮尔顿辞不受,且馈麦以报,示军中无绝粮忧。萨布素谋以长围困之。俄军不死于战,则死于病,其存者仅六十余人,城旦夕且下,而两国媾和之议成。清廷命萨布素撤围三里外,许俄人自由出入,且严禁军士暴行。至二十七年(一六八八年)八月二十日,清军始退归爱珲及墨尔根。盖自出师至此,前后逾二年云。

一百 尼布楚之和议

(一) 议和之原因

俄国自伊凡第三、第四以来,始由蒙古蹂躏之后,而建设统一帝国。惟伊凡第四,晚节不终,荒淫无道,国内纷乱。及崩,子帖鄂多西(Theodosius)立,懦弱无能,权臣篡位,波兰乘间攻之,陷其国都。俄国志士大愤,集义勇兵以败波兰,立罗曼诺夫家密给尔为帝,后数与瑞典搆兵,战败割地以和。及亚历西斯立,渐次扩张军备,国势浸盛。然当数十年纷乱之后,一时颇难恢复原状,而国内复以与波兰搆难,两党分争。至大彼得与伊凡第五并立(一六八二年即康熙二十一年),其姊索斐亚乘机专政。因内乱不靖,无暇东顾,且以战地辽远,应援不便,故急欲与中国谋和。会清以三藩方平,疮痍未复,亦不欲劳师边徼,歼灭强邻。故二十五年以荷兰人之介绍,致书俄皇论曲直。又谕议政王等有曰:

> 向者罗刹侵犯雅克萨、尼布楚各地,戕我居民,边境骚然。曾谕鄂罗斯察罕汗(清初泛指俄国君主之称)来使尼果来等撤回其众,自后竟不复奏,反所在侵犯,肆行扰害。意尼果来未达前旨于察罕汗,复令被擒罗刹,持书于喀尔喀地宣谕之,亦不复奏。因发遣官兵往雅

> 克萨，招抚罗刹，不戮一人，令其头目额礼克谢等持书归去。罗刹闻我师言旋，复回雅克萨，筑城以居。朕思本朝频行宣谕，曾未一答，而雅克萨罗刹又死守不去，或尼布楚诸地阻隔，前书未达；或雅克萨罗刹皆彼有罪之徒，不便归国，俱未可知。今闻荷兰国贡使称伊国与俄罗斯接壤，语言亦相通，其以屡谕情节，备作国书，量用兵部印付荷兰国使臣，转发俄罗斯察罕汗处，收回雅克萨、尼布楚。于何处分立疆界，各毋得逾越，则两国人民，均得宁居，不失永相和好之意。察罕汗覆奏时，令其使由陆路直来，若陆路难通，即以来疏付荷兰国代奏。再依此书发西洋国转知之。

当时所致俄皇之书，可于此谕文中见之，三月后，得俄皇复书，大意如下：

> 谨奉上抚御华夏，洋溢寰宇，率贤臣共图治理，分任疆土，满汉兼统，声名远播，大圣皇帝曰：向者父阿列克席米汗罗（亚历西斯）为汗，曾使尼果来等赍书至天朝通好，以不谙中国典礼，语言举止，陋鄙无文，望宽宥之！至颂扬皇帝，舛谬失体，亦因地处荒远，典礼素昧所致，幸无见罪！皇帝在昔所赐之书，下国无通解者，未循其故；及尼果来等归问之，但述天朝大臣，以不还逋逃人根特木尔（即罕帖木儿）等，并骚扰边境为词。近闻皇帝兴师，辱临境上，有失通好之意。如果下国边民构衅作乱，天朝遣使明示，自当严治其罪，何烦辄动干戈？今奉诏旨，始悉端委，遂令下国所发将士，到时切勿交兵。恭请明察我国作乱之人，发回正法，除嗣遣使臣议定边界外，先令末起·佛儿魏牛高（Nicefor Veninkov），宜番·法俄罗瓦（Ivan Favorov）等星驰赍书以行。乞撤雅克萨之围，仍详悉作书，晓谕下国，则诸事皆寝，永远辑睦矣！

书入，玄烨以俄皇以礼通好，且本无歼城意，故立命使者随法俄罗瓦赴雅克萨，宣告休战。于是中俄两国数十年来不能解决之纠纷，至是始暂告一结束矣。

(二) 使节之莅集

康熙二十五年(一六八六年),俄全权公使费要多罗(Theodorus Alexieviez Golowin or Feodor Alexeuiich Golovin)偕尼布楚长官维拉速夫及秘书官库尔尼次基(Semon Kornitski)率兵一千五百人,自莫斯科出发,临行时,俄皇训令要旨三端:

> 一、以黑龙江为两帝国境界,极端时限于结雅河。
>
> 二、境界不能划定时,此等地方,须开贸易。
>
> 三、中国强硬不应时,一切俟异日解决。

费要多罗以翌年夏进次色楞格斯克,遣官至北京告至,约以是地为两国使臣会议所。二十七年五月,清命内大臣索额图,一等公佟国纲,护军统领马喇,尚书阿尔尼,左都御史马齐等为钦差大臣,会俄使议约。并令兵部督捕理事官张鹏翮及天主教士张诚(Gerbillon)、徐日昇(Pereina)从,扈以精骑万余,军容甚盛。索额图等以月初出发,逾月而至喀尔喀之古勒阿祭拉汉。会土谢图方与准噶尔搆兵,道梗不得前,索额图等屯军以待,而遣从官索罗和,至色楞格斯克,具述道梗事。于是俄使更议以尼布楚为会场,且驰使北京决进止。索额图等以是中道折还。先是索额图之奉使也,尝以其对俄意见,陈诸玄烨,谓尼布楚以东,黑龙江上下流域,当令尽隶我界;逃人罕帖木儿及其族属,当令还付。俄人若一一允诺,则可反其俘虏,与定疆界,通贸易,否则请勿与和。玄烨许之。至是玄烨闻俄使将赴尼布楚,复命索额图等就之。临发,谕之曰:"俄人若失尼布楚,则东通之道梗,势且无能为役。汝曹初议,可先以是为界。俄人不可,则更以额尔古纳河。"索额图既再出,清廷复命都统郎坦发兵一万,自爱珲水陆并进,为使臣后援。八月二日,索额图等达尼布楚,驻城外平原。尼布楚长官闻我军大至,虑有他故,飞书阻之,索额图不应。十二日,俄使费要多罗自色楞格斯克至,见中国兵卫甚盛,气稍沮。约于二十四日开始会议,其会见条件如次:

一、会见所设于尼布楚与什耳喀(Shilka)河之中央。

一、会见之日,两国使节,各带随员四十人。

一、两国皆出兵五百;俄则列阵于城下,清则列阵于河岸。

一、两国使节之护卫兵,各以二百六十人为限,除刀剑之外,一切武器,均不许携带。

(三) 会议之情形

是月二十四日,张幕城外为会场,两国公使及从人毕集,护兵露刃列帐侧。俄使发言:以黑龙江为两国国境,以江南属中国,江北归俄。索额图不可,谓:"黑龙江一带,原属中国领土,土民朝贡,年年不绝,自俄人东侵,始被蚕食。今宜东自雅克萨,西至尼布楚色楞格斯克,凡俄领黑龙江及后贝加尔殖民地,当尽以还我。"俄使坚持不应,议遂不谐。次日复会,以蒙古人为翻译,语拙难通(第一日徐、张为翻译,俄使待之,极为殷勤。索额图疑之,恐其有他故,易以蒙人)。俄使诘清使江北属土之证,索额图词少逊,请以尼布楚为分界;俄使难之,仍持前议,议复梗。尔后遂不开正式会议,专赖二教士之斡旋。索额图最终主张南以额尔古纳河,北以格尔必齐河及外兴安岭为界,俄使复不允。于是索额图集将领会议,谋围尼布楚,且招抚附近土民,使背俄人,作为内应。八月晦,遂拔营向尼布楚,旦夕且宣战。俄兵仓皇增备,厄守要害,知力弱不足以致胜,遂遣使请再会见,且言:"开议之初,俄国未尝无让雅克萨之心,但清国要求殊不得当,势成骑虎,故致拒绝耳。"次日,费要多罗复遣使言愿以额尔古纳河为两国国界,将雅克萨悉让于清,惟此际不得筑城,并须任额尔古纳河以外所居之俄人安堵云。清使未允,兵仍渡河,阵尼布楚城外山中。俄使见清军决心甚坚,不得已,乃复遣使来言:"清国要求,一切皆应允,惟大体须先决定,请以宣教师入城面议。"索额图恐俄人狡诈,意不许,俄人坚请,乃以张诚往。至是和平之绪始就。越二日,索额图作约书致诸俄使,则北境之分界线,非外兴安岭,而为自后贝加尔至朱古特岬之一带长岭,俄使惊恚。张诚等亦以中国要求过当,恐不能得俄人之承诺,宜稍稍改之,索额图许诺。国界之议既成,当及逃人事。会是时罕帖木儿已与其父共至

莫斯科受希腊教洗礼,更名波威尔,索额图闻之,知终不可致,遂不复言。而俄使复于条约之上,要求附加三款:

一、嗣后自清国致俄帝之文书,必记载俄帝尊号之全文。即或不然,亦宜记载其略号,且文中不可用表示两皇帝尊卑不同之文字。

一、两国使节,互相优待,其所持国书,宜亲手捧呈皇帝。

一、两国臣民,一切商业,均得自由。

索额图以一二两项,未受训辞,未便承诺,至第三项虽无甚异议,然此系处理疆界而来,忽以商业贸易夹杂其中,殊觉不伦,拒之。俄使不得已,允如清议。于是和约始得告成。

(四) 条约之内容

九月九日,两国公使各以国文约书相交换,而副之以拉丁语译文。约书文义,彼此有相违者,以拉丁为准。约凡六条,即所谓《尼布楚条约》是也。其全文揭之如下:

第一条　俄国与清国之境界,以入于黑龙江之绰尔纳河附近之格尔必齐河,及循此河之水源,远至于东海岸所绵亘之山脉(即外兴安岭)为定界。循此山脉之南坂所流出之河川,及南方一带之地,则属于大清帝国;此山脉之北方所有地方及河川,则依然为莫斯科帝国之领土。又眉勒以上之支流为尔客河,南方一带之地,属于大清帝国,其北部为莫斯科帝国之所属。现时尔客河之南方,所有市府或住民,当移住于河之北岸。

第二条　俄国人所称雅克萨地所建造之堡砦,当悉行毁坏,其所居住之俄国人,当悉携其财产,退去至莫斯科政府之境土。两国间无论何国之猎夫,不得以何等之口实,横越境界。如有一人或二人擅自越界捕猎,或窃盗者,即行捕缚,送所在官司,准所犯之轻重惩处。如有十人乃至十五人一队,武装逾境狩猎,又掠夺者,或与外人相互杀戮者,当具其事情,报告于两国皇帝;于其罪状既明者,即当处犯者以死罪。其关于民人相互之私交,则无论为如何之事情,两国间不得开战争。

第三条　两国间于过去一切之事,当永久忘却,毋留记忆。

第四条　本条约缔结之日以后,无论何国人,不得容他国之逃亡者及脱走之兵。若于他领内脱走而来之时,随即捕缚,交付于境界所在之官衙。

第五条　在清国领土内现住之俄国人民,及在俄国领土内现住之清国人民,仍得居住原处。

第六条　两国民持有旅行免状时,无论于何地之领内,得交通以营其贸易。

本条约之正文,两国全权委员,于记名捺印后交换,以满、蒙、汉、俄、腊丁(即拉丁或作拉提诺、喇地讷、拉梯诺、喇弟内)五种文字,记其条文,镂刻之于石碑,建诸境界,永为两国亲善之标准。

约既就,乃书以满、汉、蒙古、拉丁,及俄罗斯五体文字,勒碑格尔必齐河东及额尔古纳河南为界标(界碑共二处:一在格尔必齐河东岸,《大清一统志》、《盛京通志》均言其事;一在额尔古纳河南岸,《钦定皇朝通典》载之。惟杨宾《柳边纪略》所言,则尚有极东北威伊克阿林大山之分界碑。何秋涛谓杨系康熙时人,亲至黑龙江,所言必有据。然不可考矣)。兹复照录其碑文如下:

大清国遣大臣与俄罗斯国议定边界之碑:

一、将由北流入黑龙江之绰尔纳,即乌伦穆河相近格尔必齐河为界。循此河上流不毛之地,有名大兴安以至于海,凡山南一带流入黑龙江之溪河,尽属中国;山北一带之溪河,尽属俄罗斯。惟乌第河以南,兴安岭以北,中间所有地方河道,暂行存放,俟各还国察明后,或遣使或行文,再行定议。

一、将流入黑龙江之额尔古纳河为界,河之南岸,属于中国;河之北岸,属于俄罗斯。其南岸之眉勒尔客河口,所有俄罗斯房舍,迁徙北岸。

一、将雅克萨地方俄罗斯所修之城,尽行除毁;雅克萨所居俄罗斯人民及诸物,尽行撤往察罕汗之地。

一、凡猎户人等,断不许越界,如有一二小人,擅自越界捕猎偷盗者,即行捕拿,送各地方该管官,该管官照所犯轻重惩处。或十人或十五人相聚持械捕猎,杀人抢掠者,必奏闻,即行正法。不以小故阻中坏大事,仍与中国和好,毋起争端。

一、今既永相和好,以后一切行旅,有准令往来文票者,许其贸易不禁。

一、和好会盟之后,有逃亡者,不许收留,即行遣还。

会议既终,费要多罗以时表、望远镜、银器、貂衣、刀剑等赠与索额图,及其他清使;索额图亦以马匹、鞍辔、金杯、丝制衣服,及绢帛等物,赠费要多罗及诸俄使,以表亲善。清水陆军破雅克萨而去。费要多罗亦修城寨驻军于尼布楚、色楞格斯克及乌丁斯克(Udinsk)。归国后,以功封男爵。于是四十余年间,两国不能解决之纷争,至是告终。说者谓此约中国殆占全胜,殊不知俄人以西伯利亚之占领,渐次侵及我国,今既得贸易之利,以解决食粮问题,遂亦暂戢其野心。而清廷欲表示大国怀柔之德,视边徼荒服,无足重轻,以致咸丰之时,所谓岭南江北滨海数千里之膏腴,终为俄人攘之以去。而今山河依旧,国境全非,亦可慨矣!

一百一 恰克图之会约

(一)《尼布楚条约》后之中俄状况

自尼布楚缔约后,中俄东北之边境渐定。其后四年(康熙三十二年),俄皇彼得复遣大使伊德司(Ides,德国人)等率俄国商队至北京,要求自由贸易。清廷以其国书不合(国书列康熙帝于彼得后,以为不合属国奏表之例。且议将来奏表,须先呈黑龙江将军阅看,倘有不合,就地驳回),与贡物一并返还;伊德司等乃改国书为奏章,且晋见时行三跪九叩礼,清帝遂照常颁赐,许其通商。规定:“俄国商队三年得至北京一次,每队以二百人为限,得在俄罗斯馆留驻八十日,贸易免税。”此约虽出于俄国之恳请,然实系清廷泽及远人之意。俄人入内地通商之规定,自此始。

是时俄皇彼得,虽以发扬国威,扩张领土为主义,且尝言:“俄人必于黑龙江口大洋之面,建立都府。”然以西欧事务繁殷,无暇东顾,故于中国专以平和守约为宗旨,又派遣留学生习华语(俄人以清俄文字不通,音闻辄多阻隔。因申请遣人进京,学习国书,俟通晓文字撤回。遇事以清文兼俄罗斯及西洋字驰奏,可免舛误。清帝允其请,为特开俄罗斯教习馆),以维两国交际。而清帝则恐俄人东侵之志不稍戢,置兵精奇里河畔屯田以守之。及康熙中叶以后,平定朔方,外蒙内附,喀尔喀土谢图与西伯利亚接壤,素与俄人有贸易之关系,于是北方之互市与境界问题遂起。时俄皇因清虽许俄人于国境互市,及北京贸易,然时常加以种种限制,故辄生阻害,或禁止俄商入京,或停止国境贸易,对于互市问题,基础极不稳固。乃于康熙五十八年(一七一九年),派伊斯迈罗夫(Ismailoff)东行,以兰给(De Lange)参赞(兰乃瑞典医生,于康熙五十四五年时,由托波尔斯克将军转荐来京。五十七年,复返莫斯科),往北京请改订商约,翌年始达。留京凡半载,因争跪拜礼节,俄使有所抗议;清廷许他日遣使至俄,亦当从俄国礼节,伊斯迈罗夫卒屈服之。清帝屡屡延见,极为优待。惟关于条约改正诸事,绝不答复;而于限制内地人民出口贸易者甚严。(按《西域水道记》言:“康熙五十九年议准:库伦地方俄罗斯与喀尔喀互相贸易,人民丛集,难以稽察。嗣后内地民人有往喀尔喀库伦贸易者,令该管官出具印文,将货物人数,开明报院〔理藩院〕,始与执照,出何边口,令守口官弁验明院照放行。如带军器禁物,立即查拿送院,交该部从重治罪。由院委监视官一人前往,会同喀尔喀土谢图汗等弹压稽查,二年一次更代。”)伊斯迈罗夫见不得要领,遂归国复命,而留兰给为继续之谈判。兰给屡请议约,清廷以贸易事小,不足左右两国交谊答之,卒不得达其目的。至北京贸易,因当事者任意勒索,商旅畏之;而库伦俄商,又辄纷纷侵入,不受监督官指挥,纷扰益甚;于是土谢图汗有停罢库伦贸易之请。复值蒙古逃人阑入俄境,清廷索之,不允;更有天主教师,不悦俄人:数者皆足动清廷恶感。清帝遂命逐兰给以去;寻并凡来清国之俄人,悉逐之。外交关系几绝。清廷所以出此手段者,一方固由于不明通商之真相,而他方亦由于视互市于中国无利,欲借以制之也。盖中俄贸易,虽云互市,其实不过俄国一方之利益。西伯利亚所产之皮毛,以中国为最大销卖场。而皮毛输出,系俄国政府之专业,私人不得贩卖,商队皆为俄政府所派,收入亦即国库财源。中国则反是。故俄国孜孜以求之,而清廷不得不借停止以制之也。

(二)《恰克图条约》之订立

是时俄皇彼得与瑞典英杰加罗十二世开战,无东顾之暇,故对于中俄交涉,不抱积极之目的。未几,玄烨崩,胤禛即位。雍正三年(一七二五年),彼得亦崩,皇后加他邻第一即位。复以雍正四年,遣乌拉的斯拉维赤(Sava Wladylavtsch)来北京申前请,且欲会议蒙古与西伯利亚之疆界。胤禛亦认北方有划境之必要,但无使臣在京缔约之例,先令俄使退处布拉河上(在贝加尔湖西,乌拉留北京六阅月)。诏以郡王策凌,内大臣四格,侍郎图理琛为议约使,以布拉河地方为两国公使议场。于是两使各遣勘查委员审定边境,以五年九月约成,共十一条,即所谓《恰克图条约》者也。兹举其全文如下:

第一条 自议定之日起,两国各自严管所属之人。

第二条 嗣后逃犯,两边皆不容隐匿,必须严行查拿,各自送交边吏(但逃亡在缔约前者毋论)。

第三条 中国大臣,会同俄国所遣使臣,所定两国边界,在恰克图河溪之俄国卡伦房屋,在鄂尔怀图山顶之中国卡伦鄂博,此卡伦房屋鄂博适中平分,设立鄂博,作为两国贸易疆界地方。后两边疆界立定,遣喀密萨尔等前往。自此地起,东顺至布尔古特,依山梁至奇兰卡伦;由奇兰卡伦、齐克太、阿鲁奇都呼、阿鲁哈当苏,此四卡伦鄂博,以一段楚库河为界。由阿鲁哈当苏至额波尔哈当苏卡伦鄂博;由额波尔哈当苏至察罕鄂拉蒙古卡伦鄂博,俄国所属之人,所占之地;中国蒙古卡伦鄂博,将在此两边中间空地照分。恰克图地方划开平分。俄罗斯所属之人,所占地方附近,如有山台干河,以山台干河为界,蒙古卡伦鄂博附近,如有山台干河,以山台干河为界;无山河空旷之地,从中平分,设立鄂博为界。察罕鄂拉之卡伦鄂博,至额尔古纳河岸,蒙古卡伦鄂博以外,就近前往两国之人妥商,设立鄂博为界。恰克图、鄂尔怀图两中间,立为疆界。自鄂博向西鄂尔怀图山,特们库朱浑、毕齐克图、胡什古、卑勒苏图山、库克齐老图、黄果尔鄂博、永霍尔山、博斯口、贡赞山、胡塔海图山、蒯梁、布尔胡图岭、额古德恩昭梁、多什图岭、克色讷克图岭、固尔毕岭、努克图岭、额尔寄克塔尔噶克台干、托罗斯岭、柯讷满达、霍尼因岭、柯木柯木查克博木、沙毕纳依岭，以此梁从中平分为界。其间如横有山河，即横断山河，平分为界。由沙毕纳依岭至额尔古纳河岸，阳面作为中国，阴面作为俄国。将所分地方，写明绘图，两国所差之人，互换文书，各给大臣等。此界已定，两国如有属下不肖之人，偷入游牧，占据地方，盖房居住，查明各自迁回本处。两国之人，如有互相出入杂居者，查明各自收回居住，以静疆界。两边各取五貂之乌梁海，各本主仍旧存留。彼此越取一貂之乌梁海，自定疆界之日起，以后永禁各取一貂。照此议定完结，互换证据。

第四条　按照所议，准两国通商；既已通商，其人数仍照原定，不得过二百人，每间三年进京一次。除两国通商外，有因在两国交界处所零星贸易者，在恰克图、尼布楚择好地建盖房屋，情愿前往贸易者，准其贸易。周围墙垣栅子，酌量建造，亦毋庸取税。均指令由正道行走，倘或绕道，或有往他处贸易者，将其货物入官。

第五条　在京之俄馆，嗣后仅止来京之俄人居住，俄使请造庙宇，中国办理俄事大臣等，帮助于俄馆盖庙。现在住京教师一人，复议补遣三人，于此庙居住，俄人照规礼拜，不得阻止。

第六条　送文之人，俱令由恰克图一路行走，如果实有要紧事件，准其酌量抄道行走，倘有意因恰克图道路窎远，特意抄道行走者，两国各自治罪。

第七条　乌带河（在外兴安岭北东流入鄂霍次克海之乌带湾）等处，仍暂置为两间之地，彼此不得占据。

第八条　两国边吏，凡事秉公迅速完结，倘有怀私诿卸贪婪者，各按国法治罪。

第九条　彼此咨行文件，如有搁延不复，或留难差人，是与两国和好之道不符；则暂为停止通商，俟事明照旧通行。

第十条　所属之人有逃走者，于拿获地方正法。如有持械越境杀人行窃者,亦照此正法。如无文据而持械越境,虽未杀人行窃,亦酌量治罪。军人逃走或携主人之物逃走者,于拿获地方,中国人斩,俄人绞,其物仍给原主。如越境偷窃牲畜者,初犯罚所盗物价十倍,再犯二十倍,三犯者斩。

第十一条　两国既定新约,永相和好,换文刊刻,晓谕在边诸人。

(上约根据钱恂《中俄界约斠注》及施绍常《中俄国际约注》)

此条约之大意,则边界以楚库河一段为界,迤西以博木沙奈岭诸脉为界,各立界标志之。第三条所谓"将所分地方,写明绘图,两国所差之人互换文书,各给大臣等",盖当时关于边境之详细规定,尚有三件换文,即俄人所谓(一)《布连斯奇界约》,(二)《阿巴哈依图界约》,(三)《色楞额界约》,是也。布约互换,在恰约成立之前两月,原系俄使提出,经我国代表图理琛等勘定在波尔河边互换,即恰约第三条所本也。后二条又为布约之补充条约,均依据该约以分定疆界,设立鄂博者。前者自恰克图以东至额尔古讷河之最高处,共设六十三鄂博,后者自恰克图以西至沙宾达巴哈(恰约布约并作沙毕纳依岭)及廓恩塔什地方,共设四十八鄂博。此三约我国向无传本,俄文本载 The Maritine Customs, *Treaties Conventions etc. between China and Foreign States*, pp. 12 – 27。实则等于条约之附录耳。通商北京仍照旧,边境以恰克图为市场;而市场地点所在,则恰克图以南,买卖城以北,中间立鄂博为界标处是也。(附注:此条约有应当注意者,即乌带河地方为两国中间地,仍系《尼布楚条约》后,多年不能解决之问题也。)

(三) 订约后之商务及外交状况

《恰克图条约》,以翌年得两国政府之批准,定恰克图为两国贸易商场。至贸易方法,则由两国官吏严格监督,禁止银货及金钱之交换,只以实物相交易,如古代以有易无之例。货品俄人以黑羽纱及兽皮牛羊皮等,来易清商所贩之茶砖、茶、绸、绢,及棉布等物而去。其价值假定一匹上等羽纱,当若干分量之茶;一匹绢,当若干之羊皮等。其后积久弊生,互相欺诈,彼此辄言其货物价昂,须多交换,故常发生纠纷。至两国文书往复,均不以皇帝之名,中国则以理藩院,俄国则以萨那特衙门(俄制贵族与皇族有世爵者组合之机关,谓之萨那特,音与 Senate 相近,故日人稻叶君山译作元老院。但以后俄人于恰克图设官署,置将军管之,即中国所谓之萨那特衙门也)。至是贸易及国交之关系渐次繁密矣。据俄史所载,谓雍正八年,中国政府尝遣钦差大臣托时出使俄都,盖以准噶尔之叛乱,戒俄人严守中立;凡准族王公贵族逃入俄境者,必引渡中国。时俄女帝安那伊凡(Anne)新立(雍正八年),于克里姆林宫接见托时,惟对准部事则态度模棱。中国诸史中未有记其事者。意当时准部之对于中国,动以俄兵援己为名;政府或欲借外交政策,使俄人不为准部后援;通使之事,当由于此。之所以记载缺如者,或出于领兵大臣之所为,而非清廷特简耳。

〔附注〕　自西比利亚入蒙,以色楞格为第一驿,是即图理琛《异域录》所称之楚库柏兴也。楚库(Chikoi)因河而得名,柏兴为俄语城之音译。楚库为色楞格河之支流,柏兴在二河交汇处以北十里外色楞格河之东岸,有大木营治楼房百余间,无城垣,四面皆山。俄蒙人二百余户杂处,俄设头目一员,驻兵二百名。色楞格河源出肯特山(Kentei)及萨扬岭(Sayan)间山麓,东北流入亚比利亚。其山口岔道,乃自色楞格入蒙之惟一孔道,而恰克图(Kia Khta)扼处其冲。松筠《绥服纪略》云:"先是沿边市易并无定所,时疆界明,因即附近相度有恰克图地处适中。雍正七年奉旨着于该处设立市集,并派理藩院司员,三年一换,驻札总理。由是俄罗斯咸归恰克图贸易矣。"恰克图市场乃跨处两国疆界,中俄各建市镇毗连,俄方曰恰克图,中国曰买卖城。本非一城也。英人柯斯(William Coxe, 1747—1828)于十八世纪末叶旅行其地,纪之曰:"恰克图互市地,中俄两国各建一城毗连,中国者称曰买卖城,俄国者称曰恰克图。俄城恰克图筑于北自西比利亚流入布拉河(Bura)之恰克图河附近。该城为正方形,四周以木栅为垣,设三门,置兵防守:一门朝北,一门南向,遥对中国买卖城,一门东向,面恰克图河。城内建有教堂、官衙、税局、房舍、兵营、货栈,皆以木营建。买卖城筑于恰克图城正南一百四十码。二城距离中间地点,树立标柱,高约十尺,以志两国之疆界;一面刻俄文,他面刻满文。城为矩形,宽约四百码,长七百码,四周各设一门,置兵看守。城内有房舍约二百余所,居民达一千二百人,主要街道有二,宽约八码,十字横贯城中。”观此则可知两国互市地之情况矣。

第六篇　康雍时代之武功及政教

第二十六章　康熙之政要

一百二　学术之提倡

（一）文学之奖励

玄烨自亲政以来，内则削平大难，巩固统一之基础；外则战胜强敌，扩张清国之威信。外交军事，所在奏功，而其文治，亦斐然比于汉唐之盛。康熙初年，海内新定，明室遗臣，多有存者；士大夫或以逸民自居，著书言论，常慨然有故国之思。玄烨知此辈当以恩礼罗致之，康熙十七年，诏举博学鸿儒，备顾问著作之选。令在京三品以上，及科道官员，在外督、抚、布、按及学政，各就所知学行兼优，文词卓越之人，不论已仕未仕，举荐送部，户部月给俸廪。明年三月，集诸被举者一百四十三人于体仁阁，试以诗赋，取中一等彭遹孙等二十名（朱彝尊、汪琬、汤斌、汪霦在内），二等李来泰等三十名（毛奇龄、施闰章、尤侗等在内），俱授为翰林院官，纂修《明史》。刘廷玑《在园杂志》云："抡才之典，于斯为盛。其中人材德业，理学政治，文章词翰，品行事功，无不悉备。洵足表章廊庙，矜式后儒，可以无惭鸿博，不负圣明之鉴拔，诚一代伟观也。而最恬淡者，李检讨因笃，于甫授官日，旋陈情终养。上如所请，命下即归，更能遂其初志。无如好憎之口，不揣曲直，或多宿怨，或挟私心，或自愧才学之不及而生嫉妒，或因己之未与荐举而肆蛮谗，一时呼为野翰林，而讥以诗曰：'自古文人推李杜（读卷者高阳相国李霨，宝坻相国杜立德），而今李杜亦希奇。叶公懞懂遭龙吓（掌院学士叶方蔼），冯妇痴呆被虎欺（益都相国冯溥）。宿构零拼

《衡玉赋》(试题《璇玑玉衡赋》),失黏落韵省耕诗(《省耕》二十韵)。若教此辈来修史,胜国君臣也皱眉!'又纂赵钱孙李,周吴郑王,为灶前生李,周吴阵亡,笑谈更属轻薄,故不附入。"可见当时真有"从此长安传盛事,杯盘狼藉醉巢由"之概矣。有人题钟馗画像曰:"进士也,鬼也;鬼也,进士也,一而二,二而一者也。"文人相轻如此,实皆入圣祖彀中矣。惟硕儒如顾炎武辈,皆夷然不屑就。其时明社既屋,士虽有亡国之痛,而文会社集,仍沿明季故事。吴中名士,奔走甚盛,科举之焰深中于人心。四民以士为领导,士以科举为依归,其尤秀杰者,至科举亦不乐就,而其才名已为士林指目,苟不得其输心,则寻常科目,或有不足牢笼之人物,天下之耳目犹未归于一也。圣祖于三藩未平,大势已不虑蔓延而日就收束,即急急以制科震动一世,巽词优礼以求之,就范者固已不少,即一二倔强彻底之流,纵不俯受衔勒,其心固不以夷虏绝之矣。时天下名士推亭林、梨洲,梨洲虽不赴,犹遣子代应史馆之聘。洁身事外者独有亭林,要其著书立说,守先待后,亦无复仇视新朝之见矣。最不逊者傅青主,究亦口吻惯习使然,非真有兴复之望。观内阁大库档,青主于顺治间,以义师牵染就逮,供词中抵辨不承,极口自称小的。亦所谓降志辱身,比迹于柳下、少连云尔,未尝有一死殉明之心。则经此一召,誓死之说,亦未可必,居然不强入试而遣归,即属望外之幸。所受之职,虽不以夸示于人,要亦不能决绝于代兴之世。清于死者以忠烈褒之,生者则以礼遇笼络之。稽古右文歆动于其前,八旗兵力收拾于其后。滇黔既平,台湾复下,从此汉族贴然,整旅向外,蒙藏尽入版图,不得谓非圣祖之庙谟独运也。又以明史馆既开,徐元文荐征黄宗羲不至,诏浙江巡抚录其书有关史事者以进。康熙二十一年,三藩既平,海内又安,玄烨召内阁翰林等官九十三员,宴于乾清宫,各赐卮酒,特敕笑语无禁,畅饮极欢,有沾醉者,令内官扶掖而行。名曰"升平嘉宴"。仿汉柏梁体制诗纪之。次日,玄烨令侍卫捧《诗序》出,制诗首句云:"丽日和风被万方。"群臣集太和殿下,以次各赋诗九十三韵。《诗序》有云:"《易》曰:'上下交而志同',《传》曰:'享以训恭俭,宴以示慈惠';则今日之兕觥旨酒,其徒以饮食宴乐云尔哉?"寻又避暑瀛台,召诸臣侍游钓,故一时儒臣,皆以为荣。康熙三十三年,命大学士于翰林官员内,如有长于文章,学问卓越者,具奏。大学士等以徐乾学、王鸿绪、高士奇、韩菼等闻,皆令来京修书。四十二年,玄烨巡河,并值五十诞辰,诸臣进献鞍马等物,玄烨不受。曰:"朕素嗜文学,诸臣有以诗文献者,朕当留览焉。"时玄烨对于纂修《明史》,极为重视,若材料之搜集,体例之更正,屡有所言,以补史臣之阙。四十三年,以《明史》关系极大,特制文一篇,以告诸臣曰:

> 朕四十余年孜孜求治,凡一事不妥,即归罪于朕,未尝一时不自责也!清夜自问:移风易俗未能也,躬行实践未能也,知人安民未能也,家给人足未能也,柔远能迩未能也,治臻上理未能也,言行相顾未能也;自觉愧汗,何暇论《明史》之是非乎?况有明以来,二百余年,流风善政,岂能枚举?其中史官舞文杜撰,颠倒是非者,概难凭信。元人修《宋史》,明人修《元史》,至今人心不服、议论多歧者,非前鉴耶?……班、马异同,《左》、《国》浮华,古人以为定论。孔子至圣,作《春秋》,有知我罪我之叹,后世万倍不及者,轻浮浅陋,妄自笔削,自以为是!……《明史》不可不成,公论不可不采,是非不可不明,人心不可不服。关系甚巨,条目甚繁,朕日理万几,精神有限,不能逐细披览,即敢轻定是非,后有公论者,必归罪于朕躬。朕不畏当时而畏后人,不重文章而重良心者此也。……

及戴名世之狱起,方苞亦罹祸。一日,玄烨谓李光地曰:"汪霦死,无能古文者。"光地以方苞能,叩其次,即以名世对。苞蒙宥出狱,隶汉军。玄烨召入南书房,命撰《湖南洞苗归化碑》文;越日,命作《黄钟为万事根本论》,奏上,帝嘉奖曰:"此即翰林老辈兼旬为之,不能过也。"盖当时对于文学之提倡,亦已不遗余力矣。

(二)遗书之购求与理学之表章

玄烨既以提倡文学,尊崇儒术为职志,又欲博采群书,兼统一天下之言论与思想。二十五年,谕礼部、翰林院:"自古帝王政治,隆文典籍具备,犹必博采遗书,用充秘府。盖以广见闻,而资掌故,甚盛事也。朕留心文艺,晨夕披阅,虽内府书籍,篇目粗陈,而搜集未备。因思通都大邑,应有藏编,野乘名山,岂无善本?今宜广为访辑,搜罗罔遗,以副朕稽古崇文之至意。”礼部等议覆,购求遗书,应令直隶及各省督抚出示晓谕,汇送礼部。因谕:“自古经史书籍,所重发明心性,裨益政治,必精览详求,始成内圣外王之学。朕披阅载籍,研究义理,凡厥指归,务期于正。诸子百家。泛滥奇诡,有乖经术。今搜访藏书善本,惟以经学史乘,实有关系修齐治平,助成德化者,方为有用。其他异端稗说,概不准录。”自是宏奖理学,表章程朱,御纂《性理精义》,阐明性理。尝出《理学真伪论》,以试词林;又刊定《性理大全》、《朱子全书》等,以广流传。五十一年,特命以朱子配祀十哲之列。则玄烨对于宋学之提倡,盖具有特别旨趣矣。玄烨居常讲论,罔不以朱子之学为正宗,以为朱子之注释群经,阐发道理,凡所编著,皆明白精确,归于大中至正。所谓“集大成而继千百年绝传之学,开愚蒙而立亿万世一定之归”者也。帝之尊重儒术讨论宋学,盖自熊赐履(字敬修,一字青岳,湖北孝感人)启之。赐履为弘文院侍读,上万言书,请甄别督抚,以民生之苦乐为守令之贤否,以守令贪廉为督抚之优劣,而本原之地在朝廷,尤在立纲陈纪用人行政之间。末言根本尤在皇上,宜慎选左右,薰陶德性,隆师傅之礼,选侍从之贤。讲幄非事虚文,经筵非应故事,考六经之文,监历代之迹,体诸身心,为敷政出治之本。非圣之书不读,无益之事不为,内而深宫燕闲,外而大庭广众,微而言动起居,维持此身,防闲此心。主德清明,君身强固,直接二帝三王之心法,自足措斯世于唐虞,又何吏治之不清,民生之不遂?此疏为鳌拜所恶,请以妄言罪之,帝不许,转迁侍读学士。举经筵即用为讲官。后以理学侍玄烨最久且亲者,莫如李光地(字晋卿,号厚庵,福建安溪人),熊、李有师生之谊,且力保之,然二人争宠相轧有隙,人品皆不纯。虽有伪道学之目,而玄烨曲予包容以为提倡,而真儒遂得用世。不以迂拙朴僿见摈矣。故康熙一朝理学名臣辈出,若汤斌(字孔伯,一字荆岘,号潜庵,河南睢州人)、陆陇其(字稼书,浙江平湖人)、张伯行(字孝先,晚号敬庵,河南仪封人)等皆其最著者也。二十二年,玄烨谓讲官等曰:“日用常行,无非此理,自有理学名目,而彼此辩论,朕见言行不相符者甚多。终日讲理学,而所行之事,全与其言背谬,岂可谓之理学?若口虽不讲,而行事皆与道理吻合,此即真理学也。”二十三年,谕大学士等曰:“凡所贵道学者,必在身体力行,见诸实事,非徒托之空言。”此可见玄烨对于理学之认识,勤勤讲道传经,至老不辍,实高出于诸臣上也。至于徐乾学(号健庵,江苏昆山人)及其弟元文(字公肃,号立斋)等,多以经学致显仕,或侍左右视为亲近之臣,优礼有加,当康熙九年,徐元文为祭酒时,规条整肃,以师道自任。玄烨作《祭酒箴》以褒崇之。二十六年,李光地疏乞终养,予假一年,且悬掌院缺不他授,以速光地还。及三十三年以母丧夺情,御史交章论劾,彭鹏且有十不可留之疏,目光地为贪位忘亲。帝令在京守制。汤斌并以道学实用,特授江宁巡抚,历官礼部尚书。盖皆受玄烨之知遇,而有若干影响于玄烨者也。至是抱反对清廷之思想者,并朱子之学术而诋斥之;而阿附之徒,则皆润饰考亭,以求仕宦。理学之表章。亦正理学之衰微已。直至咸同之乱,平乱者出湘中理学,不可谓非圣祖种因之结果也。

(三)玄烨之好学与士子之训饬

玄烨好学,史言出自天性。年十七八岁时,读书过劳,至于咯血,而不肯少休。康熙十六年,以近侍内无博学善书者,特于翰林内选择二员,常侍左右,讲究文义;且令居住内城,不时宣召。因设南书房,命侍讲学士张英,加食正三品俸,供奉内庭;并加高士奇内阁中书衔,在内书写。先是,日讲之始,隔日一开。玄烨以人主临御天下,未有不以讲明学理为先务者,故隔日进讲,尚未满足;遂令学士日日进讲,即避暑瀛台,亦未尝间断。及三藩乱起,北京顿呈不安之现象,玄烨谓学士傅达礼曰:“日讲关系重大,日月易迈,恐致荒疏,虽当此多事之时,不妨乘间进讲,于军事无误,工夫不间,裨益身心,良非浅鲜。”翰林院议奏:机务繁重,请隔日进讲。玄烨不听,曰:“军事或数日一至,或数日连至,不可以日限计。其仍每日进讲,以慰朕惓惓向学之意!”康熙二十三年,南巡泊舟燕子矶,夜至三鼓,犹不废读。侍讲学士高士奇请稍节养,玄烨曰:“予五岁即知读书,八岁践阼,辄以《大学》、《中庸)之训诂,咨询左右,必求得大意,而后予心始觉愉快。日日读书,必字字成诵,从不肯自欺。及四子书既已贯通,乃读《尚书》,于典谟训诰之中,体会古帝王孜孜求治之意,即欲使古昔治化,实现于今。及读《大易》,观象玩占,于圣人立教垂世之精心,予皆反复探索,必使中心理会,无纤毫扞格。深味古今义理,足以愉悦我心,予之不觉疲劳,以此故也。”玄烨之好学,老耄而手不释卷,临摹法帖。多至万余,写寺庙匾额,多至千余。又尝于宫门外临书数十纸,令诸臣聚观。每与李光地谈易至子夜,诸侍从多枕戈以待。玄烨以养尊处优之位,孜孜求学,从幼至老,略无倦容。史书之言,即有过誉;然其好学之诚,有不得不令吾人钦佩者。康熙六十年之郅治,大概亦以此种精神而实施者也。《庭训格言》有云:“读书一卷,即有一卷之益;读书一日,即有一日之益。”又云:“朕自幼好看书,今虽年高,犹手不释卷。诚以天下事繁,日有万几,为君者,一身处九重之内,所知岂能尽乎?时常看书。知古人事,庶可以寡过。故朕理天下事,五十余年,无甚差忒者,亦看书之益也。”玄烨既以勤学励行自信,又恐天下士子,竞习浮薄,不务正轨。四十一年,特制《训饬士子文》颁发礼部,命勒石太学,其文曰:

国家建立学校。原以兴行教化,作育人才,典至渥也。朕临御以来,隆重师儒,加意庠序;近复慎简学使,厘剔弊端;务期风教修明,贤才蔚起,庶几棫朴作人之意。乃比来士习未端,儒教罕著,虽因内外臣工,奉行未能尽善,亦由尔诸生积锢已久,猝难改易之故也。兹特亲制训言,再加警饬,尔诸生其敬听之!从来学者,先立品行,次及文学;学术事功,源委有叙。尔诸生幼闻庭训,长列宫墙,朝夕诵读,宁无讲究?必也躬修实践,砥砺廉隅,敦孝顺以事亲,秉忠贞以立志。穷经考义,勿杂荒诞之谈。取友亲师,悉化骄盈之气。文章归于醇雅,毋事浮华;轨度式于规绳,最防荡轶。子衿佻达,自昔所讥,苟行止有亏,虽读书何益!若夫宅心弗淑,行已多愆,或蜚语流言,胁制官长;或隐粮包讼,出入公门;或唆拨奸猾,欺孤陵弱,或招呼朋类,结社要盟。如此之人,名教不容,乡党弗齿,纵幸逃褫扑,滥窃章缝,返之于衷;能无愧乎?况乎乡会科名,乃抡才大典,关系尤巨;士子果有真实学问,何患困不逢年?顾乃标榜虚名,暗通声气,夤缘诡遇,罔顾身家。又或改窜乡贯,希图进取,嚣陵胜沸,网利营私,种种情弊,深可痛恨!且夫士子出身之始,尤贵以正,若兹厥初拜献,便已作奸犯科,则异时败检逾闲,何所不至?又安望其秉公持正,为国宣猷树绩,膺后先疏附之选哉?朕用嘉惠尔等,故不禁反复惓惓,兹训言颁到,尔等务共体朕心,恪遵明训,一切痛加改省,争自濯磨,积行勤学,以图上进。国家三年登造,束帛弓旌,不特尔身有荣,即尔祖父亦增光宠矣。逢时得志,宁俟他求哉?若仍视为具文,玩愒勿儆,毁方跃冶,暴弃自甘;则是尔等冥顽无知,终不能率教也。既负栽培,复干咎戾,王章具在,朕亦不能为尔等宽矣!自兹以往,内而国学,外而直省乡校,凡学臣师长,皆有司铎之责者,并宜传集诸生,多方董劝,以副朕怀。否则职业弗修,咎亦难逭,勿谓朕言之不预也!尔多士尚敬听之哉!

盖帝于学问文章之士,恂恂往复,不以訑訑之声色拒人,与朝士布衣共讲朴学,为励学而谆谆告诫士子,差等师表,实所罕见,自少至老,不改其初。由其勤学好问观之,孰知其力扫三藩,威行万里,番戎稽首,朔漠归心,为神武不世出之主哉?此则真兴文教,非浮慕开明之象者也。

(四) 书籍之编纂

康熙之时,玄烨既尽力提倡宋学,以一天下之言论与思想,又复敕撰巨籍,使学者得有所折衷。盖玄烨好学性成,上自天象、地舆、历算、音乐、法律、战术;下至骑射、医药,蒙古、西域、拉丁文书字母,无所不习;且无不创立新法,别启津途,以成巨制。其所修诸书,门类甚多,条目繁巨。虽误谬芜杂,在所难免,然综合群籍,条以纲领,俾便学者,嘉惠士林,博稽古右文之名,作牢笼士人之具,其功效良非浅鲜也。今举重要之书,列表于下:

书 名	卷 数	编纂年代	主撰者	内 容 提 要
周易折中	二二	康熙五四	李光地等	参考群言务求至当实不偏主一家
书经传说汇纂	二四	六〇	王顼龄等	于集传择其可从者其不可从者必附录旧说以明古义
诗经传说汇纂	二〇 二序	六〇	王鸿绪等	于小序集传斟酌持平凡旧说合理者必附录其文
春秋传说汇纂	三八	三八	王 掞等	对于胡传随事驳正足破陋儒门户之私
孝经衍义	一〇〇	二一	张 英等	分八大纲五十六子目凡征事考言皆引经据典
性理精义	一二	五六	李光地等	就胡广性理大全删繁举要
朱子全书	六六	五二	李光地等	分类排绯厘为一十九门就异说而存真削伪
律吕正义	五	五二		凡三编上编二卷曰正律审音下编二卷曰和声定乐续编一卷取西洋律吕证以古法
康熙字典	四二	五五	张玉书等	凡十二集一百十九部每字详其声音训诂
音韵阐微	一八	五四	李光地等	部分一如官韵惟文部别出殷字为子部存广韵之旧
平定朔漠方略	四八	三五	温 达等	纪征噶尔丹之始末
历代纪事年表	一〇〇	五一	王之枢等	上起帝尧下讫元末编年系月条列其大事
历象考成	四二	五二	胤 禄等	上编十六卷曰揆天察纪下编十卷曰明时正度又表十六卷以致用
数理精蕴	五三	五二		上编五卷以立纲明体下编四十卷以分条致用又表八卷别为四
星历考原	六	五二	李光地等	因曹振圭历事考原重加厘定
佩文斋书画谱	一〇〇	四七	孙岳颁等	首论书论画次帝王书画次书画家传等
渊鉴类函	四五〇	四九	张 英等	本俞安期唐类函而博采诸书益以诗文事迹实古今类书渊海
骈字类编	二四〇	五八		所采诸书词藻凡一千六百有四字分隶十三门
分类字锦	六四	六〇	何 焯等	亦类书之一与前书皆称巨制
子史精华	一六〇	六〇	吴士玉等	撷子史之精华别类分门以大书挈纲领细书具始末

续　表

书　名	卷　数	编纂年代	主撰者	内　容　提　要
佩文韵府	四四三	四三	张玉书 陈廷敬等	以韵府群玉五车韵瑞所已载者列前而博征典籍补所未备列于后
古文渊鉴	六四	二四	徐乾学等	所录上起左传下讫宋人以有关风化有益世用者为主
历代赋汇	一四〇	四五	陈元龙等	分三十类凡有关于经济学问者皆以次登载尚有外集逸句补遗共四十六卷洪纤毕具为赋家大观
全唐诗	九〇〇	四六	曹　寅等	就唐音统签而删补之所采二千二百余家得诗四万八千余首
咏物诗选	四八二	四五		分四百八十六类计一万四千六百九十首条分件系各极摹形绘状之工
历代题画诗	一二〇	四六	陈邦彦等	仿声画集例增分三十类州居部列各有条理
广群芳谱	一〇〇	四七		就明王象晋群芳谱而增辑之较为详备
四朝诗	三一二	四八	张豫章等	凡宋诗七十八卷金诗二十五卷元诗八十一卷明诗一百二十八卷
全金诗	七四	五〇		就郭元釪稿本增修较中州集诗多一倍
御选唐诗	三二 三附	五二		总括四唐权衡六义别体正声以立风雅之轨范
历代诗余	一二〇	四六	沈辰垣等	自唐及明词凡千五百四十调九千余首为百卷又人名爵里十卷词话十卷
词　谱	四〇	五四	王奕清等	凡八百二十余调二千三百余体均以字数多寡为序
曲　谱	一四	五四	王奕清等	首载诸家论说次北曲谱次南曲谱次以失宫犯调诸曲别为一卷
附录顺治时钦定诸书表				
易经通注	四	顺治十五	傅以渐等	就永乐易经大全刊其舛讹补其阙漏
御注孝经	一	一三	福　临	用石台旧本阐明微旨
资政要览	三	一二		凡三十篇篇各标目以大书阐其理以分注核其事
内则衍义	一六	一三		以礼记内则篇为本分八纲为妇学之书

以上均分门编纂之书,此外尚有一大汇书,应特别提出者,曰《图书集成》。原为陈梦雷(字省斋)侍皇三子诚亲王所编,时在康熙三十九年。四十五年四月书成,名曰《文献汇编》。凡为汇编者六,为部六千有奇。越十年进呈,赐名《古今图书集成》,命儒臣重加编校,十年未就,世宗复令蒋廷锡等督在事诸臣成之。编仍其旧,志易为典,凡三十二典,六千一百九部,都一万卷,五百七十六函,五千册,又目录二十册,殿本以聚珍铜字印刷,图亦镂铜为之者,均甚佳。盖自有印刷以来之巨制也。雍正谕旨谓:“贯穿古今,汇合经史,天文地理,皆有图记,下至山川草木,百工制造,海西秘法,靡不具备,洵为典籍之大观”,似非虚誉矣。然世宗虽赞赏是书,而于修书之陈梦雷、杨文言,则忌而诬之,着发遣边外,文言已死,子弟亦被驱遣。此盖以诚邸修书,能博圣祖之欢心,以后诚王胤祉之得罪,亦由于是也。梦雷博学能文,与李光地同中康熙九年进士,均入翰林,同以请假回籍。适逢三藩之乱,耿精忠逼梦雷从逆,文言在耿幕,与交密。二人知耿事必无成,乃告光地通疏京师,请师由间道进。清廷得光地蜡丸书,奖其忠贞,光地受上赏。精忠乞降,梦雷入都自陈,以从逆论死,光地仅证其非得已,而不言上疏请兵事,故仅得减死戍辽东。时康熙二十一年。三十七年,圣祖东巡,梦雷献诗称旨,召还京,命侍诚亲王邸,王命汇编一书,即《图书集成》也。文言字道声,常州人,精天算,入明史馆预修历志,又参徐乾学洞庭山书局。至四十年左右,始由梦雷引入诚邸,修《历律渊源》。梦雷怨光地,有《绝交书》行于世。《绝交书》略云:“年兄家居安溪,在六百里之外,万山之中,地接上游。举族北奔,非有关津之阻;徜徉泉石,未有征檄之来。顾乃翻然勃然,忘廉耻之防,徇贪冒之见,轻身杖策,其心殆不可问。而不孝以素所钦仰之心,犹曲为解谅,谓不过为怯耳。故年叔初来,即毅然以大义相责,令速归劝阻。而年兄已高巾褒袖,投见耿逆,遂抵不孝家矣。不孝方食,骇懑投匕而起。然思只手回天,孤立无辅,举目异类,莫输肺腑,冀年兄至性未灭,愚诚可感,庶几将伯之助。……促膝三日,凡耿逆之狂悖、逆帅之庸暗,与夫虚实之形、间谍之计,聚米画炭,靡不备悉。……于是定计:不孝身在虎穴,当结杨道昇以溃其腹心,离耿继美以隳其羽翼,阴合死士以待不时之应;年兄遁迹深山,间道通信,历陈贼势之空虚,与不孝报称之实迹,庶几稍慰至尊南顾之忧。……临行之日,不孝诀曰:'他日幸见天日,我之功成,则白尔之节;尔之节显,则述我之功。倘时命相左,郁郁抱恨以终,后死者当笔之于书,使天下后世,知国家养士三十余年,海滨万里外,犹有一二孤臣,死且不朽。'呜呼!息壤在彼,而忽忘之乎?"李光地《榕村全集》有《年谱语录合考》及《榕村续语录》,务欲加重梦雷罪名,洗雪卖友之慝。其辞支离矛盾,益见始仅负心,旋更反噬,除卖友外,更加一任意变幻之劣迹矣。

(五) 算学及地理之进步

康熙学术之发展,其特可纪述者,则算学及地理知识之进步是也。先是,宋元以来,中国以天元一术,为最高之算法,至明而失其传。玄烨幼时,以钦天监汉官与西洋人不睦,互相参劾,几至大辟;又于午门外九卿前,当面赌测日影,奈九卿之中,无一知其法者。玄烨因思自己不知,焉能断人之是非,因愤而学习之,常于内庭教授诸大臣。时西洋代数学亦已输入中土,玄烨先得其术,译曰"借根方"。尝以是术授梅文鼎(文鼎作《历学疑问》三卷,李光地进呈圣祖,圣祖为之圈点加批。康熙四十四年南巡,光地与文鼎伏迎河干,俱召对御舟中,从容垂问,至于移时。如是者三日,上谓光地曰:"历象算法,朕最留心。此学今鲜知者,如文鼎真仅见也。其人亦雅士,惜乎老矣!"连日颁赐珍馔,又赐"绩学参微"四大字。越明年,又命其孙瑴成内廷学习)之孙瑴成,谕:"西人名此为阿尔热巴拉(algebra),译言东来法也。"瑴成通其术,疑与天元相似,复取天元各书读之,乃涣然冰释,知两法名异而实同,非徒相似而已。由是天元一术,遂因借根方而复明于世。玄烨又尝制《三角形推算法论》曰:

> 孟子云:"规矩方员之至,圣人人伦之至。"益见规矩方员,乃数学之根本。……论者以古法今法之不同,实不知历原,原出自中国,传及于极西,西人守之不失,测量不已,岁岁增修,所以得其差分之疏密,非有他术也。其名色条目,虽有不同,实无关于历原,皆系于岁修

察考之密,方圆象角之推算,测量经纬之分合。则历法行之千年,何弊之有?

盖玄烨以古人璿玑齐七政,表度准南北,察两至明太阳之回转,识二分为寒暑之变迁;苟非测量,难得其详,有测量而无推算,亦势不可成;是以古人以圆容角,以角容方,自方而三角,勾股在其中矣。此又今日三角测历之术也。又前此中国地图,皆不施经纬度线,记里多误;且荒远山川,源委难明。玄烨于康熙四十三年,遣侍卫锡拉探视河源,至星宿海而回,至是黄河之源始渐明。玄烨又费三十余年之力,制《皇舆全览图》(详见第二十二章第八十九节),山脉水道,悉与《禹贡》相合,并分命使臣,测量极度极高,差一度为地距二百里。故当时舆图精密,远过前代。又于山脉河流,能穷其源委,而加以系统的研究,其说略见《圣训几暇格物编》诸书,是亦科学思想渐次发达之一征也。

一百三　治河之策略与巡幸

(一) 淮黄之泛滥与当时河工之大势

黄河之患,无代无之,俗谚所谓"黄河与官吏、道路,为中国之三大忧"者是也。河道之变,古今凡六,然至元以前,河自为河,治之尚易;至元以后,河即兼运,治之较难。有明二百余年,治河名臣,仅徐有贞、刘大夏、潘季驯三人而已。清初,河淮同流,淤沙渐积,杨方兴为河道总督,以廉洁勤恳著,顺治十四年乞休,所居仅蔽风雨,布衣蔬食,四壁萧然。顺治十五年,河决山阳。康熙元年,河决原武、祥符,河道总督朱之锡,上缓急十事,开治河之先路。之锡治河十载,绸缪旱潦则尽瘁昕宵,疏滤堤渠则驰驱南北。受事之初,河库储银十余万,频年撙节,及康熙五年以积劳撄疾卒官,库贮四十六万有奇。徐兖淮扬间颂其德政,相传死为河神。高宗时封为永宁侯。十六年,河水四溢,以靳辅为河道总督,专任治水之事。时淮黄两河,四溃而不入海,从砀山至海口,两岸溃决七八十所;洪泽湖之高家堰,决口至三四十所;翟家坝则成四道之河,清水潭则久成溃流之患;

山阳、高邮、宝应、盐城、兴化、泰州、如皋七州县，则漂没于水，成为一片汪洋之湖；而沟口运河，反淤塞变为陆地。靳辅熟睹此情，创蓄清敌黄，束水攻沙之法。以为“沟口以下不浚筑，则黄淮二水无所归；清口以上不凿引河，则淮水之流不畅；高堰之决口不尽封塞，则淮水派分无刷河之力，黄河必纳淮，而下流之清水潭亦危。且于黄河南岸，不筑堤防，则高堰危险，北岸不加防闲，则山东必受冲激；故筑堤岸，疏下流，塞决口，但有先后，而无缓急。今不为一劳永逸之计，屡筑屡泛，安有底止？”遂请浚清江浦至云梯关外之河身，因筑束水堤万八千丈，塞高家堰、王家冈、武家墩诸决口，堤外加筑缕堤格堤。于徐州宿迁筑减水坝十三座，筑清水潭西堤九百二十余丈，东堤六百余丈；挑新河八百四十丈。又添建毛家铺减水闸一，王家山减水闸三。大谷山减水闸二，保徐州上流。于归仁堤建石坝二，拦马河及清河运口各石闸一。又添筑仪封、阳武、考城河堤七千八百丈，封邱县荆隆口月堤三百三十丈，荥泽扫工二百一十丈，以防上流涨溢。盖其治河之要，在挑清江浦以下，历云梯关至海口一带河身之土，筑两岸之堤。所谓“寓浚于筑，一举两得”者也。辅本此意见，在任数年，进行不懈。及康熙二十六年，辅又请于高家堰之外，筑重堤，因与于成龙议不合。下其议于尚书佛伦等，佛伦等奏言：

> 靳辅疏请筑高家堰重堤，束洪泽湖水，尽出清口，并黄河两岸立闸，分泄黄水。而抚臣于成龙又奏：下河宜挑不宜停，重堤宜停不宜筑；彼此意见不合。臣等会勘上下河道，知高邮等七州县水患，皆因洪泽湖水从减水坝东注高邮、宝应、邵伯三湖，流入漕河；又从高邮城东堤减水坝，流入下河，以致七州县民田被水淹没。故治下河，必先塞上流。使上流之水，不得东注下河，则保高家堰水出清口，自为第一要着。臣等阅视高家堰地势，应如河臣靳辅原议。

廷臣虽主靳辅议，然玄烨之心，颇是成龙。次年，御史郭琇疏参靳辅治河无功，偏听幕客陈潢（陈潢者杭州才士，辅过邯郸吕祖祠，见潢题壁诗，异之，踪迹得潢，礼之入幕。辅所建白，多自潢发之。帝首次南巡阅河,问辅必有通今博古之人为佐,以潢对。后辅奏潢佐治十年劳,授佥事道衔。及是被逮至京卒。康熙三十年,帝复思起用辅,辅以老辞,疏请缮治所未竟者数事,并请复潢官,起用熊一潇、达奇纳、赵吉士三人。旋卒。谥文襄),阻挠下河开浚;而尚书王曰藻亦以靳辅屯田之请,有累于民,疏请停止。玄烨因曰:"朕南巡河工情形,颇深悉之。今欲筑重堤,使水由清口入海,若果有益,当日何以不早筑?高邮等七州县百姓,苦累异常,朕目击心伤。今于堤外又延一堤,是重困小民矣。至于屯田,有利于廷臣,而害民实甚,江南民莫不嗟怨,尔等宁不闻耶?"遂罢靳辅职。然玄烨又言:"靳辅为总河有年。挑河筑堤,漕运并未迟误,谓之毫无效力不可。但屯田下河之事,虽百喙亦难逃罪。"观此,亦可见靳辅为治河能臣,即玄烨亦未尝不信之,特下河之事,不容于玄烨及多数廷臣之意见耳。辅议果是与否,甚难断定;然继辅后者,卒无成功。而康熙朝号称通河务如张鹏翮、陈鹏年等,则皆宗辅遗规者也。

(二) 玄烨之六次南巡与治河方略

玄烨以黄河屡次冲决,久为民害,欲亲至其地,相度形势,察视堤工。且以东南民情,未尽融合,而故国之思,所在潜萌,思有以震慑之。又欲周知地方风俗,小民生计,故屡举南巡之典。二十三年十月,幸山东,至泰山,寻至宿迁,阅黄河北堤岸百八十里;令靳辅增修堤防。至宝应、高邮,见居人草屋临流,床灶半在水中,登岸步行,观察水势,召耆老秀才,细问其故。乃由扬州至京口,乘沙船(江中战船)顺流西下,抵镇江、苏州而回。至江宁,亲祭明太祖陵,道出故宫,慨然久之。旋自江宁还,阅高家堰堤工,经泗水东境,幸曲阜,谒孔林,赐孔氏子孙衍圣公以下书籍裘服有差。乃由汶上、德州兼程而归。是为第一次南巡。二十八年正月,复南巡,以二月至杭州,渡钱塘亲谒禹陵。三月,自江宁回京,是为第二次南巡。是时,中原承平,不见兵革,独黄河连年横决,下流地方,城郭田庐,时遭漂没之患。清廷屡遣大臣督修,糜帑金数百万,然历年既久,迄无成效。玄烨念水之不治,由洪泽湖水势甚大;又加黄运合并,故益不可制。因欲导河稍北,使不得侵入清水,复疏泄洪泽湖以杀其势。于是三十八年二月，复奉皇太后南巡。三月，渡河相地高下，指示方略，谕河道总督于成龙测量水土，绘图以进。车驾至杭州而还。因以成龙所绘河图，示大学士等曰："今岁南巡，见黄河逼近清口，黄水倒灌，以致淤垫。洪泽湖水不出，自高家堰减水坝流入高宝诸湖，自高宝诸湖，流入运河，以致下河田地，尽被淹没。"又曰："靳辅、董国安、于成龙但知筑堤御水，至于改河身使北，俾清水流通，并未言及。若不令清水流通，虽修筑堤岸，黄水终至倒灌，焉能御之?"盖玄烨已察知导河入淮，已成变极，非改河道，不足以弥溃决之患。惜当时其议未行，故亘康、雍、乾而河患不绝。至咸丰五年，河决铜瓦厢，水势乃自然北流矣。四月，谕户部："朕历巡江浙，咨访民情，所过州县，察其耕获之盈虚，市廛之赢绌，视十年以前，实为不及；此由地方有司奉行不善，朝廷恩泽，卒未下及。"乃命截留漕粮，宽免积欠以纾之。是为第三次南巡。四十二年，复南巡，至杭州还。遍阅高家堰、徐家湾、翟家坝等处堤工，因山东去年被灾，蠲免钱粮，并以漕米二万石交河道总督张鹏翮运赴兖济平粜。是为第四次南巡。四十四年。复南巡，至济宁，浙抚张泰交疏请幸两浙，允之。是为第五次南巡。其后四十六年正月，复南巡，阅视溜淮套，见沿河所立标杆，多在坟墓之上，恻然久之，命尽撤去。又以张鹏翮奏开溜淮套，召对不称旨，革所加宫保衔，从宽留任。四月，自杭州还。谕户部曰："朕廑念河防，屡行亲阅，凡自昔河道之源流，治河之得失，按图考绩，靡不周知。粤从明季寇氛，决黄灌汴，而洪流横溢，岁久不治。迄于本朝，在河诸臣，未能悉心修筑，以致康熙十四五年间，黄淮交敝，海口渐淤。朕乃特命靳辅为河道总督；靳辅自受任以后，斟酌时宜，相度形势，兴建堤坝，广疏引河，排众议而不挠，竭精勤以自效；于是淮黄故道，次第修复，而漕运大通。其一切经理之法具在，虽嗣后河臣，互有损益，而规模措置，不能易也。至于开创中河，避黄河一百八十里波涛之险，因而漕挽安流，商民利济，其有功于漕运民生至大且远。朕每莅河干，遍加咨访，沿淮居民，感颂靳辅治绩，众口如一，久而不衰。"（清口而上，漕船行黄河中百八十里，乃再入运。辅以避风涛之险，自骆马湖凿渠，历宿迁、桃源，至清河仲家庄山口，名曰中河。对清口仅行黄河数里即入中河，直达张庄入运。此与明初陈瑄凿清江浦导水由管家湖入鸭陈口达淮，谓之清口者,为淮南北两大功。故圣祖称道之。)由此可见靳辅治河,实为清朝第一人,玄烨亦深悉其治绩之不可磨灭也。是为第六次南巡。终康熙之世,南巡治河者凡六,往返供亿,悉发内帑,沿途行宫,不施采缋,每处所费,不过一二万金;而轸念民依,省方问俗,察闾阎之疾苦,训官吏以清廉。舟行周览运河,辇路登临泰岱,清跸所至,昭盛典焉。

(三) 五台边徼之巡游与清初贪风之盛

玄烨除六次南巡而外,尚有五台山与塞北之巡幸,五台之游幸,或言系谒福临,塞北之出巡,其宗旨不外震慑蒙古而已。康熙二十二年,玄烨奉太皇太后博尔济吉特氏幸五台,途次,遇村民负米豆等物,询之,云备临幸之用。因一切物用,内廷既备,谕止之。次年,巡幸口外,乘便过乌阑哈等处。其后,三十年、三十一年,复幸边外;三十七年、四十一年,复幸五台。四十二年,又幸边外,且西巡至太原、洪洞等处而还。谓大学士等曰:“前南巡多由舟行,官民群集两岸迎驾。顷西巡,皆由陆路,凡临幸郡邑,官民无不扶老携幼,欢腾道左,每清问及之。又令在乘舆左右,备咨地方之利弊,彼皆抒诚陈奏,是以风俗人情,靡不洞悉。朕巡幸七省,畿辅秦晋,民俗丰裕,江浙则较三十八年时更胜。山东近因水旱,大异畴昔,河南百姓,生计甚艰,此二省之民,深廑朕怀。又闻各省火耗,俱是加一,钱粮最少者,惟有甘肃,通计正额共二十八万有奇,加耗亦止二万八千;州县官钱粮既少,加耗无几,不敷用者,宜或有之。其余赋额皆多,如一州县正额有二三万,加耗即至二三千,宜敷用矣;而州县仍有以艰难告者,其故安在?朕随地咨访,督抚虽有不受馈遗者,然馈藩臬者若干,馈道府者若干,岂可尽云廉吏乎?”观此则巡幸之情形,州县之赋用,江浙之丰富,鲁豫之饥馑,盖可知矣。至官吏贪黩,州县馈送,有清一代,无世无之。如康熙二十三年,查抄尚之信家产,侍郎宜昌阿、巡抚金儁干没之;又侵蚀兵饷,及商人沈上达财物,恐沈先发,谋害之,道员王永祚分取赃物,后均拟律。二十五年,蔡毓荣在总督任内,侵没吴三桂家产人口,因侍卫纳尔泰奉差滇南,恐致败露,送银八千两。其子蔡琳在京,又送银一千两,事下吏、户、刑三部,将蔡革职拿问。二十八年,湖北巡抚张汧,任福建布政使司时,亏空帑款,勒迫属员胡载仁等出银抵补,又勒派盐商垫还九万余两;荆南道祖泽清勒索民人李二扬等银八万两,一并交部议处。皆其最著者也。至于廉谨之官,督抚若于成龙、汤斌,知府若陈鹏年,知县若陆陇其、彭鹏等,亦不过少数耳。

一百四　康熙时之朋党

(一) 明珠之党

康熙中叶以后,内外诸臣,及皇子等,各树朋党,互相攻讦。举其最著者言之,则诸臣之中为明珠之党,徐乾学之党,索额图与噶礼之党;而诸王中有胤禩等之党。明珠以满洲大臣,又因议撤三藩功,久在政府,招权纳贿。大学士勒德洪、余国柱,尚书佛伦、葛思泰,侍郎傅腊塔、席珠,及李之芳、科尔坤、熊一潇辈,皆其死党。凡会议会推,佛伦把持,余国柱为之囊橐;阁中票拟,俱系明珠指挥,轻重任意,他阁臣亦皆承其风旨。督抚藩臬缺出,余国柱等无不展转贩卖,必满欲而后已。即学道期满应升任者,亦往议价,九卿公然希旨,派缺预定。御史李时谦、吴震方颇有所参劾,明珠借事诬陷之。江南蠲租起,国柱时长户部,以部费为名,索金四十万。时汤斌抚苏,执不与,衔之。明珠有仆,言事多效,所至自大府监司,常郊迎。过苏,畏斌声,不敢谒;而当道乃日夕候其门。斌闻,使召之;使者用故事,以客礼请,从骑数十至辕门。斌令辟大门传呼,仆窘,跪而听命。汤令门卒具酒肉享之,仆归诉之明珠,明珠虽欲加害,念在外,无从得事端。会东宫出阁读书,明珠以斌荐。三藩之乱,勇略将军赵良栋以平滇功第一,明珠忌而抑之,不得叙。良栋尝见玄烨自陈,言及明珠、图海、彰泰等朋谋倾害状,玄烨转责其器重褊狭,宠任明珠如故。及康熙二十七年,御史郭琇始具疏劾之,其疏曰:

为特纠大臣背公结党、纳贿营私,仰请乾断,立赐严谴,以清政本事:臣闻自古帝王御天下之道,举直错枉而已。尧舜之世,未尝不有共、鲧、驩兜,尧舜始焉因其才而用之,继焉知其奸而诛殛之,故尧舜之世,称为极盛。我皇上至德纯粹,睿鉴渊深,与放勋、重华,异世同揆,臣窃见皇上用人行政,孜孜求治,维恐一夫不被泽,一物不得所,私窃叹诵,千古难遘!迩者畿辅之地,奸邪逞诈,植党类以树私,窃威福以惑众,日益纵肆。臣蒙皇上破格超擢,感激流涕,莫知所以为报!窃自念职在纠弹,仰体尧舜之心,辄效鹰鹯之逐,谨将大学士明珠、余国柱背公营私实迹,胪列具呈:

一、凡阁中票拟,俱为明珠指挥,轻重任意。余国柱承其风旨,即有舛错,同官莫敢驳正,皇上圣明,时有诘责,乃漫无省改。即如御史陈紫芝奏劾湖广巡抚张汧奏内,并请议处保举之员,皇上面谕九卿,应一体严加议处;乃票拟竟不之及,则保举张汧,原属指挥,即此可见矣。

一、凡明珠奉有旨意,或称其贤,则向彼云"由我力荐",或称其不善,则向彼云"上意不喜,吾当从容挽救",且任意增添,以市恩立威,因而要结群心,挟取货贿。至于每日启奏毕,出中左门,满汉部院诸臣,及其腹心,拱立以待,皆密语移时,上意无不宣露。部院衙门稍有关系之事,必请命始行。

一、明珠结连党羽,满洲则有尚书佛伦葛思泰,及其族侄侍郎傅腊塔、席珠等;汉人之总揽者,则余国柱,结为死党,寄以腹心。向时凡会议会推,皆佛伦、葛思泰等把持,而国柱更为之囊橐,惟命是听,但知戴德私门矣。

一、凡督抚藩臬缺出,余国柱等无不展转贩鬻,必索及满欲而后止,是以督抚等官,遇事朘剥,小民重困。今天下遭逢圣主,爱民如子,而民间犹未给足者,皆贪官搜索以奉私门之所致也。

一、康熙二十三年,学道报满之后,应升学道之人,率往论价;九卿选择时,公然承风,任意派缺,缺皆豫定。由是学道皆多端取贿,士风文教,因之大坏。

一、靳辅与明珠交相固结,每年靡费河银,大半分肥。所题用河官,多出指授,是以极力庇护。皇上试察靳辅受任以来,请过钱粮几何,通盘一算,则其弊可知矣。当下河初议开浚时,彼以为必委任靳辅,欣然欲行,九卿亦无异辞。及见皇上欲另委人,则以于成龙方沐圣眷,举出必当上旨;而成龙官止县司,何以统摄?于是议题奏,仍属靳辅,此时未有阻挠意也。及靳辅张大其事,与成龙议不合,于是一力阻挠,皆由倚托大臣,故敢如此。天鉴甚明,当洞悉靳辅累累抗拒明诏,非无恃而然也。

一、科道官有内升出差者,明珠、余国柱率皆居功要索,至于考选科道,即与之订约。凡有本章,必须先行请问,由是言官多受其牵制。

一、明珠自知罪戾,见人辄用柔颜甘语,百般款曲;而阴行鸷害,意毒谋险。最忌者言官,恐发其奸状。当佛伦为总宪时,见御史李时谦累奏称旨,御史吴震方颇有参劾,即令借事排陷,闻者骇惧。

以上各款,但约略参之。明珠一人,其智足以窥探上旨,其术足以弥缝罪恶。又有余国柱奸谋附和,负恩之罪,书之罄竹难穷!皇上鼓舞臣僚,责其实心报效,臣受非常殊眷,若舍豺狼而问狐狸,即为辜负圣恩,臣罪滋大!臣固知其党羽实繁,睚眦必报,恃有圣主当阳,何所畏忌?伏祈霆威立加严谴,简用贤能,俾赞密勿,天下人情,莫不欣畅,感戴圣明无尽!仰乞皇上睿鉴施行,谨题。康熙二十七年二月初六日题。

玄烨览疏大怒,因褫明珠职,谕吏部曰:

今在廷诸臣,自大学士以下,有职掌官员以上,全不恪勤乃职。惟知早出衙署,偷安自便,三五成群,互相交结,同年门生,相为援引倾陷,商谋私事,徇庇同党,图取货赂,作弊营私;种种情状,确知已久。九卿、詹事、科道,皆朕委任之员,凡遇会议,自当各出己见,公同商酌。乃一二欲行倡率之人,持议于前,众遂附和于后,雷同草率,一意诡随。其又甚者,虽在会议之班,茫无知识,随众画题,希图巴结。廷议如此,国事何凭!又有当集议时,缄默自容,及至偾事,巧于推卸。朕深恶此等推诿苟容之辈,亦屡加严饬。至于用人,关系重大,群臣贤否,难以周知;故遇紧要员缺,特令会同推举,原期为国得人,实有裨益;亦欲令被举者警心惕虑,恐致溺职,累及举者,因而勉自刻励。九卿诸臣,宜体朕心,从公选举。乃历来所举官员,称职者固有,而贪黩匪类,往往败露,此皆瞻徇情面,植党纳贿所致。凡此情弊,朕非不知。前者班布尔善、阿思哈等身为大臣,所行悖乱,致干宪典,遂行正法,今犹耿耿于怀。是以迩来大小官员,背公徇私,交通货贿,朕虽洞见,而不即指发,冀其自知罪戾,痛加省改,庶可始终保全。讵意积习深锢,漫无悛悔,如此积弊,愈久愈深,物议沸腾,舆情愤然,以致言官列款参奏。本应发明其事,以肃官方;因不忍遽行加罪大臣,且用兵之时,有曾效劳绩者,故免其发觉。勒德洪明珠着革除大学士,交与领侍卫内大臣酌用;李之芳着休致回籍,余国柱着革职,科尔坤着以原品解任,佛伦、熊一潇等,着解任,于河工案内完结。嗣后大小臣工,各宜洗涤肺肠,痛改陋习,洁己奉公,勉尽职掌,以副朕宽大矜全,咸与维新之至意。

相传琇之劾明珠也,适值明珠诞日,贺客满堂。琇既递封事出朝,即直造明第求见。盖自行取入都,未尝一履时宰门,明珠闻其来,则大喜,不啻王毛仲之得宋璟也。急延之入,众愕然,以为此老倔强,何忽贬节若此!琇入,长揖不拜,而数引其袖,若有所陈。明珠益喜曰:“侍御亦有诗章相藻饰乎?”琇正色曰:“非也,弹章耳!”因出疏草以进。明珠读未毕,琇即长揖曰:“郭琇无礼,应罚。”自饮一巨觥,趋而出。不久而明珠听勘之旨下矣。明珠既得罪,琇亦因此受玄烨知,累迁内阁学士,左都御史。次年,复有弹劾高士奇事。然未几,即以张星法诬劾钱钰事,降级调用,寻休致。会佛伦为山东巡抚,劾奏琇父景昌,原名尔标,曾入贼党伏法,琇私改父名,滥请封典,因夺职。至三十九年,琇入觐,始具疏讼冤,并劾佛伦诬蔑欺饰。玄烨诘问,佛伦以误疑舛错对,事乃昭雪。琇为谏垣能臣,胆识兼备,袖章饮觞,盖亦壮矣。李光地《语录》谓琇参明珠,实由高士奇受圣祖意旨,令琇具奏,先以疏稿密呈,帝为定稿乃上。且云:“这样龙比,很容易做。”光地伪道学,此言恐不可信。观琇之劾士奇可知也。

(二) 徐乾学之党

当是时,非独满大臣有党也,汉大臣中盖亦有之。如高士奇、王鸿绪、陈元龙、王顼龄之徒,皆自负雅博,互相标榜,猎取声誉;而以刑部尚书徐乾学为之魁。时郭琇、彭鹏、许三礼居谏垣,以清流自命,彼此相依为声援。琇既疏参靳辅治河无功,明珠等结党营私,而鹏后亦弹奏李光地贪位夺情。诸皆重臣清望,先后被摇撼,于是朝端讦奏之风大炽。徐乾学、元文、秉义昆弟,各以鼎甲至仕显,时号昆山三徐。乾学尤以文学负重名,轻财好客,为士类所归向。交游太广,其家人门客,时因缘为奸利。湖北巡抚张汧被劾得罪,诬乾学纳贿,乾学恳解尚书职,仍使领书馆总裁。既而郭琇又以高士奇、王鸿绪等植党营私,具疏劾之。其疏如下:

为特参近臣,植党营私,招摇撞骗,罪有可诛,仰请乾断事:如原任少詹事高士奇,左都御史王鸿绪等,表里为奸,罄竹难悉。今略举一二,为皇上陈之:高士奇出身微贱,其始也,徒步来京,觅馆为生。皇上因其字学颇工,不拘资格,擢补翰林,今入南书房供奉;不过使之考订文章,原未假之与闻国政。为士奇者,即当竭力奉公,以报恩施于万一。计不出此,而日思结纳,谄附大臣,揽事招摇,以图分肥。凡内外大小臣工,无不知有士奇之名。夫办事南书房者,先后岂止一人?他人之名声,从未著闻,何士奇一入办事,而声名赫奕,乃至如此?是其罪之可诛者一也。久之羽翼既多,遂自立门户,结王鸿绪为死党,科臣何楷为义兄弟,翰林陈元龙为叔侄,(按陈其元《庸闲斋笔记》云:"余家系出渤海高氏,始祖讳谅者,明初游学至海宁,困甚,偶憩赵家桥上,忽坠于水。陈公明遇设豆腐肆于桥侧,急援之,乃留之家。公老无子,止一女,因以女妻之,而以为子焉。一传月轩公讳荣,承外祖姓为陈氏。"故士奇元龙可攀为叔侄也。)鸿绪胞兄王顼龄为子女姻亲;俱寄以心腹,在外招摇。凡督、抚、藩、臬、道、府、厅、县,以及在内之大小卿员,皆王鸿绪、何楷等为之居停哄骗。而夤缘照管者,馈至成千万;即不属党者,亦有常例,名曰"平安钱"。然而人之肯为贿赂者,盖士奇供奉日久,势焰日张,人皆谓之曰"门路真"。而士奇遂自忘乎其为撞骗,亦自居之不疑,曰"我之门路真"。是士奇之奸贪坏法,全无顾忌,其罪之可诛者二也。光棍俞子易,在京肆横有年,惟恐事发,潜遁直隶天津,山东洛口地方,有虎坊桥瓦屋六十余间,价值八千金,馈送士奇,求托照拂。此外顺城门斜街并各处房屋,总令心腹出名置买,何楷代为收租。打磨场士奇之亲家陈元师,伙计陈季芳开张缎号,寄顿各处贿银,资本约至四十万。又于本乡平湖县置田产千顷,大兴土木,修置花园。杭州西湖,广置园宅。苏、松、淮扬,王鸿绪等与之合伙生理,又不下百余万。窃思以觅馆糊口之穷儒,而今忽为数百万之富翁,试问金从何来?无非取给于各官。然官从何来?非侵国帑,即剥民膏。夫以国帑民膏,而填无厌之欲壑,是士奇等真为国之蠹而民之贼也。其罪之可诛者三也。皇上圣明,洞悉其罪,止因各馆史书编纂未完,着解任竣事;矜全之恩,至矣极矣!乃不思改过自新,仍怙恶不悛,当圣驾南巡时,上谕严诫馈送,定以军法治罪,谁敢不遵?惟士奇与王鸿绪愍不畏死,即淮扬等处,王鸿绪招揽府厅各官,约馈黄金,潜遗士奇。淮扬如此,则他处又不知如何诈索矣!是士奇等之欺君灭法,背公行私,其罪之可诛者四也。更可骇者,王鸿绪、陈元龙鼎甲出身,亦俨然士林之翘楚,竟不顾清议,为人作垄断而不以为耻。且依媚大臣,即人之所不屑为者,亦甘心为之而不以为辱。苟图富贵,败伤名教,岂不玷朝廷而羞当世士哉!总之,高士奇、王鸿绪、陈元龙、何楷、王顼龄等,豺狼其性,蛇蝎其心,鬼蜮其形;畏势者即观望而不敢言,趋利者复拥戴而不肯言。臣若不言,负罪滋大,故不避嫌怨,仰请立赐罢谴,明正典刑,人心快甚!天下幸甚!

疏上,高士奇、王鸿绪、陈元龙等俱休致回籍。时二十八年九月也。十月,许三礼又疏劾乾学不顾品行,律身不严,大干物议,以张汧所供纳贿事为证。又其子徐树谷考御史不遵回避例,且有"既无好行止,自无好议论;既无好事业,焉有好文章?"之语。玄烨令乾学明白回奏。既而部议三礼所劾不实,降二级调用。三礼复疏攻讦,列乾学考试舞弊、违禁取利、纳贿置产等九大款,并及乾学之弟大学士徐元文。其第五款曰:“乾学伊弟拜相之后,与亲家高士奇更加招摇,以致有‘去了余秦桧,来了徐严嵩,乾学似庞涓,是他大长兄’之谣。又有‘四方宝物归东海,万国金珠送澹人’之对。京城三尺童子皆知。”第九款曰:“乾学身受国恩,乃敢植桃李于一门,播腹心于九州,横行聚敛,不顾枉直。顺之则生,逆之则死,势倾中外,权重当时,朝纲可紊,成例可灭。”三礼之言,似属过当,然乾学等之互相依附,其事当不虚也。玄烨以三礼前奏不言,图免己罪,着严饬行。乾学乃再疏乞归,玄烨命以书局自随,且亲书“光焰万丈”额以宠其行。乾学既归里,其后复有江督之劾奏,钱钰之牵连,而龁乾学者,虽欲媒孽不已,其极也,亦不过落职而已。乾学死,又复原官。乾学自翰林以文学受知,其事业与恩宠,颇为康熙时所少有也。

(三) 索额图与噶礼之党

康熙时,满大臣之树党营私者,当以鳌拜、明珠为最。然在鳌拜之后者,又有索额图,明珠之后者,又有噶礼:亦皆倾权利擅威福者也。索额图为索尼子,性倨傲贪黩。康熙初,为大学士,与明珠皆广树党羽,朝士大夫非暗自结托,宦不得达。稍失意,辄广座呵斥。凡会闱榜出,索择名下士者,令谕意拜门下,不尔,抑之下第。与其党额库礼、江潢等常私议国事。康熙十八年七月,京师地连震,左都御史魏象枢入对,伏地涕泣,请屏左右语,移时,极言天变若此,乃索额图、明珠二相植党市权,排忠良,引用佥壬,以剥蒸黎之应。象枢出,语副都御史施维翰曰:“今百姓困苦已极,而大臣家益富。地方官吏,剥民媚上,督抚司道,又转馈政府。小民愁苦之气,上干天和,致召水旱日食星变地震之异!又会推动辄徇私,将帅无复纪律,蠲免钱粮,灾民不沾实惠。刑官鬻狱,豪右为奸,皆可忧可危之事。”次日,玄烨以六条宣廷臣集议,大略如象枢所指。会天久不雨,玄烨命德格勒筮之,遇夬。德进曰:“泽上于天,将降矣。而卦义五阳决一阴,小人居鼎铉,故天屯其膏,决去之,即雨。”玄烨曰:“安有是?”德以索对。然玄烨犹豫未发,未几,索家人告发,经查搜江潢家,得与索密书甚多,因交宗人府拘禁。而明珠亦于二十七年为郭琇所劾罢矣。噶礼亦满洲贵族,声势倾一时。满臣阿山,汉臣张鹏翮等,皆其党。康熙四十四年,阿山为两江总督,劾江宁知府陈鹏年受盐典陋规,落职下江宁狱。江宁人痛哭罢市。士民环制府问太守见劾之由。叫呼不退;有司械系数人。既而诸生俞养直等至,大呼请保清廉太守,不得,愿入狱与太守同死。有误传养直死于狱者,时学使方按试句容,八邑生童哗曰:“读书应试,何为也?”皆火其卷出。于是好事者绘《九学哭庙图》,以江宁八县合府共九学也。又有张黄旗于城上曰“如丧考妣”。忌者因以大逆上。及会鞫不实,则又以鹏年尝逐群娼建亭南市,宣讲圣谕,大不敬,论斩。初,玄烨南巡,大府委鹏年办龙潭行宫,故事自左右侍卫,及阉寺牧圉,皆有馈,鹏年一切不问。或窃置蚯蚓粪于簟席间。玄烨召陈诘责,(先是,玄烨驻织造府,一日,织造幼子趋庭。玄烨以其无知也,曰:“儿知江宁有好官乎?”曰:“知有陈鹏年。”)会致仕大学士张英以陈廉吏告;而织造曹寅亦免冠叩血,为陈请,遂免。至是狱成,诏从宽免罪,命入武英殿修书。及四十八年,噶礼出为两江总督,时鹏年为苏州知府,署布政使。因白事不跽,噶礼修前督怨,呵曰:“知府生死我手,何敢尔?”陈不为屈。巡抚张伯行夙重陈,噶与张不相能,因愈迁怒陈,奏陈所作《游虎丘诗》为怨望,(案陈诗云:“雪艇松龛阅岁时,廿年踪迹鸟鱼知,春风再扫生公石,落照仍衔短簿祠,雨后万松全遝匝,云中双塔半迷离,夕佳亭上凭栏处,红叶空山绕梦思。”“尘鞅删除半晌闲,青鞋布袜也看山,离宫路出云霄上,法驾春留紫翠间,代谢已怜金气尽,再来偏笑石头顽,楝花风后游人歇,一任鸥盟数往还。”)锢鹏年于镇江。玄烨鉴其枉,仍命来京修书。五十年,噶礼与江南副考官赵晋交通关节,榜出哗然,士子舁财神入文庙,事闻,玄烨命尚书张鹏翮、侍郎赫寿往谳之,瞻徇莫能决。明年,伯行遂劾噶礼抗旨欺君,营私坏法;噶礼亦飞章讦伯行不肯出洋捕贼,及诬陷牙行张元隆诸款。玄烨命俱解任,付使者杂治,寻奏噶礼劾伯行不能清理案件属实,余系苛劾,应降级留任。伯行劾噶礼索金事全虚,应夺职问徒。玄烨更命尚书穆和伦、张廷枢复讯,执如前议,部议亦如之。当时噶礼党羽之坚众,可以想见矣。玄烨以伯行为天下清官第一,责诸臣变乱是非,命九卿翰詹科道再议。遂命伯行复任,而黜噶礼,赵晋论拟如律。晋方禁锢扬州狱,复乘间逃去;噶礼寻以谋杀其母,赐自尽。

（四）诸王之朋党

康熙中世后，不惟朝臣有党，即诸皇子亦各树党羽，谋夺嗣位。玄烨共生二十三子，康熙十四年十二月，立次子胤礽为皇太子。三十七年三月，封长子胤禔为直郡王，三子胤祉为诚郡王，四子胤禛，五子胤祺，七子胤祐，八子胤禩，俱为贝勒。由是诸子各自开府，希图非分，内则要结亲贵，以侦探消息；外则招纳门客，以弋取声誉。植党暗争，皆与太子之废立有关。就其较著者言之，则如四十七年，太子被废，胤禩阴谋夺嫡，令胤禔宣言："相者张明德谓：'皇八子胤禩当大贵，'"以窥探帝意。玄烨怒，诛明德。又以胤禔不孝其母，而党胤禩，诏革爵幽禁。因命亲王额驸与汉大臣会同详议，于诸阿哥中推举谁属。内大臣阿灵阿，散秩大臣鄂伦岱，尚书王鸿绪，侍郎揆叙，遂私相计议，与诸大臣暗通消息，书八阿哥三字于纸，交内侍转奏。玄烨谕：八阿哥未更事，近又罹罪，且母家贱，令再思之。翌年，玄烨因谓诸臣曰："去冬命尔等保奏储贰，何以独保胤禩？其日先举者为谁？"又曰："此事必系舅舅佟国维，大学士马齐默喻于众，众乃依阿立议耳。"因严加究问，俱得马齐指使状，遂将马齐拘禁，且责佟国维曰："尔既有祈望朕躬'易于措处'之言（见佟国维奏疏），嗣后维笃念朕躬，不于诸皇子结为党羽，谓皆系吾君之子，一体看视，不有所依附，而陷害其余，即俾朕躬易于措处之要务也。"又曰："朕拘执皇太子时，并无他意，殊不知尔之肆出大言，激烈陈奏者，系何心也？诸大臣之情状，朕已知之，不过碌碌素餐，全无知识。一闻尔所奏之言，众皆恐惧，欲立胤禩为皇太子，而列名保奏矣。"又曰："朕若诛尔，似类沽名。今断不诛尔，其坦怀勿惧！但不可卸责于朕躬，观尔迷妄之言，亦被人镇魇欤？"洎五十四年，翰林院编修何焯又以阿附胤禩革职。（玄烨谕言："翰林何焯，朕钦赐以举人进士，伊当终身感激。乃生性不识恩义，将今时文章，比之万历末年，将伊女儿，与胤禩抚养。又为潘耒之子夤缘，罪应正法，姑念其稍能记诵，从宽免死。着将官衔并举人、进士革去，在修书处行走。"）凡此诸人，皆系党于胤禩，而阴谋推戴者也。是时胤祉、胤禛、胤祺、胤祐辈，并晋郡王；而其弟胤䄉、胤禟、胤祹、胤禵等，亦各封郡王贝子。徒以胤禩秉性奸柔，䄉、禟、祹、禵诸人，大都受其笼络；与之暗争最力者，维胤禛一人。野史所载其广游四海,蓄养剑侠,立计毒狠,暗杀异己,其言虽不可尽信,然植党谋立,已为诸王中通有之现象,而胤禛机智兼全,卒以得位,事前之备,盖可知矣。观其旗下人戴铎之清折十件,即当了然。康熙五十二年第一启云:“主子有尧舜之德,奴才受格外之知,当此君臣利害之关,终身荣辱之际,虽一言而死。亦可少报知遇于万一。皇上有天纵之资,诚为不世之主,诸王当未定之日,各有不并立之心。处英明之父子,不露其长,恐其见弃;过露其长,恐其见疑。处众多之手足,此有好竽,彼有好瑟,此有所争,彼有所胜,此皆其所以为难。孝以事之,诚以格之,和以结之,忍以容之,而父子兄弟之间,无不相得。我主子天性仁孝,皇上前毫无所疵。其诸王阿哥,俱当以大度包容,使有才者不为忌,无才者以为靠。……当此紧要之时,诚不容一刻放松,稍为懈怠,倘高才捷足者,先主子而得之,我主子之才智德学,素俱高人万倍,人之妒念一起,毒念即生,至势难中立之秋,悔无及矣。”第三启云:“奴才路过武彝山,见一道人,行踪甚怪,与之谈论,言语甚奇。”第四启云:“所遇道人,将主子问他,他说乃是一个万字,奴才闻知,不胜欣悦。”第七启云:“查台湾一处,远处海洋之外,另各一方,沃野千里。台湾道一缺,兼管兵马钱粮,若将奴才调补彼处,替主子屯聚教训,亦可为将来之退计。即奴才受主子国士之知,亦誓不再事他人也。”三、四启为五十五年事,七启乃五十六年,盖胤禵受命为抚远大将军,都门传言,彼已默承储眷,故为胤禛谋作一岛反抗嗣君之计也。第九启云:“奴才素受隆恩,合家时时焚祷,日夜思维,愧无仰报。近因大学士李光地告假回闽,今又奉特旨,带病进京,关系为立储之事,语彼密议。奴才闻知惊心,特于彼处相探。彼云‘目下诸王,八王最贤’等语。奴才密向彼云:‘八王柔懦无能,不及我四王爷聪明天纵,才德兼全,且恩威并济,大有作为。大人如肯相助,将来富贵共之。’彼亦首肯。但奴才看目下诸王各各生心,前奴才路过江南时,曾为密访,闻常州府武进县一人,名杨道昇者(按即杨文言),此人颇有才学,兼通天文,乃从前耿王之人也,被三王爷差人请去,养在府中,其意何为?又闻十四王爷,虚贤下士,颇有所图。即如李光地之门人程万策者,闻十四王爷见彼,待以高坐,呼以先生。诸王如此,则奴才受恩之人,愈代主子畏惧矣。求主子刻刻留心,此要紧之时，诚难容懈怠也。”此启为五十七年事，足见彼时诸王夺嫡之事，已至剑拔弩张阶段，在表面上胤禩、胤禵均处优势，而胤禛之暗中布置，使年羹尧监视胤禵，结隆科多以制诸王死命，康熙帝垂暮之年，已无能为矣。

一百五　庶政之举要

（一）顺天乡试之狱

科场舞弊，无代蔑有。唐时通榜之法，士大夫公然行之，不以为疑。及糊名易书之制行，此等事遂不多见。清初贪婪之风甚盛，故学政主考，亦多纳贿行私，罔顾政府取士之意，康熙中因此而得罪者甚多。最著者：如顺天之试狱，江南之试狱。江南试狱，前节已略述之，惟赵晋自扬州逃出后，仍拘捕论斩，并杀房考王曰俞等。至顺天试狱，则在康熙三十八年，江南试狱前之十二年也。是岁己卯顺天乡试，正副主考李蟠（字根大，铜山人）、姜宸英（字西溟，慈溪人），贿嘱公行，所中童稚甚多，物议沸腾；士子有揭其实于布者，其揭曰：

> 朝廷科目，原以网罗实学，振拔真才，非为主考纳贿营私，逢迎权要之具。况圣天子加意文教，严饬吏治，凡属在官，自宜洗涤肺肠，以应明诏。不意顺天大主考李蟠、姜宸英等，绝灭天理，全昧人心，上不思特简之恩，下不思寒士之苦；白镪薰心，炎威眩目。中堂四五家，尽列前茅；部院数十人，悉居高第。若王（王熙孙景曾）、李（李天馥子）以相公之势，犹供现物三千；熊（工部尚书熊一潇子本）、蒋（左都御史蒋宏道子仁锡）以致仕之儿，直献囊金满万。史贻直、潘维震因乃父皆为主考，遂交易而得售；韩孝骞、张三第以若翁现居礼部，恐磨勘而全收。年羹尧携湖抚资囊，潜通一万（年遐龄子应试）；朱世衍（北直学院朱阜之侄），舁督学秽蓄，直达寝门。……不阅文而专阅价，满汉之巨室欢腾；变多读而务多藏，南北之孤寒气尽。取人如此，公论谓何！况夫数世长随，擢居鼎贵（指李），八旬老子，拔置清班（指姜，年七十岁）；朝廷待彼，不为薄矣！二君设心，何其谬哉？龙门未

启,题目何以喧传?蕊榜未悬,元魁何由预报?……呜呼,噫嘻!投身鲍氏(指李,鲍三老系内监),固已薄其为人;不赴亲丧,早已窥其行短(指姜)。身辱者,心必丧;孝亏者,忠必衰。似此败检,贻玷清流,以御魑魅,未足蔽其厥辜;肆诸市朝,庶少伸夫公道!吾辈进退不苟,生死惟命;务请尚方之剑,斩彼元凶。当路风闻既确,目击又真,何惜弹劾之章,达诸天听!不然,苟白简之迟迟,致群情之汹汹,一旦有义士者,挺身而起,或刺之于国门,或杀之于车下;四方闻之,恐笑士大夫之无人也。

于是御史鹿祐疏参李、姜"以宾兴之典,为行私之地"。玄烨怒,诏举人覆试内廷,令严议李、姜罪。宸英以老病死于狱,蟠遣戍。至是科场之弊始稍戢。(陈康祺《燕下乡脞录》云:"姜西溟太史与其同年李修撰蟠同典康熙己卯顺天乡试获咎。时盖因士论沸腾,有'老姜全无辣气,小李大有甜头'之谣,风闻于上,以致被逮,姜竟卒于请室。第前辈多纪述此事,而不能定其关节之有无。昔读《鲒埼亭先生墓表》,称满朝臣僚皆知先生之无罪,而王新城亦有'我为刑官,令西溟以非罪死,何以谢天下?'之语。知同时公论,早以西溟之连染为冤。")

〔附言〕 康熙为清朝盛世,而考官舞弊,乃叠见不鲜。徐乾学长部时,荐其中表杨某为顺天正主考,徐开名单数十人,杨悉如其指。榜发,都下大哗,玄烨定期亲讯。徐使近臣面奏:"国初以高官厚禄,羁縻汉儿,犹拒而不受;今一举人之微,乃至输金钱,通关节以求之,可见汉儿辈皆已归心朝廷,天下从此太平矣!"玄烨闻之解颐,寝其事不究。说见李孟符《春冰室野乘》。又魏环溪奏稿载:康熙时,浙江提学使程汝璞,每按临考试,私带姬妾入棚;或以七相公乳母托名,或以阅文相公托名,用轿抬入。嘉兴各处,有十可怪之谣。如一可怪,廪增入学一齐卖;二可怪,吓诈校官骂奴辈;三可怪,到处出棚带奶奶等。当时科场之腐败,观此可知矣。

(二)淫祠淫书之毁禁

康熙二十五年,汤斌为江宁巡抚,疏言:“吴中风俗,尚气节,重文章,而佻巧者每作淫词艳曲,坏人心术。蚩愚之民,敛财聚会,迎神赛祀,一幡之值,至数百金。妇女有游冶之习,靓妆艳服,连袂寺院。无赖少年,习学拳勇,轻生好斗,名为打降。臣严加训饬,委曲告诫,一年以来,寺院无妇女之游,迎神罢会,艳曲绝编,打降敛迹。惟妖邪巫觋,习为怪诞之说,愚民为其所惑,牢不可破。苏州府城西上方山,有五通淫祠,几数百年,远近之人,奔走如鹜。牲牢酒醴之享,歌舞笙簧之声,无时间歇。谚谓:其山曰肉山,其下石湖曰酒海,凡少年妇女,有寒热症者,巫觋辄曰:‘五通将娶为妇。’病者神魂失据,往往羸瘵而死。每岁常至数十家,视河伯娶妇为更甚。臣多方禁之,其风稍息。比因臣勘灾至淮,乘隙益肆猖獗,臣遂收妖像、木偶,付之烈炬,土偶投之深涧,檄行有司,类此者尽撤毁之,其材备修学宫、葺城垣之用。民始而骇,以为从前曾有官长锐意革除,旋即遇祟而死,皆为臣危之。数月之后,见无他异,始大悟往日之非。然吴中巫觋最黠且悍,恐臣去任后,又造怪诞之说,再敛银钱,更议兴复。请示特旨严禁,勒石山巅,庶可永除根株。”疏上,得旨:“淫祠惑众诬民,有关风化,如所请,勒石严禁。直隶及各省有似此者,一体饬遵。”(《觚剩》云:“旧传明祖既定天下,大封功臣,梦兵卒千万,罗拜殿前,曰我辈从陛下四方征讨。虽没于行阵,夫岂无功?请加恩恤!高皇曰,汝固多人,无从稽姓氏,但五人为伍,处处血食足矣!命江南家立尺五小庙祀之,俗称五圣祠。是后日渐蕃衍,甚至树头花前,鸡埘豕园,小有萎夭,辄曰五圣为祸。吾吴上方山,尤极淫侈,娶妇贷钱,夭诡百出,吴人惊信若狂,箫鼓画船,报赛者相属于道,巫觋牲牢,阗委杂陈,计一日之费,不下数百金,岁无虚日也。睢州汤公巡抚江南,深痛恶俗,康熙乙丑奏于朝而毁之,奉有俞旨,并檄各省,如江南土木之俑,或畀炎火,或投浊流。五圣祠遂斩无孑遗。”)又康熙五十三年,谕礼部曰:“朕维治天下以人心风俗为本,欲正人心,厚风俗,必崇尚经学,而严绝非圣之书,此不易之理也。近见坊间多卖小说淫词,荒唐俚鄙,殊非正理,不但诱惑愚民,即缙绅士子,未免游目而蛊心焉。所关于风俗者非细,应即通行严禁。其书作何销毁?市卖者作何问罪?着九卿詹事科道会议具奏。"旋九卿议奏:"凡坊肆一应小说淫词,严查禁绝,着将板片书籍,一并尽令销毁,违者治罪。印刻者杖流,市卖者杖徒。"就两事观之,则康熙时代,已能破巫觋迷信之蛊说,禁诲淫词书之刊行,注意风俗,关心教化,施治之本,亦足多也。

(三) 赋税之蠲免

历代帝王临宇,每以蠲免为市恩之具。马端临《通考》言:"宋以仁立国,蠲租之事,视前代为过之,岁不胜书。"而清王庆云《石渠余记》亦言:"本朝丁田赋役素轻,二百余年以来,未尝增及铢黍;而诏书停放,动至数千百万。敛从其薄,施从其厚,所以上培国本,下恤民依。岂唐宋以来,所可同年而语?"盖清以异族入主,其市恩之具,自当较历朝为尤显。故顺治首除三饷,并免都城被兵居民之赋役三年;嗣后除偏灾赈蠲外,凡逋负之在民者,与民粮民食之贷而未收者,遇国家庆典,或巡幸,或军兴,辄止勿责。每库藏稍充,即务推所有以益下;于是又有普免钱粮,轮免漕粮之举。玄烨以恭俭为本,其蠲免较他帝为尤多。兹就其名目之大者,表之如下:

年 岁	蠲免地	事 由	项 目	备 注
康熙 二	普 免	逋欠三年以上	顺治十五年以前民欠	沿顺治例以前民欠
四	同 前	同 前	顺治十八年	同 前
十	东巡所经地	巡 幸	今年租	巡幸蠲免之始(以后仿此者不具录)
十九	江 南	赋 重	十二年以前民欠	
二十三	江 南		漕粮三分之一	
二十四	河南湖北		今年租及明年之半	
同年	直隶江南		今年秋冬明年春夏租	
二十五	直川贵湖广闽		明年额赋及今年未入者	普免之典实肇于此

续 表

年 岁	蠲免地	事 由	项 目	备 注
二十六	江苏陕西		同 前	
二十七	安 徽	南 巡	去年租	
同年	江 南	同 前	积 欠	共二百余万
同年	各 省		十七年以前逋欠及漕银米麦	
二十九	山 东		本年地丁	
三十一	各省以次蠲免	储积足用	漕粮一年	
三十二	粤蜀滇黔	边土硗瘠民生颠苦	明年地丁银米	
三十五	各 省		漕赋宿逋	
同年	陕 西	军 兴	明年租赋	
三十六	山西甘肃	普 免	明年租	
三十九	湖广甘肃	同 前	一年租	
四十	江苏甘肃	同 前	明岁地丁	
四十一	安徽及陕西河南	同 前	明年田租	
四十二	鲁豫云贵川广西浙	同 前	明年租	
四十四	湖南北	同 前	明年租	
四十七	江南浙江		人丁银	共六十九万
同年	江 南		明年地丁	共四百七十余万
同年	浙 江		明年地丁	共二百五十余万
五十	各省通免一周	食用不给	地丁粮赋	新旧共三千八百余万
五十二	全 国		房地租税一年兼除逋欠	
同年	晋豫及陕西西安等府		今年田租	
五十四	直 隶		田 租	
五十六	各 省		屯卫带征银及漕项银	
五十七	陕 甘	征策妄阿拉布坦军兴	明年地丁	共一百八十余万

康熙四十九年谕曰:“朕省方已阅七省,民俗靡不周知,而民所以未尽殷阜者,良由承平日久,户口殷繁,地不加增,产不加益,食用不给,理有固然。”又谕户部有云:“民为邦本,勤恤为先,政在养民,蠲租为急。”又尝读汉文帝《赐民田租诏》叹曰:“蠲租乃古今第一善政,下至穷谷荒陬,皆沾实惠;然必宫廷之上,力约节俭,然后可以行此。”又尝谓:“本朝自入关以来,外廷军国之需,与明略相仿。至宫中服用,则以各宫中计之,尚不及当时妃嫔一宫之数;以三十六年计之,尚不及当时一年之数。”盖玄烨以节俭爱民自诩,故普免之令屡下。至辇毂所经,蠲减并行,不可缕指云。

(四) 滋生人丁永不加赋之制

清初户口亦有赋役,其制率仍前代,故有编审之法,五年一举,丁增而赋随之。编审者,即今调查户口之意,所以稽天下人丁之多寡,按丁抽赋者也。康熙二十四年,总计天下人丁二千三百四十一万七千四百四十有八;二十五年,以原定编审限期太宽,胥吏得以任意作弊,乃更定一年岁终汇报,每年陆续稽查缺额,于下次编审时补足。至五十年,直省人丁凡二千四百六十二万一千三百二十有四,视前数未甚加增。玄烨以承平之久,滋生日繁,而有司编审时,不将所增实数开明具报者,特恐加增钱粮故也。乃下谕曰:

> 朕览各省编查人丁数目,并未将加增之数,尽行开报,应令直省督抚,将现今钱粮册内有名丁数,勿增勿减,永为定额,其自后所生人丁,不必征收钱粮。编查时,只将增出实数审明,另造清册题报。朕欲知人丁之实数,不在加增钱粮也。

又谕大学士九卿等曰:

> 朕凡巡幸地方,所至询问,一户或有五六丁,止一人交纳钱粮;或有九丁十丁,亦止二三人交纳钱粮。诘以余丁何事?咸云:皇上洪恩,并无差徭,共享安乐,优游闲居而已。此朕之访问甚晰者。前云

南、贵州、广西、四川各省遭叛逆之变，地方残坏，田园抛荒。自平定以来，人民日增，渐次开垦，或沙石堆积，难于耕种者，亦间有之；而山谷崎岖之地，亦无弃土，尽皆耕种矣。由是观之，人民生齿实繁，朕但欲知人丁之实数，不在加征钱粮也。今国帑充裕，频年蠲免，辄至千万；而国用所需，并无遗误不足之虞。

于是廷议以康熙五十年额定丁册为准，新增者谓之“盛世滋生人丁”，永不加赋。以后户口增减，转移除补，易至不公，行之数年，渐觉不便。及雍正元年，因以丁税摊入田赋；输纳征解，通谓之地丁。而无业游民，遂终身无纳税之义务矣（参看中卷第二篇第七章）。

（五）康熙政治之精神

玄烨在位六十余年，一切政治之设施，具本实际主义，不尚虚文。因其秉性宽大，故爱民以蠲租为急，待人以不杀为怀。晚年尝言：“予年将七旬，在位五十余载，天下粗安，四海承平。虽未能移风易俗，家给人足，但孜孜汲汲，小心谨慎，夙夜未敢少懈，数十年来，殚心竭力，有如一日；岂仅劳苦二字，所能该括？前代帝王，或享年不永，后世史论，辄以为酒色奢侈所致，此皆不过书生好为讥评，虽纯全尽美之君，亦必抉摘瑕疵而后快意。予其为前代帝王剖白？盖天下事繁，不胜劳惫所致也。诸葛亮云：鞠躬尽瘁，死而后已。为人臣者，仅有诸葛亮一人耳。若为帝王，仔肩甚重，无可旁诿，岂臣下所可比拟？臣下可仕则仕，可止则止；年老致政而归，抱子弄孙，犹得优游自适。为君者勤劬一生，了无休息。如舜虽称‘无为而治’，然身没苍梧。禹胼手胝足，终于会稽。似此皆勤劳政事，巡游周历，不遑宁处，岂可谓之清净自持，崇尚无为乎？……昔人每曰：‘帝王当举大纲，不必兼亲细务。’朕心窃不谓然。一事不谨，即贻四海之忧；一时不谨，即贻千百世之患。不矜细行，终累大德。故朕每事必加详慎。即如今日留一二事未理，明日即多一二事矣；若明日再务安闲，则后日愈多壅积。万机至重，诚难稽延！故朕莅政，无论巨细，即奏章内有一字之讹，必为改定发出，盖事不敢忽，天性然也。五十余年，每事多先事绸缪，四海兆人，亦皆戴朕德意。岂可执不兼综细务之言乎？朕自幼强健，筋力颇佳，能挽十五石弓，发十三握箭，用兵临戎之事，皆所优为。然平生未尝妄杀一人，平定三藩，扫清漠北，皆出一心运筹。户部之帑金，非用兵赈饥，未敢妄费，谓此皆小民脂膏故也。所有巡狩行宫，不施采绩，每处所费，不过一二万两，较之河工岁费三百余万两，实不及百分之一。……朕之苦衷血诚，一至于此。每览老臣致仕之奏，未尝不流涕。尔等有退休之时，朕何地可休息耶？……朕年五十七，方生白发数茎，有以乌须药进者，朕笑而却之曰：'古来白须皇帝有几？朕若须鬓皓然，岂不为万世之美谈乎。'"玄烨以君主为天下公仆，勤劳尽瘁，义不容辞。孜孜求治，即本此心。又言："朕之生也，并无灵异，及其长也，亦无非常。八龄践阼，迄今五十七年，从不许人言祯符瑞应；如史册所载景星、庆云、麟凤、芝草之贺；及焚珠玉于殿前，天书降于承平，此皆虚文，朕所不取。惟日用平常，以实心行实政而已。"（五十六年十一月上谕）玄烨在位六十余年，一切起居饮食，自有常度，未尝稍改；虽酷暑燕处，从未免冠。北征度漠，南巡治河，虽卒役不能逾其劳。祈雨祷疾，步行天坛，并醯酱齑盐而不御，年逾六旬，犹扶病力行之，其精神之卓越，亦可想而知矣。

一百六 太子之废立

(一) 胤礽之立废

玄烨享国之久，为秦汉以来中国历史上所仅见，子、孙、曾孙同时及见者百五十余人。然其晚年有一极拂意之事，则储位之废立是也。玄烨诸子中直郡王胤禔最长，然非嫡出；嫡而长者，为理密亲王胤礽，故得立为皇太子。玄烨简大学士张英教之，又令儒臣熊赐履等为之讲明性理，凡南北巡狩，未尝不令从行。康熙二十五年，特召江宁巡抚汤斌以礼部尚书领詹事，斌荐原大名道耿介为少詹事，辅导太子。又以满尚书达哈塔佐之。翌年，三人俱以失仪罚俸，遽自请罢，则胤礽之不率教可知矣，时年仅十四耳。灵台郎董汉臣上书言事，以"谕教元良"、"慎简宰执"并举，时明珠执政，权倾内外，惧汉臣侵己，遂以汤斌"惭对董汉臣"一语，传旨诘问。斌奏:"年来衰病侵寻,愆过丛集,动违典礼,循省自惭。乞赐严加处分。"王鸿绪等乃连疏劾斌及介,未几斌卒,介休致。嗣后更不闻有为太子师者。而胤礽之舅(孝仁皇后兄)索额图导之骄纵,"助伊潜谋大事",康熙四十二年,诛索额图,而于太子犹姑息包容之。其后乃至僇辱廷臣,窥伺乘舆,鸠聚党羽,图谋不轨。康熙四十七年九月,玄烨驻跸布尔哈苏台,召诸王大臣文武官集行宫前,命胤礽跪,垂涕语曰:

> 今观太子之举动,不法祖德,不遵诲谕,每肆恶虐众,暴戾淫乱,难以尽言,朕包容垂二十五年矣。乃其恶愈张,侮辱廷臣,擅权鸠党,窥伺朕身,起居动作,靡不探听……朕巡幸陕西、江南、浙江等处,或驻庐舍,或御舟航,未尝跬步妄出,一事扰民。乃胤礽以属下之人,恣行乖戾,无所不至,言之使朕惭恧!又要截外藩入贡之人,攘取进贡之马,致蒙古俱不心服,种种恶端,不胜枚举。朕尚冀其自新,故隐容以至今日。朕知胤礽赋性奢侈,因使乳母之夫凌普为内务府总管,俾便于取用。孰意凌普更加贪婪,下人无不怨憾。予于胤礽幼时,谆谆教训,曰所用者,皆庶民之脂膏,应从节俭。乃不遵朕言,穷奢极欲,逞其凶恶;今更加甚,有使朕诸子无有噍类之势。更可异者,彼每夜逼进市城,从裂缝窥视,不外欲为索额图复仇耳。使朕日在危险之中,昼夜戒慎,未遑宁处。如此之人,岂堪托祖宗之宏业耶?且胤礽生而克母,自古称为不孝。朕即位以来,诸事节俭,身御敝袭,足用布鞋;胤礽所有者,远过于朕。彼犹以为未足,恣取国帑,干与政事,必至于败坏我国家,戕贼我万民而后已。若以此不孝之人而为君,其如祖业何耶?

谕毕,痛哭扑地。旋将胤礽拘执幽禁,并亲撰告祭天地太庙社稷文,(文曰:"祗承丕绪四十七年余矣,于国计民生,夙夜兢业,无事不可质诸天地。稽古史册,兴亡虽非一辙,而得众心者未有不兴,失众心者未有不亡。臣以是为鉴,深惧祖宗垂贻之大业,自臣而隳,故身虽不德而亲握朝纲,一切政务,不徇偏私,不谋群小,事无久稽,悉由独断。亦惟鞠躬尽瘁,死而后已。在位一日,勤求治理,不敢少懈,不知臣有何辜,生子如胤礽者不孝不义,暴虐慆淫,若非鬼物凭附,狂易成疾,有血气者,岂忍为之?胤礽口不道忠信之言,身不履德义之行,咎戾多端,难以承祀。用是昭告昊天上帝,特行废斥,勿致贻忧邦国,痛毒苍生。抑臣更有哀吁者:臣自幼而孤,未得亲承父母之训,惟此心此念对越上帝,不敢少懈。臣虽有众子,远不及臣,如大清历数绵长,延臣寿命,臣当益加勤勉,谨保终始。如我国家无福,即殃及臣躬,以全臣令名。臣不胜痛切谨告。")废斥之,幽禁咸安宫。自太子废,诸王觊觎储位,以胤禩为最显著。玄烨疑太子狂惑,或别有他故,穷治之,果得胤禔令蒙古喇嘛巴汉格隆咒诅太子,用术镇魇状。乃革胤禔王爵,幽禁于其府;而令诸大臣议推太子。时胤禩党羽最盛,外戚佟国维及大学士马齐等,暗使诸臣交章保之。玄烨察出,以胤禩性柔奸,未更事,妄蓄大志,相结党羽,夺贝勒为闲散宗室。又将马齐等拘责有差。于是四十八年三月,复立胤礽为皇太子。

(二)储位之虚悬

胤礽自复立以来,乖戾如故,卒无悔志。康熙五十一年十月,玄烨御笔朱书:"胤礽行事乖戾,断非能改,仍行废斥禁锢。"旋复禁锢咸安宫。至是玄烨绝口不言建储事矣。其后群臣以是为请者,往往得罪。时大学士王掞年七十余,自念受恩深厚,当言天下第一事;又以其祖王锡爵于明以建储事,受恶名。遂于康熙五十六年五月,密奏建储事,恳恳数千言,疏留中。是年冬,又有上言建储者,玄烨不悦。并发掞疏,命内阁议处。忌掞者引马齐故事,欲死之,掞止宫门外,不敢入。玄烨顾左右问:"王掞何在?"李光地谓掞待罪宫门。玄烨曰:"王掞言甚是。但不宜命御史同奏,蹈前明恶习。汝等票拟处分太重,可速召其来!"掞闻命趋入,免冠谢,玄烨手招令前,耳语良久,人不能知也。康熙六十年正月,掞复疏前事,语加激切。二十二日,御史陶彝等十三人,亦上疏如其言。玄烨震怒,谕诸王大臣等曰:

六十年大庆,大学士王掞等不悦,以朕衰迈,谓宜建储,欲放出二阿哥，伊等借此邀荣。不知二阿哥两次册立为皇太子，教训数十年，不能成就，朕为宗社及朕身计，故严行禁锢；所以不杀者，恐如汉武帝之后悔，致后人滋其口实也。朕并无可悔之处，见今时常遣人存问，赉赐佳物，其子朕为抚养。凡此皆为父之私情，不能自已，所谓姑息之爱也。人何得因此生议耶？朕并无诛戮大臣之意，大臣自取其死，朕亦无如之何！朕御极六十年，庆贺典礼，非不可受，因深知此等事故，坚辞不允。朕衰老，中心愤懑，众人虚诳，请行庆典，朕岂屑为此乎。

时玄烨疑王掞植党希恩，令复奏，诸臣皆失色。王掞就宫门阶石上，以唾濡毫，奏："臣伏见宋仁宗为一代贤君，而晚年立储犹豫，其时名臣如范镇、包拯等，皆交章切谏，臣愚信古太笃，妄思效法古人，实未尝妄嗾台臣共为此奏。"奏上，待罪五日，得谕："王掞及御史陶彝等妄行陈奏，俱云为国为君，今西陲用兵，伊等暂停议罪，着遣往军前立功赎过。王掞年老，着伊子王奕清代去。"盖王掞年迈龙钟，欲以一言以报帝殊恩，且惩于其祖在明时因议建储事，为清议所不许，遂拟力反其行，致触玄烨之怒。玄烨亦非不知王掞之忠，特以"中心愤懑"，不愿诸臣之议立太子，以蹈虚诳之辙也。自胤礽再废，储位虚悬，玄烨固深以是为毕生憾事；而将来授受之际，则又不免发生若干之疑窦耳。

第二十七章　准噶尔之没

一百七　准回两部之起源与混一

（一）准噶尔之起源与噶尔丹之勃兴

清初西域分两大部：曰准部，曰回部。准部，即准噶尔也，为厄鲁特四部之一。厄鲁特亦作额鲁特，在今外蒙古之西，天山以北一带。其族故元代牧人，分驼、马、牛、羊四部，称为四卫拉特（卫拉特译言一大部）。元之衰也，明谓之瓦剌。瓦剌者，由瓦剌特音转而讹者也（《圣武记》曰“卫拉即瓦剌之音转”，似误）。正统中，瓦剌极盛，其汗部长玛哈木兴起，雄视沙漠南北，明成祖封为顺宁王。玛哈木之孙也先数入寇边，为中国巨患。也先死而瓦剌遂衰，其四部所居之地如下：

厄鲁特蒙古
- 和硕特（居乌鲁木齐附近后袭青海）
- 准噶尔（牧伊犁准噶尔与杜尔伯特均姓绰罗斯故准噶尔部亦称绰罗斯部）
- 杜尔伯特（牧额尔齐斯河域）
- 土尔扈特（居塔尔巴哈台“雅尔”附近）

清兴东陲，内蒙诸部，既先后臣附，而漠北喀尔喀及厄鲁特两大部，以荒远未服。崇祯末，和硕特固始汗（或作顾实）袭据青海（详下章），同时准噶尔部长巴图尔浑台吉，亦自伊犁蚕食近部，势力渐张；屡与俄国通使，以貂皮易其铳工诸物。康熙初，浑台吉死，子僧格嗣，其异母兄车臣卓特巴巴图尔争属产,与僧格隙,劫杀之,其子索诺木阿拉布坦立。时僧格同母弟噶尔丹方为喇嘛在西藏,康熙十二年,归而靖乱,戮逐车臣等,兼杀阿拉布坦,而自立为准噶尔汗。噶尔丹之在西藏也,与藏中第巴(政务官)桑结相交欢,时桑结颇患和硕特部之干涉藏务,闻噶尔丹立为汗,欲借其势力以挫和硕特,乃百计怂恿之。而噶尔丹又方娶车臣达延汗(固始汗子)女,思并其众。康熙十六年,噶尔丹以和硕特纳准部叛众为名,袭破之,杀车臣达延汗,而有其领地。于是厄鲁特四部尽属噶尔丹。而准部之势力,遂蒸蒸日上矣。

(二) 回部之起源与准部之统一西域

回部在天山南路,其地即《汉书·西域传》之南道诸国。汉以后,佛教输入,唐时龟兹、于阗佛法尤盛,石晋高居诲使于阗时,尚谓其喜鬼神而好佛也。唐初摩哈默德(Mohammed)创伊斯兰(Islan)教于阿拉伯,其徒有由波斯而入于回疆者,故宋元以来,伊教颇盛行。自后随以回回名伊教,而实则回回乃葱岭以西大部落之名也(其详见本目附注)。回部旧汗,本元太祖次子察哈台之裔,世封其地。明季有玛墨特者,为摩哈默德之裔,与其兄弟辈自麦地那(Medina)分适各国,始逾葱岭东迁至喀什噶尔(今疏勒县),是为新疆有回酋之始。(《明史·西域传》称:天方于西域为大国,回回之祖,曰马哈木者,首于此地行教。又称:"默德那为回回祖国,地近天方。"按此所谓马哈木者,即玛墨特,默德那者,即麦地那也。)清初,元太祖十九世孙阿布都拉伊木为叶尔羌(今莎车县)汗,以其诸弟分长八城;即吐鲁番、哈密、阿克苏、库车、和阗、喀喇沙尔、乌什、喀什噶尔,是也。是时元裔势衰,回教徒渐强。其和卓(Khoja 意即教长也)代握政权,又分黑山、白山两党,各习师说,相标榜。白山党首领阿巴克(或作阿蒲)为黑山党首领伊士摩儿(或作伊司买或作伊司马哀)所逐,由克什米尔(Kashmir)转入西藏,乞援于达赖喇嘛第五世,达赖喇嘛命噶尔丹助之。康熙十七年,噶尔丹引兵逾天山,击破黑山党;尽执元裔诸汗,移于伊犁。使阿巴克居叶尔羌,总督回部,而任准噶尔人为昂吉(准部官名)。诸城并以准部人征收租税,月纳约四十万但加司(约合四千磅),威令震其全部。噶尔丹既统一天山南北,兼有科布多、青海等地,则又欲东并喀尔喀,乃自伊犁徙居阿尔泰山麓,使杜尔伯特部众屯田,且耕且牧,以恃其食。于是清准之关系,乃渐次发生矣。

〔附注〕 回回者,或以为即唐之回鹘,然回鹘种族虽繁,其散处多在天山以北。辽元二史,回鹘、回回并称,则其族类之异可知。近时李泰棻《回回名考》曰:“回回之名,始见《辽史》,不过西北一部落之名耳。后乃据以名教,近且以名教人之种族,是不可以不辨。按回回非教名,教中经籍,亦无此名义。朱一新《无邪堂答问》据顾炎武、杭世骏之说,以为即《唐书》之摩尼教。近日石室启秘,摩尼残经出世,王仁俊《古迹录跋语》不知据以对勘摩哈默德教旨,证其异同;乃盲从朱氏,复涉及《明实录》、《敦煌乡土志》,殊嫌强合(详见抱咫斋《中国宗教考源》)。《元史》之也里可温(见《元典章》卷三十三《礼部》六标目有也里可温教五字),即元之天主教(刘文淇《至顺镇江志校勘记》卷上)。刘文淇为道光时人,已有此说;近日吾友新会陈垣,著《元也里可温考》,是说大昌。魏源《元史新编》乃误为回教阿浑之称。阿浑,乃新疆回人语长者之义;教经中固未曾有也。按教名实为伊斯兰,创始于摩哈默德,在西元六百二十二年,唐高祖武德五年也。其教之至中国,实自波斯。其经行线可别为二:一由波斯而印度,而南洋各岛,以逮广东,此水线也。唐贞观初年,斡葛士航海东来,栖止广东传教,即由兹路。一由波斯而阿富汗,而回疆,以至于秦陇,此陆线也。唐时虽有斡葛士航海东来,而其教未盛行;今之伊教,大都由陆线传来。故回回之称独著。回部自宋以来,始信伊教;故回非教名,乃其部落固有之名也。”(见李著《中国最近世史》)按此所言,则回回本系固有部落之名,后因伊教东来,回人多信之,故亦以名其教。惟回回之起源,则李先生未言之。意者西域小部,文献无征,诸史或及其名,而不详其所自也。

一百八　准噶尔与喀尔喀之关系

(一) 喀尔喀之由来与当时之形势

喀尔喀者,即今之外蒙古,故鞑靼达延汗留牧之地也。及达延徙幕辽东,其季子格哷森札赉尔留故土,析众万余,分授七子为七旗;是为喀尔喀各部之祖。札赉尔孙阿巴岱始入西藏,谒达赖喇嘛,得其经典以归,部众尊信之,奉以为汗。是为土谢图汗之始。土谢图部,据土拉河流域,而其东西又别为两汗:西曰札萨克,占杭爱山西麓地;东曰车臣,占克鲁伦河流域。喀尔喀西境,与厄鲁特接,世不相能。崇德元年,清兵之平定察哈尔也,遣使宣捷于喀尔喀。喀尔喀震于清之兵威,数遣使通聘,岁献白驼一、白马八,号为"九白之贡"。其后清兵入关,贡使中绝。顺治三年,苏尼特部腾吉思,皇太极之额附也,与多尔衮不合,率所部北投喀尔喀。于是土谢图汗、车臣汗合兵三万迎之,并掠巴林部人畜。清命多铎往征,六月,师至噶尔察克山,腾机思闻风远遁。外藩郡王满朱习礼、副都统明安达礼追及于欧克特山,大破之,迎下嫁格格(即公主)还。八月,自土腊河击败土谢图汗兵二万,次日,复败车臣硕雷汗兵三万,以马疲班师。四年,札萨克图汗上书代解,书不称名,而词又倨,多尔衮置不理。五年,腾机思复归顺,而喀尔喀各汗亦奉表请罪。诏各遣子弟来朝,补九白之贡,尽归所掠人畜,喀尔喀不听。十二年,三部始各遣子弟来请盟,诏赐盟宗人府,遂于其地设八札萨克,分左右翼。先是喀尔喀为漠北雄部,及中叶,专佞喇嘛,习梵呗,弛武事。又部族嗜酒,自相凌蔑,故威棱日衰,而准噶尔得以坐乘其敝焉。

(二) 噶尔丹之击逐喀尔喀

康熙二十三年,土谢图汗执杀札萨克图汗而夺其妾,三部内讧,清廷遣使偕西藏达赖之使和之。而噶尔丹乃使其族人多尔齐札布随而觇之,故使谩骂土谢图汗,以激其怒。土谢图汗果执杀之,噶尔丹遂借词报复,扬言借俄罗斯兵且至。土谢图探之,无其事,守备懈;而噶尔丹言之不已,土谢图益不信。噶尔丹又遣喇嘛僧众,游牧其地,为间谍,土谢图亦弗问也。三十七年夏,噶尔丹领劲骑三万,逾杭爱山,突袭其帐,游牧喇嘛从中应之。土谢图汗察珲多尔济及其子噶尔旦拒战,大败,悉众东走。会清遣往与俄会议之使臣索额图等道出车臣汗境,土谢图汗遣使乞援,即扬言大国兵来救己。噶尔丹闻之,亦以书至。索额图等具以情实相晓谕。噶尔丹知中国军之不为喀尔喀也,志益肆,既蹂躏土谢图,又东西击逐车臣札萨克图两汗,并劫其大喇嘛哲卜尊丹巴胡图克图之帐。于是三部众数十万,尽弃牧畜帐幕器物,分路投漠南请降。清廷命尚书阿尔尼等发归化城张家口独石口之仓储,并赐茶布十余万以赡之;且假科尔沁水草地使游牧。噶尔丹既并有漠北,必欲得土谢图汗而甘心,数遣使陈请,使执而畀之。玄烨知两部搆兵,曲在土谢图,然以其部众内附,势不可令失所。二十八年,遣阿尔尼谕噶尔丹罢兵,返喀尔喀侵地,且约达赖喇嘛亦遣使调停之。噶尔丹终以不得土谢图汗为恨,驻兵克鲁伦河流域,征诸属国控弦之士数十万,谋窥伺漠南。二十九年,玄烨命阿尔尼调内蒙古各部兵驻防边界以侦之,于是两国乃以兵力从事矣。

〔附记〕 松筠《绥服纪略》曰:"康熙中,喀部为准夷所攻破,集众议投鄂罗斯(即俄国)与投中国孰利,哲卜尊丹巴喇嘛(蒙古所奉之活佛)曰:'鄂罗斯持教衣冠俱不同,必以我为异类,宜投中国兴黄教之地。'遂定计东向。"

一百九 玄烨之三次亲征

(一) 噶尔丹之入犯与乌兰布通之役

康熙二十九年六月,噶尔丹引兵二万余,以追喀尔喀为名,越呼伦池而南,进次索岳尔济山附近,掠乌珠穆沁(内蒙部落之一,距古北口九百余里。沁一作秦)部人畜。阿尔尼督蒙古兵袭击之于乌尔会河(盖即乌拉圭河,在乌珠穆沁左翼境内。魏源疑为克鲁伦河北之乌尔匝河,大误),战不利而退;噶尔丹益深入乌珠穆沁境。玄烨檄阿尔尼收集兵马,严行警备,如蒙古兵不足恃,则姑令内移,将续发大军以继之。时中国统一,天下无事,玄烨知噶尔丹之志不在小,且不可使喀尔喀无故地游牧。七月,命裕亲王福全(世祖宁悫妃生,为康熙帝之兄)为抚远大将军,皇子胤禔副之,出古北口;恭亲王常宁为安北大将军,简亲王雅布,信郡王鄂礼副之,出喜峰口;而使阿尔尼率所部会福全军,又别调盛京吉林及科尔沁兵助战。玄烨亲幸边外,以节制之。福全遇敌乌珠穆沁境,战复不利,噶尔丹乘胜渡西喇木伦河深入,至乌兰布通(今赤峰县境),距北京仅七百里。时福全屯军乌兰布通三十里外,诏停常宁兵,改命康亲王杰书等屯归化城,以要其归路。八月朔,两军激战于乌兰布通,准兵数万阵山下,依林阻水,以橐驼万余缚足偃卧,背加箱垛,蒙以湿毡,环列为栅;士卒于垛隙发矢铳,备钩距,谓之"驼城"。清军隔河而阵,以火器注攻之,自午后二时至日暮,驼死甚众,阵断为二。步骑争先陷敌。噶尔丹乘夜走保高险,翌日,遣喇嘛诣军前乞和。诏促进兵,毋堕其计,而噶尔丹不俟报,即拔营由西喇木伦河,载木横渡,越大碛山北去,所过皆烧荒以绝追骑。越六日,福全始发骑追之,不及而返。而噶尔丹中途遣使献书,顶威灵佛,誓不犯边,且具疏谢过。科尔沁土谢图亲王谋羁留之,噶尔丹逸不止。且尽失负驼,无辎重,狂奔绝漠而北,沿途饥踣死亡,得还科布多者,仅数千人。时玄烨以不豫自博洛河屯回京,诸将不及奉进止;而归化城西路兵,及科尔沁诸蒙古兵,以奉福全搆和之令,遂不复邀击。鄂礼劾福全不乘胜追剿,反檄止苏尔达等进兵,致穷敌窜逸。玄烨以功过相兼,薄其罚。又有言科尔沁土谢图亲王通敌纵之者,玄烨亦不问也。乃敕谕噶尔丹悉众出界,不得擅犯喀尔喀一人一畜,八月,遂班师。

(二)玄烨之出塞大阅与喀尔喀之安置

康熙三十年,玄烨以准部连年寇边,职由土谢图汗启衅召侮,当有以惩之;而喀尔喀新附之众数十万,亦不可无以抚绥训练之也。乃议出塞大阅,示以威严,以多伦诺尔(即元上都地,《御制汇宗寺记》曰:"多伦泊者,清淑平旷,饶水草,而内外札萨克之来朝者,道里适中。")为会场,命理藩院檄调新附诸部,及科尔沁等四十九旗,预屯会场百里外待命。五月,玄烨自京师出发,出张家口,至多伦诺尔,盛设兵卫,上三旗亲军居中;八旗前锋营二,护军营十,火器营四:共十六营,分二十八汛,各环御营而峙。先传谕土谢图汗等,令具疏谢罪,并内外蒙古移近御营五十里,不得入哨内。届期,陈卤簿,设仪卫,御帐殿受朝。次日,玄烨躬擐甲胄,大阅,严申约束。乃宣敕赦土谢图汗罪,仍留其汗号,其所属济农(副王)、诺颜(长官)等,皆去旧称,授王贝勒以下爵有差。分三十旗为左右中三路,与内蒙古四十九旗同列,仍听游牧近边。又于多伦诺尔附近,建寺曰汇宗,以安其喇嘛。自是喀尔喀为中国藩属。时噶尔丹自西喇木伦河之败,仍以科布多为根据,居伊克阿拉克湖畔,使部众从事渔猎,休养生息,思复东出。以故两国之战事,一时仍未能结束也。

(三) 玄烨之亲征漠北

先是,噶尔丹之长准噶尔也,欲歼其兄僧格遗族,以绝后患,乃杀其次子。长子策妄阿拉布坦,时因噶尔丹夺其聘妻(阿敦阿奴之女弟),已率兵五千遁至巴尔哈什湖畔。及噶尔丹与中国搆兵,乃乘间归伊犁,遣使至北京通好,约攻噶尔丹之背。清廷以噶尔丹势且穷蹙,议招抚之,令移近边就食;并劝其决计归降,当加恩赐,噶尔丹不从。翌年,又遣使至归化城,声言入贡,男妇接踵而至者,几二千人。将军费扬古(世祖董鄂妃之弟)遣兵迎诘,因遏止之,诏责还其使。三十三年,约噶尔丹来会盟,不报;而噶尔丹乃转奉书索土谢图汗及哲卜尊丹巴益急。又害清遣往伊犁之使臣于哈密(先是,康熙三十年清遣侍读学士达虎赍敕由嘉峪关往吐鲁番颁赏策妄阿拉布坦。次年,复遣员外郎马迪往,为噶尔丹部下戕杀),兼诱使内蒙诸部附己,科尔沁土谢图亲王沙津以闻。三十四年,玄烨密谕科尔沁等部,令传语噶尔丹,伪许内应,诱令深入,当以一战覆之。是年九月,噶尔丹果率骑三万,沿克鲁伦河侵掠至巴颜乌兰,自秋徂冬不去,亦不犯漠南。清遣使激之,噶尔丹使使者徒步归,且扬言借俄罗斯鸟枪兵六万,将大举入犯。玄烨知噶尔丹不除,则终为内外之患,谋以全力制之。议令将军萨布素引满洲兵会科尔沁所部出其东,抚远大将军费扬古驰赴归化城调陕甘兵出宁夏,自翁金河出其西,而自将禁旅出独石口为中路,克期夹攻。三十五年三月,玄烨率军出边,以沙漠不宜车,乃留大炮,惟携子母炮以行。每驻营,亲拊士卒,相水草,逾月,渡沙漠,进逼敌境。时东路军尚未至,而西路亦因敌焚草地,迂道阻雨,士马馁困,乞缓师以待。途次,复闻风说,谓俄人将助准噶尔。于是大学士伊桑阿等,乃力请回銮。玄烨怒曰:“朕祭告天地宗庙出征,不见贼而返,何以对天下?且大军退,则贼尽锐注攻西路,西路军不其殆乎?”遂率兵疾趋克鲁伦河,手绘阵图,指示方略。从行王大臣,有言宜俟西路兵至而合击者;有言宜出其不意,直前突击,有言宜遣使告以车驾亲征,令其惊扰,而后乘机进剿者。玄烨议从后计,乃遣使与厄鲁特人俄齐尔偕往告之。噶尔丹不信,登北孟纳兰山,望见御营黄幄龙纛,环以幔城,又外为网城,军容山立,大惊。又闻西路军已过土喇,乃谓其下曰:“北路军不可击,且击西路。”遂拔营宵遁。比清军至河,则北岸已无一帐。玄烨始意噶尔丹必扼河拒战,故分军攻其腹背;至是知其无能为役,乃命领侍卫内大臣马思哈搜讨巴颜乌兰近地,而亲率前锋追之三日,至拖诺山(一作托纳山),不及而返。时五月十二日也。

(四) 昭莫多之大战

先是,西安将军博济,甘肃提督孙思克等,督陕甘诸军,以二月发宁夏,军行艰苦,多亡失。比至翁金河,孙思克乃定减兵并粮之议,留十人屯河畔,简精锐以进。数日,始与费扬古军会,以五月十三日,抵土拉河上流东岸之昭莫多(Tchao Modo,亦名东库伦)。昭莫多者,蒙语大树林之意,即明成祖破阿鲁台地也。平旷饶水草,而大岭环峙,千仞如屏,为自古漠北战场。时噶尔丹至克鲁伦河奔驰五昼夜,中途欲拒战拖诺山,而众奔不止,沿途遗老弱辎重无算,其至特勒克济(距昭莫多二十里)者,仅万人,然皆百战之锐。清师长途疲饥,马僵其半,费扬古等议马力不能驰击,非反客为主,以逸待劳不可,乃距离三十里止营。其地有小山,三面皆距河,林木茂荟,可设伏;先遣前锋兵四百,且战且却,诱敌至昭莫多,费扬古率左右翼步骑,先据小山,阵于东;余沿土拉河阵于西:军皆下马步列以待。孙思克以绿旗步兵居中,据山顶临之,敌争山顶,锋甚锐。清兵据险俯击,弩铳迭发,藤牌继之,每进,辄以拒马木拥后,示必死(赵翼《武功纪盛》谓:"以拒马木拥于后,示必死,无退避。"《圣武记》魏源辨之,谓"无拥于后之理"。然考拒马木之列于阵前,所以制敌骑之冲突,常制也。果列前自固,则史书又何必特别记载?且是役清军下马步战,则准部之兵,亦必无轻骑冲突之事。故魏辨不甚可信)。敌冒矢铳鏖战,至暮不退,人如怒虎,山林皆震。费扬古遥望敌阵后人马不动,意必其妇女驼畜也,乃麾沿河伏骑,以一半横冲入阵,以一半袭其辎重。而山上奋呼夹击,敌始奔溃,乘夜追北三十余里,天明收军。计斩数千级,生擒数百人,降其众二千余人,获驼马牛羊帐械无算。而噶尔丹之妻(可汗之妃曰阿敦,故诸书多作阿敦)阿奴亦死焉(《圣武记》言:阿奴硕皙敢战,披铜甲,佩弓矢,骑异兽,似驼非驼,精锐悉隶麾下。殷化行《西征纪略》言:噶尔丹及其妻阿奴娘子等皆冒炮矢,舍骑而斗,锋甚锐。可见阿奴亦能战者,钟济海即其所生也)。时玄烨方回至塔尔,得捷奏,命费扬古留防漠北。喀尔喀人皆膜拜感安辑恩。玄烨因勒铭拖诺山及昭莫多之山而还。次归化城,亲犒劳西路凯旋之师,缀膳大享士,献厄鲁特之俘。弹筝笳及歌者毕集,有老胡工笳口辩,有胆气,兼能汉语。玄烨赐之酒,使奏技,音调悲壮。歌曰:"雪花如血扑战袍,夺取黄河为马槽,灭我名王兮虏我使歌,我欲走兮无骆驼。呜呼,黄河以北奈若何!呜呼,北斗以南奈若何!"歌毕,伏地谢。玄烨大笑,手书以告皇太子(时留守京师)。六月,班师至京师。噶尔丹自经此败后,遂无力再事东窥矣。

(五) 噶尔丹之穷途致死

噶尔丹之败遁也,从者仅数十骑,时阿尔泰山以西,已为策妄阿拉布坦所据,而回部青海,亦皆乘机叛去。又以连年战争,精锐牲畜,亡失略尽,乃穷窜于塔米尔河(鄂尔坤河之西支流)畔,欲取道翁金河,至哈密谋进止。时西路军留屯翁金河者,以守护余粮,故未撤。九月,驻守副都统祖良弼因草枯水涸,焚粮而归。噶尔丹命丹济喇出掠之,为良弼所败,其势益窘。欲掠喀尔喀之出边游牧者,闻其有备,不敢犯;而遣赴西藏之使,又为青海清副都统阿南达所擒。其所属部落,多不过千人,皆羸弱,自盗羊马。玄烨乘其穷蹙，欲降之，是月，复幸归化城，驻跸鄂尔多斯，召费扬古至行在，授方略。且谕青海诸台吉，及策妄阿拉布坦助剿擒之。又遣使携其党羽，准部诸台吉，络绎来降。噶尔丹以部属瓦解，饥不得食，遣使至行在探中国意，临行叹谓使者曰："天下人果不相同，中国皇帝，神灵奇异，闻其行军所至，泉涌于沙，草生于碛，冰泮于河，是天助彼也！今我所属之人，已皆往属，是人助彼也！尔往其所，观其侍从大臣行止若何，归日议之。"因泣下。使者至清营，以情告清大臣。玄烨闻而怜之，诏数其寇边之罪，令入朝自谢，许以待喀尔喀之例待之。并命理藩院，自独石口至宁夏，设驿站以待。十二月，玄烨旋京师，而噶尔丹卒倔强不至。三十六年春二月，玄烨以噶尔丹绝无伏罪意，复渡黄河幸宁夏，命内大臣马思哈及将军萨布素，会费扬古大举深入。时噶尔丹命其子塞卜腾巴尔珠尔征粮哈密，为回人擒献，左右亲信，相率引去，或密约清军，请为向导。于是噶尔丹欲西归伊犁，则闻策妄阿拉布坦拥劲兵伏阿尔泰山间，将擒献以为功；欲南投西藏，则清军阻其通路，不得出。且一夕数惊，所至怪风淫雨，自知众叛亲离，山穷水尽，乃以闰三月十三日，饮药自杀。时玄烨将自宁夏循贺兰山北征，而费扬古以噶尔丹已死奏报。噶尔丹族人丹吉喇以其骸骨及其女钟济海来降，策妄阿拉布坦要夺而献，所部尽降。于是自阿尔泰山以东，皆隶版图，拓喀尔喀西境千余里。复勒铭狼居胥山，以五月旋京师，勒石太学。综康熙时准部之役，玄烨凡三次亲征：一由东路，至博洛河；一由中路，至克鲁伦河，及拖诺山；而第三次则由西路，循贺兰山北征。及噶尔丹死，而朔漠悉定。人或疑其穷兵黩武，然玄烨欲以外蒙为屏藩，则怀柔之术，不得不尔也。至亲率士卒，不避跋涉，英杰之气，亦迥非其他帝王之所能及也。

一百十　准噶尔之再兴

（一）策妄阿拉布坦之侵略主义

策妄阿拉布坦既乘间据伊犁，游牧博罗塔拉河域，用其父旧臣七人，收集散亡，杜尔伯特诸台吉从之；辟地至额尔齐斯河，遂有准部大半。及康熙三十六年,噶尔丹以穷途致死,于时伊犁一带,空无所主,而策妄生聚未盛,不能强霸其地。清军以屡胜之势,若进而收其部落,夷为郡县,遣师戍守,未常不可使数千里之地,划归中国版图也。而玄烨以其地旷莽辽隔,颇费转输;且以策妄方献噶尔丹之尸,外极驯昵,遂画阿尔泰山以西之地,俾之游牧。于是天山以北,复成一大部落。策妄富武略,有大志,自领准部以来,连年西出,侵略今俄领中亚细亚境,势力复强;乃谋并诸厄鲁特。时土尔扈特自明末准噶尔浑台吉强盛以来,已徙牧窝尔噶河畔,策妄先取其汗阿玉奇女,而离其子使携众万五千户至,没入之。又阻阿玉奇入贡中国,并禁其入藏熬茶。阿玉奇遂全部投俄罗斯。而杜尔伯特以与准部同族故(并出也先之后),已为所役服,独和硕特分长青海西藏,势与相敌。策妄欲以结婚政策,并有其众。既娶西藏拉藏汗之姊,复赘其子丹衷于伊犁,不令归。然是时拉藏方以讨诛桑结功(详见下章),得中国政府保护,策妄欲侵扰藏地,恐中国兵为之后援。乃以康熙五十四年三月,引兵出哈密北境,掠所属五部,以图牵制。于是吏部尚书富宁安,率大军出甘州,以八月至巴里坤(旧镇西府),奏请于哈密附近,募兵兴屯以防之。清廷虑策妄取道柴达木草地,自青海入藏,乃令侍卫阿齐图督青海诸台吉,各选兵屯噶斯湖畔,断其通路。又敕拉藏汗毋恃亲疏防,戒严以备之。

(二) 准兵之入藏

康熙五十五年,策妄果遣其臣大策零敦多布,领精兵六千,自伊犁西南行,徒步绕大戈壁,逾和阗南境昆仑山(《圣武记》作大雪山。按即昆仑山脉之最西部,在塔里木河南源,和阗河源附近。光绪十五六年间,俄国探险家格兰赤瓦斯奇自此入藏,所经山路,即名俄罗斯山。故西人称此为俄罗斯山脉),冒险涉瘴,昼伏夜行,以五十六年七月,始达腾格里湖北。腾格里者,蒙语天之意也,湖接后藏,周千里;有铁索桥天险。拉藏汗耄而嗜酒,不设守备,准兵以送丹衷夫妇归国为名,由腾格里突入。拉藏汗与其子苏尔札拒战于达穆河附近,相持两月,以兵寡退保拉萨。会番众有阴通准噶尔者,准兵遂以十月晦陷拉萨,杀拉藏汗,虏其妻子,搜各庙重器送伊犁,禁新达赖(拉藏所立,名伊西坚错。至达赖之纷纠,当详下章)于札克布里庙。于是藏中大乱。先是,富宁安驻军巴里坤,数分兵袭击乌鲁木齐、吐鲁番等境,三月,诏授富宁安靖逆将军,出巴里坤。又以傅尔丹为振武将军,祁里德为协理将军,出阿尔泰山:俱令以七月前进。会富宁安军于乌鲁木齐俘获回众,具知策妄遣兵入藏事。清廷疑准兵或联合拉藏,侵扰青海,乃命西安将军额伦特,督军西宁;又檄侍卫阿齐图等,严守噶斯,以备不测。而拉藏乞援之疏忽至。五十七年正月,诏额伦特及侍卫色楞等,督满汉兵先后自西宁出青海赴援。自五月至六月,两军以次渡木鲁乌苏河(金沙江上流),分道深入。策零敦多布分军迎战,阳败屡却,而自扼哈喇乌苏河(怒江上流)以待。额伦特率所部疾趋,欲先渡河,扼狼拉岭之险;比至河北,而色楞军亦至。策零敦多布令番众据河拒守,而分兵潜出其后,截清军饷道,相持月余,粮尽矢竭。九月,清师尽覆。

(三)准兵据藏之失败

哈喇乌苏败后,青海、蒙古皆惮言入藏,而廷臣亦俱言:“藏地辽远,途险且恶,不能遽至,宜固守边圉。”玄烨因命十四子胤禵为抚远大将军,驻师西宁,改四川巡抚年羹尧为总督,备兵成都,期以明年分道出发;而师久不进。五十九年,诏胤禵移驻木鲁乌苏治饷,以西宁军属都统延信出青海。又以年羹尧坐镇四川,未可轻动,令以川军属护军统领噶尔弼,出打箭炉,二路入藏。延信以四月发西宁,至八月,度当拉岭;而噶尔弼自里塘巴塘招抚番众,先以八月初,越拉里而西。策零敦多布自引兵拒西宁军于楚玛拉池附近,再战再北;而川军已以八月二十三日,自墨竹工入拉萨,号召大小第巴,宣示德意,诛喇嘛助敌者五人,幽九十余人,僧俗震慑。策零敦多布进退受敌,由旧路北还。于是藏事始定。时青海、四川兵,两路入藏,而将军富宁安、傅尔丹等,亦分出巴里坤、阿尔泰山,以猎其北,降番众数千。会策妄方与俄罗斯搆兵,以故东边守备甚疏。六十一年,清军至乌鲁木齐,以伊犁隔险未能深入,而哲卜尊丹巴胡土克图,复代为请罪。清廷遣使宣谕之,令自戢,渐撤西北之师。是时,厄鲁特诸部之在近塞者,以准噶尔及和硕特为大宗,然其对于中国,则准噶尔跋扈,而和硕特驯良,故清廷常征伐准部,以扶植和硕特。及雍正元年,青海复有罗卜藏丹津之叛,诏以年羹尧、岳钟琪讨平之(事详后章),罗卜藏丹津走投准部。清廷遣使索之,策妄不奉命,惟定边界,约不入犯。时西北两路大军已撤,惟戍兵分屯哈密、巴里坤、吐鲁番、布隆吉河绝其东侵之路。雍正五年,策妄阿拉布坦死,其子噶尔丹策零立,遣使特磊来朝。胤禛因赐敕谕,仍令执丹津以献。策零年少好事,雄狡不让乃父,且善驭士卒,诸将乐为之用。于是两国之战争,不久又起矣。

一百十一　雍正之用兵西北

(一) 西北用兵之决议

噶尔丹策零既立,复效其父祖所为,屡谋犯边。清帝胤禛以大军既撤,一旦准部有事,则喀尔喀、青海、西藏,必被其扰乱,甚且为国家之隐忧。七年二月,廷议讨之:大学士朱轼,都御史沈近思,并以时机未至为言;都统达福,亦力言策零用其众,若以千里转饷之劳,攻彼效死之士,未见其可。惟大学士张廷玉主张用兵,与胤禛意合。时傅尔丹方为领侍卫内大臣,以容仪修伟被荐,年羹尧已死,岳钟琪代为川陕总督,威望震诸藩。三月,命傅尔丹为靖边大将军,屯阿尔泰山,自北路进;岳钟琪为宁远大将军,屯巴里坤,自西路进;期以明年会攻伊犁。会罗卜藏丹津与其族属谋杀策零,事觉被执。于是策零欲借以为缓师地,八年五月,复遣特磊至,谓将执丹津致诸中国,以闻师出而止。清廷命侍郎杭奕禄等,偕特磊往谕策零以受封定界,敦族睦邻诸事;且诏傅尔丹、岳钟琪来京会议,以副将军巴赛,提督纪成斌分摄两路军事,其进兵之期,暂缓一年。时科舍图卡伦(系牧场。哈密至巴里坤,中有科舍图岭间之,蒙古谓碑为科舍图,以是岭上有唐裴行俭之西征碑也。岭南设三台至哈密,岭北设三台至巴里坤)当敌来路,距大营甚远,成斌不设备。策零乃不待使命,乘西路备弛,发兵二万,于是冬劫科舍图驼马牲畜,总兵樊廷、副将冶大雄以兵二千拒之。总兵张元佐赴援夹攻,力战七昼夜,夺回大半,诏嘉樊廷等,而降成斌为副将,因增兵决战。

(二) 傅尔丹之败绩

九年五月,傅尔丹进驻科布多城。(是城筑于雍正八年。爱尔得宜理《蒙古志》曰:"雍正八年庚戌,大军镇抚四方,巡阅科布多附近,建筑此城,命驻屯戍兵。")时策零知西路牲畜缺乏,不能进击,乃悉众北犯。六月,遣大小策零敦多布,以兵三万,至科布多西博克托岭;而先纵间谍伪降,诡言:准部连年与哈萨克交战,驼马羸弱,今其前队千余,屯博克托,大队未至,可袭而破也。傅尔丹勇而无谋,信之,即以兵万人往袭。六月二十日,遇敌兵转战一日,杀伤相当。翌日,前军至和通淖尔(淖尔蒙语湖泊之意,在科布多西二百里),敌军胡笳远作,毡裘四合;乘高突冲,万矢雨集。傅尔丹以后军往援,适敌已战胜来围,命索伦蒙古兵先御之。科尔沁蒙古树红纛,先遁,土默特蒙古树白纛,其公沙津奋战入敌垒,而索伦兵但知蒙古兵败,误呼曰"白纛兵陷贼矣"。诸军遂大溃,终夜甲仗声不绝;惟满兵四千卫辎重,且战且走。七月朔,还至科布多,余者仅二千人而已。是役也,副将军巴赛查弼纳以下,先后战死及自杀者,凡十余人,士卒死伤无数。其被俘者,准部穿其胫,盛以皮囊,系马后,凯旋而归。科尔沁王先逃,伏萑苻中,得免;而傅尔丹竟信其言,谓沙津先败,斩之。蒙古兵皆愤怒。初,傅尔丹与岳钟琪会议进兵策,岳赴其庐,见壁上刀槊森列,问何所用。曰:"此吾所素习,悬以励众。"岳笑而漫应之,出语人曰:"为大将者,不恃谋而恃勇,亡无日矣。"当傅尔丹进师时,诸将皆力谏,副都统定寿曰:"噶逆闻警,敛师境内,静以观变,其谋可知。安可信俘虏片言,突入敌垒?"傅曰:"不入虎穴,焉得虎子? 彼穷蹙之余,安敌精强之士? 汝何怯也?"定默然出,以袍付仆曰:"汝持此归葬可也。"海兰曰:"量敌而入,将之能谋也;知难而退,武之善经也;敌未可轻,武未可黩。俘虏之言,奚足为信? 羸师待敌,外夷故智。君其防之!"傅艴然曰:"国家所以无敌者,以武臣不畏死耳。君等安可蹈汉儿弱习哉?"因命整军以进。及至和通泊。果大败,定寿中矢死,海兰亦自缢于幕杙上。

(三) 蒙古之防战与三音诺颜部之起源

和通淖尔之败报达京师,诏以大学士马尔赛为抚远大将军,驰赴土拉河畔会喀尔喀诸王,议蒙古防务,又谕傅尔丹相机坚守,毋轻图报复。蹈前辙;如科布多不可守,则移驻察罕廋尔,为专守喀尔喀之计。先是,康熙用兵准部时,以札萨克图之察罕淖尔形势蓄藏,水草丰美,便于屯戍;其地有山曰察罕廋尔,因于此筑城置兵。及是,傅尔丹奏言察罕廋尔距科布多辽远,艰于策应;廷议谓其地近喀尔喀游牧,若大军会屯,战守甚便。乃诏傅尔丹移营于此,去大将军号,以顺承郡王锡保代之;而马尔赛屯归化城,为后援。时准部亦两路备兵,令诸台吉环峙乌鲁木齐,以当清西路;又屯田额尔齐斯河源,以窥清北路。而北路邻喀尔喀,尤为所蓄意,因是准部与三音诺颜之衅起,而策凌竟以屡战屡胜之故,其名大著。策凌者,故元太祖十八世孙图蒙肯之裔也。明季喀尔喀有红黄教之争,图蒙肯尊黄教,为之护持,西藏达赖喇嘛贤之,授三音诺颜号。三音者,唐古特语谓善;诺颜者,蒙古语谓官长也。其时三音诺颜仍隶土谢图汗,三传至善巴,世牧塔密尔河。康熙三十年,善巴从弟策凌随母来京,教养内廷。四十五年,授和硕额驸,尚纯悫公主,寻携属归原牧。累岁从征,习漠北山川险易,愤喀尔喀为准部凌夷,锐自磨砺。猛士千,隶帐下,为亲兵。又以准部驰突,而喀尔喀无纪律节制,每游猎及止营,皆以阵法部勒,万众森严,如对垒。由是三音诺颜一军雄漠北。至是准部大小策零谋乘胜东犯喀尔喀,以科布多察罕廋尔皆有备,乃取道阿尔泰山南深入。九月,小策零以精骑六千前进,大策零拥众苏克阿勒达以援应。策凌与亲王丹津多尔济迎击于鄂登楚勒河,遣巴海以六百骑宵入敌营挑战,诱其来追,而伏兵击之,大破其众,斩其骁将喀喇巴图鲁。时策凌爵郡王,以是役功,晋封和硕亲王,授大札萨克,不复隶土谢图。自是三音诺颜为独立之部落。与车臣、土谢图、札萨克图三汗,为外蒙四部云。

(四) 西路之防战与车骑营之制

噶尔丹策零既简精锐北犯,同时又集兵乌鲁木齐,进屯奇台度冬。十年正月,遂自奇台越无克克岭(天山东北支脉,为今镇西及迪化界),犯哈密。时岳钟琪屯巴里坤,有众三万,余分防远近。以冬春积雪,不宜战，号令诸军，专以闭关瞭望为事。及哈密告警，乃遣总兵曹勷，副将纪成斌等往援；又檄副将军石倬云扼无克克岭要隘，截准兵归路。勷等遇敌哈密城西，奋战破之，而倬不复邀击，纵之西窜。三月，大学士鄂尔泰劾钟琪拥兵数万，坐失机会，不能料敌于先，复不能歼敌于后，诏削钟琪大将军号，以总督衔，留治军事。时钟琪力请于奇台东木垒河畔筑城屯兵。与巴里坤相犄角，自谓必效。及大兵移驻，而敌仍潜过河东，侵扰牧场。七月，诏鄂尔泰督巡陕甘，经略军务，召钟琪还朝，以副将军张广泗摄大将军印，使总督查郎阿自肃州驰往代之。先是朝命筹御准部之策，钟琪献车营法。其制法，盖仿邱濬旧制，而稍加损益。车广二尺，长五尺，一夫推挽，而四夫护之。五车为伍，二十五车为乘，百车为队，千车为营。行载糗粮军衣，夜团聚为营；战时两队居前，专司冲突，三队后随，余五队团聚元戎，以防敌入劫战。《啸亭杂录》备载其图，兹录如下：

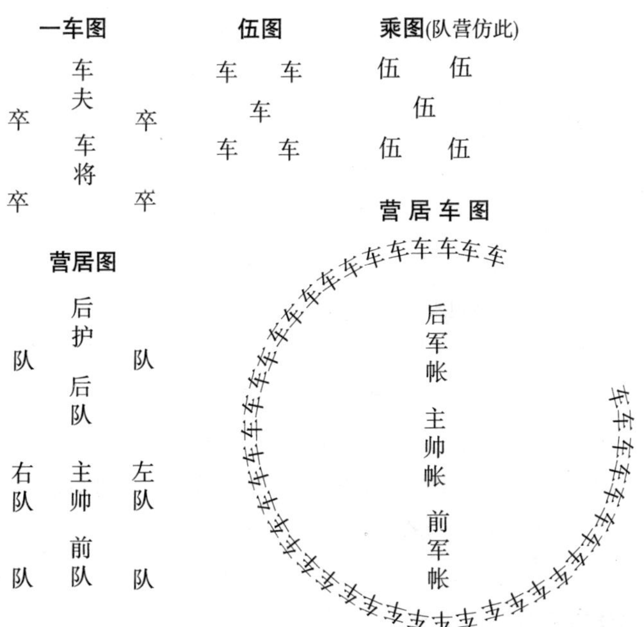

战图

稍队	车车车车车车车车车车	骑卒 军	骑卒 护	骑卒 前锋	骑卒 前锋	骑卒 军	骑卒 护	车车车车车车车车车车	稍队
				右元左 帅戎帅					
		汉军骑卒		箭后箭 队			绿营骑卒		
	车	车	车	车		车	车	车	

藤牌军	枪手 满洲	前队	枪手 满洲	藤牌军
汉军人				汉军人
车	车	车	车	车

胤禛因命满洲护军习之,号车骑营。后北征屡以车师取胜,而钟琪在边,亦以车战为主。然车营严重,非沟堑沙碛所宜,和通淖尔之败,道路壅塞,士卒多损,论者归咎车战。及是,广泗受任,因言:准夷恃骑,我军制敌,必步骑兼用,而钟琪主用车,殊非所宜。又木垒地界不足守,仍移兵回巴里坤。由是西路壁垒一新,而钟琪且因查郎阿之奏劾,坐削职焉。初钟琪之为大将军也,以诏赴京师会议,而命纪成斌摄其事。纪以满人强劲,命副参领查廪领卒万人,驱牧驼马,廪畏寒,避山谷间。而以偏裨五十人放牧。及马驼为敌所掠,廪复弃军逃,成斌收缚,欲斩之。会钟琪至,惊曰:"君今族矣。满洲为国旧人,吾侪岂可与抗,以干其怒耶。"遂释廪,而以善言谕之。廪反恨之次骨。及查郎阿巡边,故廪戚也,因以控钟琪诸不法事,及成斌掩败为功状。查以入告,钟琪遂得罪。

(五) 光显寺之大战

大策零敦多布自九月被创以来,还屯喀喇沙尔,至十年六月,复思北出;纠众三万,进次奇兰河(额尔齐斯河源支流)附近。时清廷议以察罕廋尔大营势孤,不足以制敌,乃于拜达里克河、推河及翁金河畔(三河并在三音诺颜部内),各筑城置戍,以厚蒙古之防。又马尔赛屯归化,怨望退缩,不胜大将之任,诏改授绥远将军,移守拜达里克,听北路大将军锡保节制。是年七月,噶尔丹策零亲率大军,由北路入寇,越科布多察罕廋尔,潜至厄得尔河源(当今乌里雅苏台东北境)。锡保檄策凌及将军塔尔岱等御诸本博图(乌里雅苏台东南)。准兵侦知策凌西出,袭击其帐于塔米尔河,尽掠其牲畜子(二子)女(一妾)。策凌闻警,大怒,即断发截马誓天,反旆驰救,并急报锡保,请师夹攻。时有护卫绰克浑者,能日行千里,每登高峰,辄以两手张其衣,若皂雕鼓翼而立,故敌人远望不觉,因是尽得敌情。策凌急调蒙古兵三万人,乘夜由间道绕出山后,黎明自山顶大呼而下。敌梦中惊起,人不及甲,马不及鞍;追击于喀喇森齐泊,大战二日,准兵大败,沿途转战至光显寺(即额尔德尼昭,蒙古谓寺曰昭)。寺左河右山,敌无走路,策凌督兵乘暮蹴之,呼声震天,击杀万余,河水为赤。噶尔丹策零由鄂尔昆遁,尽弃辎重牲畜,以阻追骑。策凌急檄马尔赛于拜达里克河邀其归路。时拜达里克城中兵万有三千,副将军达尔济整兵待发,马不许。副都统傅鼐至跪求亦不应。将士登城望见敌骑过者,皆烧荒以绝追兵,无复行列,一出邀击,可尽俘也。翌日,将士皆不待军令,自出追之,击斩千计。而策零已从前队过。事闻,诏斩马尔赛及附和阻挠之都统李杕以徇,而赐策凌超勇亲王之号,锡黄带,分土谢图汗所滋息之二十一旗,隶三音诺颜。诏给马牛羊各数千,白金五万,使之游牧,并城塔密尔河,易庐帐为宫室,如京师邸第,以重藩卫。佩定边左副将军印,进屯科布多,便宜行事。策凌因连次获胜,绰克浑向导之力居多,赐之千金,亲饮之酒。绰克浑曰:"请王侍姬为奴舞剑,奴请为王歌。"歌曰:"朔风高,天马号,追兵夜至天骄逃。雪山旁,黑河道,狭途杀贼如杀草。安得北斗为长弓?射陨欃枪入酒钟!"策凌大欢,以侍姬及所乘战马赐之。越七日,而绰克浑死。漠北风劲气礉,士多悲歌慷慨之气,如绰克浑之歌,与前述准部老胡之歌(见一百四节),悲壮悱恻,观之,可以知两役战迹之大略矣。

(六) 准部之请和

先是,准部欺喀尔喀兵之不竞,屡入其庭,如入无人之境,中国因欲为怀柔蒙古计,而常遣大兵勘边,然路险敌强,动辄覆败。及策凌奋起漠北,两战挫敌,而两军攻守之势,为之一变。时锡保无进取之志,专以屯守为事。以察罕廋尔薪草不足为名,移营乌里雅苏台。胤禛知锡保不足任,十一年七月,追论锡保于光显寺之役,事前既疏于防范,使准兵得越险而东;临事复缓于接应,使策凌不得收夹击之效。(初准部入犯,锡保无备,奏调万人赴乌逊珠勒邀击,实止三千。又留领兵之将军傅尔丹于大营,致敌越险东趋。及策凌请兵之信至,始遣丹津多尔济策应,行未十里,即止营,致策凌战二日无援,始收军。及光显寺之大战,而丹津拥兵二万,既不夹攻于山北,又不追击于山南,观望却避,反饰奏冒功,获赏亲王,至是发觉。)乃削其爵号,以平郡王福彭为定边大将军,策凌副之。会西路大将军查郎阿亦累破准兵于近边,十二年,复破其众于布隆吉大坂,获粮器无算。于是噶尔丹策零知不可再逞,微吐和意。诏策凌、查郎阿来京,与王大臣议之,庄亲王胤禄与两将军皆主进讨,大学士张廷玉等,言且抚之,若不顺,则进讨。而胤禛则以曾奉玄烨密谕言:"准地辽远,我往则我师徒劳,彼来则彼师受困;惟当诱致邀击,是为万全之策。"故亦无复深入犁庭之志。且以两路大军,暴露已久,乃降旨罢征,遣侍郎傅鼐及学士阿克敦报之。先量撤两路兵,北路则筑城于鄂尔坤河,留兵屯田;西路则戍哈密、巴里坤。傅鼐至准部,噶尔丹策零欲得阿尔泰山故地,缮表归报。策凌坚持不可,欲以额尔齐斯河及阿尔泰山为界,而空其中为间地。自是往复争论,至乾隆二年,噶尔丹策零遗策凌书,称为车臣汗,议地界。策凌献其书,并已所答书。策凌二子,陷准部,是冬噶尔丹策零使使者哈柳复至,语及之,欲以动策凌。策凌厉词拒斥,哈柳无以难,遂定议,以阿尔泰山为界,厄鲁特游牧不得过界东,喀尔喀游牧亦不得过界西,和议始成。四年,又许其通市及进藏煎茶,惟人马限以定数。于是西北二路之军尽罢。计自康熙五十六年备边以来,旋罢旋调,先后靡饷七千余万,劳师十余载,至是始勉就和平之绪。及乾隆中叶,准部衰微,而清兵始乘隙深入,以犁其廷云。

第二十八章　西藏、青海之平定

一百十二　中古以来西藏之大势

(一) 古代之西藏与红教之起源

西藏之人种，名曰唐古特族，亦谓之图伯特。当中国南北朝时，其人始知牧畜，有酋长，其风俗与近时绝异。贵壮贱老，重兵死，恶疾终；以累代战殁者为贵族，临阵奔北者，悬狐尾其首以辱之，以故兵力骤强。至隋唐之际，遂征服近邻，蹂躏上部缅甸，始闻于中国。所谓吐蕃者也。吐蕃故无文字，无宗教，及唐贞观中，其第七世赞普(吐蕃称王曰赞普)，噶木布(或作弃宗弄赞，或名弃苏农)者，遣使来朝，并请赐尚公主；太宗以宗室女文成公主许之。公主信佛教，自中国铸释迦牟尼像奉之入藏，噶木布见中国服饰，耻其习俗，因下令禁国人赭面，自褫毡罽，袭纨绡为华风。为公主筑城及宫室居之，自是与中国亲善，数遣使朝贡。其后尼泊尔国王鄂特巴尔郭恰又以女拜木萨妻噶木布，拜亦笃信佛教，噶木布受二后感化，日焚香坐禅，不思他往。于国中广建寺院，令臣民悉皈依焉。又自印度迎僧侣入国都拉萨布教，用印度字为国文，终噶木布之世，全藏化为佛教国。其僧侣谓之“喇嘛”。喇嘛者，唐古特语无上之义也。僧侣既受王室保护，有特权，于是信徒渐众，阶级渐高，国权为其所持。旧贵族曲意事之，其实力乃远出国王之上。元世祖时，吐蕃僧八思巴者，以道术得元庭信仰，世祖尊之为国师，封为大宝法王，使领藏地，予以统治政教之大权。(《元史·释老传》:“八思巴者，土番人，生七岁，诵经典数十万言，能通大义。国人称曰神童。年十有五，谒世祖潜邸，即位后，尊为国师。命制蒙古新字,仅千余,凡四十一母,颁行天下。”今后藏萨迦有喇嘛,即元帝国师后人,为红教之宗。其教先娶妻生子,有后则不入室,始登法座。说见《圣武记》。)法王世居后藏札什伦布附近,其后嗣称萨迦胡土克图。萨迦者,盖释迦之音转;胡土克图者,译言再世也。萨迦胡土克图为生子袭衣钵计,不禁娶妻,其服本印度袈裟旧式,衣冠皆赤。明初,中国政府以西藏地旷人悍,欲利用宗教之力羁縻之,其徒来朝者,礼之逾于元代。凡封法王者八,授西天佛子者二,授国师者二十七,法王等死,其徒辄自相承袭,岁一朝贡,略与土司等。此辈既世受中国政府尊仰,颇流于侈惰,又嗜荼贪利,专恃密咒,以吞刀吐火炫俗,尽失佛教本恉。于是有宗喀巴者出,以宗教改革自任,而西藏喇嘛,遂别创一新派焉。

(二) 黄教之创始及其权势

宗喀巴者,亦称罗布藏札克巴,本西宁卫人。以永乐十五年(一四一七年)生,初学经于札什伦布之萨迦庙,已而知西藏僧侣之腐败,乃入大雪山修苦行,道既成,为蕃众所敬信,因别立一宗,排幻术,禁娶妻,自服黄衣黄冠以示别,谓之黄教,而名旧喇嘛曰红教。其徒皆通大乘,尚苦修,学行卓然出红教徒上。未几,黄教遂盛行前藏,势与法王相匹。宗喀巴以成化十五年(一四七九年)圆寂,其大弟子有二:一曰达赖喇嘛,一曰班禅喇嘛(班禅喇嘛又称额尔德尼,译言光显也。相传达赖为观音分体之光,班禅为金刚化身,在印度已转生数十世。其说神妙,不可得详也),并居拉萨,嗣宗喀巴法,为黄教徒宗主。宗喀巴既禁娶妻,故别创一嗣续法,谓达赖、班禅两喇嘛不死,惟为呼毕尔罕,辗转出现,以济度众生。呼毕尔罕者,译言转世,或言化身也。达赖一世曰敦根珠巴,故吐蕃王室之裔,世为藏王。至是舍位出家,又名罗伦嘉穆错,嗣宗喀巴法,传衣钵;黄教徒始兼有西藏政治权。然达赖、班禅惟总理宗教之事,不屑问世务,于是二世根敦嘉穆错始置第巴等官,以摄理政事。及嘉靖二十二年(一五四三年),达赖三世锁南嘉穆错(《明史》称为锁南坚错)立,有高德,渐得蒙古诸部尊信。河套蒙古部长俺答(明封顺义王),及其从孙黄台吉等,入藏迎之至青海,建仰华寺奉之。锁南嘉穆错在青海漠南说教,且自甘州遗张居正书,自称释迦牟尼比丘。至是,中国始知有所谓"活佛"者。达赖三世,实得禅定,慈忍渊默,即红教诸法王,亦多俯首称弟子,诸部仰若天神,番王徒拥虚位,不能施其号令。已而俺答曾孙嗣为达赖四世,称云丹嘉穆错,其势力益蔓延于漠北及伊犁等地(云丹十四入藏坐禅,二十八岁示寂)。而漠北诸部,以所处僻远,不得亲承达赖命,乃奉宗喀巴第三弟子哲卜尊丹巴后身为大胡土克图,处诸库伦,以总理蒙古教务,位与班禅相亚云。

(三) 黄红教之竞争与桑结之专恣

达赖、班禅世居拉萨,故其教盛行于前藏,而札什伦布以西,即后藏地方,自元代以来,即为红教根据地。其西境之拉达克酋长藏巴汗,为之护法,势力尚足与黄教相颉颃。及崇祯十年(即崇德二年,西历一六三七年),达赖五世罗卜藏嘉穆错立,闻清国兴东土,遣人至盛京奉书及方物。清亦遣使报之,是为清与西藏通聘之始。时达赖五世用其亲近桑结为第巴,桑结与藏巴汗不相能,谓其虐众毁教,乃以达赖之命,招致厄鲁特蒙古以逐之。于是和硕特固始汗,引兵入后藏,击藏巴汗杀之;而奉班禅喇嘛统治其地,居之札什伦布。由是达赖、班禅分主两藏。而红教徒悉南遁不丹及尼泊尔境。固始汗既有功于黄教,乃割西藏东部喀木为其领土,而以其长子达延鄂齐尔汗留镇拉萨,以次子达赉巴图尔佐之,全藏实权,殆归和硕特部掌握。桑结又恶和硕特之干涉藏事,阴结准噶尔汗噶尔丹征服青海,挫其势力。于是西藏事壹决于桑结。及康熙二十一年,达赖五世卒,桑结秘不发丧,一切矫命行之,威震全藏。土谢图与札萨克图之内讧也,清帝遣使会达赖之使和之,喀部哲卜尊丹巴亦奉诏与议,与藏使并坐。时噶尔丹遣使观衅,因责喀部待达赖使无加礼,诟之,为土谢图汗所杀。是为两部搆兵之由。及准部东侵,喀众内附,清帝复命达赖遣使准噶尔,谕令罢兵。而桑结所遣之使者济隆胡图克图,反阴嗾噶尔丹南侵。乌兰布通之役,噶尔丹几不免,而济隆代为讲款,误中国追师。清帝疑达赖若存,不当出此,又微闻桑结秘丧专恣状,因遣京师喇嘛入藏觇之。归言:桑结使己遥望礼拜。有喇嘛立高楼之上,绛纱之中,香烟缭绕,觌不分明。三十二年,桑结矫达赖令入贡,因言己年迈,国事决第巴,乞锡之封爵。诏封桑结为图伯特国王,欲因以羁縻之。而桑结谓中国可欺,益嗾令噶尔丹内犯,故凡噶尔丹前后蹂躏塞外,及扰攘中国边境事,推原祸始,盖无不出于桑结云。

〔附记〕 松筠《绥服纪略》曰:"红教剌麻最尊者,为萨迦呼土克图,即元帝师帕斯巴剌麻之后也,在札什伦布之西。宗喀巴初年,亦学经于萨迦庙,本出一源;及学成,乃自立宗。余巡边见萨迦胡土克图,询其经典,悉同黄教。其僧亦无眷属,惟萨迦胡土克图有妻室,仅朔望相见,余时不往来,只为生子袭衣钵计。其经典皆来自大西天,大西天有巴特玛萨木巴瓦者,唐时到藏传教,是为红教之祖。乾隆五十四年,驻藏大臣舒濂曾覆奏萨迦本同黄教情形,余询之达赖、班禅两剌麻,及济陇第穆等皆同此说。故青海蒙古及巴塘里塘番众,凡崇信黄教者,亦皆敬萨迦,如达赖、班禅。盖红黄二教本同,其近日邪术之红教,乃红教之末矣。非萨迦庙之本宗也。其与黄教异者,一则衣冠异色,二则咒语稍别,三则传子与转生不同,如斯而已。"又魏默深曰:"剌麻即僧,应僧衣僧冠,其袈裟红色,本佛旧制,所谓僧伽梨也。袈裟偏袒右肩,惟礼佛升坐说法用之,其常服则缁衣,故曰缁门;所谓坏色衣也。不当概服赭衣,尤不当概赭其冠。黄教起于明世,应服黄袈裟,亦同此例。乃今京师剌麻,不惟冠服一概红黄,且不服袈裟,而袍褂顶戴,与在家军民官吏无别。不知起于何时?及考常熟钱良策《出塞纪略》曰:'归城剌麻庙,有一僧,被黄衣,袒右肩,南面坐,号呼土克图。自言能忆前生数世,貌庄气静,类有道者。'青浦杜昌丁《藏行纪程》曰:'大中甸红教大剌麻一人,其下剌麻数百,皆偏袒右肩,红氆氇为衣。'余庆远《维西见闻记》曰:'维西黄教剌麻,阔绅长衣,隆冬亦露两肘;夏戴平顶竹笠,冬戴平顶方毡帽,如内地僧帽之式。'乃知剌麻虽红黄异教,而在番地藏地,仍服袈裟僧帽,不同在家之衣。其有品级大剌麻,皆年班奉旨入觐,始易顶戴袍褂。此外散小剌麻,何以概同在家俗服?此不可解者一也。俗称欢喜佛者,形同秘戏,乃元季番僧导欲诲淫之术,元顺帝供诸宫内,卒亡其国。稍知佛律,即当耻之；且官府亦当禁之。乃西藏蒙古及京师剌麻寺中，皆于图像供设，恬不为怪。试问本何经教？起何敬信？其胡土克图不禁之，官府亦不禁之，此不可解者二也。”

一百十三　西藏之奠定

（一）清廷与桑结之交涉

康熙三十五年，清军败噶尔丹于克鲁伦河，俘其部众，具得桑结发纵指使，及达赖脱缁已久，桑结矫命状。乃遣使赐书责之曰：

> 朕询之降番，皆言达赖喇嘛脱缁久矣，尔至今匿不奏闻。且达赖喇嘛存日，塞外无事者六十余年，尔乃屡唆噶尔丹兴戎乐祸，道法安在？达赖、班禅分立教化，向来相代持世，达赖如果厌世，当告诸护法主，以班禅主宗喀巴之教。乃使众不尊班禅而尊己，又阻班禅进京之行。朕欲和解准喀两部，尔乃使有亏行之济隆以往，乌兰布通之役，为贼军卜日诵经，张盖山上，观战胜，则献帕；不胜，又代与讲款，以误我追师。繄尔袒庇噶尔丹之由。今为殄灭准夷告捷礼，以噶尔丹佩刀一，及其妻阿奴之佛像一，佩符一，遣使赉往。可令与达赖相见，令班禅来京，执济隆以畀我，如其不然，朕且檄云南、四川、陕西之师，见汝城下。汝其纠合四厄鲁特之人以待，其毋悔！

桑结得书惶恐，明年，密奏言：“众生不幸，第五世达赖于壬戌年示寂，转生净体，今十五岁矣。前恐唐古特民人生变，故未发丧，今当以丑年十月二十五日定坐床（西藏不纪天干，惟以地支所属纪年，亦以十二月为一岁。以寅为正月，仍有闰月，但与中国闰不同。如雍正十年壬子闰五月，其地闰正月，雍正十三年乙卯闰四月，其地于甲寅年闰七月。更有闰日而无小建，假如闰日为初二，则初一日后即初三，无初二日矣。每月必有初一，十五，三十；而闰日则但于其中摘去一二日耳）。求大皇帝勿宣泄！至班禅因未出痘，不敢至京，济隆当竭力致之京师，乞全其身命戒体。”并封进达赖临终床箦尸盐拌像。清帝以达赖喇嘛自崇德通使,六十余年,未尝有隙;又累朝颇利用其力,以绥服蒙古。而第巴者,又达赖所任理事之人,若穷治其罪,虑有他变;不如因其陈情而宥之,兼以结欢于蒙古。乃允其所请,姑俟十月发之。时清廷方檄西北诸部,协擒噶尔丹,策妄阿拉布坦已奉诏出师,而桑结使者宣言达赖已逝,戒勿妄动。又使人谕青海诸首领,缮修器械,俱赴察罕陀罗海地方(青海西南山名)会盟,意甚叵测。适噶尔丹穷蹙自杀,所役属诸部皆离叛以去,于是桑结失其奥援,而和硕特之势复长。

(二) 桑结之被杀与达赖转生之争议

先是,鄂齐尔汗以康熙九年卒,其弟达赉巴图尔内外为桑结及准噶尔部所制。威望坠地。及三十六年,噶尔丹败亡,而达赉亦卒,于是固始汗孙拉藏汗嗣立,复干涉藏事。以议立新达赖六世事,与桑结交恶。四十四年桑结谋毒杀拉藏汗不成,欲以兵逐之,拉藏汗集众讨诛桑结,因奏废桑结所立假达赖,而立博克达山之伊西嘉穆错为达赖六世。清帝素恶桑结狙诈,乃册封拉藏为翌法恭顺汗,使镇藏地。而诏执假达赖献京师。假达赖行至青海,病死。然拉藏所立之伊西嘉穆错,青海诸蒙古皆以为伪,因自奉里塘之噶尔藏嘉穆错为真达赖。噶尔藏以二十二年转生,二岁著灵异,至是二十岁矣。诸部迎至青海坐床,请赐册印,与藏中所奏互相是非。清帝以青海僧侣势力,故不亚西藏,虑两部搆衅,诏噶尔藏嘉穆错暂居西宁红山寺,旋移塔尔寺。塔尔寺者,西宁城西南四十里之塔山,宗喀巴瘗胞衣地,黄教之祖寺也。青海周数百里,十三峰环绕之,海中有二岛,人迹不至(即唐时所谓龙驹岛)。番僧习禅定者,于冰合时,裹一岁粮休焉。故其地往往出异僧,而青海佛法,亦颇不亚西藏。至是两部争议未决,而准部遂乘隙以窥藏。

(三) 准部之侵扰与西藏之大定

康熙五十五年,策妄阿拉布坦之遣其臣大策零敦多布窥藏也,拉藏汗耄耋醺饮,既不为备,于是敦多布引兵破拉萨,杀拉藏汗,囚新达赖,而藏中因以大乱(详见前章)。五十九年春,清廷以两路出师,北路军属都统延信,自西宁进发;于是蒙古诸部,亦各率兵随军,扈噶尔藏嘉穆错进征。诏即军中封之为宏法觉众六世达赖喇嘛。延信军以八月九日送达赖六世入藏,准部兵皆败遁。于是西藏平定。达赖六世登座,取拉藏所立之伊西嘉穆错归京师,尽诛厄鲁特喇嘛之助逆者,留蒙古兵二千以镇之。以拉藏旧臣康济鼐(贝子)、颇罗鼐(台吉)分掌前后藏事。及雍正初,西藏噶布伦(西藏官名)等忌康济鼐之权,聚兵害之,欲投准噶尔。诏将军查郎阿率川、陕、滇兵万有五千进征,未至,而颇罗鼐率后藏及阿里兵九千,截叛人去路,擒其首领,诏封颇罗鼐贝子,总藏事,犒师银三万两,留大臣正副二人,领川陕兵二千,分驻两藏监抚之。至是西藏始确为中国属土焉。是年噶尔丹策零请赴藏煎茶,又声言送还所虏拉藏二子,诏严兵备之。乃收前藏东境之巴塘里塘归四川,设宣抚土司治之。以中甸维西隶云南,设二厅治之,惟察木多以外各土司,仍隶西藏,移达赖喇嘛于西里塘之惠违庙,以避准噶尔。八年迁于泰宁,护以兵千。每年夏初,西藏官兵赴防北路腾格里海,冬雪封山始回。盖备准部由此入犯也。及准部请和,乃送达赖喇嘛归藏,减戍兵四之三。时颇罗鼐惩前祸,训练万骑,又练步兵万有五千,于通准部之路,严设卡伦。准噶尔至是不敢窥藏,而西南之巴勒布三部,及布鲁克部相继向风入贡,藏地宁谧。至乾隆十五年,始有朱尔墨特之变。

一百十四　青海之叛乱

(一)罗卜藏丹津之叛

罗卜藏丹津者,和硕特固始汗之孙也。初,青海地方,自唐龙朔三年以来,世为吐番属境,与喀木、藏、卫为唐古特四大部。明正德四年,始为蒙古部酋所据,时为甘肃、西宁边患,明人谓之海寇。明末,固始汗始由乌鲁木齐袭有其地,分部众为左右二翼,以其子十人领之。崇德七年,固始汗偕达赖、班禅各遣使绕塞外数万里至盛京。顺治三年,复各遣使献金佛、念珠,表颂功德;十年,封为遵文行义敏慧固始汗。固始汗以顺治十三年卒。其裔分两支:一驻西藏,即击杀藏巴汗后而留其子鄂齐尔汗镇拉萨者也;一分牧青海,及河套以西。自准部噶尔丹勃兴,青海套西,并为所残破。有和罗里者,号济农巴图尔额尔克逃窜近边,上书求给牧地,诏给以贺兰山附近之地,为阿拉善王旗之祖。康熙三十七年,噶尔丹已败亡,于是固始汗第十子达什巴图尔,亦由青海率族来朝,诏封达什亲王,余授贝勒、贝子、公等爵有差。由是青海始为中国外藩。清廷常资其力以捍准部,而青海部众,亦以得中国保护故,不为准部所并云。策妄阿拉布坦之遣兵袭据西藏也,清军进兵讨之,而青海部兵皆从征。诸部长以功晋王公者寖众。时达什巴图尔子罗卜藏丹津袭亲王爵,自以青海及西藏,旧皆和硕特属土,而己又固始汗嫡孙,当回复先人霸业,总长诸部。会清帝胤禛新立,罗卜藏丹津欲乘机脱中国羁绊,乃于雍正元年,诱诸部盟于察罕陀罗海,令各仍故号,不得复称王、贝勒、公等爵,而自号"达赖浑台吉"以统之,于是西北同时骚动。

(二) 丹津叛后之西边形势

初,青海有大喇嘛,曰察罕诺门者,出自西藏,世居西宁之塔尔寺,为青海黄教之宗。番众信向,势力与蒙古之哲布尊丹巴相埒。丹津诱使从己,又阴约准部策妄阿拉布坦为后援,于是青准之连合成,而远近游牧番众,及喇嘛二十余万,亦同时骚动。屡犯西宁,掠牛马,抗官兵,西宁戒严。丹津之叛也,其同族亲王察罕丹津,及郡王额尔德尼不从,丹津欲以兵力胁之,额尔德尼等先后挈众内奔河州关外。时兵部侍郎常寿驻西宁,理青海事务,诏传谕丹津罢兵,不从则惩之。丹津诡言:额尔德尼等谋据西藏,诸部不服,将率兵与决胜负。盖以额尔德尼等梗议,欲诬以罪,因胁余众奉己,如鄂齐尔汗坐镇西藏,兼制青海故事。清廷察其诈,决意讨之。十月,命川陕总督年羹尧为抚远大将军,驻西宁,以四川提督岳钟琪参赞军务。时丹津以沙拉图为根据地,遣部众分窥西宁附近堡驿,伺常寿出边,劫而幽之。羹尧分兵永昌、布隆吉河(疏吉河),防其内犯,南守巴塘、里塘、黄胜关等地,断其入藏之路。又请敕富宁安等屯吐鲁番及噶斯泊(在罗布泊之东,距西宁界二千余里),截其通准部之路,复遣诸将分攻镇南、申中、南川、北川等堡，溃其党羽；移察罕丹津于兰州。于是丹津惶惧，归常寿请罪，不许，时元年十二月也。

(三) 岳钟琪之深入

雍正二年正月，清廷知丹津穷蹙，益趣羹尧等进兵。于是岳钟琪攻其党喇嘛于郭隆寺（一作格尔弄寺，在西宁东北），夺其三岭，沿途焚其十七寨，庐舍七千余，斩馘六千。其石门、奇嘉、郭莽等寺皆破，惟丹津尚据守乌兰呼尔之柴达木（约当和硕特西后左旗境），距西宁千余里。羹尧奏调兵二万余，由西宁、松潘、甘州、布隆吉河四路会攻，期以四月草生时并进，而钟琪以为青海广漠，敌众尚不下十万，分攻非策，愿乘春草未生，以精兵五千，马倍之，兼程捣其不备。廷议壮之，诏授钟琪奋威将军，专任西征事。时丹津屯柴达木河流域，侦骑遍塞外，钟琪以二月出师，中途见野兽群奔，知有侦骑，亟麾兵前进，遇敌数百，尽殪之。又夜袭其守哈达河之众，遂入崇山。于是蓐食衔枚宵进，直抵其帐，敌众仓卒惊溃。丹津衣番妇衣，骑白驼遁，其母弟及妹并就俘，降者数万。钟琪虑丹津入藏，引军自河源西南追，日行三百余里，数日至桑骆海；红柳蔽天，目望无极，路尽而返。而丹津则已越哈顺沙漠，北投准噶尔矣。自出师至此，前后仅十余日。诏封羹尧一等公，钟琪三等公，令搜剿余党。

(四) 青海之大定

时庄浪卫之西山，亘二百余里，即《唐史》之石堡城。南临大通河，四面削绝，与其东山嵯峨夹峙四百余里。土番数万，据其中，乘青海有事，截饷戕吏。羹尧屡剿屡叛。四月，钟琪以兵二万讨之，敌袭故智，尽徙老弱辎重牲畜于东山，惟留骁劲备出没。钟琪分兵二路，以其半据西山之隘，声期进捣；而万人宵袭其东，禽斩大半，即留兵守东山，而回攻其西。敌萃石堡城，钟琪夜遣死士以降番乡导，援萝跻壁出其背，擒斩五千，番众穷蹙乞降，遂班师。青海悉定。分其地赐厄鲁特之不附敌者，并各蒙古，凡二十九旗。其喀尔喀土尔扈特辉特等，各自为部，不得属青海。又有西宁番者，北沿甘凉，西接回部，南界川滇，二三百部，皆吐蕃种，不相统属。明季厄鲁特自北边横越侵之,遂役于厄鲁特,纳租错牧,但知有蒙古,不知有中国也。至是,仿土司之制,设番目改隶道厅卫所,以分厄鲁特之势;定其贡市之期与地(三年一贡,分三班,九年一周;置互市于西宁日月山),岁会盟奏选盟长,遇事遣使赉敕往,不论崇卑,王公以下皆跪迎。置大通、安西、沙州、柳沟各卫。增西宁西北两路防兵马步五千,设总兵于大通、安西;而改西宁卫为府,设青海办事大臣,驻节于此以辖之。又以阿拉善王潜游牧于山前。勒移山后,而收山前为内地,以重宁夏之险。追各寺明国师、禅师印敕。定制庙舍毋逾二百楹,喇嘛毋过三百人,禁藏兵器。城戍星罗,形格势禁,青海之防,始渐完密矣。

第二十九章　雍正之内治

一百十五　胤禛之继位与宗室之制裁

（一）胤禛即位之异说

蒋氏《东华录》曰："康熙六十一年十一月初七日戊子，上（指康熙帝玄烨）不豫，自南苑回驻畅春园，十三日甲午丑刻，上疾大渐，命趋召皇四子于南郊斋所，寅刻，召皇三子诚亲王允祉，皇七子淳郡王允祐，皇八子贝勒允禩，皇九子贝子允禟，皇十子敦郡王允䄉，皇十二子贝子允祹，皇十三子允祥，理藩院尚书隆科多，至御榻前，曰：'皇四子人品贵重，深肖朕躬，必能克承大统，着继朕登基即皇帝位。'皇四子闻召驰至，巳刻，趋进寝宫，是日戌刻，上崩，以雍正元年九月丁丑朔巳时，葬景陵，在位六十一年，寿年六十有九，庙号圣祖。"观此，则授受之际，宜若分明矣；然当时尚有异说焉。或曰："圣祖非传位于胤禛，胤禛窃而袭之也。胤禛自少颇无赖，好饮酒击剑，不见悦于圣祖，出亡在外，所交多剑客力士，结为兄弟十三人，技皆绝妙；高者能炼剑为丸，藏脑海中，用则自口吐出，夭矫如长虹，杀人于百里之外；次者能炼剑如芥，藏于指甲缝，用时掷于空中，当者皆披靡。胤禛亦习其术。康熙六十一年冬，圣祖将赴南苑行猎，会有疾，回驻畅春园，弥留时，手书遗诏传位十四子，十四子胤禵也，贤明英毅，常统师西征，甚得西北人心，故圣祖欲立之。时胤禛偕剑客数人返京师，侦知圣祖遗诏，设法密盗之，潜将十字改为于字，藏于身，独入侍畅春园，尽屏诸昆季不许入内。时圣祖已昏迷矣，有顷，微醒，宣诏大臣入宫，半晌无至者。蓦见独胤禛一人在侧,知被卖,乃大怒,取玉念珠投之,不中,胤禛诡谢罪。未几,遂宣言圣祖上宾矣。胤禛出告百官,谓奉遗诏册立,并举玉念珠为证,百官莫辨真伪,奉之登极,是为雍正帝。”(见《清史要略》)或曰:“窃诏改窜之策,年羹尧实主之,盖胤禛之母,先私于羹尧,入宫八月,而生胤禛。至是乃窃诏改窜,令为天下主。”(见《满清外史》)以上两说,前议或失之妄,后说或失之奇。盖窃诏改窜,入侍投珠,与烛影斧声,同属不经之谈;而吕氏居奇,私乱谋立,殊多暗昧之说。意者康熙末年,诸子各树朋党,竞觊大位,既未得立,则造作蜚语,殆亦难免也。又或曰:“圣祖疾甚,胤禛及诸皇子方在宫门问安,隆科多受顾命于御榻前,帝亲书皇十四子四字于其掌。俄隆科多出,胤禛迎问,隆科多遽抹去其掌中所书十字,只存四子字样,胤禛遂得立。”(见《清史纂要》)此说虽不见纪载,然证以康熙末年十四子胤禵为抚远大将军,柄用隆重,异于诸子。宗人府所建碑亭,宗室阿布兰以翰林院撰文不佳,另行改撰,惟称赞大将军允禵之功德,康熙帝亦不以为罪,其得帝眷可知。胤禛即位后,胤禵自军中归,觐见时,不肯跪拜服臣子礼,其事亦必非无因。且雍正初年,礼遇隆科多最厚,又诏内阁嗣后启奏处,书写舅舅隆科多,后乃加以四十一款之罪,有言:“妄拟诸葛亮,奏称:白帝城受命之日,即死期已至之时。”则胤禛于加膝坠渊之际,得无有酬恩灭口之两念存乎?故此说不为无因矣。世传雍正初直省乡试考官(或谓系邓东岳江南试题)有以“或问禘之说”全节命题者,胤禛中以他罪诛之。兹再录《大义觉迷录》谕旨所言,以证事实之真相。雍正七年十月戊申上谕有云:

> 有人传说:先帝欲将大统传与允禵,圣躬不豫时,降旨召允禵来京,其旨为隆科多所隐。先帝宾天之日,允禵不到,隆科多传旨,遂立当今。……有太监于义、何玉柱向人谈论,圣祖皇帝原传十四阿哥允禵天下,皇上将“十”字改为“于”字。又云:圣祖皇帝在畅春园病重,皇上就进一碗人参汤,不知何如,圣祖就崩了驾,皇上就登了位。随将允禵调回囚系,太后要见允禵,皇上大怒,太后于铁柱上撞死。皇上又把和妃及他妃嫔都留于宫中。

> 朕自幼蒙皇考钟爱器重，在诸兄弟之上，宫中何人不知？及至传位于朕之遗诏，乃诸兄弟面承御榻之前者，是以诸兄弟皆俯首臣伏于朕前，而不敢有异议。今乃云皇考欲传位于允禵。隆科多更改遗诏，是尊允禵而辱朕躬，并辱皇考之旨，焉有不遭上帝皇考之诛殛者乎？

此胤禛亲述自辩之辞，谓其得位至正，乃面承遗诏于御榻前者。然据同书雍正七年九月廿三日上谕，则云："康熙六十一年十一月冬至之前，朕奉皇考之命，代祀南郊。时皇考圣躬不豫，静摄于畅春园。至十三日，皇考召朕于斋所，朕未至畅春园之先，皇考命诚亲王允祉……隆科多至御榻前谕曰：'皇四子人品贵重，深肖朕躬，必能克承大统，着继朕即皇帝位。'……及朕驰至问安，皇考告以症候日增之故，朕含泪劝慰。其夜戌时，龙驭上宾，朕哀恸号呼，实不欲生。隆科多乃述皇考遗诏，朕闻之，惊痛昏仆于地。"又《上谕八旗》有云："隆科多奏云：'圣祖皇帝宾天之日，臣先回京城，果亲王在内值班，闻大事出，与臣遇于西直门大街，告以圣上诏登大位之言，果亲王神色乖张，有类疯狂，闻其奔回邸第，并未在宫迎驾伺候。'"可见康熙帝病逝之时，诸皇子并未全在寝宫，所得传位之末命，皆出隆科多一人之口。隆科多为皇后胞弟，任提督九门步军统领，掌握警跸武力，"一呼可聚二万兵"，实能制诸皇子之死命。胤禛素极笼络之，故终借其助而得大位，帝所辩谕，皆矛盾而不能自圆其说也。

（二）储位密建法之创始与朋党之禁

康熙末年，诸王既以争储之事，各树朋党，互相残害。及胤禛立，深知储位不定，不足以维系国本；而明立太子，又不免陷本人于骄矜失德之地。且左右逢迎，奸宄谗构，皆为历代纷乱之原，乃创储位密建法以善之。雍正元年八月，召王大臣及文武诸臣，谕曰："朕自即位以来，念圣祖付托之重，安可怠忽，不为长久之虑？当日圣祖因二阿哥（胤礽）之事，身心忧瘁，不可殚述。今朕诸子尚幼，建储一事，必须详加审慎。此事虽不可举行，然不得不预为之计，今朕特将此事亲写密封，藏于匣内，置之乾清宫正中，世祖章皇帝御书'正大光明'匾额之后，乃宫中最高之处，以备不虞。

又别书密旨一道,藏诸内府,为异日勘对之资。”诸臣皆曰:“圣见周详,臣等遵议。”乃令诸臣退,亲书应立太子名,各缄封锦匣收贮,留总管事务大臣掌之。自是以后,此制遂为清朝家法焉。胤禛既以储位密建法杜觊觎纷争之端,又以诸王之要结党羽,借谋自卫,宜有以戢之。乃于即位之初,语诸臣曰:“朋党恶习,起于明季,此风至今未息。尔大臣有则痛改,无则永以为戒!”反复数百言,诰诫至切。然防止愈严,而人心惶恐,门户转深。胤禛又以为欲除朋党之源,当令舆论之所是非,与朝廷之所赏罚,相为一致。于是御制《朋党论》以驳宋欧阳修“君子有朋”之说,颁示满汉诸臣。大要谓:“天尊地卑,而君臣之分定。为人臣者,义当惟知有君,则其情固结而不可解,而能与君同好恶;夫是之谓一德一心,而上下交。”观其所言,则舆论既当以朝廷之赏罚为是非,而人臣尤当以君心之好恶为从违,极而言之,则人臣不当以己意为好恶,而当以君心为是非,是言殆达专制之极点。胤禛又尝语廷臣曰:“朋党小人,自古帝王之所必诛,唐虞之世,共工、驩兜比周为党,舜必置之于法。”盖胤禛以异谋得位,朝野惊疑,初必以宽和收人心,故不惜谆谆告诫,冀敌我者转为我用。及大位之基础稍固,而敌党怙恶,又必为共工之诛,于是参辰之祸,不久旋起矣。

(三) 骨肉之嫌猜

先是胤礽之为太子也,其兄弟希望非分者,或为秘密之运动以倾陷之,就中运动最力者,为皇八子胤禩。胤禔、胤禟、胤䄉、胤禵等,为之党援,皆蓄术士,结宦官,广通声气,使为延誉。及胤礽废锢,彼等皆以为己党之谋略所致,渐露不轨之色。既而胤禔以巫蛊事,得罪幽禁(见一百二节),胤禩旋亦黜爵为闲散宗室。及胤禛得立,以胤禩矜立名誉,才望为诸王冠。而胤禟以下,率立于被动地位;若胤禩能改过自新,则其党自不足虑。于是封胤禩和硕廉亲王,令与怡亲王胤祥等同理政务,而解胤禵大将军职,封以郡王,命往守景陵。又安置胤禟于西宁,以孤其势。雍正二年,胤䄉以违旨在张家口居住,议革郡王;又以胤禟差往西宁,擅自遣人往河州买草,踏看牧地,革去贝子。然胤禟在西宁,密用西洋人穆经远(P.

Mouras 经或作敬、近、金、景。葡萄牙国神父）为谋主，以家财付之，又造新体字为密书，往来通递，遥为胤禩党援。是年，胤礽卒，追封为和硕理亲王，谥曰“密”。三年二月，乃召谕王大臣曰：

> 朕因允禟（胤禛即位，诏改诸兄弟名上一字为允字，以与御名同也。故官书于胤某，皆作允某）行事悖谬，在西宁纵容家人生事妄为，特着都统宗楚往彼约束。今据宗楚奏：“臣至大通，允禟并不出迎请安，良久始令臣进见。允禟并无忧惧之容，臣令出院跪聆谕旨，允禟并未叩头，即起立向臣云：‘谕旨皆是，我有何说？我已欲出家离世，有何乱行之处？’全无人臣之礼。”朕兄弟中如允禵、允禩、允禟，允䄉、允禔等，在皇考时结党妄行，以致圣心忧愤。允禵从西宁来京，并不奏请太后，亦不请朕安，见朕远跪不前。拉锡掖之使前，伊出，遽将拉锡詈骂。朕因允禵倨傲不恭，降旨训诫，而允禩劝令之跪，允禵即跪。是事事听允禩之言，为其指使之明验也。又允禵奏折中，有“我今已到尽头，一身是病，在世不久”等语，有何屈抑而出此怨望之语乎？至若允禵奉旨送哲卜尊丹巴，乃托病不行，又私与允禟相往来。允禟回书，有“事机已失，悔之无及”。悖乱已极。盖允禩等私结党援，牢不可破，若一经讯诘，则国法难容。朕居心宽大，不忍为此，务欲保全骨肉。……总之，朕兄弟中积习沉痼，既不能慑之以威，使其悛改；而加意施恩，又终不感化。若必尽拔根株，朕心实有不忍。惟欲尔等知朕心耳。

是年十一月，宗人府遵旨议奏：胤禩心怀奸恶，市恩惑众，应革亲王。诏从宽免。十二月，降胤禵为固山贝子，以其前在大将军任内縻费帑项故也。盖胤禛之所最忌者，厥惟胤禩、胤禵二人：胤禩怀柔有术，党徒甚众；胤禵立功西陲，颇得人心。然胤禛不遽杀之者，岂果如诏谕屡云之“朕心宽大，不忍为此，务欲保全骨肉”乎？抑或“加意施恩，期其感化”乎？此不言可知矣。

(四) 胤禩等之得罪

雍正四年正月,胤禛谕诸王大臣曰:"廉亲王胤禩希冀非望,狂悖已极,情罪重大,宜削籍离宗,革去黄带子。其党胤禟、苏努、吴尔古结党搆逆,靡恶不为,亦将黄带子革去。并令宗人府将胤禩等名字除去。"寻革胤禩妻福晋休回娘家,严加看守。二月,命禁胤禩于高墙,三月,改其名为"阿其那"。阿其那,满语狗也。又改胤禩子弘旺名为"菩萨保"。五月,移胤禟回禁保定,改名为"塞思黑"。塞思黑,满语猪也。盖既屏之于宗籍之外,又黜之于人类之列。胤禛此举,亦太过矣!胤禛尝言:"今日之宗室,皆同祖之骨肉也。仇从何来?此皆宵小谗间,使骨肉生隙耳。予未即位以前,兄弟宗室,固无论矣;即八旗大臣,并无一人与予为仇者。不但不与人结仇,亦不与人结党。"夫既言无仇,则何必出此过分之举?欲盖弥彰,不得为讳矣。胤禩、胤禟既得罪,并拘胤禵、胤禄。乃宣布彼等之罪状曰:

> 阿其那等历年伤皇考之心,不孝不忠,结为党援,扰乱国政,收买小人,串通奸伪,希图大位,不为其所笼络欺蒙者甚少。国家被其扰乱,人心受其蛊惑,外则与阿灵阿、鄂伦岱、苏努、七十、黑寿等乱臣结党往来,内则与御前侍卫拜唐阿太监等钻营探听。伊等奸伪之计,皆为我皇考所洞悉,故虽穷困怀羞,而凶心益逞,反将皇考年高之人,种种激怒。圣躬憔悴成疾,皆阿其那之所致也。朕即位以来,将伊等罪过暂行宽免,冀伊等解散党羽,去其僭妄之心,改其悖乱之行;封阿其那为亲王,简用重任。阿其那仍不改其悖逆之心,事事以美誉自居,欲将恶名归朕。种种扰乱,全无人臣之体,竟在众大臣之前,发誓诅咒,连及朕躬。举动狂悖,一至于此!当阿其那封亲王之时,伊戚贺喜,伊云:"何喜之有?我头不知落于何日。"朕不知其何故而出此言?再阿其那在禁所,向看守太监云:"我断断不愿全尸以殁。"岂有身为臣子,而为此暴逆之理耶?夫阿其那以不忠不孝,挟奸伪之心,倘至大位,岂能上安宗庙社稷,报答祖父之恩泽,被生民之众哉?果系诚心为大清国之人,未必愿阿其那之登大宝也。至塞思黑,乃系痴

肥拥肿，矫揉造作，粗率狂谬，下贱无耻之人。因阿其那事败，未称伊等之心，数年间挺身觊觎大位者，亦阿其那将伊怂恿之所至也。朕即位以来，以伊等断不可置之一处，将伊遣往西大通居住，欲其改恶。伊觉朕之宽仁，不肯伤伊等身命，反种种妄乱，敢行自古人臣未行之事，敢言自古人臣未出之言；只欲激怒朕心，务必诛之而后已。以不足比数之人，贿买棍徒，而小人流传之言，以为塞思黑可邀大位；而伊亦公然自受，恣口乱言。自古以来，亦未有不自度量，觍颜无耻，悖谬可杀，如塞思黑者也。至允禵生性糊涂急暴，不知天地之高厚，亦不知自处为何如之人。皇考知伊在家，必然生事，特远遣出征在外。允禵乃信阿其那、塞思黑之唆诱，顿萌大志，自古有大志之人，岂有不愿身名美好之理？而允禵妄费国帑，肆行贪饕，骚扰地方，淫乱贪污之行，众皆知之。视此伎俩人品，若至大位，恣任其意，岂能为国家万姓造福也？朕将伊唤回，而伊于未到之前，即露种种狂悖；于到京之日，向朕轻躁妄行，状类棍徒。其罪不可枚举！至于允䄉，乃一介下贱，原属无耻之人；但知索取民财，争夺买卖，刻薄劣行，难以屈指！……从前诸王大臣，请将阿其那、塞思黑、允䄉即行正法，断不可留，所奏甚为得理。但伊等历年结成党羽，妄造谣言，鼓惑人心久矣。阿其那等种种奸诈恶逆之事，中外及八旗军民人等，尚未得遍知。此事乃关系皇考及朕躬之事，故将此辈奸恶不忠不孝大罪，备悉言之，使中外之人，昭然尽晓。即此辈正法，亦属当然，姑留之，亦不过数名死人耳，亦无关碍也。

观胤禛之言，而其所谓胤禩等之罪者，亦不过结党谋立而已。所以不遽发之者，诚以其党羽固结，根株难拔，未至时机耳。然则当时朝野之纷扰，宫廷之阴谋，亦可窥见一斑矣。是年六月，王贝勒大臣等，公奏胤禩罪状四十款，胤禟罪二十八款，胤禵罪十四款，略云："阿其那等以邪党为足恃，而要结之念弥坚，以大位为可干，而构祸之心不已，请速正典刑！"而胤禛乃反复论列胤禩等之罪，使公布内外。并言："允禔、允䄉、允禵虽属狂悖，尚非首恶，皆已拘禁，尚冀改悔。至阿其那、塞思黑之罪，朕不能即断，候加熟思。"至八月九月，胤禟、胤禩先后病故，盖胤禛阴使人杀之也。或言二人死皆无尸，即雍正中所特创之血滴子为之也。他如胤禵、胤䄉亦禁锢。胤祉以文学著称，圣祖称其算法极精，以修书合圣祖尚文好学之意，拥护废太子，得圣祖褒美。雍正帝忌之。八年亦革爵锢死。因党附诸王而获罪者，不知凡几。如内大臣勒什亨(苏努第六子)、德宁、贝勒苏努(与雍正为从昆弟，盖舒尔哈齐第一子为褚英，褚英第一子为杜度，杜度第六子为杜努文，杜努文第一子为苏努。努为镶红旗都统。康熙间曾任奉天将军，努与其十二子均信奉天主教)、尚书七十(允禟岳父)、阿尔松阿、贝子鲁宾满都护、公爵鄂伦岱永谦、编修陈梦雷，及裕亲王保泰，简亲王雅尔江阿等，皆先后诛遣降革有差。诸王之子孙亲戚，亦皆伏辜。胤禛于兄弟中，惟怡亲王胤祥虽异母弟，然以谦恭寅畏，善承意旨，故独为所信任，余均视如仇雠焉。骨肉之祸，至此极矣！

(五) 贵族之裁抑

清初八旗之制，皇帝所亲将者三：曰镶黄、正黄、正白，名"上三旗"。诸王所分将者五：曰正红、镶红、镶白、正蓝、镶蓝，名"下五旗"。下五旗户籍，皆为王公僚属，其关系若奴隶之于主人。诸主既各植党营私，则八旗属籍，亦多为诸王爪牙，抗行朝令。故胤禛有言："上三旗之风俗，惟知有君上，方直刚正，志不可夺。彼等后与下五旗并用，遂染卑靡之风。从前下五旗之人，为诸王所统辖，其心亦惟知有君主，不知有主人。何至今日，遂卑靡一至于此！昨日都统武格在予前奏对，尚呼罪犯允禩为主人，武格虽一无知之武夫，然亦风俗颓败，大义不明故耳。古人谓：'天无二日，民无二王。'臣子之于君上，即天经地义之所在，苟存二心，直乱臣贼子也！"其实八旗各有旗主，乃太祖创设封建王国之旧制，虽太宗锐意改革，亦只能诛戮跋扈不臣之旗主，改归自将，或与其他贝勒，而于旗主属人之本质未动也。入关以后，八旗武力，为政府所统一，亲王领旗之制不变，惟此为天子任命之旗主，而非宗藩世及之旗主矣。乃以积习所沿，都统尚有以亲王为主人者，故胤禛特降谕以纠正之，自此旗主不得以旗众为属人，而旗之行政，全归都统矣。雍正元年，以庄亲王胤禄等言，凡内廷禁近之地,一律换内府护军看守,而撤去旗下护军。盖恐旗下护军之不忠于帝室也。又当时诸王自开国以来,酬庸优厚,习尚骄汰,御下多不法。如两广总督杨琳故为敦郡王属下,王遣近侍赴广州,据署搜索。胤禛习知其弊,即位后,禁宗藩与外吏交通,非廷见不得私谒。又定朝士与王贝勒等,但有途遇避道之礼,并无诣府通谒之礼,故陈梦雷、杨文言以为诚亲王允祉修书而遭摈斥,何焯、秦道然以王府宾礼而获重罪,诚王亦幽禁致死。是使宗室与士大夫气类隔绝,自无植党邀誉之弊矣。其王府属下,惟护卫诸官,得由本王迁擢,余悉改隶有司,以所属值宿护军,撤归营伍。自是太祖所定八旗平行自主之封建王国,始进而为主权一尊之帝国。更进以亲郡王为都统,改固山额真之名为固山谙班,而旗主旧制盖扫荡无余矣。且当时宗室八旗子弟,亦以无智识之故,往往挟亲贵之势,恣为威福,胤禛特设学校以教育之。欲借教育之功,延揽人心,使之尊君而事上也。故宗学,觉罗学、官学多创建于雍正年间云。

一百十六　雍正之政绩

(一) 贱民阶级之削除

胤禛性虽惨核,远不如其父之宽大;然志气之高,综治之才,亦为中主所不逮。雍正十余年间,建革之政,足述者甚多;而尤为有清一代之特色,开人道主义之先河者,厥维奴隶阶级之铲除。先是,山陕有教坊乐籍,世执贱业,不得与平民为伍。或言其先世以明建文鼎革之际,不附燕王起兵,遂为成祖所贬,世世不能自拔。雍正元年四月,诏各属禁革之,俾改业为良。又浙江绍兴府有惰民,其业与乐籍无异,九月,并令削除。或言惰民为陈友谅之裔,以反抗明太祖,故为太祖所贬。又或曰:系宋将焦光瓒部属,以叛宋投金被斥,元人谓之怯怜户,明太祖定户籍,编其户曰匄云。雍正五年,以江南徽州府有伴当,宁国府有世仆,本地呼为细民,几与乐户懒民同。又其甚者,如二姓丁户村庄相等,而此姓乃系彼姓伴当世仆。凡彼姓有婚丧之事,此姓即往服役,稍有不合,加以棰楚。究其主仆之关系,何自而起,则皆茫然无考。诏令江南总督查明具奏,寻安徽巡抚魏廷珍奏:“江南、徽、宁等处,向有伴当世仆名色,请嗣后衿绅之家,典买奴仆,有文契可考,未经赎身者,本身及子孙俱听从伊之役使;至年代久远,文契无存,不受主家豢养者,概不得以世仆名之。永行严禁。”从之。八年,以苏州府常熟、昭文二县之丐户,与惰民无异,从江苏巡抚尹继善(姓章佳氏,字元长,满洲镶黄旗人)请,令削除其籍。其余若江西、浙江、福建所属山县内之棚民,世以冶铁、造纸为业;广东滨海之蜑户,以船为家,不得陆居;至是亦皆先后禁除,视为编氓之例,列入保甲云。

(二) 军机处之设立与官制之更改

清初官制,多因明法,通政司受内外本章,有敷奏封驳之权。内阁票拟批答,为承旨立法之府,其有军国重务,不由阁臣票发者,则由议政大臣组织之贵族会议裁决之。胤禛以通政司职权太重,扼中外庶政之要,主之者不得其人,或与政府因缘为奸。乃别设奏事处,命内外诸臣,有机密事,改用折奏,直达御前。自是通政司为闲曹。又以议政诸臣,皆贵族世爵,不谙国务;而内阁在太和门外,入直者或有漏泄机务之弊。乃于隆宗门内,设军需房,令内阁中书之谨密者,入值缮写。既而改为军机处,简阁臣及部院卿贰熟谙政体者,兼摄其职,名曰军机大臣。又选部曹及内阁侍读中书等为僚属,名曰军机章京。军机职务,在赞理机务,票拟谕旨。谕旨之明发者,皆下内阁,以次及于部科。其有指授兵略,诰诫臣下,及查核刑政之失当者,则密封交兵部驰递,谓之“廷寄”。盖军机处之初设,亦不过因西北用兵,机务繁重,恐内阁或有泄漏秘密之虞,特分内阁之一部,使之接近宫廷,便于宣召,为指授筹策之地。及后事权渐隆,一切政治,皆出于此,而内阁之任遂轻,议政之弊亦绝。至军机处所设之机关,尚有二处,均隶属于军机大臣。兹分述其组织于下:

一、方略馆　凡军功告成,及政事有重大者,每奉旨记其始末,名曰方略,又曰纪略。方略馆即特为编纂方略而设者,以军机大臣一人总裁其事务,下有提调二人,收掌满汉各二人,皆由军机章京补充;掌送达章奏,及其他文书,并分掌编纂之事。其外尚有校对,无定员,由内阁中书兼任,掌文书校订之事。

二、内翻书房　凡有谕旨,汉满互译;由各衙门经内阁送军机处之文书亦同。其紧要文书之翻译,为内翻书房所掌,满军机大臣综理之。下有提调官二人,协办提调官二人,收掌四人。其外尚有掌档官四人,掌文书之授受,帐簿之保存;翻译官四十人,掌翻译。

军机处之设立,清代官书,均未有明白之纪载。《清史稿》即有七年、八年、十年三说(见《军机大臣年表》、《张廷玉传》及《职官志》)。私家纪载亦如之(如《枢垣纪略》、《檐曝杂记》、《内阁志》等)。而雍正谕旨则谓定议于雍正四年,怡亲王胤祥,大学士张廷玉、蒋廷锡密奉指示,于内廷筹办军需,经理二年有余,各省尚不知有出师运饷之事。是雍正四年即有筹办军需之内大学士,自用兵以后,始对外臣发廷寄耳。至雍正十年三月军机处铸"办理军机印信",行知各省,而军机处方为一正式机关矣。自是以后,君主独揽政权,而军机供传述而已。盖事无不综核,日无不召对,巡幸无不从,章奏无不达;内阁既成虚例,军机亦多承旨。故政权由内阁而转移于军机,亦不啻间接奉还于君主。有清至亡,未常稍易焉。又科道诸臣,对于朝廷举动,有发言之权;而六科给事中,以自为一曹,无所隶属故,益得放情自肆。胤禛恐朋党假言路为喉舌,故对于言官之陈白,特为注意。又命六科给事中改隶都察院以抑之,由是言路党争之弊,较前代为稍息矣。

(三) 直隶水利之兴治

直隶水道庞杂,时有泛涨暴溢之患;而永定一河,自高原下流,尤为难治。故中国水患,除河淮以外,当以永定一河为最,而卫淀诸河次之。雍正初,胤禛以直隶旱涝无备,皆因水利未兴所致。三年九月,特命怡亲王胤祥与大学士朱轼前往查勘。胤祥等因绘图陈奏,请于滦蓟等处,各设营田。得旨:着九卿速议具奏。旋户部等衙门遵旨议准:直隶河防水利事宜,据和硕怡亲王等疏言。

> 直隶之卫河、淀河、子牙河、永定河皆汇于天津之大沽入海:此直隶水道之大略也。卫河与汶河合流东下,德(旧山东州名,今县)、棣(无棣山东县名)、沧(旧直隶州名,今县)、景(同上)以下,春多浅阻,一遇伏秋暴涨,不免溃溢。请将沧州南之砖河,青县南之兴济河故道疏浚,于旧时建闸之处,筑减水坝,以泄卫河之涨。静海县权家口,亦筑坝减水;白塘口入海之处,并开直河一道,使砖河兴济河之委,同归白塘出口;修理海口旧闸,以时启闭。则沧瀛以北,水利兴而水患除矣。东西二淀,跨雄、霸等十余州县,均应疏浚深广,并多开引河,使诸淀脉络相通。其已淤为田亩者,四面开渠,中穿沟洫,庶污田旱涝有备。其赵北、苑家二口,为东西二淀咽喉,赵北口堤长七里,板石桥共八座,俱应升高加阔。苑家河北之中亭河,上流之玉带河,对岸为十望河,均可开通,庶东西二淀,无冲决之患矣。子牙河为滹沱河下流,清浊二漳,发源山西,经广平(今永年县)、正定;而滹沱、滏阳、大陆之水会焉;其下流有清河、夹河、月河,皆分子牙之流,同趋于淀。宜开决分注,以缓子牙河奔放之势。永定河俗名浑河,水浊泥多,故道遂湮。应自柳叉口引之稍北,绕王庆沱之东北入淀。两河淀内之堤,至三角淀为止,为众流之归宿,应照旧开通,逐年疏浚,两河之浊流,自不能为患矣。至各处堤防,冲溃甚多,均应疏浚修筑,再请于京东之滦、蓟、天津,京南之文(今文安县)、霸、任邱、新(今新城县)、雄等,各设营田,专官经划疆理,招募老农,劝导耕种。民力不办者,亏支正项钱粮,代为经理。田熟,岁收十分之一,以补库帑,足额而止。营田一顷以上者,分别奖赏,有能出支代营者,民则优旌,官则议叙。至各属官田,约数万顷,请遣官首先举行,为农倡率,民间田庐,有碍水道者,计亩拨抵,视其亩数加十之二三。河淀淤地,必须挖掘者,将附近官地,照数拨抵。则营田水利,人皆趋事乐从矣。

疏上,从之。时雍正三年十二月也。既而朱轼等复疏请分直隶诸河为四局,改分司为河道诸官,以责专理。于是直隶之水利渐兴,而河患渐减矣。

(四) 浮粮之蠲免与社仓之济急

先是,江南之苏(苏州府名,今吴县各县)、松(松江府名,今松江县各县),浙江之嘉(嘉兴府名,今嘉兴县各县)、湖(湖州府名,今吴兴县各县),自明室以来,赋税较他处为多,每年且至数十万两;故地方人民,未免艰于输将。雍正三年三月,吴民以为请,管理户部事务怡亲王胤祥奏之,乃命酌减苏州正额银三十万两,松江十五万两,嘉、湖不与焉。至雍正五年十月,乃谕户部:"查各省中赋税最多者,莫如江南之苏、松,浙江之嘉、湖,其赋税加重之由,始于明初洪武时,因四府人民,为张士诚固守,故平定后,借诸富民田以为官田,按私租为税额。夫负固之罪,在士诚一人,而乃归咎百姓,加其租赋,是洪武之苛政也!有明二百余年,减复不一,我朝定鼎以来,亦照明例征收。盖因陆续办理军需,经费所在,未便遽行裁减。我皇考圣祖,常论及此。雍正三年,将苏、松二府额征浮粮豁免,彼时颁发谕旨甚明,本欲一体加恩嘉、湖二府;因浙江风俗浇漓,正须化导,故尔暂止。今见浙俗渐次转移,朕心涣然。查嘉兴额征银四十七万二千九百余两,湖州府额征银三十九万九千九百余两,俱将减十分之一:二府共免银八万七千二百两有奇,永著为例。"于是嘉、湖之浮粮亦减,而各省无独多之额赋矣。又当时社仓救急之法,必经州县申详,督抚咨奏,得部示而后始行,故往返须经数月。雍正十一年,胤禛以社仓原为济急,而公文往返,徒延岁月,小民悬待孔殷,仍不免有重利告借之苦。乃命州县遇有应行借给之时,一面申详上司,一面即速举行,方可以济闾阎之缓急;是皆注意民生之事,亦即所谓惠民之政者也。

(五) 苗族之由来与改土归流之成功

苗族当太古时,尝繁殖于黄河长江之间,其后黄帝混一区夏,合为华族,九黎之未同化者,渐次退处于南岭及横断山脉附近(故西人谓之高地族),杂居川、广、云、贵之间,为政府法令所不及。其以地域而区分者:在四川谓之僰,谓之生番,在两广谓之僮,谓之黎,在湖南贵州谓之瑶,在云南谓之僰,谓之野人。其以服饰而区分者:则有红苗(其衣带红)、黑苗(脚缠黑布)、青苗(脚缠青布)、白苗(脚缠白布)、花苗(衣褶绣花)等。

语言风俗,既与中国绝异,中国之治之也,亦尝用羁縻政策,仍其旧俗,官其酋长。故自元明以来,有宣慰、宣抚、招讨、安抚、长官等土司;又有土府、土州县,其长皆得世袭,握强大之自治权。清初,因袭明制,分设土官,而属平西、定南诸藩镇抚之。吴三桂之乱,诸土司颇为所用;及事平,而清廷亦放任之,未暇穷治。惟苗民不知耕作,专以劫杀为生,土官又以积威苛敛虐使,恣为不法,故苗患遂为西南之一大问题。是时,贵州东南境,有苗族所占领之一大区域,以古州为中心,环寨千有三百余,周几三千余里,名曰"苗疆"。又东川、乌蒙、镇雄三土府,于行政区划上,则隶四川;而于地理上,则距成都几二千里,而距云贵省治为近。四川总督之统治力,既以辽远不能实施,而云贵督抚又以职权不属,听其跋扈。其余贵州、广西之间,苗疆寥阔,地方官常以境界之错杂,互相推诿。且云南之镇沅、威远、元江、新平、普洱、茶山诸土司,又与缅甸、老挝(南掌)、车里诸人,交通为患。雍正四年,鄂尔泰为云南巡抚兼总督事,因奏言:"云贵大患,无如苗蛮。欲安民必先制夷,欲制夷必改土归流,而苗疆多与邻省犬牙相错,又必归并事权,始可一劳永逸。"于是极陈当时行政区划之不当,及从来以夷治夷之非策。胤禛知鄂尔泰才可办事,即诏以东川、乌蒙、镇雄三土司改隶云南。六年,复铸三省(云、贵、广西)总督印赐之,令兼制广西。于是鄂尔泰用游击哈元生,委以乌蒙、镇雄之事,用总兵石礼哈搜讨贵州广顺之长寨,招服黔边东西南三面生苗二千余寨;用知府张广泗招抚古州,辟苗疆二三千里,几当贵州全省之半。先后劾黜云南沾益土州安氏,镇沅土府刁氏,及赭乐长官司威远州广南府各土目,悉定澜沧江以东地,以普洱为府,威震缅甸。广西诸土官,自泗城之岑氏以下,亦先后缴敕印纳军器二万余。自雍正四年至九年,改土归流之议成,而三省之边防,乃粗定焉。

一百十七　雍正间之大狱

(一) 年羹尧之狱

雍正初年,胤禛有阳为宠信,而阴怀疑忌之大臣二,即年羹尧与隆科多是也。惟其宠之至,则肆作威福,殆亦难免;惟其忌之深,则一旦破露,势必惨核。故年隆二狱,为初年最大之刑谳焉。年羹尧者,年遐龄私婢所生子也,生有异征,父弃而复收之。及长,弘毅多才略,入翰林为考官。康熙末年,羹尧出为四川巡抚,以西陲兵起,晋总督,寻又兼督陕西。时西藏有事,朝命皇十四子胤禵为抚远大将军,经略军务,羹尧以总督理边事,佐之进取,故羹尧与胤禵交甚睦。胤禛即位后,即召胤禵回京,而以延信代之,饬羹尧于军事粮饷,及地方诸政,俱关白延信协同管理。盖是时胤禛虽以胤禵故,阴疑羹尧有异志,特以羹尧在边日久,老于军事,威望有加,不敢遽易之,乃晋羹尧爵为三等公,以示羁縻。及青海有罗卜藏丹津之乱,特命羹尧备兵擒之,授抚远大将军,相机行事;改授延信平逆将军。次年,青海平,诏授羹尧一等公,封其父遐龄为一等公,加太傅衔。雍正三年,羹尧奏折内,将朝乾夕惕,书作夕惕朝乾,且字体潦草。得旨:"年羹尧非粗心办事之人,直不欲以朝乾夕惕归之于朕耳。……观此,年羹尧自恃已功,显露不臣之迹,其乖谬之处,断非无心。着原本发还,令其明白回奏。"未几,遂调补杭州将军,以解其兵柄(或言胤禛常令密访胤禵在西宁军中劣迹,羹尧为奏辩,帝滋不悦,假是夺职)。山西巡抚伊都立参奏羹尧擅给盐商引票,增引十万等罪。朝命侍郎史贻直、高其佩前往审理。既而汉军都统范时捷又劾羹尧欺罔贪婪五款,得旨:着羹尧明白回奏,寻下吏部议处。议上,仅请罢任留爵,胤禛以羹尧所犯之罪甚多,即正法亦不足蔽其辜,严旨斥之。且疑尚书隆科多有意徇庇,削太保衔。因谕九卿曰:

> 朕御极之初,隆科多、年羹尧皆寄以心膂,毫无猜防,所以作其公忠,期其报效。孰知朕视如一德,伊竟有二心,朕予以宠荣,伊幸为邀结。招权纳贿,擅作威福,敢于欺罔,忍于悖负,彼既视典宪为弁髦,朕岂能姑息养奸耶?至其门下趋赴奔走之人,或由希其荐援,畏其加害,急宜改散党与,革面洗心。若仍旧情,惟务隐匿巧诈,一经发觉,定治以党逆之罪。隆科多、年羹尧若不知恐惧,痛改前非,欲如明珠等之故习,万不能也。殊典不可再邀,覆辙不可屡蹈,各宜警惧,毋得

> 自干诛灭!着先革其子年富、年兴职爵,交伊祖年遐龄严加管束,傥仍不悛改,即行正法。

时朝议羹尧狂妄悖逆,请拿京正法。得旨:俟羹尧回奏。七月,追羹尧恩赏诸物,革将军职,授闲散章京,在杭州效力。羹尧奏云:“求主子饶了臣,臣年纪不老,留下这一个犬马,慢慢的给主子效力。”而内阁詹事九卿科道等,又合词参奏羹尧贪婪成性,骄横居心,颠倒官常,草菅民命,请立正典刑。得旨:“此奏乃在廷公论,而国家赏罚大事,必咨询内外大臣。可令将军督抚提镇各抒己见入奏。”盖胤禛以羹尧功高望重,杀之恐不足以服天下之心也。时直隶总督李维均奏羹尧不忠不法,羹尧疏辩。部议维均与羹尧交结往来,此举虽阳为参劾,实阴图开脱;又以维均匿抄羹尧保定所置家产,立即拿问;而羹尧亦于十月提解来京。时直省督抚提镇,陆续疏参羹尧残逆罪,请明正典刑。于是议政大臣等题奏,羹尧大逆之罪五,欺罔之罪九,僭越之罪十六,专擅之罪六,残忍之罪四,贪黩之罪十八,侵蚀之罪十五:凡九十二大款。拟议大辟,其父及兄弟子孙,伯叔之子,兄弟之子,年十六以上皆斩;十五以下,及母女妻妾,并子之妻妾,给功臣为奴。得旨:羹尧着交步军统领阿齐图令其自裁,年富立斩,其余十五岁以上之子,发往边远充军,族人俱革职,永不许出仕;有匿羹尧子孙者,以党附叛逆论罪。时羹尧之父遐龄亦论死,大学士朱轼力争以子刑父,非法,乃得免;与羹尧之兄希尧(广东巡抚)并革职云。初,羹尧在西域行营时,引用私人,但咨吏部,不由奏请:谓之“年选”。与吴三桂之西选,隆科多之佟选,时人称之曰“三选”。当其凯旋还朝也,胤禛郊迎之,公卿皆跪接于广宁门外。羹尧遥与胤禛并辔而行,百官伏谒,羹尧策马竟过,毫不动容;王公有下马问候者,羹尧亦但颔之而已。至天子御前,箕坐无人臣礼,胤禛皆优容之。呜呼!羹尧以震主之功,骖乘之贵,不知卑躬自保,消患无形;而尤怙宠鸱张,目无朝贵,诛夷之祸,有由来矣。或言:羹尧本藩邸旧人,胤禛初登极,恐诸王为变,常令羹尧衷甲以从,其所赏赐,皆为前后勋臣所无。是殆与胤禛为羹尧窃诏所立之说,同出一辙,恐不足为据也。

(二) 隆科多之狱

隆科多者,佟国维之子;国维乃孝懿仁皇后之父:此胤禛即位后,所以诏称舅舅隆科多也。康熙帝崩,隆科多独受顾命,故雍正之初,备极宠任,与怡亲王胤祥等同理事务,命袭其父一等公爵,寻又赏阿达哈哈番世职,授吏部尚书,加太保。既而隆科多恃恩骄恣,所为多不法,帝眷顿衰。年羹尧之败也,隆科多坐徇庇,削太保衔;复因在吏部办事专擅,夺世职。由此胤禛遇事督过之。四年正月,刑部议奏隆科多挟势婪赃,罪拟斩决。得旨:令其往阿尔泰料理边防事务;而诏斩其家人牛伦。五年六月,以私钞玉牒事发,旨命顺承郡王锡保等审理之。十月狱成,奏疏有云:

> 隆科多大不敬之罪五:(一)私钞玉牒,收藏在家;(一)将圣祖御书,贴在厢房;(一)妄拟诸葛亮奏称:白帝城受命之日,即死期已至之时;(一)玛岱之事,渥奉谕旨,隆科多明知干犯,复行妄奏;(一)皇上赏银修理公主坟墓,迟至三年,竟不修理。欺罔之罪四:(一)圣祖升遐之日,隆科多并未在皇上御前,亦未派出近御之人,乃诡称伊身带匕首,以防不测;(一)奏言提督之权甚大,一呼可聚二万兵;(一)时当太平,臣民戴德,守分安居,而隆科多作有刺客之状,故将坛庙桌下搜查;(一)……紊乱朝政之罪三:(一)皇上谒陵之日,妄奏诸王心变;(一)妄奏调取年羹尧来京,必生事端;(一)妄奏举国之人,俱不可信。奸党之罪六:(一)交结阿灵阿揆叙,邀结人心;(一)保奏大逆之查嗣廷;(一)徇庇傅鼐等;(一)比暱蔡起俊。……不法之罪七:(一)任礼部尚书时,所办铨选官员,皆自称为"佟选";(一)纵容家人勒索财物,包揽招摇,肆行无忌;……(一)因佟姓捏造"惟有人多耐岁寒"之语,向人夸示,以为姓应图识;(一)自知身犯重罪,将金银预行寄藏;(一)挟势恐吓内外人等。贪婪之罪十六:……罪案昭著,应斩立决,妻子入辛者库,财产入官。

疏上,胤禛召诸王大臣谕曰:"隆科多所犯四十一款重罪,实不容诛;但皇考升遐之日,大臣承旨者,惟隆科多一人,今因罪诛戮,虽于国法允当,而朕心则有所不忍。可于畅春园外,造屋三间,永远禁锢。家产何必入官?其妻子亦免入辛者库,伊子岳兴阿革职,玉柱发往黑龙江当差。”至是胤禛之所忌恨者,乃并除而去之矣。盖初年大狱,罔不与帝位之授受有关,诸王既以觊觎遭谴;而年羹尧、隆科多复缘是以兴大狱。羹尧暗通王党(羹尧与胤禟密通书信,为帝发现),势足以乱国;佟舅协谋践位,易败其隐私,雄猜之主,在所必忌,杀之之心,固已早决矣。观雍正二年谕河督齐勒尔曰:“近日隆科多、年羹尧大露作威福揽权势光景,朕若不防微杜渐,此二臣将来必至不能保全。”即可知矣。惟年、隆遭人主之忌,而不知韬晦敛迹,保全首领,自取之咎,亦难独怪胤禛也。

(三)诽议朝政之文字狱

雍正初年,年羹尧、隆科多及诸王胤禩、胤禵等既以怨望致败,其门客党羽,散布中外,流言四起。甚或借文字之著述,发为不平之鸣,诽谤朝政,指斥君主。胤禛察及幽隐,遂坐是以兴大狱焉。其最大最著者:则汪景祺、查嗣庭、谢济世、陆生柟诸狱是也。景祺,浙江杭州人,随年羹尧为记室,羹尧为人告讦,大逆罪中,有“见汪景祺《西征随笔》,不行参奏”等语。旋由刑部等衙门议奏:妄作《西征随笔》之汪景祺,照大不敬律斩决。得旨:“汪景祺作诗讥讪圣祖,大逆不道,应当处以极刑,着立斩枭示。其妻子发往黑龙江,给与穷披甲之人为奴,其期服之亲兄弟侄,俱着革职,发遣宁古塔。五服以内之族人,皆革职,约束不许出境。”此三年十二月事也。嗣庭亦浙人,为江西考官,以“维民所止”命题。言官讦参,谓维止两字,系取雍正字去其首也。胤禛遂谕内阁九卿科道等曰:

> 查嗣庭向来趋附隆科多,伊曾荐举,朕令在内庭行走,后授内阁学士,见其语言虚诈,兼有狼顾之相,料其心术不端。今阅江西试录所出题目,显系心怀怨望,讽刺时事之意。料其居心乖张,平日必有记载,遣人查其寓所行李中,有日记二本。悖乱荒唐,怨诽捏造之语甚多。又于圣祖之用人行政,大肆讪谤:以翰林改授科道为可耻,以裁汰冗员为厄运,以钦赐进士为滥举,以多选庶常为蔓草。热河偶发

水,则书淹死官员八百余人,又书雨中飞蝗蔽天:此一派荒唐之言,皆未有之事。今若就科场题目,加以处分,则天下必谓嗣庭出于无心,偶因文字获罪。今种种实迹现在,尚有何辞以为之解?查嗣庭着拿问,交三法司严审定拟。

既而嗣庭死于狱,仍戮尸枭示,其子坐死,家属流放。时四年九月事也。法式善《槐厅载笔》云:"雍正丙午四年,查嗣庭、俞鸿图典试江西,以'君子不以言举人'两句,'山经之蹊间'一句命题,其时方行保举,有意讥刺。三题'茅塞于心',不知何指,其用心不可问。因查其笔札诗草,语多悖逆,遂伏诛。"盖嗣庭为隆科多之党,而隆方获罪谴出,查以怨望故,乃不能免也。时胤禛以汪、查皆浙人,遂谓浙江风俗浇漓,而嗣庭尤玷辱科名,诏停浙江乡会试。以光禄寺卿王国栋为浙江观风整俗使,以化导之。济世、生柟皆广西人,雍正四年,济世参奏田文镜营私负国,贪虐不法十罪;胤禛以文镜实心任事,令刑部审拟济世妄劾之罪,因革职,发往阿尔泰军前效力;而生柟亦因党援,与济世并遣。七年五月,顺承郡王锡保以济世注释《大学》,毁谤程朱,参奏之。胤禛以济世不在毁谤程朱,乃用《大学》内"见贤而不能举"两节,借以抒写其怨望诽谤之私,令诸臣议罪。议上,应正法,奉旨免死,令当苦差。是时,生柟亦以曾作《通鉴论》十七篇为锡保告发。谓"《通鉴论》中多抗愤不平之语,其论封建之利,更属狂悖,显系非议朝政",云云。胤禛乃谕言:"生柟以'封建制度,为万世无弊之良规,废之为害,不循其制亦为害,至于今日,害深祸烈,不可胜言,皆郡县之故。'如此指摘,大凡叛逆之人,吕留良、曾静、陆生柟辈,皆以宜复封建为言。盖此种悖乱之人,自知奸恶倾邪,不见容于乡国,欲效策士游说之风,意谓不见用于此国,则去而之他国。殊不知狂肆逆恶,如陆生柟者,实天下之所不容也!"时生柟论文十七篇,尚有论及建储、兵制、人主、相臣、无为之治,与隋炀帝、王安石者,其言无不与时政有关。胤禛皆一一指驳之。其驳"封建论"一节有云:

三代以前,诸侯分有土地,天子不得而私,故以封建为公;秦汉以后,土地属之天子,一行封建,私心即多,故以郡县为公。唐柳宗元云:"公天下自秦始皇始。"宋苏轼云:"封建者,争之端也。"皆确有所见之言也。……中国之一统,始于秦;塞外之一统,始于元,而极盛于我朝。然皆天时人事之自然,岂人力所能强乎?

生柟论人主有云:"人愈尊,权愈重,则身愈危,祸愈烈。盖可以生人、杀人、赏人、罚人,则我志必疏,而人之畏之者必愈甚。人虽怒之而不敢泄,欲报之而不敢轻,故其蓄必深,其发必毒。"是则显系指斥胤禛,而为诸王之党狱以发;故生柟之论,不得不视为与诸王有直接或间接之关系也。胤禛以诸王谋乱国是,妨碍统一;而封建论复从而援之,是以皆在抉剔剪除之列。生柟亦岂能幸免哉?故是年七月生柟遂见杀于军前。按济世之注《大学》,从《礼记》本而不从朱子,原无可非,乃以注有"拒谏饰非,必至拂人之性,骄泰甚矣"等语,为世宗所恶。生柟则论人君而作危辞,古所云城高池深,兵甲坚利,不得人和,委而去之,此乃寡助众叛亲离之定理。夫经史原多警戒人君之语,一涉笔即得死罪,谁复敢致力于事理,以与国家社会相维系乎?乾嘉学者专尚考据,务与政治理论相隔绝,其亦不得已而然耳。故清一代汉学之极盛,正士气之极衰,士气衰而国运焉得不替?此雍乾之盛而败象生焉者,亦政治文化交互影响之一例也。

一百十八　吏治之整饬与内外之重臣

(一) 吏治之整饬

胤禛在藩邸四十余年,于人情世态,无不洞悉。康熙末年,玄烨以"省事"为政,故不免失之宽大;而疆吏州县,玩法者多。胤禛即位后,既以诸王之事,防制不遗余力,又恐官吏疏懈,政纲不举,故御极之初,即首颁谕旨十一道,训饬督抚提镇以下文武各官,词旨严厉,以勤求吏治,严绝贿赂为主。胤禛又以各省督抚事烦任重,势必延请幕宾,但幕友有不肖之徒,勾通内外,肆行作弊,清浊混淆,是非颠倒,败本官之清节,彼则饱囊而去,深可痛恨,着即严行查察;而纵容书吏差役,狐假虎威,无恶不作者,亦饬令督抚痛自革除。又当时部有部费，凡各省题奏事件，不讲部费，不能结案。盈千累万，遂小人无厌之求，屡旨禁之，而不能绝。胤禛以题奏俱系亲览，交部定议，大臣不知自爱，甘为蠹役傀儡，复严行禁止。又各部书吏，惯于作弊，已经满秩者，改换姓名，窜入别部；甚有一种缺主名色，握一司之事，盘结其中，居然世业。乃令各堂官于五年考满，勒令回籍候选，如有前项情事，立行驱逐。至是朝野肃清，弊端尽绝，而天下皆懔然奉法矣。章学诚《文史通义》云："明中叶后，门户朋党，声气相激，我宪皇帝澄清吏治，裁革陋规，整饬官方，惩治贪墨，实为千载一时。彼时居官，大法小廉，殆成风俗，贪赗之徒，莫不望风革面，时势然也。今观传志碑传之文，叙雍正年府州县官，盛称杜绝馈遗，搜除积弊，斤斤自守，革除例外供支，其文洵不愧于循吏传矣。不知彼时逼于功令，不得不然。千万人之所同，不足以为盛节，岂可见奄寺而颂其不好色哉?"胤禛以法治国，综核名实，凡大臣之严酷苛细者，无不得帝之宠眷。如田文镜、李卫、鄂尔泰等，皆一时有名之督抚，然其行政之要，亦适如胤禛之为人。噫，田李之辈，殆亦善于揣摩心理者欤！

（二）田文镜之宠信

田文镜，汉军正蓝旗人，康熙末年，为内阁侍读学士。雍正元年，遣使祭告华山，回京复命，因将山西通省荒歉情形，激切敷陈。胤禛以其直言无隐，命往赈济，称旨，即授山西布政使。调河南，擢巡抚。文镜之在山西也，将积年亏空清理，吏治一新。及在豫，整饬河工，三年无汛溢，胤禛宠眷殊甚。惟文镜为政苛细，居心忮刻，一劾动数十员。时李绂由广西入京，首劾文镜负国殃民，连疏上之。会谢济世亦劾田，胤禛以文镜治豫，年丰岁稔，搢绅畏法，实为巡抚第一。而济世所言，与李奏一一吻合，明是结党倾陷，宜严惩。于是内外诸臣以全力排李，胤禛因李系名臣，才具甚优，而又恶其倔强，欲摧折用之。两次决囚，缚之西市，刀加颈，问此时知田文镜好否。李奏："臣愚虽死，不知文镜好处。"乃宣旨赦还，济世因是谴黜焉（见上节）。雍正五年，授文镜河南总督，加兵部尚书衔，改籍入正黄旗。六年五月，又谕内阁：

> 田文镜自到河南,忠诚体国,公正廉明,以此上感天和,收成丰稔;而黄河当暑雨之际,全无汛滥,此皆天地嘉佑之明验。吏治民风之善,实为直省第一。鄂尔泰公忠诚勤,实心任事,是以云南连岁丰登。各省督抚皆如田文镜、鄂尔泰,则天下允称大治矣。今思山东民俗官方,宜加整顿,着将田文镜授为河东总督,管理二省事务。此朕因人设立之旷典,不为定例。

先是,谢济世之劾田也,胤禛谓:“文镜秉公持正,贪赃坏法之事,朕可保其必无。”及是又言:“若督抚皆如田文镜,则天下允称大治矣。”观于此,胤禛信任文镜之专,亦可想见矣。世传文镜之所以获信任者,皆幕客邬先生之力也。文镜开府河东,闻绍兴邬先生之名,延之为幕宾。邬先生谓文镜曰:“公欲为名督抚?抑欲为寻常督抚?”文镜曰:“愿为名督抚”。邬先生曰:“若欲为名督抚,必任我之所为,毋掣我肘也”文镜问所为,邬先生曰:“我欲为公草一疏,疏中一字不令公见,此疏上,公事成矣。”文镜心知其异,许之,盖参隆科多之疏也。隆科多以顾命大臣,恃功骄恣。胤禛甚恶之,而中外大臣惮其威,无敢一言者。邬先生窥知帝隐,故为文镜具疏劾之,疏上,隆科多果获罪,禁锢终身。而文镜之宠眷遂日隆。已而,文镜以事与邬先生忤,渐不用其言,邬先生愤而辞去。自是文镜之奏事,辄不当意,数被谴责。文镜不得已,再以重币聘邬先生,而帝眷复如初。或言:邬先生即胤禛之心腹,所以假手于田文镜而实行其阴谋者也。不然,彼虽知帝之意,抑曷敢探帝之私哉!雍正九年,文镜因病乞休,未几卒,谥端肃。及雍正十三年,乾隆帝立,谕谓:“河南自田文镜为巡抚总督以来,苛刻搜求,严厉相尚,而属员又复承其意旨,剥削成风,豫民重受其困。”于是说者皆谓文镜之奸状毕露,不知文镜实心任事,吏治整肃,境无贼寇,道不拾遗,抑富豪而安贱民,禁衿绅苛虐佃户,皆善政也。惟其严酷武健,勤求苛刻,或不足尽慊人意耳。至谓文镜一无可取,是殆惑于参之者,如李、谢皆名臣,而即疑其言之不诬,然此非公允之论也。与文镜同时,而得帝眷者,尚有李卫(江苏铜山人,由捐纳员外郎入仕)。卫为浙江督抚,声誉精严,一如文镜,胤禛常并提之;谓为有名之督抚。然卫故豪士,为政颇疏节阔目,不若田文镜之苛细云。

(三) 鄂尔泰、张廷玉之柄用

雍正中,直省疆臣,如田文镜、李卫等,皆以为政有声,得帝宠信;然酷吏之名,每不理于众口。至若身处庙堂,博帝殊眷,生则专信如一,死则配飨太庙者,则有二人焉:一满人鄂尔泰,一汉人张廷玉是也。鄂尔泰字毅庵,姓西林觉罗氏,满洲镶蓝旗人。以康熙三十八年举人,授侍卫,从猎和诗,称旨,迁内务府员外郎。时胤禛在藩邸,因事召之,鄂拒谓:"皇子宜毓德春华,不可交结外臣。"胤禛善之。即位后,特授江苏布政使,时缙绅横甚,鄂用能吏严抑之,未几迁广西巡抚。三年,署云贵总督。四年,苗疆事起,鄂建改土归流之策,胤禛大悦,手铸三省总督印赐之。时土官不服,变者四起,鄂皆次第削平之(见上节)。十年,以功拜保和殿大学士,兼兵部尚书,军机大臣,封一等伯,信任无比。每具一疏,虽极寻常,胤禛必嘉奖颁示,尝云:"朕有时自信,不如信鄂尔泰之专;事无大小,必命鄂尔泰平章以闻。"鄂尔泰受胤禛非常之遇,入朝尽三鼓方出,语秘,外莫能知。雍正末年,台拱苗叛,乱氛四起,议者多归咎于始事之人,鄂以筹画未周,具疏请罪,且斥削伯爵,诏许之。胤禛晚年,常召鄂宿禁中,逾月不出,人皆不测其意。胤禛崩,惟鄂受顾命,深夜无马,骑煤骡而奔,髀血涔涔下,拥皇子弘历登极,宿禁中七昼夜,始出。乾隆初年,同张廷玉等总理事务,十年卒,谥文端。以胤禛遗命,配飨太庙。廷玉字衡臣,太傅张英次子也。康熙三十九年进士,寻授检讨,直南书房,洊加优擢,由洗马五迁至刑部右侍郎。时廷玉以名相子,回翔卿贰,文学经济,已巍然负台辅望矣。胤禛初立,政事殷繁,谕旨日数十下;廷玉承命应奉,精敏详赡,悉称旨,擢尚书。雍正四年,拜文渊阁大学士,兼管户部、翰林院事。明年,晋文华殿大学士,又明年,晋保和殿大学士,兼吏部尚书。西北军兴,创设军机处,规程皆所手定,倚任甚专,赏赉优渥,他汉臣莫之及。尝有疾,及痊,胤禛告近侍曰:"朕股肱不快,数日始愈。"众争来问安。胤禛笑曰:"张廷玉有疾,岂非朕股肱耶?"乾隆初,与庄亲王胤禄,果亲王胤礼及鄂尔泰等总理事务,而弘历宠信廷玉特甚。惟以家门大盛,子弟并列显要,又其门下往往分党排轧,汉人则思附廷玉，满人则思附鄂尔泰，故乾隆中因是以兴大狱焉。

（四）岳钟琪之任废

雍正时名将，年羹尧、岳钟琪为最，然羹尧跋扈结党，因以获罪，钟琪虽以疏防落爵，而终未罹间致死，乾隆再起，功勋卓著，赐号威信，可谓能得保全者矣。钟琪字东美，号容斋，先世汤阴人，迁兰州；父昇龙为康熙末年名将，卒赐敏肃。钟琪魁奇沉雄，寡言笑，儿时布石作阵，进退群儿，颇有法。由同知改授松潘游击，累迁永宁副将，以随征西藏功，擢四川提督。雍正元年，青海叛，年羹尧奏调为参赞大臣，钟琪沿途剿抚，次年，独率兵平青海（见第二十七章），封三等公。三年，授川陕总督，加太子少傅。苗疆之乱，钟琪与鄂尔泰会剿，事定入觐，赐双眼孔雀翎，晋少保。六年准噶尔不靖，命钟琪为抚远大将军，征西路，以败敌得奖叙。十年，准部犯哈密，钟琪遣将击败之，又遣别将石云倬等赴南山口截其归路。云倬兵迟发一日，敌窜去，大学士鄂尔泰劾其玩忽，夺少保，降侯爵。寻召还，以张广泗代之；广泗又劾其调度乖方，遂落职交兵部拘禁（原因详见一百十一节），论死。乾隆二年，放归乡里，时手一编，吟咏自适，徜徉山水间，见者几忘其为故大将军也。至十三年，再起征金川有功（事详第七篇），加少保，复公爵。十七年卒，谥襄勤。先是，钟琪之督川陕也，成都人讹言：钟琪将谋反。钟琪疏闻，胤禛曰："数年来在朕前赞谗岳钟琪者甚多，不但谤书一匣而已。甚有谓钟琪系岳飞之后（钟琪为飞二十一世孙），欲修宋金之报复者，荒谬至此！钟琪懋著功勋，朕故任以西陲要地，付以川陕重兵；而奸邪之徒，造作蜚语，谗毁大臣，其罪可胜诛乎？"因命严讯，得庐宗诛之。曾静遣其徒上书钟琪劝反，钟琪立擒以闻，诏褒忠赤。顾谤言既多，疑忌自生，钟琪废禁论罪，亦未始不缘于此也。

一百十九　胤禛之治术

（一）伺察之严密

胤禛既以异谋得位，而诸王又各结党营私，阴相排轧，一时蜚言四起。雍正设治，既以严厉为事，故对于朝野之动静，不可不使之上达。于是密设缇骑，四出侦察，凡閭阎细故，无不立闻。其最著者，厥有数事：（一）状元王云锦，元旦早朝后，与戚友为叶子戏，忽失一叶，遂罢而饮。次日入朝，胤禛问昨日何所事，王以实对。胤禛笑曰："不欺暗室，真状元也。"因袖中出叶与之，即云锦昨日所失者也。（二）有引见之官吏某，欲买新帽，路逢人问其处。次日入朝，免冠谢恩，胤禛笑曰："慎勿污汝新帽也。"（三）按察使王士俊将赴任，张廷玉荐一健仆，供役甚谨，后士俊将入都陛见，仆豫辞去，士俊问故，仆曰："汝数年无大咎，吾亦入都面圣，为汝先容地。"至是始知此仆为胤禛之侍卫某，而来伺察其动静者也。虽然，不仅遣人侦探已也，而胤禛亦常亲出察访，冀无隐情。雍正六年上元之宵，内阁供事多归家，有富阳人蓝某者，独留阁中，方对月独酌，忽见一伟丈夫至，冠服甚丽。蓝某疑为内廷直宿官，急起迎，奉觞致敬，其人欣然就坐。问蓝某何官？曰："非官，供事耳。"问何姓名？具以对。问何职掌？曰："收发文牍。"问同事若干人？曰："四十余人。"问皆何往？曰："今宵令节，皆假归矣。"问彼皆假归，君何独留？曰："朝廷公事綦重，若人人自便，万一事出意外，咎将谁归？"问当此差有何益？曰："将来差满，冀注选一小官。"问小官乐乎？曰："若运获佳，选广东一河泊所官，则大乐矣。"问河泊所官何以独乐？曰："以其近海，凡舟楫往来，多有馈送耳。"其人笑颔之。又饮数杯，别去。明日，胤禛视朝，问诸大臣曰："广东有河泊所官乎？"曰："有。"曰："可以内阁供事蓝某补授是缺。"诸大臣领旨出，方骇愕间，一内监密述昨夜事，乃共往内阁宣旨。蓝某闻命，咋舌久之。又胤禛一日，密取刑部大门之匾额，匿之。次日，以刑部有无匾额质部员，部员皆以有对。胤禛命出匾额示之，曰："是额在此已久，汝辈皆不知，平素出入时之疏忽可知。"因大加诘责。凡此诸事，雍正中屡见不鲜，当时朝野上下，大小臣工，无不严谨执守，畏惧祸及。或谓：胤禛此举，乃察察以为明，得毋近苛欤？不知耳目遍及，民隐得达，此亦专制时为治之一端也。但窥伺之严，察及帷闼，不得不谓为太过耳。

(二) 胤禛之性格

胤禛精严综核,手定大政,虑本章转奏,或有泄漏迟滞之弊,乃改令机密用折奏,皆可直达御前。胤禛亲加披阅,或秉烛至午夜,所批动辄万言,洞彻窾要;万里之外,宛若觌面。坊间所刻《硃批谕旨》,书三百六十卷,人二百二十三,据《啸亭杂录》云,此不过十之三四,其未刊行者,收藏保和殿东西庑中,若山积焉。胤禛口讲手批,劳怨不辞,殆亦励精图治,日不暇给者欤?胤禛驭下严肃,然亦每假以辞色,以联上下之情。每佳时令节,必赐诸王大臣游宴,泛舟福海,赏花钓鱼,竟日乃散。雍正四年秋,特宴文武大僚于乾清宫,赋诗饮酒,堂廉之间,欢若家庭。当其为亲王时,不履同行人之影,亦不践踏虫蚁;既即位,选谥玄烨庙号,自破指端,血书圣祖二字。于饮食时,虽饭粒饼屑,不忍遗弃。然或谓其假为仁慈,以邀声誉;不然,何于兄弟之间而独有惭德?盖胤禛任法独断,急狭多疑,刻薄寡恩,殆亦难免焉。胤禛之性情,更有足以代表者二事:(一)胤禛常语张廷玉曰:"朕阅康熙四十九年《实录》内载皇考谕朕,有'喜怒不定'一语。朕曾奏曰:'臣侍皇父左右,时蒙训诲,实深感愧。至喜怒不定一语,昔年蒙皇父训饬,此十余年,皇父未曾降诲,是臣省改微诚,已荷皇父洞鉴。今年逾三十,居心行事,大约已定。喜怒不定四字,关臣生平,仰恳圣慈,将谕内此四字,恩免纪载。'随蒙仁皇帝传谕:'十余年来,实未见四阿哥有喜怒不定之处,此语不必纪载。'今朕克承大统,一喜一怒,慎之又慎,未敢轻忽。或尚有不足之处,愈见皇考知人之明。朕仰遵庭训,时时体察,得以陶镕气质,皇考教诲之恩,尤不敢忘也。尔等可将前后情节,据实添载。"(二)胤禛偶观剧,有演《绣襦》院本郑儋打子者,曲伎俱佳。胤禛喜,赐食,伶问今常州府为谁?胤禛勃然怒曰:"汝优伶,何可擅问官守?"因立毙杖下。盖戏中所演之郑儋乃常州刺史也。观此二事则胤禛之性格,更可借以了然矣。

(三) 祥瑞之说与神仙之偏好

胤禛性情精严,而偏喜侈谈符瑞,欲求长生之术。田文镜、李卫等首先迎其意旨,疏荐方士贾士芳、娄近垣等入内供奉,十余年来,祷祠林立,封神殆遍。于是内外臣工,无不借端供媚,妄希恩泽。雍正五年二月初二日,钦天监奏"日月合璧,五星连珠";而河督齐苏勒,漕督张大有,及豫抚田文镜等,亦奏称:"自河南陕州至江南桃源计二千余里,水色澄清,经二十余日。"七年,云贵广西总督鄂尔泰奏:"云南白崖山涌出甘泉二股,又省城五色卿云见,经辰巳午三时。"散秩大臣尚崇廙奏:"十一月三十日,天台山中有凤凰,高五六尺,毛羽如锦,五色俱备,立处群鸟环绕,北向飞鸣。"直隶总督唐执玉奏:"正月二十日,房山县石梯沟山中,凤凰集于峰顶,文采灿然,人民千余,无不共见。"八年,粤督郝玉麟奏:"三月十八日,琼州祥云朝见,历卯辰两时之久。"湖南总兵周一德奏:"白沙各处,五月十一日卿云丽天,自辰至酉,万目共见。"甘肃巡抚许容奏:"六月十五日,河州口外,营建河神庙宇,即有祥云捧日,五色成文。七月五日,自积石关至撒喇城等处,黄河澄清,三昼夜。"十年,山东巡抚岳濬奏:"巨野人李恩家,牛产麟,遍身皆甲,光采灿然。"凡此之事,屈指难数,胤禛虽外示谦让。如言:"古云凤凰乃王者嘉祥,朕抚躬自问,功德凉薄,不足以致休征。"而闻言之下,亦未常不自喜也。当娄近垣之入侍也,招鹤则仙禽降庭,祷雨则春霖立霈;胤禛信之,欣然以为神仙可致,尊之为妙应真人,居之光明殿。而贾士芳亦住居白云观,自言知医,治病入宫。及宫中祟作,士芳诵咒荒唐(有"天地听我主持,鬼神归我驱使"之语),下狱被戮;而张太虚、王定乾之徒,又复联翩而入。其时大臣持禄而阿谀,小臣畏罪而将顺。故泄沓盈庭,无敢发言者。直至金石燥烈,鼎湖龙升,储君嗣位,始尽逐西苑供奉诸方士还故里。呜呼,胤禛之英明神武不减秦始皇、汉武帝,其好神仙长生之术,亦酷似之。自古枭雄之主,往往私帝王万世之业于其子孙,而犹以为未足,至欲专之于一己之身。乃恐子孙之不肖,不能长保其遗业,其用心亦良苦矣!

(四) 雍正政治之精神与康熙朝之比较

胤禛承康熙政宽之后,出之以严厉之威,执法绳人,乾纲独揽;一时吏治整饬,财政充裕,时弊尽革,有足多者。玄烨为政,虽具本于实际主义,然晚年施治,每以"无为"为归。观康熙五十年谕辰沅巡抚潘宗洛曰:"今天下太平无事,以不生事为贵。兴一利即生一弊,古人云:‘多事不如少事’。”盖可知矣。无为而治者,则政尚宽大;臣民感戴皇仁,或有春风化育之乐。然惟其如此,则不免蓫莸杂生,奸柔故蒙,故末流政治,显生窳败。胤禛践阼,内苦于诸王之排挤,外困于臣僚之党习,且以非常得位,谤诼蓬兴,当此之时,不惟对于施治艰难,即应付各方,亦觉不易。胤禛首严吏治,戒饬群臣,则忨忽者可以知警;侦骑四出,刺探阴密,则亢逆者可以知畏。然诸王不杀,祸根难除,于是不得不采非常之手腕;虽曰阋墙祸惨,盖亦不得已也!雍正十三年施政之本,俱用“严”、“法”二字,当康熙宽弛之后,最为切中其弊。所谓宽严互济者也。宽严互济之道,即孔子所谓之中庸。胤禛尝言:“自古为政者,皆言宽严相济,所谓相济者,非方欲宽而杂之以严,方欲严而杂之以宽也。惟观乎其时,审乎其势,当宽则宽,当严则严而已。……总之,宽严适协其宜,乃为相济,非渗杂于宽严之间,而为子莫之执中也。”此种见解,极为高明,故其论儒释道三教,亦有:“理同出于一原,道并行而不悖,三教初无异旨,无非欲人归善”之语。是真能知文化之真谛,治术之根源者矣。清室之基础,至此乃大定焉。康雍两朝,其治术正相反;然天下之事物,惟相反者乃能相成。乾隆极盛之世,即两朝相成之结果也。玄烨性情施治,颇似汉文帝;而胤禛则景帝也。文帝治尚黄老,而玄烨亦宗尚无为;景帝学出申韩,而胤禛亦重在任法。或比玄烨、胤禛于太祖、太宗两人,然只可就开辟耕植之事而言;至若性格治术,犹非切喻也。圣祖以宋儒性理之学为宗,用以培养士大夫风气,其于致用,则提倡科学,实为帝王前所未有,后亦莫之能及。故康熙间学术,德性与学问并重,而稽古右文,公卿风雅,天下翕然知所向往,其气象颇有北宋道学之风,惟帝能不从道学迂腐之说,厌武备,斥边功,故国势优于靖康、绍兴远矣。至世宗独以禅学鸣,而所选《历代禅师语录》,亦有紫阳真人,开堂接徒,提倡当今法会,又有羽士在内。自以居士(圆明)厕禅宗诸师后,又认章嘉为恩师,以错入密宗。均可见其英明天赋,非迷信宗教者,特欲融会诸家,作以政驭教之策耳。若著《拣魔辨异录》,以辟木陈一派。刊《大义觉迷录》,以辨夷夏之防,以天子而与和尚迂儒肆口辨,其精神殊不可及也。

〔附言〕《拣魔辨异录》雍正十一年御制，以临济宗名僧法藏著《五宗原》，其徒弘忍著《五宗救》，对当时禅学有所批评，胤禛遂著此书以辟之。上谕云："朕今不加屏斥，魔法何时熄灭？着将藏内所有藏忍语录及《五宗原》、《五宗救》等书，尽行毁板，僧徒不许私自收藏。有违旨隐匿者，发觉以不敬律论。法藏一支所有徒众，着直省督抚详细察明，尽削去支派。……果能于他方参学，得正知见，别嗣他宗，方许秉拂。"此书所驳藏忍之说，均甚有见地，盖帝王净土宗也。

第三十章 排满之思想与运动

一百二十 总 论

（一）民族思想之发生

辛亥革命之成功，吾人皆知为民族精神之表见，实开数千年中国未有之变局；然其运动酝酿之发生，则有两种不同之渊源焉：一曰吾国固有之民族思想也，一曰西洋思想之输入也。由于后者则为人民政治之活动；由于前者，则为种族观念之膨胀。盖此次革命之意义，实包括民族、民权二主义。中国固有之思想，虽亦有兼此二主义而发挥之者，如黄梨洲之政治学说；然究属一瞥之见。西洋输入之思想，虽亦带有民族主义之色彩；然自宪政运动以后，则民权主义之鼓吹，居强半焉。中华民国之建立，人皆知国父及诸志士奔走努力之结果；而不知两种思想之融通，乃为革命运动中极可注意之事。且其中主要之民族思想，亦已滥觞于二百六十年前，其间伏流奔莽，隐显无定，至于清末，乃成波澜雄伟之壮观耳。故初叶之播种时期，实于中国近世史上，有特应注意之价值也。清以夷酋入主，威行专制，明室遗民，不惟抱亡国破家之痛，更具有光复中兴之心。盖以种族不同之故，本于“中国者，中国人之中国也，胡人焉得而治理之?”及“中国居内以制夷狄，未闻以夷狄居中国而治”（语见明太祖讨元之檄文）之思想，故有志之士，无不以“反清复明”为职责，奔走呼号，前仆后继。如朱舜水奔走海外，乞师未遂，宁愿“捐弃坟墓妻子”，亦不与异族同中国。顾亭林五谒思陵，十余年策马往来边塞，开垦华阴，又与傅青主创设山西票号。阎古古漫游江淮间，破万金之资,招纳豪杰。有“一驴亡命三千里,四海无家二十年”之句。皆白衣峨冠,高风劲节,欲为国家报仇,为革命活动。及大势已去,事不可为,而文人托之笔墨,学者加以阐扬,其“蛮夷猾夏”之痛,时借是以发泄之。即贰臣若钱谦益、吴伟业等亦复遁迹山林,从事著作。民族主义之宣传,亦已根生种播于此时矣。

(二) 排满运动之方法

明室覆亡之后,义士遗民,既以反清复明为职志,而其所取之方法若何?若就经过之历程以综观之,盖不外乎三端:一曰革命之运动,二曰秘密之结合,三曰文字之鼓吹。南都之破也,上下江民兵四起,兴师动众,抗拒清军;然孤城自保,冀留片土,而非革命运动也。唐桂诸藩之立也,继统偏安,义师蓬兴,然闻风响应,亦非所谓革命运动也。革命之运动,不在消极的保守,而在积极的起兵,事虽不成,其义有足多者。若然,则三太子之事,武昌兵变之事,庶乎革命之运动矣;特事起仓促,动辄覆败,官厅以大逆目之,则黜于寇盗之列。而其事乃泯泯无闻。吾人读清初之野史稗说,每传绿林、响马、山湖啸聚之徒,义气激昂,亦可以窥其微旨矣!惜乎!文献无征,传说不一,官私载记,讹谬必多,吾恐言之愈详,则距真相愈远,而有负于先烈,亦愈大也。譬如《彭公案》、《施公案》中所述之窦尔敦,原名窦开山,二东为其乳名,兄曰大东。河北献县人,从史可法部将石瑜(字士奇,别号昆仑叟)习武艺,又拜河北大儒王余佑为师,教以文学,以义侠著乡里,阴从事反清运动。康熙南巡,开山追踪行刺,未得如愿,仅将赤骐御马盗去。后以所志不遂,披缁入山,不知所终。其人美风姿,态度潇洒,而旧剧小说,则以为“黑花面”之盗魁,由黄天霸保之到案。似此一例,余可知矣。或运动而失败,或畏威于一时,于是潜踪密谋,结合同志,天地之会、五祖之说,乃流衍于社会之间。所谓天理、八卦诸教,恐无不与此等运动有关系,而乾嘉之际,竟坐是以中衰焉。至于遗民诸老,罔不以光复故物为职志,既已起义中蹶,不愿生灵之涂炭,乃为文字以渐渍文人学子之脑髓,检其遗著,比比皆是。船山《读通鉴论》、古古《帝统乐章》,排斥猾夏,言尤痛切。船山有云:“可禅,可继,可革,而不可以异类间之。”“即使桓温辈功成而篡,犹贤于戴异族以为中国主。”又云:“夷狄者,歼之不为不仁,夺之不为不义,诱之不为不信,非我族类,不入我伦。”古古诗云:“扫除胡种落,光复汉威仪。”又云:“祸自中原召,功为外寇成,久之天意厌,蹶厥圣人生,瓦刺三犁后,王藩改帝京”(俱见《阎古古全集·北直隶集》八之二)。又云:“偶被渥温尘帝座,还归华夏启神宫,长城远扈敦煌右,大海环收肃慎东”(《北直隶集》九之二)。皆可以为当时人心之代表已。此种言论,不仅遗民为然,即降臣中亦有之。如钱牧斋有“国殇何意存三户,家祭无忘告两河”,“歌舞梦华前代恨,英雄复汉后人思”等诗句。又《赠愚山子序》云:“九州十道,并为禹迹,燕代迤北,杂处戎胡。厥后茹血衣毛,奄有中土,肃慎孤竹,咸事翦除。皆马国之杂种,幽冀之部……落,今俨然称四主焉。”以文字为鼓吹,故其卒也,而有文字之狱,南山、晚村,最著者焉。以上三法,互为因果,惟文字唱于士人阶级,秘合行于乡曲之间,其为运动也,又往往借军人作前驱。盖皆豪杰志士之所为,以视觍颜屈身者,胜万万矣!

(三)清廷对付排满者之政策

明室遗逸,乡里志士,既抱排满光复之志,则清人视之,当然视为危险之祸根。故自入关以来,朝廷设政,罔不谌谌于此,而思所以消除者。又因时势之不同,与夫历朝君主之治术不一,其所施之政策,亦不能不有所差异。顺治之时,戎马仓皇,根基未定,一切大政,俱取笼络人心之手段,对于抱故国之思者,亦采一种不闻不问之态度。故清初不惟无文字之狱,亦且无因是诛戮之祸。福临常言:“明臣而不思明者,必非忠臣。”盖以大义相激劝,则无形之中,令人之孤愤有所慰托,以潜消于不自知。此种手段,颇为得计。吾人可名之曰“放任政策”,亦可曰“感化政策”。康熙即位,仍沿前朝之旧,而又思有以罗致之;于是十二年,诏举山林隐逸,十七年诏举博学鸿儒,次年复开明史馆。盖假《明史》以相号召,则节义之士,亦所乐从。因述故国之事,可以寄托其孤臣孽子之心也,是以如万斯同之高蹈,且以私人而襄赞史馆。至庄、戴之狱起,表面上似已采取威胁刑诛之态度矣,然方氏之不族,尤汪之不杀,活者且三百余人;则大体上仍觉其有怀柔之意。故吾人可名之曰“恩礼政策”;亦可曰“怀柔政策”。雍正初年,文字之狱,叠见层出;然皆党翼诸王,诽谤朝政,无关于排满之思想也。及曾静之事起,吕晚村身后受祸,刑及死者,威严可畏矣。惟胤禛又以辨护之文,刊为《大义觉迷录》,冀杀反抗思想之势力,消除满汉畛域之防闲。故一方面不惜谆谆告诫,以“帝位在德不在人”为言;而一方面又力除猜疑汉人之成见,以示调和二族之诚意。如雍正六年,因蒙古八旗都统宗室满珠锡礼请以京营参将以下,不可专用汉人;乃谕之曰:

> 从来治道,在开诚布公,遐迩一体。若因满汉而存分别之见,是有意猜疑,互相漠视,岂能为治哉!天之生人,满汉一理。其质材不齐,有善者,有不善者,乃人情之常;用人惟当辨其可否,不当论其满汉。我太祖开国之初,即兼用满汉,是以规模宏远,中外归心。盖汉人中固有不可用之人,而可用者亦多;如三藩变乱之际,汉人中能奋勇效力,以及捐躯殉节者,正不乏人。岂汉人不可用耶?满人中固有可用之人,而不可用者亦多;且满洲人数本少,今仅补用中外紧要之官职,若参将以下之员弁,悉补用满人,人数不足,恐无补授之人。又朕屡谕在廷诸臣,当一德一心,和衷共济,不可各存私见。满人当礼重汉人,毋故意相远,常抱至公无我之心,去党同伐异之习。盖天下之人,必不可同,满人长骑射,汉人长文章,西北之人,果决有余;东南之人,颖慧较胜。朕不知满汉之分别,惟知天下之大公。

此种政策,可名之曰“调和政策”。洎弘历继位以后,知此种政策之不易收效,于是收《大义觉迷录》而毁禁之;杀曾静及其党羽,凡有诋斥满洲者,诛之不稍宽假。即三朝优容之钱牧斋,亦于是时毁其书(《初学集》、《有学集》),黜其名(列入《贰臣传》)。是则乾隆一朝,又纯取“压制政策”矣。虽然,顺、康、雍三朝之政策,无论其为放任,为恩礼,为调和,皆有压制政策为其里面。故文字之狱兴,而人民乃蜷伏于积威之下,不敢放言矣。

一百二十一 秘密之结社与诸起义者之失败

(一) 天地会之起源

革命运动之发生,无不由秘密结社起,此一定之现象也。明亡以后,诸遗民既因匡复而失败,于是秘密结合,创为带有宗教性之会社,以潜寄反清复明之宗旨。惟年代较远,其事多泯灭无闻,至今可考者,惟天地会、哥老会而已。天地会之发生,传说不一,有谓始于康熙十三年甲寅者。则以会中传说,皆言五祖拜盟在甲寅年七月二十五日丑刻也。温雄飞《南洋华侨通史》云:“天地会起源之时代,自当以康熙甲寅年为可信。查康熙甲寅即康熙十三年,上距其入据北京,共三十一年,其酝酿时代,未必有三十一年之久。大抵酝酿于永历帝及郑成功既死之后,即康熙元年,而成立于康熙十三年者也。”今人所辑之《天地会文献录》亦主此说,更以《大清律例》康熙时有处罚“异姓人歃血订盟焚表结拜弟兄”之条文,认为是天地会起源于康熙年间最重要的一种证据。有谓始于康熙年间而不著甲寅者,陶成章《教会源流考》云:“浙江义师,熸于伪帝康熙三年,福建终于台湾,乃在伪帝康熙二十二年。当时浙闽义师,相依为唇齿。闽之战争,又剧于浙,故满政府设总督于其地以控制之。福建反抗最烈,其受杀戮最深,故其仇满之心,亦因之而最切。于是洪门之秘密团体组织兴,而天地会出于其间也。”又云:“何谓洪门?因明太祖年号洪武,故取以为名,指天为父,指地为母,故又名天地会。始倡者为郑成功,继续而修整之者则陈近南也。”陈近南即《华侨通史》所指陈永华之托名。郑、陈据金、厦、台、澎以抗清,为明朝维持正朔至三十余年,郑氏卒于康熙元年,陈氏卒于康熙十九年,天地会果创于郑、陈,则起源于康熙年间之说必无疑矣。故国父《建国方略》亦云:“洪门者,创设于明朝遗老,起于康熙时代。盖康熙以前,明朝之忠臣烈士,多欲力图恢复,誓不臣清,舍生赴义,屡起屡蹶,然卒不救明朝之亡。迨至康熙之世,清朝之势已盛,而明朝之忠烈,亦死亡殆尽。二三遗老,见大势已去,无可挽回,乃欲以民族主义之根苗,流传后代,故以‘反清复明’为宗旨,结成团体,以待后有起者可借为资助也。

此殆洪门创始之本意也。"自来言会党史迹者,对于天地会创设康熙年间,均无异词。惟该会较早抄本,则又明言甲寅七月二十五日,为雍正十二年。特录其《西鲁叙事》如下:

> 兹自康熙甲午年,西鲁国王命大将彭龙天领兵打入中国地方,地方官不能取胜,直攻至潼关。守将刘景、黄忠泉上表告急。朝廷即刻出下招军榜文,各处张挂,许退兵者封侯赐爵。彼时少林寺内,一百二十八人相议揭了榜文,不用军将,前去退敌,斩了大将彭龙天,杀得西鲁兵尸满山川,血流成河,得胜回朝。清主大喜,钦赐游街三日,犒劳甚厚,即欲封众人官职。众人奏道:臣等不愿为官,仍欲回寺修行。清主准奏,即赐玉玺一颗刻成三角,内有"日山"二字,重二斤十三两。御驾亲送出午门外,方回。后多年无事。因雍正十二年,有一老奸,名唤邓胜,到寺行香,见寺内御赐玉玺,乃是宝物,即欲贪为己有,因与寺僧不睦,便生恶意。妄奏君王,说少林寺内教授法术,意图谋反,若不早图,必生后患。不如诈称行香,将寺放火烧毁,以绝祸根。那昏君就听老奸之言,即命邓胜领御林军三千,前去行事。果然少林寺中不知提防,一夜烧死了一百一十人,只存十八人,不能走脱。幸得云端上来了一位达摩尊者,见寺内有五人命不该绝,日后尚有结拜天地会一段缘由,即化黄黑浮云,救出十八人。到了云霄(按为漳州诏安县之一乡名)地面,又死去十三人。此时五人慌忙无措。后奸臣闻知有人逃走,即领兵追赶。五人走至乌龙冈,前后无路,只得向天祷祝道:若我兄弟五人,命不该绝,万望再赐一条生路。祝罢来了朱江、朱开二仙,将刀刃放下江上,化做二板浮桥,渡过五人,走至广东省惠州府石城县高溪庙中居住。不料水中浮起一物,捞起看时,乃是一个白锭香炉,亦不以为意。是夜,白锭香炉,毫光闪烁,见炉中底面,现出"反清复明"四字。众人看时,甚为奇异,大悦,相议欲结拜天地会,仿刘关张三人桃园结义故事,即往大普庵,得遇万云龙,道知其详。万大哥大喜,即同五人仍回高溪庙,相酌欲竖义旗,同心盟誓。此系荒郊之地,并无物件,不得已,插草为香,举目观见枯木二条,即

取为烛。以花碗二个取作筶。当天祷祝,投于石上,若能反清复明之日,碗不破碎。祝毕,将碗抛于半空之中,落将下来,果然完全不破,以作圣筶。兄弟俱各欢喜,以为此仇有报。正相议间,举头见一小童子(朱洪祝),年方十三岁,面如桃粉,唇若抹朱,两耳垂肩,双手过膝,真是帝王贵相,欲来投军。众人道:"尔乃小小年纪,手无寸铁,敢来投军,有何能处?"小童子道:"我非别人,乃系崇祯皇之孙,西宫娘娘李伸妃派出太子之子也。想我太祖堂堂江山,却被清狗所占,不能恢复中原,有何面见祖宗于九泉乎?今见众英雄起义,前来投军,以图恢复基业,万望诸君助我一臂之力,则复中原足矣。一来消我之恨,二来报死者之仇,三来完民众之愿。"众人连声应诺。欲到广东省惠州府石城县太平寨白鹤林岳神庙起义。齐集人马,逢山开路,遇水造桥。万大哥正在岳神庙内焚香礼拜,忽然人马之声,一齐俱到,庙前聚集。万大哥一一询问,便请诸君到净室奉茶。众人茶罢,相议兴师。因见万大哥满面胡须,身材高大,猛勇过人。众人道:"愿拜尔为大哥。"时雍正甲寅年七月二十五日丑时,歃血立誓。择定八月廿日出军,与清兵交战。战至九月初九日,万大哥失利败敌,阵亡,死于岑街石下。小军前来报知,兄弟五人正在城中饮酒,得知此情,一齐出马,清兵大败,死者不计其数。收回尸骨,烧化,立他为祖。葬于五凤山背左翼,粪箕湖八角墩,高三尺,大二十一丈八尺三寸,号为八角营图。坐东向西北,寅申分金。三角墓碑,高九尺,阔一尺六寸。碑名万寿碑。上有十六个字,各有三点水,共成四十八点水也。(见拙辑《近代秘密社会史料》卷二)

诗句中又明载:"万云龙大哥于雍正十二年被乱棍打死。""雍正十二年,万大哥故后,又有姚必达联盟五虎大将,改立天地日月分派。留传后日,招集英雄。"即《洪门志》亦言:"洪先生名英,又称殷洪盛,雍正甲寅年七月二十五日丑时生。"是甲寅年七月二十五日,必指雍正十二年,而非康熙十三年,其作康熙甲寅者,乃以西鲁入寇之年而误植耳。然而,天地会果创设于雍正十二年乎?是又不然。雍正十二年七月二十五日,系万云龙与五祖订盟之纪念日，而姚必达改立天地会以后所规定者。乾隆时《大清律例》有“复兴天地会”名目。可为天地会在雍正年间，重加改组一事显著之证明。自经改立以后，天地会原始创设之人物时地，多半湮没，而会员所能知者，仅五祖及万云龙而已。五祖为少林寺僧人，万云龙亦大普庵和尚。天地会起义人物中，只有康熙四十七年，被拿获处死之张念一，是浙江大岚山一念和尚，天地会抄本《西鲁序》，即言“五僧祭旗兴兵，经过浙江省，得遇万云龙”。《教会源流考》亦谓：“洪门之传布，由闽而先入于浙。”张念一扶立朱三太子，称大明天德年号，不久即败，其事颇与万云龙相符，故万云龙当是张念一之化身。但福康安于乾隆五十三年奏获严烟供称：“天地会闻说是朱姓发起的，传自川内，年份久远，在广东起会的，是万和尚，俗名涂喜如。”或万云龙果有其人乎？而所谓小主朱洪祝，似指朱三太子之子耳。

五祖何人，会中记载为蔡德忠、方大洪、马超兴、胡德帝、李色开，谓之前五房：长房在福建，称青莲堂凤凰郡，用彪字乌旗。二房在广东，称洪顺堂金兰郡，用飇字红旗。三房在云南广西，称家后堂福宝郡，用飈字彩旗。四房在湖广，称参太堂连章郡，用飑字白旗。五房在浙江，称宏化堂陇西郡，用飚字绿旗。姚必达等则称为后五房：长房吴天成在西蜀，二房洪太岁在贵州，三房李识弟在江南，四房姚必达在云南，五房林永昭在河南。亦有言长房姚必达，二房洪太岁，三房吴天成，四房林永超，五房李色第者。其在地与前五房稍有异同。少林寺僧人征西鲁之事，系指俄国于康熙年间，入寇黑龙江，俄国在清朝称为罗刹，鲁罗同音，《广阳杂记》谓“罗刹国在极西”，故称西鲁。建义侯林兴珠率福建降人五百编组藤牌兵，随彭春征雅克萨，有功不赏。余众一百二十八人于蓟县法华寺出家。后调征准噶尔，因怨望不服指挥，为清廷派人毒毙，只十八人逃脱，沿途死伤至余五人，在衡阳遇救，乃奔台湾成立天地会。此天地会传说之背景也。征罗刹为康熙二十四年，征准噶尔为康熙三十五年，而张念一起事则在康熙四十年以后，相距不过十年，大体尚合，可见五僧与万云龙之订盟必在康熙末叶，而为雍正年间改组之张本矣。天地会究起于何时？则当先考创始之人。《台湾通史》曰：

吾闻延平郡王入台之后,深虑部曲之忘宗国也,自倡天地会而为之首,其义以光复为归。延平既殁,会章犹存,数传之后,遍及南北,且横渡大陆,浸淫于禹域人心,今之闽粤犹昌大焉。婆娑之洋,美丽之岛,唯王在天之灵,实式凭之!然则台湾之人,固当以王之心为心也。

此说天地会创始于郑成功,与《华侨通史》、《教会源流考》若合符节。章太炎亦谓"郑成功在台湾,闽海之滨,声气相通,故天地会自福建来。"台湾原属于福建省,故言闽即合台而为一也。清福建布政使德舒尝奏言:"闽省人民,往往创立会名,联合声势……刊伪印,散伪札,妄悖猖狂,蛊惑人心。"乾隆《大清律例》复明载:"台湾不法匪徒,潜谋纠结复兴天地会名目。"是闽台之秘密结社为天地会,可无疑义。在闽台之遗民,能作革命集团之组织者,除郑成功、陈永华外,殆无人可以当之,是以言天地会史者,皆认郑成功或其部下为洪门开山之祖师。如《洪门志》言:"郑成功据守台湾,推进'汉留'组织,开山立堂,定名为金台山,明伦堂。并遣派部将蔡德忠、方大洪、胡德帝、马超兴、李色开等向中原发展,至福建兴化府莆田县,九连山少林寺,投方丈智通。寺僧一百二十八人。"是亦以郑成功为创始人矣。然郑氏卒于康熙元年,当其盛时,拥兵且十余万,纵横闽海,清人莫可如何,又何须作此秘密组织事乎?殊不知郑氏最初收兵南澳时,即与同志张辉、张进、洪旭等九十余人,歃血订盟,誓图恢复。并改张礼、郭义、蔡禄等人之名为万礼、万义、万禄,以示"万人一心"。所以永历帝册封成功为延平郡王,其册文有云:

尔漳图公赐姓,忠猷恺挚,壮略沉雄,方闽浙之飞尘,痛长汀之鸣镝!登舟洒泣,联袍泽以同仇,嚼背盟心,谢辰昏于异域。

可见郑氏起义,即出于歃血订盟,结拜兄弟之方式,此方式为我国旧社会所普遍采行者,盖仿诸桃园结义故事也。郑氏故后,陈永华为台湾谋主,"渊冲静穆,遇事果断",成功早誉为"今之卧龙"。目睹大势已去,事业渺茫,岂能不为后来着想?遂就延平遗规,扩大组织,而天地会之团体兴焉。永华依郑氏拥戴永历先例,于会中首领,虚拟成功为大哥,自居二哥香主之位。香主称先生,以后实际执事之人,只能"执斗作香主"。因大哥已死,永不设置,此天地会最初之定制,故所有誓词中只言:"份当香主,即是天伦父母一般","不可引猛风来捉香主先生"。而从不及大哥也。凡入会者皆姓洪(拆为三八二十一作暗号),所以名为"洪门"。此犹成功改兄弟为万姓之义耳。洪者,非指洪武,乃汉字也。汉人失去中原之土地,则于汉字去中土即为洪。又改清为㳅,谓清无主也,改满为㴾,谓满无头也,改明为汨,谓明之月为清人所占也。台湾至今有上巳节而无清明节,则以清在明上也。谓会众曰洪英,意即洪门英雄或汉族英雄也。谓始祖朱洪英,太宗洪启胜者,则天地会以"反清复明"为宗旨,故必拥戴汉族朱姓之人。《洪门志》谓创始"汉留",组织者为殷洪盛,即由朱洪英、洪启圣演变而来,盖殷朱皆红色,红与洪又属谐音,殷忧启圣,乃我国成语,胜盛皆讹写,而象征胜利兴盛耳。会中所拟之小主名朱洪祝或朱洪竹,实皆不出朱汉二字代表之义。"汉留"乃四川洪门之本称,可以蜀汉诸葛之留遗相假托,且在中原,故不必改为洪字也。今称作"胞哥"。其诗文口白曰"海底"。谓郑成功以遗其子孙者,乃金台山规律。郑氏亡时,铁函沉诸海底。至道光二十八年,郭永泰由渔父手中获得,因开"荩忠山"。蜀人所撰之《汉留全史》,即以海底为资料。国父谓:"明朝遗民有一派富有民族思想的,觉得人事去矣,就想出方法来结合会党。他们的眼光是很远大的,思想是透彻的,观察情形也是很清楚的。"以绵密之思想,远大之眼光,而组织天地会之革命集团,若于明末遗民中求之,舍郑成功、陈永华岂谁与归?况陈近南之为香主,显系永华自喻,近南或亦郑思肖所南之义也。《洪门志》谓近南原名永华,清翰林院学士,因谏议被黜,寄迹江湖,于雍正九年在雅安开"精忠山"。至湖北白鹤洞隐居,得遇五祖,始会盟举义,皆附会之辞。永华卒于康熙十九年,是天地会创设之时期,当在永华去世以前,若以康熙甲寅当之,似无不可。因康熙十三年,正吴三桂起兵之次年,吴兵据长沙、岳州,与清兵隔江对峙,"反清复明"之会党,宜必有所瞩望,故诗句中有"长沙湾口连天近,渡过乌龙见太平"二语,乌龙指丙辰年,即康熙十五年也,盖预示二年后即可成功耳。此天地会起源于康熙年间,而以郑成功、陈永华为不祧之祖宗,皆非无根者也(《洪门志》之始祖五人及五宗史可法等殊不典)。

(二) 天地会之组织

天地会既为一"反清复明"之组织,其事必当极为秘密,乃可防清人之察觉也,夫清人之爪牙为官吏,而官吏之耳目为士绅,故凡所谓士大夫一类,皆所当忌而须严为杜绝者,然后其主义乃能保存,而潜滋暗长于异族专制政府之下。以此而立会,将以何道而后可?必也以合群众心理之事迹,而传民族国家之思想,故洪门之拜会,则以演戏放马为之,其传布思想,则以不平之心、复仇之事导之,此最易动群众之观听也。其口号暗语则以鄙俚粗俗之言以表之,此最易使士大夫闻而生厌,远而避之者也。其固结团体,则以博爱施之,使彼此手足相顾,患难相扶,此最合乎江湖旅客无家游子之需要也,而终乃传以民族主义,以期达其反清复明之目的焉(以上国父语)。但此种思想与方略,绝非一蹴而即,须经过多年之演变,故事传说,随时增加,又因后来居上,而反将原始创设之人物,湮没不彰矣。入会之仪式,必由香主先道演词,尚能保存大意,其略如下:

> 天地万有,回复大明,灭绝胡虏。吾人当同生同死,仿桃园故事,约为兄弟,姓洪名金兰,合为一家。拜天为父,拜地为母,日为兄,月为姊妹,复拜五祖及始祖万云龙等与洪家之全神灵。吾人以甲寅七月二十五日丑刻为生时。凡昔二京十三省,当一心同体。今朝廷王侯非王侯,将相非将相,人心动摇,即为明朝回复,胡虏剿灭之天兆。吾人当行陈近南之命令,历五湖四海,以求英雄豪杰。焚香设誓,顺天行道,恢复明朝,报仇雪耻,啜血盟誓,神明降鉴。

誓词三十六条,复有十禁十刑,二十一则,皆彼此相处相待之规矩,及罚则,不外忠心义气,孝顺父母,和睦乡党,兄弟一家,患难相助,报仇灭清,信实为本,自己犯事,身当身抵,不得扳连,诈骗背盟,奸淫掳掠,五雷诛灭,或去耳重打等诅咒之词。天地会文件小引《反清复明根苗第一》云:

五祖咬破手指，共合血一堆，写成朵五本，每人各执一本，随至各省招集忠心义气，暗藏三点革命，誓灭清朝，扶回大明江山，同乐太平天下。

《三点革命诗》复云：

三点暗藏革命宗，入我洪门莫通风，养成锐势复仇日，誓灭清朝一扫空。

此不仅表现民族革命之精神，即后来所用革命一词，亦早在二三百年前即提出矣。其曰三点会者，即以洪字偏旁氵之义，加诸常用之字，以避清人之注意，如万云龙之墓碑上刻：

浸溭涨淋诗　　汏淙淞沀淌溚
汧汕潫氵一㳿

是暗藏革命宗旨于三点之中，故书明作汨也。又或以三点偏而不全，非吉祥之瑞，至广东则改为三合会。三合者，盖谓高溪庙盟誓之地，有三水会合，故洪门联语，作："地振高岗，一派溪山千古秀；门朝大海，三河合水万年流。"其问答词则言："小会创始在三河，结义会盟兄弟多，正是天本团圆日，大家齐唱太平歌。"小会在三河，大会在天本，天本团圆，乃天地人三才并立，即董仲舒"一贯三为王"之义，预示将来成功复兴，会员团聚称庆之期。故"共同和合"为会中常用之标记，而以三合代表三河（或言指广东西北东三江）及三才焉。凡新会员入会，必由旧会员教以熟习诗句暗语，在郊外设一会场曰"木阳城"。自洪门至忠义堂洪（一作红）花亭，层层盘讦，必需对答如流。谓之"打木阳城"，亦曰"开圩场"，以后名为"开山堂"。而以插旗之木斗作木杨城。木阳城或言指俄人之雅克萨城（《清史稿·邦交志》："罗刹……树木城居之。"），即纪念五祖曾预征俄之役也。会中诗句可考者，有数百首，隐语更多，世谓之"江湖黑话"。

如言外人差役曰风仔,官府曰对头,截路曰打鹧鸪等。且有手语,如以大二三指下指为天,三四五指下指为地,拇食二指下指为人等。茶阵,如一杯水一杯茶,先将杯水拨去,然后饮茶,诗曰:"拨了清水换洪茶,到处大位是洪家,知情任我来去饮,相逢不用说因丫!"洪门最初组织,原极简单,只"香主"、"先生"、"二哥"为实际之首领。其下有先锋。誓词言"五祖法律,五年为先锋,十年做香主,若有不法之人,私开圩场,未至年期,做香主、先锋者,五路分尸而亡"。凡执斗做香主,必须作事公平,诗文尽知,由老先生传授,会内兄弟保举。香主坐堂,可以传令。以故遇洪门兄弟,称为二兄,即属尊辞。此盖纪念郑成功或万云龙之功德,而不设大哥故耳。以后洪门之"内八堂执事",仍以香长军师冠首者,乃遗制也。惟山主称龙头大爷,是为老大哥,五堂又增一大哥,以下第二圣贤(即参军香主白扇),第三新副(老三,老四老七因犯规被诛不设),第五红旗,第六蓝旗,第八巡风(广东人名曰草鞋),第九江口,统称老么,是为九级。人事渐繁,规制不一,而妄拟以督理总理为君主,互称同门曰大哥,皆非天地会之旧制矣。会员之符号曰"腰凭"。腰凭之样式为四方形纸,上刻各种诗句,繁简不等,但一诗为腰凭所特有者,其诗句云:

五人分开一首诗,身上洪英无人知,自此传得众兄弟,后来相认团圆时。

兹图示如下:

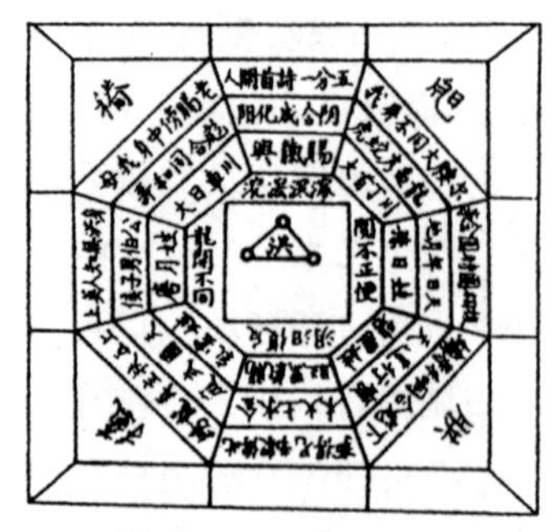

初进洪门结义兄　当天汨誓表真心
长沙湾口连天近　渡过乌龙见太平
松柏二枝分左右　中节洪花结义亭
忠义堂前兄弟在　城中点将百万兵
福德祠前来誓愿　反汨复汨我洪英
(上诗系腰凭周围所刻)

是会初由福建传入浙江、江西，以有张念一之挫折，而改往珠江流域一带活动，支流蔓衍，遍及南洋。其后如致公堂、洪顺堂、红旗会、小刀会、剑仔会等皆为较大之分支云。

（三）哥老会之源流

哥老会之起源，或谓在乾隆年间，则以香堂有“木立斗世氵月皆绝，万里和同再复兴”之联语也。木立斗世代表十八、六十一、十二、三十，为顺治、康熙、雍正、乾隆在位年数，预言清朝绝于乾隆，必为乾隆时人所设想者也。或谓在明末清初，盖当满族入关时，残酷特甚，汉人苦其虐，于是密谋抗拒。时粤中有某姓者，乃创为斯会，以复仇除暴为宗旨。某姓凡兄弟五人，长者称“大爷”，次“二爷”，以次及于“五爷”。五爷兼理庶务，故以为管事，即今哥老会定例，会务琐屑，概由五爷任之，仍沿旧制云。此二说均不脱洪门范围，故哥老会实由洪门演变而来，俗称为“红帮”者也。《教会源流考》谓：“洪门兄弟，投降于湘军以引导之，复又避去三合、三点之名称，因会党首领，有老大哥之别号，遂易其名曰哥老会。凡湘军所到之处，无不有哥老会之传布，为满政府一大巨患，是故三点会也，三合会也，哥老会也，无非出于天地会，故皆号洪门，别称洪帮。”其说甚是，而哥老当起于清末。会中大爷特尊，所部无不奉号令，凡新入会者，行辈自亦最低，赖所拜师傅之提挈，而以次迁擢，然其跻于大爷之位者，必有特殊情事，非人人可得而几也。会中以“弟兄义气”为不易之箴言，盖犹洪门之遗意耳。又或谓其起源甚古，宗旨在化除阶级，诛锄强暴，保卫妇女，清厘血胤；故血统不纯之男子，不能入该会也。此当系揣测之辞，殊不足信。会中所最重视者，在服从命令，扶持患难，以《三国演义》刘、关、张桃园结义故事为模范，所谓“不愿同年同月同日同时生，但愿同年同月同日同时死”者是也。会员之中，品类不齐，有文士、有官吏、有富室、有军人，而尤以军人为尤多。其稍亚者，而在社会上之地位亦稍逊。全会分五级，会中称曰门，以仁、义、礼、智、信为别。每门各有沿袭之家法，入门者得自最卑之分辈，递升为最尊之门主。仁字为最高，次义字，则为仁字之侄辈行；余以类推。降而至信字，则与仁字辈相隔至远，略如五服外之疏族。然分辈低者,对上有服劳之义务;而分辈高者,对下得予以嘘植之权利。此则渗杂青帮之制,殊非洪门之本色。青帮源流,已见第八十八节,其初为一安清之粮运组织,性质近白莲教,有祖师行辈之分,原与洪门"均一般哥弟称呼"者,迥不相同。但末流有"潘洪原是一家",或"只有金盆栽花,那有青红分家?"二语,是秘密社会于清季颇有合流之趋势明矣。而《教会源流考》则谓:"雍正年间,洪门海底,带入北方,于是白莲之教,与洪门之会,合而为一,而五祖出也。白莲、洪门,皆奉五祖,虽联合于一时,究因南北人民心理不同,于是遂由合而复分,分别扩张于南北方。"盖我国之秘密社会,其起源均显然不同,而末流则不免互相混淆耳,不然,洪门哥老,曷至有仁、义、礼、智、信五门之分乎?且洪门原无大哥,而哥老则不仅以香主新副曰大哥,更以龙头为老大哥,余称二哥三弟,此研究洪门史者,常感杂乱而莫衷一是也。是会在太平天国亡后,其势大盛,盖流遗之民,裁撤之兵,迫于生计,相率投入会中。故该会在清末时代,几蔓延于全国焉。总之,天地会发源于清初,为明室遗民所组织者,其宗旨在"反清复明";哥老会起源于清末,乃袭洪门之余绪,其组织规程,大都与洪门相类似。惟海外及闽粤之洪门,尚多旧规,而长江一带之洪门,则皆哥老会也。哥老称红帮,或有参入青帮之事,亦有杀人越货,类似白帮、黑帮之行为。不如洪门纯以民族革命为目的者,故国父述洪门而不及哥老。然黄兴、马福益等之华兴会,陶成章、沈英、张恭等之龙华会,则皆以哥老为基础,而孙中山先生与郑士良等亦皆洪门中人。国民党发源于兴中会,又借两会为其重要分子;以故三点五祖之说,罔不与辛亥革命有启承之关系。而明末遗民之排满思想,至武昌起义,始发挥而光大之焉。

(四) 革命运动之起蹶

清初之为排满复明运动者,其事皆无文献可征;而官书记载,定多失实。余故不敢详述,前已略言其义矣。今复统记各起事之年月大概,亦不过使读者知某时有某人为此种运动而已。顺治五年五月,天津有张氏者,自称天启后,与其党王礼、张天保制玉印令旗,谋起义;事泄,张氏被杀。七年,李建泰据太平(今山西汾城县),清兵围灭之。十八年十月,登州于七(名小喜,本捕快)踞牙齿山起兵,八邑附和。清廷以山东巡抚许文秀、沂州总兵李永盛、登州总兵范承宗等失察,诏逮来京,特派都统济世哈为靖东将军,统领满汉官兵剿之,翌年三月始平。康熙二年,福建王铁佛起延平、建宁等处,清兵擒之。十二年十二月,杨起隆诈称朱三太子,改元广德,其党以白布裹头,约于北京城内外放火举事,聚众周全斌家。全斌子周公直,家人陈益等与焉。镶蓝旗监生郎廷枢首告其事,正黄旗满洲都统图海、汉军都统祖承烈等,以兵围公直家,生擒数百人,磔于市;惟起隆遁去。时讹言繁兴,清帝谕兵刑二部曰:“近因逆匪杨起隆诈称朱三,煽惑愚民,潜谋不轨,其党相继缉获,俱经审明,重者正法,其牵累者业行省释。除首逆杨起隆、张子房、金玉环、赵得胜仍严缉外,其余党羽,概从宽免缉,以后着改行从善,恪遵法纪,勿得自干宪典。军民人等俱宜各安生业,不得听信伪言,自生疑惧。旁人亦不许妄行首告,借端吓诈,扰害善良!尔二部即出示通行晓谕。”自此晓谕后,汉民之在京城内者,乃稍安定。十九年,起隆复起事于陕西,被获,凌迟处死(或言起隆终未缉获,是否诈称,抑在京起事,有无起隆在内,俱未可必)。二十七年六月武昌兵变,推夏逢龙为首,逢龙率众围巡抚署,射伤襄阳镇总兵许盛于辕门,巡抚柯永昇投井死。逢龙自称统兵马大元帅,挟署布政使叶映榴以下诸官至,迫令受职。映榴佯好言,给以无杀百姓,三日当如约;乃令其妻奉母自水沟出,而自具遗疏付家人出城,遂自刭死。逢龙连破嘉鱼、咸宁、蒲圻、汉阳诸县,而自将攻德安。清命都统瓦岱为振武将军,调江宁满汉水陆兵,兼程进。七月,复黄州,提督徐治都与逢龙战于赤矶山之鲤鱼撩。薄暮,适大雨,夏军弓胶,火药俱湿;清军以铁骑蹂之,遂大溃。逢龙单骑奔武昌,而守将胡耀乾已降,逢龙亡命黄岗,乞食村寺,为清军所获,与胡耀乾并伏诛。四十六年,云南富民李天极(昆明人)、临安府生员朱六非造为符谶,以师宗王枝叶诡托明桂王孙,与杨春荣、张平山、杨起凤同谋起兵,自称文兴三年。以铅摹桂王之宝,及诸印,散播总制、大将军、总兵、都督、佥事等札。愿入党者,改装蓬头僧,或长发道士。由蒙自攻省城,为清军败获,处死。四十七年,浙江张念一(称一念和尚)谋起事于大岚山,拥戴朱三太子,改元天德。为浙江巡抚王然擒获。清廷派侍郎穆丹往审,旋由山东巡

抚赵世显,在蓬莱县李方远家将朱三太子逮捕,解往浙江审问,李著《张先生传》,记其事颇详,兹录如下:

戊子(即康熙四十七年)四月初三日,余方与先生在书房陈黑白子以相娱,忽有军厅高公,邑令张公率营兵官役,将先生父子同予锁拿,予茫然不知其何故也。星发电驰,解赴省城。抚军坐后堂,左右列藩臬两司,旁无一役。先问予曰:"你是李某,曾做过饶阳县官么?"予曰:"是。""你既读书为官,当知理法,为何窝藏朱某,为不轨事?"予曰:"予家只知读书,门外之事,亦不与闻,不知谁为朱某。从不做犯法事。"抚军曰:"你家教书先生是何人?"予曰:"先生姓张,名用观,系南方人。于二十年前,在东平州张家设教,曾认识。后于前年十二月,伊父子来至吾家,谆谆寻馆度日,予有孙数人,从他读书。至于朱某不法事,并不晓的。"抚军曰:"他在南方姓王,山东姓张,你不知么?"余曰:"一毫不知。"又唤先生父子至,问曰:"你是什么人?"曰:"吾乃先朝皇子朱慈焕,原封定王,事到今日,不得不说实情。"又问曰:"你何以在浙江?"曰:"崇祯十七年流贼围困京城,先皇帝交于王内官往民间藏匿。及城破,王内官献之闯贼,闯贼又交与杜将军。未几吴三桂同清兵杀败流贼,各自奔逸,贼中有一毛将军,带吾至河南地方,弃马买牛,种地年余。清朝查捕流贼紧急,伊遂抛吾而逃。时吾年甫十三。自往南行,至凤阳,遇一老乡绅王姓者,曾为先朝谏垣,细询根由,执手悲泣,留在伊家,予遂改姓王。偕伊子同学读书,又数年,而王官病故。吾年十八九,乃从江而南,举目无亲,茕茕莫告,到一禅林大士前,削发为僧。苟延岁月,偷生度日。后游于浙,止一古刹中,有胡姓者,余姚人也,亦明时宦裔,偶来寺中,与我谈经论文,愕然大诧曰:'子有如此才学,何为流于空门?'乃延至其家改换衣帽,劝吾蓄发。伊居室之旁,有小园半亩,茅屋数间,俾吾住其中,后又以女妻焉。此吾所以为浙人而王某也。"抚军曰:"今有江南两处叛案,皆称扶尔为君,恢复明朝,尔往浙中质之。"时四月初六日也。当日抚军将口供缮写题疏,即将先生及予起解南行。骡轿四乘,解官数员,一东兖道萧,一抚标大厅陈,一都司长并守备千把等,统领马步兵数百,及沿途接者,日有千人。举目视之,旗帜招飐,队伍交杂,林林总总,前后拥护。余心惶惶,如在梦中矣。十四日到淮安,易舟而往。河内船舸,周围济济,而振海将军之战船满兵,较之陆路,赫赫加倍焉。二十二日到杭州。在贡院质审,上坐者钦差少宰穆丹,次镇杭将军,次两江督,次浙闽督,次苏抚于,次浙抚王,共六大人。问先生曰:"你是王士元么?"先生曰:"吾本姓朱,名慈焕,改名王士元是实。"又问曰:"你既是朱某,朝廷待汝不薄,何为谋反?"曰:"吾数十年来,改易姓名,冀以避祸耳。今上有三大恩于前朝,吾感戴不忘,何尝谋反?"又问:"什么三大恩?"曰:"流贼乱我国家,今上诛灭流贼,与我家报仇,一也。凡我先朝子孙,从不杀害,二也。吾家祖宗坟茔,今上躬行祭奠,命人洒扫,三也。况吾今年七十五岁,血气已衰,鬓发皆白,乃不反于三藩变乱之时,而反于清宁无事之日乎?且所谓谋反者,必占据城池,积草屯粮,招买军马,打造盔甲,吾曾有一于此乎?吾因年荒米贵,在山东教书度日,居近通衢,密迩京师,尚敢有谋反之事乎?"大人曰:"现有大岚山叛贼张某,口称保你,何得强辩?"遂带张贼至。时予与先生同在案前,问曰:"你认谁是朱某?"张熟视曰:"都不认的。"又问:"你前供扶助朱某,如何今日,又说不认的?"张贼曰:"原是假他名色,委实不认识也。"遂将予与先生,收入囹圄中。既而江南解一和尚至,和尚者,太仓奸僧也,素行不端,曾铸印伪造定王札符,给散愚人,煽惑作乱。乃提先生对证,又云不相识。奏上,未几都复命下,见判语云:"朱某虽无谋反之事,未尝无谋反之心,应拟大辟,以息乱阶。细询李某,坚供不知情,然在伊家捉获,且住有年余,说不得不知情,合以知情而不出首之例,流徙三千里。"案定后,予蒙恩发宁古塔。而先生则以是年冬弃市矣。先生家在余姚,有一妻,二子,三女,一媳,闻事发捕捉,遂一家投缳,六命俱尽云。

据此传所载,则于浙名王士元,于鲁名张用观(字潜斋)者,果为崇祯帝之第三子定王也。《明史》谓其名曰慈炯,慈焕为五子悼灵王名,皆误。

孟森《烈皇殉国后记》考定其名为慈灿,慈焕乃四子永王名。不知此供辞何以自言其弟之名,或年幼误记,抑李方远误听慈灿为慈焕乎?甲申崇祯帝殉国时,慈灿方十岁,至康熙四十七年被杀,则已七十五岁之皤皤老翁矣。雍正《大义觉迷录》云:"从前康熙年间,各处奸徒窃发,动辄以朱三太子为名,如一念和尚、朱一贵者,指不胜屈。"可见清初抱民族主义作反清复明运动者,大多以朱三太子为拥戴之君主,无论朱三太子本人参加与否,在民众心目中已成一明朝继统之象征人物。杨起隆之起事,吴三桂之叛清,皆可为证也。以后天地会传说之小主朱洪祝,盖皆朱三太子殉难后之设想耳。慈灿原有子五人,名和㶏、和尘、和壬、和在、和堃,一孙名朱钰,于斯役全被杀,死者三十余人,妻子发往宁古塔。慈灿之媳女,均悬梁自尽。李著《张先生传》未载与同被捕之子之口供,不知此子何名。然明朝嫡胤,从此斩绝矣。

张念一供词,虽言假朱三太子名色,而其改元天德,实为天地会一贯之作风。天地会发自闽台,传入浙江,均以寺庙为隐身之地。一般遗民义士,亦多削发为僧,故祝廷铮《续三字经》,有"发披左,衣冠更,难华夏,遍地僧"之语。若《台湾通史》所述黄蘗寺僧之事,可为其代表已。《宗教志》云:

> 僧不知何许人,逸其名,居寺中,绝勇力,能蹴庭中巨石,跃去数丈。素与官绅往来,而知府蒋元枢尤莫逆。一日元枢奉总督八百里密札,命拿此僧,不得则罪。潜访之,知为海盗魁,恐事变,且得祸。乃邀僧至署,盘桓数日,欲言又止。僧知之曰:"窥公似大有心事者,大丈夫当磊磊落落,披肝见胆,何为效儿女子态哉?"曰:"不然,事若行,则上人不利,不行,吾又不能了,故踟蹰尔。"出札示之。僧默然良久,曰:"不慧与公有前世因,故一见如旧。今愿为公死,但勿求吾党人。不然竭台湾之兵,恐不足与我抗。"曰:"省宪索上人耳,余无问。"僧曰:"可。"命招其徒至,告曰:"而归取籍来。"徒率众肩入署,视之,则兵卒粮饷器械船马之数,一一付火。元枢大惊。僧曰:"我祖为郑氏旧将,数十年来,久谋光复,台湾虽小,地肥饶可霸。然吾不

猝发者,以闽粤之党未劲尔。今谋竟外泄,天也。虽然,公莫谓台湾终无人者。公遇我厚,吾禅房穴金百余万,将为他日用,今举以赠公。公亦好速归,不然荆轲、聂政之徒,将甘心于公也。"元枢送至省,大吏讯之,不讳。问其党,不答。刑之,亦不答。乃斩之。是日有数男子往来左右,监刑者虑有变,不敢问。待决时,一黑面长髯者怒目立。僧叱曰:"小奴尚不走,吾昨夜谕而速改恶,勿妄动。今如此行迹,欲何为?勿谓吾此时不能杀汝也!"其人忽不见。事后,大吏问狱吏,何以许人出入。曰:"旦夕未见人,且僧有神勇,桁杨辄断,幸彼不走尔。"闻者皆愕然。

或言黄蘗寺僧名玄苏长老,乃刘国轩部将勇卫右协陈士勋,于郑氏亡后,施化陈永华故宅而建此寺,以为"天地会"之根据地也。但陈士勋于施琅进攻澎湖时阵亡,《通史·刘国轩传》载之。且蒋元枢为知府,在乾隆四十年,距郑氏之亡,已近八十年矣,陈士勋如在,当在百岁以上,故此说不甚可信。然寺为天地会党人根据之地,而寺僧为其领袖,以从事反清复明运动者,则大致不差也。《通史》又言黄蘗寺在台南大门外,康熙二十七年左营守备孟大志建,三十一年火。三十二年寺僧募建,地大境幽,题咏者多,今圮。是则天地会之最初发源地,早成荒烟蔓草矣。

一百二十二　康熙时代之文字狱

(一)《明史》狱

先是,明相国归安(今浙江吴兴县)朱国桢尝著《明史》,举大经大法者笔之,已刊行于世;未刊者,为《列朝诸臣传》。国变后,朱氏家中落,以稿本质千金于庄廷钺,廷钺家故富,因窜名己作,刻之,补崇祯一朝事,中多指斥清人语。康熙二年,归安知县吴之荣罢官,谋以告讦为功,借此作起复地,因白其事于将军松魁,魁移巡抚朱昌祚,朱牒督学胡尚衡。廷钺并纳重赂,以免。乃稍易指斥语,重刊之。之荣计不行,特购得初刊本,上之法司。事闻,遣刑部侍郎出谳狱。时廷钺已死,戮其尸,诛弟廷钺。旧礼部侍郎李令哲曾作序,亦伏法,并及其四子。令哲幼子年十六,法司令其减供一岁,例得免死充军。对曰:"予见父兄死,不忍独生。"卒不易供而死。序中称旧史朱氏而不名,之荣素怨南浔富人朱佑明,遂嫁祸,且指其姓名以证,并诛其五子。松魁及幕客程维藩械赴京师,魁以八议仅削官,维藩戮于市。昌祚、尚衡贿谳狱者,委罪于初申覆之学官,归安乌程(今并入吴兴县)两学官,并坐斩;而二人幸免。湖州(今吴兴县治)太守谭希闵莅官甫半月,事发,与推官李焕皆以隐匿罪至绞。浒墅关(今江苏吴县西北)榷货主事李尚白闻阊门(吴县西门)书坊有是书,遣役购之,适书贾他出,役坐其邻一朱姓者少待,及书贾返,朱为判其价。时尚白已入京,以购逆书立斩,书贾及役斩于杭州,朱姓者因年逾七十,免死,偕其妻发极边。归安茅元锡方为朝邑(今陕西属县)令,与吴之荣之兄弟尝预参校,悉被戮。时江楚诸名士,列名书中者,皆死,刻工及鬻书,同日刑,惟海宁(今浙江属县)查继佐,仁和陆圻,当狱初起,先首告廷钺慕其名,列之参校中,得脱罪。是狱也,死者七十余人,妇女并发边。盖浙之大吏,及谳狱之侍郎,鉴于松魁事,且畏之荣复有言,虽有冤者,不敢奏雪也。之荣竟以此起用,并以所籍朱佑明之产给之,后官至右佥都。呜呼,盖亦惨矣!然是时玄烨方立,鳌拜专政,欲借以立威。是狱若起于康熙八年以后,则必不能若是之株连也。

(二) 沈天甫、朱方旦之狱

继庄氏之狱而起者,有沈天甫之狱、朱方旦之狱;然皆不如《南山集》狱之大而且著。且沈、朱所撰之书,今已无从考察,究竟清廷之所谓逆者,亦不知有何种指斥之语(乾隆、嘉庆时人谈方旦事者,如王应奎《柳南随笔》、钱咏《履园丛话》皆荒诞不经,谓方旦为狐所凭,直是《齐东野语》,故不具录)。今要述其事于下,至《南山集》狱,当于下目详述之。康熙六年四月,有江南人沈天甫、吕中、夏麟奇等,撰诗二卷,诡称黄尊素(尊素梨洲先生之父也,明御史,以劾魏阉死诏狱)等百七十人作,陈济生编集,故明大学士吴甡等六人为之序。沈天甫使夏麟奇诣吴甡之子中书吴元莱所,诈索财物,元莱察其书,非父手迹,控巡城御史以闻。因下所司鞫讯,沈天甫等皆弃市，其被诬者不问。又康熙二十一年，翰林院侍讲王鸿绪疏参："楚人朱方旦自号二眉道人，阳托修炼之名，阴挟欺世之术，广招党羽，私刻密书。其书有曰：'古号为圣贤者，安知中道？中道在我山根之上，两眉之间。'其徒互相标榜，有顾齐宏者，曰：'古之尼山，今之眉山也。'陆光旭则曰：'孔子后二千二百余年，而有吾师眉山夫子。朱程精理而不精数，大儒之用小；老庄言道而不言功，神仙之术虚。'等语，皆刊书流布，蛊惑庸愚，乞正典刑，以维世道。"旋九卿议覆：朱方旦诡立邪说，煽惑愚民，诬罔悖逆，应立斩。顾齐宏等造刻邪书，应监候。而大将军勒尔锦前在荆州，曾匾其堂曰圣人堂，里曰至人里。原任湖广巡抚张朝珍尝赠方旦"圣教帝师"匾额，亦为宗人府所题参。玄烨因谓大学士等曰："前勒尔锦领兵在荆州时，朕已闻此等事，曾谕彼时差去之人：朕知朱方旦系狂妄小人，军机大事，万不可听其蛊惑。又对秦遣往军前，回时，路经武昌，张朝珍向对秦云：'朱方旦果一奇异神人，尔宜相会。'遂接见，以宾礼优待，着即据此议结。"寻议勒尔锦见在羁禁，朝珍已死，革其所剩世袭官。方旦所谓中道在山根之上，两眉之间，正是发明脑之功用，非有异说。西学东渐，于生理则发明思虑在脑，于推步则发明地球绕日而行，今成定论，而当时以为悖逆。盖思虑在脑，则道学家之心学为两歧，地绕日行，则天圆地方，地静不动之说皆废，故历法早从西说，且以西人为钦天监监正，然地动之说，则必以非圣无法绝之，阮元之《畴人传》犹然，可以见百年以前，中国儒者之心理矣。南怀仁书之见焚，朱方旦身之被戮，其故一也。王鸿绪参奏，在当时或博持正卫道之名，其实鸿绪为佥邪，后世自有定论。不但当其生时，经郭琇严劾，有罪可指也。《啸亭杂录》称鸿绪党附皇八子廉亲王允禩，魏源《明史稿书后》指其污蔑建文，夸张靖难，意在鼓吹允禩拥兵夺嫡，凡此皆可见鸿绪之为人矣。夫夺嫡，为清室一大案，理密亲王之是否狂惑，世宗之应否正位，颇有疑词。允禩谋夺理密亲王之嫡，结为党羽以倾之，其后乃予世宗以渔翁之利，鸿绪等身与允禩之谋，处人骨肉，不以其正，决非端士。乃以修史重任，出私意以乱是非，致使前朝事实，不为信史，其罪更浮于一时之结党矣。

(三) 戴名世之论明史

桐城方孝标尝以科第起,官至学士,后以族人方猷丁酉(顺治十四年)主江南试,与有私,并去官遣戍,遇赦归,入滇仕吴三桂受翰林承旨。三桂败,孝标先迎降,得免死;因著《钝斋文集》、《滇黔纪闻》,多述明末清初事。邑人戴名世与孝标晚年相接。名世早年聪颖,才思艳发,好读《左氏传》及太史公书,尤留心有明一代史事,网罗放失,时访明季遗老,考求故事,兼访求明季野史,参互考订,以冀后来成书,仿司马迁意,藏之名山。康熙中,其门人舒城余湛(字石民)偶与释氏犁支相晤,谈明桂王时事。盖犁支本为宦者,后因桂王被杀,乃皈依释氏,改名犁支。名世闻之,乃往余湛处访问,至而犁支已去,不及相见。名世归,乃属余生将所闻于犁支者,一一书示。后又购《滇黔纪闻》,乃与余生书考其异同,并以所疑,致书余生曰:

前者浮屠犁支自言永历中宦者,为足下道滇黔间事,余闻之,载笔往问焉。余至而犁支已去,因教足下为我书其语来,去年冬,乃得读之,稍稍识其大略。而吾乡方学士,有《滇黔纪闻》一篇,余六七年前,尝见之,及是而余购得此书,取犁支所言考之,以证其同异。盖两人之言,各有详略,而亦不无大相悬殊者,传闻之间,必有讹焉。然而学士考据,颇为确核,而犁支又得于耳目之所睹,兹二者将何所取信哉?昔者宋之亡也,区区海岛一隅,仅如弹丸黑子,不逾时而又已灭亡,而史犹得以备书其事。今以弘光之帝南京,隆武之帝闽越,永历之帝两粤、帝滇黔,地方数千里,首尾十七八年,揆以《春秋》之义,岂遽不如昭烈之在蜀,帝昺之在崖州?而其事渐以灭没!近日方宽文字之禁,而天下所以避忌讳者万端,其或菰芦山泽之间,有廑廑识其梗概,所谓存什一于千百。而其书未出,又无好事者为之掇拾流传,不久而已荡为清风,化为冷灰。至于老将退卒,故家旧臣,遗民父老,相继渐尽;而文献无征,凋残零落,使一时成败得失,与夫孤忠效死,流离播迁之情状,无以示于后世;岂不可叹也哉?终明之世,三百年无史,金匮石室之藏,恐终沦散放失!而当世流布诸书,缺略不详,毁誉失实。嗟乎！世无子长、孟坚，不可聊且命笔，鄙人无状，窃有志焉。而书籍无从广购，又困于饥寒衣食，日不暇给，惧此事终于废弃；是则有明全盛之书，且不得见其成，而又何况乎夜郎、筇笮、昆明、洱海奔窜流亡区区之轶事乎？前日翰林院购遗书于各州郡，书稍稍集，但自神宗晚节，事涉边疆者，民间汰去不以上；而史官所指名以购者，其外颇更有潜德幽光。稗官碑志纪载，出于史馆之所不及知者，皆不得以上，则亦无以成一代之全史。甚矣，其难也！余夙者之志，于明史有深痛焉！辄好问当世事，而身所与士大夫接甚少，士大夫亦无有以此为念者。又足迹未尝至四方，以故见闻颇寡，然而此志未尝不时时存也。足下知犁支所在，能召之来，与余面论其事，则不胜幸甚。

康熙三十九年，名世膺保德姜氏之聘，四十一年，由浙江回里卜居南山冈。其门人尤云鄂为刊其文行世，名曰《南山集》。集中多采方孝标所记事，而前与余生书，亦在集中。四十四年，名世应顺天乡试，中式；四十八年，会试复中，殿试一甲二名，授翰林院编修。时年已五十七矣。未三年，而《南山集》之狱起。

(四)《南山集》狱

康熙五十年，左都御史赵申乔(字慎旃，江苏武进人)据《南山集》奏参名世为书狂妄，原奏云：

题为特参狂妄不谨之词臣，以肃官方，以昭法纪事：钦惟我皇上崇儒右文，敦尚正学，训饬士子，天语周详，培养人材，降恩曲至，普天下沾德化者，无不恪循坊检，懔畏章程矣。乃有翰林院编修戴名世，妄窃文名，恃才放荡。前为诸生时，私刻文集，肆口游谈，倒置是非，语多狂悖，逞一时之私见，为不经之乱道，徒使市井书坊，翻刻贸鬻，射利营生。识者嗤为妄人，士林责其乖谬，圣明无微不察，谅俱在洞鉴之中！今名世身膺异数，叨列巍科，犹不追悔前非，焚削书板；似此狂诞之徒，岂容滥厕清华？臣与名世，素无嫌怨，但法纪所关，何敢徇隐不言?为此特疏纠参,仰祈敕部严加议处,以为狂妄不谨之戒,而人心咸知悚惕矣!伏候皇上睿鉴施行!

得旨:"这所参事情,该部严察,审明具奏。"旋据九卿议:"戴名世一案,我朝定鼎燕京,剿除流寇,顺天应人,得天下之正,千古之所未有也。七十载万国朝宗,车书一统,薄海内外,咸奉正朔。皇上御极以来,隆礼前朝,轶古超今,天下臣民,咸戴生全义育之恩,沦肌浃髓。方孝标丧心狂逆,倡作《滇黔纪闻》,以致戴名世摭饰其间,刊书流布,多属悖乱之语,罔识君亲大义。国法之所不宥,文理之所不容也。"旋刑部将审问戴名世等之供辞奏上,有云:

今看得左都赵参戴名世一案,夹讯,戴名世供:"《孑遗录》方正玉刻的;《南山集》系尤云鄂刻的。云鄂是我门生,我作了序,放他名字;汪灏、方苞、方正玉、朱书、王源序,是他们自己作的。刘岩未有作序,我与余生书内有方学士名,即方孝标,他作的《滇黔纪闻》,内载永历年号,我见此书,即混写悖乱之语,罪该万死"等语。讯问方登峄供:"我自幼继与方兆为子,我生父方孝标的《滇黔纪闻》,我听见戴名世被参之说,书内有方学士书,我问我侄方世樵,说'家中有《钝斋文选》板',我叫世樵寄信烧毁"等语。据方世樵供:"我寄信烧毁是实,那《滇黔纪闻》,即《钝斋文选》内二篇书"等语。据方苞供:"我不合与他作序收板,罪该万死"等语。据方正玉供:"《孑遗录》是我银子刻的,序文是我作的,有何辩处?"等语。套讯尤云鄂供:"我先生戴名世书,是我银子刻的,序文是我先生作的,放我名字"等语。查戴名世书内,欲将本朝年号削除,写入永历大逆等语。

康熙五十一年正月,刑部等衙门奏:

审察戴名世所著《南山集》、《孑遗录》内,有大逆等语,应即行凌迟。已故方孝标所著《滇黔纪闻》内,亦有大逆语,应剉其尸骸。戴名世、方孝标之祖父子孙兄弟，及伯叔父兄弟之子，年十六岁以上者，俱查出解部，即行立斩。其母女妻妾姊妹，子之妻妾，十五岁以下子孙，伯叔父兄弟之子，亦俱查出给功臣家为奴。方孝标族人，不论服之已尽未尽，逐一严查，有职衔者，尽皆革退；除已嫁女外，子女一并即解到部，发与乌喇、宁古塔、伯都纳等处安插。汪灏、方苞为戴名世逆书作序，俱应立斩。方正玉、尤云鄂闻拿自首，应将伊等妻子一并发往宁古塔安插。编修刘岩虽不曾作序，然不将书出首，亦应革职，佥妻流三千里。

是案牵连至数百人，而尚书韩菼、侍郎赵士麟、御史刘灏、淮阳道王英谟、庶吉士汪份等三十二人，亦以平日与名世论文，坐罪议处。供词五上五折本，玄烨以牵连太众，览奏恻然。因谕："戴名世从宽免凌迟，着即处斩；方登峄、方世樵、方云旅俱从宽免死，并伊妻子充发黑龙江。此案内干连人犯，俱宽免治罪，着入旗。"是案得此旨而全活者，三百余人。案结，时康熙五十二年二月也。

一百二十三　吕留良之狱与胤禛之死

（一）吕留良之革命思想

留良字用晦，号晚村，浙江崇德人。顺治间，应试为诸生，补廪后，始坚持民族思想，而绝意于仕进。后以山林隐逸荐，留良誓死拒之，又以博学鸿儒荐，乃薙发为僧。生平笃信程朱，颇负时望；自托于淮府仪宾之后，著书言论，排斥满洲，不遗余力。尝有"清风虽细难吹我，明月何尝不照人？"之诗，其眷怀故国也如此。留良之学，以为君臣关系，非同父子，当以义为主，与朋友同。封建者，圣人公天下之制度也；至秦而私有天下，始制郡县，乃傲然君临四海。于是尊君卑臣之风，由此而起，而上下之意思，遂划然为一大鸿沟；臣僚徒贪禄位，不知去就之义，是皆郡县之余毒也。又关于华夷之别，有谓："孔子何以许管仲不死公子纠而事桓公，甚至美为仁者？是实一部《春秋》之大义也。君臣之义固重，而更有大于此者。

所谓大于此者何耶？以其攘夷狄救中国于被发左衽也。”盖其瞩于中原之沦于异族,乃发为攘夷之激烈言论,尝云:“今欲使斯道复明,舍目前几个识字秀才,无可与言者!”乃以点勘八股文字,向一般士子宣传,攘夷狄为域中第一事。其《题如此江山图》有云:“其为宋之南渡耶？如此江山真可耻！其为崖山以后耶？如此江山不忍视。吾今始悟作画意,痛哭流涕有若是。以今视昔昔犹今,吞声不用枚衔嘴。画将皋羽西台泪,研入丹青提笔泚。所以有画无诗文,诗文尽在四字里。尝谓生逢洪武初,如瞽忽瞳跛可履。山川开霁故壁完,何处登临不狂喜。胡为犁眉覆蹢诗,亡国之痛不绝齿,此曹岂云不读书,真是未明大义耳。兴亡节义不可磨,只此一番不与亡国比,不特元亡不足悲,宋亡之恨亦雪矣。”(《东庄诗存》,《伥伥集》)又《钱墓松歌》云:“其中(指元代)虽有数十年,天荒地塌非人间……不妨架漏如许日,何况短景穹庐天!”(《真腊凝寒集》)留良不承认元朝接续中国历史,明朝光复华夏,可雪宋亡之恨而狂喜者也。据雍正帝之所言:“其(指留良)所著文以及日记等类,或镌板流传,或珍藏秘密,皆人世耳目所未经,意想所未到者。朕翻阅之余,不胜惶骇,盖其悖逆狂噬之词,凡为臣子者,所不忍寓之于目,不忍出之于口,不忍述之于纸笔者也。”胤禛所谓不忍寓目,不忍出口,不忍述之纸笔者,则留良言论之激烈,亦可想而知矣。留良以康熙二十二年卒,其徒严鸿逵推尊诵法,备述遗言,又从而恢张扬厉之,故所著日记,极意诋斥满洲,凡当时灾异祸乱,述之不稍隐讳。而其徒沈在宽,亦习于师说,所著诗文集,有“更无地着避秦人”及“陆沉不必由洪水,谁为神州理旧疆”语。及曾静之事起,而留良等乃因是受祸独惨焉。

(二) 曾静异谋之败露

湖南永兴有蒲潭先生曾静者,应试州城,见留良所评时文内,有论夷夏之防,及井田封建等语,深好之,因遣其徒张熙(字敬卿,衡州人)至留良家中,访求书籍。留良之子毅中,悉以其父遗书授之,内皆排满革命语,乃益加倾信,遂与鸿逵、在宽往来投契,常赋诗相赠答。所著《知新录》云:“华夷之分,大于君臣之伦,华之于夷,乃人与物之分界,为域中第一义。所以圣人许管仲之功。……人与夷狄无君臣之分。”又云:“夷狄侵陵中国,在圣人所必诛而不宥者,只有杀而已矣,斫而已矣,更有何说可以宽解得。”此与王船山“非我族类,不入我伦”之言,可谓不谋而合。雍正初年,胤禩既以罪锢致死,其党发遣广西者,沿途散布流言。静谓有机之可乘也,又闻川陕总督岳钟琪两次进京陛见,俱不允行,钟琪深自危疑。乃遣张熙诡名贻书钟琪,劝之反。书中举胤禛之罪恶九款:一曰帝谋害其父,盖谓胤禛以强迫得位,非康熙帝之真意也。二曰帝逼母,即指佟太后之殉死也。三曰帝弑兄,谓胤礽之死,系帝所阴杀也。四曰帝屠弟,即胤禩、胤禟等之死于幽禁也。五曰帝贪财。六曰帝好杀。七曰帝耽酒。八曰帝淫色。九曰帝诛忠用奸。熙至钟琪处,以岳氏与金世仇为言,劝之同谋举事。钟琪即邀巡抚西琳、臬司硕色坐于密室,将张熙严加根究,并刑讯,问其指使之人,熙甘死不吐。钟琪无可如何,越二三日,百计曲诱,许以同谋迎聘伊师,佯与设誓;熙始以静供出。钟琪具折并其书奏闻,胤禛披览,为之动容,遂差刑部侍郎杭奕禄、副都统觉罗海兰至湖南,会同巡抚王国栋拘提曾静审讯。静供认不讳,随将曾静及张熙提解来京。旋命浙江总督李卫搜查吕留良、严鸿逵、沈在宽家藏书籍;所获日记等书,并案内有关系之人,均一并拿解来京。雍正七年四月,因谕内阁九卿等曰:

吕留良日记所载,称我朝或曰清,或曰北,或曰燕,或曰彼中;至致逆犯吴三桂书,亦曰清,曰往讲,若本朝于逆藩为邻敌者然。且吴三桂、耿精忠乃叛逆之贼奴,吕留良于其称兵犯顺,则欣然有喜,惟恐其不成;于本朝疆宇之恢复,则怅然若失,转形于嗟叹。又有伪永历朱由榔窃立于流寇之中,在云、贵、广西等处,其众自相攻劫,后兵败逃窜缅甸,大军随至缅甸,缅人震慑,执献军前,岂有被执时满汉官兵转于马前皆跪之事?总之,吕留良于本朝实有征应之事,则概为隐匿而不书,而专以造作妖诬,快其私愤。又文集内云:“今日之穷,为羲皇以来所仅见。”夫仁皇帝六十余年,民安物阜,即羲皇以来,可以比者,不可多得,乃云未有之穷乎?其他悖乱之词,令人痛心疾首者,不可枚举。吕留良生于浙省人文之乡,读书学问,初非曾静山野穷僻,冥顽无知者比。且曾静止讥及于朕躬,而吕留良则上诬皇考之盛德;曾静之谤讪,由于误听流言;而吕留良则自出胸臆,造作妖妄。是吕留良之罪大恶极,有较曾静为倍甚者也。朕向来谓浙江风俗浇漓,人怀不逞。如汪景祺、查嗣庭之流,皆以谤讪悖逆,自伏其罪,皆吕留良之遗害也。甚至民间氓庶,亦喜造言生事。如雍正四年内,有海宁平湖阖城屠戮之谣,此时惊疑相煽,逃避流离者有之,此皆吕留良一人为之倡导于前,是以举乡从风而靡。甚至地方官吏,怵其声势之嚣陵,党徒之众盛,皆须加意周旋,优礼矜式,以沽重儒之誉。如近日总督李卫,为大臣中刚正之人,亦以到任之时,循沿往例,赠送祠堂匾额,况他人乎?今日天道昭然,令其奸诈阴险,尽情败露。伊子吕葆中曾应试成名,仕列清华,乃不即毁板焚书,以灭其迹。且前此一念和尚谋叛之案,连及葆中,蒙仁皇帝免其究问;而吕葆中遂忧惧以死。就常情而论,吕葆中之兄弟子孙,当感激悔悟,共思掩护前非;岂料抱守遗编,深藏箧笥。此固吕留良以逆乱为其家传,而实天道昭然使呈现于今日也。应将吕留良及见在子孙嫡亲兄弟子侄,照何定律治罪,着九卿会议具奏。

是年六月,又将严鸿逵、沈在宽之罪状宣布,皆谓其日记中有悖乱之语也。胤禛以是知留良学说之深中于人心,思有以戢之;于是有《大义觉迷录》之颁布。

(三)《大义觉迷录》之颁布

雍正七年九月,胤禛命以曾静等口供,及历次所降谕旨,刊刻《大义觉迷录》,颁行天下,因谕曰:

自古帝王之有天下,莫不由怀保万民,恩加四海,膺上天之眷命,协亿兆之欢心;用能统一寰区,垂庥奕世。盖生民之道,惟有德者可为天下君。……又岂因何地之人而有所区别乎?我国家肇基东土,列圣相承,保乂万邦,天心笃祐,登生民于衽席,遍中外而尊亲者,百年于兹矣。夫我朝既仰承天命,为中外生民之主,则所以蒙抚绥爱育者,何得以华夷而有殊视?而中外臣民,既共奉我朝为君,则所以归诚效顺,尽臣民之道者,尤不得以华夷而有异心。乃逆贼吕留良好乱乐祸,私为著述,妄谓德祐以后,天地大变,亘古未经,于今复见。而逆徒严鸿逵等,转相附和,备极猖狂,余波及于曾静,幻怪相煽,恣为毁谤,至谓八十余年以来,天昏地暗,日月无光。在逆贼等之意,徒谓本朝以满洲之君,入为中国主,妄生彼疆此界之私,遂故为谤讪诋讥之说耳。不知本朝之为满洲,犹中国之有籍贯,舜为东夷之人,文王为西夷之人,曾何损于圣德乎?……若以戎狄而言,则孔子周游,不当至楚应昭王之聘;而秦穆之霸西戎,孔子删定之时,不应以其誓列于周书之后矣。盖从来华夷之说,乃在晋宋六朝偏安之时,彼此地丑德齐,莫能相尚,是以北人诋南为岛夷,南人指北为索虏。在当日之人,不务修德行仁,而徒事口舌相讥,已为至卑至陋之见。今逆贼等于天下一统、华夷一家之时,而妄判中外,谬生忿戾,岂非逆天悖理,无父无君?……且自古中国一统之世,幅员不能广远,其中有不向化者,则斥之为夷狄。如三代以上之有苗、荆、楚、猃狁,即今湖南、湖北、山西之地也,在今日而目为夷狄可乎?……我朝入主中土,君临天下;并蒙古极边诸部落,俱归版图。是中国之疆土开拓广远,乃中国臣民之大幸,何得尚有华夷中外之分论哉?……从前康熙年间,各处奸徒窃发,动辄以朱三太子为名,如一念和尚、朱一贵者,指不胜屈。近日尚有山东人张玉假称朱姓,托于明之后裔,遇星士推算,有帝王之命,以此希冀蛊惑愚民,见被步军统领拿获究问。从来异姓先后继统,前朝之宗姓,臣服于后代者,甚多;否则隐匿姓名,伏处草野,从未有如本朝奸民,假称朱姓,摇惑人心,若此之众者!似此蔓延不息,则中国人君之子孙,遇继统之君,必至于无噍类而后已;岂非奸民迫之使然乎?况明继元而有天下,明太祖即元之子民也,以纲常伦纪言之,岂能逃篡窃之罪?至于我朝之于明,则邻国耳。且明之天下,丧于流寇之手,我朝统一万方,削平流寇,出薄海之人于汤火之中,而登之衽席之上,是我朝之有造于中国者,大矣至矣。……朕思秉彝好德,人心所同,天下亿万臣民,共具天良,自切尊君亲上之念,无庸再为宣谕。但憸邪昏乱之小人,如吕留良等,胸怀悖逆者,普天之下,不可言止此数贼也。用颁此旨,若平日稍有存此心者,当问天扪心,各发天良,详细自思之。朕之详悉剖示者,非好辩也。……此古今时势之不得不然者。……天下后世,自有公论,着将吕留良、严鸿逵、曾静等悖逆之言,及朕谕旨,一一刊刻通行,颁布天下各府州县远乡僻壤。俾读书士子及乡曲小民共知之。并令各贮一册于学宫之中,使将来后学新进之士,人人观览知悉。

(四) 曾静等之处置

是年十月,王大臣等公奏将曾静、张熙依大逆不道律,即行正法。胤禛谕曰:"朕之不行诛戮者,实有隐衷。……曾静等僻处乡村,为流言所惑,其捏造谤言之人,实系阿其那、塞思黑门下之凶徒太监等。若非因曾静之事,则谣言流布,朕何由闻知,为之明白剖析,俾家喻而户晓耶?"又谕:"伊讪谤之语,有一事之实在,朕有几微不可问心之处,则不但曾静当蓄不臣之心,即天下臣民,亦应共怀离异之志。若所言字字皆虚,与朕躬毫无干涉,此不过如荒山穷谷之中,偶闻犬吠鸮鸣而已。又安得谓之讪谤乎?曾静分别华夷中外之见,则蔽锢陷溺于吕留良不臣之邪说,而其谤及朕躬者,则阿其那等之逆党造作蜚语,而伊误信以为实之所致。阿其那等蓄心阴险,存倾陷国家之念,造作种种诬谤之语,乡曲愚人,为所惑者,岂止曾静数人而已哉?今因曾静之事,而查出首先造谤之渠魁,盖以此案发觉尚早,易于追寻,故可得其根源也。且朕之宽宥曾静,非矫情好名而为此举也。曾静之过虽大,原有可原之情。过大而能改,胜于过小而不改者,若曾静可谓改过者矣。朕赦曾静,正欲使天下臣民,知朕于改过之人,无不可赦之罪,相率而趋于自新之路也。曾静之前后各供,俱系伊亲笔书写,并非有所勉强逼勒,亦并非有人隐授意指,实由天良感动,是以悛悔之心,迫切诚恳,形于纸笔,此乃其可原之情。并非以其为谄媚颂扬之词而欲宽其罪也。着将曾静、张熙免罪释放。"曾静、张熙既释放,十年十二月,朝议吕留良、吕葆中、严鸿逵俱戮尸枭示,吕毅中、沈在宽皆斩决,族人俱诛殛,孙辈发往宁古塔给披甲人为奴。而案内自称私淑门人之黄补庵,刊刻吕氏书籍之车鼎丰、车鼎贲,私藏书之孙用克、周敬舆等,亦均株连坐罪。是狱死者甚众,而发动谋乱之曾静、张熙竟不与焉。胤禛之处置,亦可谓别有所见矣。

（五）胤禛之暴崩

雍正十三年八月二十一日丁亥,胤禛不豫,次日,大渐,召庄亲王允禄,果亲王允礼,大学士鄂尔泰、张廷玉,内大臣丰成额、讷亲、海望至寝宫前;鄂尔泰、张廷玉恭捧密旨,以皇四子宝亲王弘历为皇太子。二十三日,胤禛崩,遗诏以鄂尔泰、张廷玉将来配享太庙。弘历即位,以明年为乾隆元年。传旨着允禄、允礼、鄂尔泰、张廷玉辅政。是年十一月,上胤禛尊谥曰"敬天昌运建中表正文武英明宽仁信义大孝至诚宪皇帝",庙号"世宗",以乾隆二年葬泰陵。或谓:胤禛之崩,实未得令终也。吕留良之狱,一时株连无算,于是汉人之义愤大起,如甘凤池辈,日夜谋报复,清廷虽极力搜捕不能止。留良孙女某,剑术之精,尤冠侪辈,为祖父复仇,入宫行刺,故胤禛死于留良女孙之手。又或谓:胤禛平日多养侠士,于是各藩党羽,亦大半多侠士之流。胤禛诛锄诸王殆尽,恐其党羽为之复仇,凡天下剑客,不为所用者,皆欲杀之。有某僧者,即胤禛少时所结兄弟十三人之第一人也,其术尤高,不肯为所用,亡走山泽间。胤禛深患之。一日,侦知在某所,命结义兄弟三人易服往,密布精兵以为后援,围守要隘。僧睹三人至,笑曰:"若辈受主命来捕我耶?汝主多行不义,屡以私憾杀人,吾即死,汝主亦必不能苟免,月余必有为我报仇者。汝等识之,吾今不死,不足以为大丈夫!"言讫,仗剑自杀。三人者携其首复命,并以其语闻。胤禛大惧,防卫綦严,寝食为之不宁。月余,因无故暴死于内寝,宫廷秘密,讳为病殁,实则为某女侠所刺也。某女侠者,即吕留良之女孙,为某僧之女弟子也。二者传闻之辞,言甚奇异,今既无从证明,志之以备一说而已。按甘凤池、吕四娘、曹仁父、路民瞻、周浔、吕元、白泰官及僧了因皆江南北大侠,了因无行,七人共歼之,各以技雄一方,誓不作非礼事。七人半出郑延平门下,抱民族主义,作反清运动。《清史稿》只甘凤池有传,云凤池江宁人,少以勇闻,手能破坚,握铅锡化为水。又善导引术,喜任侠,接人和易,见者不知为贲育。雍正中浙江总督李卫治江宁顾云如邪术不轨狱,牵连百数十人,凤池亦被逮,谳拟大辟,世宗于此狱从宽,未尽骈诛。或云凤池年八十余,终于家。江湖间流传其轶事多荒诞,著其可信者。是知甘凤池、吕四娘等皆民族革命英雄,民间传说,非无因也。

第七篇　清初学术思想之大势

第三十一章　引　论

一百二十四　清代学术在中国学术史上之位置

（一）中国学术之沿革

欲知清代学术在中国学术史上之位置，不可不略明中国学术之沿革。中国学术，可分四期：汉以前为"古代"。其间有道、儒、墨三大学派，更有名、法、阴阳、纵横诸名目，流派纷繁，思想超越，不特中国重要典籍，多成于斯时，即后世思想，亦多导其源而汲其流，为中国学术鼎盛时代，斯为第一期。或曰"诸子时代"。自西汉以迄五代，为"中古"。汉承秦火，经典荡然，汉武提倡儒术，诏征遗经，抱残守缺之士，各进所传；立学官，置博士，以教学者。当武帝、宣帝时，立于学官者：《易》则有施（雠）、孟（喜）、梁丘（贺）；《书》则有欧阳（生）、大夏侯（胜）、小夏侯（建）；《诗》则齐（辕固）、鲁（申公）、韩（韩婴）；《春秋》（《公羊传》）则有严（彭祖）、颜（安乐）；《礼》（《仪礼》）则有大戴（德）、小戴（圣）、庆（普）：此所谓十四博士也。此十四家所传之经，其写本皆用秦汉时所通行之篆书，谓之今文。西汉末年，又有所谓古文经传者出焉。《易》则有费氏（谓东莱人费直所传），《书》则有孔氏（谓孔安国得自孔子壁中），《春秋》则有左氏（左丘明），《礼》则有逸《礼》（谓鲁共王得自孔子坏宅中），《周官》（谓河间献王所得）：此诸经传者，皆以科斗文字写，谓之古文。今古文为经传中之两大派，在清代学术中最成问题者也。魏晋以迄于唐，遭时离乱，天灾兵燹，纷至沓来，学者偷生其间，日不宁息。且汉世外戚宦寺之祸，正直之士，多遭惨戮，令人激而渐生厌世之思想。重以汉儒治经，疲于故训，不足以餍颖达之士;儒家大义,经新莽之依托,而使人怀疑。于时又适有佛教之输入,乃有清谈一派出,蔑伦常,排圣哲,任性从欲,悲观厌世;一时靡然从风,流为玄学一派。齐梁以降,歉于清谈之简单,而缛为诗文;唐兴,又厌于体格靡丽,内容浅薄,而渐趋于质实。加以政府重科举,倡明经,士人乃渐返而求诸经训。陆德明著《释文》,孔颖达著《正义》,诸经注疏,渐次成立。其时学风,又渐由清谈以返于汉,惟于经传采用,皆古文也。斯为第二期。综中古一期,佛教流行,为“印度思想输入时代”,中国思想,最为不振。然其间有两大潮流,风靡一时者,即汉唐经学,与魏晋玄学是也;而尤以汉唐经学为最有影响于清代。自北宋以迄明末,为“近古期”。中古期佛老盛行,一时学者,无形之中,渐染其闳大幽眇之教义,虽唐以后之人士,多治经训,然势亦不复能局于故训章句之间,于是宋儒乃于儒家言中,亦辟一闳大幽眇之境,以与佛老抗衡。彼等虽以孔孟之道统自寄,而实则内容已大异。由是学者竞趋于心性之理论,而理学以盛。宋儒虽倡心性,惟亦依附六经,程朱更以读书为格物之工夫;即陆九渊不重读书,然亦非空疏浮泛者可比。明王守仁祖述陆氏之说,以与朱熹为难,由是高谈性命者,渐视经典若土苴。沿及末流,即崇践履者亦寡。清代学术即由此反动而生者也。斯为第三期。清代为“近世期”,即第四期。其标帜以昌明汉唐经学,排斥宋明理学为职责者也。其与各期之关系,别于以下诸目分述之(魏晋玄学,与清代关系较少,故从略),则清学之地位,亦可以见其大略矣。

(二)清学与古代学术

清学以治经为主,经者,古代之典籍也。夫居数千年后而研究数千年前之典籍,则徒恃经之本身,不能奏功;自非借助于当时诸子之书不可。故诸子之书,在清代皆在研究之列。惟经子之书,经数千年之传刻伪托,错简讹字,误谬百出;且今古异时,音义累经变迁,在古代视为最浅近之文,而后世亦苦艰涩难读。故治古学之第一步,校勘训诂,即成问题。清人对于校勘训诂之成绩最大,戴震、段玉裁、王念孙、阮元、王引之等之于经;王念孙、俞樾、孙诒让等之于子,皆用其全副精力以贯注之,故古代经子之书,几无一不经清代诸大师之审定、注释;而向觉难读难解之书,至是亦皆易读易解矣。阮元之序《经义述闻》(王引之著)曰:"凡古儒所误解者,无不旁征曲喻,而得其本义之所在,使古圣贤见之,必解颐曰:'吾言固如是,数千年误解之,今得明矣。'……"数语最能传清儒对于古书之功,非过誉也。清代更为有功于古学者,则古书古物之发现是也。清代盛行辑佚之风,如《古经解钩沉》、《小学钩沉》、《玉函山房辑佚书》所辑出之佚书,皆与古学以极大之贡献。清代学者又有好古之风,不惟崇尚古书,对于古物:如鼎、彝、泉、币、碑版、壁画、雕塑、古陶器之类,皆成为当时流行之嗜好,而研究整理之结果,亦足与古学相印证。故综观有清一代之学术,实可称为古学昌明时代,与欧洲之再生时代(Renaissance)颇相似,欧洲经再生时代,而后古代希腊哲学得以复兴;中国经典,经清代大师之整理,而后诸子学说,得以复明。故两大潮流,实遥遥若辉映焉。

(三) 清学与汉唐经学

汉儒传注,唐人义疏,皆与清学本身有密切之关系;盖清学以穷经为主,其事业不过就汉唐而益求精密耳。清初学者,反明季空疏之习,而注重经训;当时学风,颇近于唐。其后学者取材,则多极于两汉,而今古文之问题,实即渊源于两汉者也。故后人每以汉学称之,而清人亦喜以汉学自命。惠士奇(惠栋之父)尝申述其宗汉之理由曰:"康成三《礼》、何休《公羊》,多引汉法,以其去古未远。……贾公彦于郑注……之类,皆不能疏。……夫汉远于周,而唐又远于汉,宜其说之不能尽通也,况宋以后乎?"(《礼说》)惠栋亦曰:"汉儒通经,有家法,故有五经师。训诂之学,皆师所口授,其后乃著竹帛。所以汉经师之说,立于学官,与经并行。……古字古言,非经师不能辨。……是以古训不可改也,经师不可废也。"(《九经古义首说》)盖皆以汉代去古未远,可以征信也。然此则惠派之意也。戴震与惠齐名,其意则不以笃守汉儒之说为然,而别以求是为准则;故汉学之名,用之于惠派则可,用之于戴派则不可。且清代学者,虽以穷经为主,然举凡有关于经学者,若小学、史学、天算学、地理学、音韵学、律吕学、金石学、校勘学、目录学、诸子学等,莫不有精审之研究,其效果与方法,皆为汉儒所梦想不及者。以汉学概清学,殊为未当。总之,清学之名汉学,就其大体而言也,若分析其内容,则清学已远逸出汉学范围之外矣。

(四) 清学与宋明理学

清学之成立,乃理学反动之结果也。清代学者,每以汉学自命,盖亦欲借重其名,以与宋学相抗也。故宋明理学之在清代,最为不振,以其立于反对之地位也。惟清学虽与理学对立,而清儒读书传注之学,又实与程朱一派为近。程颐以读书讲明义理为格物之一端,而朱熹更缩小其范围于读书传注之学,是以当时即有支离之诮。其后宗朱者,如黄榦、蔡沉、真德秀、魏了翁、黄震、王应麟、金履祥、许谦、宋濂、王袆等,皆通经服古,博洽多闻之士。清代反对程朱最烈者,为颜元,而其反对之口实,则即以读书传注;由此可证程朱功夫之所在矣。故清代虽以汉学为名,其实仍程朱一派尊经笃古之流风;惟益缩其范围于名物训诂之间而已。然则清学者,树汉学穷经之旗帜,用宋儒读书之精神以成立者也。不得谓汉学独与清学为近;而宋儒立于绝相反对之地位也。特清人与宋儒不同之点,即治经方法之改良是也。宋儒以来,学者之考古研经,每用主观方法,擅自更改古书;更有增字解经,望文生义诸弊。清儒则专用客观方法以正其失,故颇似近代之科学精神。此亦即其优于宋儒之点也。

梁任公先生在《新民丛报》《论中国学术思想变迁之大势》,有云:"有清二百余年之学术,实取前此二千余年之学术,倒卷而缫演之,如剥春笋,愈剥而愈近里,如啖甘蔗,愈啖而愈有味,不可谓非一奇异之现象也。"又在《清代学术概论》中有云:"综观二百余年之学史,其影响及于全思想界者,一言蔽之,曰以复古为解放。第一步复宋之古,对于王学而得解放;第二步复汉唐之古,对于程朱而得解放;第三步复西汉之古,对于许郑而得解放;第四步复先秦之古,对于一切传注而得解放。夫既已复先秦之古,则非至于对于孔孟而得解放焉不止矣。"其言殊足代表清代学术之特色。盖清学之发展,不过为中国周秦以来之学术,重加整理而已。其始因明季王学空疏之反动,而讲求读书传注,推崇朱子,文学家亦极力规摹唐宋古文,此可谓由明以反于唐宋。又因通经致用,求识古字古言,而汉儒经师,去古未远，乃守其家法，重其训诂，以建设“凡汉皆好”之汉学，此可谓由唐宋以反于东汉。汉学以校勘考据为基础，至戴震一派，精于断制，常州一派，脱落名物，同时与经学有关之小学、史学、天算、律历、地理、音韵、金石、目录等无不借以发达，已稍轶出汉学之范围。然而解经求是，以微言大义为归，仍属今文学家之义例。此可谓由东汉以反于西汉。晚清思想庞杂，自由研究之风气大开，欲追究孔孟经学之真谛，乃不得不研究与孔孟同时之诸子。且今文家夷孔子于诸子之列，已破一尊之局，而新学家又好缘附诸子之言，于是诸子之学大昌。此可谓由西汉以反于先秦矣。综之，清代学术之特质，以倒卷缫演四字描述之，最为恰当。其步步上溯，层层进里之工作，已不啻为中国学术作一次总结算，而新局面之开拓，亦势所必然者也。

一百二十五　清代学术之背景

（一）政治之背景

一切学术思想之成立，皆有其相当之时势与环境以促成之，决非无故而发生者。清代考证之学，当其盛也，举世向风，固亦非偶然也。兹就其背景之关系于政治、学术二方面者，分别述之（政治之关系学术者，已散见数篇中，本节不过撮述其大要而已。详情可参前文）。政治背景，可分三项：

一、讲学之禁止　清人以异族入主，时不免存疑忌之心，对于智识阶级为尤甚。聚众讲学，形同煽惑，是以深中清廷之忌。顺治十七年，严禁士子会盟结社（详见第六十一节）。自禁令一颁，而专制积威之下，遂无复有集会讲习之举。清初学者如孙奇逢、李颙、黄宗羲及东林、姚江之余绪，虽亦间有讲学之事，然不过小规模之集合，共师友之问难而已。盖与明季讲学之风，已大不相同。自是以后，乃渐由学术团体，一变而为私人研究；而有志学术者，至不得不致力读书，以尚友于古人。夫清代之学，读书之学而已，此亦其机缘之所自也。

二、文字之狱　清初逸民，多抱种族思想，志在匡复明室，黄宗羲、王夫之、顾炎武、孙奇逢诸人，既以赴义中蹶，知事不可为，乃归藏于山林之间，著书言论,尝慨然有故国之思。清廷思此辈当以恩礼罗致之,故对于博学隐逸之士,多所征聘。然稍有骨格者,则仍以气节相尚,每不屑就,甚且以死拒之。清为防微杜渐计,前者既有讲学之禁,又恐学者之著书言论,以传播其排满复明之思想,于是频兴文字之狱,借以立威。故凡著作中稍有指斥清廷者,皆动兴大狱。其最显著者,如康熙朝庄廷鑨之《明史》狱、戴名世之《南山集》狱,雍正朝曾静、吕留良之狱(以上皆详见第二十九章),乾隆朝胡中藻之狱、徐述夔之狱等(详见中卷第一篇第一章四节)。至其意之不关排满,而诽议朝政者,亦皆不免焉。残酷毒恨,牵连动数十百人,其钳制言论,束缚士林,实无以复加。重以举发者可以弋获功名,于是渐开告密之门,而学者益惴惴不自保。匪特不敢抗议朝政,即稍涉时忌之学术,亦不敢讲习之。英挺之士,其聪明才智既无所发抒,不得已乃钻研于章句训诂之中,以为自遣藏身之具。于是诠释文义,考究名物,于世无患,与人亦无争焉。夫讲学之禁,特足以变移明季之学风而已,此则直接促成清代考证之学者也。

三、君主之提倡　康熙六十余年,提倡学术,不遗余力。而乾隆承其遗风,亦颇以稽古右文自命。是以搜集遗书,编纂巨籍,上好下甚,举世向风。且当时学者颇为社会所尊崇,故皆自甘终老于编摩之业。夫学者在社会上占优越之地位,而其生活又有余裕,则学术乃能昌明;清代经学之精越于前代,盖以此也。

(二)学术之背景

清学之成立,虽由于政治背景之因缘,然其学术之背景,亦大有助焉。清学者,明学之反动,而又绍明学之端绪者也。盖天下事凡二者代兴,则根柢当蕴萌于同时,此即"有渐无顿"之史例,观于以下所述,即可知矣。

一、理学之反动　明代自姚江致良知之说兴,学者渐蔑视读诵之功,又加以讲学之风遍天下,争腾口说,所言皆在昭昭灵灵之境,浅尝之士,殊难以言心得。故其末流,学者渐养成束书不观,游谈无根之习气;空疏之辈,摭拾性理烂语,陈陈相因,益无发明。明季学风,堕落益甚,学者猖狂自肆,如狂禅一派,一至于"满街皆是圣人,酒色财气,不碍菩提路"之现象,不独学术空疏,即崇践履者亦寡矣。黄宗羲有言:"明人讲学,袭《语录》糟粕,不以六经为根柢。束书而从事于游谈,更滋流弊。”顾炎武曰:“今之学者,偶有所窥,则欲尽废先儒之说而驾其上。不学,则借‘一贯’之言,以文其陋;无行,则逃之性命之乡,以使人不可诘。”(《日知录》十八)陆陇其曰:“王氏之学遍天下,几以圣人复起;而古先圣贤下学上达之遗法,灭裂无余。学术坏而风俗随之,其弊也,至于荡轶礼法,蔑视伦常,天下之人,恣睢横肆,不复自安于规矩绳墨之内,而百病交作。至于启祯之际,风俗愈坏,礼义扫地,以至于不可收拾。其所从来,非一日矣。”(《三鱼堂文集·学术辨上》)凡此皆清学者攻击明学之语也,然亦从可略知当时之学风矣。夫有明末之空疏,始有清初之敦实;有明末之蔑视读书,始有清初之提倡经术;有明末之轻忽践履,始有清初之注重躬行:在在皆明学反动之结果也。故清代学术之成立,在消极方面言之,明季之学风,实为其重大之背境也。

二、七子文章之复古　清代学术发达之正因,据朱希祖《清代通史初版序》云:“清代学术,以考据之学为最长,直超出乎汉唐以上;而斯学发达之原因,有正因,有旁因。每观世人泛举旁因,而不能抉发正因,诚为治史者一大憾事!窃谓清代考据之学,其渊源实在乎明弘治嘉靖间前后七子文章之复古:当李梦阳、何景明辈之昌言复古也,规摹秦汉,使学者无读唐以后书;非是,则诋为宋学。李攀龙、王世贞辈继之,其风弥甚。然欲作秦汉之文,必先能读古书;欲读古书,必先能识古字;于是《说文》之学兴焉。赵㧑谦著《六书本义》,赵宧光著《六书长笺》、《说文长笺》,其最著者。当此之时,承学之士,类能审别字形,至刻书亦多作篆楷,以《说文》篆字之笔画,造为楷书。如许宗鲁所刻之《尔雅》、《国语》、《六子》,赵宧光所刻之《说文长笺》、《六书长笺》等皆是。清代陈启源之《毛诗稽古编》,吾友钱玄同之《书小学答问》,其字体亦渊源于此。然古书之难读,不仅在字形,而尤在字音;于是音韵之学兴焉。杨慎著《古音丛目》、《古音猎要》、《古音余》、《古音略例》,陈第又为《毛诗古音考》、《屈宋古音考》,列举证据,以明古音;于是顾炎武继之,成《音学五书》。其书刻于明崇祯时,其学实成于明代也。清兴,顾炎武乃以实事求是之学,提倡一世,于是音韵明而训诂明,训诂明而古书不难尽解。加以万历以后,欧洲算数舆地之学,输入中夏,通经之士,类能综贯中西算学,天文地理亦赖以明;于是古经疑牾,豁然贯通,经学昌明,旁通子史:此考据之学发达之正因也。"观上所述,则理学鼎盛之时,即汉学蕰盟之日,特其发展不一,故有先后代兴之异。即以后汉学鼎盛,而今文学之反动起,然今文学之发生,亦正在汉学鼎盛时也,此可以思其故矣。

一百二十六 清代学术各期概论

(一) 明学反动期

清代学术,可分三期:清初为明学反动时期;中叶为清学全盛时期;清末为今文学运动,与东西文化输入时期。明学反动期中,经学之重要学者,为顾炎武、阎若璩、胡渭三人,阎攻伪经,胡辨图书,怀疑精神之强,足以振起学者求知之观念;而炎武大倡舍经学无理学之说,以定学者研究之标准。清学之端绪,自此启之。同时经学之别派,则有顾祖禹、黄仪、黄宗羲、万斯同、梅文鼎、王锡阐诸人:顾黄治地理,黄万治史学,梅王治天算,其根本观念,与所用方法,亦与明人绝不相同。即其时理学之余脉,如陆世仪、陆陇其、张履祥诸人,皆自托于程朱之流,以排斥王学为所事。其为王学收拾残局者,则有孙奇逢、李颙诸人,然皆笃于躬行,力返明风者也。更有颜元、李塨一派,不惟排斥明人,对于程朱亦加攻击,其锋芒益为峻露。其时文学知名之士,前者如钱谦益、吴伟业,稍后如王士禛、朱彝尊等,亦皆耻道明人。而谦益尤以排斥明人,开一代之风气焉。故清初学术,完全可谓为明学反动时期,而清代经学亦酝酿胚胎于斯时矣。虽其间思想派别,极为纷歧,惟视线均渐集中于读书明经之一点,经学为学术之中心,至是已隐然可见矣。

(二) 清学全盛期

反动期之精神,多用力于破坏纠正方面,清学之趋势,在此时期虽渐已形成,然尚未能从事于建设方面。乾嘉以后,清学始可谓完全成立:是即清学之全盛期也。全盛期学派,约为吴皖两宗:吴派始惠栋,栋承三世家学,好博尊闻,恪宗汉儒。弟子承其流者,有江声、余萧客,而王鸣盛、钱大昕、汪中、刘台拱、江藩等,皆衍其说。此派之精神,在谨守家法,笃信汉儒。故当时有汉学之目,而汉学之名,亦惟此派居之为最当焉。皖派始自戴震,震事惠栋以先辈礼，而深刻断制，一空依傍，与惠派之精神不同。从其学者，有洪榜、凌廷堪、任大椿、卢文弨、孔广森、段玉裁、王念孙、王引之等，而玉裁、念孙、引之尤能光大震学，世称戴段二王焉。二派之外，承流向风，有所建树者，不可胜数。朝野上下之有志学术者，亦莫不以经学为中心，而清学称全盛焉。综惠戴两派比较言之，惠偏泥古，戴长创造；然承反动期之末，坚固壁垒，以汉学旗帜，确定学者之意向，则惠于全盛期之专精，亦大有关系焉。不过其精神与方法，较戴派为稍逊色耳。故言清学者，率以戴派为正宗，亦惟戴派足以称清学，而不为汉学所拘焉。全盛期研究之范围，虽以经学为中心，而小学、音韵、史学、金石、校勘、辑佚、天算、水地、典章、制度等，亦皆在研究之列，其成绩皆蔚然称为大观。至其治学所用之方法，则在"实事求是"，"无征不信"，甚近于科学之精神。故能昌明古学，使人信从；即力排汉学之方东树亦云："高邮王氏《经义述闻》，实足令郑、朱俯首，汉唐以来，未有其比。"(《汉学商兑》卷中之下)亦足见当时对于诸大经师之倾倒矣。其时经学风靡一时，理学之残局，日就衰灭。若堪称思想家者，亦只有经学大师戴震一人而已。虽其时有所谓古文家者，假因文见道之名，以与经学家为难；然经学之盛，屹不为所夺焉。

(三) 今文学运动与东西文化输入时期

乾、嘉、道三朝经学鼎盛，成为一尊，然其研究范围之狭小，与其态度之迂拘，颖达之士，渐不餍其所为；乃欲于正统派之考证训诂外，自辟领域。顾其时经学风靡一时，更不得不仍就其范围择一新颖之问题而研究之，于是今文学之问题渐兴。今文学起源于汉代，前节已略言之矣。东汉之时，已有今古文之争，至清中叶以后，而其壁垒始相当；清代今文学之运动，至光绪年间，而其业始大昌。其中心之人物，则康有为、梁启超也。然康梁不过集前人之说而已，当全盛时期，有庄存与者，始治《春秋公羊传》。《公羊传》者，今文学也；存与著《春秋正辞》，刊落训诂名物之末，专求其所谓"微言大义"者，与戴段一派所取途径，全然不同。刘逢禄、龚自珍继之，治今文学皆有心得，而逢禄著《左氏春秋考证》，谓《左氏传》为刘歆所伪造。道光末，魏源著《诗古微》，谓《毛传》及《大小序》皆晚出伪作。同时有邵懿辰者,著《礼经通论》谓古文《逸礼》三十九篇者,亦出刘歆伪造。康有为综合诸家之说,作《新学伪经考》,谓凡东汉晚出之古文经传,皆刘歆所伪造。正统派所最崇拜之许郑,皆在所摒击之列。又作《孔子改制考》,谓六经皆孔子所作,尧舜皆孔子依托;而先秦诸子,亦罔不托古改制。此种见解,实数千年之一大解放。其弟子最著者,为梁启超。启超甚能弘其师说,然亦时不慊于其师之武断,末流多有异同。启超学术淹博,其精神常足与时代俱新,立于时代之前,以指导社会;盖饶有今文学家怀疑思想与改进态度也。今古文之争既起,学者对于经学已渐生厌,兼以国运衰颓,致用之思想颇盛;于时适值东西交通日启,学者渐移其心目于东西洋之文明;清政府亦派遣学生,留学各国。东西文化,因以输入焉。正统派之经学,至此遂日趋衰落矣。然当此期中,尚有少数大师如俞樾、孙诒让、刘师培、章炳麟等,皆足以绍述正统派而光大之;而于诸子学之校勘训诂,尤能超过前人。故正统派在学风上虽云衰落,而在学术上,则竟可谓之未衰也。综上三期论之:反动期开经学研究之端绪,全盛期成经学研究之一尊,今文学运动与东西文化输入期,虽有今古文之争与外化之搀入,然亦未尝不以经学为中坚也。故清代之经学,实与有清一代之命运相终始,就三期比较言之,全盛期以考证训诂为中坚,而反动期与今文学运动期,则怀疑精神特炽,思想颇为纷歧,而尤以反动期为最甚。本篇之后三章,即专述反动期之学术者也。至诠述之法,以经学为主,理学、文学亦各有专章,盖所以见当时之文理学尚未尽成为经学之附庸也。

第三十二章　清初之经学

一百二十七　总　说

（一）清初经学之派别

清初为明学反动期，亦即经学启蒙期；其间大师，首攻理学，以经学相号召者，则昆山顾炎武也。炎武博极群书，深恶明人之空疏，大唱“舍经学无理学”之说，教人以博学为先。又好金石、音韵之学，而于音韵尤精，开一代研究之端绪，故炎武在清代经学中，堪称开山之祖焉。同时太原阎若璩著《尚书古文疏证》，力攻晚出《古文》与《孔传》之伪，原原本本，推求实证，开清代考证之先声；且《古文》之伪既明，渐开学者疑经之风，而研究之兴味益浓。其时德清胡渭著《易图明辨》证明《河图》、《洛书》先天太极之学，皆出于“养生家”之依托，而非羲、文、周、孔之旧，使理学之信仰，根本动摇，与若璩之《疏证》，于清学皆深有影响。故顾、阎、胡三人，足为清初经学家之领袖，而为正统派不祧之宗焉。当时学者更有毛奇龄、姚际恒、黄宗炎诸人，亦富有怀疑思想。际恒疑《尚书古文》，疑《诗序》，疑《周礼》；若璩颇推崇之，惜其书多不显著。宗炎亦不信《图》、《书》之学，其说足与《易图明辨》相发明。奇龄辟《图》、《书》，疑《仪礼》，疑《周礼》，皆能圆通其说；惟言古音则诋顾炎武，言《尚书》则诋阎若璩，以意气相尚，时有矛盾之点，不为清代学者所宗；然其学问之博，与其精神之豪，在清初终不愧为大家也。阎、胡又皆精地理之学，曾参修《一统志》，同局有顾祖禹、黄仪者，皆好治斯学。祖禹有《读史方舆纪要》，体大思精，当时目为“奇书”，言地理者宗焉。余姚黄宗羲，早年颇好名理，其后方向一变;其学以史学为根柢,而推之于当世之务,清代言史学者宗焉。其弟子最著者,为鄞县万斯大、万斯同:斯大精于三《礼》,以经学名;斯同则甚能绍其师之精神,特精史学;《明史》之编纂,斯同之功居多。其学后衍为全祖望、章学诚一派。同时以史学著称者,尚有马骕、吴任臣等,骕有《绎史》,任臣有《十国春秋》,均极博洽;惟稍欠精核,与黄万一派之精神不同。清初天算之学颇盛,王锡阐、梅文鼎则以全副精神专攻之,成绩甚有可观。而文鼎尤称博大,为中国自然科学生无限之光荣焉。文鼎弟文鼐、文鼏,子以燕,孙瑴成,均能传其学。同时薛凤祚、揭暄、陈厚耀等,亦皆以天算名,然视王梅则稍逊矣。地理、史学、天算为经学之旁支,清代经学家以其足以与经学相印证,多兼通之,故在此期中,皆已开其端绪。此外更有以经学著称者,则有王夫之、张尔岐、钱澄之、朱鹤龄、陈启源诸人。夫之有诸经《稗疏》,尔岐特精《三礼》,惟皆偏于名理,虽不为正统派所摈,亦不为正统派所宗焉。澄之颇长于《易》、《诗》(有《田间易学》、《田间诗学》),鹤龄有《禹贡长笺》、《诗经通义》;启源有《毛诗稽古篇》,其说多糅杂汉宋,语焉不精,于后来影响颇少。其他理学家之说经者,则有孙奇逢、刁包、应扮谦、徐世沐、李光地、李光坡等,其宗旨则与经学家相去益远矣。此清初经学派别之大概也。其详当于以下各节分述之。

(二)清初经学之特点

综观清初经学家之思想与态度,其特点有三:

一、读书之提倡　清初学者,恶明人之空疏,深以不读书为耻;顾炎武"经学即理学"之说,即欲以读书之学代理学也。阎若璩、胡渭皆以博洽著称,其教学者,亦以读书反求经训为重。黄宗羲谓"读书不多,无以证斯理之变化。"其文集中,攻击明人,提倡读书之处,尤多;故其门人皆以博学闻。清初经此诸大师之提倡,空疏之风,渐趋敦实,风声所被,学者无不以读书为重(颜、李一派,不重读书,惟其影响于当时者甚少;且颜、李亦未尝不读书也)。即其时之理学家,亦多以格致之说宗程朱,鲜不劝人读书者。夫清代之经学,读书之学而已,饮水思源,不得不归功于清初诸大师之提倡也。

二、怀疑之炽烈　阎若璩之疑《古文》；胡渭、黄宗羲、黄宗炎之疑《图》、《书》；毛奇龄之疑《周礼》、《仪礼》；姚际恒之疑《诗序》；声气所被，大开学者疑经之风。试遍观清初之著述，几无一不“多少”带有怀疑之精神，怀疑之成为风气者，以此时为最著。夫全盛期学者所以破出传注重围，而别自创说者，乃此怀疑之解放也。今文学家之要点，亦在一“疑”字，其精神亦即导源于是时也。夫有怀疑而后有思想，有思想而后有建树，古今中外，一切学术之革新，未有不自“疑”字始者也。清代经学之昌明，何莫非清初怀疑之赐哉！语云：“小疑则小悟，大疑则大悟，不疑则不悟”。清初经师之发明，类皆由于善悟，谓其导源于疑，良非诬也。

三、致用之思想　清初学者，感明季之丧乱，兼以诸大师皆明室之逸民，时存匡复之念，故甚富于经世致用之思想；喜言古今成败，地理阨塞，及其他典章制度等事。其间最显明者，为顾炎武、黄宗羲，而宗羲好治史学，故此种精神尤著。夫全盛期之经学家，“为经学治经学”而已，无别种思想夹杂于其间也。此亦清初思想纷错之异点也。清末致用之思想复盛，足见皆由于时世之所激也。此外更有一点应注意者，即清初诸大师，类皆攻击明人，而对于程朱，则始终鲜有诽议，且其言论思想中，留有宋人之痕迹者，亦复不少；此固亦启蒙期之现象，然清学之于宋学，非立于反对之地位，益证前言之不谬矣。

以上三点，乃就其大端言之，其余则丁以下各节，随时分论之，则其特点，庶几可以了然于心目矣。

一百二十八　顾炎武及其弟子

(一) 顾炎武传

顾炎武本名绛，后改名炎武，字宁人，学者称亭林先生，江苏昆山人。少年耿介绝俗，不与人苟同，独与同里归庄(字元恭)相善，共游复社，相传有“归奇顾怪”之目。顺治二年(时炎武三十三岁)，与归庄及嘉定吴其沆共起兵，谋抗清师，事败，其沆死之，炎武与庄幸得免。母王氏避兵常熟，清兵既下常熟，不食而死，遗命炎武勿事二族。次年，唐王于闽中以职方郎召炎武,念母未葬,不果行。次年(炎武三十五岁),几豫吴兆胜之祸,更欲赴海上,道梗不前。顺治七年(炎武三十八岁),有怨家欲害之,乃变衣冠,作商贾,客游江浙间,复之旧都,屡哭于孝陵。顺治十二年(炎武四十三岁),四谒孝陵归,有仆叛投里豪,欲上变告。炎武缚而沉诸水,仆婿复投里豪,以千金贿太守,欲杀炎武,危甚。或为之求解于兵备使者,其事遂解。于是炎武浩然有去志,乃五谒孝陵。次年(顺治十三年,炎武四十四岁),遂北入鲁,垦田于章邱之长白山下。顺治十五年,遍游北畿,入都,至蓟州,历遵化玉田,抵永平,登孤竹山,谒夷齐庙。次年出山海关,归至昌平,拜谒长陵以下,图而记之。次年再谒,既而念江南山水,有未尽者,复归,六谒孝陵,东至会稽。次年复北谒思陵,由太原大同入关中,至榆林。是年(康熙二年),《明史》之狱起,炎武幸免(时炎武在汾州)。康熙三年(炎武五十二岁),往昌平,四谒天寿山,奠怀宗欑宫。又二年(康熙五年炎武五十四岁),往代州,垦田。每言"马伏波、田畴皆塞上立业",欲居代北。尝曰:"使吾泽中有牛羊千,则江南不足怀矣。"然苦其地寒,但经营其始,使门人掌之,而身出游。康熙六年(炎武五十五岁),之淮上,开雕《音学五书》。次年居京,闻莱州黄培诗狱牵连,即星驰赴济南,自请勘讼,下狱。李因笃为告急于有力者,亲往济南解之。狱白,复如京师,五谒思陵。自是策马往来诸边塞,凡十余年,康熙十六年(炎武年六十五岁),始卜居陕西之华阴,王宏撰筑斋延之。炎武置田五十亩于华下,供晨夕。而东西开垦,所入则贮之,以备有事。清廷初开《明史》馆,熊赐履主馆事,以书召炎武。答曰:"愿以一死谢公,最下则逃之世外!"赐履惧而止。康熙十七年(炎武六十六岁),朝议以纂修《明史》,特开博学鸿儒科,征举海内名儒,在朝诸人争欲致之。炎武豫令门人之在京者,辞曰:"刀绳具在,无速我死!"次年,大修《明史》,诸人又欲特荐之。贻书学士叶方蔼请以身殉,得免。华下诸生,请讲学,谢之曰:"近日二曲以讲学故得名,遂招逼迫,几致凶死;虽曰'威武不能屈',然而名之为累,则已甚矣。"康熙十八年(炎武六十七岁)春,出观伊洛,历嵩山少室曰:"五岳游其四矣。"会年饥,不欲久留,由河南至汾州,复还华下。康熙二十年(炎武六十九岁),自华阴至山西,由运城抵曲沃;患呕泻。明年正月四日,卒于曲沃。炎武自四十五岁后,以避仇北游,二十余年之间,北方诸重郡足迹迨遍。其出游也,以二马二骡载书自随,所至阨塞,即呼老兵退卒,询其曲折;或与平日所闻不合,则即仿肆中发书而对勘之。或径行平原大野,无足留意,则于鞍上默诵诸经注疏,偶有遗忘,则即坊肆中发书而熟复之。所至荒山颓阻,有古碑遗迹,必披榛莽,拭斑藓,读之。故炎武虽漫游各地,所至无匝月留,而其学亦卒不因是而退,其成就且多在出游期间也。炎武著书数十种:《日知录》及《音学五书》皆单行,其余各书,除未刻者外,均收入《亭林先生遗书汇辑》(或题《亭林全集》,清光绪间朱记荣辑)中。今所流传者,更有《亭林遗书》一种(收入凡十种),亭林重要之书略具,于研究亦颇为便利。

(二) 炎武对于理学之攻击与经学之提倡

晚明理学之极敝,学者束书不观,游谈无根;炎武对之,首施严厉之攻击。其言曰:

> 窃叹夫百余年来之为学者,往往言心言性,而茫乎不得其解也。命与仁,夫子之所罕言也。性与天道,子贡之所未得闻也。性命之理,著之《易传》,未尝数以与人。其答问士也,则曰"行己有耻";其为学,则曰"好古敏求";其与门弟子言,举尧舜相传,所谓"危微精一"之说,一切不道,而但曰"允执其中,四海困穷,天禄永终"。呜呼!圣人之所以为学者,何其平易而可循也!故曰"下学而上达"。颜子之几于圣也,犹曰"博我以文";其告哀公也,明善之功,先之以博学。自曾子而下,笃实无若子夏;而其言仁也,则曰"博学而笃志,切问而近思"。今之君子则不然,聚宾客门人之学者数十百人,譬诸草木,区以别矣,而一皆与之言心言性。舍"多学而识",以求"一贯"之方,置四海之困穷不言,而终日讲危微精一之说,是必其道之高于夫子,而其门弟子之贤于子贡,祧东鲁而直接二帝之心传者也;我弗敢知也。(《亭林文集·与友人论学书》)

又曰：

> 今之学者，偶有所窥，则欲尽废先儒之说，而驾其上；不学则借“一贯”之言，以文其陋，无行则逃之性命之乡，以使人不可诘。(《日知录》十八)

此皆其对于理学之感想也，其他《日知录》及《亭林文集》中，抨击理学心学者尚多，大抵亦不外此意。炎武于理学不但攻击已也，且进一步并“理学”之名，而不承认之；尝谓：

> 古今安得别有所谓理学者！经学即理学也。自有舍经学以言理学者，而邪说以起。(全祖望《鲒埼亭集·亭林先生神道表》)

又曰：

> “理学”之名，自宋人始有之，古之所谓理学，经学也。非数十年不能通也；故曰：“君子之于《春秋》，没身而已矣。”今之所谓理学，禅学也，不取之《五经》，而但资之语录，校诸帖括之文而尤易也。(《亭林文集·与施愚山书》)

“经学即理学”为炎武独创之语，亦即清学初期经学家最鲜明之旗帜也。有清二百余年之学术，称经学昌明时期，其最初以“经学”相号召者，炎武则第一人也。且当过渡时代，能出其革命之论，于当时思潮之转捩，为最有力焉。

(三) 音韵之学与炎武治学之方法

音学在清代颇盛，其研究之先导，实自炎武开之。其后江永、戴震、段玉裁诸人，于炎武虽各有所纠正，然不过就其说而益求精耳。炎武所著曰《音学五书》，为生平最有体系之作。自言其成书之难曰：“予纂辑此书，几三十年,所过山川亭障,无日不以自随;凡五易稿,而手书者三矣。"(《音学五书·后序》)即此可见其用功之勤矣。又其论音学之重要曰:

> 三代六经之音失其传也,久矣;其文之存于世者,多后人所不能通,以其不能通,而辄以今世之音改之;于是乎有改经之病。始自唐明皇改《尚书》,而后人往往效之。然犹曰:"旧为某,今改为某"则其本文,犹在也。至于近日,锓本盛行,而凡先秦以下之书,率臆径改,不复言其"旧为某",则古人之音亡,而文亦亡,此尤可叹者也。……故愚以为读九经自考文始,考文自知音始。以至诸子百家之书亦莫不然。(《音学五书·答李子德书》)

"读经自考文始,考文自知音始",为后来经学家所共同承认者,且以之奉为治经要诀焉。故炎武之攻击理学,在破坏方面,诚亦有功;然其对于清学之堪称建设者,则在音韵之贡献也。至其研究之方法,炎武尝自述曰:"世日远,而传日讹,此道之亡,盖二千有余岁矣!炎武潜心有年,既得《广韵》之书,乃始发悟于中,而旁通其说。于是据唐人以正宋人之失,据古经以正沈氏、唐人之失。"(《音学五书·序》)又曰:"列本证、旁证二条,本证者《诗》自相证也,旁证者采之他书也;二者俱无,则宛转以审其音,参伍以谐其韵……"(《音论》)盖其方法在以证据为准,凡不以孤证为足,必旁通博引,然后始定其说。此其精神甚近于近代之科学方法,世谓清代汉学家饶有科学精神,炎武实首引其端绪者也。炎武又好金石之学,所至名山、巨镇、祠庙、伽蓝之迹,无不搜求,著有《金石文字记》、《求古录》诸书,上以补欧阳、赵氏之所未具,下以开清代金石研究之端绪,足与经史相印证焉。

(四) 致用之思想

炎武著有《天下郡国利病书》、《肇域志》,专言民生利病。《日知录》及《亭林文集》中,关于经济、制度之论亦多,其致用观念之深,与黄宗羲相同,盖皆感于明季之丧乱,慨然欲有所建树也。炎武尝自述其思想与著书之由来曰:“崇祯乙卯,秋闱被摈,退而读书。感四国之多虞,耻经生之寡术,于是历览二十一史,以及天下郡县志书,一代名公文集,及章奏文册之类,有得即录,共成四十余帙……”(《天下郡国利病书·序》)此盖其早年事也。入清以至于老,抱遗民之戚,时存恢复之念;其致用思想,始终不衰。且所至垦土地,置田产,辄小试其术。生平论文,亦一本此义,尝谓:“文之不可绝于天地间者,曰明道也,纪政事也,察民隐也,乐道人之善也;若此有益于天下,有益于将来,多一篇,多一篇之益矣。若夫怪力乱神之事,无稽之言,勦袭之说,谀佞之文;若此有损于己,无益于人,多一篇,多一篇之损矣。”(《日知录》卷十九)。又尝曰:“君子之为学,以明道也,以救世也;徒以诗文而已,所谓雕虫篆刻,亦何益哉?”(《亭林文集·与人书二十五》)由此可见其实用主义与救世之怀矣。炎武亦诚能实践其言,终身谢绝应酬文字;尝谓:“孔子之删述六经,即伊尹、太公救民于水火之心……故曰载之空言,不如见诸行事。……愚不揣有见于此,凡文之不关于《六经》之指,当世之务者,一切不为。”(《亭林文集·与人书二》)又谓:“中孚为其先妣求传再三,终已辞之:盖止为一人一家之事,而无关于经术政理之大,则不作也。”(《亭林文集·与人书十八》)“不关于经术政理之大不作。”炎武终身,实未尝逾此范围也。清代儒者以“朴学”自命,以示别于文人,亦自炎武启之也。

(五) 炎武之弟子

炎武弟子最著者:曰张弨,曰潘耒。张弨字力臣,又字函斋,山阳人。曾受业于炎武,不事科举。性好古,储藏鼎盉碑版之文甚富。雅好金石文字,遇荒村,野寺,古碑,残碣,埋没榛莽之中者,靡不椎拓。焦山《瘗鹤铭》,石裂而为四,又失其腹,由是释文不符,考古者以为憾。弨尝登山,乘江潮落后,往山岩之下,藉落叶而仰读之,聚四石绘为图,联以宋人补刻字,伦叙不紊,证为唐顾况(逋翁)书,援据甚核。更究心小学,有娄机《汉隶字原》校本,叙曰:“自隶变篆以就省,而碑版各家,可以随意增减点画,改易偏旁,好异尚奇,贻误后学,今悉准之《说文》。……”江藩尝评之曰:“力臣虽不知古人假借通用之说,然谨守叔重之书,辨向壁虚造之字,其学识出戴侗、杨桓之上矣。”(《汉学师承记》)弨又精书法,炎武《广韵》及《音学五书》皆其所写定也。潘耒字次耕,又字稼堂,晚自号“止止居士”。幼孤,兄柽章能文,负气节,以《明史》狱,遭残戮。耒逢此穷境,益励志读书,知顾炎武之名,往从之学。更得徐枋、王锡阐、吴炎诸人为之师友。于经史、历算、声音之学,无不洞达。康熙十七年,被征博学鸿儒,力辞不获,乃就试。受检讨,修《明史》,撰《食货志》,兼订他纪传。自洪武及宣德五朝稿皆所订定。寻充日讲起居注官,纂修《实录》。已而以盛名遭忌,遂罢归,不复出。有《遂初堂集》。耒最精于声音反切之学,及往来四方,益通其变,著《类音》八卷。炎武《音学五书》,欲复古人之遗,耒此书则务穷后世之变。书中因等韵之法,而又推求以己意,于古颇不合,于今亦不必可施;然而审辨通微,亦足成一家言者也。

一百二十九　阎若璩

(一)阎若璩传

阎若璩字百诗,晚年自号潜邱。先世居山西太原县,五世祖移居淮安,若璩自署太原,盖原籍也。若璩生而口吃,性钝,六岁入小学,读书多遍不能背诵。年十五,冬夜读书,扞格不能通,愤悱不寐,漏四下,寒甚,坚坐沉思,心忽开朗;自是颖悟异常。是年(顺治七年)补学官弟子,一时名流如李太虚、方尔止、王于一、杜于皇,皆折辈行与交。年二十(顺治十二年),读《尚书》至《古文》二十五篇,即疑其伪,沉潜三十余年,乃尽得症结所在,作《古文尚书疏证》八卷,引经据古,一一陈其矛盾之故,《古文》之伪大明。清圣祖康熙元年(若璩年二十七),游京师,龚鼎孳为之延誉,由是知名。旋改归太原故籍,顾炎武游太原,以所撰《日知录》相质,即为之改订数条,炎武虚己从之(时在康熙二年)。康熙十二年(若璩年三十八),出游巩昌,与陈祺芳(字子寿,常熟人),一夕共成七言绝句百首,名曰《陇右唱和诗》。康熙十七年(若璩年四十三),应博学鸿儒科试,不第,仍留京师。徐乾学谂知其博洽,即邀至邸,延为上客。二十一年(若璩年四十七),若璩客闽归,以乾学聘,复至京师。徐氏盛宾客,客皆当世魁士,而贤重若璩逾常等,每诗文成,必俟裁定,尝云:“书不经阎先生眼过,讹谬百出,贻笑人口。”当时,合肥李天馥亦谓:“诗文不经阎君勘定,未可轻易示人。”其受人推重如此。康熙二十二年(若璩年四十八),初遇胡渭于京师,因相交游。次年初交何焯,日与之上下议论。二十八年(若璩年五十四),徐乾学以尚书乞归,奉敕修《一统志》。明年三月(若璩年五十五),乾学归里,开局洞庭东山,延若璩及胡渭、顾祖禹、黄仪、姜宸英诸人,从事纂修。胡、顾等皆精于地理之学,晨夕共处,肆志搜讨。若璩本留心地理之学,益以此次辨难,成就渐著,十余年中,成《四书释地》、《三续》、《释地余论》若干篇,皆名著也。康熙三十二年(若璩年五十八)冬,若璩游西冷,闻休宁姚际恒著书攻伪古文,因毛奇龄之介,得与之交,并手自缮写其著书。若璩六十以后,时访友数千百里外,朱彝尊、毛奇龄亦时时过从,商榷学问。李塨亦于康熙三十八年(若璩年六十四)至淮安论学。康熙四十三年(若璩年六十九),世宗在潜邸,手书延请,若璩力疾赴都中,以行役之劳,病渐遽,卒以不起。若璩以屡试不第,一生专意读书;尝集陶贞白、皇甫士安语题所居之柱云:“一物不知,以为深耻。遭人而问,少有宁日。”其立志如此。老年益矻矻不休。将卒,谓其子曰:“吾夜所梦之书,皆非素见,何耶?”只此一语,亦足见其一生精力之所在矣。所著有《尚书古文疏证》、《四书释地》、《潜邱札记》、《孟子生卒年月考》、《毛朱诗说》等书。

(二)《古文尚书》之辨伪与若璩之地理学

若璩最有功于经学者,即辨东晋晚出之《古文尚书》及同时出现之孔安国《尚书传》皆为伪也。《古文尚书》较《今文》多十六篇,晋魏以前,绝无师说,故《左氏》所引,杜预皆注曰“逸书”。东晋之初,豫章内史梅赜忽奏于朝,乃增多二十五篇。初犹与《今文》并立,自陆德明据以作《释文》,孔颖达据以作正义,遂与伏生二十九篇,混合为一。宋吴棫始有异议,朱熹亦稍稍疑之。元吴澄诸人,相继指摘,其伪渐彰;然未能条分缕析,以抉其罅漏。明梅鷟始参考诸书,证其剽剟,而见闻较狭,搜采未周,尚不足以服人。至若璩作《尚书古文疏证》,始引经据古,一一陈其矛盾之故,《古

文尚书》之伪,乃为定谳。其说之最精者,汇举如下:

(一)《汉书·儒林传》"孔氏有《古文尚书》,孔安国以今文字读之,因以起其家逸书得十余篇,盖《尚书》兹多于是矣。"《艺文志》:"《古文尚书》者,出孔子壁中。武帝末,鲁共王坏孔宅,得《古文尚书》及《礼记》、《论语》、《孝经》凡数十篇,皆古字。孔安国者,孔子后也,悉得其书,以考二十九篇,得多十六篇。安国献之,遭'巫蛊'事,未列于学官。"《楚元王传》:"鲁共王坏孔子宅,欲以为宫,而得古文于坏壁之中,逸《礼》有三十九,《书》十六篇,天汉之后,孔安国献之。"夫一则曰"得多十六篇",再则曰"逸《书》十六篇",是《古文尚书》篇数之见于西汉者,如此也。《后汉书·杜林传》"林前于西州得漆书《古文尚书》一卷,常宝爱之,虽遭艰困,握持不离身;后出示卫宏等,遂行于世。同郡贾逵为之作训,马融、郑康成之传注解皆是物也。"夫曰《古文尚书》一卷,虽不言篇数,然马融《书序》则云"逸十六篇"。是《古文尚书》篇数之见于东汉者又如此也。此书不知何时遂亡,东晋元帝时,豫章内史梅赜忽上《古文尚书》,增多二十五篇;无论其文辞格制迥然不类,而只此篇数之不合,伪可知矣。(《尚书古文疏证》卷一《言两汉书载古文篇数与今异》)

(二)"《尚书百篇序》原自为一篇,不分寘各篇之首,其分寘各篇之首者,自孔安国《传》(指伪孔传,后同)始也。郑康成注《书序》尚自为一篇,唐世尚存,孔颖达《尚书疏》备载之,所云《尚书》亡逸篇数,迥与《孔传》不合。孔则增多于伏生者二十五篇,郑则增多于伏生者十六篇。二十五篇者:即今世所行之《大禹谟》一,《五子之歌》二,《胤征》三,《仲虺之诰》四,《汤诰》五,《伊训》六,《太甲》三篇九,《咸有一德》十,《说命》三篇十三,《泰誓》三篇十六,《武成》十七,《旅獒》十八,《微子之命》十九,《蔡仲之命》二十,《命官》二十一,《君陈》二十二,《毕命》二十三,《君牙》二十四,《冏命》二十五是也。十六篇者,即永嘉时所亡失之《舜典》一,《汩作》二,《九共》九篇三,《大禹谟》四,《益稷》五,《五子之歌》六,《胤征》七,《典宝》八,《汤诰》九,《咸有一德》十,《伊训》十一,《肆命》十二,《原命》十三,《武成》十四,《旅獒》十五,《冏命》十六,是也。……”(《疏证》卷一《言郑康成注古文篇名与今异》)

(三)《古文》传自孔氏,后惟郑康成所注者得其真,《今文》传自伏生,后惟蔡邕石经所勒者,得其正。今晚出孔《书》,“宅嵎夷”,郑曰:“宅夷铁。”“昧谷”,郑曰:“柳谷”。“心腹肾肠”郑曰:“忧肾阳”。“劓刵劅剠”郑曰:“膑宫劓割头庶剠”。其与真古文不同有如此者。不同于古文,宜同于今文矣,而石经久失传,然残碑遗字,犹颇收于宋洪适《隶释》中。《盘庚》百七十二字,《高宗肜日》十五字,《牧誓》二十四字,《洪范》百八字,《多士》四十四字,《无逸》百三字,《君奭》十一字,《多方》五字,《立政》五十六字,《顾命》十七字。洪氏以今书校之,多十字,少二十一字,不同者五十五字,借用者八字,通用者十一字。《孔叙》三宗以年多少为先后,碑则以传序为次。碑又云:“高宗之享国百年”亦与“六十有九年”异。其与《今文》不同,又如此者。余然后知此晚出于魏晋间之书,盖不古不今,非伏非孔,而欲别为一家之学者也。……(《疏证》卷二第二十三《言晚出书不古不今非伏非孔》)

(四)汉传《论语》有三家:一《鲁论》,一《齐论》,一《古论》。《古论》出自孔子壁中,博士孔安国为之训解,马融、郑康成注,皆本之。《艺文志》所云:“二十篇有两《子张》”是也。魏何晏集解《论语》中,有“孔子曰”者,即安国之辞。余尝取孔注《论语》与孔传《尚书》相对校之:如“予小子履,敢用玄牡”三句,孔曰:“履,殷汤名,此伐桀告天之文。殷家尚白,未变夏礼,故用玄牡。皇,大,后,君也,大君帝,谓天帝也;《墨子》引《汤誓》,其辞若此。”“朕躬有罪,无以万方”,四句,孔曰:“无以万方,万方不与也。万方有罪,我身之过。”“虽有周亲,不如仁人”二句,孔曰:“亲而不贤不忠则诛之,管蔡是也;仁人谓箕子、微子,来则用之。”“所重民食丧祭”一句,孔曰:“重民,国之本也;重食,民之命也;重丧,所以尽哀;重祭,所以致敬。”与今安国传《汤诰》、《泰誓》、《武成》语,绝不类。安国既亲得《古文》

二十五篇，中有《汤诰》、《泰誓》、《武成》，岂有注《论语》时，遇引及此三篇者，而不曰："出逸《书》某篇"者乎？且"不恒其德，或承之羞"，孔则曰："此《易 · 恒卦》之辞"。"南容三复白圭"，孔则曰："诗云：白圭之玷，尚可磨也"，云云。凡《论语》所引《易》、《诗》之文，无不明其来历，何独至《古文》遂匿之而不言乎？将安国竟未见《古文》乎？据《古文》则"予小子履"等语，正《汤诰》之文也，作《论语》者亦云"《汤诰》"，而孔不曰"此出《汤诰》"或曰"与《汤诰》小异"，而乃曰"《墨子》引《汤誓》其辞若此"。何岂自为乖剌至于如是其极乎？余是以知"余小子履"一段，必非真《古文汤诰》之文，盖断断也。又从来训故家于两书之辞相同者，皆各为诠释，虽小有同异，不至悬绝；今安国于《论语》"周亲仁人"之文，则引管、蔡、微、箕以释之，而周之才不如商。于《尚书》"周亲仁人"之文，则释曰："周至也，言纣至亲虽多，不如周家之多仁人"，而商之才又不如周。其悬绝如是，岂一人之手笔乎？且安国纵善忘，注《论语》至此，独不忆及《泰誓中》篇有此文，而其上下语势皆盛称周之才，而无贬辞乎？安国于稗谌、子产、臧武仲、齐桓公凡事涉《左传》者，无不觋缕陈之于注，何独至《古文泰誓》而若为不识其书者乎？余是以知晚出《古文泰誓》必非当时安国壁中之所得，又断断也。（《疏证》卷二第十九《言安国注论语与今书传异》）

（五）《书》有今文、古文，此自西汉时始然，孟子时固无有也。无有，则同一百篇而已矣。何《孟子》引今文《书》，由今校之，辞既相符，义亦吻合，及其引古文《书》，若《泰誓上》、《泰誓中》、《武成》，辞既不同，而句读随异；义亦不同，而甚至违反……真有令人失笑者焉。（《疏证》卷一第十四《言孟子引今文与今合引古文与今不合》）

（六）《汉书 · 儒林传》：安国授都尉朝，而司马迁亦从安国问故。迁书载《尧典》、《禹贡》、《洪范》、《微子》、《金縢》诸篇，多古文说，余尝取迁书所载诸篇读之……多与晚出《古文》不同。（《疏证》卷二第二十四《言史记多古文说今异》）

（七）许慎《说文解字》序云："其书《易》孟氏、《书》孔氏、《诗》

毛氏、《礼》、《周官》、《春秋》、《左氏》、《论语》、《孝经》,皆古文也。”慎子冲上书安帝云:“臣父本从贾逵学,考之于逵,作《说文》。”是《说文》所引《书》,正东汉时盛行之《古文》,而非今《古文》可比,余尝取之以相校……多与晚出古文不合。(《疏证》卷二第二十五《言说文皆古文今异》)

(八)二十八篇之书,有单书月以纪事,《多士》:“惟三月周公初于新邑洛”是也。有单书日以纪事,《牧誓》“时甲子昧爽,王朝至于商郊牧野”,是也;然亦以《武成》篇有“粤若来二月,既死霸粤五日甲子”之书,故读者可以互见,不必复冠以二月,此省文也。未有以此月之日纪事,而仍蒙以前月之名,使人读去,竟觉有三十四日而后成一月者,有之自晚出《武成》始。考《召诰》诸篇,先书丙午,次戊申,又次庚戌,甲寅,乙卯,丁巳,戊午,甲子,皆冠以三月;《顾命》篇先书甲子,次乙丑,又次丁卯,癸酉,皆冠以四月;至《洛诰》篇“戊辰王在新邑,烝祭岁”止书日,而必于后结一句曰“在十有二月”,其详明如此。今晚出《武成》先书一月壬辰,次癸巳,又次戊午;师逾孟津,已在月之二十八日矣;复继以“癸亥,陈于商郊”,“甲子昧爽,受率其旅若林”,是为二月之四日五日,不见冠以二月,岂今文书法耶?或曰《洛诰》亦尝称“乙卯”,《费誓》两称“甲戌”皆止有日,余曰此自周公、伯禽口中之辞,指此日有此事云尔,岂若史家记事垂远,必缮日于月,有一定之体耶?(《疏证》卷四第五十三《言武成癸亥甲子不冠以二月非书法》)

(九)朱子有“古史例不书时”之说,以二十八篇《书》考之,如《康诰》“惟三月哉生魄”,《多方》“惟五月丁亥”,书三月,五月,皆不冠以时。《洪范》“惟十有三祀”,《金滕》“既克商二年”,书“十三祀”“二年”皆不继以时,确哉朱子见也!唐孔氏谓:“《春秋》主事动书,编次为文,于法,日月时年皆具,其不具者,史阙耳。《尚书》惟记言语,直指设言之日,如《牧誓》等篇,皆言有日无月,史意不为编次,故不具也。”更以逸《书》考之,《伊训》“惟太甲元年,十有二月乙丑,朔”,《毕命》“惟十有二年,六月庚午,朏”,书年书月书日并书朔朏,绝不系以时,不益见朱子确耶?大抵史各有体,文各有例,《书》不可以为《春秋》,犹《春秋》不可以为《书》,今晚出《泰誓上》,开卷大书曰:"惟十有三年春",岂古史例耶?予故备论之,以伸朱子,以待后世君子。(《疏证》卷四第五十四《言泰誓上惟十三年春系以时非史例》)

(十)荀卿曰:诰誓不及五帝。故《司马法》言有虞氏戒于国中,夏后氏方誓于军中,殷誓于军门之外,周将交刃而誓之。当虞舜在上,禹纵征有苗,安得有会群后誓于师之事?此不足信。《司马法》曰:"入罪人之地,见其老弱,奉归无伤;虽遇壮者,不校,勿敌;敌若伤之,药医归之",其以仁为本如此;安得有"火炎昆冈,玉石俱焚",如后世檄文,以兵威恐敌之事?既读陈琳集有《檄吴将校部曲文》末云:"大兵一放,玉石俱碎,虽欲救之,亦无及已。"《三国志·钟会传》:"会移檄蜀将士吏民曰:'大兵一发,玉石俱碎,虽欲悔之,亦无及已。'"会与琳不相远,辞语并同,足见其时自有此等语,而伪作者,偶忘为三代王者之师,不觉阑入笔端,则此书之出魏晋间,又一佐已。(《疏证》第六十四《言胤征有玉石俱焚语为出魏晋间》)

(十一)考汉昭帝纪元六年,庚子,秋,以边塞阔远,置金城郡,《地理志》班固注并同;不觉讶孔安国为武帝时博士,计其卒当于元鼎末,元封初,方年不满四十,故太史公谓其蚤卒。何前始元庚子三十载,辄知有金城郡名,传《禹贡》曰"积石山在金城西南"耶?……始元庚子以前,此地并未有此名(金城),而安国《传》突有之……殆安国当魏晋忘却身系武帝时人耳。(《疏证》第八十七《言汉金城郡乃昭帝置安国传突有》)

以上粗举《疏证》之大意,凡十一条:第一,论篇数之不合;第二,论篇名之不合;第三,论文字之不合,此证明晚出古文本身之伪也;第四,以《古论》对证;第五,以《孟子》对证;第六,以《史记》对证;第七,以《说文》对证,此以古书为旁证,证明晚出古文之伪也;第八,言书法之错误;第九,言史例之矛盾;此以全书体例证明晚出《古文》之伪也;第十,以"玉石俱焚”语出魏晋,此以时代文学证明晚出古文之伪也;第十一条言金城郡之设置,在安国卒后,安国岂能前知,以明《孔传》之伪,与第一、第二两条,尤能精确服人。其他书中以地理、历算,证明之处尚多,不具引。综睹《疏证》全书,虽疏阔矛盾之处,亦尚不免,然其所言,皆有根据,绝少凿空悬揣之辞,实开有清一代考证之先路。是以其书颇为当时所推许,虽同时毛奇龄作《尚书古文冤辞》百计相轧,终不能胜,而有据之言先立于不败之地也。夫《古文尚书》及《孔传》自东晋伪托以后,千余年来,已为举国士子所认为神圣不可侵犯之经典,批评研究,尚认为不道,遑论怀疑?是以自唐以来,怀疑家如刘知几之流,亦未尝言及古文之伪;朱熹虽稍疑之,然亦有所惮而莫能定。若璩公然辟之,本充分之证据,为正当之攻击,虽有志卫道者,亦无辞以掩其伪,则当时学者所受刺激之大,当可想见。后此一切经文经义,皆成为研究之问题。经学家探赜索隐,分析毫厘,言求有征,务得其真,不至拘于古先圣贤之见,而经学得以昌明者,则若璩思想解放之效也。若璩亦精于地理之学,曾与顾祖禹、胡渭等共修《一统志》。又撰《四书释地》考证关于《四书》之地理甚详明。《潜邱札记》所载关于地理之说,亦有功于考古。钱大昕称其“于山川形势,州郡沿革,了若指掌”,亦非过奖也。若璩尝曰:“孟子言读书当论其世,予谓并当论其地。少读《孟子》书,疑‘滕定公薨,使然友之邹问孟子’,何缓不及事?及长大,亲历其地,乃知故滕国城,在县西十五里,故邾城在今邹县东南二十六里,相去仅百里,故朝发而夕至,朝见孟子而暮即反命也。”(钱大昕《潜研堂文集·阎先生传》)其“并当论其地”之言,固至论也。

一百三十 胡渭及其同时之地理学家

(一) 胡渭传

胡渭初名渭生,字朏明,晚年自号东樵,浙江德清人。十二岁丧父,母沈氏携之避寇山谷间,虽遭颠沛,犹读书不辍。十五为县学生,屡试不得志,乃入太学。尝馆益都冯氏家,值征博学鸿儒,冯欲荐之,渭坚辞不肯,自是遂绝意科举之业,专穷经义。康熙二十八年,徐乾学奉诏修《一统志》,开局洞庭东山,延渭及阎若璩、顾祖禹、黄仪等,分部纂辑;因得纵观天下郡国之书;又与若璩辈观摩相善,而学问益进焉。康熙三十八年,因再从侄会恩官京师,乃复至京。礼部尚书李振裕,侍讲学士查昇,皆厚礼之,目为当代儒宗。未几以老病归。康熙四十二年,清圣祖南巡,渭撰《平成颂》一篇,并《禹贡锥指》诣献;圣祖深嘉之,书"耆年笃学"四大字与之,当时咸以为荣云。康熙五十三年卒,年八十三。所著有《易图明辨》(收入《续皇清经解》)、《禹贡锥指》(收入《皇清经解》)、《洪范正论》、《大学翼真》等书。

(二) 图书之辨惑

《易经》本无图,即《系辞》有"河出图,洛出书,圣人则之"之语,然而意近神话,乃揣测依托之辞,非真有《河图》、《洛书》也。宋人陈抟,修炼家也,始准易理,衍为诸图。其图乃道家养生之术,虽与卦爻反复研求,无不符合,然固非羲、文、周、孔之旧也。乃传者务神其说,遂谓其图出于伏羲,反谓《易》由图作;又因《系辞》"河图洛书"之文,取大衍算数,作五十五点之图,以当《河图》,取《乾凿度》太乙行九宫法,造四十五点之图,以当《洛书》;其阴阳奇偶亦一一与《易》相应。后之传者更神其说,又真以为"龙马"、"神龟"之所负,谓伏羲由此而有先天之图;凡此众说,唐以前书,绝无一字之符验,实突出于北宋之初者也。其后周敦颐、邵雍皆与之渊源攸关,雍更增衍诸图,其学益臻全盛。朱熹不察其自古以来授受之迹,但取其数之巧合,所著《易学启蒙》、《易本义》之前九图,皆沿其说。同时袁枢、薛季宣颇有异论。元陈应润作《爻变义蕴》,指先天诸图,假借《易》理,实为道家修练之术。明吴澄、归有光诸人,亦相继排击。清初毛奇龄作《图书原舛编》,黄宗羲作《易学象数论》,黄宗炎作《图书辨惑》,争之尤力;然皆各据所见,尚有缺漏。渭作《易图明辨》一书,专辨图书:引据旧文,互相参证,穷溯本末,一一抉其所自来,使学者一览而知为修炼、术数二家之依托,而非作《易》之根柢也。其言曰:

古者,有书必有图,图以佐书之所不能尽也。凡天文、地理、鸟兽、草木、宫室、车旗、服饰、器用、世系、位著之类,非图则无以示隐赜之形,明古今之制;故《诗》、《书》、《礼》、《乐》、《春秋》皆不可以无图,唯《易》则无所用图。六十四卦,二体、六爻之画,即其图矣!白黑之点,九十之数,方圆之体,复姤之变,何为哉?其卦之次序方位,则乾坤三索出震齐巽二章尽之矣,图可也,安得有先天后天之别?《河图》之象,自古无传,从何拟议?《洛书》之文,见于《洪范》,奚关卦爻?五行、九宫初不为《易》而设,《参同契》先天、太极特借《易》以明丹道;而后人或指为《河图》,或指为《洛书》,妄矣!妄之中又有妄焉,则刘牧所宗之《龙图》,蔡元定所宗之关子明《易》是也:此皆伪书,九十之是非,又何足校乎?故凡为《易图》以附益经之所无者,皆可废也。(《易图明辨·题辞》)

又论朱熹笃信《图》、《书》之过曰:

朱子尝云:"康节之学,似扬子云。"又云:"康节数学,源流于陈希夷。"希夷老氏之徒也,不啻若子云之小疵。朱子斥《太玄》学本老氏,而顾以出自希夷者为圣人之《易》,独何欤?嗟乎!仲尼没而微言绝,七十子丧而大义乖;汉世崇尚黄老,至谓《老子》两篇过于《五经》,子云拟易所以堕其玄中也。魏晋诸人皆以《老》、《易》混称,历唐宋而未艾,伊川始辟异端,专宗《十翼》,《易》道昌明,如日月之中天矣;而希夷之徒,以象数自鸣,复从而乱之,盖自孔子赞《易》之后,二千年间,其不为老氏之《易》,为圣人之《易》者,无几。迨宋末元初,《启蒙》之说盛行,以至于今,则反谓文王、周公、孔子之《易》,非伏羲之《易》,而老、庄、希夷、康节之《易》,乃真伏羲之《易》矣。晦盲否塞,五百余年,非屏绝先天诸图,而专宗程氏,《易》不可得而明矣。(《易图明辨》卷六)

自《易本义》盛行后,学者惟知有卷首所列之《图》、《书》,而不复问其原委真伪,即稍有疑之者,亦复卷舌而不敢议,遂使周孔之《易》学,与道士之《图》、《书》，混淆不明；此则朱子不得辞其咎也。渭之言虽未显然攻击，然其意则深刻矣。惟渭此书之优点，尚不仅在其考证之精博，其影响思想界之大，尤有足称焉。梁启超尝论之曰："胡渭之《易图明辨》，大旨辨宋以来，所谓《河图》、《洛书》者，传自邵雍，雍受诸李之才，之才受诸道士陈抟，非羲、文、周、孔所有，与《易》义无关：此似更属一局部之小问题。……须知所谓无极太极，所谓《河图》、《洛书》，实组织宋学之主要根核；宋儒言理、言气、言数、言明、言心、言性，无不从此衍出，周敦颐自谓'得不传之学于遗经'。程朱辈祖述之，谓为道统所攸寄，于是占领思想界五六百年，其权威几与经典相埒。渭之此书，以《易》还诸羲、文、周、孔，以《图》还诸陈、邵，并不为过情之抨击，而宋学已受致命伤。自此学者乃知宋学自宋学，孔学自孔学，离之双美，合之两伤。自此学者乃知欲求孔子所谓真理，舍宋人所用方法外，尚别有途。不宁唯是，我国人好以阴阳五行说经说理，不自宋始，盖汉以来已然；一切惑世诬民，汩灵窒智之邪说邪术，皆缘附而起。胡氏此书，乃将此等异说之来历，和盘托出，使其不复能依附经训以自重，此实思想之一大革命也。"(《清代学术概论》)此诚至论也。

(三) 胡氏之地舆学

渭又精于地理之学，素习《禹贡》，以《伪孔传》、孔颖达及蔡沉于地理多疏舛；乃博稽载籍，及古今经解，考其同异而折衷之。于九州分域，山水脉络，古今同异之故，一一讨论详明。自宋以来，注《禹贡》者数十家，精核典赡，无与伦比。渭自述其搜讨之勤云："诸家《书》解，及《河渠书》、《地理志》、《沟洫志》、《水经注》之外，凡古今载籍之言，无论经史子集，苟有当于《禹贡》，必备录之。"(《禹贡锥指·例略》)渭又以《禹贡》无图，不便检阅，乃参考各书，为图四十有七。当时制图术未精，当然不免有舛误之处，然以之与《禹贡》对勘，则省力多矣。渭尝论《禹贡》绘图之难及其重要曰："嗟乎！名号有异同，郡县有废置，陵谷有升沉，土石有消长，古今之变不可胜穷。说经至《禹贡》难矣，而为图则尤难。胸无万卷之藏，足无万里之行，而任意摹写曰'此《禹贡图》也'，有不为人非笑者乎？

虽然,图不易为也,而终不可阙,苟有说而无图,则山川之方向,郡国之里至,学者茫然莫辨,说虽详亦奚以为?”(《禹贡锥指·图引》)所言皆深于地理之论也,“图不易为,而终不可阙”一语,更足以表现其不安苟简之精神,此所以卓然为清初经学大师也。渭著述除《易图明辨》与《禹贡锥指》外,如《洪范正论》斥汉人灾祥之穿凿,《大学翼真》辟宋儒改本之乱真,并为当时学者所重,皆有足称者焉。

(四)顾祖禹与黄仪

渭尝与阎若璩、顾祖禹、黄仪共修《一统志》,阎、顾、黄皆当时之地理学者,若璩已述之于前,兹继述顾、黄。顾祖禹字景范,学者称“宛溪先生”,本无锡人,父柔谦,始迁居常熟。柔谦字刚中,精于史学,著《山居赘论》一书。祖禹幼承父训,不事科举;长喜远游,兼好地理之学。家贫,无以购书,辄借抄于人,久之,其学渐通洽。徐乾学奉敕修《一统志》,祖禹被延入馆,因得纵观天下之书,又得阎、胡等相与研究,其学大进。贯穿诸史,出以己所独见,著《读史方舆纪要》百二十卷。据正史考订地理,于山川形势险要,古今用兵,战守攻取成败得失之迹,皆有所折衷。二十九岁创稿,五十始成,自述其用功之勤曰:“集百代之成言,考诸家之绪论,穷年累月,矻矻不休。至于舟车所经,亦必览城郭,按山川,稽里道,问关津,以及商旅之子,征戍之夫,或与从容谈论,考核异同。”(《读史方舆纪要·自叙》)又自述其书重要之点曰:“祖禹之为此书也,以史为主,以志证之;形势为主,以理通之。河渠沟洫,足备式遏,关隘尤重,则增入之。朝贡四夷诸蛮,严别内外,风土嗜好,则详载之。山川设险,所以守国,游览赋诗,何与人事?则汰去之。”(《自叙》)故祖禹之书,乃关心国家治乱,生民利病之作,富有经济思想,非泛泛地理书之可比也。祖禹是书之成也,时人皆惊其博大(世俗以此书与梅文鼎《历算全书》、李清《南北史合钞》称为“三大奇书”),宁都魏禧为之序曰:“其书言山川险易,古今用兵战守攻取之宜,兴亡成败得失之迹,皆所可见,而景物游览之胜不录焉。职方广舆诸书,袭讹踵谬,名实乖错,悉据正史考订折衷之,此数千百年所绝无而仅有之书也。……贯穿诸史,出以己所独见,其深思远识,在语言文字之外。”（魏禧《叔子集·读史方舆纪要叙》）江藩亦谓：“读其书可以不出户牖而周知天下之形胜，为地理之学者，莫之或先焉。”（江藩《汉学师承记·胡渭记》）皆深有得于此书者也。黄仪字子鸿，亦常熟人。精于地理之学，于经史地理，及各家舆地书，靡不究心。尝以班固《地理志》所载诸川，第言其所入所出，而中间经历之地，不可得闻，惟《水经注》备注之，然非绘图，读者不能了然于心目。乃反复寻玩，每水各为一图：如某水出某县，向某方流，径某县某方，至某县合某水，某县入某水，无一不具。阎若璩见之，不忍释手，叹曰：“郦道元千古以下，第一知己也。”（钱林《文献征存录》引）仪曾参与《一统志》事，阎、胡皆盛称之，以其搜讨之功甚多云。

一百三十一 毛奇龄及清初之怀疑学者

（一）毛奇龄传

毛奇龄字大可，一字齐于，少与兄万龄齐名，人称“小毛生”。后以避仇亡命，改名甡，字初晴；晚岁，林居讲学，学者称西河先生。浙江萧山人。少年善诗歌，乐府，填词；负才挑达，喜臧否人物，意稍不合，即不少假颜色，是以人多怨之。顺治三年，清师下江南，杭州不守，熊汝霖、孙嘉绩等集民兵画江而守，保定伯毛有伦初以备倭军宁波，至是亦引兵西，与民兵合；奇龄乃往依之，有伦将官之，会江上师败，奇龄遂亡匿。已而江上之人，有怨于有伦者，其事连及奇龄。奇龄固多怨家，兼以平日不持士节，仇家乃相与共发其杀人事于官，当抵死，愈益亡命。良久，其事不解，始为僧，渡江而西，变姓名，避地靖江之海陵。逾月渡淮，于是之齐，之楚，之郑、卫、梁、宋；奔波流离，备遭艰苦。已而应施闰章之招，设讲江西之白鹭洲书院，闰章为之营谋，其祸遂解。康熙十七年，被征博学鸿儒，授检讨，纂修《明史》。在史馆凡七年，以老病告归，问学者日众；李塨亦于数千里外来问乐。奇龄虽年老，而著述不懈，重要之作，多成于此十余年中云。所著书多至数百卷，卷帙之夥，为近代所罕有；现时流传者，有《西河全集》。

(二)奇龄之经学

《西河全集》中,关于说经之书凡数十种,虽醇驳互见,时有偏论;然其考证之博,辩论之详,思想之新,颇足补各家之所不及。故《四库总目》虽于奇龄之书,时有不满之词,而《四库全书》收所著书多至四十部,盖以其书终有可取之点也。奇龄说经之最精者曰《仲氏易》,曰《春秋毛氏传》。《仲氏易》谓《易》兼五义:曰变易,曰交易,是为伏羲之易;曰反易,曰对易,曰移易,是为文王、周公之易。后世只知伏羲之两易,而不知文、周之三易。其言曰:"《易》有五易,世第知两易,而不知三易;故但可言'易',而不可以言'周易'。夫所谓'两易'者何也?一曰'变易',谓阳变阴,阴变阳也;一曰'交易',谓阴交乎阳,阳交乎阴也;此两易者,前儒能言之,然此只伏羲之《易》也。是何也?则以画卦用变易,重卦用交易也;画卦、重卦,伏羲之事也。若夫三易:则一曰'反易',谓相其顺逆,审其向背而反之;一曰'对易',谓比其阴阳,絜其刚柔而对观之;一曰'移易',谓审其分聚,计其往来,而推移而上下之:此三易者,自汉魏迄今,多未之著,而《周易》之所为《易》,实本诸此。是何也?则以序卦用反易,分经用对易,演易系辞用移易也;夫序卦分经者,文王之为《易》也,演易系辞者,则亦文王之为易;而或云周公之为易也。夫文王、周公之为易则正《周易》也,今既说《周易》而曾不知周之为易也,而可乎?"(《仲氏易》卷首)奇龄五易之论,颇有裨于《易》道,清代说《易》最善者,推焦循,是书与焦说可互相发明也。奇龄著《春秋毛氏传》分二十二门,而总该以四例;然门例虽分,而卷之先后,以经为次,无割裂分隶之嫌,较他家体例为善。且其书一反胡安国传之深文,而衡以事理,多不失平允之意。其义例皆有征据,而典礼尤所该洽,自吴澄《纂言》以后,说《春秋》者罕有伦比也。其他如《河图洛书原舛编》之辨伪,《大学证文》之考证,与夫说《诗》说《礼》诸书之名物训诂,皆深有补于经学者也。

(三)奇龄之怀疑精神

奇龄甚富于怀疑精神,所作《河图洛书原舛编》、《太极图说遗议》,攻《图》、《书》之伪托,皆在胡渭前。其《大学知本图说》、《中庸说》、《论语稽求篇》等书，皆明攻朱熹而无少忌讳。且也疑《周礼》，疑《仪礼》，皆敢为大胆之设论，以攻其伪。在清学启蒙期，诚一猛烈有力之先锋也。惟奇龄好为辨驳以求胜，他人所已言者，必力反其词；是以言《尚书》则攻阎若璩，言古音则诋顾炎武，每不能平气以察，而好为诋諆之语。全祖望作《毛西河别传》谓：其书中“有造为典故以欺人者（如谓《大学》、《中庸》在唐时已与《论》、《孟》并列于小经）；有造为师承以示人有本者（如所引《释文》旧本，考之宋椠《释文》亦并无有，盖捏造也）；有前人之误已经辨正，而尚袭其误而不知者（如邯郸淳写魏《石经》，洪盘洲、胡梅磵已辨之，而反造为陈寿《魏志》原有“邯郸写经”之文）；有信口臆说者（如谓后唐曾立《石经》之类）；有不考古而妄言者（如《熹平石经》，《春秋》并无《左传》，而以为有《左传》）；有前人之言本有出，而妄斥为无稽者（如伯牛有疾章，《集注》出于晋栾肇《论语驳》而谓朱子自造，则并《或问》、《语类》亦似未见者，此等甚多）；有因一言之误，而诬其终身者（如胡文定公，曾称秦桧，而遂谓其父子为俱附和议，则籍溪、致堂、五峰之大节，俱遭含沙之射矣）；有贸然引证，而不知其非者（如引周公朝读书百篇以为《书》百篇之证；周公及见《顾命》、《甫刑》耶？）；有改古书以就己者（如《汉·地理志》回浦县，乃今台州以东，而谓在萧山之江口，且本非县名，其谬如此）。”因辑为《萧山毛氏纠谬》十卷。奇龄之为人，固不能尽如全氏所云，而其好为偏颇之辩，则诚然也。惟奇龄之长，亦终不可以此而掩，故祖望亦云：“西河之才，要非流辈所易几，使其平心易气以立言，其足以附翼儒苑无疑也。”（《毛西河别传》）

（四）姚际恒

姚际恒字立方，休宁人，好读书，闭户不问外事，故当时鲜知之者。阎若璩闻其著书攻伪《古文》，因毛奇龄之介，访之，并手缮写其所著书；今《尚书古文疏证》中所引者是也。际恒所著有《古今伪书考》、《诸经通论》等书：《古今伪书考》今有流传本，《诸经通论》则多散佚，仅《疏证》中所引者，尚可略见耳（现北京大学觅得其《诗经通论》，不久拟付印）。际恒怀疑之精神特强，其《古今伪书考》分经、史、子三类，而考证之，所列伪书,有数十种之多;于真伪之辨,言之谆谆焉。尝曰:“造伪书者,古今代出其人,故伪书滋多于世,学者于此真伪莫辨,而尚可谓之读书乎?是必取而明辨之,此读书第一义也。”(《古今伪书考自叙》)以辨伪为读书第一义,实有至高之见解焉。际恒于诸经怀疑者:曰《易传》,曰《古文尚书》,曰《尚书》汉孔氏《传》,曰《诗序》,曰《周礼》,曰《大戴礼》,曰《孝经》等。兹举其对于《孝经》考证之语,则其态度即可见矣。其言曰:

《汉志》曰:“汉兴,长孙氏、博士江翁、少府后仓、谏大夫翼奉、安昌侯张禹传之。”《隋志》曰:“遭秦焚书,为河间人颜芝所藏。汉初,芝子贡出之,凡十八章,而长孙氏、后仓、翼奉、张禹,皆名其学。”案是书来历出于汉儒,不惟非孔子作,并非周秦之言,其《三才章》“夫孝天之经……因地之义”,袭《左传》子太叔述子产之言,惟易“礼”字为“孝”字。《圣治章》“以顺则逆……凶德”,袭《左传》季文子对鲁宣公之言。“君子则不然”以下,袭《左传》北宫文子论仪之言。《事君章》“进思尽忠”二语,袭《左传》士贞子谏晋景公之言,《左传》自张禹所传后,始渐行于世,则《孝经》者,盖其时之人所为也。勘其文义,绝类《戴记》中诸篇,如《曾子问》、《哀公问》、《仲尼燕居》、《孔子闲居》之类,同为汉儒之作。后儒以其言孝,特为撮出,因名以《孝经》耳。案诸经,古不系以“经”字,惟曰《易》、曰《诗》、曰《书》,其“经”字乃俗所加也。此名《孝经》,自可知非古。若去“经”字,又非如《易》、《诗》、《书》之可以一字名者矣。班固似亦知之,曰:“夫孝天之经,地之义,民之行也,举大者言,故曰《孝经》。”此曲说也,安有取天之经,“经”字配“孝”字,而遗去“天”字且遗去“地之义”诸句之字者乎?书名取章首之字,或有之,况此又为第七章中语耶?至谓孔子所作,本不必辩,今姑以数端言之:篇首云“仲尼居”,便非自作矣。又《论语》曾子曰:“吾闻诸夫子,人未有自致者也,必也亲丧乎?”向称曾子志存闻道,故授以《孝经》,则此二语,曾子亲述其闻者,何以反见遗乎?又孔子曰:“事父母几谏,见志不从,又敬不违,劳而不怨。”多少低徊曲折;今《谏争章》云:“父有争子,故

> 当不义,子不可不争于父,从父之令,焉得为孝?”又何其径直而且伤于激也!其言绝不伦类。孟子曰:“父子之间不责善”。此吻合天理人情之言,使此为孔子言,孟子岂与之相异如是耶?(《古今伪书考·孝经》节)

际恒就来历、文义、情势,以证《孝经》之伪,其立言构思,皆甚精核;亦可谓之善疑者矣。

(五) 黄宗炎

黄宗炎字晦木,世称立谿先生,余姚黄宗羲之弟也。少年不事科举,与兄宗羲、弟宗会(字泽望,号缩斋,学者称“石田先生”。著《缩斋集》)并学于刘宗周,时称“浙东三黄”。宗炎尝与弟宗会约,以闭关尽读天下之书,而后出而问世。清初尝迎鲁王,举义师,事败,两次被执,皆幸免。知不可有为,于是尽丧其赀,提药笼游于海昌、石门之间,以自给;不足,则以古篆为人镌石印;又不足,则以李思训、赵伯驹二家画法为人作画;又不足,则为人制砚,其价值皆有定。生平作诗几万首,沉冤凄绝,令人不能卒读,盖其遭遇使然也。宗炎不喜《图》、《书》之学,所作《周易象辞》二十一卷,力辟陈抟之学,解释爻象,一以义理为主。又《寻门余论》二卷,谓《周易》未经秦火,不应独禁其图,至为道家藏匿二千年,至陈抟而始出。又《图书辨惑》二卷,谓陈抟之《图》、《书》,乃道家养生之术,与《易》无关。更辨《太极图说》曰:“河上公作《无极图》,魏伯阳得之以著《参同》者也,图自下而上,其第一层曰‘元牝之门’,即《太极图》之第五层也;其第二层曰‘炼精化气,炼气化神’,即《太极图》之第四层也;其第三层曰‘五气朝元’,即《太极图》之第三层也;其第四层曰‘取坎填离’,即《太极图》之第二层也;第五层曰‘炼神还虚,复归无极’即《太极图》之第一层也。方士之秘,在逆而成丹,故自下而上;周子在顺而成人,故自上而下。夫老庄以虚无为宗,静笃为用;今方士之术,又其旁门。周子之图,穷其本而返之老庄,可谓拾瓦砾而得精蕴者矣。但遂以为《易》之太极,则不可也。”(全祖望《鲒埼亭集·鹧鸪先生神道表》引)其言与朱彝尊《经义考》

及毛奇龄《太极图说遗义》所考略同,《太极图》之渊源道家,诚不诬也。宗炎所著除上述三书外,尚有《六书会通》诸书,今皆散亡云。

一百三十二 黄宗羲及清初之史学家

(一)黄宗羲传

黄宗羲字太冲,号南雷,学者称梨洲先生,浙江余姚人,明御史黄尊素之长子也。十四岁随父在京邸,好窥群籍,不屑守章句。父课以制义,宗羲于完课之余,潜购诸小说观之。其父知之,亦不之禁也。已而尊素以劾魏忠贤,死诏狱(宗羲时年十七)。明庄烈帝即位,宗羲年十九,袖铁锥草疏入京,讼冤。至,则忠贤已诛,具疏请诛阉党曹钦程、李实等。会庭鞫许显纯、崔应元,对簿时,出所袖锥,锥显纯,流血被体。复偕同难子弟哭祭于诏狱中门。拔崔应元之须,归祭其父。父冤既白,归益肆力于学;十三经、二十一史及百家九流,天文、历算、道藏、佛藏靡不究心焉。父遗命以刘宗周为师,乃从之游。又约吴越高材生六十余人,共侍讲席,力排陶奭龄援儒入释之说。弟宗炎(少宗羲六岁)、宗会(少宗羲八岁),并负异才,宗羲亲教之,有"浙东三黄"之目。崇祯十一年(时年二十九),中官复用事,逆党共冀复起,南都太学诸生以阮大铖观望南中,必生他变,作《南都防乱揭》,被难诸家共议署名,推宗羲为首,大铖衔之。清顺治元年(时年三十五),明福王立南京,大铖骤起,思报旧怨,然不久国亡。清师至浙东,刘宗周死节,鲁王监国,孙嘉绩、熊汝霖以一旅之师,划江而守,宗羲纠里中子弟数百人从之,号"世忠营"。请以布衣参军事,不许,授职方郎,寻改御史。作"监国鲁元年大统历",颁之浙东(时年三十六)。江上军溃,宗羲走入四明山,结山寨自固。山民畏祸,突焚其寨。宗羲归而迹捕之檄累下,奉母避居化安山中(时年三十七)。顺治六年(时年四十),闻鲁王在海上,乃赴之。时熊汝霖等已死,宗羲失兵无援,与吴钟峦坐舟中讲学,暇则注授时、泰西、回回三历而已。时清廷下诏:凡前明遗孽不顺命者,录其家口以闻。宗羲恐母罹罪,陈情鲁王,变姓名归。自是东迁西徙,无宁居,而浙中当事,得名籍与海上相涉者,即行搜捕;宗羲窜匿草莽,屡濒于危。其后海上倾覆,宗羲无复望,乃奉母返故里,毕力于著述,而宗羲已年四十七矣。此后四方请业之士渐至。康熙六年(时宗羲年五十八),讲学于证人书院,以申刘宗周之说。次年之鄞,与诸子大会于广济桥,又会于延庆寺,亦以"证人"名之。康熙十七年(时宗羲年六十九),诏征博学鸿儒,叶方蔼欲荐宗羲,宗羲辞。十九年(时宗羲年七十一),徐元文监修《明史》,荐宗羲,复以母老已病辞。乃诏取所著书关史事者,宣付史馆。宗羲虽老病,史局大案必咨之。宗羲享年甚永,故其成就亦巨,然中年以前,叠遭患难;三十五岁至四十七岁之间,奔走国难,尤无余暇,虽未尝辍学,而造诣不深。盖其成就,皆在四十七岁以后云。所著有《易学象数论》、《明儒学案》、《明夷待访录》、《律吕新义》、《南雷文定》等书,约数十种。

(二) 宗羲对于明代理学之态度

宗羲早年师事刘宗周,宗周为明季理学大师,故宗羲间亦颇言性理。惟以修德为心学之本,以慎独为入德之要,意在实践,不喜空疏。与晚明学风,已大不类。且本宗周"意为心之所存"之说,论阳明四句教(无善无恶心之体,有善有恶意之动,知善知恶是良知,为善去恶是格物)之非(见《南雷文案·答董吴仲论学书》)。又其《孟子师说》中于《滕文公为世子章》力辟沈作喆语,辨"无善无恶"之非;于《居下位章》力辟王畿语,辨"性亦空寂,随物善恶"之说。对于阳明虽始终不加攻击,然于其末流之弊,则亦显言不讳,盖阳明之诤子也。且阳明不尚读书,而宗羲尊闻好博,对明人之空疏,深致不满,尝谓:"明人讲学袭《语录》之糟粕,不以六经为根柢,束书而从事游谈。"(钱宝甫《黄宗羲传》引)又其论当时理学之流风曰:"奈何今之言心学者,则无事乎读书穷理;言理学者,其所读之书,不过经生之章句;其所穷之理,不过字义之从违! 薄文苑为词章,惜儒林于皓首;封己守残,摘索不出一卷之内。……犹且说同道异,自附于所谓道学者,岂非逃之者之愈巧乎?"(《南雷文定·留别海昌同学序》)此种论调,最能传理学极弊,与学者堕落之气象,《南雷集》中,所在多有。然则宗羲在清代学术,虽非经学正宗,而其攻击空疏,提倡读书之论,于晚明风气之转捩,实亦大有力焉。

(三) 宗羲之史学

宗羲教人多读书,然则读书之程序当如何?其言曰:“学者必先穷经,然拘执经术,不适于用,欲免迂儒,必兼读史。”(《清史·黄宗羲传》)盖宗羲史学家也,故其言史之重要若此。宗羲生平之成就,重在史学,其《明儒学案》、《宋元学案》,记学术之沿革,为中国有学术史之始(宗羲又欲辑《宋史》未就,存《丛目补遗》二卷;又辑《明史案》二百四十四卷:皆鸿业也)。清初设馆纂修《明史》,宗羲虽不参修,然史局大案,则必咨询。且《明史稿》出于万斯同,斯同之学,出于宗羲,故清代之史学大家,宗羲其第一人也。宗羲关于史学之著作颇多,即其生平为文,亦饶有史学兴趣;故《南雷集》中,传、状、碑、志之文居多,明季遗民,皆资考见焉。其言曰:“余多叙事之文,尝读姚牧菴、元明善集,宋元之兴废,有史书所未详者,于此可考见。然牧菴、明善皆在廊庙,所载多战功;余草野穷民,不得名公巨卿以述之,所载多亡国之大夫,地位不同耳,其有裨于史事之缺文一也。”(《南雷文定·凡例》)此盖纯然史学家之眼光也。不独为文如此,其选文也,亦以史学眼光定去取,而不津津主于修辞。于自来选文之书,如《昭明文选》等之专主修辞,颇不满意;其言曰:“前代古文之选,《昭明文选》、《唐文粹》、《宋文鉴》、《元文类》为最著;《文选》主于修辞,一知半解文章家之有偏霸者也。《文粹》掇菁撷华,亦《选》之鼓吹;……”(《明文案·序上》)故其选《明文海》也,搜罗二千余家,典章人物,一代渊薮,与《明史》可相参证;盖本诸史学见地也。《明史》与前代体例不同之显明者,即不立《道学传》,其最初有力之建议人,即宗羲也;其言曰:

> 夫十七史以来,止有《儒林》;以邹鲁之盛,司马迁但言《孔子世家》、《孔子弟子列传》、《孟子列传》而已,未尝加以“道学”之名也。《儒林》亦为传经而设,以处夫不及为弟子者,犹之传孔子之弟子也。历代因之,亦是此意。周程诸子,道德以视孔子,则犹然在弟子之列,

> 入之《儒林》,正为允正,今无故而出之为道学,在周程未必加重,而于"大一统"之义乖矣。统天、地、人曰儒,以鲁国而止一人,儒之名目,原自不轻。儒者,成德之名,犹之曰贤,曰圣也。道学以道为学,未成乎名也。犹之曰"志于道",志道可以为名乎?欲重而反轻,称名而背义,此元人之陋也。且其立此一门,止为周、程、张、朱而设,以门人附之。程氏门人,朱子最取吕与叔,以为高于诸公;朱氏门人,以蔡西山为第一:皆不与焉。其错乱乖谬无所折中可知。圣朝秉笔诸公,不自居三代以上人物,而师法元人之陋可乎?某窃谓"道学"一门,所当去也,一切总归《儒林》,则学术之异同皆可无论,以待后之学者择而取之。(《南雷文定·移史馆请不宜立理学传书》)

综合宗羲之论点有二:一史迁以降,只有《儒林》而无《道学》;二道学以道为学,不能成名。以吾人今日眼光论之,周、程、朱之学,本与孔孟不同,自不能以史迁之例,以律《宋史》;治周、程、朱之宇宙观,多导源于道家,则道学一名,在后世适足以表现宋学之精神。且在当世,道学已成流行之名词,《元史》别为立传,虽系立异,然实非过举也。明代学术与宋代又甚不同,《明史》之宜立《道学》与否,乃属别一问题,姑不置论,惟宗羲直不承认道学,未免过信大一统之义矣。虽然,当道学成为时尚之时,直不承认其名,实与"自附所谓道学者"以莫大之打击,与顾炎武"古今安得别有所谓理学者"之言,颇具同一价值焉。

(四) 宗羲致用之思想与象数之学

清初大儒,多讲致用,盖当鼎革之交,学者抱遗民之痛,时怀恢复之心;又以明季丧乱,由于政事不讲,于是考究致用之术,欲以为一旦之用也。宗羲史学家也,故言之尤辩,其《明夷待访录》一书,论兵,论财,论取士,论田制,皆有特识,而《原君》、《原法》二篇,尤具卓见。其《原君》篇曰:

> 有生之初,人各自私也,人各自利也;天下有公利而莫或兴之,有

公害而莫或除之;有君人者出,不以一己之利为利,而使天下受其利;不以一己之害为害,而使天下释其害。……后之为人君者不然,以为天下利害之权,皆出于我。以天下之利,尽归于己,以天下之害,尽归于人亦无不可。使天下之人不敢自私,不敢自利;以我之大私为天下之公……视天下为莫大之产业,传之子孙,受享无穷……此无他,古者以天下为主,君为客,凡君之所毕世经营者,为天下也;今也,以君为主,天下为客,凡天下之无地而得安宁者,为君也。……而小儒规规焉,以为君臣之义,无所逃于天地之间,至桀纣之暴,犹谓汤武不当诛之,而妄传伯夷、叔齐无稽之事,乃兆人万姓崩溃之血肉,曾不异夫腐鼠,岂天地之大,于兆民万姓之中,独私其一人一姓乎?

其《原法》篇曰:

后之人主,既得天下,唯恐其祚命之不长也,子孙之不能保有也,思患于未然以为之法。然则其所谓法者,一家之法,非天下之法也。……夫非法之法,前王不胜其利欲之私以创之,后王或不胜其利欲之私以坏之,坏之者固足以害天下,其创之者亦未始非害天下也。……即论者谓"有治人无治法",吾以为"有治法而后有治人"。

此种议论,在今日国家思想与法治观念明晓之时,已为人人所共知,然当二百余年以前,则不得不推为杰出之思想。且在清初嫉视汉族之时,于专制淫威之下,为此革命之论,非天下之大勇,焉敢出此?宗羲诚不愧为豪杰之士矣!宗羲又精于象数之学,于自来象数之说,皆能洞晓其始末,而得其瑕疵之所在;著《易学象数论》专考象数之说,力辨方士道家之窜乱傅会,而于朱熹之提倡图书,尤致不满之意。其言曰:

夫《易》者,范围天地之书也,广大无所不备,故九流百家之学,俱可窜入焉。自九流百家借之以行其说,则于《易》之本义反晦矣。《汉书·儒林传》孔子六传至菑川田何,《易》道大兴,吾不知田何之说何如也。降而焦、京，世应、飞伏、动爻、互体、五行、纳甲之变，无不具者；一时《易》说入于淫瞽方技之流，可不悲乎？有魏王辅嗣出而注《易》，得意忘象，得象忘言，日时岁月，五气相推，悉皆摈落，多所不关，庶几潦水尽，而寒潭清矣。顾论者谓其以老庄解易；试读其注，简当而无浮义，何曾笼落元旨？故能远历于唐，发为《正义》，其廓清之功不可泯也。然而魏伯阳之《参同契》，陈希夷之《图》、《书》，远有端绪，世之好奇者，卑王注之淡薄，未尝不以别传私之。逮伊川作《易传》，收其昆仑旁薄者，散之于六十四卦中，理到语精，《易》道于是大定矣。其时，康节上接种放、穆修、李之才之传，而创为《河》、《图》，先天之说，是亦不过一家之学耳。晦菴作《本义》，加之于开卷，读《易》者从之。后世颁之学官，初犹兼《易传》并行，久而止行《本义》，于是经生学士信以为羲、文、周、孔其道不同。所谓象数者，又语焉不详，将夫子之韦编三绝，若直等之卖酱箍桶之徒，而《易》学之榛芜，仍如焦京之时矣。自科举之学一定，世不敢复议，稍有出入其说者，即以穿凿诬之。夫所谓穿凿者，必其与圣经不合者也，摘发传注之讹，复还经文之旧，不可谓之穿凿也。《河图》、《洛书》，欧阳子言其怪妄之尤甚者，且与汉儒异趣，不特不见于经，亦不见于传。先天之方位，明与"出震齐巽"之文相背，而晦翁反致疑于经文之卦位生十六生三十二，卦不成卦，爻不成爻，一切非经文所有，顾可谓之不穿凿乎？晦翁云："谈《易》者，譬之烛笼，添得一条骨子，则障了一路光明；若能尽去其障，使之统体光明，岂不更好！"斯言是也，奈何添入康节之学，使之统体皆障乎？世儒过视象数以为绝学，故为所欺。余一一疏通之，知其于《易》，本了无干涉，而后反求之程《传》，或亦廓清之一端也。(《易学象数论·序》)

凡此所论，皆足与胡渭之说相发明，《易图明辨》尝备引之。故宗羲在清初亦富于怀疑学者之一也。宗羲又究心天算之学，著有《大统法辨》等八种。全祖望谓："梅文鼎本《周髀》言天文，世惊为不传之秘，而不知宗羲实开之。"(《梨洲先生神道碑》)其他如《律吕新义》开乐律研究之端绪,《授书随笔》,答阎若璩《尚书古文》之问,其学问之闳大,在清初鲜有几及者,而其精神之卓荦,尤为足称云。

(五) 万斯同

宗羲门人最著者,曰万斯同,清初之史学大家也。斯同字季野,学者称石园先生,浙江鄞县人,明户部郎泰第八子也。明季鼎革之交,父泰砥砺名节,避仇匿影,以故家道中落,无暇计及课子,是以斯同年逾十岁,尚未入塾;然斯同资性颖悟,居常问字于诸兄,熟经于默识,斐然潜有文笔矣。少不驯,父欲寄之僧舍,已而以其顽,闭之空室中。斯同窃视架上有明史料数十册,读之甚喜,数日而毕。又见有经学诸传,皆尽之。既出,因时时从诸兄后,听其议论。一日伯兄斯年家课,斯同欲与焉,伯兄笑曰:"汝何知?"斯同曰:"观诸兄所造,亦易与耳!"伯兄骤闻而虢之,曰:"然则吾将试汝。"因杂出经义目试之,汗漫千言,俄顷而就。伯兄大惊,持之而泣以告其父,曰:"几失吾弟!"父亦愕然曰:"几失吾子!"是日始为斯同新衣履,送入塾读书(此事见全祖望《鲒埼亭集·万贞文先生传》)。逾年,随兄斯大请业于黄宗羲,称高足焉。康熙十七年,被荐博学鸿儒,力辞得免。明年,修《明史》,徐元文为总裁,欲荐斯同入史局,斯同复辞;请以布衣参史局,不署衔,不受俸。乃延至其家,以刊修委之。诸纂修官以稿至,皆送斯同复审,斯同阅毕,谓侍者曰:"取某书某卷某页某事当参校!"侍者如言而至,无爽者。元文罢,继之者张玉书、陈廷敬、王鸿绪皆延之。乾隆初,刊定《明史》,乃依据王鸿绪稿本而增损之,鸿绪稿本,实出诸斯同手者也。在京师十余年,士大夫就问无虚日。尝主讲会,每月两三会,于前史体例,贯穿精熟,指陈得失,皆中肯綮。斯同生平无他嗜好,侵晨达夜惟有读书之一事。博闻强记,于明十五朝之《实录》,几能成诵。其外邸报、野史、家乘,无不遍览熟悉。随举一人一事问之,即能详述其曲折终始;而于两汉以降数千年之制度沿革,人物出处,洞然靡不详悉:其对于史学兴趣之浓如此。尝论官家设局分修史书之失曰:

昔迁、固才既杰出,又承父学,故事信而言文。其后专家之书,才虽不逮，犹未如官修者之杂乱也。譬如入人之室，始而周其堂寝匽湢；继而知其畜产礼俗；久之，其男女、少长、性质、刚柔、轻重、贤愚，无不习察；然后可制其家之事。若官修之史，仓卒而成于众人，不暇择其材之宜，与事之习，是犹招市人而与谋室中之事也。吾所以辞史局而就馆总裁所者；唯恐众人分操割裂，使一代治乱贤奸之迹，暗昧而不明耳。（钱大昕《潜研堂集·万季野先生传》）

我国官家分修史书之弊，实如斯同所云"犹招市人而与谋室中之事"。是以列朝正史，率袭前史之体例，为形式之组织，殊鲜独到之创造，且割裂杂乱，无精审之系统也。斯同以明代遗民，关怀祖国，出而身任覆校之责，欲以任故国之史报故国。善乎郑山公之言曰："天生季野，关系明朝一代之人也。"斯同又尝自抒其修史之意见曰：

史之难言久矣，非事信而言文，其传不显。李翱、曾巩所讥魏晋以后，贤奸事迹暗昧而不明，由无迁、固之文是也。而在今则事之信尤难，盖俗之偷久矣，好恶因心，而毁誉随之。一家之事，言者三人，则其传各异矣；况数百年之久乎？言语可曲附而成，事迹可凿空而构，其传而播之者，未必皆直道之行也；其闻而书之者，未必有裁别之识也；非论其世、知其人，则吾以为信，而人受其枉者多矣。吾少馆于某氏，其家有历朝《实录》，吾读而详识之。长游四方，就故家长老求遗书，考问往事，旁及郡志邑乘杂家志传之文，靡不网罗参伍，而要以《实录》为指归。盖《实录》直载其事与言，而无所增饰者也。因其世以考其事，核其言而平心察之，则其人之本末，十得八九矣。然言之所发，或有所由，事之端，或其所起，而其流或有所激，则非他书不能具也。凡《实录》之难详者，吾以它书证之，它书之诬且滥者，吾以所得于《实录》者裁之；虽不敢谓具可信，而是非之枉于人者鲜矣。（钱大昕《万季野先生传》）

斯同知信史之难，故取材构造，力求精审，其所取史料，以《实录》为主;其所取方法,在论世知人;而以旁证与《实录》参伍互证。所论颇多史学之重要见解,吾人所应注意者也。又《史记》、《汉书》皆有表,而《后汉书》、《三国志》以下无之。刘知几谓"得之不为益,失之不为损"。斯同则深不谓然,尝曰:"史之有表,所以通纪传之穷,有其人已入纪传而表之者,有未入纪传而牵连以表之者,表立而后纪传之文可省,故表不可废。读史而不读表,非深于史者也。"(同上)史表不惟可补史之缺文,且醒眉目,备查考,可省读书无限之精力,故近世史家特别重表。"读史而不读表,非深于史者也",诚为至论。斯同著《历代史表》(六十卷)稽考列朝掌故,端绪厘然,有功史学。又创《宦者侯表》、《大事年表》二例,为列史所无,亦其重要之贡献也。所著更有《纪元汇考》(四卷)、《河源考》(二卷)、《儒林宗派》、《历代宰辅汇考》、《石园诗文集》等书。斯同之兄斯大,字充宗,亦受业于黄宗羲,深于经学,而尤精《春秋》、三《礼》,宗羲每盛称之,尝举其治经方法而为之诠释曰:

> 充宗生逢丧乱,不为科举之学,湛思诸经,以为"非通诸经,不能通一经;非悟传注之失,则不能通经;非以经释经,则亦无由悟传注之失"。何谓通诸经以通一经?经文错互,有此略而彼详者,有此同而彼异者;因详以求其略,因异以求其同;学者所当致思者也。何谓悟传注之失?学者入传注之重围,其于经也,无庸致思,经既不思,则传注无失矣,若之何而悟之?何谓以经解经?世之信传注者,过于信经,试拈二节为例:八卦之方位,载于经矣,以康节离南坎北之臆说,反有致疑于经者;平王之孙,齐侯之子,证诸《春秋》,一在鲁庄公元年,一在十一年,皆书"王姬归于齐",周庄王为平王之孙,则王姬当是其姊妹,非襄公则威公也。毛公以为武王女,文王孙;所谓平王为平正之王,齐侯为齐一之侯,非附会乎?……(《南雷文定·万充宗墓志铭》)

乾嘉诸大经师之治经方法,号称精密,然其纲领大旨,亦不过如此。斯大在清初有此种见解,洵不愧具有高识之学者矣。所著有《学礼质疑》、《周官辨非》、《仪礼商》、《礼记偶笺》等书。

(六) 马骕及吴任臣

清初史家,更有马骕者,字骢御,一字宛斯,山东邹平人。少孤,颖敏强记,博涉经史,而尤癖《左氏春秋》。顺治己亥进士,谒选京师,举为顺天乡试同考官,除淮安府推官,寻改灵璧知县,有善政;卒于官,士民念之,奉祀名官祠。骕邃于史学,撰《绎史》一百六十卷,分五部:一曰太古,二曰三代,三曰春秋,四曰战国,五曰外录。外录又别为十目:一天官,二律吕通考,三月令,四洪范五行传,五地理,六诗谱,七食货志,八考工记,九名物训诂,十古今人表。纂录开辟以至秦末之事,博引古籍,疏通辨证;搜罗之富,世所罕有。李清尝为之序云:"秦焚楚火,言湮事轶之后,而能从百世以下,摘抉搜猕,使芒芒坠者,灿然复著于斯世,与未烧无异,乃见马侯(指骕)之有造于斯文不细耳。"骕亦尝自述曰:"纪事则详其颠末,纪人则备其始终;十有二代之间,君臣之迹,理乱之由,名法儒墨之殊途,纵横分合之异势,了然具焉。除列在学官四子书不录,经传子史,文献攸存者,靡不毕载。传疑而文极高古者,亦复弗遗;真赝错杂者,取其强半;附托全伪者,仅存要略而已。汉魏以还,称述古事,兼为采缀,以观异同。若乃全书阙轶,其名仅见,纬谶诸号,尤为繁多,则取诸笺注之言,类萃之帙,虽非全璧,聊窥一斑。又百家所记,或事同文异,或文同人异,互见叠出,不敢偏废,所谓疑则传疑,广见闻也。"(《绎史·征言》)由此可见其取材之鸿博矣。故居今日而研究古史,是书诚为较良之参考,虽疏漏牴牾,时亦不免,以视罗泌《路史》、胡宏《皇王大纪》,则为优矣。骕更著有《十三代纬书》及《左传事纬》,亦史书也。清初更有吴任臣者,字志伊,仁和人。志行端悫,博闻强识,兼精天官乐律。康熙十七年召试博学鸿儒,授检讨,承修《明史·历志》。尝以欧阳修《新五代史》惟主书法,不核事实,于《十国世家》脱漏尤甚;乃撰《十国春秋》一百十四卷以补其缺,并自为之注,纠正讹谬,颇多辨证,而搜讨尤博。顾炎武亦有"博闻强记,群书之府,吾不如吴任臣"之语,足见其学之博云。所著更有《山海经广注》、《托园诗文集》诸书。

一百三十三 清初之天算学家

(一) 梅文鼎

天文算法之学,盛行清代,其成就宏阔,卓然大家者,则梅文鼎其第一人也。文鼎字定九,又字勿庵,安徽宣城人。年二十七,与弟文鼐共习台官交食法,著《历学骈枝》二卷,自此遂有决心学历之志。值历书之难读者,必欲求得其说;有能是者,虽在远道,不惮跋涉往从。人有就问者,亦详告之无隐,以期共明斯学,纯然学者也。康熙间,《明史》开局,《天文志》为吴任臣所修,嘉兴徐善、宛平刘献廷、常州杨文言各有增定,最后以属黄宗羲,又以属文鼎,文鼎择其讹舛五十余处而论正之。康熙二十八年,文鼎至京师,一时学者,若方苞、土源、万斯同诸人,皆推重之;而李光地尤叹其学之精绝,因以其名上闻。清圣祖夙好天算,召见论学,颇蒙嘉奖,自此文鼎之名渐著。文鼎之学,由授时以溯三统,四分,博考诸家之术,而参证以新法,覃思切究,洞悉源流;凡所论著,皆足以通中西之旨而折今古之中,元郭守敬以来,罕有伦比。文鼎自述其用功之勤与其希望之辞曰:"吾为此学,皆历最艰苦之后,而后得简易。有从吾游者,坐进此道,而吾一生勤苦皆为若用矣。吾惟求此理大显,使古人绝学不致无传,则死且无憾,不必身擅其名也。"(杭世骏《道古堂集·梅定九征君传》)此又纯然学者求知之态度也。文鼎深通中算,而对于西学亦能平心观其会通,而不稍涉偏见。杭世骏谓:"万历中,利氏(利玛窦)入中国,始倡几何之学,以点、线、面、体为测量之资,制图作器,颇为精密。……学者张皇过甚,无暇深考乎中算之源流,辄以世传浅术,谓古《九章》尽此,于是薄古法为不足观;而或者株守旧闻,遽斥西人为异学,两家之说遂成隔碍。文鼎集其书而为之说,用筹用笔用尺,稍稍变从我法,若三角比例等原非中法可该,特为表出。古法方程,亦非西法所有,则专著论以明古人精意。"(《梅定九征君传》)文鼎亦谓:"且夫治理者以理为归,治数者以数为断,数与理协,中西匪殊;是故礼可求诸野,官可问诸郯,必以其西也而摈之,取善之道,不如是隘也。"(《梅氏丛书辑要·笔算自叙》)又曰:"历以敬授人时,何论中西?吾取其合天者从之而已。"(《梅定九征君传》)文鼎以此精神治学,故能淹贯中西,不惟为我国科学史增光,即于东西文化之接触,亦与有力焉。文鼎著述有八十余种之多(详目见杭世骏《梅定九征君传》中),今所传者,以《梅氏丛书辑要》编次较为完整,盖以曾经其孙瑴成之编校也。书凡六十二卷(末二卷系瑴成附录己说),共收三十五种。

《四库全书》中尚有《大统书志》(十七卷。康熙丙午,开局纂修《明史》,史官以文鼎精于算数,就询明历得失之源流;文鼎因即大统旧法,详为推衍注释,辑此为编)、《勿庵历算书记》(一卷,此书乃合其已刊未刊之书,各疏其论撰之意,凡推步测验之书六十二种,算术之书二十六种,虽亦目录解题之类,而诸家之源流得失,一一标其指要,使本末厘然,实数家之总汇也)二书,其余则多散佚矣。文鼎弟文鼐(字仲宣,与文鼎共著《步五星式》六卷,早卒)、文鼏(字尔表,著《中西经星同异考》一卷),孙瑴成(清圣祖嘉文鼎之学,因命瑴成在内廷学习。著有《赤水遗珍》、《操缦卮言》附《梅氏丛书辑要》后),皆精于历算之学。弟子最著者,曰:刘湘煃(字允恭,有《五星法象编》等书,惜皆散亡)、蔡璿(字玑先,江宁人)。李光地自交文鼎后,亦颇究心历算,命弟光坡、鼎征,子钟伦皆从文鼎问学,成李氏一家之学焉。

(二) 王锡阐与薛凤祚

清初历算学者,名亚于梅文鼎,而成就卓著者,曰王锡阐、薛凤祚。王、薛齐名,当时有"南王北薛"之称,实则锡阐远胜凤祚也。王锡阐字寅旭,号晓庵(又字昭冥,号余不,又号天同一生),江苏吴江人。少友张履祥,讲学以濂洛为宗,壮乃耽心历算之学。明季徐光启等修新法,聚讼盈庭,锡阐独闭户著书,潜心测算,务求精符天象,不屑屑于门户之争。钮琇《觚剩》称其"精究推步,兼通中西之学,遇天色晴霁,辄登屋卧鸱吻间,仰察星象,竟夕不寐"。盖富于实验精神之科学家也。锡阐著书今所传者曰《晓庵新法》(共六卷,前一卷述勾股割圜诸法,后五卷皆推步七政交食凌犯之术),虽博赡宏大不及文鼎,然其精审之处,要为清初其余各家所不及也。梅文鼎尝评之曰:“从来言交食者,只有食甚分数,未及数边,惟王寅旭则以日月圆体,分为三百六十度,而论其食甚时所亏之边凡几何度,今为推演其法,颇为精确。”(《勿庵历算书记》)又序其《圆解》曰:“能深入西法之堂奥而观其缺漏……以视徒守古率,辄攻西说者,大有径庭。”又曰:“近代历学以吴江(锡阐)为最,识解在青州(指薛凤祚)以上。”(杭世骏《道古堂集·梅定九征君传》)其推挹虽甚至,然亦非过誉也。薛凤祚者字仪甫,山东淄川人,初从魏文魁学天文,主持旧法。后见穆尼阁,始改从西学,译穆著《天步真原》一卷(专推日月交食),又本之作《天学会通》。以西法六十分通为百分,从授时之法,仍以对数立算。梅文鼎以“不如直用乘除为正法”,又谓其书“详于法而无快论”,颇多不满之辞。故王、薛比较,则薛远不如王;然其发明处亦颇不少,且在清初辗转译书,亦艰苦向学之士也。凤祚早年师事孙奇逢、鹿善继,著有《理学心传》,又有《两河清汇》等书。

(三) 揭暄与其他之历算学者

当时与薛、王并称者,尚有揭暄。暄字子宣,广昌人。深明西术,而又别有悟入。谓:“七政之小轮,皆出自然,亦如盘水之运旋,而周遭以行,急而生漩涡,遂成留逆。”梅文鼎谓:“近代知中西历法而自有特解者三家:南则王寅旭、揭子宣,北则薛仪甫,当特为之表章。”(杭世骏《梅定九征君传》)文鼎重视之如此,亦可见其学识矣。所著有《写天新语》等书。揭暄同时有方中通,字位伯,桐城人,著《数度衍》二十五卷,于《九章》之外,搜罗甚富。揭暄著《写天新语》,中通与相质难,著《揭方问答》,并多西书之所未发。更有陈厚耀者,字泗源,泰州人。亦精历算之学。以李光地之荐,供奉内廷,与梅瑴成共学。著有《春秋长历》十卷(其凡有四:一曰“历证”,二曰“古历”,三曰“历编”,四曰“历存”,收入《皇清经解》),深有裨于《春秋》历法考证之书也。此外更有孔兴泰(字林宗,睢州人,著《大测精义》)、袁士龙(字为之,钱塘人)、杜知耕(字端甫,柘城人,著《几何论约》与《数学钥图注》)、毛乾乾(字心易,江西南康人,文鼎尝造门问学,著《测天偶述》、《推算偶述》等)、谢廷逸(字野臣,中州人,一云上元人,毛乾乾婿)、张雍(字简庵,秀水人,著《宣城游学记》)、汤濩(字圣宏,六合人)等人,亦究心历学者也。魏文魁者字玉山,崇祯中上言历官所推交食气皆非是,命入京,测验。是时言历者四家,大统、回回外,别立西洋为西局,文魁为东局,见《明史》,盖明季之知历者也。

第三十三章　清初之理学

一百三十四　总　说

（一）清初理学之派别

清初之学术，几无一不为明学之反动；故其时之理学家，亦大抵力排明季学风者也。而其时承姚江余绪，为之收拾残局者，尚有孙奇逢、李颙及姚江书院一派，如沈国模、史孝咸、管宗圣、王朝式、韩孔当、邵曾可、邵廷采等。奇逢重实用，李颙重践履，教人切己反躬，注意日课，其学与明人已大不同，不过对于阳明不张反对之帜耳。若奇逢门人汤斌、耿介、张沐等，则于程朱且日趋接近矣。姚江书院之学者，如沈史等，颇以绍述姚江自命，惟局量既小，识见亦浅，当时学者且多病其近禅，故其学不昌。其间志趣稍为发皇者，惟邵廷采一人，而其精神颇近刘宗周，与沈史等又不同矣。此清初王学之大势也。此外学者，除王夫之与颜元二派外，则多自托于程朱之徒者也。夫之亦尊程朱，惟于张载则特别推崇，谓其"上承孔孟之志，下救来兹之失"焉。夫之好治经术，其学博大精深，足与顾（炎武）、黄（宗羲）并驾，卓然大家也。同时好谈理学，兼治经术者，更有张尔岐。其学以程朱为宗，顾炎武称其精于三《礼》，惟规模则不逮夫之远甚，然亦足征清初之谈理学者，已日趋于笃实矣。此外以恪遵程朱名者，则有张履祥、陆世仪、陆陇其、李光地诸人。履祥尝从刘宗周问学，其后始宗程朱，深重践履；世仪之学，以格、致、正、诚、修、齐、治、平为程序，以居敬穷理，省察克治为工夫；而致用之思想亦盛。陇其攻击王学不遗余力，卫道之精神极炽，清代言程朱之学者宗焉。光地论学以志、敬、知、行为序，又好治经术，而于历数亦精；惟言汉学者不之宗耳。至其时置身显宦而兼以理学名者，汤斌、光地外，更有魏象枢、魏裔介、熊赐履、张伯行诸人。魏等皆深于“道统”观念，而以程朱为宗，居权要之地位而提倡之，程朱学之复盛于清初，虽由于明学之反动，魏等实亦与有力焉。其时更有谢文洊、应㧑谦、刘原渌、朱用纯等，虽立说与程朱不尽吻合，然大旨亦宗程朱者也。此外以程朱自命者，尚有李生光、范镐鼎、汪佑、劳史、李来章、张鹏翼、朱泽云等，亦皆笃于躬行者也。清初承高（攀龙）、顾（宪成）之绪，讲学东林者，有高世泰、高愈、张夏、吴慎、施璜、顾枢、彭珑等，其立言大旨，亦与程朱为近。祁州刁包尝与高世泰往复论学，当时有南梁北祁之称，所学亦与此派为近。总之，清初学者，力挽明季之学风以返于宋，其尊程朱者十之八九，不尊程朱者，十之一二而已。惟时有颜元者，对于宋明皆加攻击，而于程朱尤甚，谓其“集汉、晋、释、老之大成”，而非周孔之正传也。盖举凡汉儒之训诂，晋人之空谈，释老之虚无，与夫一切幻想冥思，徒耗精神，无关实际者，皆在其摒绝之列。生平以六艺教人，谓学问不当求冥想，尤不当求诸书册，惟当于日常行事中求之。且凡所立言，皆慨然有救世之志，与墨家之苦行精神，颇相似；在清初诚不愧为特出之学者，在中国亦第一流之思想家也。元弟子最著者，曰李塨、王源，而塨尤能光大其学，故世以“颜李”并称焉。王源早年以文学著名，后始师元。其友人有刘献廷者，注重致用，思想亦与颜李为较近，故并述之（颜李一派，不特非理学，其反理学之态度，且甚显。本章所谓理学，乃广义之理学，故亦并述之于此）。

（二）清初理学家之特点

清初理学家，皆力反明风，故其特点，因有三种：

一、王学之攻击　清初理学家除少数学者外，几无一不攻击王学，其间著名之学者，即以攻击见长者也。惟经学家之攻击明人，多以其空疏；理学家虽间以空疏为词，然其见地仍本性理，阳明“无善无恶”之说，即其攻击之焦点也。是以清初理学家之所事，完全为破坏之功夫，而其所讨论研究者，皆不过就前人之说，为之推阐证明而已，绝无发明也；此亦清代理学日就衰亡之象也。然此亦只就一般现象言之耳，至若王夫之、颜元等，亦未始无超越前人之思想,学者分别观之可也。

二、实践之注重　清初不论何派,未有不注重实践者,其著书立说,训诫门人,皆言之谆谆焉。孙奇逢劝人注意日用伦常,李颙以反躬切己立教,即世称近禅之沈史等,亦无一不志行端悫之士;姚江残绪,尚复如此,他可知矣。故清初实践之注重,已成风范,颜元之宗旨,即以实践为主,身体力行者也。其所异于他人者,不以"说话著书"提倡实践为了事,而必确切见诸实事耳。

三、卫道之精神　清初攻击王学者,多以卫道自命,而以程朱为正统者也。理学名臣如魏裔介、熊赐履、张伯行等,此种观念尤炽。故其于程朱一派之推行,有莫大之关系。且张伯行刊行程朱一派之书,多至数十种,尤间接与程朱以提倡之工具。故清代理学虽云衰歇,而程朱一派之潜势力,实未尝一日衰也。夫村塾蒙师,几无一不知有程朱章句集注者矣,而于经学最盛时代之经师及其著书,则除中流以上人物外,盖罕有知之者,此虽清代经学本身之有缺点,而亦自命卫道者提倡之结果也。此亦吾人所不可不注意者也。

综上三点,则可知清初理学家之态度,已渐由明季而返于宋;而经学家则更由宋以返于汉唐者也。康熙之时,提倡理学,表章程朱,一时言心言性者,无不可借此以致显仕;而高蹈者流,乃复鄙夷不屑述之;故当时理学家殊尠特出之人才。至如船山、习斋之流,则又不可以纯粹理学家观之,盖当别论矣。

一百三十五　清初姚江之宗派

(一) 孙奇逢

孙奇逢字启泰,号钟元,直隶容城人,晚年讲学苏门山之夏峰,学者称夏峰先生。少与定兴鹿善继友,以圣贤相期勉。家贫,尝与善继讲学,自晨至日昃,始得豆面作羹,怡然无不足之色。明熹宗天启五年,魏忠贤当国,左光斗、魏大中、周顺昌以党祸被逮,诬赃巨万,奇逢故与三人友善,乃与鹿正(善继之父)、张果中为之募金营救,缴纳未竟,而三君先后死狱中。乃经纪其丧，归葬故里，时人咸叹其义勇。有范阳三烈士之目。崇祯十五年，以畿内盗贼猖獗，容城危困，乃携家入易州五公山，门生故旧依之者，数百家。奇逢定条约，修武备，暇则讲学，远近慕德。顺治三年，移居新安县，七年又移辉县之苏门山，率子弟躬耕，四方负笈而来者日众。居夏峰二十有五年，屡征不起，天下识与不识，皆曰孙征君。康熙十四年卒，年九十二。奇逢之学，原本象山、阳明，而所言亦期不背程朱，故人或目之为朱陆之调和派，其学大旨"以慎独为宗，以体认天理为要，以日用伦常为实际"（用汤斌《孙夏峰先生墓志铭》语）。尝谓："邹东廓云'除却自欺便无病，除却慎独便无学'，此语自道得尽千圣万贤，真切做功夫只有慎独，慎独者，慎其勿自欺者也。古来自欺者，莫过乡愿，故圣门痛斥之……欺愈工而斫吾真益甚，非独勘独证，戒慎提醒，终无自慊之路。"（《孙征君年谱》）又曰："论本体只是性善，论工夫只是慎独。"（《年谱》）又曰："学之下手须先求信。"（《夏峰集》卷二《语录》）其意盖谓：求学之功夫在慎独，慎独者之要义，即以不自欺始也。其论体认天理之言曰："识得天理二字，是千圣真脉，非语言文字可以承当。"（汤斌《孙夏峰先生墓志铭》）又曰："明道谓：'天理二字，是自己体贴出来。'是无时无处莫非天理之流行也。精一执中，是尧舜自己体贴出来；无可无不可，是孔子自己体贴出来；主静无欲，是周子自己体贴出来；良知是阳明自己体贴出来。能有此体贴，便是其创获，便是其闻道；恍惚疑似据不定，如何得闻？从来大贤大儒，各人有各人之体贴，是在深造自得之耳。"（《夏峰集》卷二）奇逢以自来学者之深造自得处，皆从体贴中得来，故生平极重体认天理之说，以此自修，且以教人，尝谓："随时随处，体认此心此理，人生只有这一件事，所谓'必有事'也。"亦可见其恳挚之精神矣。惟奇逢虽以体认天理为要，而谓无时无地，莫非天理之流行，学者不可骛心高远，但于日用伦常处注意足矣。其言曰："日用食息间，每举一念，行一事，接一言，不可有违天理，拂人情处，便是学问。"（《夏峰集》卷一）

又曰："学人用功，莫侈言千古，远谈当世，吃紧处只要不虚当下一日。自子而亥，时虽不多，然事物之应酬，念虑之起灭，亦至变矣，能实实省察，常常不放，则自朔而晦，自春而冬，自少而老，总此日之积也。"（《夏

峰集》卷一)

又曰:“道理只在眼前,眼前有相对之人,相对之物,相对之我,所谓:‘道也者,不可须臾离也。’能尽人性,尽物性,皆是眼前事,舍眼前而求诸远且难,不知道者也。”(《夏峰集》卷一)

此类之论,《夏峰集》中甚多,所著《周易大指》、《书经近指》、《四书近指》诸书,亦多发明此义。盖奇逢负任侠之奇节,且饱经丧乱,故所言务切实际,而不喜为空虚之论也。更著《理学宗传》八卷,书中首列周敦颐、程颢、程颐、张载、邵雍、朱熹、陆九渊、薛瑄、王守仁、罗洪先、顾宪成十一人,以为直接道统之传;次为《诸儒考》,末为《附录》,以收自汉以来之学者。是书亦学术史之性质,惟其编次纯本主观,过重道统,认为奇逢一家之学可矣。惟奇逢之为此书也,三易稿,“坐卧其中,出入与偕者,逾三十年”(《理学宗传·自叙》),其态度之慎重可知。汤斌《叙》云:“容城孙先生集《理学宗传》一书,其大意在明天人之归,严儒释之辨,盖《五经》、《四书》之后,吾儒传心之要典也。八十年中,躬行心得,悉见于此。”故观此一书,而奇逢之思想,亦略可窥见矣。

(二) 奇逢弟子

奇逢弟子,有魏一鳌(字莲陆,直隶新安人,从夏峰最久,著《北学编》及《雪亭梦语》)、高镐、耿极等,尤以汤斌、耿介为最著,张沐以汤斌之介,亦尝问学于奇逢,称弟子焉。与兹分述三人于次:

汤斌字孔伯,一字荆岘,河南睢州人。官至工部尚书,尝疏请修《明史》,将顺治二年以前,抗拒清朝,临危致命诸臣,皆据事直书,勿存忌讳。清圣祖颁之史馆,立为成命,明季诸义烈,不尽淹灭,斌有功焉。从学奇逢于苏门,凡十年,所著有《汤子遗书》。生平议论,大旨本诸师说,不尚门户,而以趋重实践为主。当时陆陇其力斥姚江,斌贻书论之曰:

窃尝汎滥诸家,妄有论说,其后学稍进,心稍细,甚悔之。反复审择,知程朱为儒之正宗,欲求孔孟之道,而不由程朱,犹航断港绝潢,而望至于海也,必不可得矣。故所学虽未能望程朱之门墙,而不敢有他途之归。若夫姚江之学,嘉隆以来,几遍天下,近年有一一巨公倡言排之,不遗余力;姚江之学遂衰,可谓有功于程朱矣。……仆之不敢诋斥姚江者,非笃信姚江之学也,非博长厚之誉也;以为欲明程朱之道者,当心程朱之心,学程朱之学,穷理必极其精,居敬必极其至;喜怒哀乐必中节,视听言动必求合理,子臣弟友必求尽分;久之人心感孚,声应自众,即笃信阳明者亦晓然知圣学之有真也,而翻然从之。……仆已衰暮,学不加进,实深自愧。惟愿默自体勘,求不愧先贤;或天假以年,果有所见,然后徐出数言,以就正海内君子未晚;此时正未敢漫然附和也。(《遗书·文集》)

其意盖谓学者只须注重己身力行,不可徒逞口辨,以攻击前人为能事也。又尝谓:“今诸儒之说已备,苟好学深思,人人可以闻道,患不力行耳。今虽横说竖说,何曾一语出古人范围!”(《语录》)其注重力行之精神,益显然矣。

耿介字介石,号逸庵,河南登封人。性骨鲠,笃于践履。顺治八年进士,由检讨出为福州巡海道。康熙元年,转江西湖东道,因裁缺改直隶大名道。丁母忧归,诣苏门,受业于孙奇逢,执弟子礼甚坚。笃志躬行,与汤斌、张沐常往复辩论,以明道为己责。更兴复嵩阳书院,讲学其中。二十五年,以汤斌之荐,授少詹事。会斌为执政所嫉,多方倾轧,介引疾乞休。寻给假归,复主书院。日孜孜以讲学为事,所著有《理学正宗》、《性理要旨》、《中州道学编》、《孝经易知》、《敬恕堂文集》等,皆行于世。其学注重实践,而以居敬为要。尝谓:“为学只要躬行;能躬行,天地间事皆可做,圣贤地位皆可到。不能躬行,一切都放下。”(《敬恕堂文集》卷三)又曰:“敬字功夫该贯完全,不论静时动时、有事无事,才一提撕此心,便炯炯在此,所以程子谓‘涵养须用敬’。历选古来圣贤,皆少此一字一得,学者其可知所以用力矣。”(同上)其论学宗旨,大率类此。奇逢与斌皆有会通朱陆之意,至介则渐侧重程朱矣。弟子最著者,曰窦克勤,字敏修,号静庵,河南柘城人,著《理学正宗》等书,亦著名学者也。

张沐字仲诚,号起庵,河南上蔡人。顺治十五年进士,授内黄知县,其治以躬行为本,敦教化,重农桑,与民休息。令家书“为善最乐”于门,朔望集诸生讲学明伦堂,勉以圣贤之道。居五年,坐事免。康熙十八年,以魏象枢之荐,授四川资县知县,治资如、内黄。一载告归,从孙奇逢游,与汤斌、耿介往复论学。初汤斌自奇逢道经内黄,与语大悦。寄书奇逢,谓其“任道甚勇,求道甚切”。及入京与人书,又云:“仲诚脚踏实地,其学以主敬为功,治《易》有心得,当代真儒也。”其推重如此。寻主游梁书院,晚年辟白龟圃以教学者,时人咸称上蔡夫子。所著有《溯流史学钞》、《图书秘典》、《一隅解》、《道一录》等书,于五经四书亦皆有疏略。生平教人略宗程朱之法,其示为学次第,曰立志,曰存义,曰穷理,曰力行,曰尽性,曰至命。所作《道一录》,融通程、朱、陆、王,则仍奇逢调和之意也。

(三) 李颙

李颙字中孚,别署“二曲土室病夫”,学者因称二曲先生,陕西盩厔人。父可从,字信吾,崇祯末,从军战死襄城。时颙年十六,家贫常不能举火。母彭氏,欲送之入塾,不能具束脩,塾师不纳。母恚甚,谓颙曰:“无师遂可以不学耶? 古人皆汝师也。”颙感泣。是时颙已粗解文字,乃发愤自修。贫不能得书,从人借观,无不涉览,已而母殁,往襄城求父骨,将以合葬;不得,昼夜哭,不绝声。襄城令张允中感其孝,为立信吾祠。常州知府骆钟麟(曾为盩厔令,师事颙)闻颙在襄城,乃于康熙九年迎颙至道南书院,主东林讲席。继又讲学于江阴、靖江、宜兴诸处,听者云集。既而念父祠未就,乃急北返,至襄城祭父,并招魂以归。康熙十二年,陕西总督鄂善以隐逸荐,以疾固辞,书凡八上。十七年,礼部又以鸿儒荐,大吏趣行益急。颙称疾笃,舁其床至省城,大吏又亲至榻怂恿,绝粒六日,至欲拔佩刀自刺。于是诸官属大骇,予假治疾,令归。颙叹曰:“生我名者,杀我身,是皆生平洗心未密,不能自晦之所致也。”自是居土室,反扃其户,不与人通,唯顾炎武至,则款之而已。清圣祖深慕其人,欲以一见为快,四十三年西巡,欲召见之,复以老病辞,不赴,仅遣其子慎言进所著书而已。康熙四十四年卒,年七十九。所著有《四书反身录》(六卷,《续补》一卷)、《二曲集》(二十二卷),皆行于世。颙早年感时势之丧乱,慨然有济世之怀,尝著《帝学宏纲》、《经筵僭拟》、《经世蠡测》、《时务急策》等书，以抒其治世思想，既而尽焚其稿，谢绝世故。（全祖望《二曲先生窆石文》云："先生四十以前，尝著《十三经纠缪》、《廿一史纠缪》诸书，以及象数之学无不有述。其学极博，既而以为近于口耳之学，无当于身心，不复示人。"）乃专究理学，以昌明关学为己任。其学源本姚江，所著《四书反身录》谓："大学格物之物，为身、心、意、知、家、国、天下之物，即'物有本末'之物。"又谓："明德与良知无分别，念虑微起，良知即知善与不善。知善即实行其善，知恶即实去其恶，不昧所知，心方自慊"等语，皆王守仁之宗旨也。惟颙虽根本姚江，而对于程朱一派亦不加菲薄，不过于姚江较为偏重耳。尝谓："学者当先观象山、慈湖、阳明、白沙之书，阐明心性，直指本初；熟读之则可以洞斯道之大源。然后取二程、朱子以及康斋、敬轩之书，玩索以尽践履之功，收摄保任，由功夫以合本体，下学上达，内外本末，一以贯之。至于诸儒之说，醇驳相间，去短集长，当善读之；不然，敦厚者乏通慧，颖悟者杂竺乾，不问是朱是陆，皆未能于道有得也。"（全祖望《鲒埼亭集·二曲先生窆石文》）由此可见其并无门户之见，不过以性之所近，于朱陆之学，认为有先后之分耳。又其论为学之宗旨与方法曰：

> 古今名儒倡道，或以主敬穷理为宗旨，或以先立乎大为宗旨，或以心之精神，或以自然，或以复性，或以致良知，或以随处体认，或以正修，愚则以悔过自新为宗旨。盖下愚之与圣人，本无以异；但气质蔽之，物欲诱之，积而为过。此其道在悔，知悔必改，改之必尽。夫尽则吾之本原已复，复则圣矣。曷言乎自新，复其本原之谓也；悔过者，不于其身于其心；于其心，则必于其念之动者求之；故《易》曰"知几其神"，而夫子以为颜子其庶几，以其有不善必知，知必改也。颜子所以能之者，由于心斋静极而明，则知过矣。上士之于过，知其皆由于吾心，则直向其根源铲除之，故其力为易；中材稍难矣，然要之以静坐观心为入手，静坐乃能知过，知过乃能悔过，悔过乃能改过以自新。（《二曲先生窆石文》）

其宗旨在“改过自新”,其方法在“静坐观心”,盖仍本阳明知行合一之意,先求知之明,则过自能改;“静坐观心”,即所以使此心静而明之方法也。颙晚年以《四书反身录》教人,劝学者注重反身实践,深不以口耳记诵之学为然。尝谓:

> 孔、曾、思、孟立言垂训,以成《四书》,程朱相继发明,表章《四书》,非徒令人口耳,盖欲读者体诸身见诸行。充之为天德,达之为王道,有体有用,有补于世也。国家颁《四书》于学官,以之取士,非徒取其文也,原因文以征行,期得实体力践、德充道明之彦,有补于世也。而读之者,果体诸身,见诸行,充之为天德,达之为王道,有体有用,有补于世乎?否则诵读虽勤,阐发虽精,而入耳出口,假途以干进,无体无用,于世无补;夫岂圣贤立言之初心,国家期望之本意耶?(《四书反身录·识言》)

又曰:“吾人于《四书》童而习之,白首不废,读则读矣,只是上口不上身,诚反而上身,何快如之!”(《二曲先生读四书说》)。故颙虽根底姚江,以视明人之空言杳冥,则相去远矣。清初尚有傅山(字青主,山西阳曲人,所著今所存者,曰《霜红龛集》)者,高节似二曲,其学亦与姚江为近。康熙十七年,被荐博学鸿儒,山称疾力辞,有司强命夫役舁其床以行。至京师三十里,以死拒不入城。朝廷知不可屈,乃放还。生平工书通医,萧然不拘形骸,间有问学者,则告之曰:“老夫学庄列者也,于此间诸仁义事,实羞道之。”(全祖望《鲒埼亭集·阳曲傅先生事略》)或强以宋诸儒之学问,则曰:“必不得已,吾取同甫先生。”(同上)盖其精神近姚江而兼有永嘉功利之思想者也。顾炎武、阎若璩至晋时,皆厚礼之,至今晋人犹尊之不替云。

(四) 姚江书院之学者

清初讲姚江之学者,自夏峰、二曲外,尚有姚江书院一派。姚江书院者,余姚沈国模所辟,与同时史孝咸、管宗圣讲明良知之所也。此派学者除沈、史、管外，尚有韩孔当、邵曾可、邵廷采、王朝式等，分别述之于下：沈国模字求如，余姚诸生。尝从海门周汝登问学，既而与刘宗周会讲证人社。归辟姚江书院，与史孝咸、管宗圣辈，申明良知之说，或以其学近禅，而言行敦洁，与徒逞口说者不同也。顺治十三年卒，年八十二。史孝咸字子虚，余姚人。继国模主讲书院，谓"良知非致不真"。又谓："空谈易，对境难，居处恭，执事敬，与人忠，精察而力行之，其庶乎？"（彭绍升《沈先生国模传》）顺治十六年卒，年七十八。管宗圣字霞标，余姚人。为人孝友忠亮，强气自克；一言一动，必准于礼，乡人多化之。崇祯十四年卒，年六十四。王朝式字金如，山阴人。沈国模之弟子也。尝与证人社，刘宗周主诚意，朝式笃守致知曰："学不从良知入，必有诚非所诚之弊。"由是会者往往持异同，从宗周之学者，多以沈、史为禅学，宗周尝致书规之，顺治初年卒，年三十八。韩孔当字仁父，亦国模弟子也，国模既老，孔当继之讲学。其说兼综诸儒，以名教经世，兢兢儒佛之辨。临讲必默对良久，始发语，颇感听众。疾亟，谓门人曰："吾于文成宗旨，觉有新得：简点形迹，终无受用；识之！"（彭绍升《沈先生国模传》）邵曾可字子唯，亦余姚人，史孝咸弟子也。为人孝友恺弟。初，姚江书院之立也，里人多迂笑之，曾可厉色曰："不如是，便虚度此生。"遂往学。同侪请业者，多辨难，唯曾可默然竟日。初以主敬为学，后专提致知。尝曰："吾乃今知知之不可以已，日月有明，容光必照；不尔，日用跬步，鲜不贸贸矣。"（彭绍升《沈先生国模传》）师事孝咸甚谨，以笃实为同侪推重。顺治十六年卒，年五十一。曾可孙廷采，字允斯，又字念鲁，学者称念鲁先生。早岁即从韩孔当学。孔当卒，书院诸先生相继殁，念鲁抱遗书于荒江斥海之滨，守其师说不变。尝谓："阳明之四无，无极之宗也；龙溪之四无，常无之妙也；不得引龙溪以病阳明。"（邵晋涵《族祖邵先生廷采行状》）河间李塨贻书论明儒同异，廷采答曰："致良知，主诚意，阳明而后，愿学蕺山。"（同上）其自信如此。时程朱之学渐胜，人虽敬廷采之为人，而颇异其所学，无信从之者。廷采私念师友渊源，将及身而斩也，乃思托著述以自见。以阳明扶世翼教，作《王子传》；蕺山功主慎独，忠清坚苦，作《刘子传》；王学盛行，务使合于矩矱，作《王门弟子传》；金铉、祁彪佳、黄宗羲、张兆鳌等，奉守师说，作《刘门弟子传》;又作《宋明遗民所知传》及倪文正、施忠愍诸传。门人刻其遗文为《思复堂集》二十卷,又《姚江书院志略》凡四卷。康熙五十年卒,年六十四。

一百三十六 王夫之与张尔岐

(一) 王夫之传

王夫之字而农,号薑斋,湖南衡阳人;明亡,隐居于湘西之石船山,学者称船山先生。夫之幼颖慧,崇祯十五年(夫之年二十四)举于乡。次年张献忠陷衡州,招降士绅,其不屈者,缚而投诸湘江;夫之走匿南岳双髻峰下。贼执其父以为质,夫之自剺面刺腕,傅以毒药,为重创状,舁往易父,贼见其遍创也,免之,父子俱以计得脱,复往岳峰。崇祯十七年(夫之年二十六),李自成陷北京,庄烈帝殉社稷,夫之作《悲愤诗》,涕泣不食者数日。翌年(顺治二年,夫之年二十七),清兵下金陵,唐王称号,使何腾蛟屯湖南,堵胤锡屯湖北。两人不合,夫之忧之,顺治三年(夫之年二十八),至湘阴上书于监军章旷,请调和南北两军,防溃变。旷不能用,诸镇卒奔覆。顺治四年(夫之年三十),清师下湖南。次年,夫之与友人管嗣裘,举兵于衡山,战败军溃,由耒阳、永兴、桂阳、郴州走桂林,遂至肇庆;复由浈阳峡过清远,仍还肇庆。是时桂王已建国于肇庆,瞿式耜特疏荐之,夫之以丁父忧,请终制。既服阕,即起就行人司行人。时国命所系,则瞿式耜与严起恒;然纪纲已大坏,朝端有吴党、楚党之分。主吴者为朱天麟、张孝起、吴贞毓、堵胤锡、王化澄诸人,主楚者为金堡、丁时魁、刘湘客、袁彭年、蒙正发诸人。又其时李成栋新附于桂王,政皆决于其子元胤等;五人附之,吴党目为"五虎"。桂王在梧州,贞毓等十四人,合疏攻五虎,下湘客等于狱,将置之死,夫之约管嗣裘走告严起恒曰:"诸君弃坟墓,捐妻子,崎岖从义,而以党人杀之,则志士将解体,谁与共危亡者?"起恒感其言,力请于廷,贞毓等并恶之。是时化澄已为言者劾去,贞毓等请召还,因与合攻起恒;夫之亦三上疏劾化澄,化澄恚怒,必欲杀夫之,会有降帅高必正者救之,得免。返桂林,复依瞿式耜,闻母病,间道归衡(时顺治八年,夫之年三十三），至则母已先没。其后瞿式耜殉节于桂林，严起恒受害于南宁，夫之知势愈不可为，遂决计老牖下。已而缅甸亦覆没，夫之益自晦匿，浪游于浯溪、郴州、耒阳、晋宁、涟邵间，所至人士慕从，辄辞去。最后归衡阳之石船山，筑土室名曰"观生居"，晨夕杜门，专力著述。康熙十七年（夫之年六十岁），吴三桂称号于衡州，其党有知夫之名者，属为《劝进表》。夫之曰："亡国遗臣所欠一死耳！今安用此不祥之人哉。"遂逃入深山，作《祓禊赋》。康熙三十一年卒，年七十四。夫之家贫，著书纸笔多取给于门人故旧，书成因以付之，其收藏于家者甚少。且夫之自居逸民，窜身僮瑶，敛迹匿影，当世鲜知之者，故亦无大力为之收辑，是以书多散亡。道光二十二年，邓显鹤、邹叔绩始刻《遗书》，共成百八十卷。咸丰四年，板毁于火。同治初年，曾国荃复出资重刊，广为搜辑，合以邹氏旧刻，共成二百八十八卷，同治四年，成于金陵；即今流传之《船山遗书》也。惜散佚之书尚多耳。

（二）夫之黜明崇宋之精神

夫之治学大恉：一、黜陆王而尚横渠；二、信易象而反图书；三、明天道而排五行。服膺宋张载之说，对于程、朱亦颇推重，惟深恶明王守仁之说，因之于陆九渊亦加攻击，盖纯然明学之反动也。其攻陆王之言曰："质以忠信为美，德以好学为极，绝学而游心于虚，吾不知之矣；导天下以弃其忠信，陆子静倡之也。"（《思问录·内篇》）又曰："先难则愤，后获则乐，地道无成，顺之至也；获与否，无所不顺，其乐不改，则老将至而不衰。今之学者（姚江之徒），速期一悟之获，幸而获其所获，遂资以佚乐，佚乐之流，报以𩴾𩴾惰归之戚，老未至，而耄及之，其能免乎？"（《思问录·内篇》）又曰："欲速成之病，始于识量之小，识量小，则谓天下之理，圣贤之学，可以捷径疾取而计日有得，陆象山、杨慈湖以此诱天下，其说高远，其实卑陋苟简而已。"（《俟解》）又曰："侮圣人之言，小人之大恶也，姚江之学出，横拈圣言之近似者，摘一字一句，窜入其禅宗，尤为无忌惮之至。"（《俟解》）陆王学派之末流，绝学猖狂，妄求顿悟。夫之所论，颇中其弊。惟夫之虽力辟陆王，而于宋五子，除于邵雍略有微辞外，余颇推崇之，而于张载之

《正蒙》,尤神契焉;其精神盖欲挽明以返诸宋焉。尝谓:

宋自周子出,而始发明圣道之繇,一出于太极,阴阳,人道生化之终始。二程子引而伸之,而实之以"静一诚敬"之功。然游、谢之徒,且岐出以趋于浮屠之蹊径;故朱子以"格物穷理"为始教,而檠括学者于显道之中。乃其一再传而后,流为双峰、勿轩诸儒,逐迹蹑影,溺于训诂,故白沙起而厌弃之,然而遂启姚江王氏阳儒阴释诬圣之邪说,其究也,为刑戮之民,为阉贼之党,皆争附焉。而以充其无善无恶,圆融理事之狂妄,流害以相激而相成,则中道不立,矫枉过正,有以启之也。人之生也,君子而极乎圣,小人而极乎禽兽,然而吉凶穷达之数,于此于彼未有定焉。不知所以生,不知所以死,则为善为恶,皆非性分之所固有,职分之所当为;下焉者,何弗荡弃彝伦,以遂其苟且私利之欲?其稍有耻之心而厌焉者,则见为寄生两间,去来无准,恶为赘疣,善亦弁髦;生无所从,而名义皆属沤瀑,两灭无余,以求异于逐而不反之顽鄙。乃其究也,不可以终日,则又必佚出猖狂,为无缚无碍之邪说,终归于无忌惮。自非究吾之所始,与其所终,神之所化,鬼之所归,效地天之正,而不容不惧以终始,恶能释其惑而使信于学?故《正蒙》特揭阴阳之固有,屈伸之必然,以立中道,而至当百顺之大经,皆率此以成。故曰:"率性之谓道,天之外无道,气之外无神,神之外无死,死不足忧,而生不可罔,一瞬一息,一宵一昼,一言一动,赫然在出王游衍之中,善吾伸者,以善吾屈,然后知圣人之存神、尽性、反经、精义,皆性所有之良能,而为职分之所当修,非可以闻见所及而限为有,不见不闻而疑其无,偷用其蕞然之聪明,或穷大而失居,或卑近而自蔽之可以希觊圣功也!"呜呼!张子(载)之学,上承孔孟之志,下救来兹之失,如皎日丽天,无幽不烛,圣人复起,未有能易者也。学之兴于宋也,周子得程子而道著,程子之道广,而一时之英才,辐辏于其门。张子教学于关中,其门人殆未有庶者;而当时钜公耆儒,如富、文、司马诸公,张子皆以素位隐居,而末繇相为羽翼;是以其道之不行,曾不得与邵康节之数学相与颉颃,而世之信从者寡;

故道之诚然者不著，贞邪相竞，而互为畸胜，是以不百年而陆子静之异说兴；又二百年而王伯安之邪说熺；其以朱子格物道问学之教争负胜者，犹水之胜火，一盈一虚，而莫适有定。使张子之学晓然大明，以正童蒙之志于始，则浮屠生死之狂惑，不折而自摧；陆子静、王伯安之蕞然者，亦恶能傲君子以所独知，而为浮屠作率兽食人之伥乎？……张子之学无非《易》也，即无非《诗》之志，《书》之事，《礼》之节，《乐》之和，《春秋》之大也，《论》、《孟》之要归也。……张子言无非《易》，立天、立地、立人，反经研几，精义存神，以纲维三才，贞生而安死，则往圣之传，非张子岂谁与归？呜呼！孟子之功，不在禹下，张子之功，又岂非疏洚水之歧流，引万派而归虚，使斯人去昏垫，而履平康之坦道哉？……(《张子正蒙注·序论》)

其尊崇张载，排斥陆王，可谓至矣！清初学者大抵以程朱为归，夫之之盛推张载，亦其时稍异之点也。

(三) 夫之关于《易经》之学说

夫之推尊张载，而谓“张子言无非《易》”，故亦特重《易经》；尝谓：“《周易》者，天道之显也，性之藏也；圣功之牖也；阴阳动静幽明屈伸诚有之，而神行焉；礼乐之精微存焉；鬼神之化裁出焉；仁义之大用兴焉；治乱吉凶生死之数准焉；故夫子曰：‘弥纶天下之道，以崇德而广业者也。’……自朱子虑学者之骛远而忘迩，测微而遗显，其教门人也，以《易》为占筮之书，而不使学，盖亦矫枉之过。……”(《张子正蒙注·序论》)由此可见注意之切矣。夫之说《易》之书，有内外《传》及《周易稗疏》诸书，大旨不信陈抟之学，亦不信京房之术，于先天诸图，纬书杂说，皆推之甚力。其论先天之学曰：

《易》言：“先天而天弗违，后天而奉天时。”以圣人之德业而言，非谓天之有先后也。天纯一而无间，不因物之已生未生有殊，何先后之有哉？先天后天之说，始于玄家，以天地生物之气为先天，以水火

> 土谷所生之滋生之气为后天,故有“后天气接先天气”之说,此区区养生之琐论尔。其说亦时窃《易》之卦象附会之,而邵子于《易》亦循之,而有先后天之辨,虽与魏、徐、吕、张诸黄冠之言气者不同,而以天地之自然为先天,事物之流行为后天,则抑暗用其说矣。(《思问录·外篇》)

又论《河图》、《洛书》曰:

> 《河图》明列八卦之象,而无当于《洪范》;《洛书》顺布九畴之叙,而无肖于《易》:刘牧托陈抟之说,而倒易之,其妄明甚。牧以《书》为《图》者,其意以谓《河图》先天之理,《洛书》后天之事,而玄家所云“东三南二还成五,北一西方四共之”,正用《洛书》之象,而以后天为嫌,因易之为《河图》,以自旌其先天尔,狂愚可不谬哉!(《思问录·外篇》)

先天,后天,《河图》、《洛书》之学,本道士养生家之所言,胡渭等已备论之矣,夫之生当渭前,窜身僮瑶,学无师承,且以倾心宋学之人,而于此等伪托之说,竟能明辨其伪而辟之,诚不愧为具有卓见之学者矣。又其论京房、邵雍之学贻害后世曰:“京房背焦赣之师说,以崇谶纬,邵康节阴用陈抟之小道而仿丹经,遂使‘天一生水’云云之遁辞,横行天下,人皆蒙心掩目奉之为理数……是释经之大蠹,言道之荆棘也。不容不详辩之。”(《周易稗疏》卷三)“不容不详辩之”一语,亦足见夫之精神之可敬矣。

(四) 夫之论五行生克及其治学精神

五行阴阳之说,笼罩中国思想界凡数千年,聪明才智之士,每不加以考核,而辄附和其说;是以愈演愈奇,举凡天时人事,莫不可加以五行之说明,穿凿傅会,大为学术思想之障。夫之对于五行从来相沿之说,虽未完全攻击,而于世俗相传“生克”之论,则深不谓然:生克之说为后来言五行者之关键,一切惑世邪说皆从此衍出;生克之说不能成立,则世俗五行之

论,亦不攻自破矣。其言曰:

> 证金克木,以刃之伐木;则水渍火焚不当坏木矣。证木克土,以草树之根蚀土;则凡孳息其中者皆伤彼者乎?土致养于草树犹乳子也,子乳于母岂刑母耶?证土克水,以土之堙水则不流,是鲧得顺五行之性,而何云"汩乱"?土壅水,水必决,土劣于水明矣。证水克火,以水之熄火;乃火亦熯水矣,非水之定胜也。且火入水中而成汤,彼此相涵而固不相害也。证火克金,以冶中之销铄;曾不知火烁金流,流已而固无损,固不似土薶水渍之能蚀金也。凡为彼说,皆成戏论,非穷物理者之所当信。(《思问录·外篇》)

夫之于金克木,木克土,土克水,水克火,火克金之说,论其证据之薄弱,不能成立;以见为是说之矫揉凑合,其不足信也明矣。又自来谈五行者,每喜以五行与各事各物比拟配合,而曰某也金,某也木,某也水,某也火,某也土,尤属玩戏之至,而世人竟有信之不疑者。夫之辟之曰:"天地非一印板,万化从此刷出,拘墟者自不知耳。"(《思问录·外篇》)盖以五行岂尽足以解释宇宙,可见谈之者违背自然,为妄举矣。综观以上所举,可知夫之思想之伟大清澈,迥非常人所可几及也。至其治学方法,虽不如后来学者之精,然而言必征实,意必近理,求变以明用,其精神已开科学研究之端绪矣。尝曰:

> 谓天开于子,子之前无天;地辟于丑,丑之前无地;人生于寅,寅之前无人;吾无此邃古之传闻,不能征其然否也。谓酉而无人,戌而无地,亥而无天,吾无无穷之耳目,不能征其虚实也。吾无以征之,不知为此说者之何以征也,如是其确也?考古者以可闻之实而已,知来者以先见之几而已。(《思问录·外篇》)

此可见夫之怀疑精神,与其征实态度矣。又尝谓:"天下之物理无穷,已精而又有其精者,随时以变而皆不失于正;但信诸己而即执之,云何得当?况其所为信诸己者,又或因习气,或守一先生之言,而渐渍以为己心乎?”(《俟解》)此其精神已渐近于科学研究之态度矣。夫之亦颇能实行其言而无愧,故《遗书》所载,皆不落习气,不守一先生之言也。

(五)张尔岐

张尔岐字稷若,号蒿菴,济南济阳人,性至孝,读书不为科举业,人或劝之,不听也。父行素以罹兵难死,尔岐悲不欲生,欲投水死,弗得,又欲弃家入山,以母在,不果,自此遂无意人间名利,而学乃益笃。康熙十六年卒,年六十六。所著有《仪礼郑注句读》、《周易说略》、《诗经说略》、《夏小正注》、《弟子职注》、《老子说略》、《蒿菴集》、《蒿菴闲语》、《济阳县志》、《吴氏仪礼注订误》、《春秋传义》(未成)、《学辨》(共六篇,今只存《辨志》一篇)等书。尔岐说经之书颇多,而《仪礼郑注句读》颇为世所称,当时顾炎武作《广师记》谓:“独精三《礼》,卓然经师,吾不如张稷若。”又曰:“年过五十,乃知‘不学《礼》无以立’之旨……所见有济阳张稷若,名尔岐者,作《仪礼郑注句读》一书,根本先儒,立言简当。……使朱子见之,必不仅谢监岳之称许也。”(《亭林文集》卷三《答汪苕文书》)其推挹可谓深至。惟尔岐恪守程朱,偏于名理,其精神终非经师之流也。其答顾炎武书曰:

> 《论学书》(即炎武《与友人论学书》见《亭林文集》),粹然儒者之言,特拈博学行己二事以为学鹄,确当不易,真足砭好高无实之病;“行己有耻”一语,更觉切至。……弟老矣,于博学无及,敢不益励其耻以终余年乎?在愚见,又有欲质者:性命之理,夫子固未尝轻以示人,其所与门弟子详言而谆复者,何一非性命之显设散见者欤?苟于博学有耻,真实践履,自当因标见本,合散知总,心性天命,将有不待言而庶几一遇者。故性命之理,腾说不可也,未始不可默喻;侈于人不可也,未始不可验诸己;强探力索于一日不可也,未始不可优裕渐渍,以俟自悟;如谓于学人分上,了无交涉,是将格尽天下之理,而反遗身以内之理也,恐其知有所未至,则行亦有所未尽,将令异学之直指本体,反得

夸耀所长,诱吾党以去,此又留心世教者之所当虑也。(《蒿庵集》)

此盖深不以摒除性理为然也。故尔岐虽好治经,与王夫之仍同偏性理,而终非经师也。特尔岐之规模,则不逮夫之之博大宏阔耳。

一百三十七　清初之程朱宗派(上)

(一)张履祥

张履祥字考夫,居桐乡之杨园村,学者称杨园先生。九岁丧父,母沈氏教之,年十五补邑诸生。崇祯七年,馆同邑颜士凤家。时东南文社方兴,纷纷各立门户。履祥与士凤约,毋滥赴,人或迂笑之,不恤也。崇祯十七年(履祥年三十四),始如山阴,受学于刘宗周之门,归而自谓有得。明亡教授里中,隐居潜修,专肆力于程朱之书。病当世学者骋口说,沽虚名,故于来学之士,未尝受其一拜,一以友道处之。晚年益好程朱之学,于朱子《文集》、《语类》晨夕不去手。辑《刘子粹言》,于其师宗周颇有补救之意。康熙十三年卒,年六十四。所著有《愿学记》、《备忘录》、《初学备忘》、《近古录》等书,今所传者,曰《杨园全集》,收罗具备。履祥早年颇究心陆王之说,二十四岁后,读《小学》、《近思录》诸书,悦之,乃渐为程朱之学。其后虽师事刘宗周,然未尝乐其说也。尝谓:“三代以上,折衷于孔孟,三代以下,折衷于程朱。”(陈梓《张履祥小传》)又曰:“朱子于天下古今事理无不精究而详说之,三代以下,群言淆乱。折衷于朱子而可矣。”(《备忘录》卷一)此可见其推崇之至矣。其批评王守仁之言曰:“良知之教,使人人直情而径行,其弊至于废灭礼教,播弃先典,《记》所谓戎狄之道也。今人犹不知惩其敝,方将攘袂怒目与人争胜,亦可哀已。”(《备忘录》卷三)又曰:“阳明之书,反复看来,终觉主忠信之意绝少,其于学术,譬诸小人,其犹穿窬之盗也与?”(《备忘录》卷终)皆深恶痛绝之辞也。履祥既攻姚江而崇程朱,故平生所学亦以居敬穷理为重;尝谓:“儒者功夫,只居敬穷理为无弊,穷理所以致其知,知之至,而后行之利。敬则统乎知与行者也,始终只敬字为主,故曰居,犹谚谓‘作家当’也。”(《备忘录》卷

四)又曰:

> 居敬所以存心也,穷理所以致知也;惟居敬故能直其内,惟穷理故能方其外;惟内之直,故能立天下之大本;惟外之方,故能行天下之达道;……苟理明而义精,则或出或处,或默或语,皆将合乎规矩方圆之至而时措之至矣。象山黜穷理为非,是欲舍规矩而自为方圆也。……近世学者(指阳明学派),祖尚其说,以为捷径,稍及格物穷理,则谓之支离烦碎;夫恶支离则好直捷,厌烦碎则乐径省;是以礼教陵夷,邪淫日炽,而天下之祸不可胜言!……然则吾人学问,舍居仁由义四字,更无所谓学问;吾人功夫,舍居敬穷理四字,更无所谓功夫。(《杨园全集》卷五,《与何商隐书》)

"舍居敬穷理别无所谓功夫",为履祥一生论学标准,故其批评陆王之失,即归咎于不能穷理也。履祥攻击陆王之处,虽似过激,而其生平注重实践,实则暗然之笃行君子也。尝谓:"道理须是举目可见,举足可行,方是实理;功夫须是当下便做得,方是实功。道在迩而求诸远,事在易而于诸难,则惑之甚也。"(《备忘录》卷四)又谓:"躬行实践,为必有事之功。"(《备忘录》卷二)皆注重实践躬行之意也。履祥生平亦诚能实行其言,居常躬耕习农事,深以无业为耻,尝谓:"能稼穑则可无求于人,可无求于人则能立廉耻;知稼穑之难,则不妄求于人,不妄求于人,则能兴礼让;廉耻立,礼让兴,而人心可正,世道可隆矣。"(《初学备忘》上)《杨园全集》中教人习勤之语尚多,亦即此意也。

(二) 陆世仪

陆世仪字道威,号桴亭,学者称桴亭先生,江苏太仓人。少尝从事养生之说,既而翻然改悟,乃亟弃之。设《考德录》按日书敬不敬于册,以考验进退。既以所考犹疏,乃更为一法,以一日之中,十分为率,敬一则怠九,怠一则敬九,时刻检点,不稍疏懈。复与同里陈瑚、盛敬、江士韶互相切磋,期九日诵读,一日讲贯,讨论正心、诚意、修己、治人之道。其课程记法又以《大学》八条目为格,日书敬怠于下,以验理欲之消长,工夫之进退;如是者累年,其学大进。久之,始应诸生之请,讲学里中。晚年更主讲毘陵东林,信从者日众。康熙十一年卒,年六十二。所著有《思辨录》(乃世仪逐年札记,本无伦次。江士韶等欲便阅览,乃分类编辑。分小学、大学、立志、居敬、格致、诚正、修齐、治平、天道、人道、诸儒、异学、经子、史籍十四类,而名之曰《思辨录辑要》,即今所传之书也)、《论学酬答》、《儒宗理要》、《治乡三约》等书。世仪笃守程朱家法,以格致、诚正、修齐、治平为程序,以居敬、穷理、省察、克治为工夫;尝谓:"居敬穷理四字,是学者学圣人第一工夫,彻上彻下,彻首彻尾,总只此四字。"(《思辨录辑要》卷二)惟世仪虽以居敬穷理并提,而意则特重"敬"字,谓"四个字是居敬穷理,一个字是敬。"(《思辨录·居敬类》)又曰:"居敬是主宰,穷理是进步处。"(同上)又曰:"古人以居敬为力行,穷理为致知者,毕竟敬字该得行字,行字当不得敬字。须把居敬作主,下面却致知力行,一齐并进,方有头绪。文公本传云:'文公之学,大抵穷理以致其知,反躬以践其实,而以居敬为本。'此方是千圣千贤入门正法。"(《思辨录·居敬类》)其特重敬字由此可见矣。又进而论敬字之效曰:"只提一敬字,便觉此身举止动作,如在明镜中。"(《思辨录》卷二)又曰:"敬如日月在胸,万物无不毕照。"(同上)。又曰:"人心多邪思妄想,只是忘却一敬字。敬字一到,正如太阳当头,群妖百怪,迸散无迹。"(同上)然则居敬之工夫应若何?世仪自述曰:"居敬工夫,予得力一'天'字。"(同上)又曰:"人须时时把此心对越上帝。"(同上)又申明其义曰:"每念及上帝临汝,无贰尔心,便觉得百骸之中,自然震悚,更无一事一念,可以纵逸。"(同上)又曰:

> 读《四书》、《五经》,古人无时无事不言"天",孔子言:"知我其天""天生德于予""获罪于天"。孟子言:"知天事天,顺天者存,逆天者亡"。《春秋》言"天命"、"天讨",《礼》称"天则",至于《易》、《诗》、《书》三经,则言天甚多,又有不可枚举者,皆说得郑重严密,使人有震动恪恭之意,故古人之学,不期敬而自敬。今人多不识"天"字,只说"敬"字,学者许多昏瞶偷惰之心,如何得震醒!(《思辨录·居敬类》)

世仪之意,盖欲借“天”之观念,警策学者,使之有战兢惕励之心,不期而合于敬也。其所谓天似有主宰之意,实亦不然;世仪尝谓:“理即天也,识得此意,敬字工夫方透。”(同上)又曰:“天即理,心即天,要知得心与天与理无二处,方是真敬;不然,犹是祸福恐动。”(同上)然则彼所谓天者,即理耳,非可为祸福之主宰也。因此世仪又谓:敬字可以做到“天人合一”境地,故曰:“人心中过不去处,即不可对天处,可以对天处,即人心过得去处;只此便是天人一理。”(《思辨录·居敬类》)又曰:“敬天者,敬吾之心也敬吾之心,如敬天,则天人合一矣。”(《思辨录·从祀录》)是亦本乎“天即理心即天之言”而云然也。世仪虽好谈名理,而生平为学,颇尚躬行。崇祯之初,天下渐乱,慨然有济世之意,于兵法技击之术,无不通习,谓:“今之所当学者,正不止六艺;如天文、地理、河渠、兵法之类,皆切于用,不可不讲。俗儒不知内圣外王之学,徒高谈性命,无补于世,所以来迂拙之诮。”(《从祀录》)又论讲学曰:

天下无讲学之人,此世道之衰,天下皆讲学之人,亦世道之衰也。三代之世,君君臣臣,父父子子,各务躬行,各敦实行;庠序之中,诵诗书,习礼乐而已,未尝以口舌相角胜也。嘉隆之间,书院遍天下,讲学者以多为贵;呼朋引类,动辄千人;附影逐声,废时失事;甚至有借以行其私者,此所谓处士横议也,天下何赖焉?(《思辨录·大学类》)

又曰:

近世讲学多似晋人清谈,甚害事。孔门无一语不教人就实处做,《论语》曰:“君子欲讷于言,而敏于行。”又曰:“敏于事而慎于言。”又曰:“君子先行其言,而后从之。”又曰:“君子耻其言而过其行。”都是恐人言过其实。正嘉之间,道学盛行;至于隆万,日甚一日,天下靡然成风,惟以口舌相尚,意思索然尽矣,即真能言圣人之言,已谓之徒言,已谓之清谈,况于夹杂混乱,拾二氏之唾余乎?(同上)

《四库提要》谓“世仪之学，主于敦守礼法，不虚谈诚敬之旨，主于施行实政，不空为心性之功；于近代讲学诸家，最为笃实，其言深切著明，足砭虚憍之弊”，斯亦可谓世仪之善评已。且世仪虽宗程朱，对于陆王学者之批评，亦多持平（参见《思辨录·诸儒类》）；全祖望为世仪作传，尝备引其评论诸儒之辞，以美其不尚门户之见焉。世仪同县更有陈瑚者，字言夏，号确庵，与世仪共讲义理之学，而经世思想特盛。王鸣盛为之作传，谓其学“闳阔俊伟，博通古今”。惜其书今多不传耳。

（三）陆陇其

陆陇其字稼书，学者称当湖先生，浙江平湖人。康熙九年进士，授江南嘉定令，治绩颇得民心；旋以盗案革职归。十七年，诏举博学鸿儒，陇其被召入京，未及试，丁父忧归。十八年，左都御史魏象枢复以清廉荐之，二十二年补直隶灵寿知县。政暇与诸生讲学，有《松阳讲义》。二十九年被征入京，授四川道监察御史。与在朝诸人不合，几罹罪，乃乞假归。康熙三十一年卒，年六十三。所著有《松阳讲义》、《松阳钞存》、《困勉录》、《问学录》、《读朱随笔》、《三鱼堂文集》等书。陇其之学，恪遵程朱，而排斥阳明不遗余力，尝谓：“孔子集群圣之大成，朱子集诸儒之大成。……今孔子之道虽垂于《六经》，而其所以损益群圣者，后世亦不能知其详，独朱子去今未远，遗文具在；其所述诸经之传注，既足以明道于天下，而其损益之妙，又往往见于《文集》、《语类》之中，学者其可不宝而传焉？”（《松阳钞存》下）又曰：“吾辈今日学问，只是遵朱子，朱子之意即圣人之意，非朱子之意，即非圣人之意。”（《松阳讲义》卷一）又曰：“夫朱子之学，孔孟之门户也，学孔孟而不由朱子，是入室而不由户也。”（《三鱼堂文集·答李子乔书》）其推崇如此。至其批评王学，则为绝无闪躲之攻击，其言曰：

> 自阳明王氏倡为良知之说，以禅之实而托儒之名，且辑《朱子晚年定论》一书，以明己之学与朱子未尝异；龙溪、心斋、近溪、海门之徒，从而衍之，王氏之学遍天下，几以为圣人复起，而古先圣贤下学上达之遗法，灭裂无余。学术坏而风俗随之，其弊也，至于荡轶礼法，蔑

视伦常,天下之人恣睢横肆,不复自安于规矩绳墨之内,而百病交作。……至于启祯之际,风俗愈坏,礼义扫地,以至于不可收拾,其所从来非一日矣。故愚以为明之天下,不亡于寇盗,不亡于朋党,而亡于学术;学术之坏,所以酿成寇盗朋党之祸也。(《三鱼堂文集·学术辨上》)

又曰:

自阳明王氏目(朱子)为影响支离,倡立新说,尽变其成法;知其不可,则又为《晚年定论》之书,援儒入墨,以伪乱真,天下靡然响应,皆放弃规矩而师心自用,学术坏而风俗气运随之,比之清谈之祸晋,非刻论也。(《三鱼堂文集·上汤潜庵先生书》)

此直以明之灭亡,归罪于王守仁矣;盖亦激于王学之末流,而出此反动之言也。惟王学之弊端,果何在乎?陇其尝申论之曰:

阳明以禅之实而托于儒,其流害固不可胜言矣;然其所为禅者如之何?曰明乎心性之辨,则知禅矣,知禅则知阳明矣。今夫人之生也,气聚而成形,而气之精英,又聚而为心;是心也,神明不测,变化无方,为之亦气也。其中所具之理,则性也,故程子曰"性即理也",邵子曰"心者性之郛郭",朱子曰"灵处是心,不是性",是心也者,性之所寓而非即性也,性也者寓于心,而非即心也,先儒辨之亦至明矣。若夫禅者,则以知觉为性,而以知觉之发动处为心;故彼之所谓性,则吾之所谓心也,彼之所谓心,则吾之所谓意也;其所以灭彝伦,离仁义,张皇诡怪,而自放于准绳之外者,皆由不知有性,而以知觉当之耳。何则?既以知觉为性,则所欲保养而勿失者,性是而已,一切人伦庶物之理,皆足以为我之障,而性恐其或累,宜其尽举而弃之也。阳明言"无善无恶",盖亦指知觉为性也,其所谓良知,所谓天理,所谓至善,莫非指此而已。故其言"佛氏本来面目,即我门所谓良知"。

又谓“良知即天理”，又曰“无善无恶，乃所谓至善”，虽其纵横变幻，不可究诘，而其大旨亦可睹矣。充其说，则人伦庶物固于我何有？而特以束缚于圣人之教，未敢肆然决裂也。则又为之说曰：“良知苟存，自能酬酢万变，非若禅家之遗弃事物也。”其为说则然，然学者苟无格物穷理之功，而欲持此心之知觉，以自试于万变，其所见为是者果是，而见为非者果非乎？又况其心本以为人伦庶物初无与于我，不得已而应之；以不得已而应之心，而处夫未尝穷究之事，其不至颠倒错谬者几希。其倡之者，虽不敢自居于禅，阴合而阳离；其继起者则直以禅自任，不复有所忌惮，此阳明之学，所以为祸于天下也。（《三鱼堂文集·学术辨中》）

王守仁“无善无恶心之体”之说，最遭后人之批评，陇其亦本此立论，以证明其近禅而为祸天下之根也。其《松阳讲义》、《困勉录》批评王学之处尚多，大旨亦不外此。总之，陇其推尊程朱，诚未免有过当之处，而其批评王学之流弊，则固亦有深切之论也。清初攻击王学最烈者，陇其而外，尚有张烈（字承武，大兴人），其《王学质疑》一书，乃陇其最喜称许者。

（四）李光地及清初理学名臣

李光地字晋卿，号厚庵，福建安溪人。康熙九年进士，由庶吉士授编修。以省亲归，值耿精忠据闽反，郑经乘虚入泉州。光地避匿深山，密草疏陈破敌策，裹以蜡丸，遣仆北走京师。十六年闽乱平，擢侍读学士。会丁父忧，不克入京。白巾贼乱起，围安溪，光地纠乡壮与官兵相应援，贼遂溃散。十七年郑经使其将围泉州，光地遣人分出告急，并令乡兵为导，围解。事闻，升内阁学士，服满入京。累官掌院学士，通政使，兵部侍郎，直隶巡抚。四十四年，拜文渊阁大学士。五十二年，奉命续修《朱子全书》，五十四年承纂《周易折中》，五十六年，承纂《性理精义》，皆清代巨籍也。五十七年卒，年七十七。著述甚夥，今所传者有《榕村全书》。光地为清初理学名臣，以宗法程朱著称，对于陆王时有不满之辞，尝谓：“朱子之门，守章句，践规矩，故其学于诸家为无弊也。象山之学，见之者慈湖，闻

之者姚江;由其言,六经不作可也,文武之道尽矣,虽后有贤圣而焉师乎?”(《榕村全集·诸儒》)其评王守仁之言曰:

王说之病,其源在“心之即理”,故其体察之也,体察夫心之妙也,不体夫理之实也。心之妙在于虚,虚之极,至于无。故谓无善无恶心之本,此其本旨也。其所谓心自仁义,心自恻隐、羞恶、辞让、是非,是文之以孔孟之言,非其本趣也。是故遗书史,略文字,扫除记诵见闻,以是为非心尔,非道尔。夫书史文字,记诵见闻,不可去也;书史文字无非道也,记诵见闻无非心也。(《榕村全集》卷八《知行》二)

又曰:

象山之学,亦言志,亦言敬,亦言讲明,亦言践履;所谓与朱子异者,心性之辨耳。象山谓“即心即理”,故其论《太极图说》也,谓阴阳便是形而上者,此则几微毫忽之差,而其究卒如凿枘之不相入也。近日姚江之学,其根源亦如此,故平生于心理二字往往混而为一……晚岁遂有“心无善恶”之说。(《榕村全集》卷七《通书篇》)

是皆以陆王之弊,源于“心之即理”也,《榕村全集》及《语录》中,谆谆于心理之辨,即此意已。惟光地虽于陆、王皆表不满,然于陆间亦有尊重之意,于王则不少假借矣。尝谓:“明儒无及宋儒者,即姚江亦不如象山远甚!”(《榕村语录》卷二十)又曰:“陆子静只在吾道上说得过些,王阳明方可谓之诐淫邪遁;子静只是贤者之过。”(《语录》卷二十)此种论调,显然明学之反动也。光地平生论学要旨:以志、敬、知、行为序,其言曰:

立志所以植其本也,居敬所以持其志也,穷理所以致其知也,躬行所以蹈其实也;……四事者一时并用,非今日此而明日彼。故欲行而不知,则伥伥然其何之?求知而不敬,则心昏然而不能须臾;敬而非志,则又安得所谓日强之效也。且志而非敬,则此志何以常存?敬而非知,则措其心于空虚之地;知而非行,则理皆非在我而无实矣。然四者虽相须并进,而其序既有先后,则得效亦有难易浅深。故夫子曰"吾十有五而志于学",志已立矣;"三十而立",盖敬始成也;自"不惑""知天命""耳顺"而知始精;又至"从心不逾矩",而行始熟。先儒以为因其似以自名,为学者立法是已。古学校之教亦然,始视离经辨志,观其志之何如也;继视敬业乐群,察其能敬与否也;又视其博习亲师,论学取友,则知学问思辨之日新;卒乃知类通达,强立不返,则知力行之有成矣。然此四者循环迭用,日月有日月之功,终身有终身之验,圣人有圣人之效,学者有学者之益。虽一日服行,朝暮之间,亦可以旋变。又如志于道,亦立志之谓也;据于德,亦持敬之谓也;依于仁者,真知允蹈乎天理之中;游于艺,则义精仁熟之事也。(《榕村全集》)

志、敬、知、行为其指示为学之工夫,《榕村全集》卷八中,多发明此意。志、敬、知、行虽与居敬穷理字面不同,然而其意则一。不过光地规定其次序,较为具体耳。其所以立此次序者,盖以知行合一之说,颇滋流弊;立此以示学者:知在行先,而知之先,又须有志敬工夫也。光地又究心经术,于律吕、历算、音韵,皆颇称有得。其弟光坡字耜卿潜心经学,著《三礼述注》六十九卷,标举要义,不以考证辨难为长,在清代别为一派者也。清初以理学而致身显宦者,更有魏象枢、魏裔介、熊赐履、张伯行诸人。分述于次:

魏象枢字环极,号庸斋,山西蔚州人。官至刑部尚书,著《儒宗录》、《知言录》、《寒松堂文集》诸书。生平颇好理学,尝通书孙奇逢、李颙、汤斌等,往复论学,教人注重实行,精神亦略与程朱为近。尝谓:"天德王道,尽于《大学》一书;外此便非正学,但须玩味体贴,实求身心有得耳。"(李来章《书绅语略》)

魏裔介字石生,号贞庵,直隶柏乡人。历官大学士,所著有《兼济堂集》、《圣学知统录》、《知统翼录》等十余种,其《圣学知统录》,始自伏羲迄于薛瑄,其《知统翼录》始自伯夷迄于高攀龙,皆以为正学。所列次序皆本一人之私见,较之孙奇逢之《理学宗传》,其道统观念尤深。其论曰:

> 虞廷言中,成汤言性,《论语》言仁,《大学》言止,《中庸》言诚,《孟子》道性善,知之理备矣。周濂溪作《太极图》、《通书》,程伊川作《易传》,朱晦庵作《四书集注》、《通鉴纲目》,薛文清作《读书录》,蔡虚斋作《蒙引》,林希元作《存疑》,知之理复大备矣。老子之空虚,佛氏之寂灭,告子之无善无恶,管商之杂伯功利,荀子之性恶,扬雄之善恶混,王通之以佛为圣人,王阳明之性无定体,李贽之诋毁圣贤、褒颂奸雄,皆知之蠹也。(《圣学知统合录说》)

又谓:“吾愿学圣人者,从事于格物致知之学。”(《知统录说》)又曰:“格物致知,求知之方也。”(《知统合录说》)皆本乎程朱之见地以立言者也。

熊赐履字清岳,湖北孝感人,历官东阁大学士,康熙四十八年卒,年七十五。所著有《学统》、《闲道录》、《程朱学要》、《经义斋集》诸书。《学统》一书,分正统、翼统、附统、杂学、杂统、异统。以孔、颜、曾、思、孟、周、程、朱为正统,而以荀、杨等列杂学;陆、王等列杂统;老、庄、墨、释列异统;纯以道统观念区分,殊失持平之意。又其论朱熹之言曰:

> 孔子集列圣之大成,朱子集诸儒之大成,此古今之通论,非一人之私言也。……居敬穷理之言,实与尧舜精一,孔颜博约之旨,先后一揆,圣人复起殆不能易矣。象山则曰:“朱元晦诚泰山乔岳,惜乎其未闻道也。”夫朱子之道,乃尧、舜、禹、汤、文、武、周、孔、颜、曾、思、孟、周、程之道也,如象山之言,夫必如何而后谓之闻道耶?若曰“汝耳自聪,汝目自明;不须防检,不须穷索”;以是闻道,恐去道益远矣。呜呼!此象山之所谓道,非吾之所谓道;象山之所谓闻,非吾儒之所谓闻也。而阳明《答罗整庵书》有曰:“杨墨之道塞天下,孟子时,天下之尊信杨墨,当不下于今日之崇尚朱说,而孟子独以一人呶

> 呶于其间,可哀也已!韩氏云:佛老之害甚于杨墨。韩愈之贤不及孟子,孟子不能救之于未坏之前,而愈乃欲全之于已坏之后,其亦不量其力,且见其身之危,莫之救以死也。"呜呼!若守仁……而居然自比于孟轲、韩愈矣。呜呼!朱子而果杨、墨、佛、老耶?阳明而果孟轲、韩愈耶?此儿童之见,狂病丧心之语,不足深辨者也。……呜呼!(以下皆论王守仁)邪焰之炽,烈于猛火,蔓延流毒,猝难灭熄。百余年来,瞿昙陋习,中人心髓,东鲁之书,悉化而为西竺之典;名为孔氏《六经》,实则禅家六籍矣。……呜呼!谁实为之,诚不能不太息痛憾于斯人也!(《学统》卷九)

执一派偏狭之见解以立论,故但见其有袒护攻击之辞,而不见其有深刻公允之论,此则狃于成见之过也。

张伯行字孝先,号敬庵,河南仪封人。历官礼部尚书。雍正三年卒,年七十五。所著有《困学录》、《续困学录》、《正谊堂文集》、《续集》、《居济一得》等书。伯行恪遵程朱之学,而其一生之所得力,尤在朱子之书;尝举朱子三言以定为学之则曰:"居敬以立其本,穷理以致其知,反躬以践其言。"至于陆王亦复排之不遗余力,或谓"陆王往矣,似不必复辨",伯行曰:"陆王往矣,今之为陆王学者,正不乏也,是陆王往而不往也,予安能无辨哉?"(杭世骏《道古堂集·张尚书传》)。惟伯行之有功于程朱者,不在其攻击异学,而在其别有贡献。贡献者,即对于程朱一派书籍之刻辑整理也,杭世骏尝述之云:

> 其纂述者百余种……辑《道统录》、《道统源流》,以明圣贤之宗传;辑《伊洛渊源录》、《伊洛渊源续录》,以明诸儒之统绪;辑《小学集解》、《小学衍义》、《养正类编》、《养正先资》、《训蒙诗选》,以端蒙养之教;辑《学规类编》、《学规衍义》、《程氏家塾分年日程原本》、《近思录集解》、《续近思录》、《广近思录》、《性理正宗》、《诸儒讲义》以正为学之模;辑《家规类编》、《闺中宝鉴》以示修齐之范,谓周、程、张、朱,得孔、曾、思、孟之正传,故纂濂、洛、关、闽书集解,以配《学》、

《庸》、《语》、《孟》,名曰《后四书》……而其《语类》、《文集》复纂述较正而刻之;谓许、薛、胡、罗,为周、程、张、朱之正传,其《文集》及《读书录》、《居业录》、《困知记》无不选择而刻之;谓本朝(清)陆稼书学朱子之学,而为许、薛、胡、罗之继起,赴闽时,特就其家访其遗书,得《问学录》、《读朱随笔》、《读礼志疑》三书,乃并其已传之《松阳讲义》、《文集》而悉刻之。他如杨龟山、谢上蔡、尹和靖、罗豫章、李延平,衍程子之派者也;张南轩、吕东莱取资于朱子者也;黄勉斋、陈北溪、陈克斋受学于朱子;真西山、熊勿轩、吴朝宗私淑于朱子者也;有明之学,得其正而不为邪说所摇者:曹月川、陈剩夫、崔后渠、魏庄渠、汪仁峰、蔡汶滨也;本朝之学宗朱子者,张杨园、汪默庵、陈确庵、陆桴亭、魏环极、耿逸庵、熊愚斋、吴徽仲、施成斋、诸庄甫、应潜斋、刘仁宝也;其所述作,莫不精择而刻之。……谓程启曒之《闲辟录》,陈清澜之《学蔀通辨》,张武承之《王学质疑》已尽掘其(王学)根株,学者但取而读之,自不容于复入;故三书皆精刻以示学者。又选《古文载道编》、《斯文正宗》、《唐宋八大家文集》,以见文之必本乎道。选《濂洛风雅》以见诗之必本乎性情。诸葛武侯、陆宣公、韩魏公、范文正公、司马温公,其功业皆有原本,刻其集以著立朝之业。文文山、谢叠山、方正学、杨椒山、杨大洪,其气节皆足以风世,刻其集以彰致身之义。而石守道、海刚峰,其刚方之气亦足兴起,故亦刻行。(《道古堂集·张尚书传》)

上述各书关于理学之部,多汇刊于《正谊堂丛书》中;故今日而研究程朱一派之学,书籍之搜求,尚不至发生困难,盖受伯行之益也。惜乎!见解不宽,只限于一派之范围,此则吾人所不无遗憾者也。

一百三十八 清初之程朱宗派(下)

(一) 谢文洊

谢文洊字秋水,号约斋,江西南丰人。年二十余,阅佛书,学禅。既而读王龙溪及王阳明书,遂又倾心阳明之学。年四十,会讲新城神童峰,有王圣瑞者力攻阳明,文洊与辨累日,为所动。取罗钦顺《困知记》读之,始一意程朱。辟程山学舍,名其堂曰尊雒,以示所归。时易堂九子,髻山七子,俱以文章节概名天下,而文洊独反己暗修,务求自得。其《程山十则》教人一以躬行实践为主。髻山宋之盛过访文洊,文洊遂邀易堂、魏禧、彭任会讲南丰程山。皆推文洊笃躬行,识道本。文洊友人甘京服其学,亦退居弟子列。康熙二十年卒,年六十七。所著今传者,有《程山全书》(谢昌贤汇刊)。文洊生平论事大旨曰敬、诚、切己,而以畏天命为宗。尝曰:"敬字消息,畏天命三字尽之。……学者但于天命上领会,把来做个根基;就此体察,就此培养,千条万绪都在这里,更无渗漏。"(《全书·程山集》附录二)其所谓畏天即警惕之意也。文洊晚年虽宗程朱,惟始终不诽陆王,谓:"象山学术虽稍逊于朱子,然聪明超绝,人品卓然,亦吾儒之表表者;一意掩抑之,将何以服万世之公论乎?"(《程山集》卷三)此不主门户之言也。

(二) 应㧑谦及沈昀

应㧑谦字嗣寅,号潜斋,浙江仁和人。明季诸生,入清淡于进取,家居潜修,足迹不出百里,隘屋短垣,恬如也。康熙十八年,以博学鸿儒被征,称疾不赴。大吏促之,舆床诣有司验疾,乃得免。康熙二十六年卒,年六十九。所著有《性理大中》、《教养全书》、《潜斋集》等二十八种。于诸经亦多有著说。㧑谦生平不喜陆王之学,大体宗法程朱,然亦不尽同。尝与陆陇其两会于武林,与论学术源流,陇其颇推许之,而谓"潜斋论太极,颇与程朱牴牾,余不敢从;然其教人用功,必以穷理格物为本,谨守朱子家法,故其言多可羽翼经传"(《三鱼堂文集·王学考序》)。故㧑谦乃学朱子而不拘守者也。㧑谦同县友人有沈昀者,字朗思,少年尝从学刘宗周。甲申变后,弃诸生而致力实学。家贫清苦自守,不轻取人。尝累日绝粮,采阶前马兰草食之。或馈米,昀方宛转推辞间,遂饥仆于地。其人惶恐遁去,既而苏,笑曰:"其意可感,然适以困我耳!"其学以诚敬为本,以适于世用为主。刘宗周卒后,弟子争其宗旨,各有烦言,昀曰:"道在躬行,但腾口说,非师门所望于吾曹也。"(《鲒埼亭集·沈先生昀墓碣铭》)临卒,门人问曰:"夫子今日之事何如?"昀曰:"心中并无一物,惟诚敬而已。"(同上)卒年六十三,所著有《士丧礼说》、《宋五子要言》诸书。

(三) 刘源渌

刘源渌字昆石,号直斋,山东安邱人。幼读宋儒语录,笃好朱子书,反复推究,四十余年。主于居敬穷理,于明儒取薛瑄,于清儒取陆陇其,其余则不以为是也。康熙三十九年卒,年八十二。所著有《读书日记》、《冷语》等书。尝自序其学:"始去外物而见身,继去身而见心,继去心而见理"(孙自务《刘直斋传》)。又言:"学者居敬穷理,二者皆法文王而已矣。小心翼翼,昭事上帝,居敬之功也;不识不知,顺帝之则,穷理之功也"(《读书日记》)。观此可知其功之所在矣。又尝谓:"读书乃身上之用,而人以为纸上之用;居官乃辛苦之时,而人以为快乐之时;衰年正勤学之日,而人以为养安之日;科第本消退之根,而人以为长进之根,皆可叹也。"(《读书日记》)数语深有卓见,与漫谈性理而不切体践者,精神相去远矣。

(四) 朱用纯

朱用纯字致一,自号柏庐。江苏昆山县人。清兵破昆山,其父遇害,以故隐居不事举业。家贫,教授里中。有来学者,必先授以《小学》、《近思录》,继进以四子书。又恐学者空言无实,作《辍讲语》,反躬自责,语甚痛切。康熙十七年,诏举博学鸿儒,有将以用纯荐者,力却之。有司举乡饮大宾,亦弗应。康熙三十七年卒,年七十二。所著有《愧讷集》及《大学中庸讲义》,而《治家格言》(常人多以为朱熹所作)一书,尤脍炙人口。其学确守程朱而以主敬为程,谓:"圣贤之学,无过一敬字,敬犹长堤巨防,滴水不漏,敬之至也。一敬而天下之理得,天下之能事毕。变通鼓舞,尽利尽神,希圣希天之学,俱在于是。"(彭绍升《朱先生用纯传》)用纯生平议论甚为笃实,尝谓:

> 圣贤之道不离乎事事物物,即事事物物而道在,即事事物物而学在。苟欲先得乎道而后言学,则离道与事物而二之,亦析学与道而二之矣。……唯即事物而达简易之理,故应天下之事,接天下之物,不觉其烦难。若舍事物求简易,则虽应一说,接一物,便觉烦难,不胜纷错。(同上)

言学言道,不离乎事物,用纯之宗旨也。作《辍讲语》以规学者,名其集曰《愧讷集》,皆深以空言为戒之意也。此外清初,接近程朱之学者,尚有李生光(字暗章,山西绛州人,少年师事辛全,著有《儒教辨正》、《崇正黜邪编》,卫道之精神颇著)、范镐鼎(字彪西,山西洪洞人。究心濂洛之书,阐明辛全之学。陆陇其尝通书论学,颇推许之。著有《理学备考》、《五经堂文集》等书)、汪佑(字启我,号星溪,安徽休宁人。笃好《小学》、《近思录》。力辟阳明"无善无恶心之体"之说。著书颇多,有《诗传阐要》、《明儒崇正录》、《明儒通考》等)、劳史(字麟书,浙江余姚人。少读朱子《大学》、《中庸》序,慨然有志于道。又读《近思录》,曰:吾师在此矣,自此以程朱为宗。其论学始于不妄语,不妄动,极诸至诚无息,所著有《余山遗书》)、李来章(字礼山,河南襄城人。尝从孙奇逢、李颙、魏象枢诸人问学。又曾主讲嵩阳书院,官至兵部主事。论学以不背先儒,有益世用为主。谓《近思录》为周孔真命脉,学者不从此入手,欲求近道难矣。又言欲为圣贤,须自慎独始。所著有《衾影录》、《礼山文集》等)、张鹏翼(字蜚子,晚号警庵,福建连城人。四十岁后始见《近思录》及《朱子全书》。乃渐治程朱之学。所著有《芝坛日读小记》等)、朱泽云(字湘陶,号止泉,江苏宝应人。读朱子《语录》,有得;反复不厌。居丧一以《朱子家礼》为法。著有《朱子圣学考略》、《王学辨》诸书)诸人。虽皆笃于躬行,然思想殊无特别可述之处,约略举之,以备补遗而已。

(五) 刁包及东林学派

刁包字蒙吉,号用六居士,直隶祁州人。明天启举人。入清无志仕进,日取《四子》、《五经》及宋元以来诸儒书,反复寻究。闻孙奇逢讲学,甚向慕其言行。既读高攀龙书,大喜曰:“不读此书,几虚过一生!”为主奉之,或有过差,即跪主前自讼。居父丧,哀毁,须发尽白。及母卒,号恸呕血,病数月卒。所著有《易酌》、《四书翼注》、《潜室札记》、《用六集》等书。包生平以谨言行为重,谓:“君子守身之道三:曰言语不苟,曰取与不苟,曰出处不苟。”其学以高攀龙为宗,与同时高世泰往复讲学,当时有“南梁北祁”之称。世泰字汇旃,无锡人,高攀龙从子也。少侍攀龙讲席,笃守家学,晚年葺道南祠丽泽堂于梁溪,与侄高愈等讲习其中,以绍述东林之说。高愈字紫超,攀龙之兄孙也。生平谨言行,植身艰苦,尝言:“士求自立,当自不忘沟壑始。”县人好以道学相诋击,独于愈,皆曰:“君子人也”。所著有《朱子小学注》等书。当时从世泰学者,有张夏、吴慎、施璜诸人。张夏字秋绍,无锡人,世泰殁后,继主东林书院,汤斌为江苏巡抚时,至书院与夏论学,颇韪其说。所著有《洛闽源流录》、《孝经解义》诸书。吴慎子徽仲,歙县诸生,与张夏同受业于世泰,后归歙,会讲紫阳、还古两书院,著有《周易粹言》等三十余种。施璜字虹玉,休宁人,尝从世泰问学于梁谿。讲学务以诚感人。教学者以九容养外,九思养内,当时宗之者颇众。著《思诚录》等书。其时更有顾枢者字所止,一字庸庵,顾宪成孙也。确守家学,于明儒服膺薛、胡,而谓陈、王不免差失。更谓:“端文(宪成)主无欲,忠宪(攀龙)主格物,并直接宋儒云。”更有彭珑者字云客,长洲人,亦服膺高、顾之学。其子定求字勤止。以实践为要,以不欺为本,尊崇明七子(陈白沙、王阳明、邹东廓、罗念庵、刘念台、黄榕坛),而其精神颇接近姚江矣。

一百三十九 颜元及其门人(刘献廷附)

(一)颜元传

颜元字浑然,号习斋,父昶,博野人,蠡县朱翁养为子,遂姓朱,为蠡人。元四岁时,父昶往辽东,自此音耗绝。八岁就外傅吴持明学,持明喜谈兵,能骑射剑戟,元幼时观觇,颇受影响。十二岁母王氏改适朱翁,侧室杨氏已生子晃,于是渐疏元。十四至十五岁之间,惑于学仙之说,已而知仙不可学,乃渐习染轻薄。十九岁忽悟其非,习染顿洗。是年朱翁以讼事出亡,元被逮,而作文倍佳于平时;塾师异曰:“是子患难不能乱,岂常人乎?”未几入庠,而狱事平。因思父,悲不自胜;志欲东寻,以厌于朱翁,不果。作《望东赋》,每朔望节令,必东北向遥拜父,继以哭。二十一岁得《纲鉴》而阅之,至忘寝食;遂废八股业,绝意科举。二十二岁以贫,为养老计,学医。二十三岁见七家兵书,悦之;遂学兵法,究战守机宜。尝彻夜不寐,技击亦学焉。二十四岁,始开家塾,教子弟,名其斋曰“思古”,自号“思古人”。尊陆王,学程朱,屹然以道自任。谓圣人必可学,期于主敬存诚。日静坐八九次,谤毁交集;尝敝衣敝冠出,人望而笑之,不恤也。自此昼勤农圃,夜观书史,至夜分不忍舍,不惧劳伤,二念交争,久之;常先吹灯,乃释卷。二十九岁不得于朱翁,尽以田让晃。意谓仿季札故事耳,不知己非朱氏也。三十岁始与王养粹交(王养粹字法乾,蠡县人,有志圣贤,与元为终身至友),相约为日记(元自此终身不废),十日一会,考功过。元终身学行,得力于此者甚多。三十四岁遭恩祖母(朱媪)丧,遵《朱子家礼》,居丧尺寸不敢违。毁几殆,朱氏一老翁,怜而语之,乃知己非朱姓。初居丧,觉《家礼》有违性情者,校以古礼,非是。因悟尧、舜、周、孔之道,在六府、三事、三物、四教;静坐,禅宗也,训诂语录,空言也;自此毅然以明周孔之道为己任。是乃元一生思想变迁之大关键也。三十五岁觉思不如学,而学必以习,乃更思古斋曰习斋。是年学习数,次年学习书射,及歌舞,演拳法,立志为正学。家贫,躬耕行医以自给。三十九岁以恩祖父母皆殁,乃归博野本宗,复姓颜氏。设教里中,从学者日众。四十一岁,李塨亦来问学,执弟子礼。五十自恨曰:“吾初志寻父,以事恩祖不遂。及归宗,又思为父母立一血嗣乃出,今不及待矣!”遂决计寻父,与家人诀,誓不见父不返。东出关外,遍布寻父报帖。历二年,频死者数。异母妹(元父昹在辽娶妻所生之女)见报帖相见,与言父名、瘢痣、年庚、岁月,俱合,已卒。念关禁难以旋榇,乃招魂题主而归,一时远近咸盛称其孝。五十七岁忽感叹曰:“苍生休戚,圣道明晦,敢以天生之身偷安自私乎?”决意出游,宣传其道。乃南游洛中,与诸儒辨:道不在章句,学不在诵读,必如孔门博文约礼,实学之实行之;一时悦服者颇众。六十岁肥乡郝某,来函问学,且请主漳南书院教事,辞不就。再三请,乃允行。既至,教以读讲作文应时以外,习射、习书数、举石、超距、技击、歌舞等事。门人方踵至,乃为水所阻,规模虽立,未能一一见诸施行。已而归里,年七十卒。所著有《存学编》、《存治编》、《存人编》、《存性编》等书,四存学会所刊行之《颜李丛书》,收罗颇为完备。李塨、王源所纂订之《颜习斋先生年谱》,据元之追录稿,及日记而成,亦为元学精华之所在。

(二) 颜元之习行主义

元叹自来儒者之劳神章句,空谈性理,不惟于世无补,且亦徒耗精力;于是倡为习行之论,使学者注重实习实行,一切章句空谈皆为末务。其言曰:“道不在诗书章句,学不在颖悟诵读,而期如孔门博文约礼,身实学之,实习之。……”(《存学编·上太仓陆桴亭书》)。又曰:“人之为学,心中思想,口内谈论,尽有百千义理,不如身上行一理之为实也。人之共学,印证诗书,规劝功过,尽有无穷道德,不如大家行一道之为真也。”(钟錂《颜习斋先生言行录》卷上)又尝申明其故曰:“吾尝谈天道性命,若无甚扞格,一着手算九九数,辄差。王子(养粹)讲冠礼,若甚易,一习初祝,便差。以是知心中醒,口中说,纸上作,不从身上习过,皆无用也。”(《存学编》卷二《性理评》)因又曰:“人之岁月精神有限,诵说中度一日,便习行中错一日;纸墨上多一分,便身世上少一分。”(《存学编·总论诸儒讲学》)又其劝告门人之言曰:“习行于身者多,劳苦于心者少。”(李塨《颜习斋先生年谱》卷下)此皆元一生最要之宗旨也。元对于实习实行之注重既若此,然则其躬行教人者果若何?其言曰:“妄有《存学》一编,复明周、孔六德,六行,六艺(六德,六行,六艺,即《周礼·大司徒》之“乡三物”。六德者知、仁、圣、义、忠、和也。六行者孝、友、睦、姻、任、恤也。六艺者,礼、乐、射、御、书、数也),而于六艺尤致意焉。”(《习斋记余·大学辨业序》)由此可知元一生所重者六艺也。至其所以特重六艺之故,元尝申明其理由曰:“谓六艺是六德之作用,六行之材具也。”(《大学辨业序》)盖元生平所揭橥以为学者,曰《周礼·大司徒》之“乡三物”,即六德六行六艺也,今既以六艺足以代表六德,六行,故理应特重焉。元更推本圣人创造之意，以说明六艺之要曰："圣人知人不习义理，便习闲事，所以就义理作用处，制为六艺，使人自习熟之。若只在书本上觅义理，虽亦羁縻此心，不思别事，但放却书本即无理会；若直静坐，劲使此心熟乎义理，又是甚难，况亦依旧无用也。"(《存学编》)此仍申述"六艺为六德作用，六行材具"之意，而谓其于无形之中，足以有益涵养也。此外尚有二点使元注重六艺者，即经济思想与主动之观念也。清初学者皆富有经济思想，而元则此种精神尤著，故生平论学，皆慨然有匡时救世之志。六艺者，古圣之遗教也，元盖欲取之以救自来学者空冥无物之失，而期为有用有事之学焉。观其攻击宋明理学之言，即可知矣(元生平提倡"必有事""必有物"皆此意也)。元更因宋人主静之反动，发而为主动之思想，其言曰："常动则筋骨竦，气脉舒，故曰：'立于礼'，故曰：'制舞而民不瞳'。宋元来儒者皆习静，今日正可言习动。"(《言行录》卷下)又曰："三皇，五帝，三王，周、孔，皆教天下以动之圣人也，皆以动造成世道之圣人也。五霸之假，正假其动也；汉唐袭其动之一二以造其世也。晋宋之苟安，佛之空，老之无，周，程，朱，邵之静坐，徒事口笔；总之皆不动也。而人才尽矣，圣道亡矣，乾坤降矣。吾尝言：一身动，则一身强，一家动，则一家强；一国动，则一国强；天下动，则天下强；益自信其考前圣而不谬，俟后圣而不惑矣。"(《言行录》卷下)若是之论，习斋集中尚多，皆欲以动学代静学者。其注重六艺，盖欲借之以习动焉耳。此亦元一生主张之根本观念也。且元一生未尝以空言立教，凡所言皆期实行；居平帅门弟子行孝弟，存忠信，日习礼、习乐、习射、习书数，究兵农、水火诸学，皆以六艺为正规。又其晚年主教漳南书院也，定教学之计划曰：

> 今元与诸子力砥狂澜，宁粗而实，勿妄而虚。请建正庭四楹曰：习讲堂。东第一斋西向，牓曰"文事"，课礼乐、书数、天文、地理等科。西第一斋东向，牓曰"武备"，课黄帝、太公以及孙、吴五子兵法，并攻守、营陈、陆水诸战法、射御、技击等科。东第二斋西向，曰"经史"，课十三经、历代史、诰制、章奏、诗文等科。西第二斋东向，曰"艺能"，课水学、火学、工学、象数等科。其南相距三五丈为院

门……门内直东曰“理学斋”,课静坐,编著程、朱、陆、王之学;直西曰“帖括斋”,课八股举业,皆北向。以上六斋,斋有长,科有领,而统贯以智仁圣义忠和之德,孝友睦婣任卹之行。元将与诸子虚心延访。互相师友,庶周孔之故道在斯,尧舜之奏平成者,亦在斯矣。置“理学”“帖括”北向者,见吾道之敌对,非周、孔本学,暂收之以示吾道之广,且以为时制;俟积习正,取士之法复古,然后空二斋。(《习斋记余·漳南书院记》)

此可谓元一生主张之具体表现,其各斋之组织,各科之分配,欲举一世有用之学而尽教之,俨然具有近世大学之雏形矣。当专制科举时代,乃有此种特别之思想与规划,诚为教育史上极重要之事实。惜规模虽立,未克一一见诸实行,吾人乃不得见其结果为深憾耳。

(三) 颜元对于宋学之革命

颜元三十四岁以前,尊程、朱、陆、王之学,日事静坐读书。是岁以后,一变而注重习行,乃与宋学水火不相容矣。元一生攻击宋学之言甚多,惟要旨亦不出四端:一、谓宋人近禅,与儒者气象不同;二、谓宋人注重读书,与古人实学不同;三、谓宋人所学无用,与古人有用之学不同;四、谓宋人论性宗旨,与孔孟性善之旨不同。今略举其说于下:其论宋人之近禅曰:

至宋而程朱出,乃动谈性命,相推发先儒所未发,以仆观之,何尝出《中庸》分毫?但见支离分裂,参杂于释老,徒令异端轻视吾道耳。……是以当日谈天论性,聪明者如打诨猜拳,愚浊者如捉风听梦;但仿佛口角,各自以为孔、颜复出矣。至于靖康之际,户比肩摩,皆主敬居静之人,而朝陛疆场无片筹寸绩之士。朱子乃独具只眼,指其一二硕德,程子所许为后身者,曰“此皆禅也”,而未知二程之所以教之者实近禅,故徒见其弊,无能易其辙,以致朱学之末流,犹之程学之末流矣。以致后世之程朱,皆如程学朱学之末流矣,长此不返,乾坤尚安赖哉?(《存学·由道》)

又曰:“程子辟佛之言曰‘弥近理而大乱真’;愚以为非佛之近理,乃程子之理近佛也。试观佛氏立教,与吾儒之理,远若天渊,判若黑白,反若冰炭;其不相望也,如适燕适越之异其辕,安在其弥近理也?”(《存学编·性理评》)又曰:“予未南游时,尚有将就程朱,附之圣门支派之意。自一南游,见人人禅子,家家虚文,直与孔门敌对;必破一分程朱,始入一分孔孟;乃定以为孔孟、程朱判然两途,不愿作道统中乡愿矣。”(《习斋记余·未坠集序》)此皆论宋儒之近禅者也(以上只引论程朱之说,其论陆王处多散见;参阅《习斋记余》与孙钟元陆桴亭两书即可明其大旨)。惟宋儒近禅之处究何在乎?元尝为之说曰:“程朱与孔孟体用皆殊:居敬孔子之体也,静坐惺惺,程朱之体也;兵农礼乐,为东周孔子之用也,经筵进讲、正心诚意,程朱之用也。”(《年谱》卷下)又申论之曰:“周、孔以六艺教人,载在经传,子罕言天命,不语神,性道不可得闻,予欲无言,博文约礼等语,出之孔子之言及诸贤所记者,昭然可考;而宋儒若未之见也,专肄力于讲读,发明性命,闲心静敬,著述书史,伊川明见其及门皆入于禅而不悟,和靖自觉其无益于世而不悟;……至于朱子追述,似有憾于和靖,而亦不悟也。”(《存学》卷二)此盖论宋儒心性静坐之学,与孔孟不类,而实出于禅家者也。元更进一步,明指宋人气质性恶之说,乃本之禅家曰:

程子云:“论性论气二之,则不是。”又曰:“有自幼而善,有自幼而恶,是气禀有然也。”朱子曰:“才有天性,便有气质,不能相离。”又曰:“既是此理,如何恶?所谓恶者,气也。可惜二先生之高明,隐为佛氏六贼之说浸乱,一口两舌,而不自觉。”(《存性编·驳气质性恶》)

又曰:

魏晋以来,佛老肆行,乃于形体之外,别状一空虚幻觉之性灵,礼乐之外,别作一闭目静坐之存养;佛者曰入定,儒者曰吾道亦有入定也,老者曰内丹,儒者曰吾道亦有内丹也;借《四子》、《五经》之文,行

> 《楞严》、《参同》之事，以躬习其事为粗迹，则有以气骨血肉为分外，于是始以性命为精，形体为累，乃敢以有恶加之气质，相衍而莫觉其非矣。贤如朱子，而有气质为吾性害之语，他何说乎？(《存性编·性理评》)

此其说之最深切著明者也；其他《存学》、《存性》及《言行录》中，评论宋儒近禅之处实多，学者任取一节览之，即见其言之谆谆矣。至其排斥宋儒过视读书之论，已散见前引各节中；兹更略举数端以证之，其言曰："试观两宋及今，五百年学人，尚行禹、益、孔、颜之实事否？徒空言相续，纸上加纸，而静坐语录中有学，小学大学中无学矣；书卷两庑中有儒，小学大学中无儒矣。"(《习斋记余·大学辨业序》)又论朱熹曰："卑汉唐之训诂，而复事训诂，斥佛老之虚无，而终蹈虚无；以致纸上之性天愈透，而学陆者愈进支离之讥，非讥也，诚支离也。"(《存学》卷一)此皆明攻宋儒读书之学者也。至其批评宋儒所学之无用曰："宋、元来儒者，却习妇女态，甚可羞。无事袖手谈心性，临危一死报君王，即为上品矣。岂若真学一复，户有经济，使乾坤中永享治安之泽乎？"(《存学》卷一)又曰："有宋诸先生讲读之余，继以静坐，更无别功。然师弟之间，往往以圣贤相推许。唐虞三代之盛，亦数百年而后出一大圣，不过数人辅翼之，若尧舜之得禹皋，孔子之得颜曾，直如彼其难。而出必为天下建平成之业，处亦一年成聚，二年成邑，三年成都，或身教三千，以成天下之材，断无有圣人而空生者！况秦汉后千余年间，气数乖薄，求如子路、冉有尚不可得，何独以偏缺微弱、兄于契丹、臣于金元之宋，前之居汴也，生三四尧孔、六七禹颜，而乃上不见一扶危济难之功，下不见一可相可将之材，两手以二帝畀金，以汴京与豫矣；后有数十圣贤，上不见一扶危济难之功，下不见一可相可将之材，两手以少帝付海，以玉玺与元矣！多圣多贤之世，而乃如此乎？"(《存学》卷二)宋人好以圣贤相标榜，故元亦以此反讥之；虽语意稍激，然宋儒之不能扶危定难，则诚事实，亦无怪其出此反对之语也。元又尝言："吾读《甲申殉难录》至'愧无半策匡时难，惟余一死报君恩'，未尝不凄然泣下也，至览和靖祭伊川'不背其师有之，有益于世则未'二语，又不觉废卷浩叹为生民久之!”(《存学》卷二)盖皆深感宋儒所学之无用,而发此太息之言者也。其辟宋儒气质性恶之说曰:“若谓气恶,则理亦恶;若谓理善,则气亦善。盖气即理之气,理即气之理,乌得谓理纯一善,而气质偏有恶哉?譬之目矣,眶疱睛,气质也,其中光明能见物者,性也;将谓光明之理专视正色,眶疱睛,乃视邪色乎?余谓光明之理固是天命,眶疱睛皆是天命,更不必分何者是天命之性,何者是气质之性。若归咎于气质,是必无目而后可全目之性矣。”(《存性编·驳气质性恶》)又曰:“孟子一生苦心,见人即言性善;言性善,必取才情故迹一一指示,而直指形色天性也。惟圣人然后可以践形,明乎人不能作圣,皆负此形也。人至圣人,乃充满此形也,此形非他,气质之谓也。以作圣之具,而谓其有恶,人必贱恶吾气质,程朱敬身之训,又谁肯信而行之乎?”(《存性编·棉桃喻性》)其意盖以性与气质皆人身所固有,无善恶之可别;人之为善,扩充其自然可矣。若谓气质有恶,是则戕贼其为善之体,与践形之旨背矣。故其答或人“变化气质”之问曰:“变化气质之说是戕贼人以为仁义也;吾性所自有,吾气质亦所自有,皆天赋之我;无论清厚浊薄,半清半厚,皆当扩而充之,以尽我本有之性,尽我气质之能。”(《言行录》卷下)因又以棉桃为喻,发挥其对于性之意见曰:

> 天道浑沦,譬之棉桃:壳包阴阳也;四瓣元亨利贞也;轧弹纺织,二气四德流行以化生万物也;成布而裁之为衣,生人也;领袖襟裾,四肢五官百骸也,性之气质也;领可护项,袖可藏手,襟裾可护前后,即目能视,耳能听,子能孝,臣能忠之属也。其情其才皆此物此事,岂有他哉?不得谓棉桃中四瓣是棉,轧弹纺织是棉,而至制成衣衫,即非棉也。又不得谓正幅直缝是棉,斜幅旁杀即非棉也。如是则气质与性,是一是二?而可谓性本善,气质偏有恶乎?然则恶何以生也?则如衣之着尘触污,人见其失本色而厌观也,命之曰“污衣”,其实乃外染所成。有成衣即被污者,有久而后污者;有染一二分污者,有染三四分,以至什百全污,不可知其本色者;然只须烦搁澣涤以去其染浊之尘污已耳。而乃谓洗去其襟裾也,岂理也哉?是则不特成衣不可

谓之污,虽极垢敝,亦不可谓衣本有污。但外染有浅深,则捆澣有难易,若百倍其功,纵积秽可以复灭;如莫之为力,即蝇点亦不能复素;则《大学》明德之道,日新之功,可不急讲欤?(《存性编·棉桃喻性》)

以棉桃为喻,证明性与气质本为一体,无善恶之可分;人之有恶,皆由习染而来,犹衣之有污,乃外染尘秽,非衣之本质有污也。其论性宗旨大率类此,皆与宋儒气质性恶之说相反也。综上述四种之论,元对于宋儒尝为概括之判语曰:“宋儒谓是集汉、晋、释、老之大成者则可,谓是尧、舜、周、孔之正派则不可!”(《存学编·上太仓陆桴亭先生书》)因此其生平批评宋儒之语,皆持绝对严正的攻击状态而不少假借(上引各节皆可窥见),其论有云:“宋儒以读书为穷理功力;以恍惚道体为穷理精微;以讲解著述为穷理事业;俨然静坐为居敬容貌;主一无适为居敬工夫;舒徐安重为居敬作用;观世人之醉生梦死奔忙放荡者,诚可谓大儒气象矣!”(《存学》卷二)又曰:“仆尝有言:训诂、清谈、禅宗、乡愿,有一皆足以惑世诬民;宋人兼之,乌得不晦圣道误苍生至此也!仆窃谓其祸甚于杨墨,烈于嬴秦,每一念及,辄为太息流涕,甚则痛哭。”(《习斋记余·寄桐乡钱生晓城书》)其锋芒峻露若此,对于宋儒实已公然树革命之帜矣。

(四)颜元对于汉学之革命

读书传注之学,常人所谓汉学者也。元对于宋学之革命精神,已如上述矣,至其对于汉学,则亦在其绝对反对之列,其言曰:“书之病天下久矣!使生民被读书之祸,读书者自受其祸;而世之名大儒者,方且要读尽天下书,方且每篇三万遍,以为天下倡;历代君相方且以爵禄诱天下于章句浮文之中;此局非得大圣大贤不能破矣。”(《言行录》卷上)又曰:“后儒以文墨为文,虚理为礼,将博文改为博讲博著,不又天渊之分矣?”(《年谱》卷下)又曰:“纸墨上多一分,便身世上少一分。”(《存学编论讲学》)又曰:“诸儒之论在身乎?在世乎?徒纸笔耳!则言之悖于孔孟者坠也,言之不悖于孔孟者,亦坠也。”(《习斋记余·未坠集序》)其反对读书之言,大率类此。综合其生平反对之理由,可分两点:一者谓读书虽可以为习行之佐证,而实无当于习行;一者谓读书徒耗精力,反有害习行也;盖皆仍本乎习行之旨以立言者也。其论读书无当于习行曰:“经传,施行之证佐;全不施行,虽证佐纷纷,亦奚以为?”(《存学》卷二)又曰:“书之文字固载道,然文字不是道;如车载人,车岂是人?”(《年谱》卷下)又曰:“《四书》诸经,群史百氏之书,所载者原是穷理之文,处事之道;然但以读经史、订群书,为穷理处事,以为求道之功,则隔千里;以读经史、订群书,为即穷理处事,曰‘道在是焉’,则相隔万里矣。……譬之学琴然:诗书犹琴谱也,烂熟琴谱,讲解分明,可谓学琴乎?故曰以讲读为求道之功相隔千里也。更有一妄人,指琴谱曰:‘是即琴也,辨音律,协声韵,理性灵,通神明,此物此事也。’谱果琴乎?故曰以书为道相隔万里也。”(《存学》卷三)又曰:“譬之于医;有妄人者,止务览医书千万卷,熟读详说,以为予国手矣!视诊脉、制药、针灸,为粗不足学;书日博,识日精,一人倡之,举世效之,岐黄盈天下,而天下之人病相枕死相接也。”(《存学编·学辩一》)此皆辟世人过重读书之谬者也。至其论读书之耗损精力曰:“人之精神无多,恐诵读消耗,无岁月作实功也。”(《存学编》卷二)又曰:“纸墨之功多,恐习行之精力少也。”(《年谱》卷下)又曰:“用实功,惜精力,勿为文字耗损。”(《年谱》卷下)又引例以证明之曰:

> 吾尝目击而身尝之,知其为害之巨也。吾友张石卿博极群书,自谓秦汉以降,二千年书史殆无遗览。为诸少年发书义,至力竭,偃息床上,喘息久之,复起讲,力竭复偃息;可谓劳之甚矣。不惟有伤于己,卒未见成起一才。……祁阳刁蒙吉致力于静坐读书之学,昼诵夜思,著书百卷,遗精痰嗽无虚日,将卒之三月前,已出言无声。元氏一士子,勤读丧明。吾与法乾年二三十,又无诸公之博洽,已病无虚日。虽今颇知愤恨,期易辙而崇实,亦惴惴恐其终不能胜任也。况今天下冗坐书斋人,无一不脆弱为武士农夫所笑者,此岂男子态乎?(《存学》卷三)

其生平反对之论,大都不出上举二项理由;而其所发之言,皆激昂彻底,绝无商量之余地。与其反对宋学之态度,同具有革命之精神也。

(五) 颜元救世之精神

元生平最恶说话著书之空虚,故所言皆期一一见诸事实,而以天下生民为己责,绝不稍自菲薄;其救世精神之显著,颇有类于墨家之苦行主义。尝曰:"天下事皆吾儒分内事,儒者不费力,谁费力乎?"(《存学编》卷二)。又曰:"苍生休戚,圣道明晦,敢以天生之身,偷安自私乎?"(《年谱》卷下)又其自期明道之言曰:"历代之消可自今日长,历代之衰可自今日盛,历代之降可自今日升。"(《大学辨业序》)此其精神之卓荦,诚有不可一世之慨,亦可见其绝无推诿之态矣。又尝曰:"宋儒今之尧、舜、周、孔也;韩愈辟佛几至杀身,况敢议今之尧、舜、周、孔乎?季友著书驳程朱之说,发州决杖,况敢议及宋儒之学行品诣者乎?此言一出,身命之虞所必至也,然惧一身之祸而不言,委气数于终误,置民物于终坏,听天地于终负,恐结舌安坐,不援沟渎,与强暴横逆内人于沟渎者,其忍心害理不甚相远也。"(《习斋记余·上太仓陆桴亭先生书》)此种只知真理,不畏威权之精神,最可钦佩;正今日所宜取法者也。且明知其祸,而甘冒其危,其救世之精神,益显著矣。

(六) 李塨

颜元门人之最著者,曰李塨、王源,而塨尤称颜氏嫡传焉。塨字刚主,号恕谷,直隶蠡县人。父明性字洞初,号晦夫,学者称孝慤先生,颜元尝从之问学,深尊视之。塨八岁入小学,父教之学幼仪,读经书。少年多病,然未尝废读。二十一岁慕颜元之学,与邢台李毅武同访元,深以"学习六艺"之说为然,乃执弟子礼。翌年起,作日谱,习礼习数。又以力田不足养亲,乃习医卖药。二十三岁,始设教,修学规以示从游。次年从颜元如献县拜王五公问学,颇慕其为人。又二年,遭父丧,日夜恸哭,成疾。二十九岁入京主馆,从学颇众。旋以养亲故,辞归。是年更应齐燧之聘,教其弟;定每日三分商治道,三分究经史,一分理制艺,一分习医,而以省身心为之主。三十二岁,或勉以应试,是年中顺天乡试。已而悟曰:“举业聪明,则世事不聪明;时文不庸腐,则世事庸腐。甚矣,时文之害世也!”自此遂绝意举业。三十七岁,应桐乡故人之请,乃南游。每止宿必访学者,经淮安、扬州、瓜州、镇江、太湖等处,抵桐乡。复游西湖杭州等地,与诸人论学。归后,思想大进。次年如京主馆,九月复如浙。十一月往杭州谒毛奇龄问乐,凡三日,尽得旧所传五声、二变、四清、七始、九歌、十二管、并器色、旋宫诸遗法。且能正奇龄乐书讹谬。奇龄大惊,叹曰:“年七十五,不意遇此奇士!”乃出所著请勘定;今所传《毛西河全集》,塨亦曾参与编辑也。四十二岁,由浙北归。经淮安,访阎若璩论学。是年初晤王源,论学甚契。更交万斯同、胡渭等于京师。曾赴斯同讲会,讲三代以及元明制度,听众甚契。次年,万斯同为绍介于尚书王鸿绪,谋延馆其家,同修《明史》,辞不就。四十五岁在京始晤方苞。次年郾城令温益修,请塨往理钱谷,乃之郾城。已而闻颜元卒,大恸;乃北归,理其丧。过汴晤窦克勤论学。次年复之郾城,既而辞归。五十一岁以富平令杨慎修敦请往助刑名,不得已西行。至则劝慎修选乡保,练民兵,旌孝弟,重学校,开水利,慎修亦甚纳其言,政声颇著。陕人以秦中风俗渐浇,拟请讲学;塨谢曰:“变风俗不以实政,而以空言乎?”力辞之。在陕年余,察慎修终不足与有为,乃辞归。六十岁,被选通州学正,雅不欲就。人多劝之,乃之任;已而以病去职。次年,家居叹曰:“思身已衰矣,行道无望矣!广布圣道,传之其人,是余责也。南方学者,多有兴起,当往观之。”于是慨然有南迁之意。适方苞以《南山集》狱,编旗下,将北居,欲以南方田赠塨,塨拟即以北方田宅易之。遂南下,相田宅(是行得见梅文鼎,已年八十矣)。次年北旋,先遣子长人南行。已而遭母丧,而长人亦在中途病卒,叹曰:“天意不使南下也,已矣!”自此家居,不复远游,从学者日众。塨年虽老,而志气不衰;日以行道为己责。生平黎明早起,终身弗懈。自师颜元后,习礼学琴,学射骑,学书,学乐,日以昌明古道为己任,而于后进之奖进,尤三致意焉。所著有《大学辨业》、《小学稽业》、《圣经学规纂》、《周易传注》、《大学传注》(谓格物之物即《周礼·大司徒》之“乡三物”,当时皆以为新颖)、《恕谷集》等书,《颜李丛书》中收录略备。塨生平论学之旨,与颜元大体相同;且于元所注重之六艺,更能考订编纂,以存其梗概;对其师有发挥光大之功焉。其反对读书,注重习行之言曰:“读尽《论语》非读也,但实行‘学而时习之’一言,即为读《论语》。读尽《礼记》非读《礼》也,但实行‘毋不敬’一言,即为读《礼记》。故学不在诵读。”(冯辰《李恕谷先生年谱》卷一)又曰:“纸上之阅历多,则世事之阅历少;笔墨之精神多,则经济之精神少。”(《年谱》卷二)又曰:“博文即格物,约礼即将所学之文物,而实行之于诚、正、修、齐、治、平也……”(《年谱》卷四)又曰:“有事习劳,可以养生,可以为学。”(《年谱》卷四)此皆颜元之宗旨也。又其论宋儒之言曰:

> 宋儒学术之误,实始周子;周子尝与僧寿涯,道士陈抟往来。其教二程以寻孔颜乐处,虽依附儒说,而虚中玩弄,实为二氏潜移而不觉。二程承之,遂以依稀恍惚者,为窥见性天,为汉唐者所未及。不知汉唐儒者,原任传经,其视圣道固散寄于天下也。宋儒于训诂之外,加以体认性天,遂直居传道,而于圣道乃南辕而北辙矣。于是变旧章者有八:一《太极》:乃《参同契·水火匡廓》、《三至至精》二图合之,为丹家修炼之用,道藏《真元品》直载之,《易经》无此也。一伪传《河图》、《洛书》:上古《图》、《书》自周骊戎之难,已失;而宋之陈抟乃出二图以误儒者,遂载大《易》之首。《周易玩辞》曰:姚小彭氏谓:今所传戴九履一之图,乃《易乾凿度》九宫法。本朝刘牧长民,以为《河图》;而又以郑康成大衍注生数,就成数,依五方图之为《洛书》,伪关子明《洞极经》又两易之,宜世儒有夔魖罔象之讥也。一静坐:《十三经》未有其说,宋儒忽立课程“半日静坐”,则几几乎蒲团打坐之说矣。一教人以性为先:明与圣门不可得闻,不可语上,相反矣。一朱子言:“古者八岁入小学,教之洒扫应对进退之节,礼乐射御书数之文;十五入大学,教之以穷理正心修己治人之道。”又曰:“小学学其事,大学明其理。”此前无所承,凭臆造说者也。《内则》历载学习六艺岁时,《大戴礼》贾谊皆言小学学小艺,大学学大艺;盖礼乐正格、致、诚、正、修、齐、治、平之事,非二端也。但年有少长,则习有大

小耳。今举其事尽归之小学,至大学乃专以读书明理为务,则遍考三代教法,未之见也。故自居道学而于学误解,以致数百年学术尽误也。一曰良知:《说命》曰“知之匪艰,行之维艰”,宋儒则以真知为重,言人有真知,所行自然无失,不能行,概是不知。至明王阳明遂专以心源澄澈,诸事可办,创为致良知之说。而今之儒者亦群讥其为禅矣。一立道学名:子贡曰“贤者识大,不贤识小,莫不有文武之道”,盖世无全局负荷之人,则分寄道者必不可少。自朱门之道学名,《宋史》遂专立“道学”一传,但取注经讲性天者为道学;而文学如韩欧以为浮华,言语如陆贾以为捷给;德行如陈实、司马光以为木强;政事如萧、曹、房、杜以为粗浅;而道学中遂相率为迂腐无用之学矣。一立书院:古大小学皆称“学”,“书院”之名,自宋始,是专以读书为学矣。(《年谱》卷二)

又其论朱熹之言曰:“何朱紫阳为陈、邵所惑,满腹先天学问,公然尊异端而倍孔子,阐邪说而乱圣经;顾乃俎豆圣庙,为数百儒宗,率天下后世叛孔子之教而不知,岂不可为叹息痛恨!无怪先生(颜元)谓:程朱之道不息,孔子之道不著;良非过激而云然也。”(《年谱》卷四)所论与颜元之说大旨相同,而根本经训,攻击《图》、《书》,更能补元论之所不及也。且塨生平著书,于阐发六艺之旨外,并皆为之考订规定,使其说于古可征,于今可行,尤为有功于其师门也。颜元时怀行道观念,塨则此种思想亦显。尝谓:“今世如李中孚、窦静庵皆卓成一孝弟忠信之人;夫孝弟忠信不出户庭而可为矣,如塨者,窃不自揣,志欲行道;如不能,则继往开来,责难谢焉。”(《年谱》卷三)其责任心之富,于此可见矣。

(七)王源

王源字昆绳,大兴人。少年慕任侠,喜兵法,落落绝世俗。尝从魏禧学古文,自谓《左》、《史》、昌黎外,无足重者。年四十游京师,徐乾学方招致天下名士,厚礼之,乃参修《明史》。《明史稿·兵志》其所作也。已而与李塨友,得闻颜元之学。一日与塨同榻,中夜呼塨寤曰:“吾自少闻道学,不慊;乃学经济,无所用;学古文,自谓必传于世。近闻吾子言颜先生学,又知文辞亦属枝叶,非所以安身立命也,吾受业习斋决矣!”乃因李塨之绍介,往谒颜元,执弟子礼;时年已五十六矣。因本颜元之旨,著《平书》十卷,一曰分民,二曰分土,三曰建官,四曰取士,五曰制田,六曰武备,七曰财用,八曰河淮,九曰刑罚,十曰礼乐,以发挥其致用之思想。谓之《平书》者,以可为万世开太平也。李塨尝谓:“《平书》若行,一县有百余儒官,有万余练兵,家皆有实,士皆有田;游惰去,异端靖,其庶乎?”(冯辰《李恕谷年谱》卷五)推崇之可谓至矣。又曰:“颜先生崛起,树周孔正学,躬行善诱,志意甚伟;而传闻不出里闬。王子来学,渐播海内,如吴涵、万斯同、王复礼、郭金城、方苞、谢野臣、陶窳、恽鹤生以名宦闻人传布其说,而道乃日益著。”(李塨《王子源传》)是又以宣传之效,归功于源也。源晚年漫游江湖,见人不自道姓名,康熙四十九年,卒于淮安。所著尚有《易传》、《兵论》等书。

(八) 刘献廷

王源友人曰刘献廷者,富于经济思想,与颜李之学亦颇为近似。献廷字继庄,一字君贤,别号广阳子,顺天大兴人。幼负异禀,落落有大志。十九岁亲殁,弃家而南,隐于吴。旋以乱入洞庭山,学益力。乱定,“慨然欲遍历九州,览其山川形势,访遗佚,交其豪杰,博采轶事,以益广其见闻,而质证其所学”(王源《居业堂集·刘处士墓表》)。已而返大兴,尚书徐乾学聘之修《明史》,得与王源交,最称同志。而于当时同事诸友,多不当意。尝谓:“诸公考古有余,而未切实用。”(全祖望《鲒埼亭集·刘继庄传》)盖献廷之学,主于经世,自象纬、律历,以及边塞、关要、财赋、军器之属,旁至岐黄者流,以及释道之言,无不留心者焉。又尝谓:“人苟不能斡旋气运,利济天下,徒以其知能为一身家之谋,则不能谓之人!”(王源《刘处士墓表》)此可见其救世之思想,与豪杰之精神矣。献廷又留心音韵之学,著《新韵谱》,全祖望述其厓略曰:

继庄自谓于声音之道别有所窥,足穷造化之奥,百世而不惑。尝作《新韵谱》,其悟自《华严》字母入,而参以天竺陀罗尼、泰西腊顶语、小西天梵书,暨天方、蒙古、女直等音;又证之以辽人林益长之说,而益自信。同时吴修龄自谓苍颉以后第一人,继庄则曰:"是其于天竺以下书皆未有通,而但略见《华严》之旨者也。"继庄之法,先立鼻音二,以为韵本;有开有合,各转阴阳上去入之五音;阴阳即上下二平,共十声,而不历喉腭舌齿唇之七位,故有横转无直送,则等韵重叠之失去矣。次定喉音四,为诸韵之宗,而后知腊顶语,女直国书,梵音,尚有未精者;以四者为正喉音,而从此得半音,转音,伏音,送音,变喉音。又以二鼻音分配之,一为东北韵宗,一为西南韵宗,八韵立而四海之音可齐。于是以喉音互相合,凡得音十七,喉音与鼻音互相合,凡得音十;又以有余不尽者三合之,凡得音五;共计三十音为韵父,而韵历二十二位为韵母;横转各有五子;而万有不齐之声摄于此矣。又欲谱四方土音,以穷宇宙元音之变;乃取《新韵谱》为主,而以四方土音填之,逢人便可印正。(全祖望《刘继庄传》)

今注音字母,采其成法不少。惜此书已不可得,所凭者只此全氏之所言耳。献廷著书今皆散失,所存者惟《广阳杂记》一书耳。

第三十四章　清初之文学

一百四十　总　说

（一）清初文学之派别

清初经学家之文：黄宗羲长于碑传，顾炎武、阎若璩、胡渭、毛奇龄等皆倾于考据，而炎武论文以实用为标，尤与普通文人不同。其专以文章显者，在清初则有侯方域、魏禧等，皆明室遗民也。方域宗法韩、欧，才虽高而造诣初不深，往往失之佻小。禧为文主识议，深喜《左传》及苏洵之作，兼富有经世之思想；而亡国遗民之恨，亦时时流露焉。其兄祥，弟礼，皆能文，有"宁都三魏"之目；与同时李腾蛟、彭士望、邱维屏、林时益、彭任、曾灿等，并称"易堂九子"，皆文章知名之士也。同时为唐宋古文者，又有汪琬、姜宸英、邵长蘅等。琬颇工于碑版之作，而气度失之拘谨；宸英步武北宋，魏禧谓其文"在醇肆之间"；长蘅颇工游览之文，论者谓足与侯、魏鼎足为三焉。康熙季年，方苞之名渐著，苞论文主义法，于当世有名诸家，一一皆以义法裁之，不少假借，开桐城一派之先路者也。至其时以骈文名者，则以陈维崧、吴绮、章藻功三人为最著。绮才地稍弱于维崧，藻功欲以新巧胜二家，往往遁为别调，故论者谓三人之中，要当以维崧为冠焉。此清初文章家之大略也。至于诗歌，则除经学家不以是擅长外（顾炎武、黄宗羲之诗尚佳），其专名者稍前则有钱谦益、吴伟业；稍后则有宋琬、施闰章、王士禛、朱彝尊诸人。谦益称扬白居易、苏轼、陆游，而于明代前后七子，则排斥不遗余力。伟业长于歌行，逸民之痛，亦常寄寓其间，故后人每以诗史目之；惟亦好尚辞华，不免有靡曼之气也。同时有龚鼎孳者，与钱、吴齐名,有“江左三大家”之称,实则风格愈下矣。宋琬与施闰章并称,当时号“南施北宋”。琬遭际坎坷,其诗多有真音;闰章秉性和平,故其诗亦有温柔敦厚之誉焉。王士禛以神韵为宗,盛名满天下,然而流弊亦多。同时朱彝尊以博雅见称,屹然分立南北,主盟诗坛者数十年。此外宋荦、吴雯、汤石曾、屈大均、陈恭尹、梁佩兰等,皆以诗名,然视王、朱则为次矣。此清初诗家之大略也。此外以词名者,除朱彝尊颇为著称外,又有宋征舆、钱芳标、顾贞观、纳兰性德、彭孙遹、沈丰垣、李雯、陈维崧等九人,与王士禛合称“前十家”。十家中以性德较为秀拔,而维崧亦与彝尊齐名,有“朱陈”之目。至其时之工曲者,则以孔尚任、洪昇二人为最著。尚任有《桃花扇》,昇有《长生殿》,均能描画动人,超出尘表。李渔虽为清初传奇第一作者,然不逮孔、洪远矣。至小说作者,《红楼梦》之前(《红楼梦》作于乾隆时代,本章不述),则当以吴敬梓之《儒林外史》为第一。其书讪笑举业,怀疑礼教,刻画人情,处处活现;令人览之而不忍释手。至于蒲松龄之《聊斋志异》,鬼怪离奇,雕斲文墨;已为家喻户晓之书。有推崇其《醒世姻缘》者,则纯因用白话文耳。

(二) 清初文学家之特点

清初文学家之特点,可以下列二层略明之:

一、唐宋之崇尚　明代弘治七子(李梦阳、何景明、徐祯卿、边贡、康海、王九思、王廷相),嘉靖七子(李攀龙、王世贞、徐中行、宗臣、梁有誉、谢榛、吴国伦)皆提倡复古,欲返乎秦汉者也。清初自钱谦益等攻击明代七子后,秦汉之复古,又渐变而为唐宋之规模矣。故其时文人如侯方域,则宗法韩、欧者也;魏禧则宗法苏洵者也;其他如汪琬、姜宸英、邵长蘅等,亦莫不以唐宋为指归焉。至于诗人,则钱谦益宗白、苏,吴伟业仿元、白,王士禛宗王、孟;其他诗人亦无不以唐代为止境者。是可见当时文学对于唐宋之崇尚矣。夫清初经学、理学之返乎唐宋也,前已言之矣;而其时文学之现象,亦复如此,不可谓非一奇异之现象也。

二、文格之蜕变　清初文人虽多崇尚唐宋,而一般之文格,实已渐趋蜕变;经学家倾向考证,其文格日趋朴实,试取清初经学之著作,即可知其已与平常不类;而阎若璩之《尚书古文疏证》,则其尤显著者也。若就狭义之文学本身言之,自方苞义法之说盛,其文格亦与前不同矣。故清初之文学,虽未至如中叶之另成一格,然实亦酝酿蜕变之时期也。

一百四十一　文　章

(一) 侯方域

侯方域字朝宗,号雪苑,河南商丘人。幼随父官京师,习知朝事,能别白士大夫贤否;颇以节概自勉。二十二岁应试南京,得交陈贞慧、吴应箕及南中诸名士。阮大铖屏居金陵,谋复用;诸名士作《留都防乱揭》檄其罪,大铖恚甚,然无可如何。知方域与二人善,欲因侯生以交于二人,因属其客来交欢,方域弗与通。又尝与诸名士宴集,纵论大下事,语稍及大铖,击手詈骂不绝;大铖闻之,大怒,而恨三人尤甚。甲申拥立福王,大铖骤得志,兴大狱,欲尽杀方域等。方域夜出走,渡江依高杰得免。入清隐居不出,顺治十一年卒,年三十七。所著有《壮悔堂全集》(《四忆堂诗集》与《文集》两种)。初方域放意声伎,已而悔之,始发愤为诗歌古文。其文大抵宗法韩欧,而长于叙事。感于明季之时势,发之于文,颇有不平之气;而以明室遗民,亡国之恨,间亦流露于字里行间焉。惜享年未久,成就未闳,所为终不免以才胜也。

(二) 魏禧

魏禧字叔子,一字冰叔,江西宁都人。幼豪达,负才略,甲申之变,谋从曾应遴起兵,不果。入清隐居翠微峰,专肆力于古文。士友稍稍依之,李腾蛟、彭士望、邱维屏、林时益、彭任、曾灿等渐至。禧兄祥,弟礼,亦精文学;相与讨论观摩,以文章节概相淬励,于是名震一时,即世所谓"易堂九子"也。禧年四十后,出游,涉江淮,逾吴越,思广接天下奇士;闻有隐逸道德之士,则崎岖山水,必造访请益。于吴门交徐枋、全俊明,西陵交汪沨,乍浦交李天植,常熟交顾祖禹,毗陵交恽日初、杨瑀,方外交药地、槁木:皆遗民也。康熙十七年,诏举博学鸿儒,禧亦被征,以疾辞。有司督趣就道，不得已，舁疾至南昌就医药；抚军某疑其诈，以板扉舁之至门，禧絮被蒙头，卧称病笃；乃放归。又二年卒，年五十七。所著有《叔子集》、《左传经世》等书。禧好读史，尤喜《左传》及苏洵之文，其为文主识议，凌厉雄迈，不屑规模。且时抱遗民之戚，志存恢复；遇节烈奇士，则益感慨激昂，摹画淋漓；故其所为新乐侯刘文炳及大铁椎诸传，皆有奇侠气，为今人所喜讽诵者也。禧更富有经世思想，尝谓："读书所以明理也，明理所以适用也；故读书不足经世，则外极博综，内析秋毫，与未尝读书同。经世之务，莫备于史，禧尝以《尚书》史之大祖，《左传》史之大宗；古今治天下之理尽于《书》，而古今御天下之变备于《左传》。……禧尝指谓门人学《左氏》者，就令'三桓七穆'，口诵如流，原非所贵，其不能对，亦无足凭；此盖博士弟子所务，非古人读书之意。善读书者，在发古人所不言，而补其未备；持循而变通之，坐可言，起可行而有效，故足贵也。"（《左传经世自序》）此亦感于时势所发之思想，清初学者，往往然也。

（三）汪琬

汪琬字苕文，号钝庵，学者称尧峰先生，江苏长洲人。顺治十二年进士，历官户部主事。余暇无时不以古文自娱；与龚鼎孳、李天馥、王士禛、陈廷敬、宋荦、刘体仁、董文骥等，时以诗文相切劘。后以病免归，居尧峰山，读书不懈。康熙十七年，陈廷敬等以琬应博学鸿儒之荐，授编修，与修《明史》。在史馆六十日，撰史稿百七十五篇；后以病乞归，仍居尧峰，读书不倦，曰："吾老犹冀有所得也。"康熙二十九年卒，年六十七。所著有《钝翁前后类稿》、《续稿》等，今通行者曰《尧峰诗文钞》，琬所手定者也。琬性卞急，遇意所不可，辄攘臂争；即诗文得失，亦不少假借；是以当时相传"钝翁喜骂人"，颇不直之。其文大抵宗法欧阳修、归有光，颇工碑版之作；惟拘于法度，用笔甚不自由，颇鲜生动之意趣。袁枚谓其"原本六经，复正轨辙，乃儒者之文也"；则亦有意奖之之辞耳。

（四）姜宸英及何焯

姜宸英字西溟，一字湛园，浙江慈溪人。少工诗古文词，精书法。被荐纂修《明史》,屡试皆以违科场规不第。徐乾学罢官归,犹领修《一统志》,宸英参志事,相从;连蹇不得志者累年。康熙三十六年,始成进士,而宸英已年七十矣。已而以顺天乡试事牵连死狱中,举朝知其冤,而未及救,时论惜之。所著有《江防总论》、《海防总论》、《湛园集》等。宸英少习古文,年七十犹矻矻不休,绩学勤苦,用力颇深;故其成就亦颇为醇实。其论文以为周秦之际,莫衰于《左传》,而盛于《国策》,闻者骇之。其文闳肆雅健,往往有北宋人意。魏禧尝曰:"侯朝宗肆而不醇,汪苕文醇而不肆,姜西溟在醇肆之间。"当时颇以其论为然。康熙中文人,复有何焯者,字屺瞻,晚号茶仙,江苏长洲人。先世曾以义门旌,学者称义门先生。少读书数行齐下,为文才思横溢,性尤耿介。康熙二十四年拔贡,时徐乾学、翁叔元方收召海内新进,焯亦及其门。及叔元承要人(案即指明珠)指劾汤斌,举朝愤之,莫敢讼言其非;独姜宸英移文讥之,焯亦遗书请削门生籍,天下快焉。四十一年圣祖南巡,李光地以焯荐,明年赐举人,复赐进士,直南书房,(《啸亭杂录》云:"义门先生值南书房时,尝夏日裸体坐,仁皇帝骤至,不及避,因匿炉坑中,久之,不闻御音,乃作吴语问人曰:'老头子去否?'上大怒,欲置之法,先生徐曰:'先天不老之谓老,首出庶物之谓头,父天母地之谓子,非有心诽谤也。'上大悦,乃舍之。"观此,亦可见焯性之佻达与警辨矣。)寻命侍读允禩,后即以党于允禩得罪(详见第九十九节)。康熙六十一年卒,年六十二。初,焯选刻《四书文行远集》,又选《历科程墨》,海内五尺童子,皆知其名。又尝校刊诸书,订其讹谬;而两《汉书》、《三国志》尤精。凡有评识,必洞彻其表里,通核其时势利病,无一语无根据,故其所评诸书,多为世人所重云。焯论文与方苞不合,苞最恶钱谦益,而焯颇右之,谓自牧斋后,更无人矣。然苞有作,必问其友曰:"义门见之否?义门能纠吾文之短者,如有言,乞以告我!"焯殁后,世或以兼金购所阅经史,估人多冒其迹以求售,于是何氏伪书颇杂出。邑人蒋维钧刻其《读书记》五十八卷行于世。

(五) 邵长蘅

邵长蘅字子湘,自号青门山人,江苏武进人。少聪颖,有奇童之名。

累试不得志，乃淡于举业，潜心古文之学。后客游京师，会开博学鸿儒科，海内之士，如施闰章、汪琬、陈维崧、朱彝尊等皆集京师，时相过从。旋入太学，再应顺天乡试，报罢。归乃寄情山水，放意游览，不复留意功名，而其学亦日进焉。康熙四十三年卒，年六十八。所著有《青门集》。宋荦尝为之序云："本朝韦布之以古文名其家者，商丘侯氏，宁都魏氏已耳；山人（指长蘅）起孤生，不藉家世党援，刻苦踔厉，与之后先揖让于坛坫之上，如鼎三足。然叔子雅不以诗名，朝宗力追北地，而蹊径未化；山人格高气遒，尝观海市于芝罘，穷炎涨于扶胥，而诗益雄肆奇伟，卓然成一家言；是又二氏之所瞿然退舍也夫！"其推挹可谓深至。当时王士禛称"其文为荆川后一人"，汪琬亦谓"其人品似陆鲁望，文章似柳子厚"。亦皆深表敬重之意也。长蘅尝谓："吾之学既成，无论其为汉魏六朝，为李杜，为三唐，为宋、元、明人之诗，皆可使之就吾之炉冶，而不能为吾病；吾之学未成，无论其学汉魏六朝，学李杜三唐，及宋、元、明皆足以病吾，而未必有当于诗；何则？其自得者鲜也。"此种不专主模仿之见解，高出于以毕肖古人者远矣。

（六）方苞

方苞字灵皋，学者称望溪先生。先世居桐城，曾祖以后，始寄籍上元。康熙四十五年进士，五十年以《南山集》之狱，牵连论斩；李光地力救之，从宽免死，隶旗籍。康熙帝颇知其文学，特命入直南书房。六十一年命为武英殿修书总裁。雍正元年赦归籍。十一年擢内阁学士，以足疾辞。寻充《一统志》总裁。十三年充文颖馆副总裁。乾隆朝，擢至礼部侍郎。廷臣多迂其所为，而恶其多言，遇事多梗其议，且相与发其私事；因得罪削官，令在三礼馆修书赎罪。苞以年近八旬，时患疾病，乞归。乾隆十四年卒，年八十二。所著今有《方望溪全集》（文集，及其说经之书，均在内）。苞生平治经，颇有心得，而尤精三《礼》，其文集杂著说经之处亦多；惟在清代经学中则为别派，故人不之称。后人称之者，多以其文。其论文以义法为主，开桐城派之先声者也。其所谓义法者：一、非阐道翼教，有关人伦风化，不苟作；二、凡所涉笔，皆有六籍之精华；三、不可入语录中语，魏晋六朝藻丽俳语,汉赋中板重字法,诗歌中隽语,南北史佻巧语。而其为文大抵上规《史》、《汉》,下仿韩、欧,不肯少轶于规矩之外。虽大体雅洁,而变化太少,终不能屏去模拟,自辟门户,是其短也。苞又尝与姜宸英等论行身祈向曰"学行继程朱之后,文章介韩欧之间";故其生平常有借文章以润色理学之见解;自后桐城派绍述其说,亦每自托于因文见道之流,以吾人今日眼光观之,直文学之障而已。以上所述,皆散文家也。其以骈文名者,有尤侗(字同人,号悔庵,晚号艮斋,长洲人,著有《鹤栖堂文集》、《西堂杂俎》,世称西堂先生)、吴兆骞(字汉槎,江南吴江人)、吴绮(字园次,著《林蕙堂集》)、陈维崧(字其年,一字迦陵,宜兴人;有《陈检讨四六集》二十卷)、章藻功(字岂绩,著《思绮堂集》)等,或摹拟古人,或故创新巧,在清初足备一格而已。

一百四十二　诗　歌

(一) 钱谦益与吴伟业(龚鼎孳、阎尔梅附)

钱谦益字受之,号牧斋,自号蒙叟,又称东硐老人。明万历三十八年进士,历官至侍郎。福王时为礼部尚书,顺治二年降清,授礼部侍郎,署秘书学士,未几引疾归里。著有《初学集》、《有学集》、《杜诗注》、《吾灵集》等书。乾隆三十四年,以《初学集》、《有学集》多有诋谤清人语,严旨焚毁;清末始复有印行者(现时流传者,更有《钱牧斋文钞》,系国学扶轮社印行)。谦益论诗,称扬白居易、苏轼、陆游诸人,而于明代李、何、王、李概挥斥之;余如二袁,钟、谭更在不足齿数之列,一时靡然宗之。虽其人格为后人所鄙,实亦清初开风气之人也。陈静秋女士谓"牧斋之诗,气魄雄厚,而于悲愤忧思之际,尤能感慨淋漓,见于楮端"(见《清初三大诗家》)。凌凤翔谓:"前后七子而后,诗派即衰微矣,牧斋宗伯起而振之,而诗家翕然宗之,天下靡然从风,一归于正。其学之淹博,气之雄厚,诚足以囊括诸家,包罗万有。其诗清而绮,和而壮,感叹而不促狭,论事广肆而不诽排,洵大雅元首,诗人之冠冕也!"(《初学集序》)谦益亦颇重诗史之义,尝云:

孟子曰:"《诗》亡然后《春秋》作。"《春秋》未作以前之《诗》,皆国史也。人知夫子之删诗,不知其为定史,人知夫子之作《春秋》,不知其为续诗。《诗》也,《书》也,《春秋》也,首尾为一书,离而三之者也。三代以降,史自史,诗自诗,而诗之义不能本于史。曹之《赠白马》,阮之《咏怀》,刘之《扶风》,张之《七哀》,千古之兴亡升降,感叹悲愤,皆于诗发之。驯至于少陵,而诗之史大备,天下称之曰"诗史"。唐之诗入宋而衰;宋之亡也,其诗称盛,皋羽之《恸西台》,水云之《苕歌》,谷音之《越吟》,如穷冬沍寒,风高气栗,悲噫怒号,万籁杂作;古今之诗莫变于此时,亦莫盛于此时。至今新史盛行,空坑厓山之故事,与遗民旧老,灰飞烟灭;考诸当日之诗,则其人犹存,其事犹在,残篇啮翰,与金匮石室之书,并悬日月;谓诗之不足以续史也,不亦诬乎?(《钱牧斋文钞·胡致果诗序》)

其《投笔集》有《秋兴诗》百余首,几全为郑成功而作。如《金陵秋兴》八首云:

龙虎新军旧羽林,八公草木气森森,楼船荡日三江涌,石马嘶风九域阴。扫穴金陵还地脉,埋胡紫塞慰天心。长干女唱平辽曲,万户秋声息捣砧!

杂虏横戈倒载斜,依然南斗是中华,金银旧识秦淮气,云汉新通博望槎。黑水游魂啼草地,白山新鬼哭胡笳。十年老眼重磨洗,坐看江豚蹴浪花。

大火西流汉再晖,金风初劲朔声微,沟填羯肉那堪脔!竿挂胡头岂解飞!高帝旌旗如在眼,长沙子弟肯相违。名王俘馘生兵尽,敢道秋高牧马肥?

九洲一失算残棋,幅裂区分信可悲。局内正当侵劫后,人间都道烂柯时。住山狮子频申久,起陆龙蛇撇捩迟。杀尽胡夷才敛手,椎枰何用更寻思?

壁垒参差叠海山,天兵照雪下云间,生奴八部忧悬首,死虏千秋悔入关。箕尾廓清还斗极,鹑头送喜动天颜。枕戈席槁孤臣事,敢拟逍遥供奉班!

戈船十万指吴头,太白芒寒八月秋,淝水共传风鹤警,台城无那纸鸢愁。白头应笑皆辽豕,黄口谁容作海鸥。为报新亭垂泪客,好收残泪览神州!

铃索频传航海功,秋宵蜡炬井梧中,冯夷怒击前潮鼓,飓母欢催后鹢风。蛟吐阵烟掀浪黑,猩殷袍血射波红。秦淮卖酒唐时女,醉倒开元白发翁。

金刀复汉事逶迤,黄鹄俄传反复陂,武库再归三尺剑,孝陵重长万年枝。天轮只傍丹心转,日驾全凭只手移。孝子忠臣看异代,杜陵史诗汗青垂!

原注谓永历十三年己亥七月初一日作。又《后秋兴》八首云:

王师横海阵如林,士马奔驰甲仗森。戒备偶然疏壁下,偏师何意溃城阴!凭将按剑申军令,更插鞞刀警士心。野老更阑愁不寐,误听刁斗作秋碪。

羽檄横飞建旆斜,便应一战决戎华。戈船迅比追风骠,营垒高于贯日槎。编户争传归汉籍,死声早已入胡笳,京江夜报南沙火,簇簇银灯满盏花。

龙河汉帜散沉晖,万岁楼边候火微,卷地楼船横海去,射天鸣镝夹江飞。挥戈不分旌头在,反旆其如马首违。凿齿逃秦思异日,重收魂魄饱甘肥。

由来国手算全棋,数子抛残未足悲。小挫我当严儆候,骤骄彼是灭亡时。中心莫为斜飞动,坚壁休论后起迟。换步移形须着眼,棋于误后转堪思。

两戒关河万里山,京江天堑屹中间,金陵要奠南朝鼎,铁瓮须争北固关。应以缕丸临峻坂,肯将传舍抵孱颜。荷锄父老双垂泪,愁见横江虎旅班。

吴侬看镜约梳头，野老壶浆洁早秋。小队谁教投刃去？胡兵翻为倒戈愁。争言残寇同江鼠，忍见遗黎逐海鸥！京口偏师初破竹，荡船木梯下苏州。

十载倾心一旅功，御枪原庙梦魂中，每思撒豆安营垒，更欲吹毛布雨风。淮水气连天汉白，钟离云捧帝车红。南宫图颂丹铅在，辜负秋窗老秃翁。

艰难恢复势逶迤，蚁穴何当溃泽陂，驼马已临迤北路，炮车犹护向南枝。云惊犀象牙方长，雨送蛟龙宅屡移，最喜伏波能振旅，封侯印佩许双垂。

原注谓永历十三年八月初二日闻警而作。盖成功为牧斋门人，当其提师北伐，进至金陵，遗民父老，莫不箪食以迎，喜复见汉官威仪也。乃以戒备偶疏，偏师遽溃，一着之差，影响大局，翩然出海，振旅南还。人民属望中兴，一时为之幻灭，孱颜垂泪，愁苦可知。然牧斋仍以“临分执手语逶迤，白日精心似此陂，一别正思红豆子，双栖终向碧梧枝，盘周四角言难罄，局定中心誓不移……”“孝子忠臣看异代，杜陵诗史汗青垂”期之。情挚言切，则亦诗史之微义耳。牧斋虽有贰臣之羞，但瞿式耜死节于桂林（牧斋有《哭桂林相公》诗百余韵），郑成功辟疆于海外，皆其门人，与通声气。故牧斋仍用明正朔，以示不帝秦之意，其用心亦良苦矣。

吴伟业字骏公，号梅村，江苏太仓人。少年曾从张溥游，才华艳发，盛称一时。二十三岁，中崇祯辛未进士，授编修，明亡，退居林下。顺治中，有司荐之，力迫入都，不得已乃就道。官国子祭酒，后请假归。康熙十年卒，年六十三。将卒，谓家人曰：“吾诗虽不足以传远，而是中之寄托良苦！后世读吾诗而知吾心，则吾不死矣。吾性爱山水，葬吾于灵岩邓尉间，碣曰‘诗人吴梅村之墓’足矣！”（陈廷敬《吴梅村先生墓表》）所著有《梅村集》（四十卷，诗十八卷，诗余二卷，文二十卷。诗集有单行本，湖北书局版为佳）、《乐府杂剧》、《绥寇纪略》（本书原名《鹿樵纪闻》，见李孟符《春冰室野乘》，或谓原名《鹿樵野史》，见梁任公《近三百年学术史》，梁任公谓：“今本乃彼一不肖门生邹漪所盗改，颠倒是非甚多，非梅村之旧也。”然按施愚山《致金长真书》略云:“梅村《鹿樵纪闻》一编,邹流骑以故人子弟之义,卖屋为任剞劂,一备放失旧闻,一以表章前辈著述,良为胜事!但不合轻借当时名流姓氏参评,致有此举。盖惩前史之祸,不得不申明立案,非有深求于邹也。今拘系赴解,举家号哭,悉焚他书,笥橐为空,毗陵士大夫莫不怜之。邹既贫且老,莫为援手,万一决裂,不特邹祸不测,且恐波及梅村,遗孤惴惴,巢覆是惧。”据此则邹氏有剞劂之义,邹氏曾与钱遵王订刊《有学集》,亦文人之好事者,或非不肖盗改之人也。是此书又几构文字之狱矣。《四库全书简明目录》叙此书分十二篇,每篇以三字标题。其《虞渊沉》一篇,但纪明末灾异而不及亡国之事,据朱彝尊跋,此篇原分上中下三子目,其后二子卷佚未刻也。据此知四库所录《绥寇纪略》,乃其一部分,《鹿樵纪闻》一书,现已出世,见《明末痛史》第十六种,分三卷,惟上卷十二篇,无《虞渊沉》,且亦非皆以三字标题。有二字或四五字者,此书是否原本,虽不可知,然《绥寇纪略》一书,则决非梅村之旧矣)诸书。伟业之诗,专模唐人格调,关于时事之古诗尤工,如《永和宫词》、《圆圆曲》、《楚两生歌》等,颇能描画入情,与《长恨歌》、《琵琶行》有同调焉。且伟业不得已而事清,终身引为恨事;故发之于诗,颇多悲凉之音,而故国之思,亦时时流露。其所谓“寄托良苦者”,盖所为诗多与当时事影照,特慑于清廷而不敢明言耳。故后人每以“诗史”称之,谓其诗中有史也。其《过淮阴有感》云:“登高怅望八公山,琪树丹崖未可攀;莫想阴符遇黄石,好将鸿宝驻朱颜;浮生所欠只一死,尘世无繇识九还,我本淮王旧鸡犬,不随仙去落人间。”(《梅村诗集》卷十二)又其《言怀》云:“苦留踪迹住尘寰,学道无成且闭关;只为鲁连宁蹈海,谁云介子不焚山?枯桐半死心还直,断石经移藓自班,欲就君平问消息,风波几得钓船还。”(《梅村诗集》卷十一)其眷怀故国之深情,观此可见矣。又其《咏古》之诗曰:“古来有烈士,轵里与易水,庆卿虽不成,其事已并美。专诸弑王僚,朱亥杀晋鄙;惜哉博浪椎,何如圯桥履!公孙坛西蜀,可谓得士死,连刺两大将,探囊取物耳!皆从百万军,夜半入帐里,匕首中要害,绝迹复千里。若论剑术精,前人莫能比;胡使名弗传,无以著青史。谁修侠客传,阙疑存二子!”(《梅村诗集》卷二)专制时代,讳言刺客,而此则竭力推崇;其提倡侠义，期望匡复，与魏禧之《大铁椎传》，盖有同一之用意。清初更有龚鼎孳者，字孝升，合肥人。崇祯甲戌进士，入清官至刑部尚书，著有《定山堂集》。以诗名，与钱、吴并称，有"江左三大家"之目。实则宴饮酬酢之作，多于登临凭吊，风格不逮钱、吴远甚；故三人中要以伟业为较优也。与鼎孳称故友，而气节高横一世，以诗名闻海内者，尚有阎尔梅。尔梅字用卿，号古古，生而耳长大，白过于面，故又号白耷山人，徐州沛县人。崇祯三年，由恩贡举孝廉；十四年，乐梅练乡兵破贼。顺治元年，福王立南京，徐州守从贼，尔梅擒送之史可法。清兵南下，其巡抚赵福星屡召之，皆为书谢绝。漫游江淮间，欲有所图。陈名夏为首辅，少与尔梅善，聘书三至，竟与绝交。后以山东兵起，辞连下济南狱，有司纵遣之，乃亡命豫、秦、蜀、楚间，遍游名山大川。诗有"一驴亡命三千里，四海无家二十年"之句，盖记实也。及还里，仇者讼之，时鼎孳为刑部尚书，辄力为解，乃入京，时年已六十三矣。鼎孳偕众客宴之慈仁寺，尔梅自称曰："国亡，破万金之资，为国家报仇，天下振动，事虽未成，卒不为所杀，乱世不失足，疾风劲草，此布衣之雄，于某足矣！"无何，游太原，又南至钱塘。康熙十八年卒，年七十七，所著诗文集，经尔梅手订，刻之，后散佚。民国七年，张相文得原刊本于露摊，因就其家藏重编之，即今之《阎古古全集》也。尔梅为诗，不尚虚靡；又以"圣人以史尊王，学者以诗代史"（《帝统乐章序》引见全集卷二）之意，因作《帝统乐章》，以潜寄其蛮夷华夏之痛。规模虽不逮钱、吴，然以诗为史之意，则亦牧斋、梅村之流亚也。况钱、吴、龚均以贰臣为人疵，而尔梅尤有足称者焉。

（二）宋琬及施闰章

宋琬字玉叔，号荔裳，山东莱阳人。顺治四年进士，授户部主事。十七年历官至浙江宁绍台道。十八年擢按察使。时登州于七为乱，琬同族子，因夙憾，谋陷琬，遂以与闻逆变告密，阖门缧系者三载。康熙三年，始得旨免罪。自是流寓江南，遨游山水间以自适。旋复起用，十一年授四川按察使。次年入觐，适吴三桂起兵陷成都，琬家皆在，闻变忧戚，遂以疾卒。所著有《安雅堂集》（分《诗》、《文》、《二乡亭词未刻稿》、《入蜀集》

等)。琬数遭忧难,故多感时伤事之作,饶有凄惋激宕之音;在清初诗家中,尚不失有真情流露之致,远胜于故意堆砌之为诗者矣。王士禛颇推崇之,故有"南施北宋"之目;施者,施闰章也。

施闰章字尚白,号愚山,晚号矩斋,江南宣城人。顺治六年进士,授刑部主事。旋擢山东学政,崇雅黜浮,取士必先行而后文。秩满,迁江西参议,政声颇著。暇日修景贤、白鹭洲两书院,讲学其中,听从者甚众。康熙六年,以裁缺归。十七年,召试博学鸿儒,授翰林院侍讲,纂修《明史》。二十二年转侍读,是年卒,年六十六。所著有《学余堂诗文集》。闰章言行皆甚朴实,故其诗不以才调胜,而以温柔敦厚见长。尝谓洪昇曰:"尔师(王士禛)诗如华严楼阁,弹指即见。吾诗如作室,瓴甓木石,一一就平地筑起。"(王士禛《居易录》)又曰:"山谷言:'近世少年,不肯深治经史,徒取给于诗,故致远则泥。'此最为诗人针砭。诗如其人,不可不慎,浮华者浪子,叫号者粗人,窘瘠者浅,痴肥者俗;风云月露,铺张满眼,识者见之,直一叶空纸耳,故曰君子以言有物。"(施闰章《蠖斋诗话》)观其持论,则其态度之敦实可见矣。闰章亦好古文,又尝讲学江西,故时亦有以文章理学称之者;然视其诗,则皆次乘也。

(三) 王士禛

王士禛字贻上,号阮亭,又别自号渔洋山人,山东新城人(士禛以避胤禛讳,改名士正。乾隆三十九年,以"士正"与原名音太不相近,谕改"士祯";故书中作"士正"、"士祯"者皆士禛也)。顺治十五年进士。十六年授扬州府推官。康熙三年,升礼部员外郎。十七年授侍讲,旋转侍读。十九年迁国子监祭酒。二十三年迁少詹事,奉令祭告南海。二十九年充经筵讲官,并国史副总裁。三十三年,充《渊鉴类函》总裁。三十五年,奉命祭告西岳,西镇,江渎。三十八年,迁刑部尚书。四十三年,坐事革职。五十年卒于家,年七十八。所著有《带经堂集》、《池北偶谈》、《居易录》、《渔洋诗话》等书。士禛论诗,大抵本严羽妙悟之说,以神韵为宗,谓诗之妙境,在超悟新颖,有言外之余情。故每云:"为诗先从风致入手,久之要造于平澹。"(《然灯纪闻》)其在扬州所作《论诗绝句》三十二首,大都发表此意，如："接迹风人明月篇，何郎妙悟本从天。"又如："枫落吴江妙入神，思君流水是天真。"又如："曾听巴渝里社词，三闾哀怨此中遗；诗情合在空舲峡，冷雁哀猿和竹枝。"平生大指，具在是矣。又尝谓："诗如神龙，见其首不见其尾；或云中露一爪一鳞而已，安得全体？是雕塑绘画者耳。"（赵执信《谈龙录》）故吴陈琰云："先生兼总众有，不名一家，而撮其大凡，则要在神韵。诗得古人之神韵，即昌谷所云'骨重神寒'，诗品之贵，莫逾于此矣！"（《蚕尾续集序》）惟神韵之说，易使学者流于浮响，当时施闰章已有华严楼阁之喻。且士禛虽自标神韵之义，而其为诗，则喜用僻事新字，倾于修辞，而神韵之旨反晦；故汪琬有"西川锦匠"之戒（《古夫于亭杂录》，载汪苕文谓其友曰："勿效阮亭，渠别有西川织锦匠作局！"），而赵执信作《谈龙录》尤竭力诋諆，虽其持论不无过激，然深中士禛流弊者，亦复不少也。惟士禛当康熙中，盛名满天下，世无不知有渔洋山人；刻刊诗集者，亦莫不以得士禛之序言为荣，至比之于唐代之杜甫焉。王掞为士禛作《神道碑铭》，论其诗曰：

> 公之诗非一世之诗，公之为功于诗，亦非一世之功已也！公之诗自汉、魏、六朝，以迄唐、宋、元、明，无不咀其精华，探其堂奥；而又浸淫于陶、孟、王、韦诸公，独得其象外之旨，意外之神；不雕饰而工，不锤铸而炼；极沉郁排奡之气，而深造自然；尽镵刻绚烂之奇，而不由人力。尝推本司空表圣"味在酸咸之外"，及严沧浪以禅喻诗之旨，而伸其说。盖自来论诗者，或尚风格，或矜才调，或崇法律，而公则独标神韵，神韵得，而风格、才调悉举诸此矣。明自中叶以还，先后七子，互相沿习，钟、谭、陈、李更相诋诃。本朝初，虞山、娄东数公，驰驱先道，风气始开，犹未能尽复于古；至公出而始断然别为一代之宗，天下之士一归于大雅。盖自明迄今历二百年未有逾于公者也。元微之序少陵诗云："唐兴，关学大振，世之能文者互出。然而好古者遗今，务华者去实；至于子美，上薄《风》、《骚》，下该沈、宋，尽古今之体势，兼人人之独专；诗人以来，未有如子美者！"以公较之，庶几无愧！故曰：公之诗非一世之诗，公之为功于诗，亦非一世之功已也。

其推崇可谓至矣;其言似觉溢美,然实亦足以代表当时多数人之心理也。士禛又颇工词,所著《衍波词》,亦学者所喜讽诵也。

(四) 朱彝尊

朱彝尊字锡鬯,号竹垞,浙江秀水人。年十七弃举子,肆力于古学。康熙十七年,被征博学鸿儒,授检讨,纂修《明史》。在史馆凡七上书总裁,讨论修史义例,皆得体要。二十年充日讲起居注官。二十二年入直南书房。后为牛钮所劾,降一级。二十九年补原官。三十一年假归,忘怀宦途,一意著述。卒年八十一。所著有《曝书亭集》、《诗综》、《词综》、《经义考》等。彝尊淹贯群书,清初号称文人者,以彝尊最为博洽。其诗不名一格,少时规濲王孟,未尽所长;中年以后,学问愈博,风骨愈壮,长篇险韵,出奇无穷。与王士禛对峙,屹然为南北两宗。当时赵执信作《谈龙录》以彝尊与士禛并为大家,而谓:"王之才高,而学足以副之;朱之学博,而才足以运之。"及论其失则曰:"朱贪多,王爱好。"时人颇以为公论。所为文亦雅博渊懿,根柢盘深,士禛对之,则未免瞠乎后矣。彝尊又好为词,其体近姜白石、张玉田,而加恢宏焉。所著《词综》,录唐、宋、金、元词五百余家;于专集及诸选本外,凡稗官野纪中,有片词足录者,辄为采掇。且所选亦颇能简择精当,以视《花间》、《草堂》诸编,胜之远矣。所著《经义考》共三百卷,仿鄱阳马氏《经籍考》而推广之;自周迄清,各疏其大略,考核颇博。顾炎武颇称许之,是以彝尊固不仅为诗人者也。清初以诗名者,尚有宋荦(字牧仲,号漫堂,别自署绵津山人,河南商丘人。官至吏部尚书。著有《西陂类稿》。所作诗,古体主奔放,近体主生新;而一意摹仿苏轼)、汤右曾(字西崖,仁和人,官至吏部右侍郎,兼翰林院掌院学士。著有《怀清堂集》)、吴雯(字天章,蒲州人,著有《莲洋诗钞》。天才雄骏,王士禛颇称之)、屈大均(字翁山,又字介子,番禺人。有《九歌草堂集》)、陈恭尹(字元孝,号独漉,顺德人。有《独漉堂集》)、梁佩兰(字芝五,号药亭,广东南海人。有《六莹堂集》)等。吴雯、右曾皆为王士禛所称赏,而荦诗名亚于士禛,惟不及其闳大耳(邵长蘅曾刻《渔洋绵津合集》,当时以为献媚,实未尽然也)。屈、陈、梁三人,有"岭南三家"之称,其格调与当时颇有不同云。

一百四十三　词曲及小说

(一) 纳兰性德等十家之词

清初词人，除朱彝尊外，以纳兰性德、陈维崧为最著；世以性德、维崧与宋征舆、李雯、钱芳标、顾贞观、王士禛、彭孙遹、沈丰垣、沈谦并称为前十家焉。纳兰性德(初名成德)字容若，大学士明珠之子，康熙中，官至一等侍卫。工诗词，一时名流如严绳孙、顾贞观、秦松龄、陈维崧、姜宸英、吴兆骞等，皆为知交。康熙二十四年卒，年只三十一。时人惜之，康熙帝亦为之悲愍不置云。所著有《饮水词》等。性德好北宋之词，而不喜南渡诸家，所作皆清新秀隽，自然超逸，当时文人颇赏爱之。谭献尝谓："王士禛、钱芳标为才人之词；张惠言、周济为学人之词；惟性德、项鸿祚、蒋春霖为词人之词。"论者谓：有清二百数十年中，前有性德，后有鸿祚、春霖，成鼎足三分之势焉。宋征舆字辕文，华亭人，其词颇近冯韦。李雯字舒章，江南上海人，顺治中官至内院中书，其词哀艳，逼近温、韦。钱芳标字葆馚，江南华亭人，官中书舍人。其词原本李商隐，绮丽而不佻，骀宕而有则。顾贞观，字华封，号梁汾，江苏无锡人。官中书，著有《弹指词》。为人才调清丽，其词出入北宋诸家。吴兆骞以罪谪宁古塔，贞观作《金缕曲》二阕寄之，其词曰："季子平安否？便归来，生平万事，那堪回首！行路悠悠谁慰藉，母老家贫子幼。记不起从前杯酒，魑魅择人应见惯，总输他覆雨翻云手，冰与雪，周旋久。泪痕莫滴牛衣透！数天涯，依然骨肉，几家能彀。比似红颜多薄命，更不如今还有。只绝塞苦寒难受，廿载包胥承一诺，盼乌头马角终相救，置此札君怀袖。我亦飘零久，十年来深恩负尽，死生师友。夙夕齐名非忝窃，试看杜陵穷瘦，曾不减夜郎僝僽，薄命长辞知己别，问人生到此凄凉否？千万憾，为君剖：兄生丁未吾丁丑，共些时冰霜摧折，早衰蒲柳。词赋从今须少作，留取心魂相守。但愿得河清人寿，归日急缮行戍稿，把空名料理传家后，言不尽，观顿首。"为纳兰性德所见，至感而泣曰："山阳《思旧》之作，都尉《河梁》之什，并此而三矣！"(《感旧集》)可知其深有动人之处也。彭孙遹字骏孙，自号羡门生，海盐人。顺治十六年进士,官中书舍人,康熙十八年博学鸿儒,召试,擢第一,授编修。历官吏部侍郎,兼翰林院学士,著有《延露词》(又有《松桂堂全集》及《南淮集》)。才学颇为富赡,其词多存唐调。沈丰垣字遹声。其词本淮海方回,犹有黍离之伤。沈谦字去矜,仁和人,著《词韵》、《词谱》、《东江集钞》等。工韵学,其词取法苏辛,彭孙遹颇推重之。陈维崧(见文章节内,著《乌丝词》)在清初以骈文擅盛名,其词亦法苏、辛,与朱彝尊齐名,当时《朱陈村词》,流传遍宇内;康乾之际,言词者几莫不为朱、陈两家所笼罩焉。

(二) 孔尚任及洪昇之曲

清初工曲者,以孔尚任、洪昇称巨家。尚任字聘之(又字季重),号东塘,自署云亭山人,山东曲阜人,官至员外郎。著有《桃花扇》、《小忽雷》传奇,而《桃花扇》一书,尤脍炙人口。其《自序》云:“族方训,崇祯末为南部曹,得闻宏光遗事甚悉,证以诸家稗记无勿同者。香君面血溅扇,杨龙友以画笔点成桃花。”其书借生(侯方域)、旦(李香君)之聚散,写南渡之兴亡;于当时诸人,均能描画毕肖,确考时地,全非虚构;即小小科诨,亦有所本。而其用笔亦多慷慨激昂,足以表义士之豪侠,而亡国之恨,亦寓于其间。论者谓:可称后明曲史,自有曲以来,未有过于此者也。洪昇字昉思,号稗畦,浙江钱塘人,王士禛之弟子也。工乐府,谙音律,于诗词皆有渊源。官上舍生,以演所著《长生殿传奇》非时(时值国忧),被革斥;又遭家难,流寓困穷,备极坎壈。康熙四十三年,醉后堕水死,时人惜之。著有《稗村集》、《长生殿》、《天涯泪》、《四婵娟》等,而《长生殿传奇》尤盛传一时。《长生殿》乃据《长恨歌》为本,其特色在写杨贵妃为极可怜之女子,绝少骄盈之态;且刻画亦能入情,与浓艳轻浮者不同。赵秋谷为之制谱,吴舒凫为之论文,徐灵昭为之订律,故能与《桃花扇》并称为杰作也。孔、洪两家之外,清初李渔亦颇工曲。渔字笠翁,钱塘人,流寓金陵。著有《笠翁十种曲》(《风筝误》、《蜃中楼》、《风求凰》、《意中缘》、《玉搔头》、《慎鸾交》、《巧团圆》、《奈何天》、《怜香伴》),主张喜剧,惟人多以优伶俳语薄之。

(三)吴敬梓之小说

吴敬梓字敏轩,一字文木,安徽全椒县人。世为望族,敬梓袭父祖业,有二万余金,豪达不事生产,兼好交友施与,以故不数年而产尽,贫至断炊。安徽巡抚赵国麟知其才,以博学鸿词荐,辞不赴。自是忘心仕进,于科举之业,尤深恶痛绝。已而移居江东之大中桥,环堵萧然,拥故书数十册,日夕自娱。虽家贫常不能举火,而得钱则饮酒,未尝为来日计;居常与同志辈,歌吟啸呼,亦未尝一日为贫累也。乾隆十九年卒于扬州,年五十四。所著有《文木山房诗集》七卷,文五卷,《诗说》七卷,皆散佚;今存者,只《儒林外史》小说一书耳。《儒林外史》一书,识趣高超,技术精明,乃近世文学之杰作,较之《水浒》、《红楼梦》,有醇而无疵焉。书中表面无处不恭维举业,实则无处而非嘲笑痛骂;其描画热中科举之人物,将其酸陋无耻之丑态,一一活现于纸上,尤为高妙之至!兹引书中一段于下:

> 马二先生道:"……'举业'二字,是从古及今,人人必要做的。就如孔子生在春秋时候,那时用'言扬行举'做官;故孔子只讲得个'言寡尤,行寡悔,禄在其中';这便是孔子的'举业'。讲到战国时,以游说做官,所以孟子历说齐梁,这便是孟子的举业。到汉朝用贤良方正开科,所以公孙弘、董仲舒举贤良方正;这便是汉人的举业。到唐朝用诗赋取士;他们若讲孔孟的话,就没有官做了;所以唐人都会做几句诗,这便是唐人的举业。到宋朝又好了,都用的是些理学的人做官,所以程朱就讲理学;这便是宋人的举业。到本朝用文章取士,这是极好的法则。就是夫子在而今,也要念文章,做举业,断不讲那'言寡尤,行寡悔'的话,何也?就日日讲究'言寡尤,行寡悔',那个给你官做?孔子的道,也就不行了。"(《儒林外史》第十三回)

此段写倾心举业者,心目中无非"做官",故视古今学者,亦无非"为做官而举业"。所谓"讲究'言寡尤,行寡悔',那个给你官做?"一语,抉出举子之肺肝,足以骂尽一世。其他写八股文人之处,亦皆不露锋芒,而褒贬自见;实令人有妙不可言者。其第四十八回,写王玉辉女儿殉节一事,能于二百年前,怀疑贞操,尤足见其思想之杰出矣。清初更有蒲松龄者,字留仙,号柳泉,山东淄川人。少年受知于施闰章。然屡试不得志,乃学古文。悲愤感慨,颇为当时所重。王士禛亦奇其才,谓非寻常流辈所及也。所著《聊斋志异》一书,流传甚广。惟其中皆搜奇记怪之作,虽论者谓其别有依托,然阅者终觉其远于情理;且书中倾于修辞,故显文墨之技能,于通俗之义亦乖。是以不可与《儒林外史》同日语也。惟较西人之《天方夜谭》、《伊索寓言》,似犹胜一筹耳。蒲氏著述,除《聊斋志异》外,尚有《文集》四卷,《诗集》六卷,及《省身录》、《怀刑录》、《历字文》、《日用俗字》、《农桑经》等作。或以《醒世姻缘传》原题西周生辑著者,亦松龄所作。胡适极推重之,有文考证,惟谓最不近情理处,最没办法处,最可笑处,也正是最可注意的社会史实。若以清代社会论,恐无如书中所云狄希陈受其妻妾虐待如是之惨烈也。《聊斋》描写妖狐神鬼之奇形怪事,仍不脱人情世故,伦常道德,使人读之,不觉可怕,转觉可亲。何以描写社会之小说,反违背情理若是乎?故有以土语而断定此书非蒲氏之作者,亦非无理矣。